■2025年度中学受

●収録内容一覧

明治大学付属八王子中学校

5年間(＋3年間HP掲載)スーパー過去問

入試問題と解説・解答の収録内容

2024年度　Ａ方式１回	算数・社会・理科・国語	実物解答用紙DL
2024年度　Ａ方式２回	算数・社会・理科・国語	実物解答用紙DL
2024年度　Ｂ方式	４科総合（解答のみ）	実物解答用紙DL
2023年度　Ａ方式１回	算数・社会・理科・国語	実物解答用紙DL
2023年度　Ａ方式２回	算数・社会・理科・国語	実物解答用紙DL
2023年度　Ｂ方式	４科総合（解答のみ）	実物解答用紙DL
2022年度　Ａ方式１回	算数・社会・理科・国語	実物解答用紙DL
2022年度　Ａ方式２回	算数・社会・理科・国語	実物解答用紙DL
2022年度　Ｂ方式	４科総合（解答のみ）	実物解答用紙DL
2021年度　Ａ方式１回	算数・社会・理科・国語	
2021年度　Ａ方式２回	算数・社会・理科・国語	
2021年度　Ｂ方式	４科総合（解答のみ）	
2020年度　Ａ方式１回	算数・社会・理科・国語	

2019～2017年度（HP掲載）

問題・解答用紙・解説解答DL

「カコ過去問」
（ユーザー名）koe
（パスワード）w8ga5a1o

◇著作権の都合により国語と一部の問題を削除しております。
◇一部解答のみ（解説なし）となります。
◇９月下旬までに全校アップロード予定です。
◇掲載期限以降は予告なく削除される場合があります。

～本書ご利用上の注意～　以下の点について，あらかじめご了承ください。

★別冊解答用紙は巻末にございます。実物解答用紙は，弊社サイトの各校商品情報ページより，一部または全部をダウンロードできます。
★編集の都合上，学校実施のすべての試験を掲載していない場合がございます。
★当問題集のバックナンバーは，弊社には在庫がございません（ネット書店などに一部在庫あり）。

合格を勝ち取るための

『スーパー過去問』の使い方

本書に掲載されている過去問をご覧になって，「難しそう」と感じたかもしれません。でも，多くの受験生が同じように感じているはずです。なぜなら，中学入試で出題される問題は，小学校で習う内容よりも高度なものが多く，たくさんの知識や解き方のコツを身につけることも必要だからです。ですから，初めて本書に取り組むさいには，点数を気にしすぎないようにしましょう。本番でしっかり点数を取れることが大事なのです。

過去問で重要なのは「まちがえること」です。自分の弱点を知るために，過去問に取り組むのです。当然，まちがえた問題をそのままにしておいては意味がありません。

本書には，長年にわたって中学入試にたずさわっているスタッフによるていねいな解説がついています。まちがえた問題はしっかりと解説を読み，できるようになるまで何度も解き直しをしてください。理解できていないと感じた分野については，参考書や資料集などを活用し，改めて整理しておきましょう。

このページも参考にしてみましょう！

◆どの年度から解こうかな　「入試問題と解説・解答の収録内容一覧」

本書のはじめには収録内容が掲載されていますので，収録年度や収録されている入試回などを確認できます。

※著作権上の都合によって掲載できない問題が収録されている場合は，最新年度の問題の前に，ピンク色の紙を差しこんでご案内しています。

◆学校の情報を知ろう‼「学校紹介ページ」

このページのあとに，各学校の基本情報などを掲載しています。問題を解くのに疲れたら息ぬきに読んで，志望校合格への気持ちを新たにし，再び過去問に挑戦してみるのもよいでしょう。なお，最新の情報につきましては，学校のホームページなどでご確認ください。

◆入試に向けてどんな対策をしよう？「出題傾向＆対策」

「学校紹介ページ」に続いて，「出題傾向＆対策」ページがあります。過去にどのような分野の問題が出題され，どのように対策すればよいかをアドバイスしていますので，参考にしてください。

◇別冊「入試問題解答用紙編」

本書の巻末には，ぬき取って使える別冊の解答用紙が収録してあります。解答用紙が非公表の場合などを除き，（注）が記載されたページの指定倍率にしたがって拡大コピーをとれば，実際の入試問題とほぼ同じ解答欄の大きさで，何度でも過去問に取り組むことができます。このように，入試本番に近い条件で練習できるのも，本書の強みです。また，データが公表されている学校は別冊の１ページ目に過去の「入試結果表」を掲載しています。合格に必要な得点の目安として活用してください。

本書がみなさんの志望校合格の助けとなることを，心より願っています。

株式会社　声の教育社　編集部

明治大学付属八王子中学校

所在地	〒192-0001 東京都八王子市戸吹町1100
電　話	042-691-0321
ホームページ	https://www.mnh.ed.jp/
交通案内	JR線「八王子駅」・京王線「京王八王子駅」よりスクールバス約25分 JR線・西武拝島線「拝島駅」よりスクールバス約25分

くわしい情報はホームページへ

トピックス

★2024年4月より，新校名。旧校名は明治大学付属中野八王子中学校。
★2018年度入試より，インターネット出願になりました。

創立年 昭和59年　男女共学　高校募集あり

応募状況

年度	募集数		応募数	受験数	合格数	倍率
2024	A① 100名	男	249名	240名	76名	3.2倍
		女	215名	209名	68名	3.1倍
	A② 40名	男	246名	197名	31名	6.4倍
		女	217名	170名	26名	6.5倍
	B 20名	男	159名	128名	15名	8.5倍
		女	127名	111名	17名	6.5倍
2023	A① 100名	男	229名	222名	86名	2.6倍
		女	177名	171名	64名	2.7倍
	A② 40名	男	253名	197名	21名	9.4倍
		女	207名	173名	33名	5.2倍
	B 20名	男	127名	111名	11名	10.1倍
		女	136名	106名	9名	11.8倍

2025年度入試情報

・試験日程：
　A方式…〔第１回〕2025年２月１日午前
　　　　　〔第２回〕2025年２月３日午前
　B方式…2025年２月５日午後
・選抜方法：
　A方式…国語・算数・社会・理科
　B方式…４科(国語・算数・社会・理科)総合問題
・合格発表：
　A方式…試験当日18：00～翌々日12：00まで
　B方式…試験翌日９：00～翌々日12：00まで
　※両方式とも発表は学校HPにて

2024年度学校説明会等日程（※予定）

中学校説明会【WEB予約制】
６月８日／８月24日／10月26日／11月16日
・各日とも，予約開始は１か月前の９：00～です。
・各回とも2025年度募集要項の説明を致します。

オープンスクール【WEB予約制】
６月８日／10月26日／11月16日
・各日とも，予約開始は１か月前の９：00～です。

文化祭
９月21日・22日
・例年，ミニ学校説明会や受験個別質問会も実施。
※各イベント開催日には，八王子駅と拝島駅よりスクールバスを運行しています。発車時刻は学校HPでご確認ください。

2024年春の主な他大学合格実績

筑波大，東京外国語大，東京農工大

＜明治大学推薦合格＞
…卒業生の89.1％が明治大学に推薦合格しました。
法学部45名，商学部47名，政治経済学部48名，文学部20名，理工学部28名，農学部16名，経営学部38名，情報コミュニケーション学部23名，国際日本学部８名，総合数理学部11名

〔国公立大学併願制度〕
…明治大学への推薦入学資格を獲得したうえで，国公立大学および省庁所管の７つの大学校の一般受験に挑める制度があります。

編集部注―本書の内容は2024年5月現在のものであり，変更されている場合があります。正式な情報は，学校のホームページ等で必ずご確認ください。

算数 出題傾向＆対策

◆基本データ（2024年度Ａ方式第１回）

試験時間／満点	50分／100点
問題構成	・大問数…５題 計算１題（４問）／応用小問２題（11問）／応用問題２題 ・小問数…19問
解答形式	すべて解答のみを記入する形式になっている。必要な単位などは解答用紙にあらかじめ印刷されている。
実際の問題用紙	Ｂ５サイズ，小冊子形式
実際の解答用紙	Ｂ４サイズ

◆出題傾向と内容

▶過去３年の出題率トップ３
１位：四則計算・逆算15%　２位：角度・面積・長さ12%　３位：体積・表面積10%
▶今年の出題率トップ３
１位：四則計算・逆算14%　２位：体積・表面積10%　３位：角度・面積・長さ７％

計算問題では，小数と分数の入り混じったやや複雑な四則混合計算や，逆算が出されます。

応用小問は，数の性質，濃度，場合の数，角度，面積，長さ，図形の移動，相当算，つるかめ算，通過算，消去算，売買損益，倍数算，旅人算，仕事算などで，これらは基礎的な知識さえあれば無理なく解ける問題がほとんどです。

応用問題については，図形の求積（面積・体積）に関するものと，特殊算からの出題が大半をしめています。

◆対策～合格点を取るには？

本校の算数は基本的な問題が中心ですから，はば広く基礎力を充実させることに重点をおいた学習を進める必要があります。

まず，計算力を高めることが大切です。標準的な計算問題集を一冊用意して，毎日欠かさず取り組みましょう。

図形問題については，基本的な解き方を確認しておきましょう。公式や解法の手順をノートにまとめ，問題集で類題にあたると効果的です。

特殊算については，特に平均算，つるかめ算，旅人算などは，重点的に練習しておくとよいでしょう。

分野＼年度		2024		2023		2022	
		Ａ１	Ａ２	Ａ１	Ａ２	Ａ１	Ａ２
計算	四則計算・逆算	●	●	●	●	●	●
	計算のくふう	○	○	○	○	○	○
	単位の計算	○	○	○	○		
和と差	和差算・分配算				○		
	消去算			○	○		○
	つるかめ算		◎				
	平均とのべ			○			○
	過不足算・差集め算	○			○		○
	集まり						
	年齢算						
割合と比	割合と比						
	正比例と反比例		○		○		
	還元算・相当算	○	○		○	○	○
	比の性質	○	○				
	倍数算						
	売買損益	○	○			○	○
	濃度			○	○	○	○
	仕事算	○				○	
	ニュートン算					○	
速さ	速さ		○	○			○
	旅人算	○		○	○		○
	通過算					○	
	流水算		○				
	時計算						
	速さと比	○	○				
図形	角度・面積・長さ	◎	○	●	◎	◎	●
	辺の比と面積の比・相似		◎		○	○	◎
	体積・表面積	○	●	●	●	◎	○
	水の深さと体積	○					◎
	展開図			○	◎		
	構成・分割	○	○			○	
	図形・点の移動						
表とグラフ		○	○				○
数の性質	約数と倍数						
	N進数						
	約束記号・文字式						
	整数・小数・分数の性質	○				○	
規則性	植木算						
	周期算						
	数列						
	方陣算						
	図形と規則						
場合の数			○	○	○	○	○
調べ・推理・条件の整理							
その他							

※　○印はその分野の問題が１題，◎印は２題，●印は３題以上出題されたことをしめします。

社会　出題傾向＆対策

◆基本データ（2024年度A方式第１回）

試験時間／満点	30分／50点
問題構成	・大問数…３題 ・小問数…22問
解答形式	記号選択や適語を記入するものが中心だが，短文記述も出題されている。
実際の問題用紙	Ｂ５サイズ，小冊子形式
実際の解答用紙	Ｂ４サイズ

分野		年度 2024 A１	2024 A２	2023 A１	2023 A２	2022 A１	2022 A２
日本の地理	地図の見方						★
	国土・自然・気候	○	○	○	○	★	○
	資源						
	農林水産業	○	○	○	○	★	
	工業		○	○	○		
	交通・通信・貿易		○		○		
	人口・生活・文化	○					
	各地方の特色	○		★	★	★	○
	地理総合	★	★				★
世界の地理							
日本の歴史 時代	原始～古代	○	○	○	○	○	○
	中世～近世	○	○	○	○	○	○
	近代～現代	○	○	○	○	○	○
日本の歴史 テーマ	政治・法律史						
	産業・経済史						
	文化・宗教史						
	外交・戦争史						
	歴史総合	★	★	★	★	★	★
世界の歴史							
政治	憲法	○				○	○
	国会・内閣・裁判所	○		○	★		○
	地方自治	○					○
	経済		○		○		
	生活と福祉						
	国際関係・国際政治		○	○	○	★	
	政治総合	★					★
環境問題			○				
時事問題		○	★	★		○	○
世界遺産		○		○			○
複数分野総合							

※　原始～古代…平安時代以前，中世～近世…鎌倉時代～江戸時代，近代～現代…明治時代以降
※　★印は大問の中心となる分野をしめします。

◆出題傾向と内容

●地理…特定のテーマにしぼって出題される年と，日本の国土（山地や河川など），地形図の読み取り，日本の気候の特ちょうとその要因，各都道府県の産業の特ちょう，日本と世界の貿易，世界遺産など，はば広いテーマから大問が構成される年とがあります。

●歴史…説明文や資料などをもとに各時代の重要なできごとについて問うスタイルが多く見られます。特定の時代・できごとに的をしぼらず，古代から現代までをはば広くフォローする問題構成です。文章の正誤を判断する問題も多いため，正確な知識が必要です。

●政治…憲法や三権，経済のしくみなども出題されますが，時事問題が多く出されています。たんに時事的なできごとのあらましを問うだけでなく，その歴史的背景なども問われるので，断片的な知識だけでは不十分です。日ごろから国内外の重要なできごとに関心を持ち，くわしい内容をつかんでおいたほうがよいでしょう。

◆対策～合格点を取るには？

設問事項が広範囲にわたっているので，不得意分野を作らないことが大切です。問題集を解いていて自分の弱点分野が見つかったら，すぐに教科書や参考書に立ち返り，理解できるまで復習することです。

地理分野では，地図とグラフを参照しながら，白地図作業帳を利用して地形と気候をまとめ，そこから産業のようすへと広げていってください。なお，世界地理は，小学校で取り上げられることが少ないため，日本とかかわりの深い国については，参考書などを使ってまとめておきましょう。

歴史分野では，教科書や参考書を読むだけでなく，自分で年表を作って覚えると学習効果が上がります。それぞれの分野ごとに記入らんを作り，重要なことがらを書きこんでいくのです。また，資料集などで，史料写真や歴史地図にも親しんでおくとよいでしょう。

政治分野では，日本国憲法の基本的な内容，特に政治のしくみが憲法でどう定められているかを中心に勉強してください。また，時事問題も見られるので，テレビ番組や新聞などでニュースを確認し，ノートにまとめておきましょう。中学受験用の時事問題集に取り組むのも効果的です。

理科　出題傾向＆対策

◆基本データ（2024年度Ａ方式第１回）

試験時間／満点	30分／50点
問題構成	・大問数…７題 ・小問数…25問
解答形式	記号選択と用語の記入が大半となっている。作図や記述問題は見られない。
実際の問題用紙	Ｂ５サイズ，小冊子形式
実際の解答用紙	Ｂ４サイズ

分野 ＼ 年度		2024		2023		2022	
		Ａ１	Ａ２	Ａ１	Ａ２	Ａ１	Ａ２
生命	植物	★		○		★	★
	動物	○	★		★		★
	人体			★			
	生物と環境						★
	季節と生物						
	生命総合						
物質	物質のすがた		★				
	気体の性質					★	
	水溶液の性質	★	★			★	
	ものの溶け方	★					
	金属の性質				○		
	ものの燃え方			★	★		★
	物質総合						
エネルギー	てこ・滑車・輪軸						
	ばねののび方					★	
	ふりこ・物体の運動	○			★	★	
	浮力と密度・圧力			★		○	○
	光の進み方		★				★
	ものの温まり方				★	★	
	音の伝わり方	★		★			
	電気回路						
	磁石・電磁石	★					★
	エネルギー総合						
地球	地球・月・太陽系						★
	星と星座		★			★	
	風・雲と天候			★	★	★	
	気温・地温・湿度				○		
	流水のはたらき・地層と岩石	★					
	火山・地震						
	地球総合						
実験器具							
観察							
環境問題		○		★	★		
時事問題							
複数分野総合							

※　★印は大問の中心となる分野をしめします。

◆出題傾向と内容

中学入試全体の流れとして，「生命」「物質」「エネルギー」「地球」の各分野をバランスよく取り上げる傾向にありますが，本校の理科もそのような傾向をふまえています。

●生命…ドングリ，昆虫，種子の成分と発芽・成長，蒸散，ホニュウ類の特ちょう，微生物のはたらき，光合成，ヒトのからだのつくりとはたらきなどが出題されています。

●物質…水の状態変化，ドライアイス，金属の温まり方，ものの燃え方，水溶液の性質，中和，ものの溶け方などが出題されています。

●エネルギー…電流のまわりの磁界，光の屈折，反射と虹ができるしくみ，熱量，音の速さ，ふりこと運動，凸レンズ，磁石のはたらき，ばねと浮力などが出されています。計算問題にも注意が必要です。

●地球…流水のはたらきと川のようす，気温と飽和水蒸気量，地球の公転と四季の星座，線状降水帯，海風，星・星座とその動き，月の動きと満ち欠けなどが取り上げられています。

◆対策～合格点を取るには？

本校の理科は，各分野からまんべんなく出題されていますから，基礎的な知識をはやいうちに身につけ，そのうえで，問題集で演習をくり返すのがよいでしょう。

「生命」は，身につけなければならない基本知識の多い分野です。動物とヒトのからだのつくり，植物のつくりと成長などを中心に，ノートにまとめながら知識を深めましょう。

「物質」は，気体や水溶液，金属などの性質に重点をおいて学習するとよいでしょう。中和反応や濃度，気体の発生など，表やグラフをもとに計算させる問題にも積極的に取り組むように心がけてください。

「エネルギー」では，計算問題としてよく出される力のつり合いに注目しましょう。てんびんとものの重さ，てこ，輪軸，ふりこの運動，かん電池のつなぎ方や豆電球の明るさなどについての基本的な考え方をしっかりマスターし，さまざまなパターンの計算問題にチャレンジしてください。

「地球」では，太陽・月・地球の動き，季節と星座の動き，日本の天気と気温・湿度の変化，地層のでき方・地震などが重要なポイントです。

国語 出題傾向＆対策

◆基本データ（2024年度Ａ方式第１回）

試験時間／満点	50分／100点
問　題　構　成	・大問数…３題 　文章読解題２題／知識問題１題 ・小問数…30問
解　答　形　式	記号選択，本文中のことばの書きぬき，適語の記入で構成され，記述問題は出題されていない。
実際の問題用紙	Ｂ５サイズ，小冊子形式
実際の解答用紙	Ｂ４サイズ

◆出題傾向と内容

▶近年の出典情報（著者名）
説明文：荒井裕樹　三木那由他　宮武久佳
小　説：青山美智子　村山由佳　町田そのこ

●読解問題…説明文（または随筆）と小説から，１題ずつ取り上げられます。説明文については，文脈の理解を中心に，適語・適文の補充，接続語，指示語の内容など，小説，随筆については，登場人物の心情や性格，文学的な表現の理解を問うものなどが見られます。また，語句の記入や記述といった表現力をためすものもあります。

●知識問題…読解問題の小問で出題されることがほとんどで，熟語の意味，語句の意味，慣用表現，表現技法など，はば広く取り上げられています。漢字の読みと書き取りは，読解問題中の小問として出されています。

◆対策～合格点を取るには？

読解力を養うには，いろいろなジャンルの本を読むことが第一です。しかし，ただ一冊の本を読み進めるのとちがって，入試問題では内容や心情の読み取りなどが細部にわたって質問されるうえに，似たような選択肢がいくつも用意されています。したがって，本を読むさいには，①指示語のさす内容，②段落・場面の構成，③人物の性格と心情などについて注意しながら読み進めてください。

漢字については，教科書で確認するのはもちろん，問題集を使って音訓の読み方や熟語の練習をしましょう。また，文法やことば，文学作品の知識などについても，問題集を選んで取り組んでください。

分野＼年度			2024		2023		2022	
			Ａ１	Ａ２	Ａ１	Ａ２	Ａ１	Ａ２
読解	文章の種類	説明文・論説文	★	★	★	★	★	★
		小説・物語・伝記	★	★	★	★	★	★
		随筆・紀行・日記						
		会話・戯曲						
		詩						
		短歌・俳句						
	内容の分類	主題・要旨	○	○	○	○	○	○
		内容理解	○	○	○	○	○	○
		文脈・段落構成						
		指示語・接続語						○
		その他	○	○	○	○	○	○
知識	漢字	漢字の読み	○	○	○	○	○	○
		漢字の書き取り	○	○	○	○	○	○
		部首・画数・筆順						
	語句	語句の意味						
		かなづかい						
		熟語						
		慣用句・ことわざ						
	文法	文の組み立て						
		品詞・用法						
		敬語						
	形式・技法							
	文学作品の知識							
	その他							
	知識総合							
表現	作文							
	短文記述							
	その他							
放送問題								

※　★印は大問の中心となる分野をしめします。

カコを追いかけ
ミライをつかめ
「今の説明、もう一回」を何度でも
web過去問
ストリーミング配信による入試問題の解説動画
もっと古いカコモンないの?
カコ過去問
「さらにカコの」過去問をHPに掲載(DL)
声の教育社
詳しくはこちらから

2024年度 明治大学付属八王子中学校

【算　数】〈A方式第1回試験〉（50分）〈満点：100点〉

1 □にあてはまる数を求めなさい。

(1) $\frac{7}{8}+0.125-\left(1\frac{1}{9}\times1.8+1.5\right)\div\frac{7}{2}=\square$

(2) $\left(\frac{3}{5}-0.25\right)\div\left\{0.8-1\frac{3}{11}\times\left(\frac{5}{7}-0.125\right)\right\}=\square$

(3) $0.2\times6\times1.26+4\times0.3\times3.85-1.2\times0.11=\square$

(4) $\left(4\frac{1}{2}-\frac{17}{6}\right)\div\left\{(1-\square)\times2\frac{3}{7}-\frac{1}{3}\right\}=2\frac{1}{12}$

2 次の問いに答えなさい。

(1) □にあてはまる数はいくつですか。

$0.045\,m^3-270\,dL+7000\,cm^3=\square\,dL$

(2) ある学年で，生徒1人につきボールペンを5本ずつ，ノートを2冊ずつ配ると，ボールペンは20本余り，ノートは30冊不足します。ボールペンの本数はノートの冊数の3倍です。この学年の生徒は何人いますか。

(3) 7人で働くと18日かかる仕事を10日で終わらせようとして，10人で仕事を始めました。しかし，4日目が終わったところで10日では終わらないことに気づきました。予定通り10日で終わらせるためには，5日目からは，最低何人増やせばいいですか。ただし，1人が1日にする仕事量は同じであるとします。

(4) 原価5600円の商品があります。定価の3割引きで売っても，原価の2割の利益があるように定価をつけました。このとき，定価はいくらですか。

(5) 右の図の四角形ABCDは，AB＝6cm，AC＝8cm，BC＝10cm，AD＝7.5cmです。また，辺ADと辺BCは平行です。四角形ABCDの面積を求めなさい。

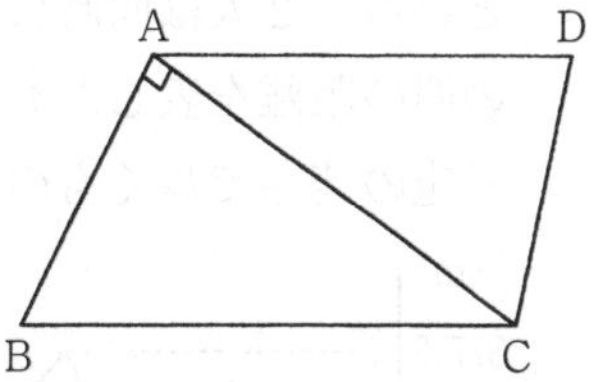

(6) 下の図の長方形と台形の面積の比は2：3です。㋐の長さを求めなさい。

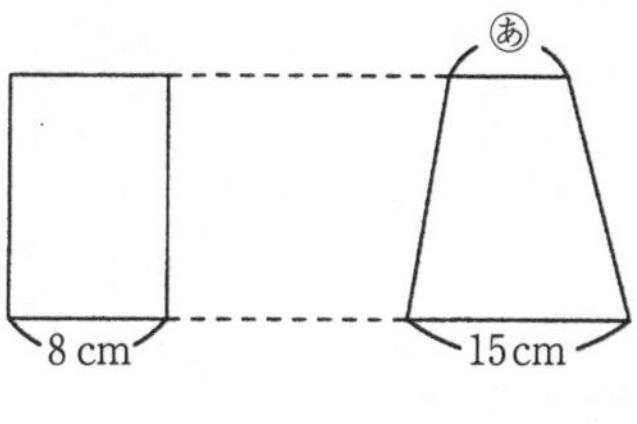

3 次の問いに答えなさい。

(1) AさんとBさんが片道1470mのコースを往復します。2人が同時にスタートしてから2分後にAさんは出発地点から456mのところを通過し，BさんはAさんの72mうしろにいました。2人が出会うのは折り返し地点から何mのところですか。ただし，AさんとBさんは一定の速さで走るものとします。

(2) A，B，Cの3種類のおもりがあります。これらをてんびんにのせて重さのつり合いを調べました。それぞれ1個ずつ，計3個の重さの合計は47gです。おもりAが5個とおもりCが3個でつり合います。おもりAが2個とおもりBが6個に6gのおもりを加えたところ，おもりCが6個とつり合いました。この3種類の中で一番重いおもりの重さは何gですか。

(3) 1×2×3×4×5×……×77×78×79×80を計算すると，一の位から0は連続して何個並びますか。

(4) 図1のような円柱の形をした水そうに，高さが6cmのところまで，水が入っています。ここに図2のような円柱の形をしたおもりを，底面が水そうの底につくまで入れました。このとき，水面の高さは何cmになりますか。

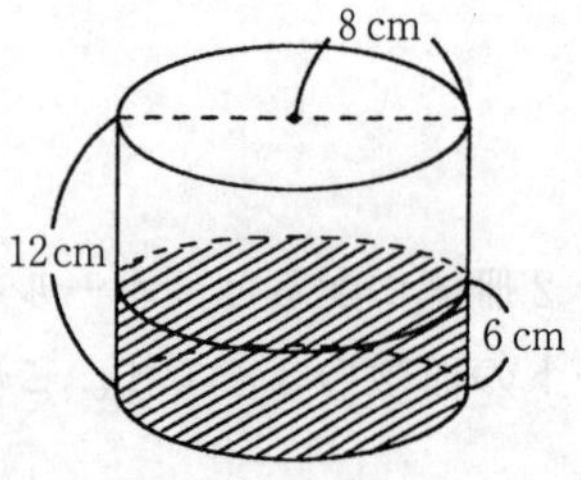

図1

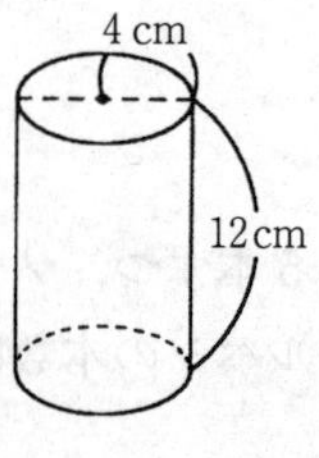

図2

(5) 右の図の四角形ABCDは正方形です。あの角の大きさを求めなさい。

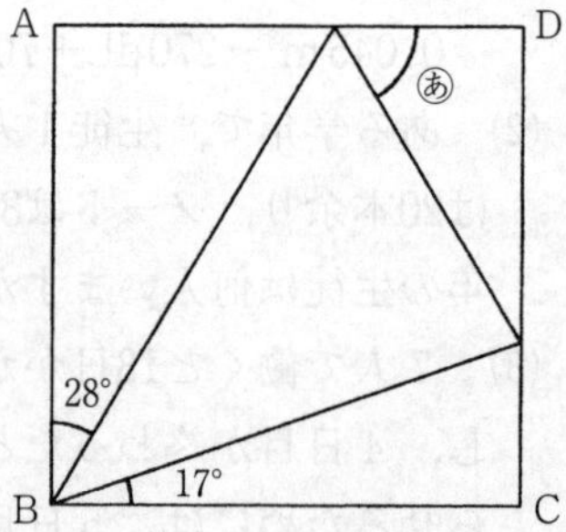

4 花子さんは家を出て，歩いて学校に向かいました。兄の太郎君は，花子さんが家を出てしばらくたってから家を出て，歩いて学校に向かいました。太郎君は途中で公園のトイレに寄ったところ，2人は同時に学校に着きました。下のグラフは花子さんが家を出てからの時間と2人の間の距離を表したものです。このとき，あとの問いに答えなさい。ただし，2人はそれぞれ一定の速さで歩くものとします。

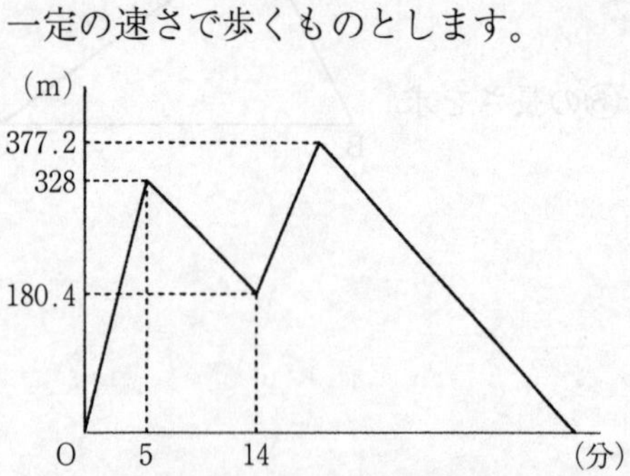

(1) 太郎君の歩く速さは毎分何mですか。

(2) 家から学校までの距離は何mですか。

5　右の図の直方体を3点P，Q，Rを通る平面で切りとります。この平面とDHの交点をSとするとき，次の問いに答えなさい。

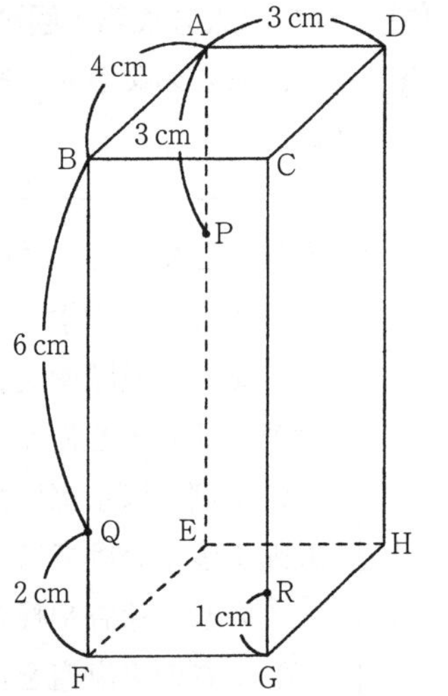

(1)　HSの長さを求めなさい。

(2)　立体PQRS-EFGHの体積を求めなさい。

【社　会】〈Ａ方式第１回試験〉（30分）〈満点：50点〉

1　太郎君がお父さんと家族旅行の計画を立てています。次の会話文を読んで，各設問に答えなさい。

太郎：お父さん，この夏の旅行はどこに連れて行ってくれるの。

父　：太郎も中学１年生になったのだから，自分の行きたい旅行先を選んで，そこに着くまでの道順や交通手段を考えてみてはどうかな。

太郎：新幹線を使うのもいいけど，自動車であちこちめぐりながら行くのもいいね。

父　：例えば京都に行くのならどうやって行こうか。

太郎：歩くわけではないけど，①弥次さんと喜多さんみたいに東海道を通って行くのもいいし，深谷や軽井沢を通って「六十九次」といわれた（　Ｘ　）で行くのもいいね。

父　：昔の東海道を行くと時間がかかるから，東名高速道路で行こう。世田谷区から始まるから，そこからどう進むか地図を使って調べてみよう。

太郎：東海道だと海沿いに進むイメージがあるけど，東名高速道路を使うと海沿いの茅ヶ崎や大磯あたりは通らないんだね。

父　：大磯といえば②伊藤博文や吉田茂が住んでいたことがあったな。

太郎：地図を見ると，厚木から御殿場へと③小田原の北を進んで，そのあとは富士山の南側を通って行くことになるね。

父　：そのまま海沿いを通って進み，三保の松原の近くを過ぎると④登呂遺跡のすぐ近くを通るね。

太郎：あとは焼津，掛川，浜松と進んで，それらを過ぎると愛知県だ。

父　：東名高速道路は愛知県の小牧までで，その先は名神高速道路になるんだよ。

太郎：その先で⑤関ヶ原を通るね。合戦で有名だけど，実際にどんな所か行ってみたいな。

父　：そこを過ぎると琵琶湖の東側を南に向かって進むことになるね。彦根城の近くや安土の南側も通るね。そのあとは大津を通って京都の三条大橋まで，東海道と（　Ｘ　）が同じ道になるんだよ。

太郎：東海道は海沿いだからそう呼ばれたのだけど，いつからそう呼ばれたのかな。

父　：古い話になるけど，⑥ヤマト王権が支配を進めていくなかで，⑦奈良や京都のあたりを五畿として，それ以外の日本を大きく７つの地域に分けたんだ。それで今の近畿地方から関東地方の太平洋側が東海道と名付けられたんだよ。

太郎：ほかの地域の呼び名はどうなの。

父　：（　Ｘ　）が通っている本州の中央部が東山道，日本海側が北陸道と呼ばれたんだ。五畿から西の日本海側が山陰道，瀬戸内海側が山陽道，紀伊半島から四国の地域が南海道，九州が西海道と呼ばれたんだよ。

太郎：そのころから山陰とか山陽という呼び名があったんだね。北海道はないのかな。

父　：北海道は明治時代になってからそう呼ばれるようになったんだ。

太郎：そうだったね。それまでは蝦夷地だったね。⑧アイヌ民族が住んでいて，北海道の開発が進んだのは明治時代になってからだったよね。

父　：逆に西海道と呼ばれた九州は，古くから歴史に登場しているね。⑨中国や朝鮮半島に近いこともあって，当時からその地域の国々との交流もあったし，戦いもあったよね。
太郎：京都までではなく，九州へも自動車で行ってみたいな。
父　：だれが運転するのか，ガソリン代がいくらになるのか，よく考えてからいってね。

問1　文中の(X)に当てはまる語句として適切なものを，**漢字**で答えなさい。

問2　下線部①について，この人物たちは江戸時代に書かれた『東海道中膝栗毛』の登場人物です。この話が書かれた時期に最も近い出来事を，次の中から1つ選んで記号で答えなさい。

ア　桜田門外の変　　イ　寛政異学の禁
ウ　大坂の役　　エ　上げ米の制

問3　下線部②について，この2人の人物のおこなったことを述べた文として**誤っているもの**を，次の中から1つ選んで記号で答えなさい。

ア　サンフランシスコ平和条約に調印した。
イ　朝鮮総督府の初代総督を務め，朝鮮の植民地化を進めた。
ウ　ヨーロッパに渡《わた》って憲法の研究をおこない，プロイセンの憲法をモデルとして日本の憲法の作成にかかわった。
エ　日清戦争後に下関条約の調印にかかわった。

問4　下線部③について，この町の歴史的な特徴《とくちょう》について述べた文として正しいものを，次の中から1つ選んで記号で答えなさい。

ア　平安時代に駿河の国府と国分寺がおかれ，定期市が開かれたことから商業都市として発展した。
イ　鎌倉時代に宋との貿易をおこなうための港町として，まちづくりが進められた。
ウ　戦国時代に後北条氏の城下町として栄えた。
エ　江戸時代に臨済宗建長寺の門前町として栄えた。

問5　下線部④について述べた文として正しいものを，次の中から1つ選んで記号で答えなさい。

ア　縄文時代の遺跡で，大型の竪穴住居や6本の巨木を柱とする建物の跡《あと》が発見された。
イ　大規模な環濠集落があることで知られ，日本で初めて漢字が刻まれた銅鏡が発見された。
ウ　大量の銅剣が発見され，この地域を支配する有力な豪族がいたことが確認《かくにん》された。
エ　弥生時代後期の遺跡で，水田の跡が初めて発掘《はっくつ》されたことで，日本の稲作文化の存在が証明された。

問6　下線部⑤について，関ヶ原の戦い後にみられた次の出来事について，古いものから順番に正しく並べかえたものを，下の中から1つ選んで記号で答えなさい。

A：江戸幕府が全国に向けてキリスト教の禁教令を出した。
B：徳川家康が，将軍の位を子の秀忠にゆずった。
C：江戸幕府が最初の武家諸法度を出した。

ア　A→B→C　　イ　A→C→B
ウ　B→A→C　　エ　B→C→A
オ　C→A→B　　カ　C→B→A

問7　下線部⑥について述べた文として正しいものを，次の中から1つ選んで記号で答えなさい。

ア　中大兄皇子は，白村江の戦いの後に都を近江の大津に移した。

イ　高句麗と手を結ぶことで，鉄資源や土器の生産技術などを手に入れた。

ウ　百済の王が厩戸王(聖徳太子)に仏像などを送り，日本に仏教が伝わった。

エ　ヤマト王権で大きな勢力をもつ蘇我氏と，中国地方の有力豪族である物部氏とが対立して武力衝突《しょうとつ》が発生した。

問8　下線部⑦について述べた文として正しいものを，次の中から1つ選んで記号で答えなさい。

ア　近年，4世紀の古墳とされる富雄丸山古墳から蛇行《だこう》剣や盾《たて》形の鏡が発見された。

イ　この地域にある仁徳天皇陵古墳(大仙古墳)は，日本最大の古墳として知られている。

ウ　この地域にある東大寺は織田信長によって焼き討《う》ちにあった。

エ　聖武天皇はこの地に平城京を建設した。

問9　下線部⑧について述べた文として**誤っているもの**を，次の中から1つ選んで記号で答えなさい。

ア　江戸時代にはアイヌ民族の族長であるシャクシャインが反乱を起こした。

イ　明治時代に制定された北海道旧土人保護法に代わって，20世紀末にアイヌ文化振興法が制定された。

ウ　江戸時代には蝦夷地の開発のため幕府により屯田兵が派遣《はけん》された。

エ　明治時代には札幌農学校が設立され，初代教頭としてクラークが就任した。

問10　下線部⑨について述べた文として**誤っているもの**を，次の中から1つ選んで記号で答えなさい。

ア　九州北部から「漢委奴国王」と刻まれた金印が発見された。

イ　13世紀後半に元寇があったため，その後警備のために防人が設置された。

ウ　外交や軍事をおこなうための役所として大宰府が設置された。

エ　朝鮮出兵の際，豊臣秀吉は肥前に名護屋城を築いた。

2　日本の観光について，次の各設問に答えなさい。

問1　右のグラフのア・イは，訪日外国人旅行者数と日本人の海外旅行者数の推移を表しています。訪日外国人旅行者数を表しているものを選んで記号で答えなさい。

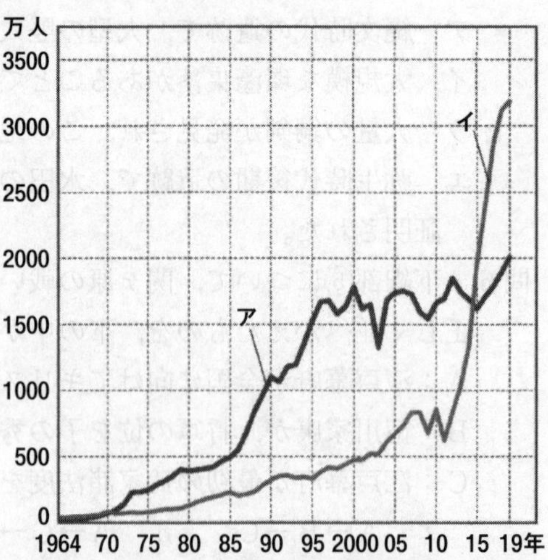

〔日本政府観光局（JNTO）資料〕

問2　現在，日本政府は「観光立国」の実現を目指しています。そのため，2008年に日本の魅力《みりょく》を海外へ発信し，国際的にも魅力ある観光地をつくるために観光庁が発足《ほっそく》しました。この観光庁はどこの省に属しているか，**漢字**で答えなさい。

問3　観光立国になるための取り組みの1つとして，2016年から国土地理院が外国人向けの新しい地図記号を16種類制定し，増加する外国人観光客への対応を進めています。次の①～④の外国人向けの地図記号について，**①・②は表しているものの名称《めいしょう》を③・④は従来から国内で使われている地図記号を**，それぞれ答えなさい。

①	②	③	④

問４　メイハチ中学校の社会の授業で，外国人観光客を日本に呼びこむために「私のオススメする日本」をテーマに日本の特色について紹介《しょうかい》する企画《きかく》を考えることになりました。次の会話文を読んで，各設問に答えなさい。

Ｍさん：外国人観光客って日本のどんなところに魅力を感じているのかなぁ。日本に来る目的って何だろう。

Ｅさん：そうね，自然環境とかかなぁ。実際，①世界自然遺産などでは手つかずの大自然を満喫《まんきつ》するタイプのエコツーリズムが実施《じっし》されているって聞いたよ。

Ｉさん：私はやっぱり食べ物だと思う！　日本の食文化って，日本人の私でも魅力的だと思うもん。②ご当地グルメは旅の醍醐《だいご》味《み》でしょ！

Ｍさん：うんうん。そうだね。物産展が開かれているとついつい行っちゃうよね～。

Ｊさん：③お祭りも魅力的な行事だと思う。日本独自の風習だし，より日本らしさを感じられるイベントだよね。私も去年の夏に阿波おどりに参加したんだけど，とっても楽しかったよ～。

Ｉさん：いいね！　日本の歴史を感じられるスポットも人気だよね。日本は④世界文化遺産もたくさんあるから，その豊かな歴史は国内外問わず魅力的だよね。

Ｊさん：そうだね。そのほかにも伝統芸能や茶道・華道・書道などの道がつく伝統文化，アニメやマンガも人気だね！

Ｍさん：うんうん。⑤着物や⑥温泉も日本ならではの文化って感じがするし…どれもオススメな日本文化だから，何を紹介するか迷っちゃう～。

(1)　下線部①について，次の文は日本のある世界自然遺産の説明です。この世界自然遺産の名称を答えなさい。また，この世界自然遺産がある都道府県名を，下の中から１つ選んで記号で答えなさい。両方できて正解とします。

ここは，島ができてから一度も大陸と陸続きになったことがないため，独自の進化をした多くの希少な動植物をみることができる。東洋のガラパゴスとも呼ばれ，空港がなく，ほぼ週１便の定期船でしか行くことができない。

ア　鹿児島県　　イ　沖縄県　　ウ　北海道　　エ　東京都　　オ　静岡県

(2)　下線部②について，次のＡ～Ｃはご当地グルメの説明です。これらの料理はどこの都道府県のものか，下のア～カの都道府県の地図からそれぞれ選んで記号で答えなさい。各地図の縮尺は異なります。また，離島《りとう》については省略しているものがあります。

Ａ：「じゃーんじゃん」「それ，どんどん」のかけ声とともに，給仕さんがお椀《わん》に一口分のそばを次々と投げ入れ，食べた椀数を競《きそ》う名物そば料理

Ｂ：生やフライ，土手なべなど，この地域が収獲《しゅうかく》量１位をほこる「海のミルク」と

呼ばれる二枚貝でつくる料理
C：塩を使わないはばが広い平打ちうどんとかぼちゃなどの野菜を，みそ仕立てのだしで煮込んだめん料理

ア

イ

ウ
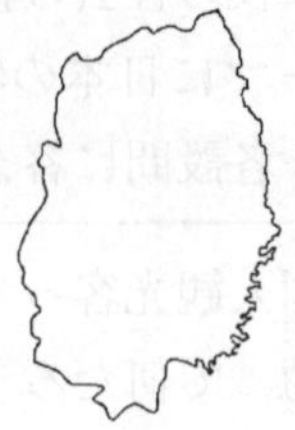
エ

オ

カ

(3)　下線部③について，日本では古くから米作り中心の社会が長く続いてきました。そのため，春・夏は豊作や病気の退散を神に祈《いの》り，秋には豊作を神に感謝するために各地で祭りが発展しました。次に示した祭りのうち，東北地方で**おこなわれていないもの**を１つ選んで記号で答えなさい。

ア　七夕まつり　　イ　YOSAKOIソーラン祭り

ウ　ねぶた祭り　　エ　竿燈まつり

(4)　下線部④について，現在，日本からは20件の世界文化遺産が登録されており，次のア～オはその一部です。これらの世界文化遺産を北にあるものから順番に並べかえたとき，**３番目**にくるものを記号で答えなさい。

ア　厳島神社
イ　日光の社寺
ウ　白川郷・五箇山の合掌造り集落
エ　平泉－仏国土(浄土)を表す建築・庭園及び考古学的遺跡群－
オ　姫路城

(5)　下線部⑤について，次の〔１〕・〔２〕は着物の伝統的工芸品について説明しています。〔１〕・〔２〕が説明している伝統的工芸品名として最も適切なものを，下の中からそれぞれ選んで記号で答えなさい。

〔１〕　石川県金沢市周辺でつくられている着物で，多くの色が使われ，草花や風景など自然の美しさを表した模様が特徴です。
〔２〕　京都府京都市や宇治市などでつくられている着物で，あらかじめ染めた色とりどりの絹糸で模様を織り出す先染め織物です。

ア　西陣織　　イ　桐生織　　ウ　大島紬　　エ　上布　　オ　加賀友禅

(6)　下線部⑥について，次の〔1〕・〔2〕は，温泉が有名な都道府県を紹介したものです。文中の空欄(あ)・(い)に当てはまる語句とこの文が説明している都道府県を下のア～カの都道府県の地図からそれぞれ選んで記号で答えなさい。それぞれ両方できて正解とします。各地図の縮尺は異なります。また，離島については省略しているものがあります。

〔1〕　ここは山がちで，鶴見岳や由布岳などの活火山があり，周辺に別府や由布院などの温泉地が発達しています。火山のエネルギーを利用した(　あ　)発電もさかんで，発電出力が日本一の(　あ　)発電所である八丁原発電所があります。

〔2〕　ここは，戦国時代に多くの武将や兵士が傷をいやすために訪《おとず》れたといわれる草津温泉があります。また，火山灰が深く積もった水はけの良い土地のため，(　い　)の栽培《さいばい》に適しており，国内生産量の約9割を占《し》めています。

ア

イ

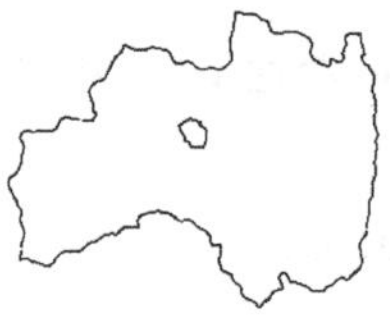

ウ

エ

オ

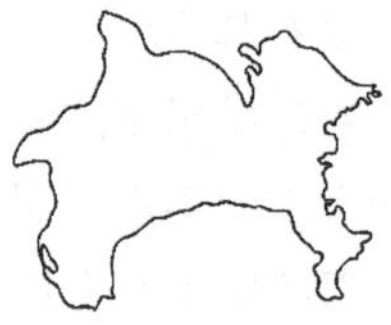

カ

3　次の各設問に答えなさい。

問1　日本国憲法では国民のさまざまな権利を保障しています。憲法で保障されている権利の説明として正しいものを，次の中から1つ選んで記号で答えなさい。

ア　団結権・団体交渉権・団体行動権からなる労働三権は，経済活動の自由として保障されている。

イ　デモや集会を開いて自分たちの意見や立場を表明したり，出版物などを公開してメッセージを発信したりすることは表現の自由として保障されている。

ウ　国会議員を選挙で選ぶことや裁判を受けることは，参政権として保障されている。

エ　個人の私生活の情報を他人に公開されないプライバシーの権利は，請求権の1つとして保障されている。

問2　「働くこと」は大切な基本的人権の一部です。現代の日本では女性の社会進出をめぐってさまざまな議論が進められています。政府がおこなっている子育て支援《しえん》策として**誤っているもの**を，次の中から1つ選んで記号で答えなさい。

ア　児童手当などを充実《じゅうじつ》させて，経済的な支援をおこなう。

イ　保育所や保育士を増やして，保育制度を改善する。

ウ　女性も男性も育児休業を取得しやすい環境《かんきょう》を整備する。

エ　未就学児をもつ社員の収入を増やし，また昇進《しょうしん》を容易にするよう企業に働きかける。

問3　現在の選挙制度の中には，比例代表制という選出方法があります。比例代表制のうちドント方式とは，**各政党が獲得した票数**を ÷1，÷2，÷3…と整数で割っていき，その商の大きい順に各政党に議席が配分される方法です。ある地域での比例代表制で選出される総議席数が8議席で，以下のような得票数であった場合，各政党が獲得した議席は何議席になるか，**算用数字**で答えなさい。すべてできて正解とします。

得票数	A党[3000票]	B党[1200票]	C党[900票]
÷1			
÷2			
÷3			
÷4			
÷5			

問4　日本の選挙の中で，比例代表制を用いた選挙について述べた文として正しいものを，次の中から1つ選んで記号で答えなさい。

ア　衆議院議員総選挙のみでおこなわれる。

イ　参議院議員選挙のみでおこなわれる。

ウ　衆議院議員総選挙と参議院議員選挙の両方でおこなわれる。

エ　都道府県議会議員選挙のみでおこなわれる。

問5　衆議院と参議院の議決が異なったときには衆議院の議決が優先される場合があります。その理由として正しいものを，次の中から1つ選んで記号で答えなさい。

ア　衆議院は「良識の府」といわれ，参議院よりも慎重《しんちょう》な審議《しんぎ》がなされているから。

イ　衆議院の方が参議院に比べて審議される法案の数が多いから。

ウ　衆議院には解散の制度があり，国民の意見をより強く政治に反映できるから。

エ　衆議院の方が参議院よりも長い歴史をもっているから。

問6　政治は国家だけでなく，より身近な都道府県や市区町村などの地方自治体でもおこなわれています。地方自治体がおこなう仕事として**誤っているもの**を，次の中から1つ選んで記号で答えなさい。

ア　警察や消防など，住民の安全を守る仕事をおこなう。

イ　学校や図書館などの教育・文化に関する仕事をおこなう。

ウ　神社や寺など，人々が集まる宗教的施設を建てる仕事をおこなう。

エ　生活保護や国会議員選挙についての事務など，国から頼まれた仕事をおこなう。

問7　2023年5月に先進7カ国首脳会議(G7サミット)が広島で開かれました。このG7サミットの成果をまとめた首脳宣言の内容として**誤っているもの**を，次の中から1つ選んで記号で答えなさい。

ア　2050年に温室効果ガスの排出《はいしゅつ》量を実質ゼロにするため，各国が積極的に脱《だつ》炭素化に取り組むこと。

イ　貿易の際に課《か》されるあらゆる関税の障壁《しょうへき》をなくし，世界全体で自由なモノ・サービスの取引を進めていくこと。

ウ　核兵器のない世界への取り組みを進めていくこと。

エ　経済のグローバル化に対応するため，新興国や発展途上国との関係を強化すること。

問８　国会議員の中から選ばれる内閣総理大臣には国会の議決を拒否《きょひ》する権限はありませんが，地方自治体の首長には議会の議決を拒否する権限が与《あた》えられています。その理由を，「**住民**」**という言葉を使って**簡単に説明しなさい。

【理　科】〈Ａ方式第１回試験〉（30分）〈満点：50点〉

1　夏になると，明八の森で枯《か》れている木々が目立っていることに気がつきました。調べたところナラの木が枯れていて，インターネットで検索《けんさく》すると「ナラ枯れ」という現象であることがわかりました。この現象は，現在，関東地方で問題になっており，特に幹の太いもので被害《ひがい》が目立っています。これはナラ類の木々を人間が生活で利用しなくなったことが１つの原因です。枯れた木々が放置されると腐《くさ》ってきて危険なので，伐採《ばっさい》作業が必要です。ナラの木が伐採されるとドングリができる木々がどんどん減少し，この森で生息している，ドングリをエサとする動物たちにも悪影響《あくえいきょう》が出ることが考えられます。そこで，生徒たちが明八の森からドングリを拾ってきて，それを各家庭で育てて苗《なえ》をつくり，明八の森に植林する計画が進められています。しかし，植えるドングリを選別するときには，虫に食われていないか確認する必要があります。ナラ枯れとドングリについて次の各問いに答えなさい。

(1)　「ナラ枯れ」の原因は何ですか。次の**ア**～**エ**より１つ選び，記号で答えなさい。

ア　地球温暖化により気温が高くなり，高温になったため。
イ　線状降水帯などの豪雨《ごうう》により，土の養分が流れ出したため。
ウ　虫によって持ち込まれた菌が増え，道管などが詰まったため。
エ　異常気象により山が保持する水分が減少し，不足したため。

(2)　ドングリができる木は，昔から日本人の生活に利用されることで，新しい芽が出て育ち，再び木へと成長してきました。しかし，現在はほとんど利用されなくなっています。どんなことに利用されてきましたか。次の**ア**～**エ**より１つ選び，記号で答えなさい。

ア　木を伐採し，畑として利用してきた。
イ　炭やたき木として利用してきた。
ウ　樹皮から和紙をつくり，利用してきた。
エ　樹液から塗料《とりょう》をつくり，利用してきた。

(3)　ドングリから苗を育てるためには，ドングリの選別が必要です。どのような方法で選別すればよいですか。次の**ア**～**エ**より１つ選び，記号で答えなさい。

ア　ドングリの重さをはかり，軽いものを選ぶ。
イ　ドングリを水につけ，沈《しず》んだものを選ぶ。
ウ　ドングリの色を見て，色がうすくなっているものを選ぶ。
エ　ドングリの大きさをはかり，大きいものを選ぶ。

(4)　明八の森では，**ア**～**ク**のような生物が観察できました。この中でドングリをエサとしているものをすべて選び，記号で答えなさい。

ア　タヌキ　　**イ**　マムシ　　**ウ**　アナグマ　　**エ**　ノネズミ
オ　シカ　　**カ**　ヒキガエル　　**キ**　カワセミ　　**ク**　イノシシ

2 インゲンマメを真っ暗な所と非常に明るい所にまき，成長を調べ，その結果をまとめたのが下のグラフです。**グラフ1**は植物(種子，またはそれが発芽した植物)のかんそうした重さを測定したものです。かんそうした重さとは，種子やそれが成長した植物の中に含《ふく》まれている水分をすべてなくしたときの重さのことです。**グラフ2**は，植物から出る二酸化炭素の量を測定したものです。下の各問いに答えなさい。

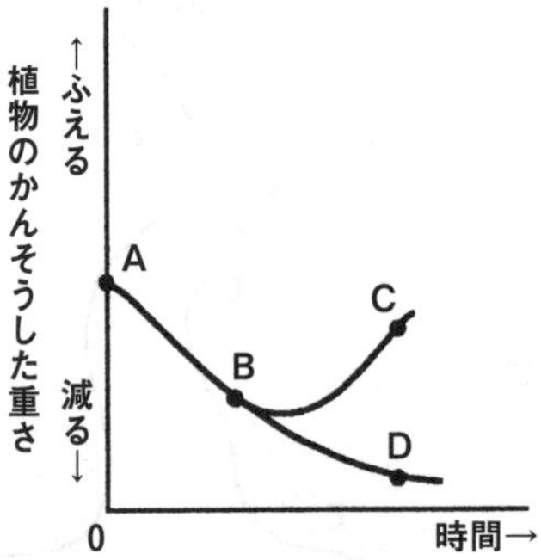

グラフ1

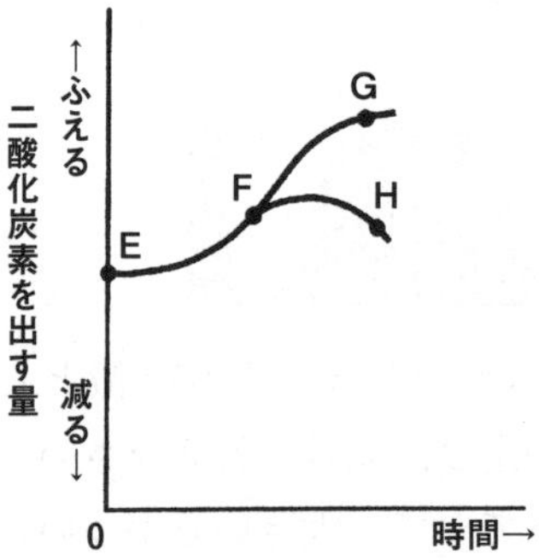

グラフ2

(1) **グラフ1**において**A→B**の変化を示す理由として適切なものを，次の**ア**～**エ**より1つ選び，記号で答えなさい。

ア 植物をかんそうさせるため。

イ 栄養分が土にしみだしたため。

ウ 呼吸によりデンプンが使われたため。

エ 種子の栄養分が芽やくきになったため。

(2) **グラフ1**の**B→C**の変化を示す理由として適切なものを，次の**ア**～**ウ**より1つ選び，記号で答えなさい。

ア 光合成によりデンプンをつくり，その量は呼吸で使うデンプンの量よりも少ない。

イ 光合成によりデンプンをつくり，その量は呼吸で使うデンプンの量よりも多い。

ウ 光合成によりデンプンをつくり，その量は呼吸で使うデンプンの量と同じ。

(3) **グラフ2**で真っ暗な所にまいたインゲンマメが示す変化は，**F→G**と**F→H**のどちらになりますか。記号で答えなさい。

(4) **グラフ2**の**E→F→H**の変化を示す理由として適切なものを，次の**ア**～**エ**より1つ選び，記号で答えなさい。

ア 芽が出ると呼吸はやめ，光合成もしない。

イ 芽が出ると呼吸はやめ，光合成はする。

ウ 芽が出ても呼吸はやめないが，光合成はする。

エ 芽が出ても呼吸はやめないが，光合成はしない。

3 右の図は，山の上流から下流に向かって流れている川の様子を表しています。次の各問いに答えなさい。

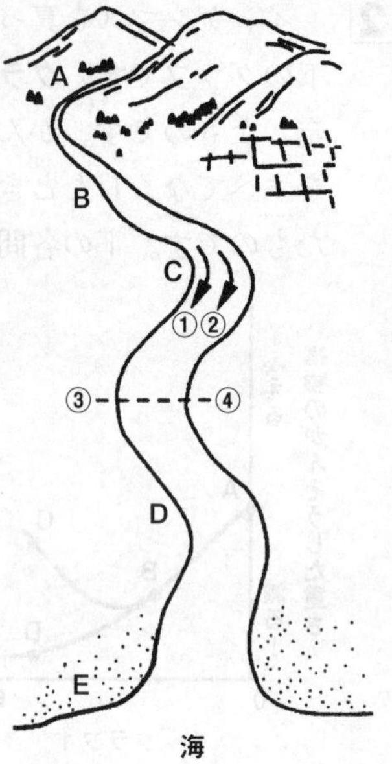

(1) ①と②では，水の流れが速いのはどちらになりますか。番号で答えなさい。

(2) **③と④を通るような川の断面**を下流から見たとき，どのように見えますか。次の**ア～エ**より1つ選び，記号で答えなさい。

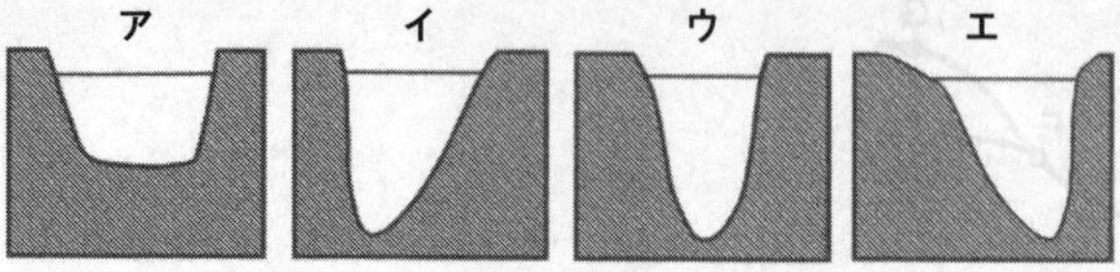

(3) **A**と**B**の地点の川底の石をくらべたとき，その特徴《とくちょう》として適切なものを，次の**ア～エ**より1つ選び，記号で答えなさい。

ア　**A**の石は**B**の石よりも角ばっていて，大きい石が多い。
イ　**A**の石は**B**の石よりも角ばっていて，小さい石が多い。
ウ　**A**の石は**B**の石よりも丸まっていて，大きい石が多い。
エ　**A**の石は**B**の石よりも丸まっていて，小さい石が多い。

(4) 川底がもっとも深くけずられているのはどこですか。次の**ア～エ**より1つ選び，記号で答えなさい。

ア　**A～B**　**イ**　**B～C**　**ウ**　**C～D**　**エ**　**D～E**

4 塩化ナトリウムと硝酸カリウムの溶解《ようかい》度《ど》(水100gあたりにとかすことのできる限度の量のこと)を調べて表にまとめました。それぞれの物質は互《たが》いの溶解度に影響を与《あた》えないものとします。次の各問いに答えなさい。ただし，解答はすべて小数第一位を四捨五入して整数で答えなさい。

温度[℃]	0	20	40	60	80
硝酸カリウム[g]	13.3	31.6	63.9	109.2	168.8
塩化ナトリウム[g]	35.6	35.8	36.3	37.1	38.0

(1) 塩化ナトリウム13gを完全にとかすには，80℃の水は何g必要ですか。

(2) 40℃の水に塩化ナトリウムをとけるだけとかしました。この水溶液100gに含まれる塩化ナトリウムは何gですか。

次に下の実験を行い，その変化の様子をみました。

① 塩化ナトリウムと硝酸カリウムが混ざった145gの**物質A**があります。この145gの物質を80℃の水100gに加えたところ，すべてとけました。
② つくった水溶液をゆっくりと冷やして，その様子を観察しました。60℃のとき結晶《けっしょう》はできませんでした。しかし，60℃を下回るとすぐに，硝酸カリウムの結晶ができました。さらに，20℃まで冷やしても塩化ナトリウムの結晶はできませんでした。
③ 20℃まで冷やした水溶液をろ過して結晶を取り出しました。
④ ろ過したあとのろ液20gをはかり取り，加熱して液体を蒸発させました。

(3) ③で取り出した硝酸カリウムの結晶は何gですか。

(4) **物質A**に含まれていた塩化ナトリウムは何gですか。

(5)　④で液体を蒸発させて残る固体は何gですか。

5　砂糖水，食塩水，塩酸，石灰水，水酸化ナトリウム水溶液，アンモニア水，純水を用意して，その液体を判別するために**実験①～④**を行いました。次の図は**実験①～④**の操作《そうさ》で液体をわける過程を表しています。下の各問いに答えなさい。

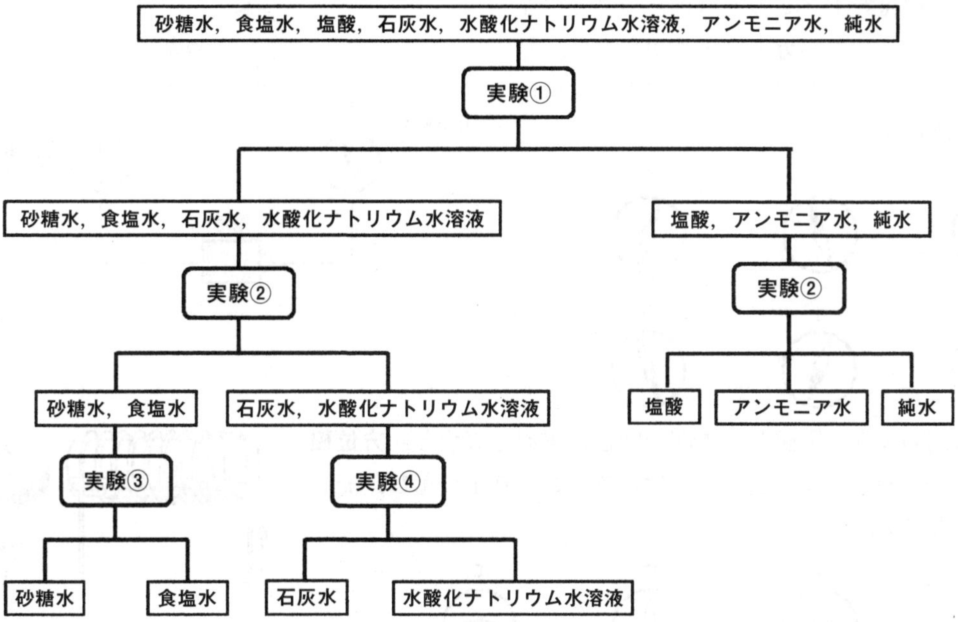

【操作】

ア　液体を赤色リトマス紙につけ，色の変化で判別する。

イ　液体を青色リトマス紙につけ，色の変化で判別する。

ウ　液体を塩化コバルト紙につけ，色の変化で判別する。

エ　液体にアルミニウム片を加え，その変化で判別する。

オ　液体が電気を通すか，通さないかで判別する。

カ　液体を手であおいでかぎ，匂《にお》いで判別する。

キ　液体にヨウ素液を加え，その色の変化で判別する。

ク　液体にBTB溶液を加え，その色の変化で判別する。

ケ　液体を加熱し，物質が残るかどうかで判別する。ただし，残った物質の色での判別はしないものとする。

(1)　**実験①**と**②**ではどのような操作を行っているのか，上の**ア～ケ**より1つずつ選び，記号で答えなさい。ただし，図中の**実験②**は2カ所ありますが，同じ操作をしているものとします。

(2)　**実験③**と**④**ではどのような操作を行っているのか，上の**ア～ケ**より1つずつ選び，記号で答えなさい。

6　電流が流れる導線の周りにできる磁界の向きや電磁石の性質について調べました。次の各問いに答えなさい。

(1)　右の図のような回路をつくりました。図の上側が北で，導線の上に置いた**方位磁針A**の位置では方位磁針は少し右に振《ふ》れました。

図の**方位磁針①**と**②**の向きはどのようになりますか。次の**ア**～**カ**より１つずつ選び，記号で答えなさい。ただし，同じ記号を何度用いても構いません。

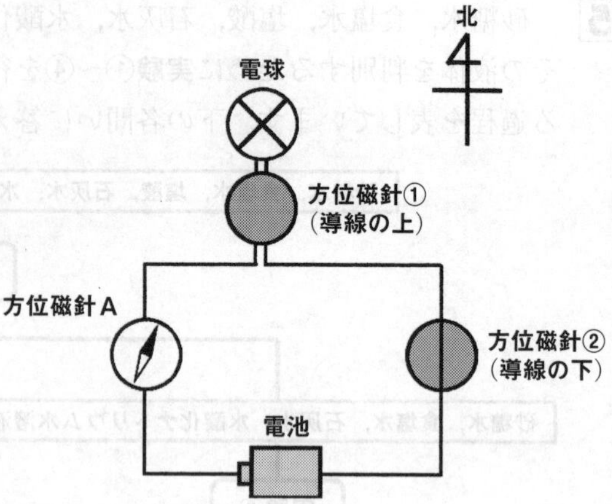

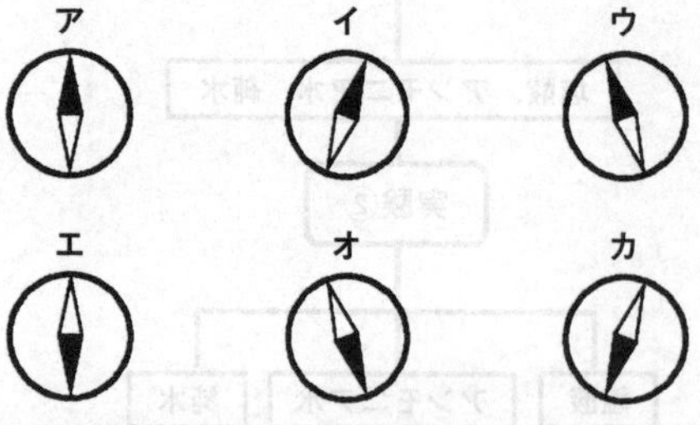

(2)　右の図のような電磁石に矢印の向きに電流を流すと，**方位磁針③**はどの向きになりますか。次の**ア**～**エ**より１つ選び，記号で答えなさい。

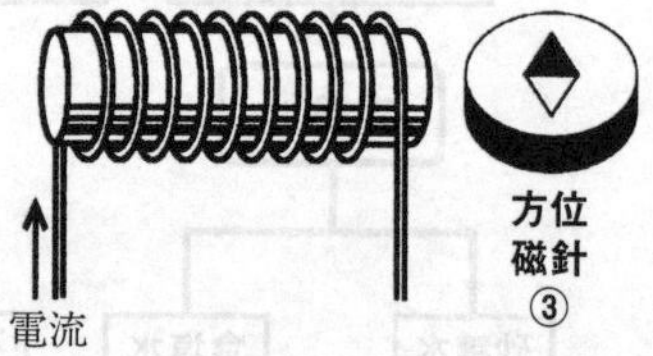

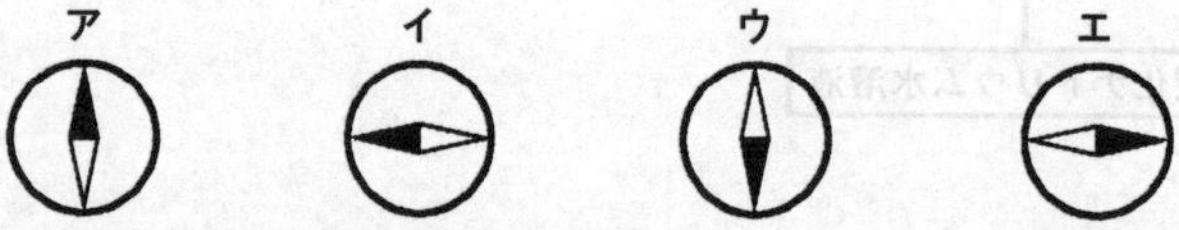

(3)　次に，長さ４cmで太さが一様な鉄心に直径１mm，長さ30cmのエナメル線を50回巻き，**電磁石B**をつくりました。続いて，長さ４cmで太さが一様な鉄心に直径１mm，長さ60cmのエナメル線を100回巻き，**電磁石C**をつくりました。ただし，どちらの電磁石もエナメル線は鉄心の端から端まで巻いてあるものとします。

電磁石Bを１つの電池につなげてゼムクリップに近づけると，２個のゼムクリップがつきました。さらに，**電磁石C**を同じ電池につなげてゼムクリップに近づけると，やはり２個のゼムクリップがつきました。

今回，50回巻きと100回巻きの電磁石についたゼムクリップの数が同じだったのはなぜですか。次の**ア**～**ウ**より１つ選び，記号で答えなさい。

ア　**電磁石B**に対して，**電磁石C**の電流の大きさが同じになるから。
イ　**電磁石B**に対して，**電磁石C**の電流の大きさが２倍になるから。
ウ　**電磁石B**に対して，**電磁石C**の電流の大きさが半分になるから。

7 榛名山《はるなさん》に向かう途中《とちゅう》に榛名湖メロディーラインがあります。榛名湖メロディーラインでは，路面に溝《みぞ》が刻まれた道路の上を車が一定の速度で走行することによりタイヤが振動《しんどう》し，その走行音が溝の中で反響して曲が流れるしくみになっています。次の各問いに答えなさい。ただし，時速とは1時間あたりに移動することができる距離《きょり》のことです。

(1) このメロディーラインは全長280mです。時速50kmで走行したとき，約何秒間曲が流れるか答えなさい。ただし，答えは小数第一位を四捨五入して整数で答えなさい。

(2) 次の文章中の①と②にあてはまる言葉を下の**ア**～**オ**より1つずつ選び，記号で答えなさい。ただし，同じ記号を何度用いても構いません。

溝の上をタイヤが通過するとき，溝と溝との間が狭《せま》い場合はタイヤの1秒間あたりに振動する回数は多くなり(①)音が鳴ります。また，溝の幅《はば》を広くすると振動の幅が大きくなり，(②)音が鳴ります。

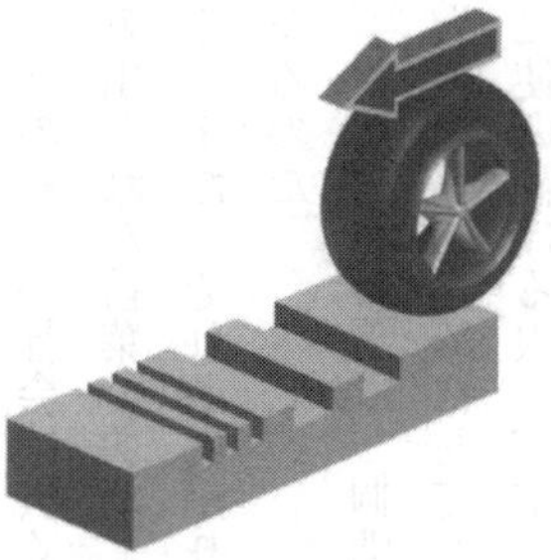

ア 高い　　**イ** 低い　　**ウ** 大きい
エ 小さい　　**オ** 同じ

(3) 次の文章中の③と④にあてはまる言葉を下の**ア**～**オ**より1つずつ選び，記号で答えなさい。ただし，同じ記号を何度用いても構いません。

メロディーラインを時速50kmで走行すると，ちょうどよいメロディが鳴ります。もし，メロディーラインを時速55kmで走行すると時速50kmで走行したときと比べ音の高さは(③)音が鳴り，時速45kmで走行すると時速50kmで走行したときと比べ音の高さは(④)音が鳴ります。

ア 高い　　**イ** 低い　　**ウ** 大きい　　**エ** 小さい　　**オ** 同じ

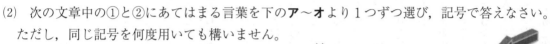

りますが、この説明として最もふさわしいものを次から選び、記号で答えなさい。

ア　つらい出来事が起こったときのために、普段から「ない言葉」を探し、表現力を磨《みが》いておく必要があるということ

イ　「言えば言うほど息苦しくなる言葉」を打ち消してくれるような勇気づけられる言葉を探していくべきだということ

ウ　これまで耳を傾《かたむ》けられてこなかった患者たちの声をしっかりと受け止め、社会に知らしめることが大事だということ

エ　ひとりひとりを励ますのにふさわしい言葉があると信じて、それを地道に探し続けていくことが大切だということ

問十、本文に関する説明として**ふさわしくない**ものを次から一つ選び、記号で答えなさい。

ア　すでにがんばっている人に「がんばれ」と言ったり、無責任に「大丈夫」と言ったりすることは、励ますこととは正反対の結果を招く可能性がある。そのため、相手に合わせて言葉を探していくことが必要であると言えるだろう

イ　言葉は役に立たないと言われることがあるのは、今の日本の詩や文学が無力であるからだろう。だが、かつてハンセン病患者の人々が支え合ったように、互いを思う言葉が再び生まれるようになれば、それらの意義も見直されるはずだ

ウ　ハンセン病の人々が言葉を紡ぎ、その思いが社会に広く伝わっていったように、仲間の中で生み出された言葉であっても、多くの人々のもとに届くことがある。また、それが広がりとなって、社会を変えていくことにもなるのだ

エ　「被害者」や「恵まれない人々」といった言葉は、個別の事情を切り捨てて多様な背景をもつ人々を一まとめにしてしまうことがある。こうした言葉を安易に使い続ける限り、本当の意味で他者を励ますことはできないだろう

三　次の傍線部のカタカナを漢字に直し、漢字は読みをひらがなで答えなさい。

①　明八の文化祭では大人もドウシンに帰る。

②　記念品を参加者にキントウに配る。

③　たまごの焼き加減をゼッサンする。

④　生徒会長にシュウニンする。

⑤　新入生が制服のスンポウを測る。

⑥　『明八の歴史』という本が売れたので重版する必要がある。

⑦　迷信にまどわされてはいけない。自分を信じなさい。

⑧　余計な仕事は後回しにする。

⑨　重要な書類に署名する。

⑩　この地図の縮尺は二万五千分の一だ。

イ　苦しい状況にいる被災者に対して、ありきたりな言葉では励ますことができない事態
ウ　災害の規模があまりにも大きく、全員を励ますことをあきらめなければならない事態
エ　被災者を孤立させないためにも、皆で連帯しようとすることが何より大事だった事態

問三、（③）にあてはまる言葉として最もふさわしいものを次から選び、記号で答えなさい。
ア　（だから落ち込まないで）
イ　（だけど気持ちはわかります）
ウ　（だからガマンしましょう）
エ　（だけどあなたは違《ちが》います）

問四、――④「編み目が粗くなる」とありますが、このたとえが表していることとして最もふさわしいものを次から選び、記号で答えなさい。
ア　多くの人に向けられた「励まし言葉」であるために、それが自身の心情にあてはまらないという人もいるということ
イ　多くの人を励ますための言葉なので、どんな人にでも伝わるようなおおざっぱな言い回しになるということ
ウ　多くの人を励まそうと考えられた新しい言葉は、全員の心にぴったりとあてはまることを目指しているということ
エ　多くの人に向けて作られた言葉であるので、誰にでも分かりやすいぶん、面白《おもしろ》みがなくなってしまうということ

問五、――⑤「言葉を信じて、『言葉探し』を続けたらいい」とありますが、筆者はこの主張のために、どのように話を展開してきましたか。その説明として最もふさわしいものを次から選び、記号で答えなさい。
ア　あらゆる場面で人を励ますことのできる言葉は、一生懸命《けんめい》に探せばきっと見つかるものだと訴《うった》え、「言葉は無力だ」と絶望する人たちにも希望を持たせようとしている
イ　「ドラえもんの秘密道具」といった分かりやすいたとえを用いることで、「励まし言葉」が決して万能《ばんのう》で便利なものではないことを伝え、読者の正確な理解を求めている
ウ　震災やいじめのようなつらい状況に十分に対応できる「励まし言葉」がないことを一度認めたうえで、それでも「言葉が人を励ます」ことがあるという事実を強調している
エ　「がんばれ」や「大丈夫だよ」といった言葉が人々を強く励ますという事例を示し、そうした「言葉を信じる」ことはどういうことかという問いにつなげようとしている

問六、――⑥「昔の患者はある意味でみんな詩人だったんじゃないかな」について、山下さんもまた亡くなった友人のために詩を詠みましたが、この理由についての筆者の考えを説明した次の文の空《くう》欄《らん》にあてはまる言葉を文中から十四字で探し、最初の五字を抜き出して答えなさい。

［　　　　　　］を遺しておくため。

問七、――⑦「『詩』」とありますが、山下さんの考える「詩」がどのようなものかを表した部分を、これより前の文中から二十字で探し、最初の五字を抜き出して答えなさい。

問八、（⑧）にあてはまる言葉を次から選び、記号で答えなさい。
ア　歴史を伝えることを第一に考えてきた
イ　「言葉は無力だ」と言われてきた
ウ　仲間のために言葉を諦めなかった
エ　つらいことばかりの戦争を経験してきた

問九、――⑨「『ない』ものに想像力を働かせることも必要だ」とあ

詩を詠んだって、死んだ友人は帰ってこない。

患者への差別が消えてなくなることもない。

それでも山下さんは、誠心誠意、この詩を詠んだ。

せめて言葉で遺しておけば、いつか、誰かが、彼のことを思い、彼のために祈《いの》ってくれるかもしれない。

「言葉を信じる」というのは、きっと、こういうことなんだろう。

自分の力ではどうにもならない事態に直面して、それでも誰かのために何かをしたくて、でもどうしたらいいかわからなくて、それでも何かしたくて……という思いが極《きわ》まったとき、ふと生まれてくる言葉が⑦「詩」になる。

山下さんが言う「詩人」というのは、きっと、そういう言葉の紡《つむ》ぎ手のことだ。

昔のハンセン病療養所には、そんな「詩人」たちがたくさんいたのだろう。過酷《かこく》な差別を生き抜くために、お互《たが》いに支え合うための言葉が交《か》わされていたんだと思う。

なにか酷《ひど》い出来事が起きたとき、「言葉は無力だ」と言われることがある。何を言っても「きれいごと」だと批判される。

あの震災の後も、「文学なんか役に立たない」と言われた。「つべこべ言わず、ボランティアするなり、支援《しえん》物資送るなりして、身体を動かすべき」とも言われた。

ぼく自身、「言葉に関わる仕事」に引け目を感じた。

でも、山下さんの言葉は「どんなに困難な状況《じょうきょう》でも、言葉で人を励ますことを諦《あきら》めなかった人たち」がいた事実を伝えている。大切な人を支えるためには、やっぱり言葉が必要になるのだ、ということを教えてくれている。

実を言うと、ぼくは大学院生時代の二年間、山下さんの図書館でボランティアをしていた。山下さんの「歴史を伝える」ことへの執念《しゅうねん》に触《ふ》れて、学者になることを志した。

だから、山下さんの言葉は、ぼくにとっては家宝みたいなものだ。

ちなみに、戦後の障害者運動は、ハンセン病患者たちが差別に立ち向かったことが原点（のひとつ）なんて言われている。

（⑧）人たちだからこそ、世間の差別に対しても、黙《だま》らずにいられたんじゃないか、と思う。

第一話で、ぼくは「この社会に『言えば言うほど息苦しくなる言葉』が増えてきた」と指摘《してき》した。

たくさん「ある言葉」というのは目立つから、すぐに気がつきやすい。対して、「ない言葉」は見つけにくい。そもそも「ない」のだから、気がつきにくいのは当たり前だ。

でも、そうした⑨「ない」ものに想像力を働かせることも必要だ。「ない言葉」は、その都度、模索《もさく》していくしかない。だから、「励まし言葉」を探し続けようと思う。そのことを地道に続けてみようと思う。

あの震災が予期せず不意にやってきたように、言葉で大切な人を支えなければならない場面は、誰にでも、不意にやってくるのだから。

（荒井裕樹『まとまらない言葉を生きる』による。一部表記・体裁《ていさい》を改めた）

問一、――①「『言葉がないこと』」とありますが、どんな言葉がないのですか。文中から十八字で探し、最初の五字を抜き出して答えなさい。

問二、――②「『励まし言葉』ではまったく対応できない事態」とありますが、この説明として最もふさわしいものを次から選び、記号で答えなさい。

ア　すでにつらい状況に耐《た》えている人ばかりで、「励まし言葉」が必要とされていない事態ち」が遺《のこ》した言葉から学ぶしかない。

⑥昔の患者《かんじゃ》はある意味でみんな詩人だったんじゃないかな。自分じゃ気が付かないだけで。挫《くじ》けそうな心を励まし、仲間をいたわる言葉をもっていたからね。

この言葉を記したのは、ハンセン病回復者の山下道輔《やましたみちすけ》さん(一九二九〜二〇一四年)。長らく国立ハンセン病療養所《りょうようじょ》で生活されていた方だ。

ハンセン病療養所には、過去にこの病気を患《わずら》い、治癒《ちゆ》した後もいろいろな理由で、ここ以外に生活の場所がない人たちが暮らしている。「いろいろな理由」というのは、例えば病気の後遺症《こういしょう》があって介助《かいじょ》や医療的ケアを必要としたり、長期間の入所を強《し》いられたため社会で生活する術《すべ》がなかったり、地域社会から差別されて「帰ってくるな」と言われたりと、本当に「いろいろ」だ。

日本では長らく患者を隔離《かくり》する政策がとられ、多くの患者たちが療養所に収容された。「遺伝する」とか「伝染《でんせん》する」とか、誤解や偏見《へんけん》を持たれたこともあって、患者たちはとても差別された。有効な治療法が確立・普及《ふきゅう》した後も、差別は続いた。

壮絶な差別から身を守るために、身内に差別が及《およ》ばないように、療養所では偽名《ぎめい》を使う患者も多かった。場合によっては、身内から本名を捨てさせられることもあった。

山下さんは一九四一年に一二歳《さい》で療養所に入所した。それから二〇一四年に亡《な》くなるまで、実に七〇年以上も療養所で暮らし続けた。ハンセン病関連の資料を集めた「ハンセン病図書館」の主任を務めていて、「歴史を伝える」ことに人生をかけた人だった。

山下さんが入所した頃《ころ》の療養所は、ひどいところだった。社会からの差別もあったし、横暴な医療者や職員もいた。現在なら「人権侵《しん》害《がい》」とされることもたくさんあった。「療養所」のはずなのに食事も医療も乏《とぼ》しくて、患者たちも農作業をしたり、土木作業に携《たずさ》わったり、重症者介助を手伝ったりして働かないと、施設《しせつ》自体が立ちゆかなかった。

そんな中でも、患者同士の友情があり、愛情があり、笑いと涙《なみだ》の人情劇があり、職員の目を盗《ぬす》んで何かを企《くわだ》てようとする攻防戦《こうぼうせん》があった。もちろん、複雑でややこしい人間関係もあったし、ケンカやいさかいもあった。

陳腐《ちんぷ》な言い方だけれど、そこでは、ぼくたちと変わらない「等身大の人間たち」が生活していた。

一九四九年の冬。山下さんの友人が亡くなった。療養所の外の畑に芋《いも》を盗みに行って捕まり、袋叩《ふくろだた》きにされたのだ。盗みはよくない。でも、敗戦後の療養所は食糧《しょくりょう》事情が悪くて、みんなお腹《なか》を空《す》かせていた。彼は自分が面倒《めんどう》をみている重症患者に食べさせるために、あえて芋を盗みに行ったのだ。

傷ついた彼が療養所に戻《もど》ってきて、どうなったか。許可なく外に出たことをとがめられ、監房《かんぼう》に入れられた(当時のハンセン病療養所には監禁施設があった)。それが祟《たた》ったのだろう。彼はその時の傷がもとで死んでしまった。絵を描《か》くのが好きな人だった。

昔の患者は私物をほとんど持てなかった。身元を隠《かく》している人も多い。遺族もわからなければ遺品もない。ということは、「その人が生きていたという事実」が遺らないということだ。そんなの悲しすぎる。だから、山下さんは友人のために追悼詩《ついとうし》を詠《よ》んだ。

強い北風の吹く明方／／鍔《つば》のない戦闘帽《せんとうぼう》を斜《はす》に被《かぶ》った友は、それまで糞尿《ふんにょう》をふんばりださんとしてたのに……／／泡《あわ》を噴《ふ》き、消え絶えた小さな懐炉《かいろ》を下腹の上で握《にぎ》りしめたまま、かつての日、己《おのれ》が描《えが》いた「冬の窓」の懸《か》かったがくに貌《かお》をそむけて逝《い》った……

「果てに……亡友瀬羅《せら》へ」『山櫻《やまざくら》』一九五〇年一月号

が関係している。

「人を励ます言葉」というと、どんなフレーズ（言葉）を思いつくだろうか。

ワークショップで出てくる不動のトップ3は「がんばれ」「負けるな」「大丈夫《だいじょうぶ》」。他にもいろいろ出るけど、この三つの地位が揺《ゆ》らぐことはない。

でも、よくよく考えると、「がんばれ」と「負けるな」は、人を叱《しか》りつける時にも使う。「叱咤激励《しったげきれい》」という四字熟語があるように、日本語では「叱咤」と「激励」はコインの表裏の関係にある。

一方、「大丈夫」というのも、最近では「no thank you」の意味で使われることが多い。「コーヒーもう一杯《いっぱい》飲みますか？」「あ、大丈夫です〜」といった感じだ。

ぼくらが「励まし表現」の代表格だと思っている言葉は、時と場合によっては、「人を叱る言葉」や「人と距離《きょり》をとる言葉」に姿を変える。どうやら日本語には、「どんな文脈にあてはめても、『人を励ます』という意味だけを持つ言葉」というのは存在しないらしい。

ワークショップでも、「いじめられる側」に同情する主旨《しゅし》で書きはじめられた文章が、後半に進むにつれて「こんな奴《やつ》に負けないでがんばれ」という論調になっていくパターンが多い。

これは裏返すと、「自分を強く持て」ということなんだけど、受け取り方によっては、「いじめられるのはあなたが弱いからいけない」というメッセージにもなる。

「弱いからいけない」——実はこれ、課題小説の中で「いじめる側」が言ってる理屈と、ほとんど同じなのだ。

いまから振り返ってみれば、東日本大震災《だいしんさい》というのは、普段《ふだん》ぼくらが使っている②「励まし言葉」ではまったく対応できない事態だったのだろう。

ひたすら堪《た》え忍《しの》ぶ被災者に「がんばれ」は相応《ふさわ》しくない（もう限界までがんばっていた）。「負けるな」というのも変だ（被災に「勝ち負け」は関係ない）。「大丈夫だよ」もおかしい（実際「大丈夫」ではなかった人たちがたくさんいた）。

そうこうしているうちに、どこからともなく「ひとりじゃない」というフレーズが出回るようになった。被災者を孤立《こりつ》させず、連帯しようという思いを込《こ》めた新しい「励まし言葉」だったと思う。

でも、これも使い方次第《しだい》では「苦しいのはあなただけじゃない（　③　）」という意味になりえてしまう。

多くの人に向けられた言葉は、どうしても④編み目が粗《あら》くなる。一口に「被災者」といっても、実際にそこにいるのはさまざまな事情を抱《かか》えた一人ひとりの人間だ。だから、ひとつの言葉が全員の心にぴったりと当てはまるなんてことがあるはずない。「その言葉は今の心情にそぐわない」という人がいれば、そのたびに言葉を探すことが必要だ。

もちろん、震災は言葉だけでなんとかなる問題じゃない。だからといって、言葉は二の次でいいわけでもない。

さっきのワークショップで気づいてほしいのは、「どんな場面でも人を励ませる便利な言葉なんてない」ということ。そんな「ドラえもんの秘密道具」みたいな言葉は存在しない。

でも、不思議なもので、ぼくたちは普段から「誰《だれ》かの言葉に励まされる経験」をしている。やっぱり「言葉が人を励ます」ことは確かにあるのだ。

だから、「言葉は無力だ」と絶望することはない。⑤言葉を信じて、「言葉探し」を続けたらいい。

とは言ってみたものの、そもそも「言葉を信じる」というのは、一体どういうことなのか。こういうことは、実際に「言葉を信じた人た

イ　コンビではなく一人の芸人として、新しいお笑いを追求しようとする意志を新たにいだいたから

ウ　これまでお笑いに注いできた努力を思い出し、再びコンビを結成して挑戦していきたいと思ったから

エ　ずっと心残りだったてっちゃんとのわだかまりを解消し、気持ちを入れ替《か》えてやり直そうと決めたから

問九、――⑨「お笑いってほんとにいいなって思えた」とありますが、「僕」が思うお笑いの良さを表した言葉を、文中から二十一字で探し、最初の五字を抜き出して答えなさい。

問十、本文に関する説明として最もふさわしいものを次から選び、記号で答えなさい。

ア　自分に問いかけるような言葉をはさみ、「僕」の心情をくわしく描《えが》くことで、お笑いに取り組む「僕」の気持ちの変化をていねいに表現している

イ　吉沢さんやてっちゃんといった人物のせりふを多く盛り込むことで、「僕」がまわりの人物に振り回される様子をユニークに描いている

ウ　先生として活躍《かつやく》するてっちゃんの様子や夜空の月を魅力《みりょく》的に描くことで、売れずになやみ苦しんでいる「僕」との対比をあざやかに演出している

エ　「……」という表現をくり返し用いることで、「僕」がお笑いを続けていくことへの不安をだんだんと強めていく様子を的確に表現している

二　次の文章を読んで、あとの各問いに答えなさい。なお、文中の言葉の下の〔　〕の中はその言葉の意味とする。

『ヘヴン』という小説がある。川上未映子《かわかみみえこ》さんが書いた名長編で、中学生の壮絶《そうぜつ》な「いじめ」がテーマになっている。

この作品の中に、加害者と被害者《ひがいしゃ》が一対一で話し合う場面がある。いじめられている主人公が、ばったり出会った加害者グループの一人を捕《つか》まえて、勇気を振《ふ》りしぼって話しかけるという場面だ。主人公は震《ふる》える声で問いかける。どうして君たちは、ぼくに対して、こんなひどいことができるんだ、と。

ネタバレになるから詳《くわ》しくは書かないけれど、結論から言うと、主人公は加害者の男子生徒にコテンパンに言い負かされる。その言い負かされ具合があまりにも圧倒的《あっとうてき》で、読んでいて悲しくなったり、腹が立ったり、とにかく感情がぶれにぶれて、正直、読むのがしんどい場面だ。

実は、ぼくは授業や講演の中で、ときどきこの小説を採り上げてワークショップ〔体験型の講座〕を開く。そして参加者に短い作文を書いてもらう。テーマは「いじめられている子を励《はげ》ます」というものだ。

すると多くの参加者は、「いじめられる側」に同情し、「いじめる側」を許せないと怒《いか》る。本当にメラメラと怒りの炎《ほのお》が見えるくらいにヒートアップする人もいる。

でも、提出された作文を読むと、だいたい六割から七割近くの人は、「いじめる側」の肩《かた》を持つ（この比率はぼくの経験値によるもの）。正確に言うと、理屈《りくつ》としては「いじめる側」が言っていることに近い文章を書いてくる。心情的には「いじめられる側」に同情していても、出来上がる文章は「いじめる側」に近くなるのだ。

どうしてこんなことが起きるのか。たぶん、①「言葉がないこと」

面白《おもしろ》いリアクションをするのが難しい設定であったから

エ　相手は社長であるとはいえ、はじめて会った人に荷物の整理を手伝うよう命じられるという、不愉快《ゆかい》な状況であったから

問二、――②「僕は吉沢さんのほうを見ず、平淡に答える」とありますが、このときの「僕」の心情の説明として最もふさわしいものを次から選び、記号で答えなさい。

ア　期待していた話をしてくれない吉沢さんの褒《ほ》め言葉を素直《すなお》に受け止められないでいる

イ　いつも宅配の仕事をしているのだから荷物運びなど簡単だと自分に言い聞かせている

ウ　仕事を紹介してくれる吉沢さんのために、プロとしてしっかり働こうとやる気を出している

エ　荷物運びはずっと得意なことだったのに、それを知らなかった吉沢さんにがっかりしている

問三、――③「僕はおずおずと訊ねた」とありますが、このときの「僕」の心情の説明として最もふさわしいものを次から選び、記号で答えなさい。

ア　きちんとした報酬を出してくれない吉沢さんへの怒《いか》り

イ　どうせ約束は守られないだろうという半ばあきらめた気持ち

ウ　いよいよ仕事を紹介してくれるのだろうという確信

エ　真実を聞きたいが、知ってしまうこともこわいと思う気持ち

問四、――④「吉沢さんに深くお辞儀をして」とありますが、このときの「僕」の心情の説明として最もふさわしいものを次から選び、記号で答えなさい。

ア　お笑いの仕事を紹介してくれたことに対して感謝している

イ　同じ目標をもっていた吉沢さんのつらさを感じとっている

ウ　会社をたたむことになってしまった吉沢さんを憐れんでいる

エ　吉沢さんへの怒りはおさまらないが、礼儀は必要だと思っている

問五、――⑤「もうきっぱり手を引く時なのかもしれない」とありますが、「手を引く」とはこの場合どうすることですか。これを説明した次の文の空欄《くうらん》ア・イにあてはまる言葉を、それぞれ五字以内で考えて答えなさい。

［ア］を［イ］こと。

問六、――⑥「間違っていた」とありますが、何が間違っていたのですか。この説明として最もふさわしいものを次から選び、記号で答えなさい。

ア　自分の力不足をかえりみず、お笑い芸人として売れない原因が、すべてかつての相方にあると決めつけていたこと

イ　大切にするべきだった相方のことを見下していたのに、関係を解消した今になって見返してやろうと考えていたこと

ウ　お笑い芸人として成功したいという自分の初心を忘れ、自分の芸に自信をなくして弱気になってしまったこと

エ　お笑いに対する純粋《じゅんすい》な気持ちを忘れ、昔の相方や世間に対して見返してやりたいという思いが先走っていたこと

問七、――⑦「キラキラしてるよ」とありますが、これと同じ内容を表した次の文の空欄にあてはまる言葉を文中から七字で抜き出して答えなさい。

［　　　　　　　］をもって輝いていること。

問八、――⑧「やっぱり僕はまだ……いや、もう一度、お笑いをやってみたい」とありますが、なぜ「もう一度」なのですか。この理由として最もふさわしいものを次から選び、記号で答えなさい。

ア　お笑いをやりたいという素直な思いを取り戻して、再び挑《ちょう》戦《せん》しようとする決意をかためたから

ウ

「それはポン、おまえだろ！」

思わずてっちゃんのほうを向いた僕に、てっちゃんはゆっくりと続ける。

「俺から見たら、⑦キラキラしてるよ。ポンは気づいてないと思うけど」

「僕が？」

「うん。ポンは自分のことぜんぜんダメだって思ってるかもしれないけど、俺は友達として誇《ほこ》りに思ってるよ。ひとりで東京に出て、誰の助けも借りずに自活して、夢を抱《いだ》き続けて。すごいよ、ポンは」

「だって……だって、その夢はぜんぜん叶《かな》えられてないじゃないか」

「叶えなかったらダメなのかな。夢を持ってるっていうことそのものが、人を輝かせるんじゃないかな」

レゴリス（月に積もっている砂で、月の輝きを増す働きをしている）。

ああ、そうだ。僕は思い違いをしていた。

レゴリスは、きれいに見せるために手をかけたまやかしの化粧《けしょう》じゃない。もともと月に「備わって」いるものなんだ。

不意にそんなことがすとんと腑《ふ》に落ちて、僕は思わずため息をついた。

うわべだけのお膳《ぜん》立てじゃなくて、青森を出たときから僕が携《たずさ》えているありのままの想《おも》いが僕を輝かせてくれるなら……。

⑧やっぱり僕はまだ……いや、もう一度、お笑いをやってみたい。

別れ際《ぎわ》にしみじみと、てっちゃんが言った。

「話せてよかったなあ、ずっと気になってたから。ありがとな」

そのまんま、こっちのせりふだった。

手を振《ふ》り合ってひとりになると、僕はサクの留守番電話を思い出した。同じだな。「ずっと気になってた」って。

それはきっと、サクがお笑いをやめると言ったとき、僕がちゃんと心のうちを話さなかったからだ。ただ「わかった」って、その一言だけで。

僕は本当は、サクに言いたいことがいっぱいあった。ちゃんと気持ちをぶちまければよかった。サクだって、それを聞きたかったに違いない。

なんでだよ。なんで僕のこと、そんなにあっさり見捨てるんだよ。

ふざけんなよ、勝手すぎるだろ。

裏切りやがって。自分ばっかりいい思いしやがって。

一緒にコンビ組もうって言ってきたの、そっちじゃないか。

僕はすごく楽しかったんだ。おまえと出会えて、すごくすごく嬉《うれ》しかったんだ。

⑨サクがいなかったら、養成所だって続けられなかったかもしれない。お笑いってほんとにいいなって思えたのは、サクが隣《となり》でそれを教えてくれたからだ。

そう、サクのおかげなんだよ。

だから……だから今ならきっと言える。本心で。

がんばれよ、サク。応援《おうえん》してるから。僕もがんばる。

僕はスマホを手に取り、電話のアイコンに指をあてた。

（青山美智子「月の立つ林で」による。一部表記・体裁《ていさい》を改めた）

問一、——①「意地悪な設定」とありますが、なぜ「意地悪」といえるのですか。この理由として最もふさわしいものを次から選び、記号で答えなさい。

ア　わずかな時間で大量の荷物を整理しなければならないという、荷物運びが得意な「僕」にとっても厳しい状況であったから

イ　芸人の道が開ける機会と思わせておいて、実際は荷物の整理を手伝わせるという、期待を裏切るような設定であったから

ウ　無名のお笑い芸人がいきなり荷物運びをさせられるという、

ミツバ急便の正社員試験を受けて、もう少し安定した暮らしを手に入れるのもいい。身分不相応な夢なんか追わずに、焦燥《しょうそう》感にかられる〔あせる〕ことも傷つくこともなく、汗《あせ》水流して働いて、休みの日はビールを飲んで。そのほうがずっと幸せじゃないか。

それとも、青森に戻《もど》るか。

親にしてみれば、あっけなく夢破れて帰ってきた息子《むすこ》なんて、近所の笑いものかもしれないけど……。いや、これでやっと笑ってもらえるならそれもいいのか。

「よくないだろ」

僕は小さく声に出して自分にツッコミを入れる。

スマホを取り出し、ツイッター〔短い文章を投稿《とうこう》できるウェブサービス〕を開いた。あれから僕は何も投稿していない。

最後にツイート〔ツイッターへの投稿〕した文面を目でたどる。

「久しぶりのライブ、最高だった。その後さらに最最最高なことが起きた。人生って思わぬところで急展開するもんだよな。見返すチャンスがやってきた。今後のポン重太郎に、乞《こ》うご期待！」

見返すチャンス。

あのとき勢いで打ち込《こ》んでしまったそのツイートをあらためて読むと、その言葉が引っかかった。

僕は、サクを見返したかったのだろうか。

そんなことが原動力になっていたんだろうか。

それともサクだけじゃなくて、この不条理な世の中に？

⑥間違っていた。

この日僕がすべきツイートは、「今日、ライブ会場に来てくれたお客さんたち、本当にありがとう」ってことだったのに。

僕はその投稿を削除《さくじょ》し、スマホをズボンのポケットに入れて目を閉じた。

ステージに立ったときのわくわくと高まる気持ち、客席との一体感を思い出す。お客さんの表情。揺《ゆ》れた肩《かた》。体が甘く疼《うず》いた。

そうだな、サク。

エンタメってそういうことだよな。提供するほうも受け取るほうも、一緒《いっしょ》に楽しいって。

やっぱり僕は、お笑いが好きなんだ……。

故郷に続く新幹線は僕を運びながら、ゆりかごみたいに揺れている。

（中略）

駅前の居酒屋で、僕とてっちゃんは乾杯《かんぱい》をした。

中学校の先生を続けているてっちゃんは、ソフトボール部の顧問《こもん》をしているという。日に焼けた笑顔《えがお》が健康的だった。

肴《さかな》をつまみながら、僕たちはいろんな話をした。

メインは東京での僕についてだった。コンビ解散のときのこと、事務所を出てからは、宅配便のドライバーをしていること。

「サイン書くほうじゃなくて、サインもらう仕事してるよ。伝票に」

その言葉にてっちゃんは弾《はじ》けるように笑ってくれて、それが僕を安心させた。ここで憐《あわ》れまれたりスルーされたりしたら、そこから本音を話せなくなっていたかもしれない。

二時間ぐらい飲んだあと、僕らは店を出た。

夜空に、すっきりと輝《かがや》く弓のような形の月が見えた。堂々とした満月とはまた違う、清らかな美しさがあった。

僕はその光を見上げながら立ちすくむ。

「……月って、自分があんなふうに光ってるなんてきっと知らないんだろうな。教えてやりたいな」

てっちゃんは、ちょっとおどけた表情で僕に体を寄せた。

「元・相方としてツッコませてもらうけど」

「え？」

て「こっち」と手招きした。路上に軽トラックが停《と》めてあり、荷台にはすでに、廃棄《はいき》されるのであろうキャビネットと小型冷蔵庫が載《の》っている。

業界じゃなくて、業者の人だったらしい。僕は脱力《だつりょく》した。

段ボール箱を運び終わり、軽トラックが行ってしまうと、今度はゴミの分別を任された。燃えるゴミとプラゴミ、瓶缶《びんかん》を分け、古い雑誌をまとめて紐《ひも》でくくる。

「なんかさあ、もう、ゴミって捨てるのも大変だよね」

吉沢さんはいまいましそうに言いながら、書類の整理をしている。

その言葉はサクや事務所に捨てられた僕へのあてつけか。そんなふうに思えるぐらいに、心がねじ曲がっていた。

あの話は。あの話は、どうなってるんだ。

手を動かしながら、僕は悶々《もんもん》としていた。この状況《じょうきょう》がドッキリじゃないことぐらい、わかっている。

ゴミがあらかた片付き、床掃除《ゆかそうじ》を済ませると、吉沢さんが「もういいよ」と言った。午後二時だった。昼飯も食べていない。

「あとは俺しかわかんないから、自分でやる。ありがとう、お疲《つか》れさん」

吉沢さんは、缶コーヒーをひとつ、僕によこした。

デスクの隅に何本か転がっていたやつだ。これが、今日の「仕事」の報酬《ほうしゅう》。

③僕はおずおずと訊《たず》ねた。

「…………あの、バクチキ〔テレビ番組の名前〕のプロデューサーに紹介《しょうかい》してくれる話って」

吉沢さんは目を見開き、ええっと叫《さけ》んで笑い出した。

「まさかと思うけどなんか勘違《かんちが》いさせた？　俺はやってみたいかって言っただけだろ。あんなの世間話だよ」

僕は泣きそうになりながら食い下がる。

「でも、無名なヤツが一晩で有名になるっていう夢のある商売だって、励《はげ》ましてくれたじゃないですか」

「もちろんそうだよ。実力と運があればね」

…………実力と、運。

ポン重太郎はどちらも持ち得ていないのだと、はっきり言われたみたいだった。

僕が涙《なみだ》をこらえていると、吉沢さんはぽつんと言った。

「本当に難しいんだよ。人を笑わせる仕事って」

くたびれたシャツの襟《えり》が汚《よご》れている。

吉沢さんだって、人を笑わせたくてこの会社を経営してきたんだろう。笑えない自分にもがきながら。成功している知り合いを横目で見ながら。

僕は缶コーヒーを握《にぎ》りしめ、④吉沢さんに深くお辞儀《じぎ》をして部屋を出た。

翌週の土曜日、僕は新幹線で青森に向かっていた。

僕はやっぱりダメだ。ぜんぜん、ダメだ。

そもそもの始まりからしてダメだ。

大学祭でちょっとウケたからって、内定〔会社からの採用通知〕を蹴《け》って養成所に入ったってところから、ダメダメのスタートだ。

今回のことだってまったく同じだ。いつもは気弱で自信なんかないくせに、少しばかりうまくいったと思うと急に気が大きくなって。吉沢さんがうまく取り次いでくれてバクチキのレギュラーになれるなんて思っていた。そんな甘《あま》い世界じゃないことぐらい、充分《じゅうぶん》すぎるぐらい知ってるはずなのに。

自分がバカすぎて、消えてしまいたくなった。

⑤もうきっぱり手を引く時なのかもしれない。

2024年度

明治大学付属八王子中学校

【国　語】〈A方式第一回試験〉（五〇分）〈満点：一〇〇点〉

〈注意〉　字数には、句読点《くとうてん》も記号も一字として数えます。

一　次の文章を読んで、あとの各問いに答えなさい。なお、文中の言葉の下の〔　〕の中はその言葉の意味とする。

【「僕《ぼく》（ポン）」は、大学を卒業した後、アルバイトをしながら売れないお笑い芸人を続けている。かつての相方「てっちゃん」にくわえ、「サク」ともコンビを解消し、一人で活動をしているが、なんとか売れようと、企画《きかく》会社の社長であり、お笑いライブに来ていた「吉沢《よしざわ》さん」に声をかけたところ、彼に会社に来るように伝えられた。】

二日後、吉沢さんの会社を訪《おとず》れた。

間違《まちが》えたかなと思うぐらい、ぼろぼろの雑居ビルだった。だけど確かに、住所もビル名も合っている。

五階建てのその建物にエレベーターはない。階段で三階に上がると、キャップをかぶったおじさんがいた。

業界〔芸能界〕の人かな。

僕はちょっと会釈《えしゃく》したが、おじさんはそれには気づかずに階段を下りて行った。

吉沢さんが出てきて、僕に軽く手を上げる。

「ああ、きたきた。……えーと。ごめん、何て呼べばいい？」

こめかみを掻《か》きながら苦笑いする吉沢さんに、僕は言った。

「本名は本田ですけど、ポンでいいです」

「ポンね。じゃ、とりあえず、そこに積んである箱、下に運んでくれる？」

「……箱、ですか」

部屋の隅《すみ》に、大きさの揃《そろ》わない段ボール箱がいくつも乱雑に置かれている。デスクの上には書類やファイルが散らばっていた。

「実は会社たたむことになってさ」

「えっ」

「明日までにここ、引き揚《あ》げなきゃいけないんだけど、挨拶《あいさつ》回りではたばたしてたんで荷物の整理がつかなくてね。今はこの会社、俺《おれ》ひとりでやってるようなもんだから、今日はポンが来てくれて助かったよ」

これは……これは、ドッキリかなんかだろうか。

無名の芸人に①意地悪な設定を仕掛《しか》けて、どう反応するかって。

そうだ、きっとそうに違いない、そうであってほしい。

だとしたら、どんなリアクションをしたらウケる？

そんなことを虚《うつ》ろに考えながら、僕は「はぁ」と気の抜《ぬ》けた返事をするしかなかった。

言われるまま、茶色い段ボール箱に腕《うで》を伸《の》ばす。けっこうな重量だ。箱の角を手のひらの中央に置いて安定させ、中指や薬指でしっかり抱《かか》えて階段に向かった。

「なんか、手慣れてるねえ」

ちょっと意外そうに、吉沢さんが言った。

②僕は吉沢さんのほうを見ず、平淡《へいたん》に答える。

「僕、プロなんで」

荷物運びの。

階段を下りると、さっきのキャップのおじさんが少し先に立ってい

2024年度 明治大学付属八王子中学校 ▶解説と解答

算 数 ＜Ａ方式第１回試験＞（50分）＜満点：100点＞

解 答

1 (1) 0 (2) 7 (3) 6 (4) $\frac{8}{15}$ 2 (1) 250dL (2) 110人 (3) 5人 (4) 9600円 (5) 42cm^2 (6) 9cm 3 (1) 126m (2) 20g (3) 19個 (4) 8cm (5) 56度 4 (1) 毎分82m (2) 2624m 5 (1) 4cm (2) 36cm^3

解 説

1 四則計算，計算のくふう，逆算

(1) $\frac{7}{8}+0.125-\left(1\frac{1}{9}\times1.8+1.5\right)\div\frac{7}{2}=\frac{7}{8}+\frac{1}{8}-\left(\frac{10}{9}\times\frac{9}{5}+1.5\right)\div\frac{7}{2}=\frac{8}{8}-(2+1.5)\div\frac{7}{2}=1-3.5\div3.5=1-1=0$

(2) $\left(\frac{3}{5}-0.25\right)\div\left\{0.8-1\frac{3}{11}\times\left(\frac{5}{7}-0.125\right)\right\}=\left(\frac{3}{5}-\frac{1}{4}\right)\div\left\{\frac{4}{5}-\frac{14}{11}\times\left(\frac{5}{7}-\frac{1}{8}\right)\right\}=\left(\frac{12}{20}-\frac{5}{20}\right)\div\left\{\frac{4}{5}-\frac{14}{11}\times\left(\frac{40}{56}-\frac{7}{56}\right)\right\}=\frac{7}{20}\div\left(\frac{4}{5}-\frac{14}{11}\times\frac{33}{56}\right)=\frac{7}{20}\div\left(\frac{4}{5}-\frac{3}{4}\right)=\frac{7}{20}\div\left(\frac{16}{20}-\frac{15}{20}\right)=\frac{7}{20}\div\frac{1}{20}=\frac{7}{20}\times\frac{20}{1}=7$

(3) $A\times B+A\times C=A\times(B+C)$となることを利用すると，$0.2\times6\times1.26+4\times0.3\times3.85-1.2\times0.11=1.2\times1.26+1.2\times3.85-1.2\times0.11=1.2\times(1.26+3.85-0.11)=1.2\times5=6$

(4) $4\frac{1}{2}-\frac{17}{6}=\frac{9}{2}-\frac{17}{6}=\frac{27}{6}-\frac{17}{6}=\frac{10}{6}=\frac{5}{3}$より，$\frac{5}{3}\div\left\{(1-\square)\times2\frac{3}{7}-\frac{1}{3}\right\}=2\frac{1}{12}$，$(1-\square)\times2\frac{3}{7}-\frac{1}{3}=\frac{5}{3}\div2\frac{1}{12}=\frac{5}{3}\div\frac{25}{12}=\frac{5}{3}\times\frac{12}{25}=\frac{4}{5}$，$(1-\square)\times2\frac{3}{7}=\frac{4}{5}+\frac{1}{3}=\frac{12}{15}+\frac{5}{15}=\frac{17}{15}$，$1-\square=\frac{17}{15}\div2\frac{3}{7}=\frac{17}{15}\div\frac{17}{7}=\frac{17}{15}\times\frac{7}{17}=\frac{7}{15}$ よって，$\square=1-\frac{7}{15}=\frac{15}{15}-\frac{7}{15}=\frac{8}{15}$

2 単位の計算，差集め算，仕事算，売買損益，相当算，面積

(1) 1m^{3}は1辺の長さが1m（＝100cm）の立方体の体積である。また，1L＝10dL＝1000cm^{3}より，1dL＝100cm^{3}となるから，1m^3＝100cm×100cm×100cm＝1000000cm^3＝10000dLとわかる。よって，0.045m^3－270dL＋7000cm^3＝450dL－270dL＋70dL＝250dLと求められる。

(2) ノートの数を3倍して，ボールペンとノートの数を同じにして考える。このとき，生徒1人につきノートを，2×3＝6（冊）ずつ配ると，30×3＝90（冊）不足することになるので，右上の図1のように表すことができる。図1から，ボールペンを1人に5本ずつ配るのに必要な数と，ノートを1人に6冊ずつ配るのに必要な数の差は，20＋90＝110とわかる。これは，6－5＝1の差が生徒の数だけ集まったものだから，生徒の数は，110÷1＝110（人）と求められる。

図1

ボールペン	5本，5本，…，5本→20本余る
ノート	6冊，6冊，…，6冊→90冊不足

(3) 1人が1日にする仕事の量を1とすると，この仕事全体の量は，1×7×18＝126となる。また，10人が4日でした仕事の量は，1×10×4＝40なので，残りの仕事の量は，126－40＝86とわかる。これを，10－4＝6（日）で終わらせるには，86÷6＝14.3…より，少なくとも15人で行う必

要がある。よって，15－10＝5（人）増やせばよい。

⑷　原価の2割は，5600×0.2＝1120(円)だから，定価の3割引きの値段が，5600＋1120＝6720(円)になればよい。よって，定価を□円とすると，□×(1－0.3)＝6720(円)と表すことができるので，□＝6720÷0.7＝9600(円)と求められる。

⑸　右の図2で，三角形ABCの面積は，6×8÷2＝24(cm^2)である。また，三角形ABCで，BCを底辺と考えたときの高さは，24×2÷10＝4.8(cm)だから，台形ABCDの面積は，(7.5＋10)×4.8÷2＝42(cm^2)と求められる。

図2

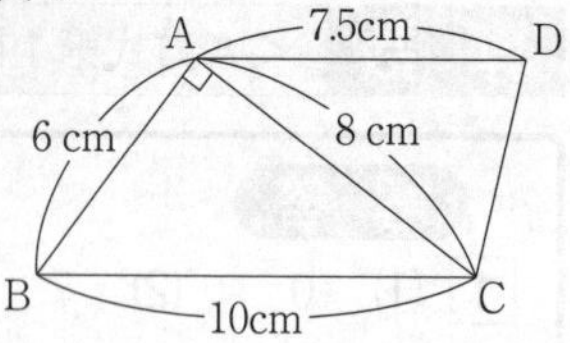

⑹　長方形を上底と下底の長さが等しい台形と考える。すると，2つの台形の高さは等しいので，面積の比と，(上底)＋(下底)の比は等しくなる。また，長方形は，(上底)＋(下底)＝8＋8＝16(cm)だから，台形は，(上底)＋(下底)＝16×$\frac{3}{2}$＝24(cm)となり，(あ)の長さは，24－15＝9（cm）とわかる。

3　速さと比，比の性質，素数の性質，水の深さと体積，角度

⑴　Aさんが456m進む間にBさんは，456－72＝384（m）進むから，AさんとBさんの速さの比は，456：384＝19：16である。また，2人が出会うのは，右の図1のように2人が合わせて，1470×2＝2940(m)進むときなので，Bさんが，2940×$\frac{16}{19+16}$＝1344(m)進むときとわかる。よって，2人が出会うのは折り返し地点から，1470－1344＝126(m)のところである。

図1

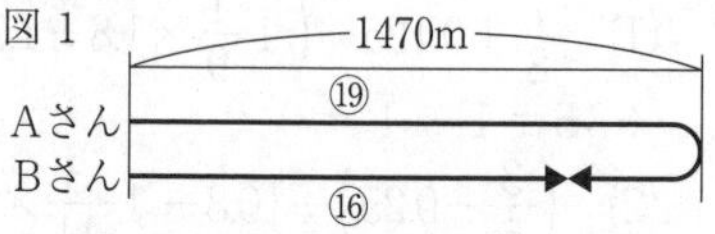

⑵　A，B，Cの1個の重さをそれぞれⒶ，Ⓑ，Ⓒとすると，A5個とC3個の重さが等しいから，Ⓐ：Ⓒ＝$\frac{1}{5}$：$\frac{1}{3}$＝3：5となる。そこで，Ⓐ＝$\boxed{3}$，Ⓒ＝$\boxed{5}$とすると，$\boxed{3}$＋Ⓑ＋$\boxed{5}$＝47(g)より，Ⓑ＝47－$\boxed{8}$(g)となり，$\boxed{3}$×2＋Ⓑ×6＋6＝$\boxed{5}$×6より，Ⓑ×6＝$\boxed{24}$－6（g）となる。よって，(47－$\boxed{8}$)×6＝$\boxed{24}$－6，282－$\boxed{48}$＝$\boxed{24}$－6，$\boxed{48}$＋$\boxed{24}$＝282＋6，$\boxed{72}$＝288より，$\boxed{1}$にあたる重さは，288÷72＝4（g）と求められる。したがって，Ⓐ＝4×3＝12(g)，Ⓒ＝4×5＝20(g)，Ⓑ＝47－4×8＝15(g)なので，1番重いのはCの20gである。

⑶　1×2×…×80を素数の積で表したとき，2と5の組み合わせが1組できるごとに，一の位から0が1個増える。また，2よりも5の方が少ないから，一の位から並ぶ0の個数は，素数の積で表したときの5の個数と同じになる。右の図2の計算㋐より，1から80までに5の倍数は16個ある。また，計算㋑より，(5×5)の倍数は3個あるので，㋐でかぞえた16個以外に5は3個ある。よって，素数の積で表したときの5の個数は，16＋3＝19(個)だから，一の位から並ぶ0の個数も19個とわかる。

図2

㋐　80÷5＝16
　5は16個ある
㋑　80÷(5×5)＝3余り5
　㋐のほかに5は3個ある

⑷　水そうに入っている水の体積は，8×8×(円周率)×6＝384×(円周率)（cm^3）である。また，おもりを入れたときに水が入っている部分の底面積は，8×8×(円周率)－4×4×(円周率)＝(64－16)×(円周率)＝48×(円周率)（cm^2）なので，おもりを入れたときの水面の高さは，{384×(円周率)}÷{48×(円周率)}＝384÷48＝8（cm）と求められる。

⑸　右の図3で，角ABEと角CBFの大きさの和は，28＋17＝45(度)であり，角EBFの大きさも，90－45＝45(度)だから，問題文中の図形

図3

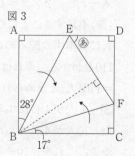

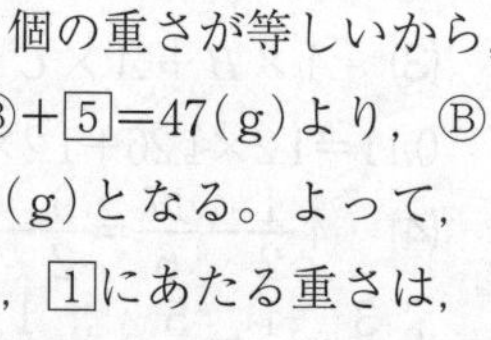

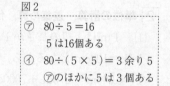

は，図３のように三角形 ABE と三角形 CBF を折り返した図形と考えることができる。よって，角 AEB と角 BEF の大きさは等しく，どちらも，180－(90＋28)＝62(度)である。したがって，㋐の角の大きさは，180－62×２＝56(度)とわかる。

4 グラフ—旅人算

⑴　２人の進行のようすをグラフに表すと，右のようになる。花子さんは５分で328m歩いたから，花子さんの速さは毎分，328÷５＝65.6(m)である。また，２人の間の距離《きょり》は，14－５＝９(分)で，328－180.4＝147.6(m)縮まったので，２人の速さの差は毎分，147.6÷９＝16.4(m)とわかる。よって，太郎君の速さは毎分，65.6＋16.4＝82(m)と求められる。

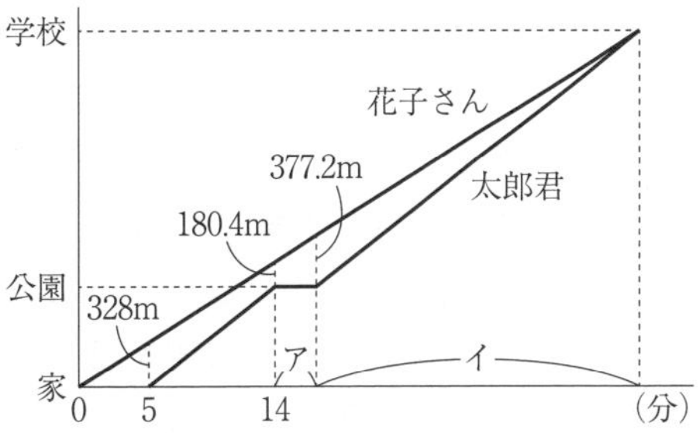

⑵　太郎君がトイレに寄っている間に２人の間の距離は，377.2－180.4＝196.8(m)広がったから，太郎君がトイレに寄っていた時間(ア)は，196.8÷65.6＝３(分)とわかる。また，太郎君が再び歩き出してから学校に着くまでの間に２人の間の距離は377.2m縮まったので，その時間(イ)は，377.2÷16.4＝23(分)と求められる。よって，花子さんが家を出てから学校に着くまでの時間は，14＋３＋23＝40(分)だから，家から学校までの距離は，65.6×40＝2624(m)である。

5 立体図形—分割，体積

⑴　右の図で，QR と PS は平行である。また，FQ と GR の長さの差は，２－１＝１(cm)だから，EP と HS の長さの差も１cmとなる。したがって，EP の長さは，２＋６－３＝５(cm)なので，HS の長さは，５－１＝４(cm)とわかる。

⑵　立体 PQRS－EFGH と同じ形をした立体を，向きをかえて上下に２つ組み合わせると，高さが，FQ＋HS＝２＋４＝６(cm)の直方体になる。この直方体の体積は，４×３×６＝72(cm^3)だから，求める立体の体積は，72÷２＝36(cm^3)とわかる。

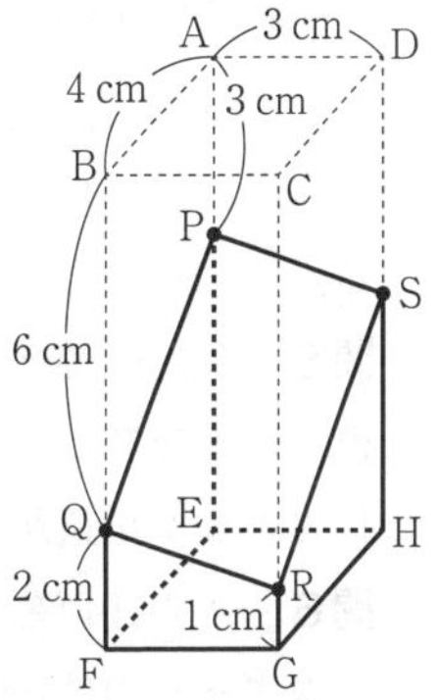

社　会　＜A方式第１回試験＞（30分）＜満点：50点＞

解　答

1 **問1**　中山道　**問2**　イ　**問3**　イ　**問4**　ウ　**問5**　エ　**問6**　ウ　**問7**　ア　**問8**　ア　**問9**　ウ　**問10**　イ　2 **問1**　イ　**問2**　国土交通省　**問3**　①　コンビニ(スーパー)　②　銀行(ATM)　③　〶　④　╳　**問4**　⑴　小笠原諸島，エ　⑵　**A**　ウ　**B**　エ　**C**　ア　⑶　イ　⑷　ウ　⑸〔**1**〕オ　〔**2**〕ア　⑹〔**1**〕**あ**　地熱　**記号**…ア　〔**2**〕**い**　こんにゃくいも　**記号**…ウ　3 **問1**　イ　**問2**　エ　**問3**　**A**　５　**B**　２　**C**　１　**問4**　ウ　**問5**　ウ　**問6**　ウ　**問7**　イ　**問8**　(例)　首長は住民によって(直接)選挙されるから。

解　説

1　旅行をもとにした各時代の歴史的事がらについての問題

問１　中山道は江戸時代に整備された五街道の１つで，全ての街道の起点である日本橋(東京)から埼玉県，群馬県を通って，下諏訪《しもすわ》宿(長野県)で甲州街道と接続し，岐阜県を通った後，草津宿(滋賀県)で東海道と接続して京都に至る。なお，五街道にはこのほかに，日光街道と奥州街道がある。

問２　『東海道中膝栗毛《とうかいどうちゅうひざくりげ》』は十返舎一九《じっぺんしゃいっく》のこっけい本で，弥次郎兵衛《やじろべえ》と喜多八の２人がお伊勢参りで東海道を旅する話を描《えが》いた，江戸時代後半に栄えた化政文化を代表する作品である。化政文化は江戸幕府の第11代将軍徳川家斉《いえなり》のころに栄えたので，時期が最も近いのは，家斉の時代に老中であった松平定信が行った寛政の改革(1787〜93年)で打ち出された，幕府の学問所で朱子学以外の学問を禁止する寛政異学の禁(1790年)となる(イ…○)。なお，アの桜田門外の変は1860年，ウの大坂の役は1614年と1615年，エの上げ米の制(1722年)は第８代将軍の徳川吉宗による享保の改革(1716〜45年)における政策である。

問３　伊藤博文は日露戦争(1904〜05年)後に設置された韓国統監府の初代韓国統監を1909年６月まで務めた。その後，同1909年10月に満州(中国東北部)のハルビンで伊藤博文は朝鮮人の安重根に暗殺された。日本は翌1910年に韓国を併合し，朝鮮の植民地支配のために朝鮮総督府を設置した(イ…×)。なお，アのサンフランシスコ平和条約(1951年)の調印は吉田茂，ウの大日本帝国憲法の草案の作成と，エの下関条約(1895年)の調印は伊藤博文の行ったことである。

問４　小田原(神奈川県)は，戦国時代の後北条氏の本拠地《ほんきょち》があった城下町である(ウ…○)。なお，アの駿河《するが》国の国府が置かれたのは現在の静岡市である。イの鎌倉時代には，日宋貿易を行う港町として大輪田泊《とまり》(兵庫県)や博多(福岡市)などが運用されていたが，鎌倉(神奈川県)の近くでは材木座海岸につくられた和賀江島が港湾《こうわん》施設として整備された。エの建長寺は鎌倉市の臨済宗の寺である。

問５　登呂遺跡《とろいせき》(静岡県)は弥生時代後期の遺跡で，整備された水田や水路の跡が発掘され，稲作技術の進歩を知ることができる(エ…○)。なお，アは縄文時代の三内丸山遺跡(青森県)，イは弥生時代の吉野ヶ里遺跡(佐賀県)，ウは弥生時代の荒神谷《こうじんだに》遺跡(島根県)の説明である。

問６　Ａの江戸幕府が全国へキリスト教禁教令を出したのは1613年，Ｂの徳川家康が秀忠に将軍職をゆずったのは1605年，Ｃの江戸幕府が初めて武家諸法度を出したのは1615年のことであるので，年代の古い順にＢ→Ａ→Ｃとなる。

問７　中大兄《なかのおおえの》皇子(後の天智天皇)は白村江の戦い(663年)に敗れると，667年に近江《おうみ》大津宮(滋賀県)に都を移した(ア…○)。なお，イについて，ヤマト王権は朝鮮半島の百済《くだら》と友好関係を結んで，新羅《しらぎ》・高句麗と対立した。ウの百済の聖明王が欽明天皇に仏像などを送ったことにより仏教が伝来したのは538年(一説に552年)で，聖徳太子が推古天皇の摂政となったのは593年である。エの物部氏は大和《やまと》国(奈良県)の有力豪族である。

問８　2023年，奈良県にある４世紀の古墳とされる富雄丸山古墳から，過去最大の蛇行《だこう》剣と今までに例を見ない盾形《たてがた》銅鏡が出土したと発表された(ア…○)。なお，イの仁徳天皇陵古墳(大仙古墳)があるのは大阪府，ウの織田信長に焼き討ちされたのは比叡山延暦寺(滋賀県)，エの平城京の造営は元明天皇のときである。

問９　屯田兵は明治時代に開拓と防衛のために北海道に派遣された人々のことである(ウ…×)。

問10　防人は律令制度のもとで課された，北九州の大宰府の警備にあたる兵役のことで，初めは主に東国出身者が派遣された(イ…×)。

2　日本の観光についての問題

問1　政府が観光立国を目指し，さまざまな政策を行った結果，2010年代に訪日外国人旅行者数が急増し，2019年には3000万人を超えた(イ…○)。

問2　2008年，観光立国の諸政策を行う機関として，国土交通省の下に観光庁が発足した。

問3　①　サンドウィッチとペットボトルの飲み物が描かれており，食料品を買うことができるとわかるので，コンビニエンスストアやスーパーマーケットの外国人向けの地図記号である。　②　日本の紙幣が出てくる機械が描かれているので，銀行やATM(現金自動預け払《ばら》い機)の外国人向けの地図記号である。　③　外国人向けの地図記号でメール(手紙)のイラストが使われているのは，郵便局(〶)である。　④　外国人向けの地図記号で警察官とその施設のイラストが使われているのは，交番(X)である。

問4　(1)　東京都の小笠原《おがさわら》諸島は，島ができてから一度も大陸と陸続きになったことがなく，独自の進化を遂《と》げた動植物が見られることから，東洋のガラパゴスと呼ばれる。2011年には，ユネスコ(国連教育科学文化機関)の世界自然遺産に登録された。　(2)　**A**　給仕さんがお椀《わん》に一口分のそばを次々に投げ入れるわんこそばは，岩手県(地図ウ)のご当地グルメである。　**B**　「海のミルク」と呼ばれるのはカキで，広島県(地図エ)はカキの養殖収穫《ようしょくしゅうかく》量が全国第1位である(2021年)。　**C**　平打ちうどんにかぼちゃなどの野菜をみそ仕立てで煮込《にこ》んだほうとうは，山梨県(地図ア)のご当地グルメである。　なお，地図イは奈良県，地図オは岡山県，地図カは兵庫県の形である。　(3)　YOSAKOIソーラン祭りは北海道札幌市で，6月上旬に行われる。由来は高知市のよさこい祭りで，北海道の民謡《みんよう》ソーラン節を融合《ゆうごう》させたものである(イ…○)。なお，アの七夕まつりは宮城県仙台市，ウのねぶた祭りは青森市，エの竿燈《かんとう》まつりは秋田市の祭りで，この3つは合わせて東北三大祭りと呼ばれる。　(4)　アの「厳島神社」は広島県，イの「日光の社寺」は栃木県，ウの「白川郷・五箇山《ごかやま》の合掌《がっしょう》造り集落」は岐阜県と富山県，エの「平泉―仏国土(浄土)を表す建築・庭園及《およ》び考古学的遺跡群―」は岩手県，オの「姫路城」は兵庫県にある世界文化遺産である。北から順に並べると，エ→イ→ウ→オ→アとなる。　(5)　〔1〕　加賀友禅は石川県金沢市周辺でつくられる染物で，京都の友禅染に由来する(オ…○)。　〔2〕　西陣織は，京都市の伝統的な絹織物で，由来は応仁の乱(1467～77年)の後に西軍の陣地があったところに織物職人が集まり，中国(明)の技術を取り入れて始めたことによる(ア…○)。　なお，イの桐生《きりゅう》織は群馬県桐生市，ウの大島紬《つむぎ》は鹿児島県や宮崎県など，エの上布は麻織物で，越後《えちご》上布(新潟県)，近江上布(滋賀県)，宮古上布(沖縄県)などに伝わる。　(6)　〔1〕　大分県(地図ア)は別府温泉や由布院温泉など多くの温泉を有し，源泉数・湧出《ゆうしゅつ》量ともに全国第1位(2022年)となっており，「おんせん県」をかかげている。また，火山エネルギーを利用した地熱発電がさかんで，八丁原《はっちょうばる》発電所は地熱発電としては日本最大の出力をほこる。　〔2〕　群馬県(地図ウ)にも草津温泉など全国的に知られた温泉がある。また，工芸作物のこんにゃくいもの生産量が全国第1位である(2021年)。　なお，地図イは福島県，地図エは愛媛県，地図オは神奈川県，地図カは和歌山県の形である。

3　国民の権利や日本の政治についての問題

問1　デモや集会を開いたり，出版物を公開したりするなどの権利は，表現の自由として日本国憲法第21条で保障されている(イ…○)。なお，アの労働三権は社会権，ウの裁判を受ける権利は請求権に属している。エのプライバシーの権利は，憲法に直接規定がないものの近年人権として認められるようになった新しい人権の１つである。

問２　日本国憲法第14条の法の下の平等に照らし合わせると，政府が未就学児を持つ社員の収入を増やし，昇進を容易にするよう企業に働きかけることはないと考えられる(エ…×)。

問３　日本の比例代表制では，各政党の得票数を１，２，３，…の整数で割り，商の大きい順に定数まで各政党に議席を配分していく，ドント式と呼ばれる計算式が使われている。右図のように議席を配分するので，Ａ党は５議席，Ｂ党は２議席，Ｃ党は１議席を獲得する。

得票数	Ａ党	Ｂ党	Ｃ党
÷１	3000	1200	900
÷２	1500	600	450
÷３	1000	400	300
÷４	750	300	225
÷５	600	240	180

が獲得議席を表す

問４　衆議院は小選挙区と全国を11ブロックに分けた比例代表制，参議院は選挙区と全国を１つとする比例代表制により議員が選ばれる(ウ…○)。なお，衆議院の比例代表区は政党名のみの投票であるが，参議院の比例代表区は政党名か候補者の個人名のどちらでもよいことになっている。

問５　衆議院は参議院より強い権限が認められており，これを衆議院の優越という。衆議院の優越が認められている理由は，参議院と比べて，衆議院は任期が４年と短く(参議院は６年)，さらに任期途中での解散がある(参議院に解散はない)ため，より国民の意見を反映していると考えられているからである(ウ…○)。なお，アの「良識の府」と呼ばれるのは参議院である。イの法案の審議数や，エの歴史の長さは衆議院の優越に関係しない。

問６　日本国憲法第20条に「いかなる宗教団体も，国から特権を受け(…)てはならない」ことや，「国及びその機関は，宗教教育その他いかなる宗教的活動もしてはならない」とある(ウ…×)。

問７　関税などの貿易障壁《しょうへき》をなくし，世界全体の貿易の自由化を進めているのは，国際連合の関連機関のWTO(世界貿易機関)である(イ…×)。

問８　国民の代表者である国会議員が，内閣総理大臣を国会議員の中から選ぶのに対して，地方自治体の首長(都道府県知事や市町村長)は，住民の直接選挙で選ばれているので，首長は地方議会の議決を拒否する権限を持っている。

理　科　＜Ａ方式第１回試験＞（30分）＜満点：50点＞

解　答

[1] (1) ウ　(2) イ　(3) イ　(4) ア，ウ，エ，オ，ク　[2] (1) ウ　(2) イ　(3) Ｆ→Ｇ　(4) ウ　[3] (1) ②　(2) イ　(3) ア　(4) ア　[4] (1) 34g　(2) 27g　(3) 78g　(4) 36g　(5) 8g　[5] (1) **実験①**…ケ　**実験②**…ク　(2) **実験③**…オ　**実験④**…エ　[6] (1) ① ア　② イ　(2) エ　(3) ウ　[7] (1) 20秒間　(2) ① ア　② ウ　(3) ③ ア　④ イ

解　説

[1] ナラ枯《か》れについての問題

(1)　ナラ枯れは，カシノナガキクイムシという虫によって持ち込《こ》まれたナラ菌《きん》が，ナラ類の樹木に

入り込むことで発生する。根から吸収した水などを運ぶ道管にナラ菌が入り込むと，道管が詰《つ》まって水を十分に吸い上げることができなくなる。このため，ナラの木が枯れてしまう。

(2)　ドングリができるナラやブナ，シイの木は火持ちがよいため，炭やたき木として利用されてきた。

(3)　ドングリから苗を育てるためには，虫に食われておらず，発芽に必要な栄養分を多く含《ふく》んでいるものを用いる。そのようなドングリは中身が詰まっていて重いので，水につけると沈《しず》む。

(4)　森や里山で生活をしているタヌキやアナグマ，ノネズミ，シカ，イノシシはドングリをエサとしている。なお，マムシやヒキガエルは小さな動物や昆虫《こんちゅう》，カワセミは小魚などをエサとしている。

2　インゲンマメの発芽，呼吸と光合成についての問題

(1)　Ａ→Ｂでは，植物のかんそうした重さが減っている。これは，インゲンマメが発芽するときに，呼吸によって種子にたくわえられていたデンプンが使われるためである。

(2)　発芽後，本葉が出ると，非常に明るい所にまいたインゲンマメは光合成によってデンプンをつくるようになる。このとき，光合成でつくるデンプンの量が，呼吸で使うデンプンの量よりも多くなるので，Ｂ→Ｃのように，植物のかんそうした重さは増えてくる。

(3)　真っ暗な所にまいたインゲンマメは光合成を行うことができず，呼吸だけを行う。呼吸では二酸化炭素が出されるから，Ｆ→Ｇのように，二酸化炭素を出す量は増える。

(4)　芽が出てもインゲンマメは呼吸をやめないので，二酸化炭素を出す。このとき，十分に明るい所だと，呼吸より光合成を盛んに行う。よって，呼吸で出す二酸化炭素の量よりも，光合成で吸収する二酸化炭素の量の方が多くなり，全体的にみると，二酸化炭素を出す量は減ってくる。

3　流れる水のはたらきについての問題

(1)　曲がって流れている川では，水の流れは外側の方が内側より速い。

(2)　水の流れが速いと，川底や川岸をけずるはたらきが大きくなる。したがって，流れの外側(③側)の方の川底がけずられて深くなる。

(3)　川にある岩石は，上流から運ばれる間に川底や川岸にぶつかったり，石どうしがぶつかりあったりして，しだいに小さく丸みをおびた形になる。よって，上流のＡの石の方がＢの石より角ばっていて，大きい。

(4)　川の上流ほど流れが速くなっている。川底を深くけずるはたらきは，流れが速いほど大きくなるので，上流ほど川底が深くけずられている。

4　もののとけ方についての問題

(1)　塩化ナトリウムは80℃の水100ｇに最大38.0ｇとけるので，13ｇの塩化ナトリウムを完全にとかすために必要な水の量は，$100\times\frac{13}{38.0}=34.2\cdots$より，少なくとも34ｇ必要である。

(2)　塩化ナトリウムは40℃の水100ｇに最大36.3ｇとけるから，水溶《よう》液100ｇ中に含まれる塩化ナトリウムの量は，$36.3\times\frac{100}{36.3+100}=26.6\cdots$より，27ｇとなる。

(3)　②において，つくった水溶液の温度が60℃を下回るとすぐに硝酸《しょうさん》カリウムの結晶《けっしょう》が出てきたことから，物質Ａ中の硝酸カリウムの重さは109.2ｇとわかる。20℃での硝酸カリウムの溶解度は31.6ｇなので，20℃まで冷やしたときに取り出された硝酸カリウムの結晶は，109.2－31.6＝77.6より，78ｇになる。

⑷　⑶より，物質Ａに含まれていた硝酸カリウムは109.2ｇだから，塩化ナトリウムは，145−109.2＝35.8より，36ｇである。

⑸　ろ液全体の重さは，100＋145−78＝167（ｇ）で，このろ液中にとけている硝酸カリウムの重さは31.6ｇ，塩化ナトリウムの重さは35.8ｇだから，ろ液20ｇを加熱して液体を蒸発させたときに残る固体の重さは，$(31.6+35.8)\times\frac{20}{167}=8.0\cdots$より，８ｇと求められる。

5　水溶液の判別についての問題

⑴　**実験①**…砂糖水，食塩水，石灰水，水酸化ナトリウム水溶液はいずれも固体がとけている水溶液，塩酸とアンモニア水は気体がとけている水溶液，また，純水は何もとけていない水である。気体がとけている水溶液を加熱すると，とけていた気体が空気中ににげていくので，あとに何も残らない。また，純水を加熱してもあとに何も残らない。したがって，実験①にはケの操作《そうさ》があてはまる。　**実験②**…砂糖水，食塩水，純水は中性，石灰水，水酸化ナトリウム水溶液，アンモニア水はアルカリ性，塩酸は酸性の水溶液だから，BTB溶液を加えたときの色の変化でこれらの水溶液を判別できる。BTB溶液は，酸性の水溶液に加えると黄色，アルカリ性の水溶液に加えると青色，中性の水溶液に加えると緑色を示す。

⑵　**実験③**…砂糖水は電気を通さないが，食塩水は電気を通す。　**実験④**…アルミニウム片を石灰水に加えてもアルミニウムは変化しないが，水酸化ナトリウム水溶液に加えると，アルミニウムがとけて気体の水素が発生する。

6　電流の周りの磁界についての問題

⑴　導線に電流が流れると，導線の周りに電流の流れる方から見て時計回りに磁界ができる。また，方位磁針のＮ極は磁界の向きに振《ふ》れる。方位磁針①の下にある２本の導線に流れる電流の向きは逆向きで，電流の大きさが等しいため，導線の周りに生じる磁界が打ち消し合って，方位磁針の針は北を指したままになる。次に，方位磁針②の上にある導線には，図の上から下に向かって電流が流れるので，方位磁針②のＮ極は右に振れる。

⑵　コイルに流れる電流の向きに右手の４本の指をあわせて電磁石をにぎるようにしたとき，開いた親指の向きがコイル内の磁界の向きになる。したがって，電磁石の右はしがＮ極，左はしがＳ極になり，方位磁針③はエのように振れる。

⑶　エナメル線に流れる電流の大きさは，エナメル線の長さに反比例する。また，鉄心に巻くエナメル線の巻き数が多いほど，強い電磁石になる。ここで，電磁石Ｃは電磁石Ｂよりエナメル線の巻き数が多い一方，電磁石Ｂよりエナメル線の長さが長いため，流れる電流の大きさが小さくなる。このため，電磁石についたゼムクリップの数がどちらも同じになったと考えられる。

7　メロディーラインについての問題

⑴　時速50kmは秒速，$50\times1000\div(60\times60)=\frac{125}{9}$（m）だから，この自動車が280mの距離《きょり》を通過するのにかかる時間は，$280\div\frac{125}{9}=20.16$より，約20秒だから，曲は約20秒間流れる。

⑵　音の高低は，振動《しんどう》するものが決まった時間に振動する回数によって決まり，回数が多いほど高い音になる。また，音の大きさは，振動の幅《はば》によって決まり，幅が広いほど大きい音になる。

⑶　メロディーラインを時速55kmで走行したときに通過するのにかかる時間は，時速50kmで走行したときより短くなるので，タイヤが１秒間に振動する回数が多くなる。一方，時速45kmで走行

すると通過するのにかかる時間が長くなるから，タイヤが１秒間に振動する回数が少なくなる。したがって，時速55kmで走行すると時速50kmで走行したときより高い音が鳴り，時速45kmで走行すると時速50kmで走行したときより低い音が鳴る。

国　語　＜Ａ方式第１回試験＞（50分）＜満点：100点＞

解　答

一 **問１**　イ　**問２**　ア　**問３**　エ　**問４**　イ　**問５**　（例）　**ア**　お笑い芸人(夢，お笑い，売れること)　**イ**　あきらめる(やめる)　**問６**　エ　**問７**　清らかな美しさ　**問８**　ア　**問９**　提供するほ　**問10**　ア　二 **問１**　どんな場面　**問２**　イ　**問３**　ウ　**問４**　ア　**問５**　ウ　**問６**　その人が生　**問７**　挫けそうな　**問８**　ウ　**問９**　エ　**問10**　イ　三 ①～⑤　下記を参照のこと。　⑥　じゅうはん　⑦　めいしん　⑧　よけい　⑨　しょめい　⑩　しゅくしゃく

●漢字の書き取り

三 ①　童心　②　均等　③　絶賛　④　就任　⑤　寸法

解　説

一 **出典：青山美智子《あおやまみちこ》「月の立つ林で」**。お笑い芸人をしている「僕《ぼく》」はなかなか売れないことになやむが，元相方のてっちゃんの言葉で，やはりお笑いをやりたいと思い直す。

問１　「僕」は，テレビ番組のプロデューサーに紹介《しょうかい》してくれると言った吉沢《よしざわ》さんの会社を期待とともに訪ねたが，実際には引っ越《こ》しの荷物整理を手伝わされた。「僕」は，そうした展開を「意地悪」な設定のようだと感じている。よって，イがあてはまる。

問２　「平淡《へいたん》」は，ものごとが平穏《へいおん》で起伏のないこと。「僕」は，テレビ番組のプロデューサーに紹介してもらえると思って吉沢さんを訪ねたが，吉沢さんはその話には全くふれず，荷物整理をたのんできた。期待はずれの展開に，「僕」は「手慣れてるねえ」と褒《ほ》められても，素直にそれを受け止められずにいる。よって，アがよい。

問３　「おずおず」は，おそるおそるためらいながらものごとをするさま。そもそも，「僕」が吉沢さんを訪ねたのは，荷物整理の手伝いをするためではなく，テレビ番組のプロデューサーに紹介してもらえると思ったからである。その話はどうなったのかと，「僕は悶々《もんもん》としていた」が，「ドッキリじゃないことぐらい，わかっている」ので，真実を知るのがこわい気持ちもあったのである。よって，エが合う。

問４　「本当に難しいんだよ。人を笑わせる仕事って」と言う吉沢さんのつぶやきには，実感がこもっており，夢を追いながら会社をたたまざるを得なかったつらさがにじんでいた。同じ目標を持つ者として，「僕」は吉沢さんのやるせなさに共感し，その気持ちが深いお辞儀《じぎ》となって表れたのである。

問５　「手を引く」は，“かかわるのをやめる”という意味。夢を追ってきた「僕」だったが，お笑い芸人として身を立てるのは難しいと改めて感じ，ふつうに就職すべきではないかと考えているのだから，ここでは，お笑い芸人として売れるという夢をあきらめることを言っている。

問６　前後に注意する。その日にライブ会場に来てくれたお客さんに感謝を伝えるツイートをすべきだったのに，昔の相方や世間を見返したいという思いが先に立ち，「見返すチャンスがやってきた」とツイートしてしまったことを「間違《まちが》っていた」と「僕」は感じている。よって，エがふさわしい。

問７　てっちゃんは，輝《かがや》く月を見上げる「僕」に，「夢を抱《いだ》き続けて」いることで「僕」がキラキラと輝いていると言った。それを聞いた「僕」は，月の輝きを増す働きをしている「レゴリス」が「きれいに見せるため」の「化粧《けしょう》」ではなく，「もともと月に『備わって』いるもの」であることを思い出し，自分も，「うわべだけのお膳立《ぜんだ》て」ではなく，自分がもともと持っている「ありのままの想《おも》い」で輝きたいと気づいている。これを月に重ねると，月を見上げたときに「僕」が感じた「清らかな美しさ」が，空らんにあてはまる。

問８　「僕」は，夢を持ち続けているから輝いているとてっちゃんに言われ，故郷を出たときの「ありのままの想い」を思い出し，「もう一度，お笑いをやってみたい」と感じている。よって，アがふさわしい。

問９　ぼう線⑥の後にあるように，お笑いのステージに立ったときの高まる気持ちや客席との一体感を思い出しながら，「僕」は，エンタメの良さとは「提供するほうも受け取るほうも，一緒《いっしょ》に楽しい」ところだと感じている。

問10　この文章では，吉沢さんの言葉によって，お笑いで生きる難しさを改めて感じたり，てっちゃんにはげまされてお笑いへの思いを新たにしたりする，「僕」のお笑いに取り組むことへの気持ちが，自分への問いかけの言葉もふくめてくわしく描《えが》かれている。よって，アが適する。

二　**出典：荒井裕樹《あらいゆうき》「まとまらない言葉を生きる」**。震災《しんさい》やいじめなどのつらい状況《じょうきょう》には無力だとされることもあるが，「人を励《はげ》ます」こともある言葉の持つ力を主張している。

問１　「いじめられる側」に同情していても「いじめる側」に近い作文になってしまうのは，「『言葉がないこと』が関係している」と筆者は述べている。「人を励ます言葉」には「がんばれ」「負けるな」「大丈夫《だいじょうぶ》」があるが，これらは「あなたが弱いからいけない」という意味にもなりえてしまう。ぼう線④の二つ後の段落で，ワークショップで気づいてほしいこととして，「どんな場面でも人を励ませる便利な言葉」などないとまとめられている。

問２　次の段落にくわしい説明がある。「限界までがんばってい」る被災者《ひさいしゃ》に「がんばれ」はふさわしいとは言えず，「勝ち負け」の関係ない被災に「負けるな」も使えず，大丈夫ではないのに「大丈夫」もおかしい。苦しい状況にいる被災者に，ありきたりの「励まし言葉」は意味を持たなかったのである。

問３　「ひとりじゃない」という新しい「励まし言葉」が出回ったと直前の段落にあるが，それを受けた空らん③をふくむ文は，前のことがらに対し，後のことがらが対立する関係にあることを表す「でも」で始まっており，この言葉も役立たなかったことがわかる。それは，苦しいのはあなた一人ではないのだからガマンしましょうという意味にもなりうるのである。よって，ウがふさわしい。

問４　「編み目が粗《あら》くなる」は，粗い編み目からもれてしまうように，その「励まし言葉」では救えない人も出てしまうことを言っている。一人ひとりかかえる事情はちがい，同じ段落にあるように，「そのことばは今の心情にそぐわない」という場合もある。よって，アが選べる。

問５　ぼう線⑤の直前の文には，文頭に，前のことがらを理由・原因として，後にその結果をつなげるときに用いる「だから」がある。いじめや大震災など，つらい状況にも対応できる「励まし言葉」はないが，「言葉が人を励ます」ことは確かにあると前で強調されているので，ウがよい。

問６　山下さんの詩が引用されている部分の直前に，私物をほとんど持てず，身元を隠《かく》していて遺族も遺品もない友人のために，「その人が生きていたという事実」を遺《のこ》しておこうと，山下さんは詩を詠《よ》んだと書かれている。

問７　ぼう線⑥のある段落は，山下さんの言葉である。ここには，昔の患者は「挫《くじ》けそうな心を励まし，仲間をいたわる言葉をもっていた」から，「ある意味でみんな詩人だった」とある。

問８　「世間の差別に対しても，黙《だま》らずにいられた」人たちとは，差別に立ち向かって障害者運動にかかわったハンセン病患者《かんじゃ》たちを指す。ハンセン病患者たちは「過酷《かこく》な差別を生き抜《ぬ》くために，お互《たが》いに支え合うための言葉」を交《か》わしていたのだから，ウが合う。

問９　続く部分に注意する。「言葉で大切な人を支えなければならない場面」はいつやってくるともしれないので，全員の心にあてはまる言葉はなくとも，一人ひとりにふさわしい「励まし言葉」を，筆者は地道に探し続けていこうと決心している。よって，エが適当といえる。

問10　「言葉は無力だ」と言われるのは，ひどい出来事が起きたときにどんな言葉も「きれいごと」に聞こえてしまうからで，今の日本の詩や文学が無力だからではない。よって，イが選べる。

三　漢字の読み書き

①　子どものようなむじゃきな心。　②　どれも平等で差がないこと。　③　このうえなく高く評価してほめること。　④　役目，地位につくこと。　⑤　ものの長さ。　⑥　一度印刷した書物を，その後に再び印刷すること。　⑦　道理に合わない言い伝え。　⑧　よぶん。　⑨　自分の名前を書類などに書きつけること。　⑩　実際の大きさに対して，縮めて書いた割合。

Dr.福井の

入試に勝つ！ 脳とからだのウルトラ科学

寝る直前の30分が勝負！

みんなは，寝る前の30分間をどうやって過ごしているかな？　おそらく，その日の勉強が終わって，くつろいでいることだろう。たとえばテレビを見たりゲームをしたり――。ところが，脳の働きから見ると，それは効率的な勉強方法ではないんだ！

実は，キミたちが眠っている間に，脳は強力な接着剤を使って海馬《かいば》（脳の，知識をためる倉庫みたいな部分）に知識をくっつけているんだ。忘れないようにするためにね。もちろん，昼間に覚えたことも少しくっつけるが，やはり夜――それも“寝る前”に覚えたことを海馬にたくさんくっつける。寝ている間は外からの情報が入ってこないので，それだけ覚えたことが定着しやすい。

もうわかるね。寝る前の30分間は，とにかく勉強しまくること！　そうすれば，効率よく覚えられて，知識量がグーンと増えるってわけ。

では，その30分間に何を勉強すべきか？　気をつけたいのは，初めて取り組む問題はダメだし，予習もダメ。そんなことをしても，たった30分間ではたいした量は覚えられない。

寝る前の30分間は，とにかく「復習」だ。ベストなのは，少し忘れかかったところを復習すること。たとえば，前日の勉強でなかなか解けなかった問題や，１週間前に勉強したところとかね。一度勉強したところだから，短い時間で多くのことをスムーズに覚えられる。そして，30分間の勉強が終わったら，さっさとふとんに入ろう！

ちなみに，寝る前に覚えると忘れにくいことを初めて発表したのは，アメリカのジェンキンスとダレンバッハという２人の学者だ。

Dr.福井（福井《ふくい》一成《かずしげ》）…医学博士。開成中・高から東大・文Ⅱに入学後，再受験して翌年東大・理Ⅲに合格。同大医学部卒。さまざまな勉強法や脳科学に関する著書多数。

2024年度　明治大学付属八王子中学校

【算　数】〈**A方式第２回試験**〉(50分)〈満点：100点〉

1　□にあてはまる数を求めなさい。

(1)　$\left[\left\{1.75\div\left(\frac{1}{4}+3.25\right)-0.25\right\}\times3.25+4.75\right]\div0.89=\square$

(2)　$2\frac{1}{3}\div\left(1\frac{1}{15}-0.75\right)\times3\frac{4}{5}\div1\frac{3}{4}=\square$

(3)　$21.9\times1.9+14.6\times1.8+7.3\times1.7=\square$

(4)　$3.75\times\square-\left(5\frac{4}{5}-5.5\right)\div\frac{6}{5}=12.25$

2　次の問いに答えなさい。

(1)　縮尺50000分の１の地図上で半径４cmの円形の土地があります。実際の土地の面積は何haですか。ただし，円周率は3.14とします。

(2)　AさんとBさんの持っているお金の比は４:５で，BさんとCさんの持っているお金の比も４:５です。また，CさんはAさんより900円多く持っています。このとき，Aさんはいくら持っていますか。

(3)　ある畑で，１日目に全体の$\frac{3}{8}$を耕し，２日目に残りの$\frac{1}{6}$を耕し，３日目に残りの$\frac{2}{5}$を耕したところ，あと450m^2残っていました。この畑の大きさは何m^2ですか。

(4)　ある品物を400個仕入れました。仕入れ値の２割の利益を見込んで定価をつけて売り，売れ残った品物は定価の２割引きの値段にして売り切ったとき，全体では仕入れ値の11%の利益がありました。最初につけた定価で売った品物の個数は何個ですか。

(5)　右の図のような平行四辺形ABCDがあり，辺CDの延長線上にRがあります。AP:PC＝5:7，BP＝７cmのとき，QRの長さを求めなさい。

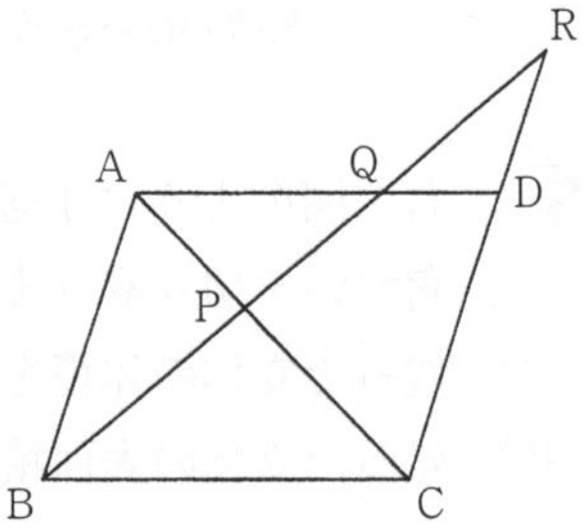

(6)　下の図のように体積の等しい２つの円柱(あ)，(い)があり，高さの比が９:16です。円柱(あ)と円柱(い)の側面積の比を求めなさい。

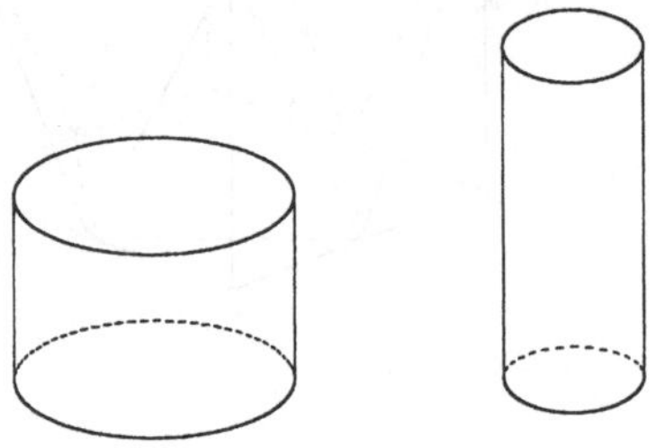

(あ)　(い)

3 次の問いに答えなさい。

(1) Ａさんは家から1455ｍ離れた公園に行きます。はじめは毎分60ｍの速さで歩き，途中から毎分105ｍの速さで走ったところ，公園まで16分かかりました。Ａさんが走った時間は何分間ですか。

(2) １袋は12個入りで，１箱は12袋入りの商品があります。１袋の値段は2652円で，１箱買うと１袋おまけがついてきます。１箱買ったとき，１個あたりの値段はいくらになりますか。

(3) ５個の数字１，２，３，４，５を１回ずつ使って５けたの数をつくり，小さい順に並べます。このとき，45231は何番目の数ですか。

(4) 下の図の三角形を，直線 l を軸として１回転させたときにできる立体の体積を求めなさい。ただし，円周率を3.14とします。

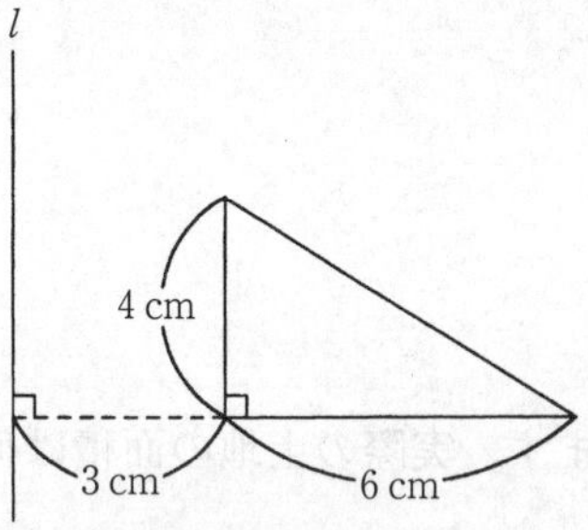

(5) 右の図のような正方形ABCDがあり，CEとDFは点Ｇで直角に交わっています。DG＝16cm，EG＝13cmのとき，四角形AEGDの面積を求めなさい。

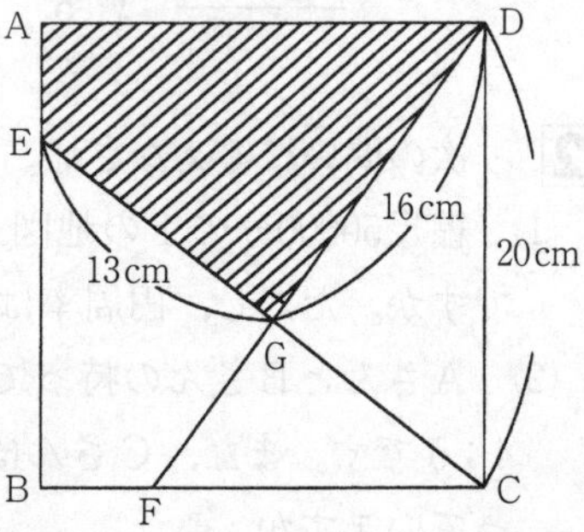

4 右のグラフは，川のＡ地点とＢ地点の間を船が往復したようすを表したものです。次の問いに答えなさい。ただし，川の速さも船の速さも一定です。

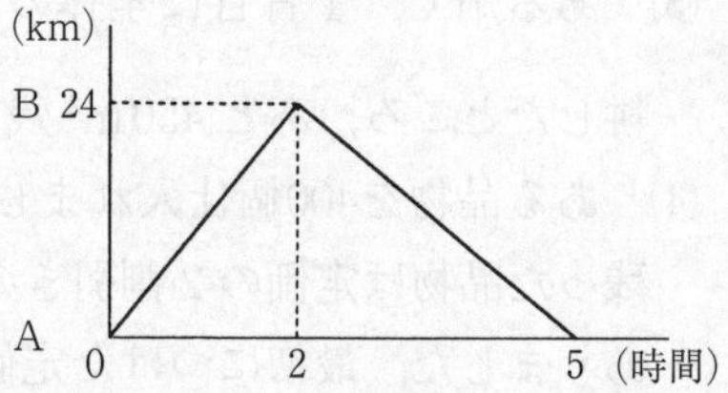

(1) この船の静水での速さは毎時何kmですか。

(2) 行きに途中のＣ地点を通ってから帰りにＣ地点を通るまでに１時間40分かかりました。Ｃ地点はＡ地点から何kmのところにありますか。

5 右の図のように１辺の長さが６cmの立方体から４つの同じ三角すいを切り取ります。次の問いに答えなさい。

(1) 残った立体の体積を求めなさい。

(2) 残った立体の表面積を求めなさい。

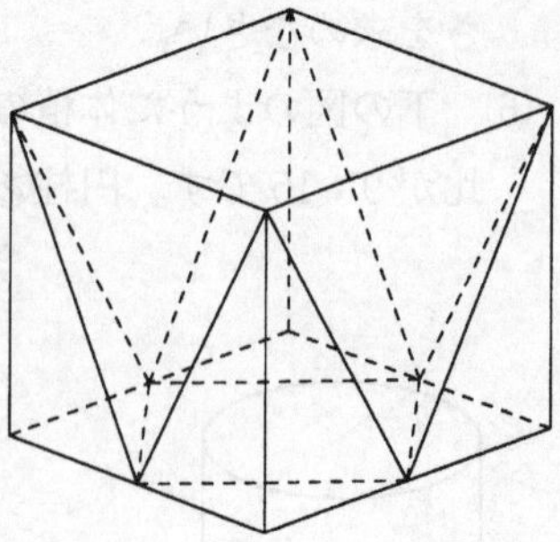

【社　会】〈A方式第２回試験〉（30分）〈満点：50点〉

1　次の文章を読んで，各設問に答えなさい。

　昨年４月，国指定特別史跡《しせき》の①吉野ヶ里遺跡で，弥生時代後期の有力者の墓の可能性がある石棺墓が見つかりました。これが卑弥呼を女王とする（　あ　）の時代につくられた墓ではないかと話題になり，考古学に関心をもつ多くの人々に注目されました。

　考古学とは，古い時代の骨や道具，建物の跡《あと》などを発掘《はっくつ》して研究する学問ですが，旧石器時代や縄文時代など②文字のない時代ばかりを対象とする学問ではありません。例えば，1988年に平城宮跡の南東に隣接《りんせつ》する地点から，③墨《すみ》などで文字が記された木製品である大量の木簡や建物跡が見つかり，そこが奈良時代初期の有力な政治家であった長屋王の邸宅《ていたく》跡だったことが分かりました。発掘調査の結果，書物などの文字史料のみでは分からない平城京内の貴族の邸宅の全容が明らかになったのです。

　大規模な④都市や集落の様子も考古学により明らかになっています。室町時代に⑤港町・門前町として栄え，17世紀後半に起きた河川氾濫《はんらん》から福山城下を守るため堤防《ていぼう》を切開したことで「川底に埋《う》もれた中世の町」として有名になった草戸千軒町は，その代表例です。⑥1960年代から発掘が進み，現在はその町並みの一角が，発掘調査の成果にもとづき実物大で復元されています。

　多くの文字史料が残されている江戸時代や⑦明治時代以降も，考古学の対象となります。江戸時代の大名屋敷《やしき》跡や日本初の⑧鉄道停車場の遺構が1980年代ころからの東京の再開発にともない発掘されていますし，主に⑨太平洋戦争当時の防空壕《ぼうくうごう》や軍需《ぐんじゅ》工場などの戦争遺跡の発掘や調査も，歴史研究に大きな役割を果たしています。

　このように考古学は，古い時代のみならず近現代までを調査の対象としており，文字史料だけでは分からない歴史の一面を私たちに伝えてくれているのです。

問１　文中の（あ）に入る語句を**漢字４文字**で答えなさい。

問２　下線部①について，この遺跡の集落は物見やぐらをかまえ，柵《さく》と深い濠《ほり》に囲まれていました。その理由を，**10文字以内**で説明しなさい。

問３　下線部②について，歴史上における文字の使われ方について述べた文として**誤っているもの**を，次の中から１つ選んで記号で答えなさい。

ア　古墳時代，中国や朝鮮半島から移住してきた渡来人が，漢字を日本に伝えた。

イ　奈良時代，漢字を用いて日本語の発音を表す「万葉がな」が『万葉集』で使われた。

ウ　平安時代，漢字をくずして日本語の発音を表現しやすくした「かな文字」が生まれた。

エ　江戸時代，藩校で町人や百姓の子どもたちが「読み・書き・そろばん」を学んだ。

問４　下線部③について，各地方から都にもたらされる特産物を役人がこれに記録していたことが分かっています。この特産物を納める税の名称《めいしょう》として正しいものを，次の中から１つ選んで記号で答えなさい。

ア　雑徭　　イ　出挙

ウ　租　　　エ　調

問５　下線部④について，都市や集落の歴史について述べた文として正しいものを，次の中から１つ選んで記号で答えなさい。

ア　明治時代に生活に困っている士族などが開拓使の指導のもとで屯田兵として北海道に移住させられ，各地に屯田兵村が作られた。

イ　昭和時代に発生した関東大震災で大きな被害《ひがい》が生じたため，東京では震災後は道路を広くしたり避難《ひなん》用の公園を設けたりするなどの計画的なまちづくりが進められた。

ウ　戦国時代には，北条氏の一乗谷や毛利氏の小田原に代表される城下町が作られ，家臣や商工業者らが強制的に居住させられた。

エ　江戸時代，江戸・大坂・長崎は三都と呼ばれ，特に大坂は人口約100万人の世界有数の大都市として栄えた。

問6　下線部⑤について，これに関する次の文の正誤の組み合わせとして正しいものを，下の中から1つ選んで記号で答えなさい。

Ⅰ　兵庫(神戸港)は古くは大輪田泊と呼ばれ，日宋貿易港として平清盛が整備した。

Ⅱ　四日市は東海道の港町として栄えたが，高度経済成長期には周辺地域で公害が発生した。

ア　Ⅰ：正　Ⅱ：正　　イ　Ⅰ：正　Ⅱ：誤

ウ　Ⅰ：誤　Ⅱ：正　　エ　Ⅰ：誤　Ⅱ：誤

問7　下線部⑥について，この年代の出来事について述べた文として**誤っているもの**を，次の中から1つ選んで記号で答えなさい。

ア　日本と韓国の間で日韓基本条約が結ばれた。

イ　日本初となるオリンピックが東京で開催《かいさい》された。

ウ　日本とアメリカを含《ふく》む48か国との間でサンフランシスコ平和条約が調印された。

エ　公害問題への対策として公害対策基本法が制定された。

問8　下線部⑦について，この時代の出来事について述べた文として正しいものを，次の中から1つ選んで記号で答えなさい。

ア　普通選挙法が成立し，満25歳《さい》以上のすべての男子に選挙権が与《あた》えられた。

イ　全国水平社が結成され，部落解放運動が本格化した。

ウ　東京・大阪・名古屋(愛知県)でラジオ放送が始まった。

エ　日本が韓国を併合し，植民地とした。

問9　下線部⑧について，世界や日本の鉄道について述べた文として**誤っているもの**を，次の中から1つ選んで記号で答えなさい。

ア　19世紀に入り，イギリスで世界初の蒸気機関を用いる公共鉄道が登場した。

イ　1872年に，新橋(東京都)・横浜(神奈川県)間で日本初となる鉄道が開通した。

ウ　日露戦争開戦前に日本は南満州鉄道株式会社を設立し，ロシアとの戦争に備えた。

エ　20世紀に入り，ロシアがシベリア鉄道を完成させた。

問10　下線部⑨について，この間に見られた次の出来事を，古いものから順番に正しく並べかえなさい。

ア　アメリカ軍が広島に世界で初めて原子爆弾《ばくだん》を投下した。

イ　アメリカ軍が沖縄本島に上陸し，沖縄戦が始まった。

ウ　ミッドウェー海戦で日本軍がアメリカ軍に敗北した。

エ　ソ連軍が満州・南樺太・千島列島に攻《せ》めこんだ。

2　次の会話文を読んで，各設問に答えなさい。

母　：最近，AI(人工知能)に注目が集まっていますね。
花子：そうですね，その言葉はよく耳にします！　でもAIとは何かよく理解していません。コンピューターなどの①機械工業にかかわりがあるものでしょうか。
母　：AIとは，コンピューターがデータを分析《ぶんせき》し，判断や提案，学習などを人間と同じように行う技術のことを意味します。
花子：具体的にどのようなことに利用されているのでしょうか？
母　：例えば，②自動車の自動運転技術や③災害予測に利用されています。画像認識《にんしき》や音声認識の機能により判断に必要な情報を取得しているのです。
花子：なるほど！　スマートフォンに話しかけて④インターネット検索《けんさく》してくれる機能もAIの技術ですね！
母　：その通りです。最近では文章を自動で作成する生成AIも登場しています。便利なAIですが，その利用方法については慎重《しんちょう》に考える必要がありそうです。

問１　下線部①について，次のグラフは機械工業を含む，日本の製造品出荷額等の構成の推移を示したものです。グラフ中のア～エはそれぞれ，金属，食料品，繊維《せんい》，機械のいずれかの製造品出荷額等の割合を示しています。繊維にあたるものを，グラフの中から１つ選んで記号で答えなさい。

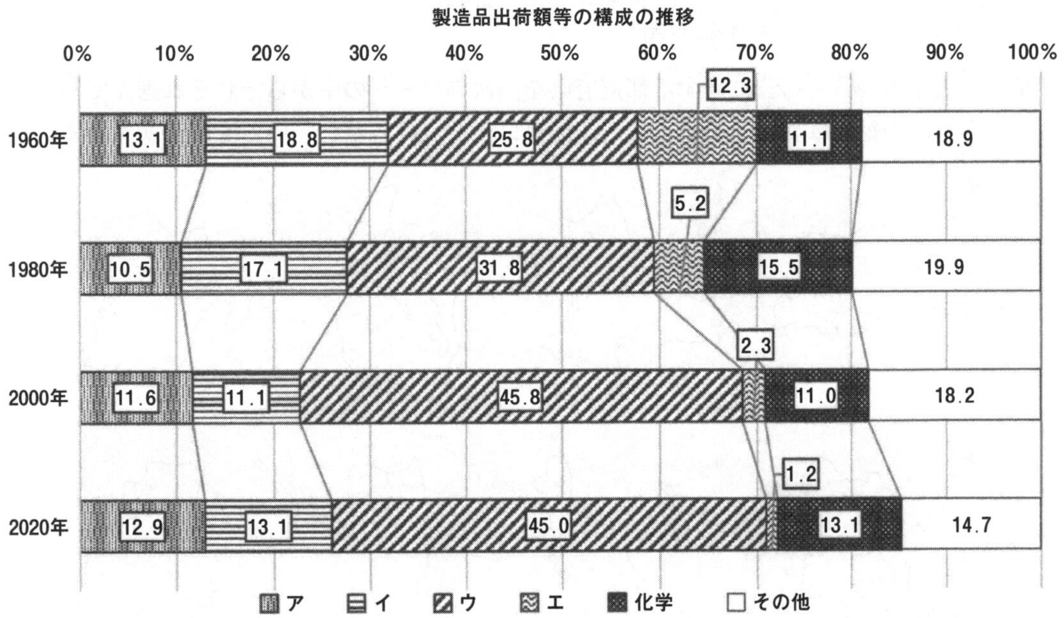

〔日本国勢図会 2023/24より作成〕

問２　下線部②について，自動車輸送について述べた文として正しいものを，次の中から１つ選んで記号で答えなさい。

ア　旅客輸送が中心で，大都市周りで通勤・通学の中心的な交通手段として利用されている。エネルギーの消費量もほかの交通機関と比べて少ない。

イ　一度に大量の貨物を運ぶことができるため，輸送費を安く抑《おさ》えることができる。輸送に時間がかかるという欠点があるが，重くてかさばる貨物の輸送に適している。

ウ　旅客輸送については，人々の生活が豊かになってから特に利用が広まった。貨物輸送については，戸口から戸口へ直送できるため，荷物ののせかえが少ない。

エ　遠距離《きょり》を速く輸送することができる一方で，重くて大きなものや大量の貨物の輸送には適さず，天候の影響《えいきょう》を受けやすく，輸送費も高くなる。

問3　下線部③について，災害に備えて私たちが確認しておくべき，被災想定区域や避難経路が記された地図の名称を**カタカナ**で答えなさい。

問4　下線部④について，従来はインターネットに接続されていなかったものが接続されることで，現代ではより高い価値や新しいサービスを生んでいます。このように，さまざまな製品がインターネットでつながる仕組みを**アルファベット3文字**で答えなさい。

3　調理実習でシーフードカレーを作りました。次の表は，シーフードカレーの材料である米，たまねぎ，にんにく，レタス，エビの収穫《しゅうかく》量・漁獲《ぎょかく》量の上位3つの都道府県を示したものです。この表を見て各設問に答えなさい。

	米	たまねぎ	にんにく	レタス	エビ
1位	（あ）	北海道	（う）	（え）	佐賀
2位	北海道	佐賀	北海道	茨城	（い）
3位	秋田	（い）	香川	群馬	北海道

※米・たまねぎ・にんにく・レタス：作物統計調査(令和3年度産)より
エビ：令和3年漁業・養殖業生産統計より

問1　表中の(あ)～(え)に適する都道府県を，次のア～クの中からそれぞれ選んで答えなさい。各地図の縮尺は異なります。また，離島については省略しているものがあります。

ア
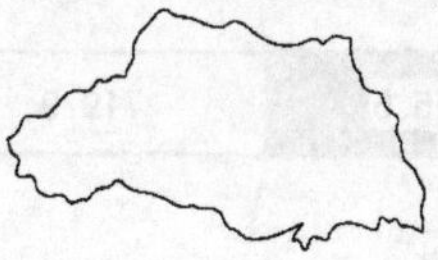

イ
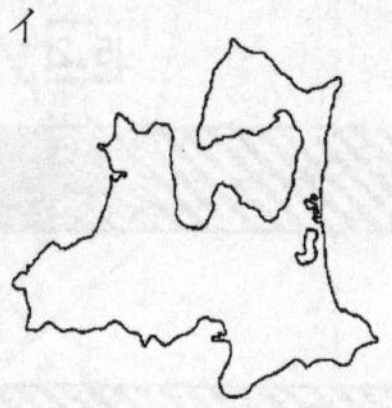

ウ
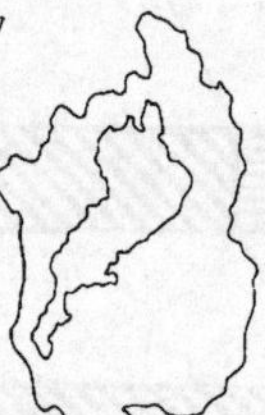

エ
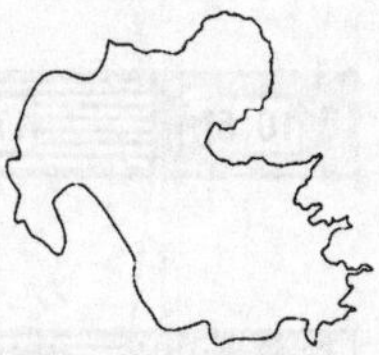

オ
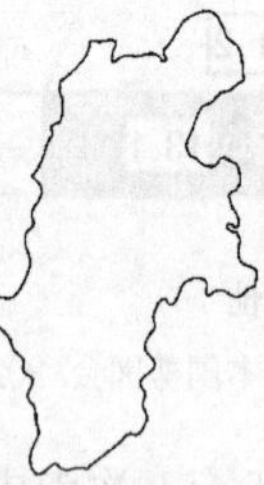

カ
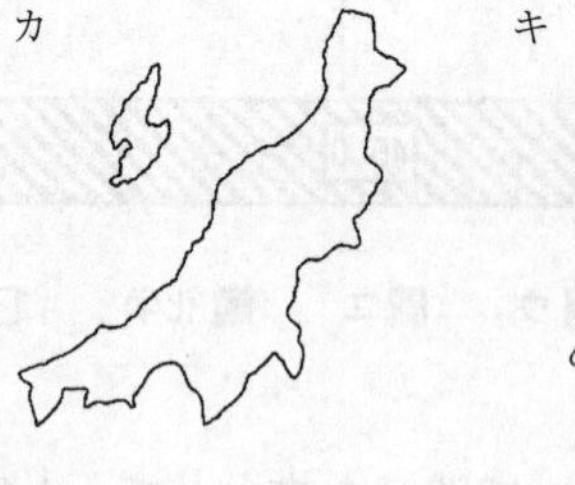

キ

ク

問2　以下の雨温図は札幌，秋田，水戸，東京，高松，那覇の雨温図である。この雨温図の中から秋田と水戸の雨温図として正しいものを，次の中からそれぞれ1つずつ選んで記号で答えなさい。

ア

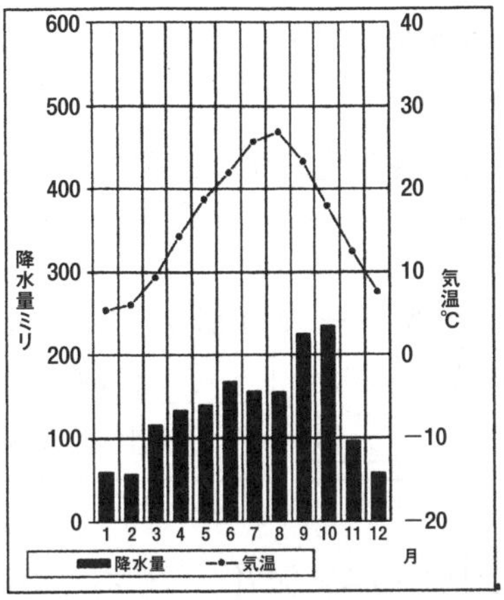

イ

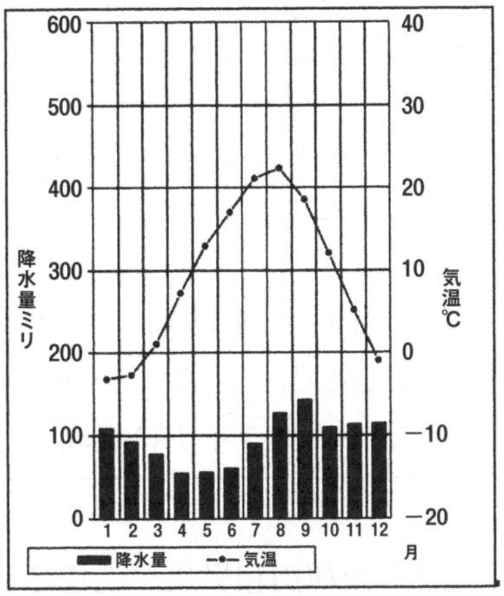

ウ

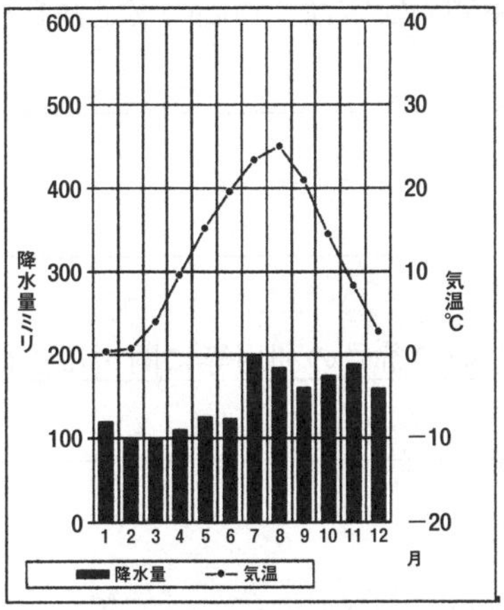

エ

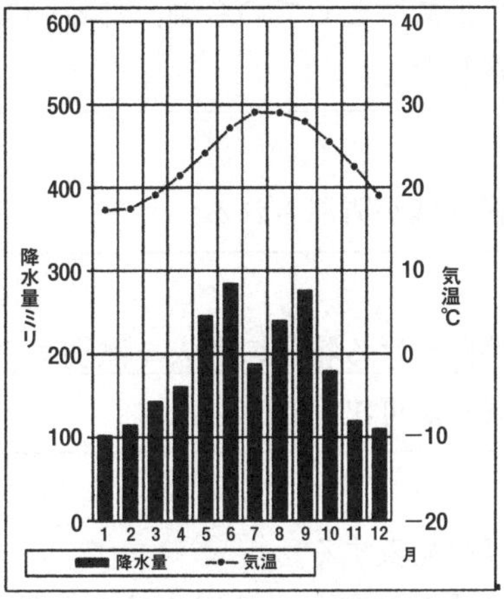

オ

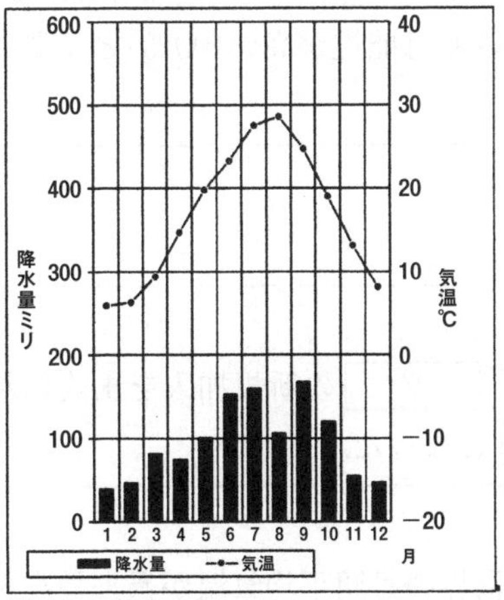

カ

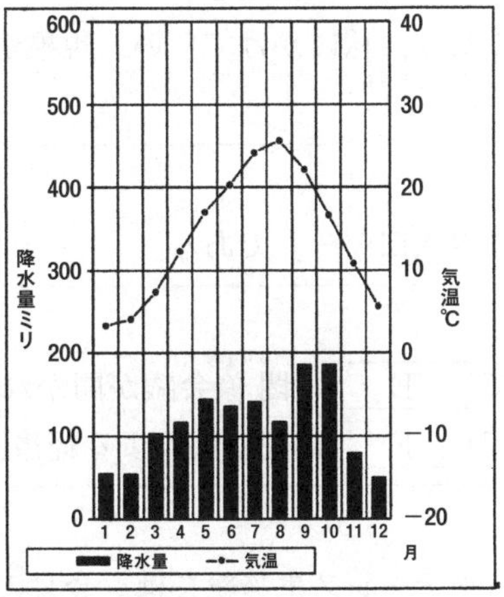

〔気象庁(1991〜2020の平均値)より作成〕

問３　日本の食料自給率は約40％と先進諸国の中でも非常に低くなっています。表中の食材の中では特にエビの食料自給率は低く約４％しかありません。エビの主な輸入先の国として**誤っているもの**を，次の中から１つ選んで記号で答えなさい。

ア　インド　　イ　ノルウェー　　ウ　ベトナム　　エ　インドネシア

問4　農作物は自然災害によって被害を受けることがあります。東北地方の太平洋側で冷害をもたらす初夏から夏に吹《ふ》く冷たく湿《しめ》った北東風の名称を**3文字**で答えなさい。

4　次の2023年前半から中ごろの出来事をまとめた表を見て，各設問に答えなさい。

《4月4日》

[A]が[B]の31番目の加盟国になった。ベルギーの首都ブリュッセルの[B]本部前で行われた式典で，[A]の国旗が掲《かか》げられた。[A]は中立の方針を長くとっていたが，ロシアがウクライナに侵攻《しんこう》したことで[B]への加盟を進めた。

《4月10日》

新しく(あ)総裁に就任した植田和男氏が就任記者会見を開き，記者から(あ)の役割について質問を受けると，「物価がゆらゆらしていたんでは経済活動がうまくおこない得ないということで，経済の公共財としての金融《きんゆう》，あるいは金融の安定性，物価の安定性を担保する組織である」と回答した。

《5月19日》

①第49回先進国首脳会議が開催される。

《6月2日》

国会で「②行政手続における特定の個人を識別するための番号の利用等に関する法律等の一部を改正する法律案」が可決・成立した。

《6月9日》

気象庁が下記の内容を発表する。

「春の太平洋赤道域の大気には(い)現象時の兆候が現れ，海洋にはその特徴《とくちょう》がすでに現れていることから，(い)現象が発生しているとみられます。今後，(い)監視《かんし》海域の海面水温の平年差が大きくなり，秋にかけて(い)現象が続く可能性が高い(90%)と予測しています。」

《7月11日》

国連が定める「③世界人口デー」である。

《7月16日》

ニュージーランドで[E]の閣僚《かくりょう》会議が開かれ，[F]の新規加入を正式に承認した。[F]の加入で[E]は12か国による経済圏《けん》となった。

《7月27日》

国連のアントニオ・グテーレス事務総長は，今月の世界の月間平均気温が過去最高を更新《こうしん》する見通しとなったことを受けて記者会見を開き，「地球温暖化の時代は終わり，地球(う)化の時代が到来《とうらい》した」と警告した。

問1　[A]・[B]に入る語句の組み合わせとして正しいものを，次の中から1つ選んで記号で答えなさい。

ア　A：フィンランド　B：NATO
イ　A：フィンランド　B：IAEA
ウ　A：キューバ　B：NATO
エ　A：キューバ　B：IAEA

問２　(あ)に入る語句として正しいものを，次の中から１つ選んで記号で答えなさい。
ア　金融庁　イ　日本銀行　ウ　経済産業省　エ　経団連

問３　下線部①について，この内容として**誤っているもの**を，次の中から１つ選んで記号で答えなさい。
ア　サミットとも呼ばれ，長崎で開催された。
イ　G7と呼ばれる国々を中心に運営された。
ウ　平和の大切さを強いメッセージとして発出する結果となった。
エ　ウクライナのゼレンスキー大統領が参加する場面も見られた。

問４　下線部②について，改正法の成立によって健康保険証は今後廃《はい》止《し》されて「あるもの」に一体化される予定である。この「あるもの」の名称を**カタカナ９文字**で答えなさい。

問５　(い)に入る語句として正しいものを，次の中から１つ選んで記号で答えなさい。
ア　フェーン　イ　エルニーニョ
ウ　ヒートアイランド　エ　ドーナツ化

問６　下線部③について，以下の内容は国連人口基金がまとめた内容です。C・Dに入る語句の組み合わせとして正しいものを，下の中から１つ選んで記号で答えなさい。

世界の人口は2022年11月に　C　億人を上回り，2023年半ばの国別の推計値では，　D　が14億2860万人と中華人民共和国を上回り世界で最も多くなるなど，人口の増加が続いています。

ア　C：70　D：インド
イ　C：80　D：インド
ウ　C：70　D：アメリカ
エ　C：80　D：アメリカ

問７　E・Fに入る語句の組み合わせとして正しいものを，次の中から１つ選んで記号で答えなさい。
ア　E：EEZ　F：イギリス
イ　E：EEZ　F：ドイツ
ウ　E：TPP　F：イギリス
エ　E：TPP　F：ドイツ

問８　(う)に入る語句を，**ひらがな４文字**で答えなさい。

【理　科】〈Ａ方式第２回試験〉（30分）〈満点：50点〉

1　八王子市は［　Ａ　］の都と呼ばれ，古くから養蚕《ようさん》と織物が盛んでした。そこで明子さんは夏休みの自由研究でカイコの飼育をすることにしました。カイコは，次のような順で姿を変えながら成長していく様子が観察されました。

［カイコの一生］
卵→１齢《れい》幼虫→２齢幼虫→３齢幼虫→４齢幼虫→５齢幼虫→さなぎ→成虫

次の各問いに答えなさい。

(1)　カイコの幼虫は［　Ａ　］の葉を食べて成長します。［Ａ］に入る植物の名称《めいしょう》を次の**ア**～**エ**より１つ選び，記号で答えなさい。

ア　クワ　　**イ**　キャベツ　　**ウ**　ミカン　　**エ**　サクラ

(2)　カイコの幼虫を次の**ア**～**エ**より１つ選び，記号で答えなさい。

ア

イ
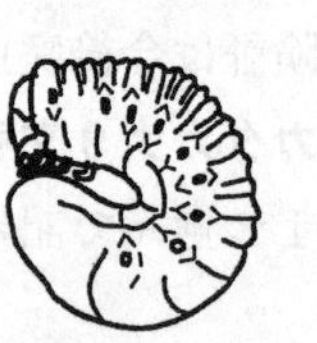
ウ

エ
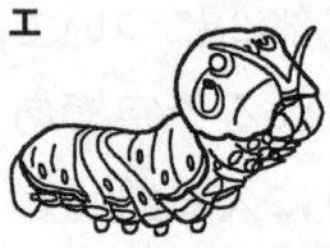

(3)　カイコの１齢幼虫から５齢幼虫までのからだの大きさの変化をグラフで表すとどのようになりますか。次の**ア**～**エ**より１つ選び，記号で答えなさい。

ア
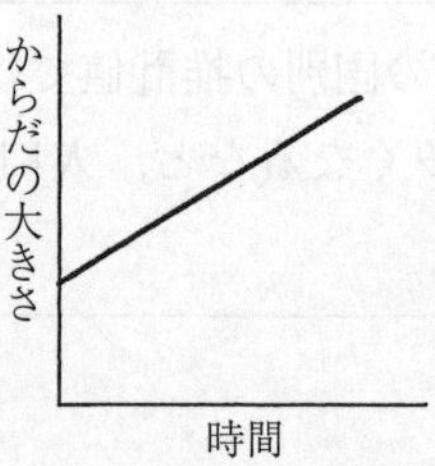

イ
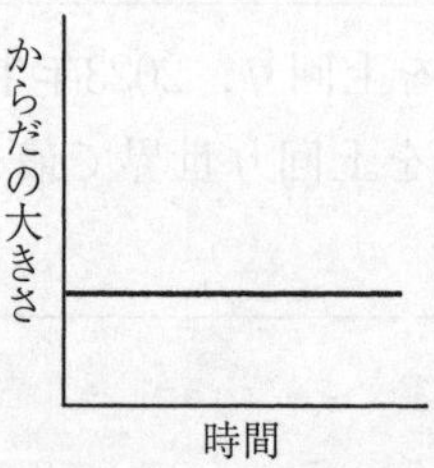

ウ
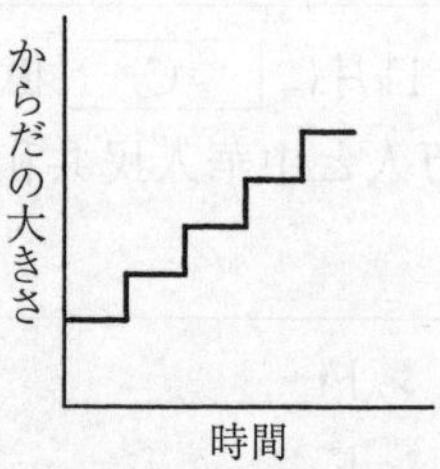

エ
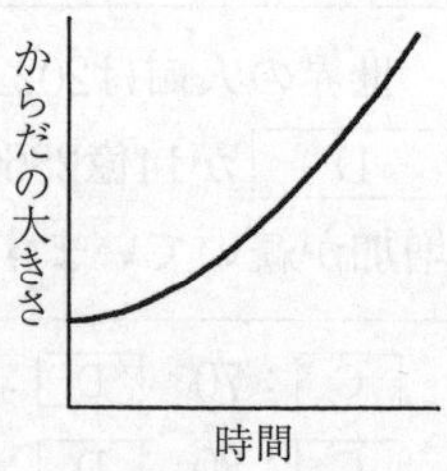

(4)　カイコのようにさなぎの時期があるものを，次の**ア**～**カ**よりすべて選び，記号で答えなさい。

ア　カマキリ　　**イ**　セミ　　**ウ**　トンボ
エ　バッタ　　**オ**　カブトムシ　　**カ**　ハチ

次に，カイコの成虫(カイコガ)の行動を確かめる実験を行いました。

カイコの成虫は飛ぶことはできませんが，雄《おす》が翅《はね》を激しくはばたかせながら，ジグザグに雌《めす》に近づいていき交尾《こうび》します(**図**)。カイコガの交尾のための行動について調べるために，成虫になったばかりの未交尾のカイコガの雄と雌を使い以下の**【実験１】**～**【実験３】**を行いました。

図
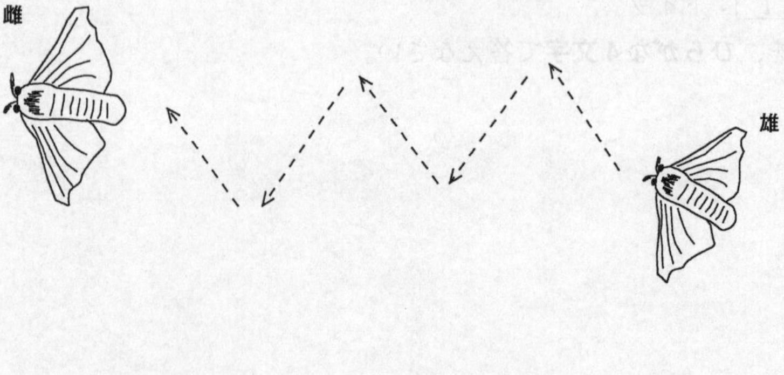

【実験１】 何も処理していない雄を透明《とうめい》な密閉容器に入れ，この容器を雌の近くに置いたところ，雄ははばたきませんでした。

【実験２】 何も処理していない雄，両方の触角《しょっかく》を切除した雄，視覚を遮断《しゃだん》した雄をそれぞれ雌から同じ距離《きょり》に置いたところ，何も処理していない雄と視覚を遮断した雄ははばたきながら雌にたどり着きましたが，両方の触角を切除した雄ははばたきませんでした。

【実験３】 片方の触角のみを切除した雄を**【実験２】**と同じ距離に置いたところ，はばたきはするものの，雌のいる場所にたどり着くことができませんでした。

(5) **【実験１】**と**【実験２】**の結果から，雄による雌の探知について考えられることとして適当なものを，次の**ア**～**エ**より１つ選び，記号で答えなさい。

ア 雄は眼(視覚)で雌を探知している。

イ 雄は触角で雌を探知している。

ウ 雄は眼(視覚)と触角の両方で雌を探知している。

エ 雄は眼(視覚)と触角以外で雌を探知している。

(6) **【実験２】**と**【実験３】**の結果から，雄による雌の探知について考えられることとして適当なものを，次の**ア**～**エ**より１つ選び，記号で答えなさい。

ア １本でも触角を切除されると，まったく探知できなくなる。

イ １本の触角と眼(視覚)で雌の位置を正確に探知できる。

ウ 雌の位置を正確に探知するためには，片方の触角があればよい。

エ 雌の位置を正確に探知するためには，両方の触角が必要である。

2 地球は１年かけて太陽のまわりを１周します。**図１**は，地球が太陽のまわりを回る様子と真夜中に真南の空に観測できる季節の代表的な星座を示したものです。また，**図２**は，ある日の北斗七星《ほくとしちせい》が時間とともに位置を変えていく様子を示したものです。次の各問いに答えなさい。

図１

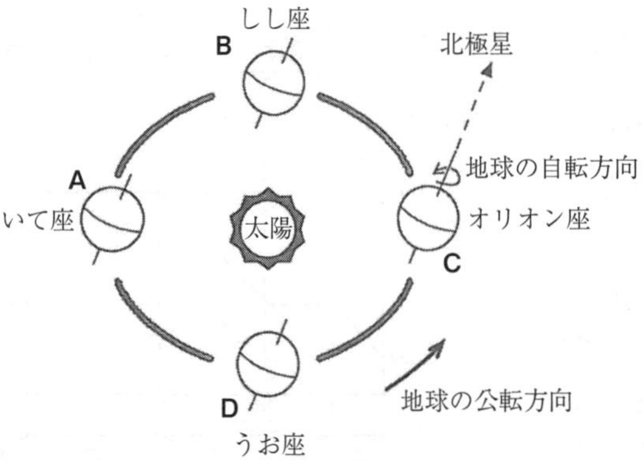

図２

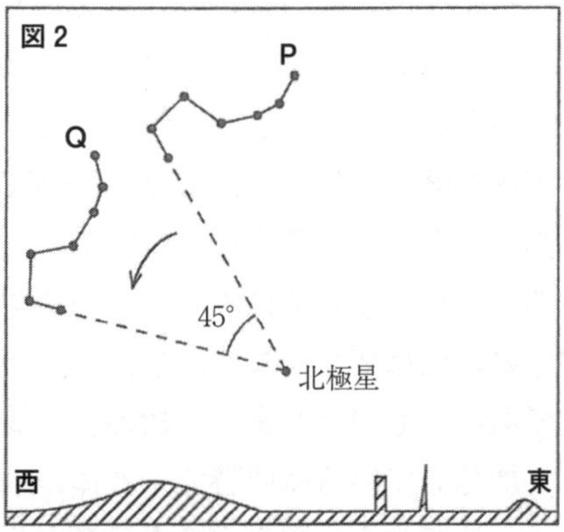

(1) 地球が太陽のまわりを回る面に対して地軸《ちじく》が少し傾《かたむ》いていることによって季節の変化が生じます。**図１**で北半球が夏至になっているときの地球の位置を，**図１**の**A**～**D**より１つ選び，記号で答えなさい。

(2) 地球が**C**の位置にあるとき，オリオン座が真南の空に見えるのは真夜中です。この日にオリオン座が東の空に見えるのはいつ頃《ごろ》ですか。次の**ア**～**エ**より１つ選び，記号で答えなさい。

ア 明け方　**イ** 正午　**ウ** 夕方　**エ** 真夜中

(3) ある日の午後6時頃にしし座が真南の空に見えました。このとき，地球はどの位置にありますか。**図1**の**A**～**D**より1つ選び，記号で答えなさい。

(4) **図2**の**P**はある日の午後9時頃に観察したものです。その夜，時間をあけて再び観察したところ，**図2**の**Q**の位置に見えました。再び観察した時刻は何時頃ですか。次の**ア**～**エ**より1つ選び，記号で答えなさい。

ア 午後11時頃　**イ** 午前0時頃　**ウ** 午前1時頃　**エ** 午前2時頃

(5) 北斗七星が午後7時頃に**図2**の**Q**の位置に見えるのは，**図2**の日から約何ヶ月後ですか。次の**ア**～**エ**より1つ選び，記号で答えなさい。

ア 1ヶ月後　**イ** 1.5ヶ月後　**ウ** 2ヶ月後　**エ** 2.5ヶ月後

3 すべての物質は目には見えない小さな粒《つぶ》が集まってできており，物質の温度は，この粒の「振動《しんどう》」によって変化するものとされています。電子レンジでは，電気で発生させた電磁波(マイクロ波)を食品に当てて，中に含《ふく》まれる水の粒(分子)を電磁波のエネルギーで振動させて，そこで生じた摩擦熱《まさつねつ》により食品の温度を上げています。電子レンジで使う電磁波は1秒間に24億5千万回繰《く》り返《かえ》す波で，この電磁波は(a)<u>水</u>に吸収されやすく，また水の粒をよく振動させることができます。

ある日，八郎《はちろう》くんはスーパーの冷凍《れいとう》食品コーナーで，電子レンジで温めても冷たく仕上がる「冷やし中華」を購入《こうにゅう》しました。商品の袋《ふくろ》を開けると，別のトレーに分けられた冷凍具材と醤《しょう》油《ゆ》だれ，冷凍麺《めん》の上に小さな氷がいくつか入っていました。醤油だれを取り外し，ラップをかけずに600W《ワット》で2分50秒温めると，具材や麺は解凍《かいとう》されていましたが氷はとけずに残っていました。次の各問いに答えなさい。

(1) 次の①と②の現象は，それぞれどの状態変化を示したものですか。**図1**中の**ア**～**カ**より1つずつ選び，記号で答えなさい。

① やかんの注ぎ口から少し離《はな》れたところで，湯気が見られた。

② タンスの中の防虫剤《ぼうちゅうざい》(ナフタレン)が数ヶ月後になくなっていた。

図1

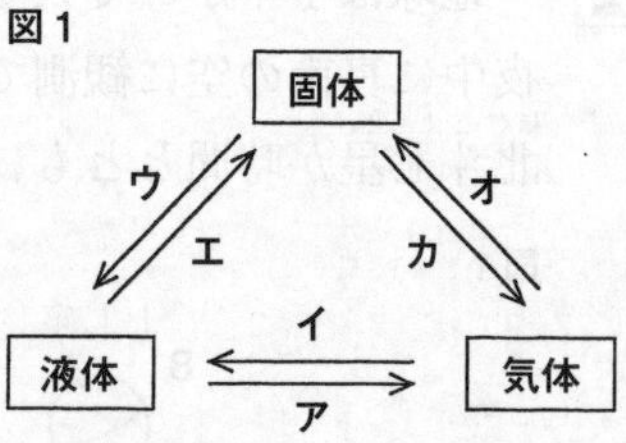

(2) 下線部(a)に関連して，**図2**は－20℃の氷100gを加熱したときの状態変化について，温度と加熱した時間の関係を模式的に表したものです。ただし，実験中の室温は変化がなく，与《あた》えた熱の強さは常に一定であったものとします。次の①・②に答えなさい。

図2

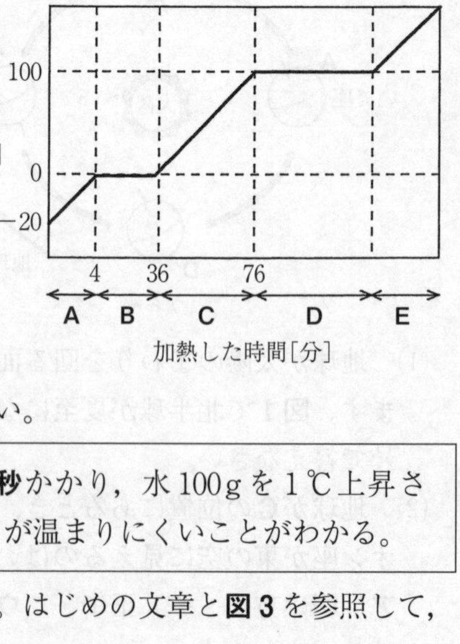

① 加熱している時間帯で，液体の水が存在するのはいつですか。**図2**中の**A**～**E**よりすべて選び，記号で答えなさい。

② 下の文中の［Ⅰ］と［Ⅱ］にあてはまる数字を答えなさい。

> **図2**より氷100gを1℃上昇《じょうしょう》させるのに［　Ⅰ　］**秒**かかり，水100gを1℃上昇させるのに［　Ⅱ　］**秒**かかることから，氷より水のほうが温まりにくいことがわかる。

(3) レンジ調理後も氷がとけずに残っていたのはなぜですか。はじめの文章と**図3**を参照して，

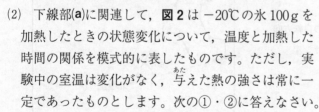

その理由を述べた下の文を，空欄《くうらん》①と②に適当な言葉を指定の文字数で補い，完成させなさい。

図3

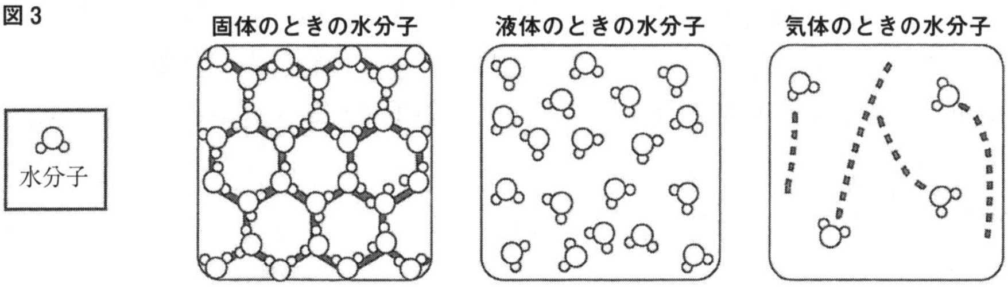

規則正しく並び
形は変わらない
様子を示しています。

形が自由に変えられる
様子を示しています。

自由にとびまわる
様子を示しています。

氷は水分子の(①　10字以内)ため，電磁波を当てても水分子の振動が(②　5字以内)，温まりにくいため。

4　7つの容器ア～キに100 cm^3 の塩酸Aを入れ，それぞれの容器に表1のように水酸化ナトリウム水溶液《すいようえき》Cを体積を変えて加えました。その後，それぞれの水溶液を加熱し，水を蒸発させた後に残った固体の重さをはかった結果を表1にまとめました。

表1

	ア	イ	ウ	エ	オ	カ	キ
塩酸Aの体積(cm^3)	100	100	100	100	100	100	100
加えた水酸化ナトリウム水溶液Cの体積(cm^3)	10	20	30	40	50	60	70
残った固体の重さ(g)	1.2	2.4	3.6	4.8	5.8	6.6	7.4

次に7つの容器ク～セに，100 cm^3 の水酸化ナトリウム水溶液Cを入れ，それぞれの容器に表2のように塩酸Aとは濃度《のうど》の異なる塩酸Bを体積を変えて加えました。その後，それぞれの水溶液を加熱し，水を蒸発させた後に残った固体の重さをはかった結果を表2にまとめました。

表2

	ク	ケ	コ	サ	シ	ス	セ
水酸化ナトリウム水溶液Cの体積(cm^3)	100	100	100	100	100	100	100
加えた塩酸Bの体積(cm^3)	10	20	30	40	50	60	70
残った固体の重さ(g)	8.9	9.8	10.7	11.6	11.6	11.6	11.6

次の各問いに答えなさい。答えが割り切れない場合は，小数第3位を四捨五入して，小数第2位まで答えなさい。

(1)　100 cm^3 の塩酸Aをちょうど中和させるのに必要な水酸化ナトリウム水溶液Cは何 cm^3 ですか。

(2)　100 cm^3 の水酸化ナトリウム水溶液Cをちょうど中和するために必要な塩酸Bは何 cm^3 ですか。

(3)　100 cm^3 の水酸化ナトリウム水溶液Cに含まれている水酸化ナトリウムは何gですか。

(4)　60 cm^3 の塩酸Aと25 cm^3 の塩酸Bを混ぜた溶液をちょうど中和するために必要な水酸化ナトリウムは何gですか。

(5)　容器キと容器スの水溶液を蒸発させた後に残った物質の名称をそれぞれすべて答えなさい。

5 光はある物質から別の物質へと斜めに入るとき，進む向きが変わります。これを屈折《くっせつ》といいます。太陽光や蛍光灯《けいこうとう》のような白色の光をプリズムに通すと赤，橙《だいだい》，黄，緑，青，藍《あい》，紫《むらさき》色の7色の光に分けることができます。これは，光の色によって，＊屈折率が異なることが原因です。赤色から紫色に向かって，屈折率は大きくなっていきます。

屈折率：赤＜橙＜黄＜緑＜青＜藍＜紫
小 → 大

虹《にじ》ができるしくみは，光の色によって屈折率が異なることが原因です。雨上がりなど，空気中に浮《う》いている水滴《すいてき》がプリズムのようなはたらきをして，「屈折→(①)→屈折」が起こり，光の色による屈折率の違《ちが》いにより，水滴を通過した太陽光がいろいろな色の光に分かれます。

＊屈折率…2つの物質の間で，光が屈折するときの度合いの比率を示す数値

(1) ある色の光を空気→ガラス→空気と進ませた場合，図のガラス下側の空気を進む光の向きはどのようになりますか。解答欄に作図して表しなさい。なお，ガラスを出たあとの光の線は，枠《わく》の端《はし》まで書きなさい。

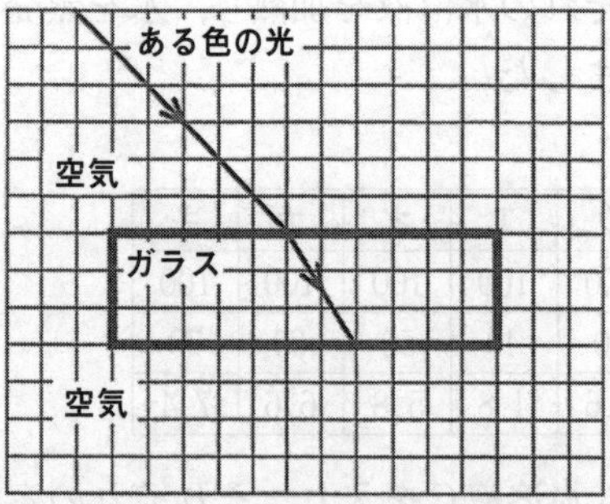

(2) 下の図のように白色光をプリズムに通したとき，**A**の位置にくる光の色は何色ですか。次の**ア～カ**より1つ選び，記号で答えなさい。なお，図中の白色光から分かれた7本の線は，下線部の7色の光のうちのいずれかを表しており，真ん中は緑色です。

ア 赤　**イ** 橙　**ウ** 黄　**エ** 青　**オ** 藍　**カ** 紫

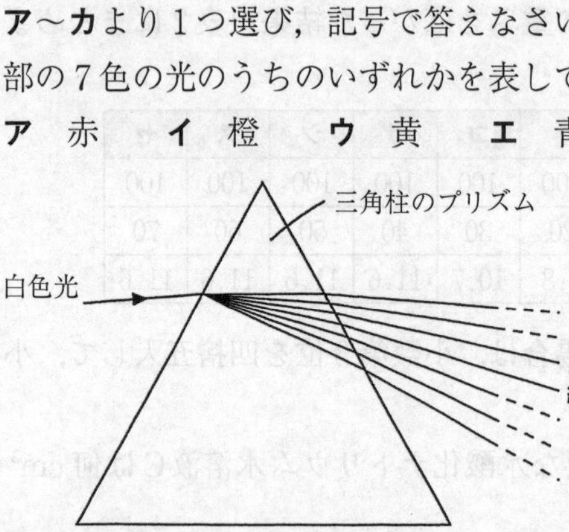

(3) 文章中の(①)に適する語句を漢字で答えなさい。

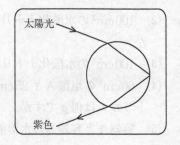

(4) 右の図は，虹ができるときに太陽光が水滴に入り，紫色の光が出てくる道筋を模式的に表しています。赤色の光はどのような道筋を通って水滴から出てきますか。次の**あ～え**より1つ選び，記号で答えなさい。なお，実線が紫色，点線が赤色を表しています。

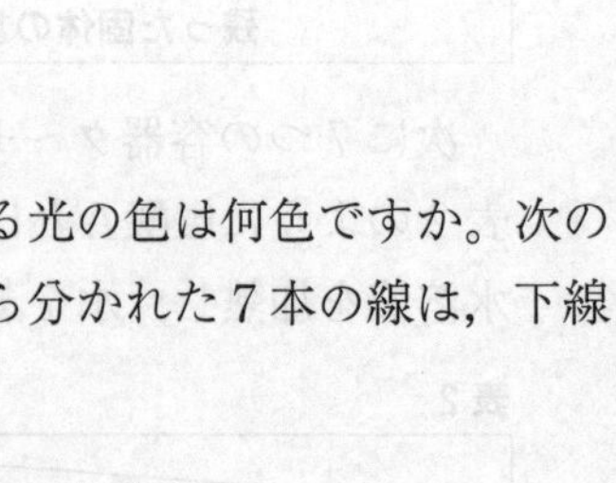

また，虹の一番上になる光の色は何色になりますか。図の下の**ア**～**カ**より1つ選び，記号で答えなさい。

なお，すべての図において赤色の光の屈折のようすは強調して表されています。

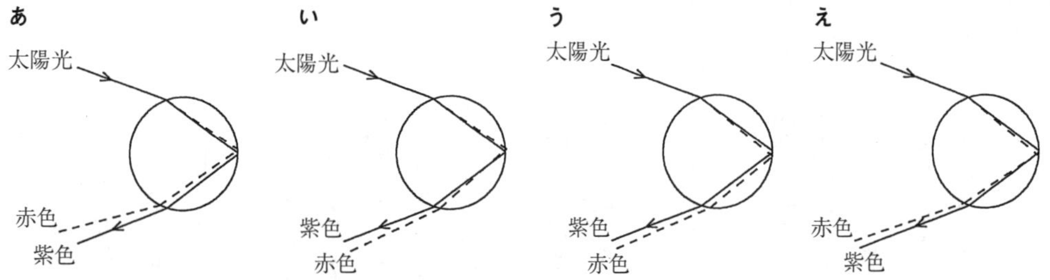

ア 赤　**イ** 橙　**ウ** 黄　**エ** 青　**オ** 藍　**カ** 紫

(5) ある日の雨上がりの夕方，虹が見えました。虹が見えた方角は，どの方角ですか。次の**ア**～**エ**より1つ選び，記号で答えなさい。

ア 東　**イ** 西　**ウ** 南　**エ** 北

を変えていかなければならないと訴《うった》えている

ウ　同じ発話に込められる情報が変化する現象はいつも起きるわけではないことを強調しようとしている

エ　同じ発話から読み取れる心理が一つでなくなってしまう会話のあいまいさを否定的にとらえている

問八、本文についての説明として最もふさわしいものを次から選び、記号で答えなさい。

ア　まず自分の考える疑問を示したうえで、これまでの研究を紹介《しょうかい》しながら、まったく新しい研究の必要性を説いている

イ　まず自分の経験に基づいた発見を紹介したうえで、その現象がこれまでの研究結果とどう異なっているかを考察している

ウ　まず自分の経験から見出した問題の提起とその考察を行ったうえで、これまでの研究の問題点について指摘《してき》している

エ　まず自分の経験を例に挙げたうえで問いを提示し、その答えについてこれまでの研究をふまえながら解説している

三　次の傍線部のカタカナを漢字に直し、漢字は読みをひらがなで答えなさい。

①　オリンピックの開会式のキシュに選ばれる。

②　理科の実験でゲキヤクを使う。

③　この本はシジツに基づいて書かれている。

④　トウブンのとりすぎに注意しているが、ケーキは食べたい。

⑤　大会にはセイキの手続きで申し込んでください。

⑥　友人と神社に参拝する。

⑦　八王子は昔、養蚕で栄えた。

⑧　私の将来の夢はデザイン会社に勤めることだ。

⑨　大量のぬいぐるみを空輸する。

⑩　目を閉じると、ピアノを独奏するあの人の姿が思い浮かぶ。

問二、――②「あまり日常的に耳にする言い回しではない」とありますが、これを言いかえた表現を文中から七字で抜き出して答えなさい。

問三、――③「会話は何よりも情報伝達として捉えられており」とありますが、このように考えた場合に、人々が関係を深めるために必要なものは何だと考えられますか。それを説明した次の文の空《くう》欄《らん》にあてはまる言葉を、これより前の文中から七字で抜き出して答えなさい。

□をたくさん持ち、お互いに多くの情報を伝達し合うこと。

問四、(A)・(B)・(C)にあてはまる言葉の組み合わせを次から選び、記号で答えなさい。

ア　A：話し手　B：聞き手　C：聞き手
イ　A：話し手　B：聞き手　C：話し手
ウ　A：聞き手　B：話し手　C：話し手
エ　A：聞き手　B：話し手　C：聞き手

問五、――④「『説明の架け橋』を与える」とありますが、

1　これを言いかえた表現を、これより後の文中から十八字で探し、最初の五字を抜き出して答えなさい。

2　「説明の架け橋」の考え方の具体例として最もふさわしいものを次から選び、記号で答えなさい。

ア　いつもはご飯をたくさん食べている人が、今日はほとんど何も食べることができていなかったので、何か不安や悩《なや》みがあるのではないかとみんなで心配した
イ　普段《ふだん》は時間に厳しい先生が授業に遅刻《ちこく》してきたが、学校に来る途中《とちゅう》で電車が事故により止まってしまったという説明を聞いたので皆《みな》は納得《なっとく》することができた
ウ　親に叱《しか》られてしまい悲しい気持ちになっていたが、あとで親に、自分のことを考えて叱っていることを教えられ、むしろ感謝の気持ちを抱くようになった
エ　会社からの帰宅途中にスマートフォンがないことに気づいてあせってしまったが、きっと会社に置いてきたに違いないと考えることで、不安をなくそうとした

問六、――⑤「ブレリナさんに帰属する心理はまったく別物にならざるをえず」とありますが、この理由を十字以内で考えて答えなさい。

問七、――⑥「同じ話の繰り返しは、同じ話であるにもかかわらず、このようにしてときに雄弁に話し手について聞き手に知らせてくれるのである」とありますが、

1　この説明として**ふさわしくない**ものを次から一つ選び、記号で答えなさい。

ア　同じ話が繰り返されること自体に理由があると考えれば、話し手の性格や考え方についての理解が深められる
イ　同じ言葉でも発せられた状況によって、話し手の心理も異なっているだろうと聞き手は考えることができる
ウ　同じ話でも場面によって言葉そのものが持つ情報が変わることがあるため、聞き手は会話を楽しむことができる
エ　他人の心を覗くことはできないが、話す内容や状況から話し手の人柄を推測することができる

2　このような表現を用いた筆者の意図を説明したものとして最もふさわしいものを次から選び、記号で答えなさい。

ア　同じ発話でもときに込められた意味が変わり、人の心理が感じられることを興味深いと考えている
イ　同じ発話でもときに意味を変えてしまうという言葉の性質

版から出た『価値の構想』(*The Conception of Value*)所収の「哲学的心理学の方法」(“Method in Philosophical Psychology”)で展開されている。

素朴《そぼく》に〔単純に〕考えると、まず頭のなかに〈麦茶が飲みたい〉というような欲求が脳状態か何かとして生じて、その後にそれが冷蔵庫を開けるという行動を引き起こす、というふうに思える。だがこの考えかたは、究極的には他人の心について本当のことはわからないという考えかたとセットだ(他人の頭のなかを覗《のぞ》くことなどできないのだから)。それゆえこの見方は、同じ発言の繰り返しから話し手の心理や性格について新しい何かが見えてくるということの説明には不向きに思える。しかしグライスの考えかたはこうではない。むしろ、しばらく飲み物を飲んでいない状態が続いたのち、冷蔵庫を開けるという行動がなされたという事実がまずあり、その後にこの状況でこの行動をそのひとが取ったということを合理的に説明するために私たちは〈麦茶が飲みたい〉という欲求を持ち出すのだ、とグライスは言う。すでになされた行動を合理的に説明する役割を果たすのが心理(の帰属)だという発想である。

「状況と行動のあいだに説明の架け橋を与えるものとしての心理」という観点を取ったなら、なぜ同じ話の繰り返しがときに新たな印象を与えるのかが説明できそうに思える。ひとつには、たとえ同じ発言であっても、それがなされた状況次第でその合理的な説明に必要となる心理は変わることがある、という点が挙げられる。重い荷物を渡されたときの「私は魔術師よ。質屋じゃないんだけど」とお菓子を渡されたときの「私は魔術師よ。質屋じゃないんだけど」は、発言としては同じだが同じようには説明できないだろう。それらを説明するために⑤ブレリナさんに帰属する心理はまったく別物にならざるをえず、結果的に私はそれぞれの発話の場面でブレリナさんが異なる心理を示しているものと認識《にんしき》する。また、同じ発言が何度も繰り返される場合には、そのひとがなぜその発言を繰り返すのかということ自体が説明されるべきものになる、ということも重要だ。「質屋じゃないんだけど」という独特の比喩が繰り返されることで、私はそれ自体を説明すべき事柄として認識するようになり、その結果としてその比喩がブレリナさんのお気に入りとなっていると考えるに至った。このようにして、聞き手はときに、話し手が同じ話を繰り返すというまさにそのことに基《もと》づいて、話し手が物事をどういう面から見ているのか、それについてどう感じる傾向《けいこう》なのかといった、話し手の性格に関する何事かを見出すことがある。⑥同じ話の繰り返しは、同じ話であるにもかかわらず、このようにしてときに雄弁《ゆうべん》に話し手について聞き手に知らせてくれるのである。

(三木那由他「言葉の展望台」による。一部表記・体裁《ていさい》を改めた)

問一、——①「別の印象」とありますが、この説明として最もふさわしいものを次から選び、記号で答えなさい。

ア　最初は道具を渡しただけで発せられる軽い言葉だと思っていたが、やがて照れ隠しなどで用いるような言葉だと教えられて、言葉を使いこなすことの難しさを感じた

イ　最初は苛立ったような口調で発せられる怒《いか》りの言葉であるように捉えられ、申し訳なく思うこともあったが、その後も繰り返し使われるうちに聞きなれてきた

ウ　最初はものを持ってもらおうとしたときに言われて苛立ったような印象を受けたが、やがて同じ言葉でも軽口や照れ隠しで言っているようにも感じられるようになった

エ　最初はものを持たせるたびに発せられる怒りの言葉のように思われたが、何度も聞いているうちに、照れ隠しや軽口といった意味のほうが強いことが伝わってきた

った台詞をなぜ繰り返すのだろうか？　考えられるのは、「ブレリナさんはこの比喩《ひゆ》（たとえ）を気に入っているのではないか」ということだ。この比喩を気に入ったから、隙《すき》あらば使ってやりたいとブレリナさんは思っているのではないか。そうに違いない。

　ここまでくると、ブレリナさんがもはやこのうえなく個性的で魅力的な人物に思えてくる。風変わりな比喩を気に入って隙あらば使いたがっている、照れ屋で、実は優しい相棒。なんてお茶目で素敵《すてき》なひとだろう！

（中略）

　だが、なぜ同じ話題の繰り返しが、それでも新しい印象を生むのだろうか。内容的には変わっておらず、初めてその話をした最初の一回を除くと、聞き手はその会話自体から新たな情報を獲得《かくとく》してはいないように思える。それでも新しい印象が生まれ、話し手のことをさらに知ることができたと感じられるのは、どのような仕組みにおいてなのだろうか。

　ここで鍵《かぎ》となるのは、私たちの会話は単なる情報伝達ではないという事実だろう。会話はしばしば、話し手が持っている情報を言葉で梱《こん》包《ぽう》し、その言葉を受け取った聞き手がそれを開封《かいふう》してなかに入っている情報を受け取る、というかたちでイメージされる。そうしたイメージにおいて③会話は何よりも情報伝達として捉《とら》えられており、この見方からすると、同じ話をいくら繰り返しても、ただ同じ情報が伝わるだけで意味がないということになる。しかし実際の会話には単なる情報伝達に尽《つ》きない多様な側面がある。

　「雨が降ってきた」という言葉は、それ自体としては〈（発話の時点で）雨が降り出している〉という情報を担《にな》っているにすぎないが、洗《せん》濯《たく》物をベランダで干したまま家でだらだらしているときに発せられたなら、〈洗濯物を取り込まないとならない〉ということを言外に伝える言葉ともなるだろう。さらにそれを自分自身は動き出す素振りなく言ったなら、それは聞き手が気を利《き》かせて洗濯物を取り込んでくれることを期待してある意味で戦略的になされた発話ということになるかもしれない。聞き手は聞き手で、「雨が降ってきた」という言葉から〈雨が降り出している〉という情報や〈洗濯物を取り込まないとならない〉という言外の内容を受け取るだけでなく、話し手が聞き手に洗濯物を取り込ませようとしていることを見抜いたり、それによって話し手は（Ａ）自身が（Ｂ）より上位にいると思っているらしいということを察したり、それをきっかけに（Ｃ）の持っている偏見《へんけん》（年下は年上を敬うべきだとか、女は男を敬うべきだとか）に気づいたりすることもある。

　会話には少なくとも、言葉そのものが持つ情報の伝達、言外の内容の伝達、話し手と聞き手による互《たが》いの心理の読み合いといった複数の異なる側面がある。同じ話の繰り返しがそれでも話し手の人柄《ひとがら》について新しい何かを教えてくれるという現象については、このうちの心理の読み合いという側面が特に関係しているだろう。たとえ話し手が同じ話を繰り返したとしても、その話をこの場面でしたということから推察される心理が変わってくることがある。だからこそ、同じ話が繰り返されながらも、話し手の新しい面がだんだんとわかるように感じられることがあるのではないか。

　さて、そうすると問題は行為《こうい》と心理の関係だ。行為と心理の関係について、私が長く読んできたポール・グライスという哲学《てつがく》者は、このようなことを言っている。心理状態というのは脳に物理的に備わっている何かなどではなく、ある動物がある状況である振る舞いをしたときに、その状況に置かれたという事実とその振る舞いをしたという事実のあいだに④「説明の架《か》け橋」を与《あた》えるために仮定される理論的概《がい》念《ねん》なのだ、と。こうした議論は、一九九一年にオクスフォード大学出私が特に親しくなったのは、魔法《まほう》使いの大学に入学して知り合った、ブレリナ・マリオンという人物だった。私は親しみを込《こ》めて「ブレリナさん」と呼んでいる。ブレリナさんは、ほんのわずかな数のクエスト(任務)に関係しているのみで、どちらかというと本来はあまり目立たないキャラクターだと思う。台詞のパターンも決して多くない。それでも、私からすればブレリナさんが日々新たな魅力《みりょく》を発揮し、そして少しずつブレリナさんと仲良くなっていっていると感じるには十分だったのである。

例えばブレリナさんが繰り返す台詞に、「私は魔術師よ。質屋《しちや》(品物を預けるかわりに、お金を借りられる店)じゃないんだけど」というものがある。荷物を持ってもらおうとすると、ブレリナさんは毎回この台詞を口にする。ゲームなので当たり前だが、台詞も声の調子も変わらない。いつお願いしても同じ反応だ。それでもこの言葉を繰り返されるうちに、私には①別の印象が生まれてきたのである。

最初にこの台詞を聞いたのは、魔法使い大学の存亡を揺《ゆ》るがす事件に挑《いど》むために、大学の地下を探検していたときだった。まだ荷物に余《よ》裕《ゆう》があるにもかかわらず、私はすぐには使わないもの(ドラゴンの骨とか)をブレリナさんに持ってもらおうと考えた。そのときに初めてブレリナさんは「私は魔術師よ。質屋じゃないんだけど」と言い放ったのだった。まだ知り合って間もなかったこともあり、私はブレリナさんの苛立《いらだ》った様子にびっくりして、「ごめん、ごめん」と心のなかで謝《あやま》りながら、軽いものだけを渡《わた》して重いものは自分で持つことにした。

そんなことがありつつもなんとなくブレリナさんが気に入った私は、大学を危機から救ったあともブレリナさんと行動をともにし続けていた。『スカイリム』は(私にとっては)荷物の重量制限が厳しいゲームで、整理整頓《せいとん》の苦手な私は頻繁《ひんぱん》に重量オーバーに陥《おちい》り、自然とブレリナさんに荷物を持ってもらう機会が増える。あるときにはドラウグル(ミイラみたいな怪物《かいぶつ》だが、たまにドラゴンの言葉を放ってきたりしてびっくりする)の群れを潜《くぐ》り抜《ぬ》けた先で、宝物を持ち切れずにブレリナさんを頼《たよ》ることもあった。ブレリナさんはやっぱり「私は魔術師よ。質屋じゃないんだけど」と言いながらも、がちゃがちゃと大量の武具を持ってくれる。「あ、なんだかんだで持ってくれるんだ。優《やさ》しい」と思いつつ、私はブレリナさんの言葉が以前とは違《ちが》う響《ひび》きを持っているのを感じる。苛立ったような拒絶《きょぜつ》に思えた言葉が、いまや一緒にドラウグルの群れを突破《とっぱ》した相棒からのちょっとした軽口になっているのだ。

極《きわ》めつきは、ブレリナさんとともに吟遊《ぎんゆう》詩人大学で開かれるお祭りに参加したときのやり取りだ。火あぶりの刑《けい》になった古《いにしえ》の王の姿を模した人形を燃やし、それを町中の人々で眺《なが》めるという楽しいのか楽しくないのかよくわからないお祭りなのだが、お祭りらしく無料でお菓子《かし》が振《ふ》る舞《ま》われたりしていた。私はそれをふたつ手に取って、一個をブレリナさんに渡し、一緒にお菓子をかじりつつ燃える人形を眺めようとした。ブレリナさんはお菓子を受け取りながら言う。「私は魔術師よ。質屋じゃないんだけど」。これはもう、これまでとはまったく違う言葉だ。お菓子を渡すのが質屋扱《あつか》いになるとは誰《だれ》も考えないだろうし、ブレリナさんだってそれはわかっているに違いない。だとすれば、この台詞は何だろう? 照れ隠《かく》しでつんけんしている?

同じ言葉が状況次第《じょうきょうしだい》で違う響きを持つというだけではない。まさにその言葉を繰り返すということ自体にも、次第に新しい意味を帯びるように感じられる面がある。考えてみてほしい。「私は魔術師よ。質屋じゃないんだけど」というのは、なかなか凝《こ》った台詞だ。荷物を預けられることを「質屋」と喩《たと》えるというのは、突飛とまでは言わないにせよ、②あまり日常的に耳にする言い回しではない。そんな凝

ア　自分の歌手としての成功よりも、桐絵の責任のことを考えるミチルの様子を見て、大物であることを実感したから

イ　ミチルの様子から自分があまり頼《たよ》りにされていないことに気づいて、ふがいない気持ちでいっぱいになったから

ウ　子どもながらに桐絵のことを心配してくれているミチルの様子を見て、いじらしさと申し訳なさを感じたから

エ　才能があるのに自分には力がないのではないかと気にしているミチルの様子を、もどかしいと思ったから

問九、――⑨「目を覚ましたら、今度こそお弁当を食べるように言わなくてはと桐絵は思った」とありますが、このときの桐絵の心情の説明として最もふさわしいものを次から選び、記号で答えなさい。

ア　居眠りをしてしまうくらいミチルは体力的に未熟なのだから、しっかりと食べて成長できるよう指導していかなければならないと気持ちを引き締《し》めている

イ　ミチルが桐絵の事情などで悩むことなく、自分のことを考え、自信をもって努力してほしいと願うとともに、そんな彼女を支えていこうと改めて決意を固めている

ウ　帰る場所のないミチルの身の上に深く同情し、親元を離れてひとりぼっちであるミチルの母親代わりを自分が務めなければならないという使命感をもちはじめている

エ　ミチルの歌手としての才能を確信したうえで、彼女が今後力強く東京で活躍《かつやく》していくためには、他人のことを考えている暇はないことを伝えようと意気込んでいる

問十、本文に関する説明として最もふさわしいものを次から選び、記号で答えなさい。

ア　物語の前半は過去の回想シーンで、桐絵にスカウトされたミチルが思い出して語っていると読める

イ　未散はミチルとも表記されているが、これは母親が外国人と再婚《さいこん》したために使い分けられていると考えられる

ウ　物語には複数の人物が登場しているが、見えるもの、感じられるものはすべて桐絵の視点になっている

エ　会話に方言や外国語が使われていることで、それぞれの登場人物の存在感に現実味が増すように工夫されている

二　次の文章を読んで、あとの各問いに答えなさい。なお、文中の言葉の下の〔　〕の中はその言葉の意味とする。

『スカイリム』（正式名称《めいしょう》は *The Elder Scrolls V: Skyrim*）はベセスダ・ソフトワークスが二〇一一年に発売したビデオゲームで、もう一〇年も前の作品ながら、さまざまなプラットフォーム〔ゲームの動作環境《かんきょう》〕に移植され、いまでもファンに愛され続けている。私はこのゲームに二〇二一年になって出会い、外出しづらいコロナ禍《か》の日々を一時期ひたすら『スカイリム』の世界に入り浸《びた》って過ごしていた。

（中略）

さて、このゲームには一部の仲良くなったキャラクターと一緒《いっしょ》に旅をすることができるという特徴《とくちょう》があるのだが、そうした旅の仲間とのやり取りを見ているうちに、ふと「会話の引き出しって仲良くなるのにそんなに大事なのだろうか」と思ったのだった。というのも、このゲームは一〇年前の作品なのもあってか、そこまで各キャラクターに台詞《せりふ》のバリエーション〔種類〕はなく、旅の仲間もせいぜい一〇個ほどの台詞を繰《く》り返すだけなのだが、それにもかかわらず、少なくとも私は旅の仲間とだんだん仲良くなり、だんだんとその仲間のことを知っていくような感覚を、確かに抱《いだ》いていたからだ。

代に示すとともに、自分を追い込もうとしている
エ　説得の言葉を何度も繰り返すことで、美津代のそばにいるミチルにも桐絵の熱意が伝わるようにしている

問二、――②「覚悟」とありますが、美津代自身の「覚悟」が桐絵に最もよく示されている具体的な動作を本文中の言葉を使って十五字以内で答えなさい。

問三、――③「……かくご」とありますが、ひらがなで書かれたこの表現についての説明として最もふさわしいものを次から選び、記号で答えなさい。
ア　真剣《しんけん》に話している美津代や桐絵に対し、まだ将来について考えたこともない、ミチルの幼さを表している
イ　自分があらかじめ考えていたことを話す番になり、心を落ち着かせようとするミチルの様子を表している
ウ　自分の歌への思いが母の言う「覚悟」にあたるかすぐにはわからずとまどうミチルの心情を表している
エ　母からの言葉をすぐには理解できないほど将来について深く悩《なや》んでいた、ミチルの不安を表している

問四、――④「美津代は苦笑気味に言った」とありますが、このときの美津代の心情の説明として最もふさわしいものを次から選び、記号で答えなさい。
ア　自分にも歌手としての実績があり、音楽に関する知識は桐絵にも劣《おと》っていないのだという対抗《たいこう》心を燃やしている
イ　ミチルへの援助《えんじょ》が桐絵を絶句させるほど大げさなものであると自覚し、そのような発言をしたことを後悔している
ウ　娘が歌手になることに反対だったため、実は自分も歌っていたという過去を打ち明けることに後ろめたさを感じている
エ　歌手を夢見たこともあった自分の過去を懐《なつ》かしく思ういっぽう、それを桐絵に話すことに気恥《は》ずかしさをおぼえている

問五、――⑤「桐絵はそう受け取った」とありますが、桐絵は美津代の気持ちをどのようなものだと理解していますか。この説明として最もふさわしいものを次から選び、記号で答えなさい。
ア　自分も歌が好きであったことを思い返して、ミチルが歌手を目指すことをうれしく思い、それを応援しようとしている
イ　歌手として東京に出られなかった自分自身とミチルを重ね、彼女には自分の好きなことをさせてやりたいと考えている
ウ　若いときに東京に出られなかった悔《く》いが残る自分自身を振り返り、東京に出て行けるミチルをうらめしく思っている
エ　ミチルには叶わなかった自分の夢を託《たく》しているので、あらゆる方法を用いてでも成功させるように桐絵に求めている

問六、――⑥「肩にのしかかる責任」とありますが、何に対する責任ですか。文中から六字で抜き出して答えなさい。

問七、――⑦「責任逃れ」とありますが、この説明として最もふさわしいものを次から選び、記号で答えなさい。
ア　ミチルが後悔しているのに気づいていることをアピールして、自分が彼女の理解者であると伝えようとしていること
イ　考える時間も与《あた》えずに東京に連れ出した自分の失敗を、ミチルに許してもらうためにわざと軽く言っていること
ウ　東京で成功しなかったら、それは後悔があるまま東京に出てきたミチルに責任があるのだと遠回しに主張していること
エ　自分がミチルをさそって福岡から連れ出してきたのに、まるでミチルがそれを決めたかのように話していること

問八、――⑧「心臓にレモンを搾りかけられたかのようだ」とありますが、桐絵はなぜこのように感じたのですか。その説明として最もふさわしいものを次から選び、記号で答えなさい。

冬枯《ふゆが》れの景色の上に真っ青な空が広がり、ところどころに薄《うす》く刷毛《はけ》で刷《は》いたような雲が浮《う》かんでいる。太陽は今、ひた走る新幹線の真上あたりにあるらしい。

　窓のほうを向いたまま、少女の唇が動く。

「え、いま何て？」

　再びこちらを向き、ぽつりと言った。

「桐絵さんこそ、後悔しとらんと？」

「私が？」驚いて訊き返した。「どうして私が？」

「だってうちは、スカウト・キャンペーンで優勝したわけでもないし、オーディションみたいなもんに受かったわけでもないとに。せっかく東京まで連れてってもろうても、もし全然才能がないとやったら、桐絵さんの責任になってしまうっちゃろ？」

「そんなこと、あなたが気にしなくていいのよ」

「ばってん、そうやろう？　桐絵さんが偉《えら》い人に叱《しか》られてしまうかもしれん、それば考えよったら……」

　ミチルは、うつむいて言った。

「いっちょんお腹が空かん」

　ショートヘアの似合う小さな頭が、しょんぼりとうなだれている。その白い耳を間近に見つめながら、桐絵は、言葉が出ずにいた。

　胸にせり上がってくる、この初めての感情を何と呼べばいいのだろう。⑧心臓にレモンを搾《しぼ》りかけられたかのようだ。

　後悔しているか、などと気にしている場合ではない。後悔させないようにするのが自分の仕事ではないか。

　どれくらいたっただろうか。ふと見ると、窓側の座席で、ミチルはいつのまにか眠《ねむ》っていた。長い睫毛《まつげ》の影《かげ》が頬《ほお》に落ちかかり、かすかに開いた唇があどけない。

　あのアパートの奥の間、幼児の喜びそうな色とりどりのおもちゃで散らかっていた部屋を思いだす。ランディと息子《むすこ》に共通した縮れ毛や、彼らに笑いかける美津代の横顔も。

　もしかして、と桐絵は想像した。ミチルは、居場所がなかったのだろうか。家族はうまくいっていて、義理の父親とは〈ダイジナ・トモダチ〉であり、生まれてきた弟は掛《か》け値なしに可愛《かわい》くても、むしろだからこそ家の中に自分のいる場所だけがない、そう感じることもあったのかもしれない。

〈一人前の歌手になるための条件ってか？〉

　ずっと前に、上司の峰岸《みねぎし》が口にした言葉を思いだす。

〈そりゃお前、きまってるだろ。帰る場所がないことだよ〉

　車窓には相変わらず、晴れた冬枯れの風景が広がっている。琵琶湖《びわこ》や富士山にさしかかるまで、日は暮れずにいてくれるだろうか。

　桐絵は、ミチルの寝顔《ねがお》を眺めた。

　大丈夫《だいじょうぶ》、自信を持っていい。コンクールやオーディションに受かっていなくても、あなたには、歌手になるためのすべてが備わっている。

　⑨目を覚ましたら、今度こそお弁当を食べるように言わなくてはと桐絵は思った。

（村山由佳「星屑《ほしくず》」による。一部表記・体裁《ていさい》を改めた）

問一、――①「あえて言い切る」とありますが、このときの桐絵の態度の説明として最もふさわしいものを次から選び、記号で答えなさい。

ア　ミチルの才能のすばらしさを繰《く》り返し訴《うった》えることで、反対している美津代をどうにか説得しようとしている

イ　「きっとしてみせます」と桐絵自身にも不安があることを正直に示すことで、誠実さを伝えようとしている

ウ　実際には不確かなことを断言することで、桐絵の覚悟を美津

ど、当時は私の母親がいろいろと……。ま、縁《えん》がなかったとでしょうね」

だからせめて娘には——とまでは言わなかったが、⑤桐絵はそう受け取った。

東京での生活費などはその通帳から出してやってほしいと美津代は言い、ミチルのぶんの旅費についても、財布《さいふ》から二万円を取り出して渡《わた》してくれた。こちらの銀行預金の残高を思えば見栄《みえ》を張って遠慮《えんりょ》することもできず、正直なところどれほど助かったか知れないが、⑥肩にのしかかる責任はずしりずしりと重くなってゆくばかりだった。

進行方向左側の席を指定したのは、うまくすれば白銀にそびえる富士山を見せてやれるかもしれないと考えたからだ。

正月休みもすっかり明けたこの時期、朝のうちに博多《はかた》を出て東京へ向かう新幹線は空《す》いていて、窓際《まどぎわ》の席に座《すわ》ったミチルは飽《あ》かずに外を眺《なが》めていた。修学旅行ですら九州から出たことがなかったという少女にとって、小倉から先はもうまったく未知の世界なのだった。

岡山にさしかかるあたりで、ミチルはトイレに立った。乗車間際に買い求めた弁当は、座席前のテーブルの上、まだ手つかずのままだ。桐絵が食べた時には、まだお腹《なか》が空かないから後でと言っていたが、それからすでに二時間がたつ。

頭上の荷物棚《だな》に目をやった。古いラジカセ（音楽を再生する機器）と並んで、中くらいのダッフルバッグが一つ。桐絵自身の旅行鞄《かばん》と、サイズはほとんど変わらない。

必要な着替《きが》えや日用品は後から送ってもらう手筈《てはず》にせよ、これから東京で暮らそうという少女の荷物と、たった二泊《にはく》の旅の荷物が同じ大きさだなんて、と思ってみる。流行《はや》りのファッションや女の子らしい化粧品《けしょうひん》の類いにはまるで興味がないらしく、ミチルが自分で用意したのは最低限の着替えの他に、愛用のポケットラジオとイヤフォン、十本ばかりのカセットテープ（音声を記録できるもの）、そして荷物棚の上にあるラジカセだけだった。

「ただいま」

はっとなって見ると、ミチルが戻《もど》ってきたところだった。膝《ひざ》をよけて通してやる。

ややあって、桐絵はそっと訊《き》いてみた。

「お弁当、食べないの？」

「うん、まだよか。……あ、桐絵さん、お腹空いとるんやったらこれも食べてよかよ」

思わず苦笑がもれた。

「育ち盛《ざか》りじゃあるまいし。そうじゃなくてね、ちょっと心配になっただけ」

「え？」

「もしかして……後悔《こうかい》してるのかな、って」

ミチルが、黙って桐絵を見る。

今になってこんなことを言うのは、まるで⑦責任逃《のが》れのように聞こえるだろうか。そう思いながらも、桐絵は言わずにはいられなかった。

「なんていうか……ほら、ちゃんとじっくり考える暇《ひま》もないまま、こういうことになったでしょう？ あなたの年で、生まれ育った場所を離《はな》れてひとりで上京するなんてこと、本当だったらもっと時間をかけて答えを出すべきことかもしれないのに、なんだか私、夢中になるあまり強引にくどいて引っぱってきちゃったから」

「それで、うちが今になってやっぱりやめるって言い出すんやなかか、って？」

桐絵は頷いた。さっそく里心がついたとしても何ら不思議はない。

ミチルが、窓の外を見やる。

「うちは……」
もともとハスキーな声がひときわ掠《かす》れ、彼女は咳払《せきばら》いをした。
「覚悟って言われてもよくわからんけど、うちはとにかく、今よりうまくなりたいだけ。もっともっと、ほんものの歌が歌えるようになりたいっちゃん。そうやって歌だけ歌って生きていけるとやったらどんなにいいかなって思っとった。桐絵さんは、うちの歌をもっと聴きたい、レッスンを受けてうまくなったら世の中の人たちにも聴かせたいって言ってくれようけん。ライブハウスとかより大きいステージで歌わせてくれるって。そんなことが……ほんとうにそんな夢みたいなことが叶《かな》うとやったら、うちはそのために何だってするけん」
初めて言葉で聞かされるミチルの〈覚悟〉に、桐絵は思わず涙《なみだ》が出そうになった。
と同時に、これから自分が負うことになる責任の重さに身体が震《ふる》えた。自分がミチルに人生を懸けるだけではない。ミチルの人生もまた、この肩《かた》に懸かっているのだ。
美津代が、黙《だま》って立ち上がる。小さな子どものおもちゃで散らかった奥《おく》の部屋へ行き、箪笥《たんす》の小引き出しから何かを出してきて、桐絵の前に置いた。
古い通帳と、印鑑《いんかん》ケースだった。
「これは……」
絶句する桐絵に、美津代は再び腰《こし》を下ろして言った。
「樋口さんにお預けしておきます。もともとこの子のお金なんですよ。いつか何かの時のためにと思って、ちょっとずつ貯《た》めとったものなので」
そして、娘《むすめ》を見やった。
「おばあちゃんが『未散の学費に』って遺《のこ》してくれたお金も入っとうけん」
「お母さん……」
「いいとよ。あんたが本当になりたいものになるためやったら、おばあちゃんだって駄目《だめ》とは言わんと思うよ」
安堵《あんど》のあまり力の抜《ぬ》けた様子で頷《うなず》いたミチルは、ぽろりと涙をこぼした。
そこからは桐絵自身も予想外の展開となった。
そもそも三日間の休暇《きゅうか》を取ったのは、とにもかくにもミチルに会って口説き、本人がその気なら保護者にこれからのことを相談できればと思ったからだ。それがまさか、いきなりミチルを連れて帰ることになろうとは……。
翌日にはもう家を出るというのに、母親が娘を過剰《かじょう》に心配することはなかったし、荷物をまとめる娘のほうも終始落ち着いたものだった。ただ、途中で〈父親〉のランディが帰ってくると、ミチルは幼い弟を抱《だ》き取り、いとおしそうに顔を覗《のぞ》きこんでは話しかけるなどしてあやしていた。
「ムスメ・ジャナイケド・ダイジナ・トモダチ」
ランディがそう言って、ミチルと笑い合う。彼の日本語よりも、ミチルの英語のほうがずっと流暢《りゅうちょう》なのには驚《おどろ》いた。あの『ほらあなはうす』でのライブで、彼女の歌うストーンズがあんなにもこなれて聞こえたのはそういうわけだったのか。
仲の良い夫と娘を見やりながら、
「じつを言うとね。私も、少しだけど歌うんですよ」
④美津代は苦笑《くしょう》気味に言った。
「昔はあっちこっちで歌ってましたけど、今はランディが友人と一緒《いっしょ》に経営してるジャズ・バーで、夜だけね」
ほろ苦い笑みを浮かべたまま、美津代が続ける。
「若い時分は、いっそ東京へ出てみようかなんて話もあったんですけ

2024年度

明治大学付属八王子中学校

【国　語】〈A方式第二回試験〉（五〇分）〈満点：一〇〇点〉

〈注意〉字数には、句読点《くとうてん》も記号も一字として数えます。

一 次の文章を読んで、あとの各問いに答えなさい。なお、文中の言葉の下の〔　〕の中はその言葉の意味とする。

【東京の大手芸能プロダクション「鳳《おおとり》プロダクション」で働く「樋口桐絵《ひぐちきりえ》」は、福岡のライブハウスで歌っていた少女「ミチル（未《み》散《ちる》）」に出会い、その才能にほれ込《こ》んだ。ミチルを歌手として自社で育てたいと考えた桐絵は、彼女とその母親「美津代《みつよ》」を説得するために、単身東京から福岡のミチル宅を訪《おとず》れた。】

美津代が、曰《いわ》く言いがたい表情でこちらを見る。会ってすぐの、値《ね》踏《ぶ》みをするような目つきではないが、それでも、何かを推《お》し量ろうとするようなまなざしだ。

「もしも、東京へ未散を連れて行きんしゃったら、樋口さんが全部の面倒《めんどう》ば見てくれんしゃあと？」

桐絵は、背筋がぞくりと総毛立つのを感じた。興奮《こうふん》によるものだった。

「もちろんです」

きっぱりと請《う》け合う。

「『鳳プロダクション』の新人育成プログラムで本格的なレッスンを受けて頂いた後、時期を見てデビューしてもらうつもりでいます。彼女の歌さえ聴《き》いたら、誰《だれ》だって打ちのめされるにきまってるんですから」

「もし、そうはならんとやったら？」

「なります。ええ、なりますとも」

桐絵はくり返した。

ミチルのこの声と、歌い手としての天性の勘《かん》をもってすれば、天下を取ることだってできる。そういう存在に、

「私が、きっとしてみせます」

①あえて言い切る。

こちらを見つめていた美津代が、ふと目を落とした。テーブルの上に置かれたままだった『鳳プロダクション』の名刺《めいし》に、細い指先でそっと触《ふ》れる。唇《くちびる》の端《はし》が、ごくわずかに上がったように見えたのは気のせいだろうか。

「この人はそう言いよんしゃあけど――未散」

桐絵の隣《となり》で身体《からだ》を硬《かた》くしていた少女が、はっと顔を上げる。

「あんたに、②覚悟《かくご》はあるとね？」

「③……かくご」

「あんた自身が、ほんとうに本気で歌手になりたいって言うなら、あたしは止めんけど。止められた立場でもないけんね。だけど、ちょっと歌を褒《ほ》めてもらったからって調子に乗って、いいかげんな気持ちで東京へ付いていくんやったら承知せんけん。この人はね、あんたに人生を懸《か》けるくらいのつもりでここまで言ってくれようとよ。いっぺん走りだしたら、途中《とちゅう》で嫌《いや》になったけんってあんただけ降りて引き返すわけにはいかんとよ。それくらいのことは当然わかっとうっちゃろうね」

ミチルの喉《のど》が、こくりと鳴る。

「わかっとう」

「それでも歌手になりたいと？　その覚悟があんたにあるとね？」

2024年度
明治大学付属八王子中学校 ▶解説と解答

算　数　＜Ａ方式第２回試験＞（50分）＜満点：100点＞

解　答

1 (1) $6\frac{1}{4}$　(2) 16　(3) 80.3　(4) $3\frac{1}{3}$　**2** (1) 1256ha　(2) 1600円　(3) 1440m²　(4) 250個　(5) $4\frac{4}{5}$cm　(6) 3 ： 4　**3** (1) 11分間　(2) 204円　(3) 94番目　(4) 376.8cm³　(5) 154cm²　**4** (1) 毎時10km　(2) 16km　**5** (1) 180cm³　(2) 180cm²

解　説

1 **四則計算，計算のくふう，逆算**

(1)　$\left[\left\{1.75\div\left(\frac{1}{4}+3.25\right)-0.25\right\}\times3.25+4.75\right]\div0.89=\left[\left\{1\frac{3}{4}\div\left(\frac{1}{4}+3\frac{1}{4}\right)-\frac{1}{4}\right\}\times3\frac{1}{4}+4\frac{3}{4}\right]\div\frac{89}{100}=\left[\left\{\frac{7}{4}\div\left(\frac{1}{4}+\frac{13}{4}\right)-\frac{1}{4}\right\}\times\frac{13}{4}+\frac{19}{4}\right]\div\frac{89}{100}=\left\{\left(\frac{7}{4}\div\frac{7}{2}-\frac{1}{4}\right)\times\frac{13}{4}+\frac{19}{4}\right\}\div\frac{89}{100}=\left\{\left(\frac{7}{4}\times\frac{2}{7}-\frac{1}{4}\right)\times\frac{13}{4}+\frac{19}{4}\right\}\div\frac{89}{100}=\left\{\left(\frac{2}{4}-\frac{1}{4}\right)\times\frac{13}{4}+\frac{19}{4}\right\}\div\frac{89}{100}=\left(\frac{1}{4}\times\frac{13}{4}+\frac{19}{4}\right)\div\frac{89}{100}=\left(\frac{13}{16}+\frac{76}{16}\right)\div\frac{89}{100}=\frac{89}{16}\times\frac{100}{89}=\frac{25}{4}=6\frac{1}{4}$

(2)　$2\frac{1}{3}\div\left(1\frac{1}{15}-0.75\right)\times3\frac{4}{5}\div1\frac{3}{4}=\frac{7}{3}\div\left(\frac{16}{15}-\frac{3}{4}\right)\times\frac{19}{5}\div\frac{7}{4}=\frac{7}{3}\div\left(\frac{64}{60}-\frac{45}{60}\right)\times\frac{19}{5}\div\frac{7}{4}=\frac{7}{3}\div\frac{19}{60}\times\frac{19}{5}\div\frac{7}{4}=\frac{7}{3}\times\frac{60}{19}\times\frac{19}{5}\times\frac{4}{7}=16$

(3)　$A\times B+A\times C=A\times(B+C)$となることを利用すると，$21.9\times1.9+14.6\times1.8+7.3\times1.7=7.3\times3\times1.9+7.3\times2\times1.8+7.3\times1.7=7.3\times5.7+7.3\times3.6+7.3\times1.7=7.3\times(5.7+3.6+1.7)=7.3\times11=80.3$

(4)　$\left(5\frac{4}{5}-5.5\right)\div\frac{6}{5}=(5.8-5.5)\div\frac{6}{5}=0.3\div\frac{6}{5}=\frac{3}{10}\times\frac{5}{6}=\frac{1}{4}$より，$3.75\times\square-\frac{1}{4}=12.25$，$3.75\times\square=12.25+\frac{1}{4}=12\frac{1}{4}+\frac{1}{4}=12\frac{2}{4}=12\frac{1}{2}$　よって，$\square=12\frac{1}{2}\div3.75=12\frac{1}{2}\div3\frac{3}{4}=\frac{25}{2}\div\frac{15}{4}=\frac{25}{2}\times\frac{4}{15}=\frac{10}{3}=3\frac{1}{3}$

2 **相似，単位の計算，比の性質，相当算，売買損益，つるかめ算，表面積**

(1)　実際の円の半径は，４cm×50000＝200000cm＝2000mだから，実際の面積は，2000×2000×3.14＝12560000(m²)となる。また，１haは１辺の長さが100mの正方形の面積なので，１ha＝100m×100m＝10000m²である。よって，12560000m²は，12560000÷10000＝1256(ha)とわかる。

(2)　Ａさん，Ｂさん，Ｃさんが持っているお金をそれぞれⒶ円，Ⓑ円，Ⓒ円とする。下の図１のようにしてⒷの比をそろえると，Ⓐ：Ⓑ：Ⓒ＝16：20：25となる。また，ⒶとⒸの差が900円だから，そろえた比の１にあたる金額は，900÷(25－16)＝100(円)となり，Ⓐ＝100×16＝1600(円)と求められる。

(3)　畑の大きさを１とすると，１日目に耕した大きさは，$1\times\frac{3}{8}=\frac{3}{8}$なので，その残りは，$1-\frac{3}{8}$

$=\frac{5}{8}$となる。すると，２日目に耕した大きさは，$\frac{5}{8}\times\frac{1}{6}=\frac{5}{48}$だから，その残りは，$\frac{5}{8}-\frac{5}{48}=\frac{25}{48}$となる。さらに，３日目に耕した大きさは，$\frac{25}{48}\times\frac{2}{5}=\frac{5}{24}$なので，その残りは，$\frac{25}{48}-\frac{5}{24}=\frac{5}{16}$とわかる(下の図２を参照)。これが450$m^2$だから，畑の大きさは，$450\div\frac{5}{16}=1440(m^2)$と求められる。

図１

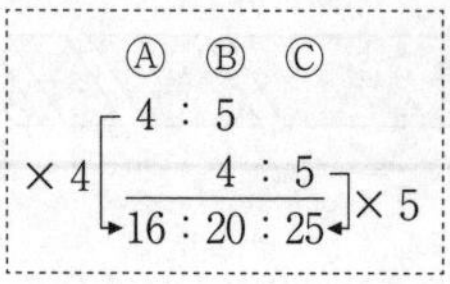

図２

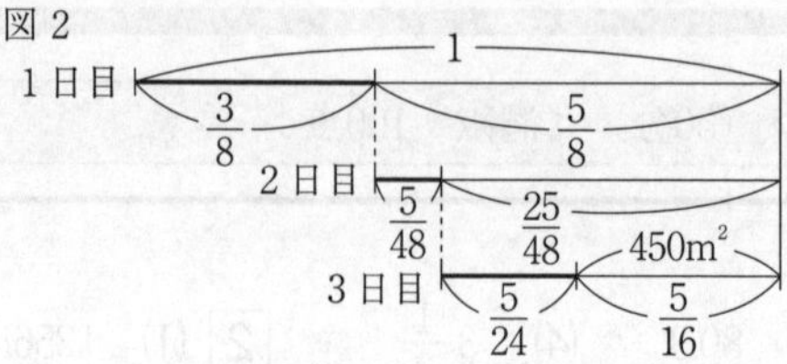

図３

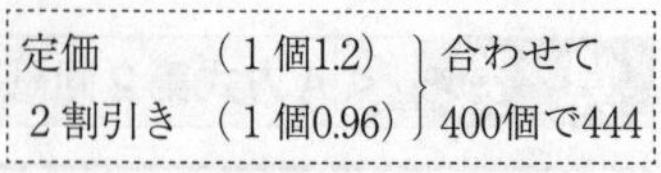

(4)　１個の仕入れ値を１とすると，定価は，$1\times(1+0.2)=1.2$，定価の２割引きは，$1.2\times(1-0.2)=0.96$となる。また，全体の仕入れ値は，$1\times400=400$だから，売り上げの合計は，$400\times(1+0.11)=444$となり，上の図３のようにまとめることができる。２割引きで400個売ったとすると，売り上げの合計は，$0.96\times400=384$となり，実際よりも，$444-384=60$少なくなる。２割引きのかわりに定価で売ると，売り上げの合計は１個あたり，$1.2-0.96=0.24$多くなるので，定価で売った個数は，$60\div0.24=250$(個)と求められる。

(5)　右の図４で，三角形ABPと三角形CRPは相似であり，相似比は，AP：CP＝５：７になる。すると，BP：PR＝５：７となり，PRの長さは，$7\times\frac{7}{5}=9\frac{4}{5}$(cm)とわかる。また，三角形CPBと三角形APQも相似であり，相似比は，CP：AP＝７：５なので，BP：PQ＝７：５となり，PQの長さは，$7\times\frac{5}{7}=5$(cm)と求められる。よって，QRの長さは，$9\frac{4}{5}-5=4\frac{4}{5}$(cm)である。

図４

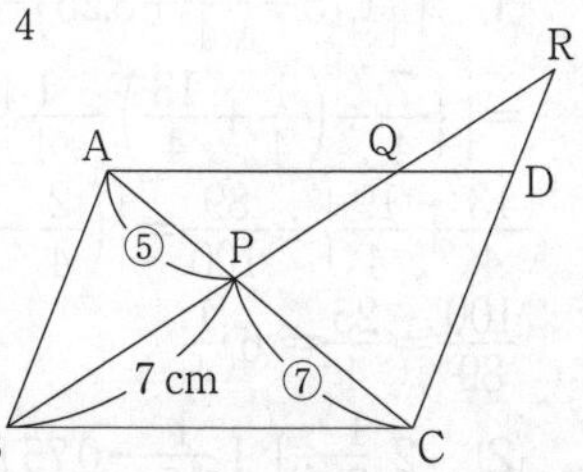

(6)　円柱㋐と円柱㋑の底面積の比は，$\frac{1}{9}:\frac{1}{16}=16:9$である。また，16：９＝(４×４)：(３×３)だから，円柱㋐と円柱㋑の底面の円の半径の比は４：３とわかる。よって，円柱㋐と円柱㋑の底面のまわりの長さの比も４：３なので，円柱㋐と円柱㋑の側面積の比は，(４×９)：(３×16)＝36：48＝３：４と求められる。

3 速さ，つるかめ算，正比例と反比例，場合の数，相似，体積，面積

(1)　毎分60mの速さで16分歩いたとすると，60×16＝960(m)進むから，実際に進んだ道のりよりも，1455－960＝495(m)短くなる。毎分60mの速さで歩くかわりに毎分105mの速さで走ると，進む道のりは１分あたり，105－60＝45(m)長くなるので，毎分105mの速さで走った時間は，495÷45＝11(分間)と求められる。

(2)　１箱に入っている個数は，12×12＝144(個)だから，１箱買ったときに手に入る個数は，144＋12＝156(個)である。また，１箱の代金は，2652×12＝31824(円)なので，１箱買ったときの１個あたりの値段は，31824÷156＝204(円)とわかる。

(3)　一万の位の数字が１のとき，千の位には残りの４通り，百の位には残りの３通り，十の位には残りの２通り，一の位には残りの１通りの数字を使うことができるので，５けたの整数は，４×３×２×１＝24(個)できる。一万の位の数字が２，３，４の場合も同様だから，50000未満の整数は全部で，24×４＝96(個)できる。つまり，小さい順に並べたときに96番目の整数が45321となる。また，50000未満の整数を大きい順に並べると，45321，45312，45231，…となるので，45231は小

さい順に並べたときに，96－２＝94(番目)になることがわかる。

(4)　下の図１で，三角形ABCを１回転させてできる立体は，三角形DFCを１回転させてできる円すい㋐から，三角形DEAを１回転させてできる円すい㋑と，長方形EFBAを１回転させてできる円柱㋒を取り除いた形の立体である。はじめに，三角形ABCと三角形DEAは相似であり，相似比は，BC：EA＝６：３＝２：１だから，DE＝$4\times\frac{1}{2}$＝２(cm)とわかる。また，FC＝３＋６＝９(cm)なので，円すい㋐の体積は，９×９×3.14×(２＋４)÷３＝162×3.14(cm^3)となる。次に，円すい㋑の体積は，３×３×3.14×２÷３＝６×3.14(cm^3)，円柱㋒の体積は，３×３×3.14×４＝36×3.14(cm^3)だから，三角形ABCを１回転させてできる立体の体積は，162×3.14－６×3.14－36×3.14＝(162－６－36)×3.14＝120×3.14＝376.8(cm^3)と求められる。

(5)　下の図２で，○印と●印をつけた角の大きさはそれぞれ等しいので，三角形CDGと三角形ECBは相似になる。このとき，相似比は，DG：CB＝16：20＝４：５だから，EC＝$20\times\frac{5}{4}$＝25(cm)となる。よって，GC＝25－13＝12(cm)なので，BE＝$12\times\frac{5}{4}$＝15(cm)とわかる。すると，AE＝20－15＝５(cm)となるから，三角形AEDの面積は，20×５÷２＝50(cm^2)と求められる。さらに，三角形EGDの面積は，13×16÷２＝104(cm^2)なので，四角形AEGDの面積は，50＋104＝154(cm^2)である。

図１

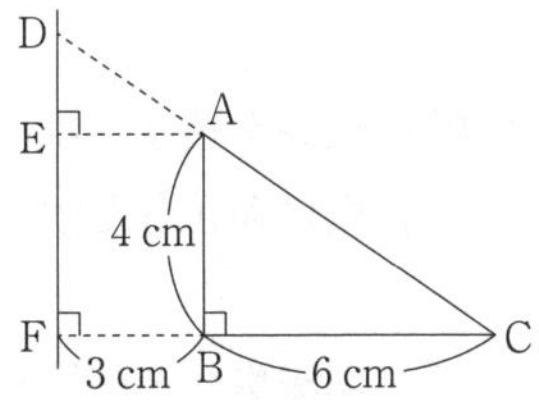

図２

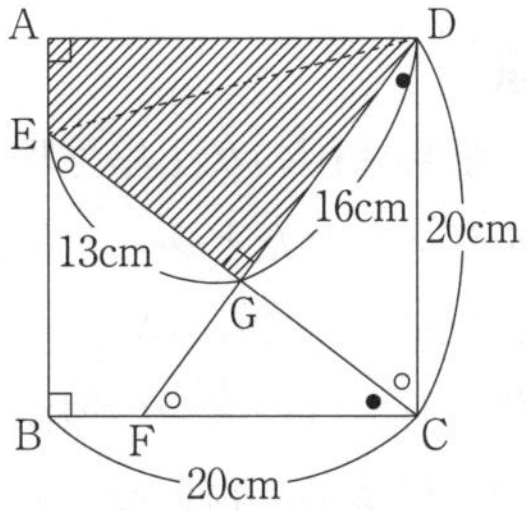

図３

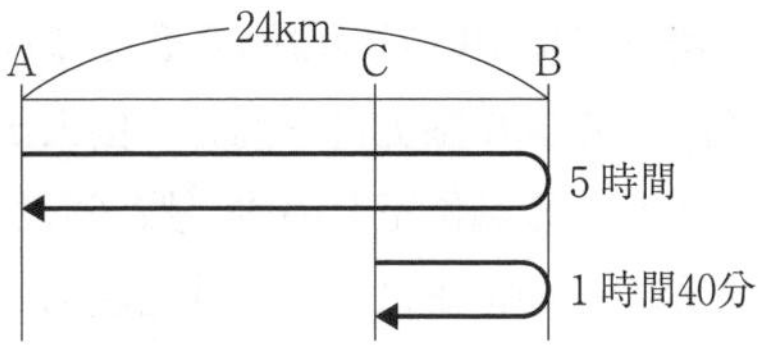

4　グラフ―流水算，速さと比

(1)　下りにかかった時間は２時間だから，下りの速さは毎時，24÷２＝12(km)である。また，上りにかかった時間は，５－２＝３(時間)なので，上りの速さは毎時，24÷３＝８(km)とわかる。静水での速さは上りの速さと下りの速さの平均になるから，静水での速さは毎時，(12＋８)÷２＝10(km)と求められる。

(2)　上の図３で，CB間の下りと上りにかかった時間の比は，AB間の下りと上りにかかった時間の比と等しく２：３である。この和が１時間40分なので，CB間の下りにかかった時間は，$1\frac{40}{60}\times\frac{2}{2+3}=\frac{2}{3}$(時間)と求められる。よって，CB間の距離《きょり》は，$12\times\frac{2}{3}$＝８(km)だから，AC間の距離は，24－８＝16(km)とわかる。

5　立体図形―分割，体積，表面積

(1)　右の図１で，もとの立方体の体積は，６×６×６＝216(cm^3)である。また，切り取った三角すい１個の体積は，３×３÷２×６÷３＝９(cm^3)だから，残った立体の体積は，216－９×４＝180(cm^3)と求められる。

図１

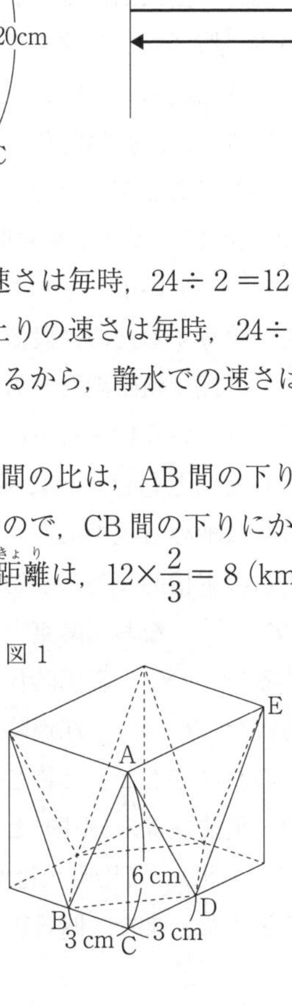

図２

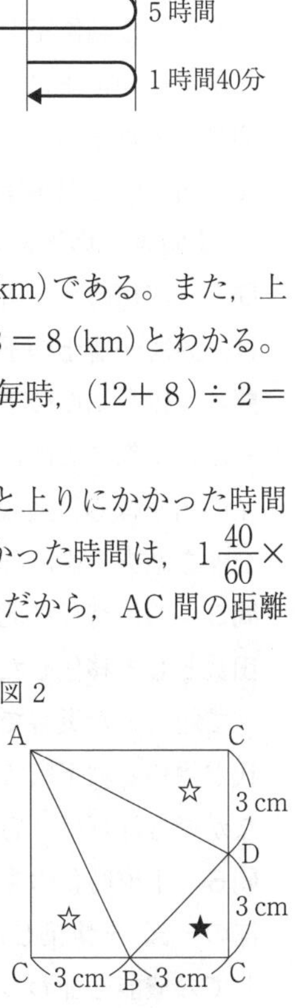

(2)　切り取った三角すいの展開図は右の図２の

ような正方形になる。図２で，正方形の面積は，$6\times6=36$(cm^2)であり，★印の三角形の面積は，$3\times3\div2=4.5$(cm^2)，☆印の三角形の面積は，$3\times6\div2=9$(cm^2)なので，三角形ABDの面積は，$36-4.5-9\times2=13.5$(cm^2)とわかる。また，残った立体の真上の面の面積は36cm^2，真下の面の面積は，$36\div2=18$(cm^2)である。さらに，図１の三角形ADEの面積は，$6\times6\div2=18$(cm^2)だから，残った立体の表面積は，$36+18+13.5\times4+18\times4=180$(cm^2)と求められる。

社　会　＜A方式第２回試験＞（30分）＜満点：50点＞

解　答

1 問１　邪馬台国　問２　（例）　敵の侵入を防ぐため。　問３　エ　問４　エ　問５　ア　問６　ア　問７　ウ　問８　エ　問９　ウ　問10　ウ→イ→ア→エ
2 問１　エ　問２　ウ　問３　ハザードマップ　問４　IoT
3 問１　あ　カ　い　ク　う　イ　え　オ　問２　秋田　ウ　水戸　カ　問３　イ　問４　やませ
4 問１　ア　問２　イ　問３　ア　問４　マイナンバーカード　問５　イ　問６　イ　問７　ウ　問８　ふっとう

解　説

1 考古学についての説明をもとにした問題

問１　中国の歴史書『魏志《ぎし》』倭人《わじん》伝には，邪馬台国の女王卑弥呼が魏(中国)に使いを送り，魏の皇帝から「親魏倭王」の称号《しょうごう》と銅鏡100枚を与《あた》えられたとある。邪馬台国は３世紀に存在した国であるが，その位置については諸説あり，いまだに定かではない。

問２　佐賀県の吉野ヶ里遺跡《いせき》は，弥生時代としては最大級の環濠《かんごう》集落である。環濠集落とは周りを濠《ほり》や柵《さく》で囲んだ集落のことであるが，吉野ヶ里遺跡は物見やぐらも備えていたことから，外敵の侵《しん》入《にゅう》を防ぎ，集落を守るために，周りを濠や柵で囲んでいたと考えられる。

問３　江戸時代，町人や百姓《ひゃくしょう》の子どもたちは寺子屋で「読み・書き・そろばん」を学んだ。藩《はん》校は，各藩が藩士の子弟を教育するために設置した機関である(エ…×)。

問４　律令制度の下で，農民は租庸調などの税や労役・兵役の義務を課された。税のうち，各地の特産物を都に納める税を調という(エ…○)。なお，アの雑徭《ぞうよう》は国司の下で年60日以内課される労役，イの出挙《すいこ》は春に農民に稲を貸し付け，秋に利息を付けて返済させる制度，ウの租は収穫《しゅうかく》した稲の３％を地方の役所(国司)に納める税である。

問５　明治時代に北海道の本格的な開拓《かいたく》が始まると，開拓と防衛を目的として本土から士族らが屯《とん》田《でん》兵として移住した(ア…○)。なお，関東大震災《しんさい》は大正時代の1923年９月１日に発生した地震によって起こった災害である(イ…×)。戦国時代，一乗谷(福井県)は朝倉氏，小田原(神奈川県)は北条氏が治める城下町であった(ウ…×)。江戸時代の三都とは，江戸・大坂(大阪)・京都のことである。なかでも江戸は「将軍のおひざもと」と称され，人口100万人を超《こ》える大都市となった(エ…×)。

問６　平安時代の末期，平清盛は宋《そう》(中国)との貿易をさかんにするために，大輪田泊《とまり》(現在の神戸港の一部)を修築した(Ｉ…正)。市場町・港町であった四日市は，江戸時代には東海道の宿場町としての機能も加わって栄えた。また，四日市には戦後，大規模な石油化学コンビナートがつくられ，

高度経済成長期には本格的な稼働《かどう》が始まったが，当時は公害に対する対策が不十分であったため四日市ぜんそくが発生し，大きな問題となった（Ⅱ…正）。

問７　サンフランシスコ平和条約は，1951年に日本とアメリカをふくむ連合国48か国との間で結ばれた第二次世界大戦の講和条約である。日本はこの条約の締結《ていけつ》によって，翌1952年に独立をはたし，国際社会に復帰した（ウ…×）。なお，ア（日韓基本条約の調印）は1965年，イ（日本初の東京オリンピックの開催《かいさい》）は1964年，エ（公害対策基本法の制定）は1967年の出来事である。

問８　明治時代の1910年に日本は韓国を併合《へいごう》し，朝鮮を日本の植民地として支配することになった（エ…○）。なお，ア（普通選挙法の制定）とウ（ラジオ放送の開始）はともに1925年，イ（全国水平社の設立）は1922年で，いずれも大正時代の出来事である。

問９　日露戦争（1904～05年）の講和条約として結ばれたポーツマス条約で，ロシアから南満州鉄道の権利を得た日本は，南満州鉄道株式会社を設立した（ウ…×）。

問10　古いものから順に並べかえると，ウ（ミッドウェー海戦―1942年）→イ（アメリカ軍の沖縄本島上陸―1945年４月）→ア（広島への原子爆弾投下―1945年８月６日）→エ（ソ連の対日宣戦布告―1945年８月８日）の順になる。

２　日本の工業や交通・通信についての問題

問１　繊維《せんい》工業は明治時代から昭和時代前半に至るまで日本の工業の中心であったが，戦後は衰《おとろ》えて，現在では製造品出荷額等に占《し》める割合が１％程度になっている（エ…○）。なお，割合の増減が小さいアは食料品工業，高度経済成長期には主要産業であったが，地位が低下しているイは金属工業，ウは日本の工業の中心である機械工業をそれぞれ表している。

問２　自動車による輸送は，戸口から戸口へ荷物を配達でき，積みかえる必要がないという便利さから，貨物輸送で最も大きな割合を占めている（ウ…○）。なお，アは鉄道輸送，イは船舶《せんぱく》輸送，エは航空機輸送について述べている。

問３　ハザードマップとは，水害や地震・津波などの自然災害について，その被害が発生する地域や被害の程度を予測し，被災想定区域や避難《ひなん》経路，避難場所などを記した地図で，防災マップとも呼ばれる。自然災害による被害の軽減や防災のために有効であるため，地方自治体などが作製を進めている。

問４　IoT（Internet of Things）は，直訳すると「モノのインターネット」という意味で，家電製品などいろいろな「モノ」自体をインターネットにつなげることで，より便利に活用しようという試みである。例えば，エアコンをスマートフォンで遠隔《えんかく》操作して帰宅時間に合わせて空調を整えたり，話しかけることで電化製品を稼働させたりする技術がこれにあたる。

３　シーフードカレーの材料をもとにした問題

問１　**あ**　米の収穫量は新潟県が全国一位で，以下北海道・秋田県が続く（2022年）。新潟県は，佐《さ》渡《ど(が)》島があるカの地図である。　**い**　たまねぎの収穫量は北海道が全国一位で，以下佐賀県・兵庫県が続く（2021年）。兵庫県の淡路《あわじ》島はたまねぎの産地として知られ，淡路島のあるクの地図が兵庫県である。なお，たまねぎの収穫量上位３道県は，エビの漁獲《ぎょかく》量も多い。　**う**　にんにくの収穫量は青森県が全国一位である（2021年）。青森県は北西に津軽半島，北東に下北半島が突《つ》き出したイの地図である。　**え**　レタスの収穫量は，八ケ岳山ろくの野辺山原などで抑制栽培《よくせいさいばい》がさかんな長野県が全国一位で，以下茨城県・群馬県が続く（2021年）。オの地図が長野県を表している。なお，地図のアは埼玉県，ウは滋賀県，エは大分県，キは奈良県である。

問２　**秋田**　日本海側に位置するため，冬に北西の季節風と暖流の対馬《つしま》海流の影響《えいきょう》を受ける秋田市は，冬の降水量(降雪量)が多い(ウ…○)。　**水戸**　太平洋側に位置する茨城県の水戸市は，夏の降水量が多い。同じ太平洋側の東京と比べると降水量が少なく，オホーツク海気団から吹《ふ》く北東の風の影響を受けて気温が低いという特徴《とくちょう》がある(カ…○)。なお，アは太平洋側の気候に属する東京，イは冷帯(亜寒帯)に属する北海道札幌市，エは南西諸島の気候に属する沖縄県那覇市，オは瀬戸内の気候に属する香川県高松市の雨温図である。

問３　エビはインド・ベトナム・インドネシアなど，南アジアや東南アジアの国々から主に輸入している(イ…×)。なお，ノルウェーからはサケやマスの輸入量が多い。

問４　やませは，初夏に東北地方や北海道の太平洋側に吹く，冷たくしめった北東風である。稲の育ちが悪くなるなど，農作物の生育に影響をおよぼす冷害を引き起こすことがある。

4　2023年前半から中ごろまでの時事についての問題

問１　2023年４月４日，北ヨーロッパに位置し，東側でロシアと国境を接するフィンランドがNATO(北大西洋条約機構)に加盟した(ア…正)。NATOは北アメリカのアメリカ・カナダとヨーロッパ諸国が加盟する軍事同盟である。2024年３月にはスウェーデンも加盟し，NATO加盟国は32か国になった。なお，キューバは中央アメリカにある社会主義国，IAEAは国際原子力機関の略称である。

問２　2023年４月９日，日本銀行の新総裁に植田和男氏が就任した(イ…○)。日本銀行は日本の中央銀行で，紙幣《しへい》(日本銀行券)を発行する唯一《ゆいいつ》の「発券銀行」，政府の資産を管理する「政府の銀行」，その他の銀行に対して資金を貸し出したり預金を受け入れたりする「銀行の銀行」という役目を持ち，日本の金融《きんゆう》のかなめとなっている機関である。

問３　2023年５月19～21日，世界で最初の被爆地である広島市でサミット(主要国首脳会議)が開催された(ア…×)。なお，Ｇ７サミットはフランス・アメリカ・イギリス・ドイツ・日本・イタリア・カナダの７か国とEU(ヨーロッパ連合)の代表が参加して毎年１回行われる。参加国の持ち回りで開催地が決まるが，2023年は日本が議長国であったため，広島市で開催された。また，今回のサミットにはウクライナのゼレンスキー大統領がゲスト国首脳として参加した。

問４　マイナンバーカードは，個人番号が記載《きさい》された日本の身分証である。2023年６月２日に改正マイナンバー法が成立し，2024年12月には健康保険証が廃止《はいし》されてマイナンバーカードに一本化されることになった。

問５　エルニーニョ現象は，南アメリカのペルー沖の海水面の温度が上昇《じょうしょう》する現象で，世界的な異常気象の原因となる(イ…○)。なお，アのフェーン現象は，温暖でしめった空気が山を越《こ》えて吹き降りるとき，暖かく乾《かわ》いたフェーンと呼ばれる風になって吹きつけるため，その付近の気温が上がる現象である。ウのヒートアイランド現象は，都市中心部の気温が郊外《こうがい》より高くなる現象，エのドーナツ化現象は，都市中心部の人口が郊外に移動する現象をいう。

問６　国連人口基金(UNFPA)は，2022年11月に世界人口が80億人に到達し，初めて80億人を上回ったことを発表した。また，2023年の半ばには，インドの人口が中国(中華人民共和国)を抜《ぬ》いて世界一になるとした(イ…正)。

問７　TPP(環太平洋経済連携《れんけい》協定)は，太平洋に面した11か国が加盟する経済連携協定であるが，そこにヨーロッパのイギリスが加盟することになった。EUから離脱《りだつ》したイギリスが経済的な孤立《こりつ》を解消するため，加盟に踏《ふ》み切ったといえる(ウ…正)。なお，EEZは排他《はいた》的経済水域の略称である。

問８　国連のアントニオ・グテーレス事務総長は，地球の急速な気候変動の動きに対し「地球温暖化の時代は終わり，地球沸騰《ふっとう》化の時代が到来した」と強い危機感を表明した。

理　科　＜A方式第２回試験＞（30分）＜満点：50点＞

解　答

1 (1) ア　(2) ウ　(3) ウ　(4) オ，カ　(5) イ　(6) エ　2 (1) A　(2) ウ　(3) A　(4) イ　(5) エ　3 (1) ① イ　② カ　(2) ① B，C，D　② Ⅰ 12　Ⅱ 24　(3) (例) ① 結合が強い　② 小さく　4 (1) 45cm^3　(2) 40cm^3　(3) 8 g　(4) 7.16 g　(5) **キ** 塩化ナトリウム，水酸化ナトリウム　**ス** 塩化ナトリウム　5 (1) 解説の図１を参照のこと。　(2) ウ　(3) 反射　(4) **図** い　**色** ア　(5) ア

解　説

1 カイコの育ち方と生態についての問題

(1) カイコは絹糸を取るために飼育され，幼虫はクワの葉を食べて成長する。

(2) カイコの幼虫は白色で，ウのように，からだにいくつかの黒いはん点がある。なお，アはモンシロチョウ，イはカブトムシ，エはアゲハの幼虫である。

(3) カイコの幼虫は脱皮《だっぴ》をくり返して成長する。このため，脱皮をするたびにからだが大きくなるので，時間とからだの大きさの変化を表すグラフは，ウのように階段状になる。

(4) さなぎの時期がある育ち方を完全変態といい，完全変態をするこん虫として，カブトムシとハチが選べる。なお，さなぎの時期のない育ち方を不完全変態という。

(5) 実験２で，視覚を遮断《しゃだん》した雄《おす》ははばたきながら雌《めす》にたどり着き，両方の触角《しょっかく》を切除した雄ははばたかなかったことから，カイコの成虫の雄は触角で雌を探知していると考えられる。

(6) 実験３で，片方の触角のみを切除した雄ははばたきはするものの，雌にたどり着くことができなかったので，雌の位置を正確に探知するためには，両方の触角が必要とわかる。

2 季節と星座，星の動きについての問題

(1) 北極側が太陽の方に傾《かたむ》いているAに地球があるとき，北半球が夏至になっている。

(2) 地球は西から東に自転していて，オリオン座が真夜中に真南の空に見えたのだから，オリオン座が東の空に見えるのは夕方となる。

(3) 地球が太陽のまわりを回る様子を北極側から見たときの，地球の午後６時頃《ごろ》の位置と方位を示すと，右の図のようになる。これより，午後６時頃にしし座が真南の空に見えるときの地球の位置はAとわか

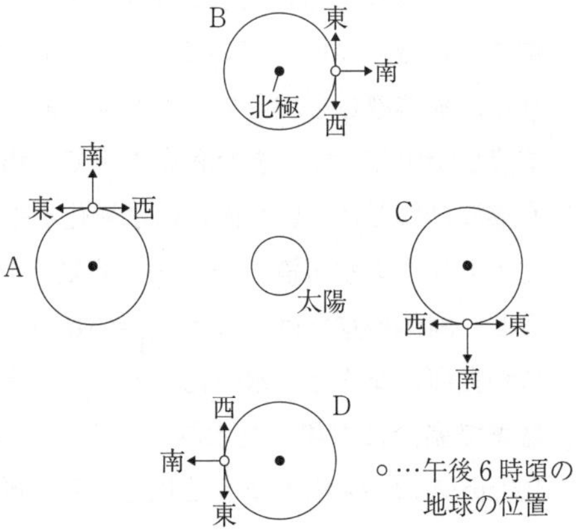

る。

(4)　地球は西から東に１日１回自転している。そのため，北の空の星は北極星を中心にして１時間に，360÷24＝15(度)反時計回りに動いて見える。よって，Ｐの星がＱの位置に見えるのは，45÷15＝３(時間)より，午後９時の３時間後の午前０時頃となる。

(5)　この日の午後７時頃に北斗七星《ほくとしちせい》は，15×(９－７)＝30(度)時計回りに動いた位置に見える。地球は１年で１回公転しているため，同じ時刻に見える星は北極星を中心にして１ヶ月に，360÷12＝30(度)反時計回りに動いて見える。北斗七星が，この日の午後７時頃の位置からＱの位置まで動いた角度は，30＋45＝75(度)となる。したがって，午後７時頃にＱの位置に見えるのは，75÷30＝2.5より，2.5ヶ月後と求められる。

3　水の状態変化についての問題

(1)　①　湯気は，気体の水蒸気が冷やされて液体の水になり，空気中にうかんでいるものである。したがって，イがあてはまる。　②　防虫剤《ざい》(ナフタレン)がなくなったのは，固体の状態の防虫剤が液体の状態にならないで，直接気体の状態に変化したからである。したがって，カがあてはまる。

(2)　①　氷は０℃でとけ始めて水になる。氷が水に変化するとき，与《あた》えられた熱がすべて氷を水に変化させるためだけに使われるので，温度は０℃で一定になる。したがって，Ｂの時間帯では氷と水が混ざった状態になっている。次に，氷が全部とけて水になると，Ｃの時間帯のように温度は時間に比例して上昇《じょうしょう》する。このあと，水は100℃で水蒸気に変化する。水が水蒸気に変化するときも，与えられた熱がすべて水を水蒸気に変化させるためだけに使われるので，温度は100℃で一定になる。よって，Ｄの時間帯では水と水蒸気が混ざっている。水がすべて水蒸気になると，Ｅの時間帯のように温度は時間に比例して上昇する。　②　氷100ｇの温度は４分間で20℃上昇しているので，氷100gを１℃上昇させるのにかかる時間は，60×４÷20＝12(秒)である。また，水100ｇの温度は，76－36＝40(分間)で100℃上昇しているから，水100ｇを１℃上昇させるのにかかる時間は，60×40÷100＝24(秒)である。

(3)　電子レンジは，電磁波で水の粒《つぶ》を振動《しんどう》させることで食品の温度を上げている。氷は図３の固体のときの水分子の様子からわかるように，水分子が規則正しく並んでいて，それぞれの結合が強く，電磁波を当てても動きが小さい。このため，氷はほとんど温度が上がらず，とけないで残る。

4　塩酸と水酸化ナトリウム水溶液《すいようえき》の中和についての問題

(1)　表１より，加えた水酸化ナトリウム水溶液Ｃの体積が10cm^{3}から40cm^{3}までは，残った固体の重さが1.2ｇずつ増えていて，50cm^{3}から70cm^{3}までは，0.8ｇずつ増えている。これは，水酸化ナトリウム水溶液Ｃを加えていくとき，あるところまでは，残った固体が塩酸Ａと水酸化ナトリウム水溶液Ｃが中和してできた食塩のみで，塩酸Ａがすべて反応してなくなると加えた水酸化ナトリウム水溶液Ｃにとけていた固体の水酸化ナトリウムも残るようになるからである。ここで，加えた水酸化ナトリウム水溶液Ｃが70cm^3(容器キ)のとき，残った固体がすべて水酸化ナトリウムだったとすると，固体の重さは，$0.8\times\frac{70}{10}$＝5.6(ｇ)となり，実際よりも，7.4－5.6＝1.8(ｇ)少なくなる。残る固体が食塩になると，水酸化ナトリウム水溶液10cm^{3}あたり，1.2－0.8＝0.4(ｇ)重さが増えるから，容器キで完全に中和した水酸化ナトリウム水溶液Ｃの体積は，$10\times\frac{1.8}{0.4}$＝45(cm^3)とわかる。よって，100cm^{3}の塩酸Ａとちょうど反応する水酸化ナトリウム水溶液Ｃは45cm^{3}である。

(2)　表２より，加えた塩酸Ｂの体積が10cm^3から40cm^3までは，残った固体の重さが0.9ｇずつ増えていて，その後さらに塩酸Ｂを加えても残った固体の重さは増えていない。よって，100cm^3の水酸化ナトリウム水溶液Ｃをちょうど中和するために必要な塩酸Ｂの体積は40cm^3とわかる。

(3)　(1)で述べたことより，容器カから容器キで増えた固体の重さは，水酸化ナトリウム水溶液Ｃ10cm^3に含《ふく》まれていた水酸化ナトリウムの重さになる。したがって，100cm^3の水酸化ナトリウム水溶液Ｃに含まれている水酸化ナトリウムは，$0.8\times\frac{100}{10}=8$（g）となる。

(4)　60cm^3の塩酸Ａとちょうど中和する水酸化ナトリウム水溶液Ｃの体積は，$45\times\frac{60}{100}=27(\text{cm}^3)$，$25\text{cm}^3$の塩酸Ｂとちょうど中和する水酸化ナトリウム水溶液Ｃの体積は，$100\times\frac{25}{40}=62.5(\text{cm}^3)$である。したがって，$60\text{cm}^3$の塩酸Ａと$25\text{cm}^3$の塩酸Ｂを混ぜた溶液をちょうど中和するために必要な水酸化ナトリウムの重さは，$8\times\frac{27+62.5}{100}=7.16(\text{g})$と求められる。

(5)　容器キでは，中和によってできた食塩水と水酸化ナトリウム水溶液Ｃが残っているため，水溶液を蒸発させると塩化ナトリウムと水酸化ナトリウムが残る。また，容器スでは，中和によってできた食塩水と塩酸Ｂが残っているが，水溶液を蒸発させると塩酸Ｂにとけていた塩化水素は空気中ににげてしまうため，塩化ナトリウムだけが残る。

5　光の性質と虹《にじ》のしくみについての問題

(1)　光がガラス中から空気中に出るとき，光は境界面に近づくように進む。このとき，空気中からガラス中に入る光と，ガラス中から空気中に出る光は平行になる。よって，ガラス下側の空気を進む光の向きは，右の図１のようになる。

図１

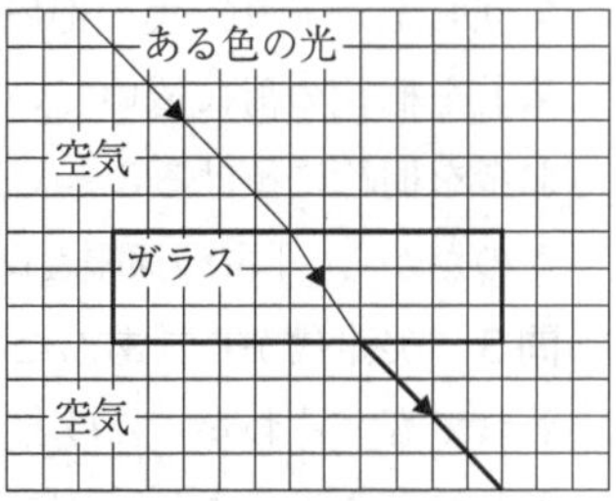

(2)　上から下に向かって屈折《くっせつ》率の小さい光の色から屈折率の大きい光の色となるので，Ａの位置にくるのは屈折率が三番目に小さい黄色の光となる。

(3)　虹ができるとき太陽光は，屈折して水滴《すいてき》の中に入る→水滴の中で反射する→水滴から出るとき屈折するというように進んでいる。

(4)　赤色の光は紫《むらさき》色の光より屈折率が小さいので，赤色の光の道筋は「い」のようになる。このとき，水平面を考えると，右の図２のように，赤色の光の方が紫色の光より水平面とつくる角度が大きくなるため，虹の一番上になる光の色は赤色となる。

図２

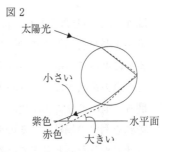

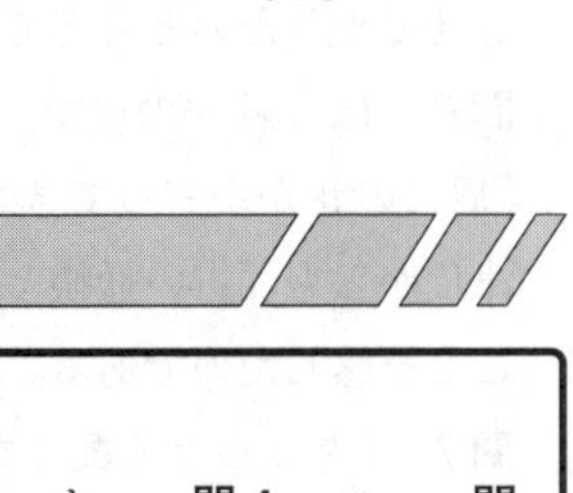

(5)　図２より，虹は太陽のある側とは反対の方角にできることがわかる。夕方，太陽は西の方角にあるので，虹が見えた方角は東である。

国　語　＜Ａ方式第２回試験＞（50分）＜満点：100点＞

解　答

一　**問１**　ウ　**問２**　（例）　古い通帳と印鑑ケースを渡す。　**問３**　ウ　**問４**　エ　**問５**　イ　**問６**　ミチルの人生　**問７**　エ　**問８**　ウ　**問９**　イ　**問10**　ウ　**二**

問１　ウ　**問２**　風変わりな比喩　**問３**　会話の引き出し　**問４**　イ　**問５**　**１**　すでになさ　**２**　ア　**問６**　（例）状況が違うから。　**問７**　**１**　ウ　**２**　ア　**問８**　エ

三　①～⑤　下記を参照のこと。　⑥　さんぱい　⑦　ようさん　⑧　つと(める)　⑨　くうゆ　⑩　どくそう

●漢字の書き取り

三　①　**旗手**　②　**劇薬**　③　**史実**　④　**糖分**　⑤　**正規**

解　説

一　**出典：村山由佳《むらやまゆか》「星屑《ほしくず》」**。ライブハウスで歌うミチル(未散《みちる》)の才能にほれ込《こ》み，歌手にしたいと考えた桐絵《きりえ》は，九州にあるミチルの家に出向き，母親である美津代《みつよ》の了承《りょうしょう》を得る。

問１　美津代から「もしも，東京へ未散を連れて行きんしゃったら，樋口《ひぐち》さんが全部の面倒《めんどう》ば見てくれんしゃあと？」と言われた桐絵はきっぱり「もちろんです」と請《う》け合ったり，ミチルを立派な歌い手，天下を取れる存在にきっとしてみせると言い切ったりしている。先の見えないことに対してもすべて肯定《こうてい》的な返事をしてみせることで，ミチルへ「人生を懸《か》け」ようとしている自分の覚悟《かくご》を美津代に示すとともに，あえて退路を断《た》っているものと考えられるので，ウが合う。

問２　続く部分で，歌手を目指して挑戦《ちょうせん》したいというミチルの「覚悟」を聞いた美津代は，「黙《だま》って立ち上が」り，奥《おく》の部屋にある「簞笥《たんす》の小引き出し」から取り出した「古い通帳と，印鑑《いんかん》ケース」を桐絵の前に置いている。「いつか何かの時のためにと思って，ちょっとずつ貯《た》め」ておいたお金を桐絵に預けることで，美津代は大切なミチルの人生をも預けるという自身の「覚悟」を示したのだから，「古い通帳と印鑑ケースを預ける」のようにまとめる。

問３　美津代から「あんたに，覚悟はあるとね？」と言われたミチルは，後の部分で「覚悟って言われてもよくわからんけど」と前置きしたうえで，歌手になることに対する自分なりの強い思いを話している。つまり，ここでの「……かくご」とは，美津代の言う「覚悟」が何を意味しているのかがわからず，一瞬《いっしゅん》，とまどったミチルの思いを表現していると考えられるので，ウがふさわしい。

問４　「じつを言うとね。私も，少しだけど歌うんですよ」と苦笑《くしょう》まじりに言った後，美津代は，歌手を夢見ていたもののうまくいかなかった過去を桐絵に話している。「少しだけど歌う」とひかえめに言っている点からもうかがえるとおり，美津代は，音楽業界でプロとして働く桐絵に対し自分の過去を話すことに気恥《きは》ずかしさを感じていると想像できるので，エが選べる。

問５　前の部分で美津代は，自分も歌手になるために上京する話が出たこともあったと語っている。それを聞いた桐絵は，その夢をかなえられなかった美津代が，せめて娘《むすめ》であるミチルにはかなえさせてやりたいと考えているのだろうと受け止めている。よって，イが選べる。

問６　ぼう線③の後で，歌手になるために挑戦したいというミチルの「覚悟」を聞いた桐絵は，「肩《かた》にのしかか」ってきた「ミチルの人生」に対する「責任の重さに身体《からだ》が震《ふる》え」ている。今，美津代からも「古い通帳と，印鑑ケース」を渡《わた》され，桐絵は，その「責任」がさらに重くなっていくことを感じたのである。

問７　「ちょっと心配になっただけ」とか「もしかして……後悔《こうかい》してるのかな，って」と言っているとおり，東京へと向かうミチルに対して桐絵は，歌手になるために上京すると決めたことを悔《く》や

んでいないかたずねている。ミチルを福岡から連れ出したのは桐絵自身なのに，ミチル自身が上京を決めたように話すのは，自分の「責任逃《のが》れ」のように聞こえるのではないかと桐絵は感じているのだろう。よって，エが選べる。

問8　自分に才能がなければ「桐絵さんの責任」になり，「偉《えら》い人に叱《しか》られてしまうかもしれん」と子どもながらに心配するミチルの言葉を聞いて，桐絵は「心臓にレモンを搾《しぼ》りかけられたかのよう」な気持ちを抱《いだ》いている。ミチルに心配をかけさせてしまったことへの申し訳なさと，そのけなげさに胸がしめつけられ，桐絵はあらためて彼女《かのじょ》を「後悔させないようにするのが自分の仕事ではないか」と心を奮い立たせている。よって，ウがよい。

問9　自分に才能がなければ桐絵の責任になるのではないかと考えると，お腹《なか》も空《す》かないと言うミチルの寝顔《ねがお》を見ながら桐絵は，歌手になるための条件を満たしているミチルには自信を持ってもらいたいと願っている。そして，自分を頼《たよ》って上京を決めたミチルを支えていこうと決意を新たにし，その初めの一歩としてきちんと食事をしてほしいと声がけしようと思っている。よって，イが合う。

問10　物語はすべて桐絵の視点から描《えが》かれているので，ウは正しいが，前半はミチルが語っているとしたアはふさわしくない。また，ミチルはおそらくライブハウスの歌手としての表記で，「未散」が本名と考えられるので，イも合わない。さらに，会話の方言や外国語は「工夫《くふう》」とまではいえず，むしろそのままを表記したものだといえるので，エも誤り。

二　出典：三木那由他《みきなゆた》『言葉の展望台』。同じ発話でも発せられた状況《じょうきょう》によって意味が変わり，そこに話し手の心理や性格が見出《みいだ》せることを，筆者は具体例をまじえつつ述べている。

問1　荷物を持ってもらおうとするたび，「私は魔術《まじゅつ》師よ。質屋《しちや》じゃないんだけど」と言われ続けた筆者は，その言葉から受ける印象に変化を感じている。重い物を持たせようとして言われたときは，そこに彼女の苛立《いらだ》ちを感じたものの，お祭りで配られる無料のお菓子《かし》を渡そうとしたときにまで言われたときは，さすがに「照れ隠《かく》し」で言っているのか，あるいはその表現が気に入って，「隙《すき》あらば使ってやりたいと」思っているかだろうと考え，彼女に魅力《みりょく》を感じはじめたのである。よって，ウがふさわしい。

問2　「荷物を預けられることを『質屋』と喩《たと》える」ブレリナさんの決まり文句に対し，筆者は「突飛《とっぴ》とまでは言わないにせよ，あまり日常的に耳にする言い回しではない」と述べている。この物言いについて筆者は，彼女が気に入って「隙あらば使いたがっている」，「風変わりな比喩《ひゆ》」だと表現している。

問3　台詞《せりふ》のパターンが多くないブレリナさんと仲良くなっように感じた筆者は，会話には「単なる情報伝達」ではない「多様な側面」があり，「会話の引き出し」が多いことが必ずしも大事であるとは思えなくなっている。しかし，逆にその目的が情報伝達であるなら，「会話の引き出し」をたくさん持つことが関係を深めるうえで必要なはずである。

問4　A，B　洗濯物《せんたくもの》をベランダで干したままだらだらしている「話し手」が「雨が降ってきた」と言えば，話し手が自分に洗濯物を取り込ませようとしていると「聞き手」は見ぬけると，前の部分で述べられている。つまり，「聞き手」に自分の欲求を満たす行動をうながす「話し手」は，自身が「聞き手」より上位にいると思っていることになる。　C　「話し手」自身が，自分は聞き手より上位にいると思っているらしいと気づくことで，言葉を発した「話し手」は，自分の持つ「偏見《へんけん》」に気づくこともあるといえる。

問５　**１**　ぼう線④は，たとえば「しばらく飲み物を飲んでいない状態《じょうたい》」に置かれた事実と，「冷蔵庫を開けるという行動」をした事実との関係を説明する，「麦茶が飲みたい」などの心理状態がになう役割にあたる。この心理は「すでになされた行動を合理的に説明する役割を果たす」のである。　**２**　たくさん食べるはずの状況で，ほとんど何も食べないという行動についての「説明の架《か》け橋」として，「何か不安や悩《なや》みがある」という心理状態が想像できる。よって，アが選べる。

問６　重い荷物を持たされるはめになったときのブレリナさんは苛立ったようすを見せたように感じられたが，一緒《いっしょ》に食べようとお菓子を渡されたときは，照れ隠しで決まり文句を言ったように見えた。いずれの場合も「私は魔術師よ。質屋じゃないんだけど」と言っていながら，ブレリナさんの心理は全く別物だろうと筆者がとらえたのは，その言葉が発せられた状況が違《ちが》うからである。

問７　**１**　同じ話でも場面によって変わるのは，ブレリナさんの言う決まり文句が苛立ちを意味したり，「軽口」や「照れ隠し」を意味したりしたように，言葉の持つ意味合いであり，情報ではないので，ウがふさわしくない。　**２**　同じ話でもどういう場面で発せられたかによって意味が変わり，そのことで話し手の性格や心理について何かを見出すことがあるというのだから，アがあてはまる。

問８『スカイリム』というゲームで経験した，旅の仲間となるキャラクターとのやり取りを例にあげたうえで，筆者は「同じ話題の繰り返し」が，なぜ「新しい印象を生むのだろうか」という問題を提示し，その話がされた状況によって「推察される心理」が違うからだと考察している。さらに，状況と行動の間に「説明の架け橋」を与えるのが心理だというポール・グライスの説を援用《えんよう》している。よって，エがよい。

三　漢字の書き取りと読み

①　旗を持つ役割の人。　②　毒薬《どくやく》に次いで薬理作用のはげしい薬。　③　歴史上の事実。　④　糖類の成分。　⑤　はっきり規則などで決まっていること。　⑥　神社や寺を訪《おとず》れて拝むこと。　⑦　蚕を飼い，まゆをとること。　⑧　音読みは「キン」で，「勤務」などの熟語がある。　⑨　航空機で物や人を運ぶこと。　⑩　一人で楽器を演奏すること。

2024年度 明治大学付属八王子中学校

【４科総合型】〈Ｂ方式試験〉（60分）〈満点：120点〉

〈編集部注：実際の試験問題では，**2**の写真・絵はカラー印刷です。〉

1　計算を自動で行ってくれるコンピューターソフトがあります。次の操作マニュアルを読んで、あとの問に答えなさい。

操作マニュアル

はじめに…

　このソフトは、マスに数字や計算式、信号を入力して、データの集計をしたり、表形式の書類を作成したりするための表計算ソフトです。

	1	2	3	4	5
あ					
い					
う			★		
え					
お					
か					
き					

１．表の見方

　横方向のマスの並びを「行」、縦方向のマスの並びを「列」と呼びます。各マスは「行」のひらがなと「列」の数字を組み合わせて表します。例えば上の表の★印のマス名は「**う３**」です。

２．数字・文字を入力する場合

　マスに直接数字や文字を入力すると、その数字や文字がそのまま表示されます。

３．計算式を入力する場合

　マスに計算式を入力すると、そのマスには計算された結果が表示されます。計算式は、数字やマス名を、計算記号（＋，－，×，÷）と組み合わせて以下のように入力します。ただし、計算式で指定されたマスに１つでも数字が入っていないマスがある場合は、何も表示されません。

【例】

＝（１＋１）　：１＋１の結果が表示されます。

＝（**あ１**×３）　：**あ１**のマスに入る数字に３をかけた結果が表示されます。
（**あ１**のマスに数字が入っていなければ何も表示されません。）

＝（**あ１**－**あ２**）　：**あ１**のマスに入る数字から**あ２**のマスに入る数字を引いた結果が表示されます。
（**あ１**と**あ２**の両方のマスに数字が入っていなければ何も表示されません。）

４．信号を入力する場合

マスに信号を入力すると、そのマスには信号で指示された結果が表示されます。

ただし、信号で指定された範囲《はんい》内のマスに１つでも数字が入っていないマスがある場合は、何も表示されません。

信号は ＝指示（範囲） の形で入力します。

●指示の種類

指示の種類は以下の通りです。

ＴＡＳ：範囲内の数字をすべて足した結果を表示します。

ＨＥＫ：範囲内に表示されている数字の平均を表示します。

（小数になった場合は小数第１位を四捨五入した数字が表示されます。）

ＤＡＩ：範囲内に表示されている数字の中で最も大きい数字を表示します。

ＳＨＯ：範囲内に表示されている数字の中で最も小さい数字を表示します。

●範囲の表し方

範囲を表すにはマス名と記号（「,」や「～」）を以下のように組み合わせます。

〈範囲の入力例〉	〈範囲指定されるマス〉
（あ１）	：あ１のみ
（あ１，い２）	：あ１とい２
（あ１，い２，う３）	：あ１とい２とう３
（あ１～あ５）	：あ１とあ２とあ３とあ４とあ５
（あ１～お１）	：あ１とい１とう１とえ１とお１
（あ１～う３）	：あ１とあ２とあ３とい１とい２とい３とう１とう２とう３

【例】

＝ＴＡＳ（**あ１，あ２**）　：あ１とあ２のマスに入っている２つの数字の合計が表示されます。

＝ＨＥＫ（**あ１～い２**）　：あ１とあ２とい１とい２のマスに入っている４つの数字の平均が表示されます。

[redacted]

問1　次の図の色のついた太枠《わく》の部分が示す範囲を解答欄に合うように答えなさい。

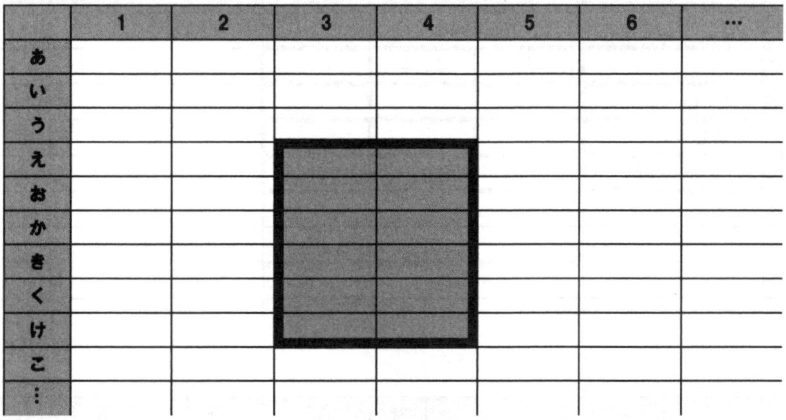

問2　図1において**う4**と**え4**と**お4**のそれぞれに計算式が入力されています。**う3**に「200」、**え3**に「300」、**お3**に「450」と入力すると、図2のように表示されました。

このとき、次の(1)～(3)に答えなさい。

(1) **う3**に「225」、**え3**に「415」、**お3**に「511」と入力します。解答欄の表を完成させなさい。

(2) **う4**のマスに入力されている計算式を、解答欄に合うように答えなさい。

(3) **い4**のマスに入るべき言葉を簡潔に答えなさい。

問3　図1の**か4**に「＝TAS(**う4～お4**)」、**き4**に「＝DAI(**う4～お4**)」、**く4**に「＝HEK(**う4～お4**)」という信号を追加しました。

う3に「269」、**え3**に「345」、**お3**に「467」と入力したとき、解答欄の表を完成させなさい。

図１

	1	2	3	4	5	6	…
あ	文房《ぼう》具の価格表（円）						
い		激安店	高級店				
う	ボールペン１本	30					
え	消しゴム１つ	50					
お	ノート１冊	85					
か							
き							
く							
⋮							

図２

	1	2	3	4	5	6	…
あ	文房《ぼう》具の価格表（円）						
い		激安店	高級店				
う	ボールペン１本	30	200	170			
え	消しゴム１つ	50	300	250			
お	ノート１冊	85	450	365			
か							
き							
く							
⋮							

2　次の文章を読んで、あとの問に答えなさい。

19 世紀にヨーロッパ各地で主食として栽培《さいばい》されるようになった作物があります。その時代に生きたオランダの画家であるヴィンセント・ヴァン・ゴッホは、その作物を育てて収穫《しゅうかく》し、生計を立てていた農夫の姿を描《えが》きました。それが右の絵です。

▲「 A を食べる人々」

牧師の父のもとに生まれたゴッホは、絵を売買する画商として働いたり書店で働いたりするうちに、父のような聖職者を目指すようになりましたが、うまくいかず挫折《ざせつ》し、やがて絵を描き始めます。

特に初期の作品は農民の姿を題材にしたものが多く、この「 A を食べる人々」は彼の初期の代表的な作品といわれています。しかし、この絵をはじめ、ゴッホが描いた数々の絵が高く評価されるようになったのは彼が亡《な》くなった後のことでした。

この絵を苦労の末に完成させたゴッホは、弟のテオドールに次のような手紙を送りました。

*1「僕は、こういう事をはっきりさせようと思ったのだ、ランプの灯《ひ》の下で[A]を食うこういう人達は、皿をとるその同じ手で土を掘《ほ》ったのだ、と。つまりこの画《え》は手仕事というものを語っているのだ、彼等《かれら》が正直に食を稼《かせ》ぎ取ったと語っているのだよ。われわれ文明化した人達とは、全然違《ちが》った生活の道があるという印象が与えたかったのだ。だから、誰でも直《す》ぐこの画を好きになるとか、賞《ほ》めるとかいうわけにはいかない、そんな事は思ってもみない。長い冬の間中、僕はこの織物の糸を摑《つか》んでいた、はっきりした縞柄《しまがら》を得るには、どうしたらよいか、とね。荒《あら》っぽい※粗野《そや》な柄が織《お》れてしまったが、注意深く一定の法に従って織ったものだ。これこそ本当の百姓絵だ、とやがて世間は悟《さと》るだろう。僕としては、解《わか》り切った事なのであるが」*2「僕の目には、農民の少女は淑女《しゅくじょ》より美しく映《うつ》る。埃《ほこり》っぽく、繕《つくろ》いのある、青いジャケットとスカートは、風や太陽や天候によって微妙《びみょう》な色合いになるのだ。もし彼女が、淑女の衣装《いしょう》を着たとしたら、現実味は失われてしまう。農民は、畑で※野良着《のらぎ》の※ファスチアン織りを着ている方が、日曜日に教会へ行く時の一張羅《いっちょうら》の類《たぐい》を着ているよりも見栄《みば》えがする。」

※粗野…荒々《あらあら》しく乱暴なさま。
※野良着…農民たちが働く時に着る服。
※ファスチアン織り…羊毛やもめん糸で密に織られた織物。丈夫《じょうぶ》なので農民の洋服などに用いられた。

出典
*1「ゴッホの手紙」　（小林秀雄 新潮文庫）
*2「ゴッホの手紙 絵と魂の日記」（編：H. アンナ・スー 監訳：千足伸行 訳：冨田章・藤島美菜 西村書店）
一部表記・体裁《ていさい》を改めた。

この手紙について、ケンジさんとトモミさんは次のような会話をしました。

ケンジ「19 世紀のオランダでは、たくさんの農民がこの作物を作って主食としていたんだね。ゴッホはそれを作る農民たちの姿に、どんなことを感じてこの絵を描いたんだろう？」
トモミ「農民は自分たちのような文明化した人々とは違う生活をしていると手紙に書いているね。」
ケンジ「文明化した人々ってどういう人のこと？」
トモミ「働いて得たお金で着るものや食べるものを手に入れて生活する人々のことだよ。」
ケンジ「なるほど。確かに農民とは違うね。」
トモミ「彼は農民の野良着の織り模様も、本物らしく描こうと苦労もしていたみたいだね。それぐらい農民の姿を忠実に描きたいと思っていたんだね。」
ケンジ「農民の少女は淑女より美しく見えるとも言っているよ。生活に苦労しながら絵を描いて暮らしていたゴッホは、自分とは違う生き方をしている農民たちに対して好意的な気持ちをもっていたんじゃないかな。」
トモミ「そうだね。だから、弟にも、この絵を通じて、ゴッホ自身が心を打たれた彼《かれ》らの生き方をわかってほしいと思ってこの手紙を書いたのかもしれないね。」

問１　ゴッホは農民たちの生き方のどのような点に好意的な気持ちを感じていたと考えられますか。30字以内で簡潔に説明しなさい。

問２　文章中の［Ａ］に関する記録①～③の文を読み、［Ａ］に入る適切な植物(作物)を答えなさい。また、その作物の花の写真として適当なものを下のア～エから１つ選び、記号で答えなさい。

記録①

『土地の食料としては、インディオの間で主食になっているものがふたつある。そのひとつは、パパというもので、松露《しょうろ》(キノコの一種)に似ている。ゆでると、肉がとても柔《やわ》らかくなって、ゆで栗《くり》のようになる。殻《から》や核《かく》がないのは松露の場合と同じで、これは、松露同様、地面の下に育つからである。』

シエサ・デ・レオン（「インカ帝国史」の著者）

記録②

『それらは、クリやニンジンに劣《おと》らず、滋養《じょう》に富むが、鼓腸《こちょう》性で腹にガスがたまる。私の聞いているところでは、ブルゴーニュの人々は、現在、この塊茎《かいけい》の利用を止めてしまった。そのわけは、これを食べると癩病《らいびょう》（ハンセン病）になると信じ込《こ》んでいるからである。』

C.ボーアン（「植物対照図表」の著者）

記録③

『偏見《へんけん》を持つ人が多かったのは、それがナス科の植物、すなわち有毒なイヌホオズキの一種に属するので、催眠《さいみん》性があると考えられたからであった。』H．フィリップス（「栽培野菜の歴史」の著者）

【花の写真】

ア

イ

ウ

エ

問３　フリーズドライ製法を用いた食品は、水分を含《ふく》んだ状態のものを急速に冷凍《れいとう》し、その後、真空にしてその水分を昇華《しょうか》させて取り除くことで作られます。［Ａ］の原産地である南米のアンデス地域では食文化として2000年以上も続いている「チューニョ」というフリーズドライで作られたような保存食があります。この保存食の製法に最適な時期は連続した２ヶ月となります。それは、何月と何月ですか。次に示したアンデス地方の気温と降水量と降水日数の表を見て答えなさい。また、その月を選んだ理由となる気候条件を２つ述べなさい。

	1月	2月	3月	4月	5月	6月	7月	8月	9月	10月	11月	12月
最高気温の平均（℃）	13	13	14	14	13	13	13	14	14	16	16	14
最低気温の平均（℃）	3	3	3	2	0	−2	−2	−1	0	2	3	3
降水量（㎜）	116	110	66	26	14	3	6	12	42	29	44	96
降水日数（日）	20	16	11	6	3	2	2	3	8	8	9	16

問4　北方のアイルランドでは、[A]がやせた土地でも育つ貴重な作物として17世紀頃から栽培が行われるようになり、18世紀には主食となる食糧《しょくりょう》として収穫量の多い単一の品種に完全にたよりきっていました。ところが、[A]の疫病が1840年代に大流行し、100万人にもおよぶ人々が餓死《がし》する大飢饉《ききん》となってしまいました。その疫病発生の原因は、この作物の増殖《ぞうしょく》方法にあったと考えられています。

（1）これについて説明した次の文の空欄①～③にあてはまる言葉をそれぞれ5字以内で答えなさい。

> 限られた品種の[A]を、（　①　）ではなく（　②　）で増やしたため、子は親と（　③　）特徴をもつ個体となり、環境の変化に適応できず、疫病を発生した。

（2）下線部について、日本の歴史においても飢饉は繰《く》り返《かえ》し発生しています。次の会話文を読んで、下線部の年代にもっとも近い時代に起きた飢饉を次のア～オから1つ選び、記号で答えなさい。またその会話文の話し手は誰ですか、人物名を漢字で答えなさい。

ア　「島原の乱が治まった後に広まった飢饉で、私は将軍として諸大名に飢饉の対策を行うよう指示を出しました。」

イ　「天候不順によって2年間飢饉が続きました。私はこの惨状《さんじょう》を見て、自ら立ち上げた宗派である浄土真宗の布教を決意したのです。」

ウ　「前年の大雨の影響《えいきょう》で、日本全国で大飢饉となりました。この飢饉や、代がわりで私が将軍に就任することをきっかけとして、畿内では初めての徳政一揆が起きました。」

エ　「冷害によって飢饉が起きました。私は大坂町奉行所の元役人ですが、米不足で困窮《こんきゅう》する民を救うために反乱を決起しました。」

オ　「西日本一帯で飢饉が起きました。私はこの混乱に乗じて上洛した木曽義仲を討ち、その後も武士団を率いて平氏軍を壊滅《かいめつ》させました。」

問5　アイルランドの[A]を含む穀物の自給率は比較的高く、その一方で、日本の食料自給率は低くなっています。現在、世界では地球温暖化対策として温室効果ガスの1つである二酸化炭素の排出《はいしゅつ》量を減らそうという動きがあります。日本の二酸化炭素の排出量は世界第5位（2022年時点）です。地球温暖化対策の1つに、「食料自給率を上げて二酸化炭素の排出量を減らすこと」があげられます。食料自給率を上げると、二酸化炭素の排出量を減らすことができるのはなぜですか。その理由を説明した次の文の空欄にあてはまる言葉を25字以内で答えなさい。

> 食料自給率を上げると【　　空欄　　】ので、二酸化炭素の排出量を減らすことができる。

3 次の文章を読んで、あとの問に答えなさい。

近年、技術の進歩によってたくさんのデータを簡単に集めることができるようになりました。それらは売り上げの予測や商品の管理など、さまざまな分野で活用されています。

一方で、データを読み解くためには注意すべき点がいくつかあります。その１つが「相関関係」と「因果関係」のちがいに気をつけて分析《ぶんせき》をすることです。

・「相関関係」とは「AとBのことがらに、何らかの関連性があること」（AのときB)。
・「因果関係」とは「Aを原因として、Bが変動すること」（AだからB)。

以上をふまえ、次のグラフ１を見てみましょう。

グラフ１

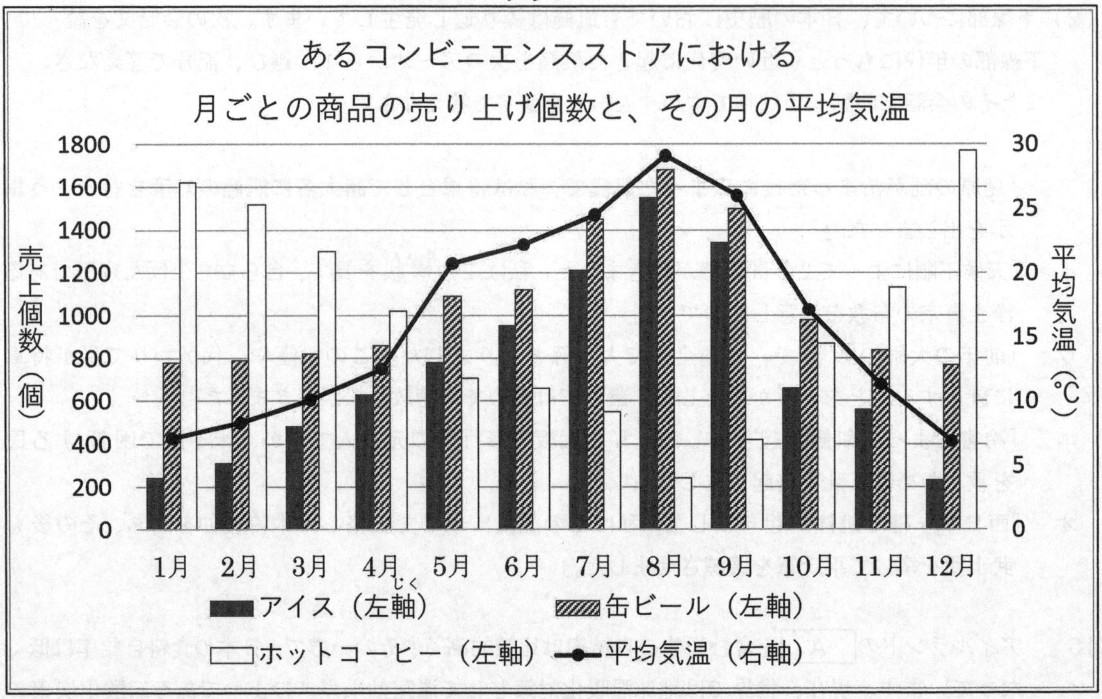

ここではアイスの売り上げ個数をX、缶ビールの売り上げ個数をYとします。グラフ１を見ると、XとYは同じように増減しているため、XとYは「相関関係」にあると言えます。しかし、それだけでは「Xが増えたから、Yも増えた」のか、「Yが増えたから、Xも増えた」のか、あるいは「XとYが、何か別の原因で増えた」のか、という「因果関係」があるかどうかは分かりません。データを読み解いて、原因と結果の結びつきを推測する必要があるのです。

問１　下線部について、アイスの売り上げ個数と、グラフ１のいずれかの数値に因果関係があるとき、アイスの売り上げ個数が増減する原因として推測できるものを次のア～エから１つ選び、記号で答えなさい。また、そのように推測した理由を解答欄に合うように答えなさい。

ア　缶ビールの売り上げ個数　　　イ　缶ビールとホットコーヒーの売り上げ総数
ウ　ホットコーヒーの売り上げ個数　　エ　平均気温

また、データを読み解く際には、複数のデータを比べることも大切です。次のグラフ２～４は、ある小学校と中学校の児童・生徒たちを対象に、朝食を食べる頻度《ひんど》と、各教科のテストの点数（100点満点）について調査した結果をまとめたものです。

グラフ２

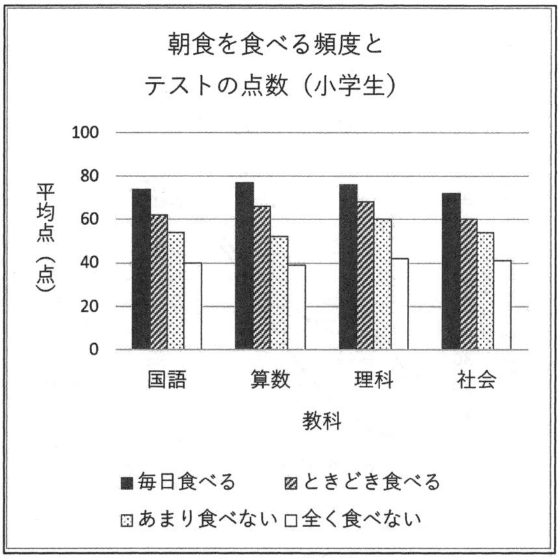

グラフ３

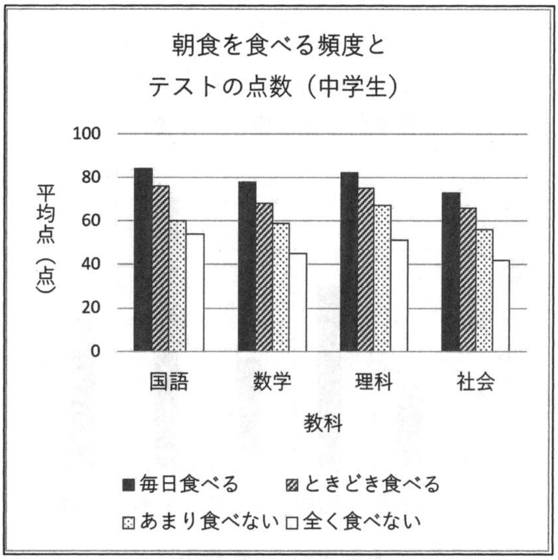

グラフ４

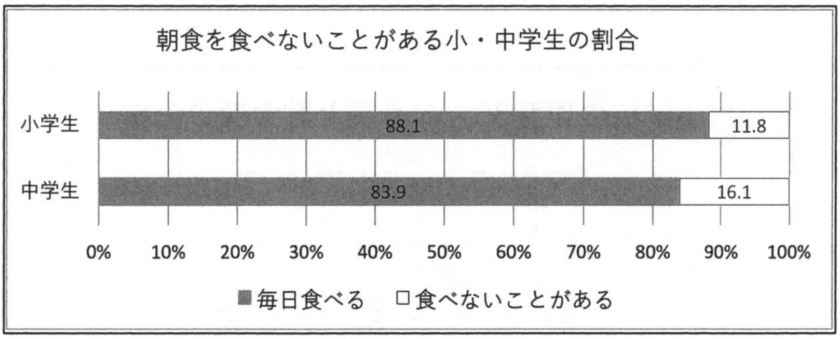

問２　グラフ２～４について、**データから読み取れることだけを根拠《こんきょ》にして考えたとき**、正しい説明となるものを次のア～オから１つ選び、記号で答えなさい。

ア　朝食を「全く食べない」小・中学生が朝食を食べるようになると、テストの点数が上がるという因果関係がある。

イ　テストの点数が低い小・中学生は、罰《ばつ》として朝食を食べさせてもらえていない。

ウ　朝食を「毎日食べる」「ときどき食べる」「あまり食べない」「全く食べない」中学生は、それぞれ同じ人数いる。

エ　朝食を食べる頻度が高い小・中学生ほどテストの点数が高いという相関関係がある。

オ　中学生は朝食を「食べないことがある」割合が小学生よりも高いので、小学生よりも学力が低い。

さて、グラフにもさまざまな種類があります。グラフ５は棒グラフ、グラフ６は折れ線グラフ、グラフ７は散布図と言います。散布図は横軸と縦軸にそれぞれ別の量をとり、データがあてはまるところに点を打って示すグラフです。例えばグラフ７のＰが指す点は、ある児童の身長が 133cm、貯金額が 13400 円であることを表しています。

グラフ５

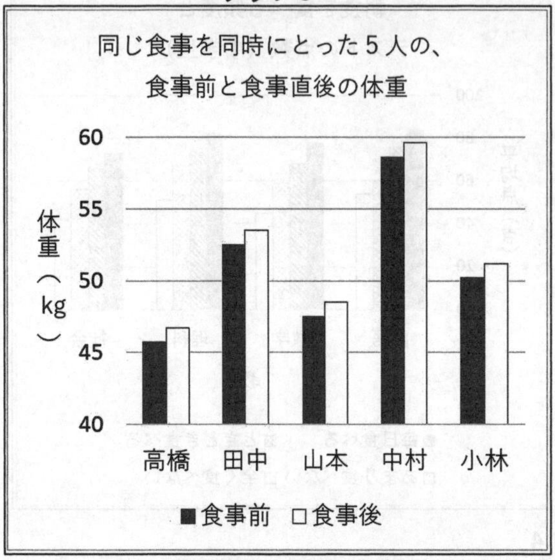

グラフ６

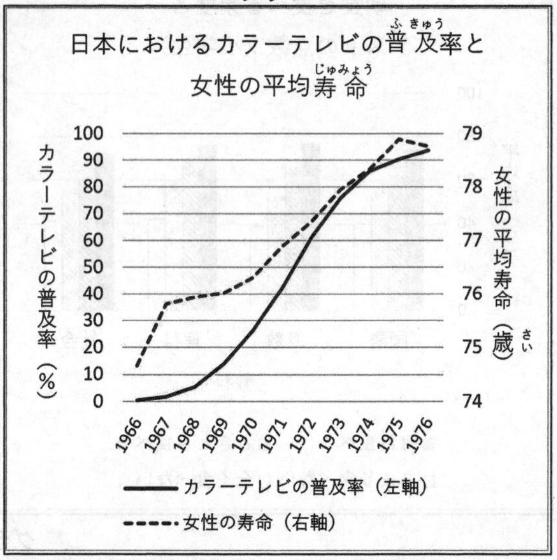

グラフ７

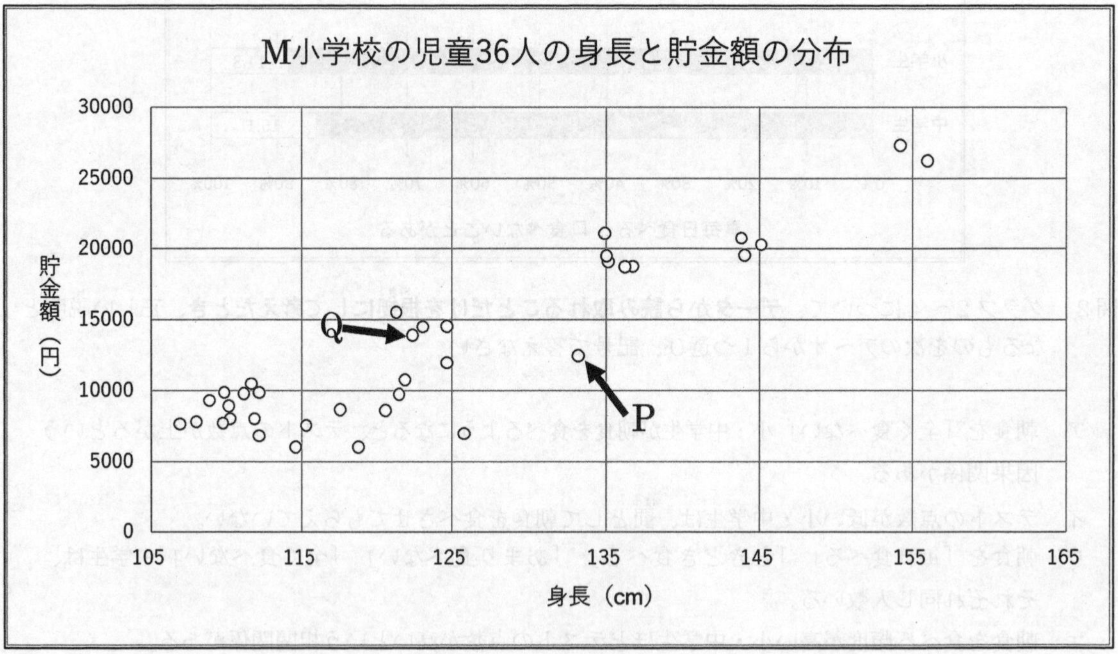

問３　次の（１）～（３）について考えたとき、推測できる関係として正しいものをあとのア～ウからそれぞれ１つ選び、記号で答えなさい。同じ記号を複数回用いてもかまいません。

（１）グラフ５において「食事の量」と「その食事の直前から直後に増加した体重」
（２）グラフ６において「日本におけるカラーテレビの普及率」と「女性の平均寿命」
（３）グラフ７において「M 小学校の児童 36 人の身長」と「貯金額」

ア　相関関係はあるが、因果関係はない
イ　相関関係があり、因果関係もある
ウ　相関関係はなく、因果関係はある

問４　グラフ７から読み取れることとして正しいものを次のア～エから１つ選び、記号で答えなさい。

ア　身長が１番高い児童は貯金額も１番高い。
イ　貯金額が 20000 円以上の児童は７人いる。
ウ　身長が 34 番目に高い児童は貯金額が 10000 円以下である。
エ　Q が指す児童の貯金額は、16 番目に高い。

2024年度
明治大学付属八王子中学校 ▶解　答

※　編集上の都合により，Ｂ方式試験の解説は省略させていただきました。

４科総合型　＜Ｂ方式試験＞（60分）＜満点：120点＞

解　答

1 **問１**　（え３～け４）　**問２**　(1)　下の図１　(2)　＝(う３－う２)　(3)　(例)　差額　**問３**　下の図２　2 **問１**　(例)　自分たちが食べるものを，自分たちの手で作り，収穫している点。　**問２**　じゃがいも，ア　**問３**　６月と７月／**条件**…(例)　雨季と乾季がある。／一日の中で氷点下になるときがあり，昼夜の寒暖差が大きい。　**問４**　(1)　①　種子　②　たねいも　③　同じ　(2)　**記号**…エ　**人名**…大塩平八郎　**問５**　(例)　外国から食料を輸送するときに必要な燃料を減らせる　3 **問１**　**記号**…エ／**理由**…(例)　(グラフを見ると)気温が高くなれば，アイスの購入者が増えると推測できるから。　**問２**　エ　**問３**　(1)　イ　(2)　ア　(3)　ア　**問４**　ウ

図１

	1	2	3	4
あ	文房《ぼう》具の価格表(円)			
い		激安店	高級店	
う	ボールペン１本	30	225	195
え	消しゴム１つ	50	415	365
お	ノート１冊	85	511	426

図２

	1	2	3	4
あ	文房《ぼう》具の価格表(円)			
い		激安店	高級店	
う	ボールペン１本	30	269	239
え	消しゴム１つ	50	345	295
お	ノート１冊	85	467	382
か				916
き				382
く				305

Memo

Memo

2023年度　明治大学付属中野八王子中学校

【算　数】〈**A方式第1回試験**〉（50分）〈満点：100点〉

1　□にあてはまる数を求めなさい。

(1)　$52.4-0.3\times7\div\left(\frac{7}{15}-0.425\right)=\square$

(2)　$\left(1-\frac{1}{11}\div\frac{1}{3}\right)\times\left(\frac{5}{12}+0.5\right)+0.125+\frac{1}{3}\div4\times\frac{1}{2}=\square$

(3)　$2.3\times2.4+47\times0.23-5.2\times2.3+23\times0.31=\square$

(4)　$1\frac{1}{6}\div\left\{\frac{7}{12}-\frac{1}{2}\times(5+\square)\div39\right\}=2\frac{4}{5}$

2　次の問いに答えなさい。

(1)　1時間の降水量が3 mmのとき，$1\,\mathrm{km}^2$ の土地に30分間で降った雨水の量は何 kL ですか。

(2)　120km 離れたA地点とB地点の間を，自動車で往復します。行きは時速 40km で，帰りは時速 60km で走りました。このとき，往復の平均の速さは時速何 km ですか。

(3)　算数のテストで男子14人の平均点は75点，女子の平均点は80点で，男子と女子をあわせた平均点は78点でした。女子は何人いますか。

(4)　お皿にももを12個乗せた重さは 1200g です。同じお皿にももを9個乗せた重さは 930g です。お皿の重さは何 g ですか。ただし，もも1個の重さは同じとします。

(5)　下の図1は点Oを中心とする半径 8 cm の円と正方形を組み合わせた図形です。斜線部分の面積は何 cm^2 ですか。ただし，円周率は3.14とします。

図1

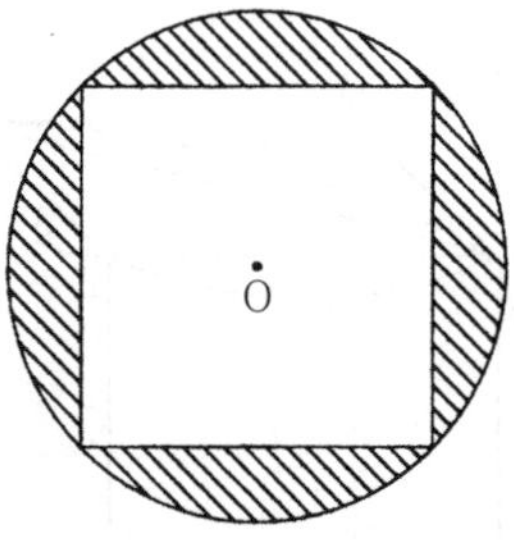

図2

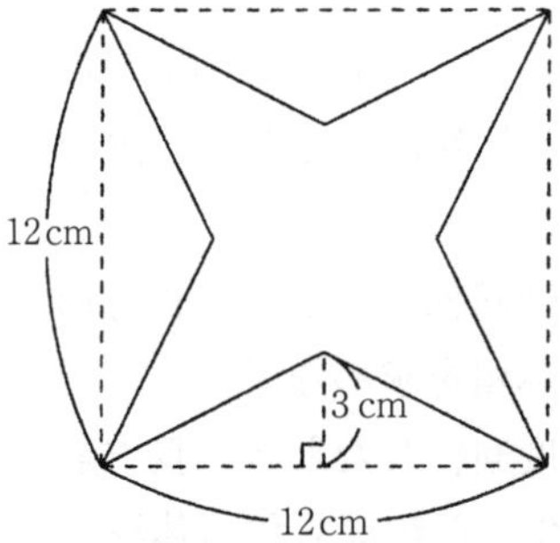

(6)　上の図2は，1辺 12cm の正方形から底辺 12cm で高さ 3 cm の二等辺三角形を4つ切り取った図形です。これを組み立ててできる四角すいの体積は何 cm^3 ですか。

3　次の問いに答えなさい。

(1)　各位の数の和が６となるような３桁の整数をつくります。このとき，各位の数がすべて異なる整数は全部で何通りありますか。

(2)　２つのビーカーに，同じ濃度，同じ重さの食塩水が入っています。１つのビーカーには食塩を16g加え，もう１つのビーカーには水を16g加えました。すると濃度はそれぞれ18.5%と14.5%になりました。はじめにそれぞれのビーカーに入っていた食塩水は何gですか。

(3)　下の図１のように，AB＝AC＝15cm，BC＝９cmの二等辺三角形ABCがあり，DEを折り目として折りました。ABとEDが平行，AE＝4.5cmのとき，EFの長さを求めなさい。

(4)　下の図２のように，長方形ABCDがあります。ADとEFが平行なとき，斜線部分の面積の和を求めなさい。

図１

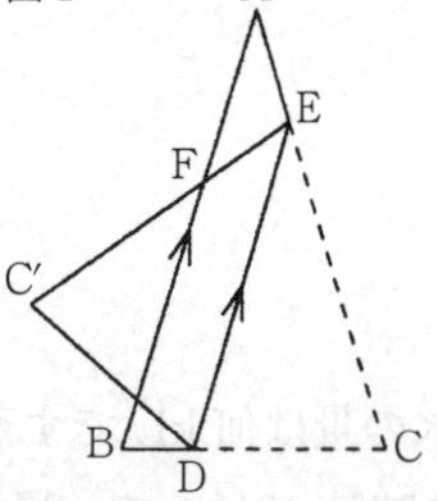

図２

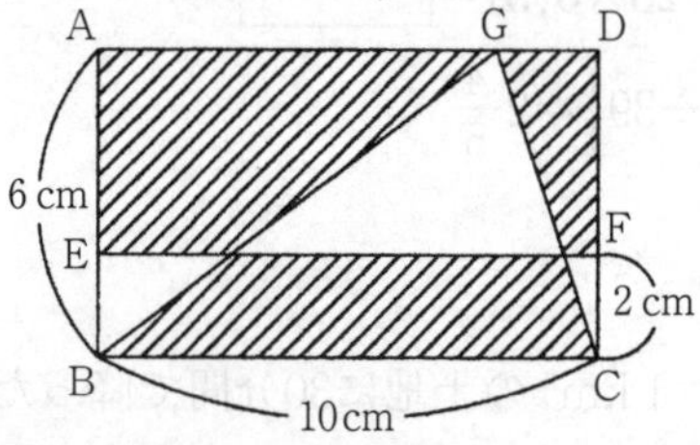

図３

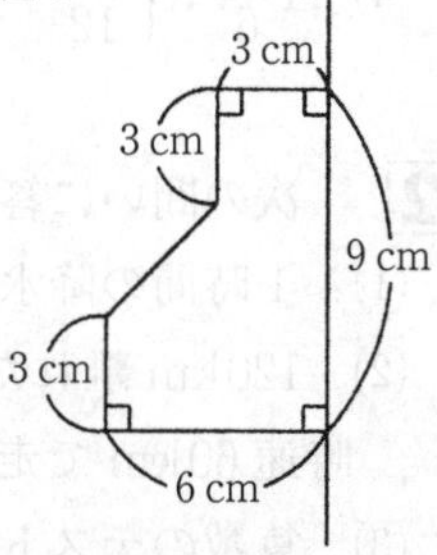

(5)　右の図３の図形を直線 l のまわりに１回転してできる立体の体積を求めなさい。ただし，円周率は3.14とします。

4　A町とB町は８km離れています。バスはB町を９時に出発し，16分40秒後にA町に着きます。そこで10分20秒間停車し，B町に同じ時間をかけて戻っていきます。由美さんは自転車でA町を９時に出発し，毎分120mの速さでB町に向かっています。次の問いに答えなさい。

(1)　１回目に由美さんとバスが出会うのは何時何分何秒ですか。

(2)　由美さんがバスにはじめて追いこされるのはA町から何mの地点ですか。

5　右の図はAB＝４cm，BC＝３cm，AE＝８cmの直方体でAC＝５cmです。次の問いに答えなさい。ただし，円周率は3.14とします。

(1)　この直方体を直線 l を軸として90度回転したとき，長方形BFGCが通過してつくられる立体の体積を求めなさい。

(2)　この直方体を直線 l を軸として45度回転したとき，長方形AEHDと長方形DHGCが通過してつくられる立体の体積を求めなさい。

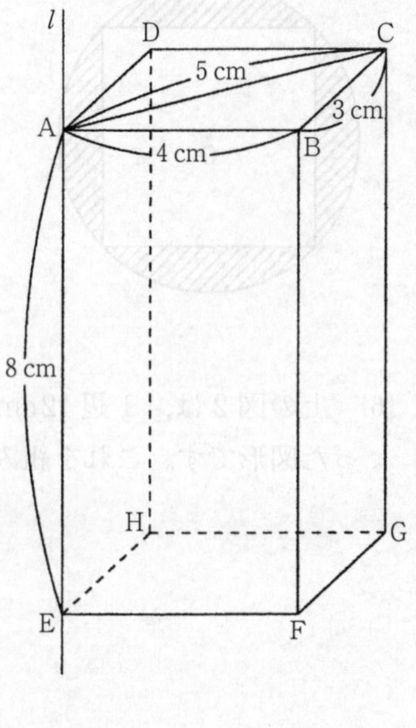

【社　会】〈Ａ方式第１回試験〉（30分）〈満点：50点〉

1　次の文章を読んで，各設問に答えなさい。

　昨年２月，ロシアによるウクライナへの武力侵攻《しんこう》がおこなわれました。21世紀に入ってからも世界各地で地域紛争《ふんそう》やテロ事件が多くみられてきましたが，憲法で平和主義を掲《かか》げている日本は武力衝突《しょうとつ》や紛争には直接かかわってきませんでした。

　しかし，第二次世界大戦が終結するまでの間，日本は国内外で多くの戦いをおこなってきました。その主な理由は政治権力の奪《うば》い合い，政治権力に対する抵抗《ていこう》・反乱，領地の奪い合い，宗教をめぐる対立などです。

　政治権力の奪い合いとしては，【①源平合戦，②承久の乱，③壬申の乱，④応仁の乱】，南北朝の動乱などがあります。また，戦国時代には領地の奪い合いも含《ふく》めると，数多くの戦いがあります。

　政治権力に対する抵抗・反乱としては，⑤室町時代以降に多くみられた一揆や本能寺の変，さらには明治政府に対して抵抗した日本国内での最後の内戦である（ あ ）などがあります。また，宗教をめぐる対立としては，仏教の受け入れをめぐるものや，江戸時代初期のキリスト教禁教政策などがみられます。

　このほか，外国との武力衝突もみられました。よく知られているものは白村江の戦い，⑥元寇，朝鮮出兵などですが，ヨーロッパ諸国と比べると日本は江戸時代までは外国との武力衝突が少ない国だったといえます。しかし，江戸時代末期にペリーが来航して以来，日本は諸外国の⑦植民地獲得《かくとく》の動きの中に入り，これが増えました。その結果，⑧日本は満州事変・日中戦争などを経て，第二次世界大戦で敗戦し，平和主義を掲げる国家へと変わったのです。

　しかし，冒頭《ぼうとう》に述べた対立から，日本でも侵略されないために防衛力を高めるべきだという世論がみられました。私たちは平和主義を守り，武力衝突のない社会を作るために，どのような行動をとるべきかを考えることが大切です。その判断力を高めるためにも歴史を学ぶ必要があるのです。

問１　文中の(あ)にあてはまる語句を答えなさい。

問２　文中の【　】内の下線部①～④の戦いについて，年代の古いものから順番に正しく並べ替《か》えなさい。

問３　下線部①について，日本の文化の特徴《とくちょう》について述べた文のうち，この戦いが**発生した時期に最も近い**内容のものを，次の中から１つ選んで記号で答えなさい。

ア　奥州で中尊寺金色堂が建立されるなど，浄土教の教えが地方にも広まった。

イ　武将たちによって天守閣が築かれ，狩野派の絵師たちによる障壁画が発展した。

ウ　日本初の仏教文化が栄え，飛鳥大仏や法隆寺金堂釈迦三尊像などが造立された。

エ　天皇が仏教の力で，戦乱や疫病《えきびょう》の流行を鎮《しず》めようとし，東大寺に大仏を造立したり，全国に国分寺を建立する詔を出したりした。

問４　下線部②について述べた文として正しいものを，次の中から１つ選んで記号で答えなさい。

ア　平清盛が後白河法皇の軍を破り，武士として初めて政治権力を握《にぎ》った。

イ　源義経が平氏を京都から追放し，さらに平氏を追い詰《つ》めて壇ノ浦で滅《ほろ》ぼした。

ウ　北条政子が御家人たちをまとめ，幕府軍が後鳥羽上皇の軍に勝利を収めた。

エ　足利尊氏が京都の六波羅探題を，新田義貞が鎌倉を攻《せ》め，幕府を滅ぼした。

問５　下線部③について，これに関連する事項を述べた文として正しいものを，次の中から１つ選んで記号で答えなさい。

ア　この戦いでは，天武天皇の弟が勝利し，後に天智天皇として即位《そくい》した。

イ　この戦いでは，天智天皇の子が勝利し，後に天武天皇として即位した。

ウ　この戦いの後，朝鮮半島では百済が新羅に滅ぼされたため，日本は朝鮮半島に出兵した。

エ　この戦いの後，都が大津から飛鳥に移された。

問６　下線部⑤について述べた文として正しいものを，次の中から１つ選んで記号で答えなさい。

ア　正長の徳政一揆では，農民たちが将軍の交代を要求した。

イ　室町時代には，将軍の代がわりを理由として，借金をなくすことを求める一揆が発生している。

ウ　一揆とは団結するという意味で，守護大名たちが一揆を結んで天皇に対して抗議したことがあった。

エ　山名氏の領地では，応仁の乱が長引いていることに抗議して，山城の国一揆が発生した。

問７　下線部⑥について述べた文として正しいものを，次の中から１つ選んで記号で答えなさい。

ア　1274年に弘安の役，1281年に文永の役が発生した。

イ　この戦いの後，中国側との交流がなくなったため，かな文字や和歌など日本独自の文化が発展した。

ウ　チンギス＝ハンは，日本に対して元の支配に従うように要求したが，北条時宗がこれを拒否《きょひ》したことで，この戦いが始まった。

エ　この戦いの後，御家人たちの生活はさらに苦しくなり，幕府への不満が高まった。

問８　下線部⑦について，日本が最も早い時期から植民地支配を進めた地域を，次の中から１つ選んで記号で答えなさい。

ア　台湾　　イ　遼東半島

ウ　満州　　エ　朝鮮半島

問９　下線部⑦について述べた文として**誤っているもの**を，次の中から１つ選んで記号で答えなさい。

ア　第一次世界大戦により，日本は中国におけるドイツの根拠地《こんきょち》となっていた山東省の権益を継承した。

イ　朝鮮に対し二十一カ条の要求をおこない，南満州に軍を配置する権利を獲得した。

ウ　韓国統監府を設置して朝鮮半島の支配を進めたが，初代統監を務めた伊藤博文は暗殺された。

エ　日露戦争に勝った日本は，ロシアから北緯50度以南の樺太(サハリン)と付属の諸島を獲得した。

問10　下線部⑧について述べた文として正しいものを，次の中から１つ選んで記号で答えなさい。

ア　北京郊外《こうがい》で発生した柳条湖事件をきっかけとして，日中戦争が始まった。

イ　日本はドイツ・イタリアと三国同盟を結び，朝鮮半島を共同で統治して権利を守ろうとした。

ウ　中国や東南アジアへの侵略を進める日本に対し，アメリカは石油の輸出を禁止した。

エ　中国からの撤退《てったい》を要求するアメリカに対し，第三次近衛内閣は真珠湾攻撃《こうげき》を指示した。

2　社会の授業で地図かるたを作ることになりました。取り札には都道府県の形を描《か》き，読み札には各都道府県の特徴を書くことにしました。各地図の縮尺は異なります。また，離島については省略しているものがあります。

次の①〜⑥は，地図かるたの取り札の一部です。この取り札に関する読み札は，Ⓐ〜Ⓕになります。下の各設問に答えなさい。

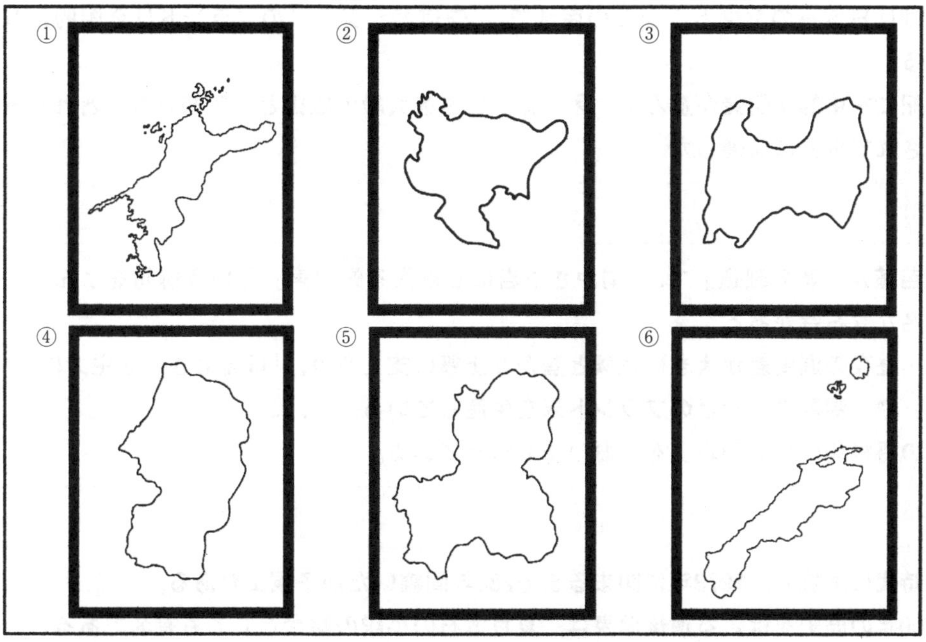

〈読み札Ⓐ〉

○(　あ　)遺跡は，弥生時代の大規模な環濠集落の跡《あと》で，竪穴住居や高床倉庫，墓，土器など多数の遺物が発掘《はっくつ》された。

○遠浅の有明海に面し，のりの養殖《ようしょく》がさかんにおこなわれている。

○約400年前に朝鮮半島から伝わった技術を使い，日本で初めて有田で磁器が焼かれた。

〈読み札Ⓑ〉

○世界遺産に登録されている(　い　)では，積もった雪を自然に落とすために屋根を急な角度にした伝統的な家屋である「合掌造り」が多くみられる。

○東西の交通の要所にあるこの地は，斎藤道三や織田信長の領地になり，関ヶ原の戦いの舞台《ぶたい》にもなった。

○ウミウという鳥を使って魚をとる鵜飼は，1300年以上続く伝統的な漁法である。

〈読み札Ⓒ〉

○雄大《ゆうだい》な大自然の中に造られた日本有数の巨大《きょだい》ダムである(う)ダムは，「世紀の大事業」で知られ，完成までに7年かかった。
○砺波市は日本最大級のチューリップの産地で，球根生産量も日本有数をほこっている。
○江戸時代には新田開発で発展し，薬売りや北前船でも繁栄《はんえい》した。

〈読み札Ⓓ〉

○古墳が多く，荒神谷遺跡や加茂岩倉遺跡などから多くの青銅器が発掘された。
○宍道湖は日本一のヤマトシジミの産地で，「宍道湖シジミ」のブランドは全国的に有名である。
○16世紀に本格的な開発が進んだ(え)は，日本最大級の銀山として知られ，とれた銀は輸出されて世界に流通した。

〈読み札Ⓔ〉

○松尾芭蕉が『奥《おく》の細道』で，「閑《しず》かさや岩にしみ入る蝉《せみ》の声」という俳句をよんだことで有名な立石寺がある。
○年間・昼夜の温度差が大きい気候と豊かな土壌《どじょう》に支えられ，「はえぬき」を主力に，「つや姫」や「雪若丸」などのブランド米を生産している。
○全国の将棋《しょうぎ》駒《こま》の約9割以上を(お)市で作っている。

〈読み札Ⓕ〉

○江戸時代に開坑《かいこう》し，1973年に閉まるまで283年間続いた別子銅山がある。
○約3000年の歴史をほこる道後温泉は，夏目漱石の小説の舞台としても有名である。
○2012年のゆるキャラグランプリ王者の「バリィさん」がPRキャラクターの(か)市は，タオルの製造や風力発電がさかんである。

問1　読み札Ⓐの(あ)にあてはまる語句を**漢字**で答えなさい。また，読み札Ⓐの内容は取り札①～⑥のどれを示しているか，番号で答えなさい。両方できて正解とします。

問2　読み札Ⓑの(い)にあてはまる語句を**漢字**で答えなさい。また，読み札Ⓑの内容は取り札①～⑥のどれを示しているか，番号で答えなさい。両方できて正解とします。

問3　読み札Ⓒの(う)にあてはまる語句を**漢字**で答えなさい。また，読み札Ⓒの内容は取り札①～⑥のどれを示しているか，番号で答えなさい。両方できて正解とします。

問4　読み札Ⓓの(え)にあてはまる語句を**漢字**で答えなさい。また，読み札Ⓓの内容は取り札①～⑥のどれを示しているか，番号で答えなさい。両方できて正解とします。

問5　読み札Ⓔの(お)にあてはまる語句を**漢字**で答えなさい。また，読み札Ⓔの内容は取り札①～⑥のどれを示しているか，番号で答えなさい。両方できて正解とします。

問6　読み札Ⓕの(か)にあてはまる語句を**漢字**で答えなさい。また，読み札Ⓕの内容は取り札①～⑥のどれを示しているか，番号で答えなさい。両方できて正解とします。

問7　取り札①～⑥のうち，都道府県名と都道府県庁の所在地名が**異なるもの**を**すべて**選び，取り札の番号を答えなさい。

問８　ある農産物の収穫量が多い順番に取り札を並べ，その下に収穫量を記したカードを置きました。この農産物は何か，下の中から１つ選んで記号で答えなさい。

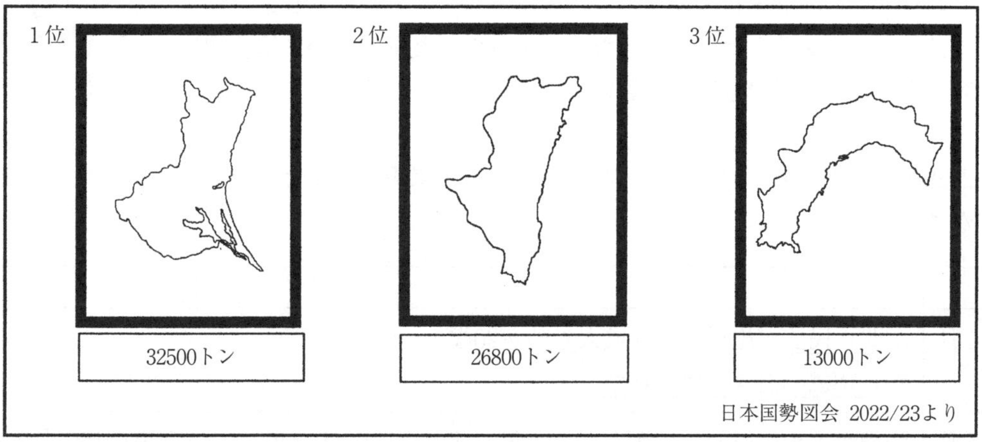

ア　白菜

イ　なす

ウ　キャベツ

エ　ピーマン

問９　都道府県の取り札に水《みず》揚《あ》げ量の多い漁港(2020年　日本国勢図会 2022/23より)を書き入れました。地図中の●はその位置を示しています。水揚げ量が最も多い漁港が示されている札を，次の中から１つ選んで記号で答えなさい。また，その漁港名を答えなさい。両方できて正解とします。

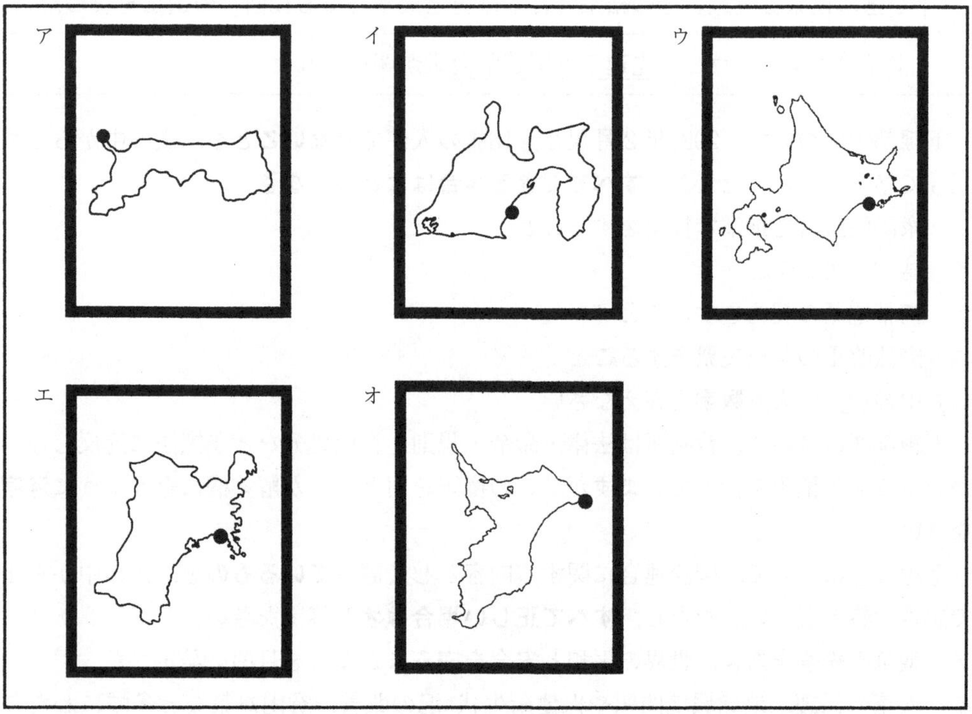

問10　右の図は，現在，日本の農山漁村で進められている「6次産業化」を表したロゴマークです。このロゴマークは，1次産業を茎《くき》として，これに2次産業，3次産業という葉がつくことによって，6次産業化という6つの花弁を持つ花が咲《さ》くことをイメージして作られました。では，6次産業化とはどのような取り組みのことをいうか，解答欄に合うように，簡単に説明しなさい。

3　2022年4月から6月の「政治・経済に関する出来事」をまとめた次の表をみて，各設問に答えなさい。

	日本	世界
4月	①改正民法が施行《しこう》され，成人年齢《ねんれい》が20歳《さい》から18歳へ引き下げられた。	
5月	沖縄が本土に復帰してから(　②　)年を迎《むか》えた。	④国際連合の(　⑤　)理事会は，「ウクライナの平和と安全の維持《いじ》に深い懸念《けねん》を表明する。平和的な解決策を探るグテーレス事務総長の努力を強く支持する。」とする議長声明を全会一致《いっち》で採択《さいたく》した。
	③最高裁判所は，海外に住む人の「国民審査」の投票を認めていないことは憲法に違反《いはん》するという初めての判決を下した。	
		北欧《ほくおう》のフィンランド・スウェーデンが⑥北大西洋条約機構への加盟を申請《しんせい》した。
6月	国際連合は，総会で(　⑤　)理事会の非常任理事国のうち今年末に任期が切れる5カ国を選ぶ投票を実施。その結果，日本は史上最多となる12回目の選出を決めた。	
	ドイツのエルマウで⑦先進7カ国首脳会議が開催《かいさい》された。	

問1　下線部①について，2023年2月現在，18歳の人が**できないこと**を，次の中から1つ選んで記号で答えなさい。ただし，**すべてできる場合はオ**と答えなさい。

ア　衆議院議員総選挙で投票をすること

イ　結婚《けっこん》をすること

ウ　携帯《けいたい》電話の契約《けいやく》をすること

エ　憲法改正の国民投票をすること

問2　表中の(②)に入る**数字**を答えなさい。

問3　下線部③について，裁判所は法律・命令・規則・行政処分などが憲法に違反しないかどうかを審査《しんさ》する権限を持っていますが，この権限を何というか解答欄に合うように**漢字で**答えなさい。

問4　下線部④について，国際連合に関する内容として**誤っているもの**を，次の中から1つ選んで記号で答えなさい。ただし，**すべて正しい場合はオ**と答えなさい。

ア　戦争や紛争を防ぎ，世界の平和と安全を守ることなどを目的に発足した。

イ　人権の保護，地球環境問題や保健衛生状況《じょうきょう》の改善，貧困対策など多岐にわたり国際協調を実現させるための活動をおこなっている。

ウ　総会は全加盟国の代表から構成され，各国はそれぞれ1票の投票権を持つ。

エ　総会および理事会における議決は，すべて多数決によっておこなわれる。

問5　表中の(⑤)に入る語句を**漢字4文字**で答えなさい。

問6　下線部⑥について，北大西洋条約機構に関する内容として**誤っているもの**を，次の中から1つ選んで記号で答えなさい。ただし，**すべて正しい場合はオ**と答えなさい。

ア　西ヨーロッパ諸国とアメリカ合衆国・カナダの間での地域的集団保障体制として1949年に発足した。

イ　「集団防衛」を任務とし，加盟国の領土および国民を防衛することを最大の責務としている。

ウ　朝鮮戦争により冷戦が激化し，日本も北大西洋条約機構に加盟した。

エ　ソビエト連邦崩壊《ほうかい》後，ポーランドをはじめ東ヨーロッパの国々が北大西洋条約機構に加盟した。

問7　下線部⑦について，2023年，先進7カ国首脳会議が日本で開催される予定です。開催を予定している都市の写真を，次の中から1つ選んで記号で答えなさい。

ア

イ

ウ

エ

【理　科】〈A方式第1回試験〉（30分）〈満点：50点〉

1　**図1**はヒトの主要な**器官A～D**と，これらの器官につながる血管および，血液中に含《ふく》まれる6種類の物質に注目し，その量的な変化（濃度《のうど》の変化）を模式的に示したものです。図中の→は血液が流れる向きを示しています。ただし，それぞれの器官に出入りする物質は，特徴的《とくちょうてき》なもののみ示しています。なお，三大栄養素のいずれかが消化されると，最終的に物質▲や物質△ができます。また，タンパク質や物質▲が体内で分解されると人体に有害な物質□がつくられます。器官と物質の関係は以下のようになります。

図1

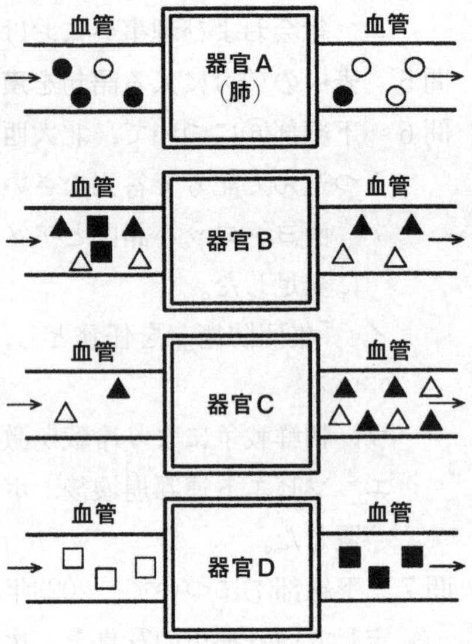

・**器官A**は肺を示しています。この**器官A**を通過すると，物質●は減少し，物質○は増加します。
・**器官B**を通過すると，物質△や物質▲の濃度は変化しないが，物質■はほとんどなくなります。
・**器官C**を通過すると，物質▲や物質△は，いずれも増加します。
・**器官D**を通過すると，物質□は無害な物質■に変えられます。
次の各問いに答えなさい。

(1)　**図1**の●および○は何という物質ですか。物質名を漢字で答えなさい。

(2)　**図1**の□および■は何という物質ですか。次の**ア～オ**よりそれぞれ1つずつ選び，記号で答えなさい。

ア　ブドウ糖　　**イ**　アミノ酸　　**ウ**　脂肪酸《しぼうさん》　　**エ**　尿素《にょうそ》　　**オ**　アンモニア

(3)　**図1**の**器官B**および**器官D**を次の**ア～エ**よりそれぞれ1つずつ選び，記号で答えなさい。

ア　　**イ**　　**ウ**　　**エ**

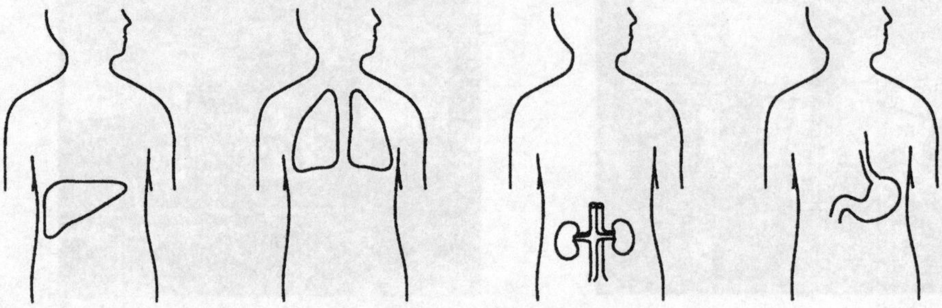

(4)　**図2**はヒトの心臓を正面から見たときの模式図です。**図2**の**a～d**は心臓の4つに区切られた部屋を表しており，**ア～オ**の部位から先は血管です。次の①と②に答えなさい。

図2

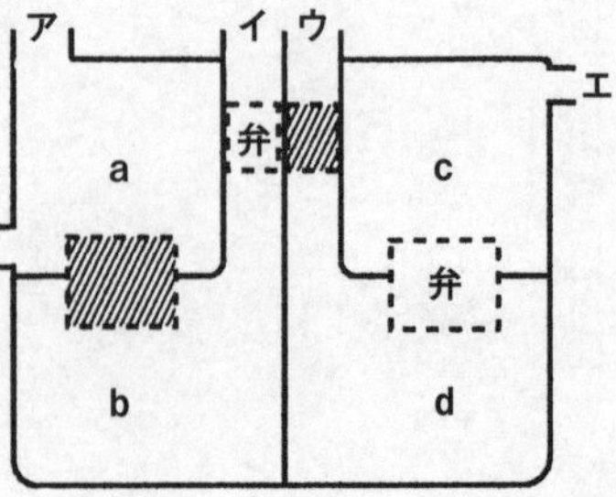

①　**器官A**（肺）と心臓を直接結ぶ血管はどの部位からのびていますか。適切なものを**図2**の**ア～オ**よりすべて選び，記号で答えなさい。

②　心臓には血液が逆流しないように弁があります。**図2**の斜線《しゃせん》部（2ヵ所）に見られる弁の形を示した適切な図を，

次の**あ**～**え**より1つ選び，記号で答えなさい。

あ

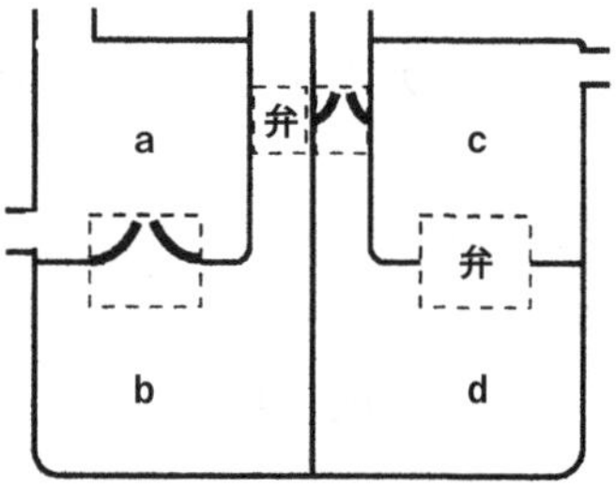

い

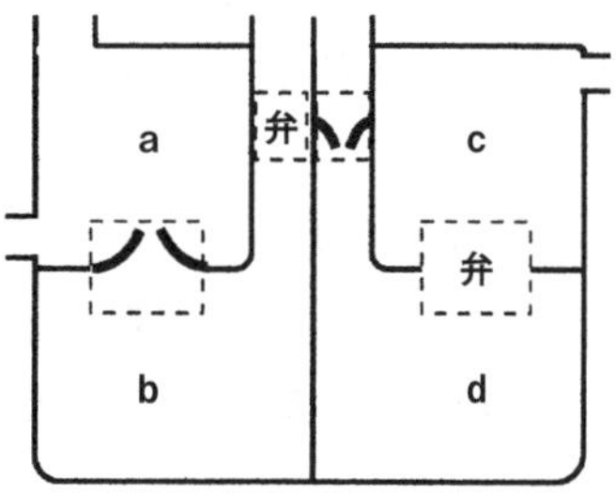

う

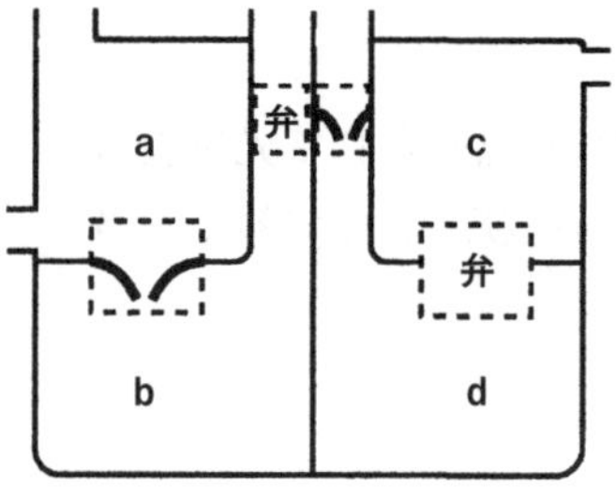

え

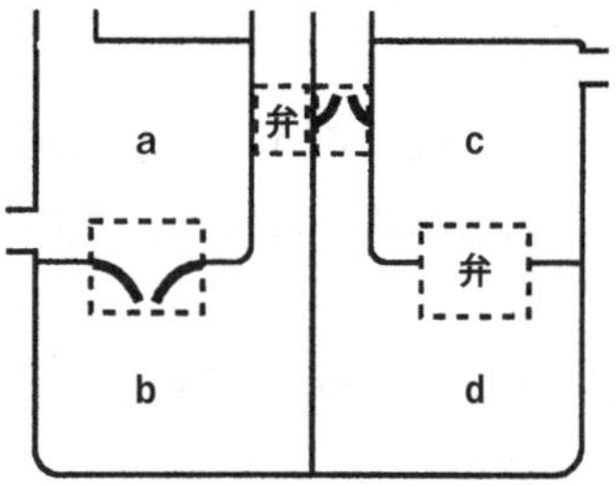

2 最近は台風などによる豪雨《ごうう》や強風だけでなく，「①同じ場所で次々と雨雲が発生し，強い雨が長く続く」ことで，災害につながってしまうことが多々起きるようになりました。気象庁ではこの現象が起きそうなときには，「顕著《けんちょ》な大雨に関する気象情報」を発表し，注意を呼《よ》び掛《か》けるようになりました。次の図は，ある年に九州地方で形成された下線部①のようすについて，そのしくみを模式的に示したものです。下の各問いに答えなさい。

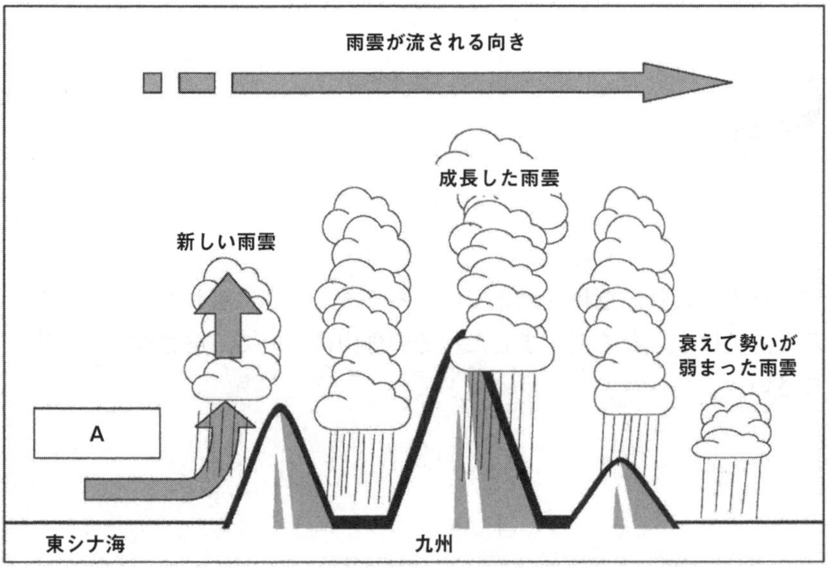

同じ場所で次々と雨雲が発生して，強い雨が続くしくみ

(1) このような下線部①のようすがみられる領域を何といいますか。漢字5字で答えなさい。

(2) 図中の空欄《くうらん》 A に入ることばを次の**ア**～**エ**より1つ選び，記号で答えなさい。

ア 暖かく湿《しめ》った風　**イ** 冷たく湿った風　**ウ** 暖かく乾《かわ》いた風　**エ** 冷たく乾いた風

(3)　成長した雨雲の種類を次の**ア**～**エ**より1つ選び，記号で答えなさい。

ア　乱層雲　　**イ**　積乱雲　　**ウ**　高層雲　　**エ**　層雲

(4)　この現象が起きやすい条件が(2)以外に3つあります。次の**ア**～**カ**より選び，記号で答えなさい。

ア　空気が上昇《じょうしょう》しやすい地形　　**イ**　空気が下降しやすい地形

ウ　不安定な大気の状況《じょうきょう》　　**エ**　安定した大気の状況

オ　雨雲を流す一定の向きの風　　**カ**　雨雲が移動しないための無風状態

3　**図1**は，ろうそくが燃えているようすを示したものです。次の各問いに答えなさい。

図1

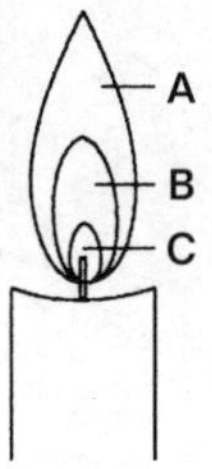

(1)　**B**の部分が明るいのは，ろうそくから出てきたある物質が熱せられて光を放っているからです。ある物質とは何か，次の**ア**～**オ**より1つ選び，記号で答えなさい。

ア　窒素《ちっそ》　　**イ**　酸素　　**ウ**　二酸化炭素

エ　炭素　　**オ**　水素

(2)　ろうそくが燃えているとき，炎《ほのお》の**A**～**C**の部分にガラス管を差《さ》し込《こ》んで，ガラス管の先から出てくるものを観察しました。**C**の部分にガラス管を差し込んだときのようすを述べたものを，次の**ア**～**ウ**より1つ選び，記号で答えなさい。

ア　白い煙《けむり》が出る。　　**イ**　黒い煙が出る。　　**ウ**　煙が出ない。

(3)　**図2**のように，炎の中にガラス管を差し込んで，ガラス管の先にマッチの火を近づけると，ガラス管の先で火が燃え続けたものがありました。どの部分か，**図2**の**ア**～**ウ**より1つ選び，記号で答えなさい。

図2

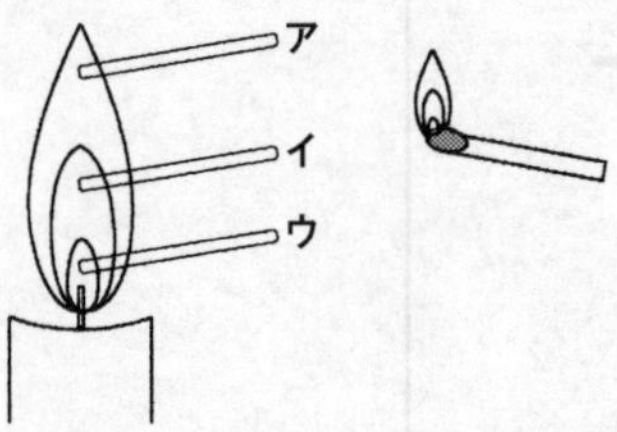

(4)　**図3**のように，切《き》れ込みを入れた銅板を燃えているろうそくの芯《しん》に触《ふ》れないようにろうそくにのせました。すると，炎はまもなく消えました。その理由について，解答欄《かいとうらん》の(　)内にことばを入れて説明しなさい。

図3

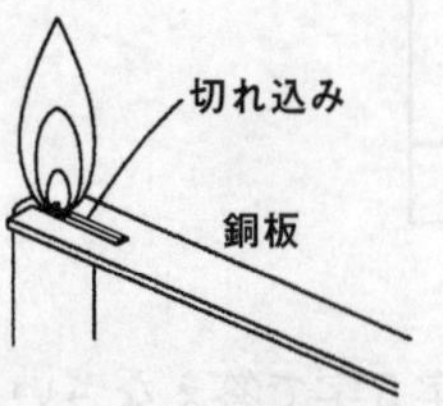

(5)　無重力状態の宇宙ステーションの中でろうそくを燃やすと，炎の形はどのようになりますか。次の**ア**～**エ**より1つ選び，記号で答えなさい。ただし，空気は十分にあるものとします。

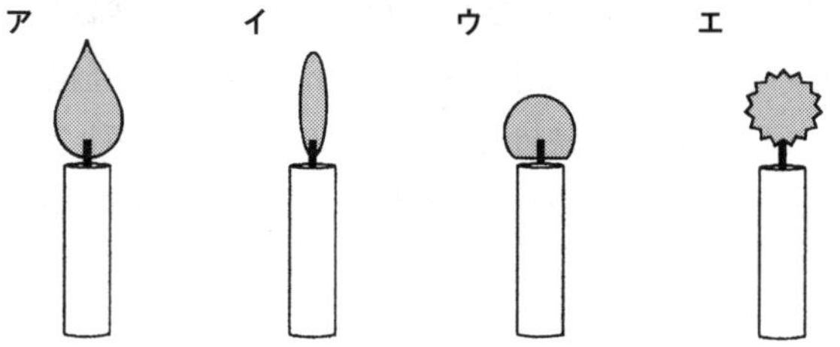

4 金属や氷を使って**【実験1】**～**【実験3】**を行いました。この実験で使用した金属，氷，水，食塩水の1 cm^3 あたりの重さは，それぞれ6g，0.9g，1g，1.2gとします。下の各問いに答えなさい。ただし，答えが割り切れない場合は，小数第2位を四捨五入し，小数第1位まで答えなさい。

【実験1】 1辺が2cmの立方体の形をした金属を**図1**のように水の中に沈《しず》め，ばねばかりの示す値を調べました。さらに，同じ金属を食塩水の中に沈め，ばねばかりの示す値を調べました。

図1

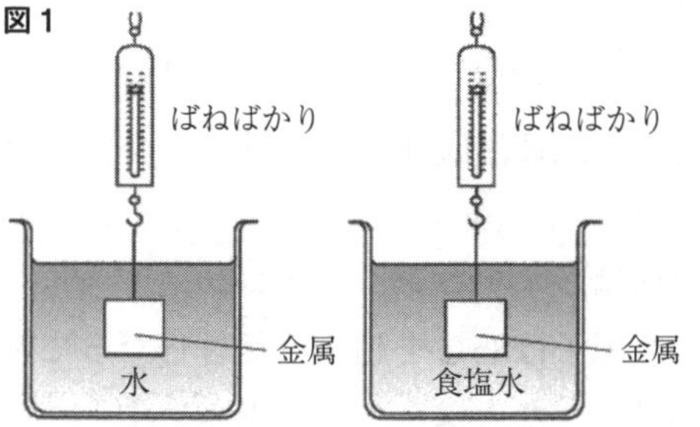

図2

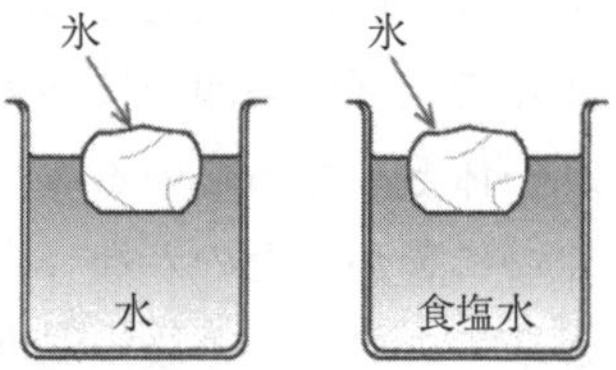

【実験2】 **図2**のように，水と食塩水に体積50 cm^3 の氷を浮《う》かべ，そのようすの違《ちが》いを観察しました。

【実験3】 水と灯油を容器に入れて，氷を加えてそのようすを観察しました。

(1) **図1**において，水と食塩水のどちらのばねばかりの示す値のほうが大きいですか。また，その差は何gですか。

(2) **【実験2】**について，次の①と②に答えなさい。

① 氷がとけ始める前に液面の上に出ている氷の体積を比べたとき，水と食塩水のどちらに浮かべたほうが大きいですか。またその差は何 cm^3 ですか。

② 食塩水に浮かんだ氷がすべてとけたとき，液面の高さは氷がとけ始める前と比べてどうなりますか。次の**ア**～**ウ**より1つ選び，記号で答えなさい。

ア 低くなる　　**イ** 変わらない　　**ウ** 高くなる

(3) **【実験3】**のようすとして，もっとも適切な図を次の**ア**～**カ**より1つ選び，記号で答えなさい。ただし，灰色にぬっている層を灯油の層，ぬっていない層を水の層とします。

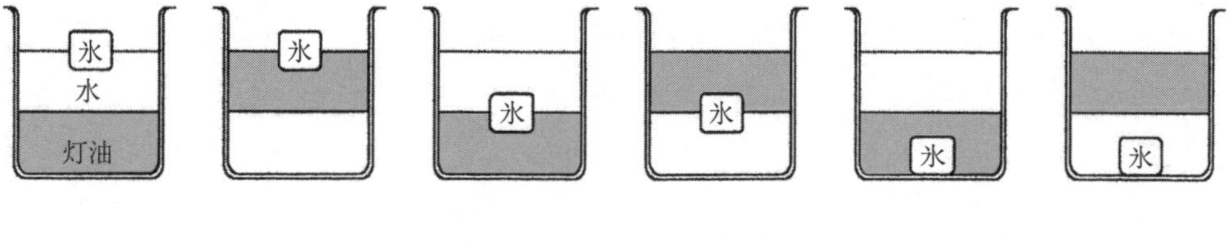

5　次の図のように直線上の地点**A**，**B**，**C**と直線から離《はな》れた地点**D**があります。**AB**間と**AD**間は340m，**BC**間は680m，**BD**間は170mでした。救急車が毎秒20mの速さで直線上を右向きに走り，**AB**間でサイレンの音を一定にして鳴らし続けました。音の速さを毎秒340mとして下の各問いに答えなさい。ただし，答えが割り切れない場合は，小数第2位を四捨五入し，小数第1位まで答えなさい。

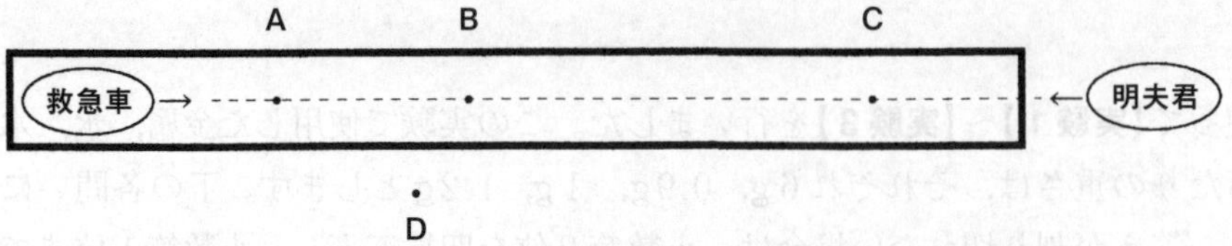

(1)　地点**A**で鳴らした音は，地点**C**では何秒後に聞こえたか答えなさい。

(2)　地点**D**では，サイレンの音は何秒間聞こえたか答えなさい。

(3)　明夫君が直線上を毎秒4mの速さで左向きに走っています。地点**A**で静止している救急車がサイレンを鳴らしたところ，明夫君は地点**C**でその音を聞きはじめ，地点**B**で聞き終わりました。救急車はサイレンを何秒間鳴らし続けたか答えなさい。

6　メイコとハチタは，理科の授業で二酸化炭素と地球温暖化の関係性について学びました。以下の会話文を読んで，下の各問いに答えなさい。

ハチタ：暑い…。一体どうなっているんだ，地球は。エアコン，エアコン。

メイコ：昔もこんなに暑かったのかな…今日の八王子は35℃を超《こ》える猛暑日《もうしょび》だってさ。

M先生：誰《だれ》ですか？　エアコンの設定温度を20℃にした人は？　下げ過ぎです！

ハチタ：あっ…僕《ぼく》です。でも先生，最近のこの暑さ僕，とけちゃいそうです。これってやっぱり“地球温暖化”が進んでいるってことなんですか？

メイコ：きっとそうだよ。この前の授業でも，大気中の二酸化炭素などの①温室効果ガスが増えているって習ったし…。

M先生：じゃあ，まずこの二つのグラフを見てみようか。世界の平均気温の変化と日本がある北半球における大気中の二酸化炭素の濃度の変化を表したものだけど，これを見てどう思う？

ハチタ：やっぱり年々暑くなっているんだ。それに②二酸化炭素の濃度も年々増えている。でも，どうして二酸化炭素濃度のグラフはギザギザになっているんだろう。

M先生：変化の規則性を考えたらわかるんじゃないかな？

メイコ：上がって下がるサイクルが1年周期…。日本がある北半球では［　X　］から，二酸化炭素濃度が減少するのか！

M先生：その通り。だから③測定した地域によって二酸化炭素の濃度が違うこともあるよ。

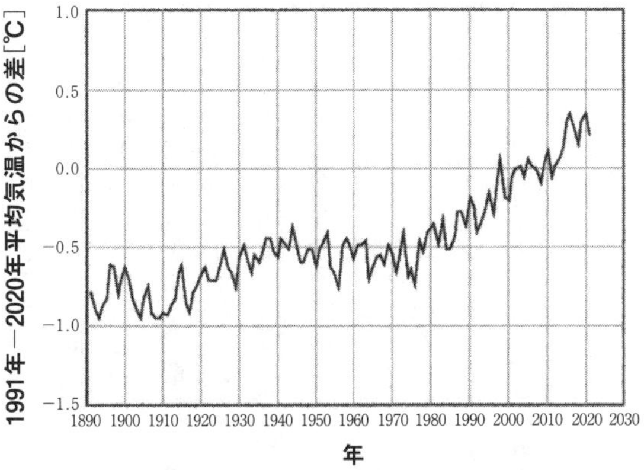

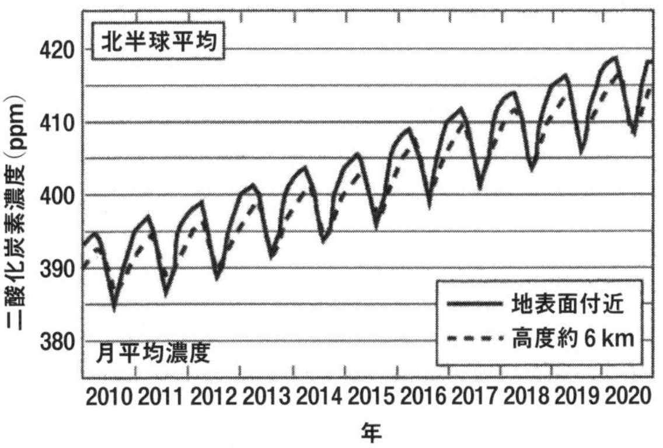

▲世界の平均気温の変化(左)と北半球の大気中の二酸化炭素濃度の変化(右)

出典：気象庁ホームページ
「世界の年平均気温」(https://www.data.jma.go.jp/cpdinfo/temp/an_wld.html)を加工して作成
「二酸化炭素濃度解析《かいせき》の結果」(https://www.data.jma.go.jp/ghg/kanshi/tour/tour_c3.html)を加工して作成

(1)　下線部①に関する記述としてもっとも適切なものを，次の**ア**～**エ**より１つ選び，記号で答えなさい。

ア　化石燃料の燃焼《ねんしょう》によって温度の高い温室効果ガスが排出《はいしゅつ》されることで，地表面の温度が上昇する。

イ　大気の循環《じゅんかん》を温室効果ガスが妨《さまた》げることで，地表面の温度が上昇する。

ウ　太陽光に含まれる紫外線《しがいせん》を温室効果ガスが吸収してオゾン層が厚くなり，地表面の温度が上昇する。

エ　地表から宇宙空間へ放出される赤外線を温室効果ガスが吸収することで，地表面の温度が上昇する。

(2)　下線部②について，大気中の二酸化炭素濃度の上昇の要因として考えられるものを，次の**ア**～**エ**よりすべて選び，記号で答えなさい。

ア　植林が行われて森林が増えた。

イ　森林が伐採《ばっさい》されて森林が減った。

ウ　石油や石炭などの化石燃料の消費量が増えた。

エ　火力発電所で発電する量の割合が減った。

(3)　文章中の［**X**］に入る文としてもっとも適切なものを，次の**ア**～**エ**より１つ選び，記号で答えなさい。

ア　夏に電力需要《じゅよう》が大きくなる

イ　夏に海水の温度が上昇する

ウ　夏に生物の呼吸量が減少する

エ　夏に陸上植物の光合成量が増加する

(4)　下線部③について，南極で測定したグラフでは振幅《しんぷく》(増減の度合い)はどのようになると考えられますか。もっとも適切なものを，次の**ア**～**ウ**より１つ選び，記号で答えなさい。

ア　グラフの振幅は北半球の平均のものより大きい。

イ　グラフの振幅は北半球の平均のものより小さい。

ウ　グラフの振幅は北半球の平均のものと同じである。

び、記号で答えなさい。

ア　教室は閉じた空間だが、会社では出入りが自由で最良の答えを導き出そうとしている

イ　学校の先生は、冷静に生徒の成績をみることで子どものひずみに気づこうとしている

ウ　新しい知識を伝授し、その知識をもとに考えさせることが教員の重要な使命である

エ　間違いを繰り返すと同僚からの信用をなくすが、会社自体は信用を失うことはない

問十一、――②「ソウチ」・④「カッキ」・⑤「イチガン」・⑩「シコウ」・⑭「カイゼン」のカタカナを漢字に直しなさい。

を組織の⑭カイゼンのための要素にすると考えられます。

失敗を避けたがる学校、失敗で回る会社――。

学校と会社では、失敗に対する捉え方がかなり違うということがわかります。

（宮武久佳「自分を変えたい」による。一部表記・体裁《ていさい》を改めた）

問一、――①「学校は、第一義的には児童や生徒、学生個人の能力を伸ばす場所です」とありますが、筆者は第二にはどのような場所だと考えていますか。それを説明した次の文の空欄にあてはまる言葉を文中から四字で抜き出して答えなさい。

学校は［　］を学ぶ場所である。

問二、――③「学校では、試験の成績という評価が幅をきかせますが、会社で用いられる評価は多様です」とありますが、会社でも成績を重視して評価するという考えにあたる言葉を文中から四字で抜き出して答えなさい。

問三、――⑥「会社とはチームで動く世界である」とありますが、これを説明した次の文の空欄にあてはまる言葉をア・イそれぞれ四字で文中から抜き出して答えなさい。

チームで［ア］に向かって仕事をし、特定の従業員が［イ］することを良しとはしない世界であるということ。

問四、――⑦「社会人として働いていると、日々『正解のない問題』『模範解答のない問題』に出会います」とありますが、実社会に出ると「正解のない問題」「模範解答のない問題」によく出会うのはなぜですか。この理由を説明した次の文の空欄にあてはまる言葉を文中から十七字で探し、最初の五字を抜き出して答えなさい。

実社会に出ると［　］ことになり、その中で問題が起きるものだから。

問五、――⑧「要領のよい子ども」とありますが、会社では、要領のよい人とはどのような人のことですか。文中から十五字で探し、最初の五字を抜き出して答えなさい。

問六、――⑨「ミスしてもちゃんと補い合うように会社は作られています」とありますが、このような会社のことをたとえを用いて表している言葉を文中から十二字で抜き出して答えなさい。

問七、――⑪「失敗から学ぶような仕組みになっていない」とありますが、この理由を説明した次の文の空欄にあてはまる言葉を文中から十一字で探し、最初の五字を抜き出して答えなさい。

子どもに［　］ことを教えようとするから。

問八、――⑫「失敗した生徒をていねいに扱うことをしないものです」とありますが、筆者は失敗した生徒をていねいに扱うとはどのようなことだと考えていますか。この説明として最もふさわしいものを次から選び、記号で答えなさい。

ア　生徒全員が失敗することがないように、あらかじめ注意しなければならないことを教えこむこと

イ　なぜ失敗したのか、次に失敗しないためにはどうすればいいのかを生徒全員に理解させること

ウ　たとえ生徒が失敗したとしても厳しくしかることはせず、生徒全員で一緒に次の内容に進むこと

エ　授業について来られなかった一割かそれ以上の生徒には、自分自身で失敗に対処させること

問九、――⑬「学校では一人ひとりの子どもが自分で失敗に対処しなければなりません」とありますが、筆者は子どもの「成績」には何が影響すると述べていますか。文中から十九字で探し、最初の五字を抜き出して答えなさい。

問十、本文の内容に関する説明として最もふさわしいものを次から選

ために、インターネットを使ってもいいし、同僚《どうりょう》に尋《たず》ねてもかまいません。守秘義務さえ守れば、家族や友人に電話をするのもアリです。学校で不正行為《こうい》とみなされるカンニングは、社会人の生活ではタブーではありません。むしろ、上手《じょうず》に他人の頭脳に依存《いぞん》できる人が「できる社会人」だといっても良いぐらいです。

困っている同僚にこっそり答えを教えたり、さりげなく助けたりすることも重要です。

学校と社会で決定的に違《ちが》うのは、失敗についての考え方だと思います。会社員は失敗から学ぶことが前提になっています。日々、小さな問題が発生しますが、間違いや失敗は許されます。失敗は皆で補い合えばよいというのが会社の考え方です。例えば、在庫の品を数え間違えるかもしれない前提で、他の同僚がチェックする仕組みができています。

仮にお客の問い合わせに間違ったことを言っても、すぐに謝罪して訂正《ていせい》することもできます。もちろん、同じ間違いを繰《く》り返すと同僚からの信用をなくしますが、実社会では失敗を恐《おそ》れず前に進むことが重要なのです。

ある特定の部署で、お客と取引《とりひき》する場合は、チームとして取り組むので、たった一人の従業員が全部の責任を取ることはありません。つまり、会社での仕事とは、「従業員はミスをする」「失敗する」「責任は皆で」という前提で回っていると言っていいでしょう。⑨ミスしてもちゃんと補い合うように会社は作られています。むしろ、優良企業であればあるほど、従業員のミスを幾重《いくえ》にもカバーし、社外への悪影《あくえい》響《きょう》を極力小さくするものです。

実社会に出ると失敗することは避《さ》けられません。実社会で起きることは、背景《はいけい》や利害が異なる人間を相手にする以上、複雑でベストの解法がよく分からない場面が多いからです。ある解決手段がAという集団に当てはまっても、BやCに当てはまらない場合をどう扱うかということは普通におきます。だから「正解」はあってないようなものなのです。

社会人は「失敗をすることで学ぶ」ことを知っています。いえ、社会は、ありとあらゆるところで、失敗しながら、つまり⑩シコウ錯誤《さくご》を繰り返して出来上がっていると言ってよいぐらいです。

よくよく考えると、学校や家庭では、教師や親は子どもが「あらかじめ失敗を避ける」ことを教えたがります。例えば、歩いていて水たまりに差しかかると、一緒に歩いている大人は、目の前に水たまりがあることを子どもに知らせます。本当は、子どもが水たまりに足を入れることを経験させると、良い教育効果を生むと思いますが、実際、そのようにする大人は少ないものです。同じように、親は子どもに、熱いやかんに近づかないよう厳しくしつけようとします。そうやって、子どもがやけどをしないように教えるのです。

昔は、やけどをする心配がない、ある程度熱いやかんにわざと小さい子どもの手を触《ふ》れさせることで「そのやかん、熱い」を教えていました。失敗させることで学ばせたのです。

もしかしたら、今の学校では、子どもが⑪失敗から学ぶような仕組みになっていないのかもしれません。

教室の先生は、授業内容について生徒全員が理解するように努力しています。けれど先生は、一割かそれ以上の生徒が授業について来なくても、次に進みますよね。つまり⑫失敗した生徒をていねいに扱うことをしないものです。まるで、一つの教室に30人もいると、全員を理解させるように授業を行うことをあきらめているかのようです。

会社では、一人の従業員の失敗は職場で共有され、次の仕事に活《い》かされます。⑬学校では一人ひとりの子どもが自分で失敗に対処しなければなりませんが、会社では職場全体が生き物のように、一つの失敗学校と会社は別世界です。③学校では、試験の成績という評価が幅《はば》をきかせますが、会社で用いられる評価は多様です。会社は必ずしも、業務を黙々《もくもく》とこなす「仕事人」だけでできているわけではありません。社交性を発揮しながら職場に④カッキを与える「ムードメーカー」の存在も必要です。たいていの従業員はこの両極のどこかに位置します。組織がうまく回るには双方《そうほう》のタイプの人間が必要です。

会社や役所、店で働く場合、チームを作って同じ目標のもとに仕事をします。仕事上で自分が良い成果を出せば、チーム全体の成果が増します。つまり、自分の仕事が成功すればチームもうまくいくのです。

特定の従業員だけが一人勝ちすることを是《ぜ》とするような仕組みは会社にはありません。「⑤イチガンとなって」という言葉がありますが、会社で働くということは、従業員が全員一緒《いっしょ》になって活動するのです。もちろん、部門や部署ごとに仕事の性質は異なりますが、企業の世界では大きなチームの中に小さなチームがあって、各レベルでうまくいくことが目標になっています。まるで、一つの会社はそれ自体、一つの生命体のようなものです。

もっとも最近では、個人の仕事を数値化してその成果を重視する能力主義が幅をきかせる企業《きぎょう》が増えてきました。行き過ぎた能力主義は心身の病を生みます。また、最近の傾向《けいこう》として、正社員のほかに、非正規、派遣《はけん》、パートなど雇用《こよう》の多様化が進んでいます。このため職場の一体感が弱くなる中で、従業員を使い捨てのように扱《あつか》う、いわゆるブラック企業が社会問題化しています。就職するなら、「従業員を大切にする会社」にこそ注目してほしいです。

学校は集団生活を学ぶところと言われますが、第一義的には子どもに学力をつけさせることでしょう。集団生活や社会性を身に付けさせることは副次的に捉《とら》えられているように感じます。

会社と学校をあえて対比させると、⑥会社とはチームで動く世界であるのに対して、学校は、個人プレーの世界なのです。学校の先生が悩むのは、個人の能力を点数で評価する一方で、点数で評価できない集団生活を子どもに身に付けさせることのバランスについてでしょう。

⑦社会人として働いていると、日々「正解のない問題」「模範《もはん》解答のない問題」に出会います。現実には、問題を解くために、あらゆる知識や知恵《ちえ》が動員されます。通常、どんな問題でも何がしかの解法はあります。会社というところは、いくつもの解の中からどの答えを選ぶのかが重要なのです。

この点について、私が長い会社員の生活をした後に、大学の教員になって発見したことがあります。それは、小学校から高校まで、学校のテストは教員に都合よく作られていることです。採点がしやすいように、答案用紙に記入させます。採点しにくい問題を教師は生徒に問いません。おそらく、⑧要領のよい子どもはこのことを見抜いていて、メリハリのある試験対策をしているはずです。

学校の教師は、生徒や学生に知識や知恵を詰《つ》め込む(伝授する)ことが仕事です。「考えさせることこそ、教師の使命だ」と公言する教師がいたとしても、新しい知識を与えることが教員の重要な使命なのではないでしょうか。かりに「米国のシカゴ市で何人のピアノ調律師が必要か」「日本にマンホールはいくつあるのか」を考えさせる場合でも、ピアノ調律師の仕事内容やマンホールの機能を教えないわけにいきません。

一方、会社で仕事をしていると問題は毎日のように降って来ます。問題に対して、自分の頭で考え、何を知るべきか、情報はどこにあるか、どうやって解決するかを自分で道を探《さぐ》ります。

実社会では、毎日のように出題範囲《はんい》が示されないまま、テストがあるようなものです。けれど、オフィスに閉じ込められてテストを受けているわけではありません。出入り自由の状態で、最良の答えを探る

空欄にあてはまる言葉を文中から六字で抜き出して答えなさい。

［　　　］があった母に対して傷つける言葉を言ってしまうということ。

問九、――⑭「恵真さんの目は赤く、しかしとても綺麗だった。その笑顔に応えようとしたわたしの顔は、そのひとかけらほども、うつくしくなかっただろう」とありますが、この理由を説明した次の文の空欄にあてはまる言葉を文中からアは五字で、イは十三字で探し、最初の五字を抜き出して答えなさい。

恵真は自分が受けた痛みを［ア］にしないが、わたしは［イ］を言うから。

問十、本文の内容に関する説明として最もふさわしいものを次から選び、記号で答えなさい。

ア　母は家政婦時代に余命宣告をされたおばあちゃんの気持ちを無視したことで、病院の先生に怒られた

イ　恵真は毎日の介護による寝不足で疲れていたため、母を思わずたたこうとしてしまった

ウ　千鶴はグループホームに入りたがる母の願いを聞き入れないことを、自分のわがままだと思った

エ　千鶴は恵真に心の中で「お姉ちゃん」と呼んでいると言われ、自分をみじめに思いどきりとした

問十一、――①「テマ」・⑥「ハンシンハンギ」・⑨「ナンダイ」・⑪「ザイアクカン」のカタカナを漢字に直し、――⑧「家元」の漢字の読みを答えなさい。

二　次の文章を読んで、あとの各問いに答えなさい。

教室という閉じた空間で行われる学校教育では、前に黒板があり、教師に対面するように、大勢の生徒（学生）が座ります。教室で行われることは、教師が生徒に知識を伝授することです。「ここは試験にでるぞ」と言われながら、生徒はノートを取ります。

①学校は、第一義的には児童や生徒、学生個人の能力を伸《の》ばす場所です。大人社会に入った時に、個々の人がうまくやっていけるように力を与《あた》えるのが学校の役割でしょう。社会人となった時に個人として最低限身につけておくべき技能を養成するのが学校の主な役割です。

学校では「読み書きそろばん」の習熟度について、児童や生徒の成《せい》績《せき》を同じ学級や学年のなかで比較《ひかく》した上で評価します。上から何番目という席次で成績評価が作られ、常に生徒を「比べて、評価する」のが学校です。ほとんど同じ年齢《ねんれい》の人が集まる教室では、子どもは絶えず、成績や行動において「競争させられる」「比較される」運命にあります。ところが学校や先生は「競争すれば、勝つ人と負ける人がいる」ことをあまり表明したがりません。

もともと一人ひとりが異なる家庭から来ているのに、学校は「同じ土俵で比較して評価する」②ソウチです。だから、多くのひずみを子どもの側にもたらします。実は子どもの方は、家庭環境《かんきょう》の差がもたらす努力の量や質の差が成績に反映される不公平を見抜《みぬ》いています。子どもが皆《みな》が皆、学校が好きになると限らないのは、何となく、学校にまつわるこの矛盾《むじゅん》に気づいているからでしょう。

先生は普段《ふだん》、席次のことを露骨《ろこつ》に言いませんが、冷静に生徒の成績をみています。通知表や成績簿《せいせきぼ》を作らなければならないからです。学校行事としての一発勝負の入試は最悪です。1点の差で合否が分かれます。入試の日が生徒にとって体調のすぐれない日でも交渉《こうしょう》の余地はありません。

⑭恵真さんの目は赤く、しかしとても綺麗《きれい》だった。その笑顔に応えようとしたわたしの顔は、そのひとかけらほども、うつくしくなかっただろう。

お酒に弱いというのは事実らしく、その後、恵真さんは缶ビールを一本半飲んだところで沈没《ちんぼつ》してしまった。そのまま自室に眠らせ、わたしだけ母の部屋に戻《もど》ったのだが、布団に入って一時間後、母がトイレに起きた。手を引き、トイレまで導く。母が個室から出てくるのを待って、ベッドに戻し、それからトイレ掃除《そうじ》に戻る。寝ぼけているときは、トイレを特に汚《よご》すのだった。

（町田そのこ「星を掬《すく》う」による。一部表記・体裁《ていさい》を改めた）

問一、――②「いじわるしてる」の「いじわる」の内容として最もふさわしいものを次から選び、記号で答えなさい。

ア　恵真さんがわたしに敵意のような視線を向けてきていること

イ　水溶き片栗粉を入れて味のうすいものを食べさせていること

ウ　結城さんがするようにやさしくしてくれないということ

エ　グループホームに入りたいのに入れないようにしていること

問二、――③「しんどい」とありますが、恵真は何がしんどかったのですか。これを説明した次の文の空欄にあてはまる言葉を文中から八字で抜き出して答えなさい。

ママに［　　］こと。

問三、――④「怖いんだ」とありますが、何が怖いのですか。これを説明した次の文の空欄にあてはまる言葉を文中からアは三字、イは六字で抜き出して答えなさい。

病気による［ア］な現実に直面し、ママの［イ］ようなことをしてしまうときが来るかもしれないこと。

問四、――⑤「離れたがっている母」とありますが、恵真が考える、母が離れたがっている理由を説明した次の文の空欄にあてはまる言葉を文中からアは二字、イは七字で抜き出して答えなさい。

病気のために自分のことが［ア］できなくなり、ハリネズミのように［イ］のが嫌だから。

問五、――⑦「みんな、ママのことが好きだった」とありますが、この理由として**ふさわしくない**ものを次から一つ選び、記号で答えなさい。

ア　たとえどんなときでも冷静な態度で相手の世話をするから

イ　大切な人のためだったらがむしゃらになって行動するから

ウ　相手のために必要だと思ったらとても無茶なこともするから

エ　出会えたからには相手のことを大事にしたいと考えるから

問六、――⑩「自分がハリネズミになる」とありますが、これはどのようなことですか。その説明として最もふさわしいものを次から選び、記号で答えなさい。

ア　千鶴や恵真に子どものようにわがままを言って困らせ、自分の願いを聞き入れてくれないことにがっかりすること

イ　千鶴や恵真がよかれと思ってしたことに反発して嫌な思いをさせ、二人を傷つけた自分を責めること

ウ　千鶴や恵真が自分のことを理解していると思い上がり、実際は自分のことを理解してくれないことに悲しむこと

エ　千鶴や恵真の介護には心から感謝しているが、二人がそのことに気づいてくれないことに悩《なや》み苦しむこと

問七、――⑫「ホームに入る」とありますが、母のこの言葉は千鶴にとってどのような意味をもっていますか。これを説明した次の文の空欄にあてはまる言葉を文中から三字で抜き出して答えなさい。

母が自分を［　　］ということ。

問八、――⑬「塞がりかけた瘡蓋を自ら剝いでは血を流し、痛いと叫ぶような、そんなこと」とありますが、これを説明した次の文の

ぬ子どもであったことも。一緒にいる意味など、もはやないのだろう。それでも、もう少し一緒にいたいと思う自分がいる。どうしてだか、分からないけれど。でも、まだ離れたくない。

「千鶴さんがいて、よかったな」

ふいに恵真さんが言って、驚いた。

「何、急に」

「しみじみ、そう思ったの。千鶴さんがいてよかったって心から思う」

恵真さんがはにかんだ。千鶴さんがいるだけで、すごく心強い。ねえ、あたしさ、千鶴さんのこと、心の中で『お姉ちゃん』って呼んでんの。迷惑だよね。でも心の中だけだから、許してね。

こそばゆい告白にどきりとして、頬が赤らむ。

「酔《よ》ってるんじゃない？　まだ一本目でしょう。恵真さん、お酒弱いのね」

照れを誤魔化《ごまか》すように言うと、恵真さんは「へへ、ばれた」と頭をつるりと撫でる。実はすごく弱いの。だからママに、家族と一緒のときしか飲まないようにしなさいって言われた。その言葉にまた、どきりとした。

この子は家族を知らない。きっと、母が初めての家族だったのだ。そして、わたしもまた、自分の家族なのだと伝えようとしてくれている。

わたしはいつも、この子のうつくしさにはっとしているような気がする。この子は己《おのれ》の受けた痛みを、決して誰かのせいにしない。両親がいたら、叔母《おば》夫婦が守ってくれたら、従姉《いとこ》がやさしかったら。そんな風には決して言わない。自分の心を健《すこ》やかに守りながら、まっすぐに、生きている。

それに比べて、わたしは、何だ。ふっと、心が暗くなる。

『二度も捨てるだなんて、許さない。そんな我儘、絶対許さない』

そう言ったあと、母の瞳《ひとみ》から涙《なみだ》が一粒《ひとつぶ》、ころんと零《こぼ》れた。不意打ちのような涙は、わたしの⑪ザイアクカンを膨《ふく》らますに十分な強さがあった。

あのとき、母はわたしに告白するために自分自身と闘《たたか》っていた。必死に、海に潜《もぐ》ろうとしていた。それが叶《かな》わなくて辛くて情けなくて、自分を見限った。その果てが『⑫ホームに入る』という一言だった。母には、わたしに対する精一杯《せいいっぱい》の誠意があった。なのに、わたしはそれが分かっていたのに、責めた。

なんで、わたしはこうなのだろう。変わりたい、変わらなきゃと思うくせに口からはいつだって、身勝手でひとを傷つける言葉が出る。

「恵真さんは、いい子だね」

ゆっくり、意識して口にした。

「わたしはそんな子から、お姉ちゃん、って呼ばれたくない。惨《みじ》めな気持ちになる。だから、絶対に呼ばないでほしい」

恵真さんの顔が、僅《わず》かに曇《くも》る。胸が鈍《にぶ》く痛んだ。

「だから……心の中でだけ、呼んでよ。それなら、受け止められるから」

大丈夫、きちんと言えた。そのことにほっとして、でもこの小さな達成感もすぐに、もっと大きな嫌悪感《けんおかん》で塗《ぬ》り潰《つぶ》されてしまうのだろうなと思う。わたしはいつまで経《た》っても成長できない。⑬塞《ふさ》がりかけた瘡蓋《かさぶた》を自ら剝《は》いでは血を流し、痛いと叫ぶような、そんなことしかできない。そんな情けないこと、嫌だけれど。でも。

「嬉《うれ》しい」

恵真さんが、わたしの手にそっと触《ふ》れた。ためらいがちに、握《にぎ》りしめてくる。

「お姉ちゃん、憧《あこが》れてたんだ。だから、すごく嬉しい。ありがとう」

のお年寄りばかりで、病気になるまで何人ものお世話をしてた。千鶴さんは詐欺《さぎ》みたいに思ってたみたいだけど、そんなことなかったんだよ。⑦みんな、ママのことが好きだった。どんなときでもにこにこ笑って明るくて、たくましい。弱気になればめちゃくちゃ励《はげ》ましてくれるし、苛《いら》つけばガチで喧嘩《けんか》する。必要だと思ったら、すごい無茶もする。四年くらい前だったかな。余命宣告されたおばあちゃんが、死ぬ前にかつての恋人《こいびと》に会いたいって言いだしたことがあったんだ。若いころに家の事情でお別れしてしまったんだって。そしたらママ、執《しゅう》念《ねん》でそのひとを捜《さが》し出して、おばあちゃんと再会させたんだ」

「え、探偵《たんてい》じゃあるまいし、そんなの無理でしょう」

「相手がわりと有名な茶道《さどう》の⑧家元だったから、どうにかなったんだよね。でもママは『これは運命ってことよ！』って言い張って、入院中のおばあちゃんを無理やり自分の車に乗っけて、高速道路で五時間かけて連れていってさ。病院抜けだして行ったもんだから、先生たちにはめちゃくちゃ怒《おこ》られてた。下手したら殺人になりますよ！　って」

しかしそのおばあさんは、恋人だった男性に『一緒に季節を一巡《ひとめぐ》りしたいですね』と言われて、示された余命より一年長く生きたのだという。

「運命、ね。わたしが恵真さんに会ったときも言ってたけど、そういうことだったのね」

ふっと笑うと、恵真さんが照れたように頬《ほお》を掻《か》く。

「やー、あのときはママみたいになれた！　っていう気持ちもあって……じゃなくて！　でも、そんな風に誰《だれ》かのためにがむしゃらになれるママのことをあたしは好きだし、ママの周りのひともそうだったんじゃないかなって思う」

恵真さんが缶《かん》を弄《もてあそ》ぶ。

「中には気持ちが伝わらなくて怒鳴《どな》るひともいたし、ママと喧嘩するひともいた。ママが悔《くや》し泣きするところ、何度も見た。でも、最後にはみんなママにありがとうって言うんだ。あんたといられて楽しかったって。ママ、いつだって全力でそのひとのことを受け止めようとしてたから、きっとそういうのが伝わるんだろうね」

ほろ苦いビールを飲む。喉《のど》の奥《おく》が、しゅわしゅわする。

「ママに、腹が立つことないのって聞いたことがある。無理⑨ナンダイを吹《ふ》っかけてくるひともいたし、認知症を患《わずら》っていろんな制御《せいぎょ》ができなくなっていくひともいたからね。ママは出会えたからには大事にしたいでしょって笑ってた。せっかくなんだから寄り添《そ》いたいんだって。だけど、無理に近づこうとはするな、って」

誰かを理解できると考えるのは傲慢《ごうまん》〔えらそうな態度〕で、寄り添うことはときに乱暴となる。大事なのは、相手と自分の両方を守ること。相手を傷つける歩み寄りは迷惑《めいわく》でしかないし、自分を傷つけないと近づけない相手からは、離れること。母は恵真さんに、そう話したのだという。

「棘《とげ》を逆立てたハリネズミを抱《だ》いても傷つくだけだし、ハリネズミも刺《さ》したくないものを刺して苦しむものだからって。だからママは⑩自分がハリネズミになる前に離れようとしてるんだろうな」

分かるんだよ。でも、はいそうですかって言うこときけないよねえー。恵真さんが冗談《じょうだん》めかして言う。ママがいてよかった、っていうことのほうがたくさんあるもん。ちょっとくらい心が痛む瞬間があっても、一緒にいたいよ。

先日の、母の話を思い出した。ビールを傾《かたむ》けて、ナッツを齧《かじ》る。

「……わたしも、そう思う。もう少し、一緒にいたい」

それは、嘘偽《うそいつわ》りない、素直な気持ちだった。母がいなくなった理由も、あの夏のわたしが単なる道連れだったことも、分かった。愛せ母はその切実な声に耳を貸さない。天井《てんじょう》に向かって繰《く》り返し叫ぶ。

ホームに行かせて！

「③しんどい」

思わず、といった風に恵真さんが呟いたのは、結城さんが帰り、母が眠《ねむ》った夜のことだった。恵真さんは穏《おだ》やかな寝息《ねいき》を立てている母の寝顔を眺《なが》めていて、わたしは布団《ふとん》を敷《し》いて寝支度《ねじたく》を整えているところだった。

「ああ、彩子《あやこ》さんが抜《ぬ》けたから、寝不足なんでしょ？」

彩子さんの負担を減らすために、夜の当番からも外れてもらったのだった。彩子さんは彩子さんで、電車の音がうるさいとかうまく眠れない、お腹が張るなどと騒ぐ美保《みほ》ちゃんの相手をしているから、睡眠《すいみん》不足かもしれないけれど。

「今日はあれだけ荒《あ》れたあとだから、ゆっくり寝てくれるんじゃないかな。もし起きたとしても、わたしが見るから恵真さんは寝ていいよ。わたしは昼間に仮眠とれるんだし」

「ううん、そうじゃなくて。さっきの、夕飯のときさ、一瞬《いっしゅん》ママのこと叩《たた》こうとしてしまったんだ。スプーンを投げつけられたとき、手を振《ふ》りかざそうとした」

恵真さんの声は、とても冷静だった。

「病気のこと、舐《な》めてた。ママがこんなにもママじゃなくなるなんて、想像してなかったんだ。あたしのことを見る目が、他人を見る目で嫌《いや》だ。あたしの気持ちを全然分かってくれないのが嫌だ。あたしの言葉が通じなくなってるのが嫌だ。何でそんなに分かってくれないの、って、手を振りあげそうになった」

恵真さんはわたしに背中を向けていて、その顔は分からない。

「あの瞬間だけなら、いい。ちゃんと乗り越《こ》えられたから。でも、④怖《こわ》いんだ。これから何度も……きっと何度もそういう衝動《しょうどう》が来る。そのとき、あたしはママに手をあげずにいられるかな。越えちゃわないかな」

「恵真さんなら、大丈夫だよ」

半分は、本心だ。わたしよりもやさしい恵真さんなら、何度衝動に襲《おそ》われても耐《た》えきれるだろう。ただその繰り返しは、恵真さんの心を激しく疲弊《ひへい》させていくに違《ちが》いない。母に暴力衝動を覚えたというこの一度で、すでに彼女の心は傷ついている。

「ママ、こういうことを想定してたんだろうな」

恵真さんが言う。あの手紙、覚えてる？ 私を衰退《すいたい》していく者として不平等に扱《あつか》うことも、私の人格を損《そこ》ねるものでしかありません、っていうくだり。あのときは、そんなことするわけないじゃんと思ったけど、きっとこういうことを言ってたんだ。病気に負けて、ママをママとして見られなくなるときが来るってこと、分かってたんだ。

「そう、かもしれないね」

わたしもこれから、母に対してそういう衝動を覚えることもあるだろう。治るならまだしも、悪化の一途《いっと》しかないのだ。病を恨《うら》み、理不《りふ》尽《じん》に向き合い、自分の矮小《わいしょう》さ〔小ささ〕を知ることもあるだろう。そのときわたしも「しんどい」と苦しむはずだ。

自分自身が、⑤離《はな》れたがっている母を縛《しば》っているくせに、なんて身勝手なのだろう。

（中略）

「ママは、たくさんのひとに愛されてる。前、千鶴さんにそう言ったとき、すっごく驚《おどろ》いてたでしょう」

「ああ、うん。それはいまでも、⑥ハンシンハンギ。だって、どこから見てもごく普通《ふつう》のおばさんだもの。服が派手なくらいで」

言うと、恵真さんがくすりと笑った。

「ママはさ、家政婦やってたって言ってたでしょ。相手はひとり暮らし

2023年度 明治大学付属中野八王子中学校

【国　語】〈A方式第一回試験〉（五〇分）〈満点：一〇〇点〉

〈注意〉字数には、句読点《くとうてん》も記号も一字として数えます。

一　次の文章を読んで、あとの各問いに答えなさい。なお、文中の言葉の下の〔　〕の中はその言葉の意味とする。

【幼少の頃《ころ》、母（聖子《せいこ》）に捨てられたわたし（千鶴《ちづる》）は、あることをきっかけに母をママと慕《した》う恵真《えま》からさそわれ、一緒《いっしょ》に暮らすことになったがそのとき母は認知症《にんちしょう》になっていた。】

結城《ゆうき》さんが隣《となり》に座る母を見る。母は黙々《もくもく》と食事をしている。母の食事は、わたしたちと同じものだけれど、食材を刻んだりとろみをつけたりというひと①テマが加えられている。あれから自発的に食事してくれるようにはなったものの、咀嚼《そしゃく》〔食べ物を口の中でかみくだくこと〕や嚥下《えんげ》〔飲みこむこと〕がうまくいかずに噎《む》せるようになった。だから、卵とわかめのスープも、水溶《と》き片栗粉《かたくりこ》を入れてとろとろにしているし、箸《はし》ではなくスプーンにしている。

「あ、ママ。わりと食べてくれてるじゃん。よかったー。美味《おい》しい？」

「スープ、味が足りない」

母がぼそりと呟《つぶや》き、どきりとした。

「そうかな。俺《おれ》は、美味《うま》いと思うけど。あ、聖子さんこっち向いて」

唇《くちびる》の端《はし》にエビチリの赤い餡《あん》がついていたのを、結城さんがティッシュで拭《ぬぐ》った。それに対しての反応はない。されるがままだった母が、ふいに恵真さんに向かって「グループホーム〔認知症高齢者がスタッフと共同で生活する場所〕は空いた？」と言った。

「空いたの？」

恵真さんからわたしに視線を向けてくる。その目には、敵意のようなものがあった。

「まだだよ。ママが希望しているとこは、満床《まんしょう》！」

恵真さんがぴしりと言うと、母は「ほんとうに？」と睨《にら》みつけてくる。恵真さんが頷《うなず》き、わたしも頷いた。嘘《うそ》はついていない。一時的な入所なら受け入れ可能な施設《しせつ》もあるようだけれど、恵真さんから絶対に母に伝えるな、ときつく言われているだけだ。

母は、あれ以来ずっとグループホームに入りたがっている。子どもが我儘《わがまま》を言うように大きな声で「いれて！」と騒《さわ》ぐこともあるし、デイサービスから帰りたがらないこともある。デイサービス先では、ともちろんや他のスタッフに「ずっとここにいさせてよ」とせがんでいるのだと聞いた。

母がスプーンを恵真さんに投げつけた。金属のスプーンは恵真さんの額にぶつかり、恵真さんが短く悲鳴を上げた。

「いた！　何するの！」

「あんたたちが私に②いじわるしてるからでしょぉ！」

「してないよ。するわけないじゃない」

「してる。してる！」

母が大きな声を出す。結城さんが、母を落ち着かせようと背中を何度も撫《な》でた。しかしそれも、母を落ち着かせはしない。私はホームに行きたいのに！　行きたいのに！　とひたすら叫《さけ》ぶ。その声に、額を赤くした恵真さんが泣きそうな顔をする。

「どうしてよ。いいじゃん、ここにいてよ。あたしたちの傍《そば》にいてよ」

2023年度
明治大学付属中野八王子中学校 ▶解説と解答

算　数　＜Ａ方式第１回試験＞（50分）＜満点：100点＞

解　答

1 (1) 2　(2) $\frac{5}{6}$　(3) 11.5　(4) 8　2 (1) 1500kL　(2) 時速48km　(3) 21人　(4) 120g　(5) 72.96cm^2　(6) 36cm^3　3 (1) 14通り　(2) 384g　(3) 4.5cm　(4) $43\frac{1}{3}\text{cm}^2$　(5) 621.72cm^3　4 (1) 9時13分20秒　(2) 4320m　5 (1) 56.52cm^3　(2) 78.5cm^3

解　説

1 四則計算，計算のくふう，逆算

(1) $52.4-0.3\times7\div\left(\frac{7}{15}-0.425\right)=52.4-2.1\div\left(\frac{7}{15}-\frac{17}{40}\right)=52.4-2.1\div\left(\frac{56}{120}-\frac{51}{120}\right)=52.4-2.1\div\frac{5}{120}=52.4-2.1\div\frac{1}{24}=52.4-2.1\times24=52.4-50.4=2$

(2) $\left(1-\frac{1}{11}\div\frac{1}{3}\right)\times\left(\frac{5}{12}+0.5\right)+0.125+\frac{1}{3}\div4\times\frac{1}{2}=\left(1-\frac{1}{11}\times\frac{3}{1}\right)\times\left(\frac{5}{12}+\frac{1}{2}\right)+\frac{1}{8}+\frac{1}{3}\times\frac{1}{4}\times\frac{1}{2}=\left(1-\frac{3}{11}\right)\times\left(\frac{5}{12}+\frac{6}{12}\right)+\frac{1}{8}+\frac{1}{24}=\left(\frac{11}{11}-\frac{3}{11}\right)\times\frac{11}{12}+\frac{1}{8}+\frac{1}{24}=\frac{8}{11}\times\frac{11}{12}+\frac{1}{8}+\frac{1}{24}=\frac{2}{3}+\frac{1}{8}+\frac{1}{24}=\frac{16}{24}+\frac{3}{24}+\frac{1}{24}=\frac{20}{24}=\frac{5}{6}$

(3) $A\times B+A\times C=A\times(B+C)$となることを利用すると，$2.3\times2.4+47\times0.23-5.2\times2.3+23\times0.31=2.3\times2.4+47\times0.1\times2.3-5.2\times2.3+2.3\times10\times0.31=2.3\times2.4+4.7\times2.3-5.2\times2.3+2.3\times3.1=2.3\times(2.4+4.7-5.2+3.1)=2.3\times5=11.5$

(4) $1\frac{1}{6}\div\left\{\frac{7}{12}-\frac{1}{2}\times(5+\square)\div39\right\}=2\frac{4}{5}$より，$\frac{7}{12}-\frac{1}{2}\times(5+\square)\div39=1\frac{1}{6}\div2\frac{4}{5}=\frac{7}{6}\div\frac{14}{5}=\frac{7}{6}\times\frac{5}{14}=\frac{5}{12}$，$\frac{1}{2}\times(5+\square)\div39=\frac{7}{12}-\frac{5}{12}=\frac{2}{12}=\frac{1}{6}$，$\frac{1}{2}\times(5+\square)=\frac{1}{6}\times39=\frac{13}{2}$，$5+\square=\frac{13}{2}\div\frac{1}{2}=\frac{13}{2}\times\frac{2}{1}=13$　よって，$\square=13-5=8$

2 体積，単位の計算，速さ，平均とのべ，消去算，面積，展開図，体積

(1) 30分間は１時間の半分だから，30分間の降水量は１時間の降水量の半分の，$3\div2=1.5$(mm)となる。よって，底面積が1km^2，高さが1.5mmの直方体の体積を求めればよい。ここで，1km^2は１辺の長さが1kmの正方形の面積であり，1km＝1000m＝100000cmなので，$1\text{km}^2=1\text{km}\times1\text{km}=100000\text{cm}\times100000\text{cm}=10000000000\text{cm}^2$となる。また，1.5mm＝0.15cmだから，この直方体の体積は，$10000000000\times0.15=1500000000(\text{cm}^3)$と求められる。さらに，$1\text{L}=1000\text{cm}^3$，1kL＝1000Lなので，$1500000000\text{cm}^3=1500000\text{L}=1500\text{kL}$となる。

(2) 往復の平均の速さは，(往復の道のり)÷(往復にかかった時間)で求められる。往復の道のりは，$120\times2=240$(km)である。また，行きにかかった時間は，$120\div40=3$(時間)，帰りにかかった時間は，$120\div60=2$(時間)だから，往復にかかった時間は，$3+2=5$(時間)とわかる。よって，往復の平均の速さは時速，$240\div5=48$(km)となる。

(3)　女子の人数を□人として図に表すと，右の図１のようになる。図１で，ア：イ＝(78－75)：(80－78)＝３：２なので，14：□＝$\frac{1}{3}$：$\frac{1}{2}$＝２：３となる。よって，□＝14×$\frac{3}{2}$＝21(人)と求められる。

図１

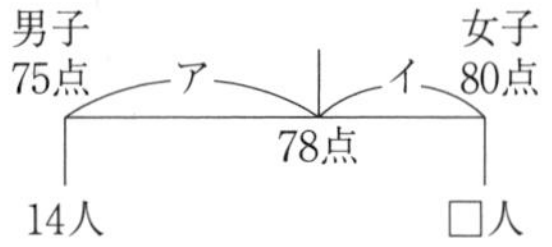

(4)　お皿の重さは同じだから，ももを12個乗せたときの重さと，ももを９個乗せたときの重さの差が，もも，12－９＝３(個)の重さになる。よって，もも３個の重さは，1200－930＝270(g)なので，もも１個の重さは，270÷３＝90(g)とわかる。すると，もも９個の重さは，90×９＝810(g)だから，お皿の重さは，930－810＝120(g)と求められる。

(5)　下の図２で，円の面積は，８×８×3.14＝200.96(cm^2)である。また，正方形の対角線の長さは，８×２＝16(cm)なので，正方形の面積は，16×16÷２＝128(cm^2)とわかる。よって，斜線《しゃせん》部分の面積は，200.96－128＝72.96(cm^2)と求められる。

図２

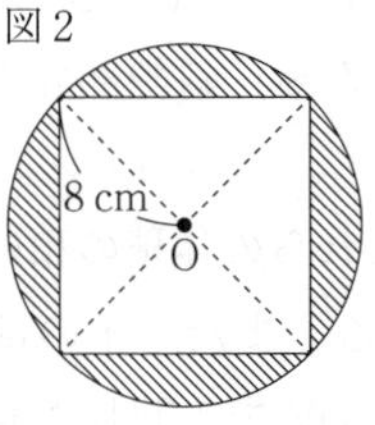

図３

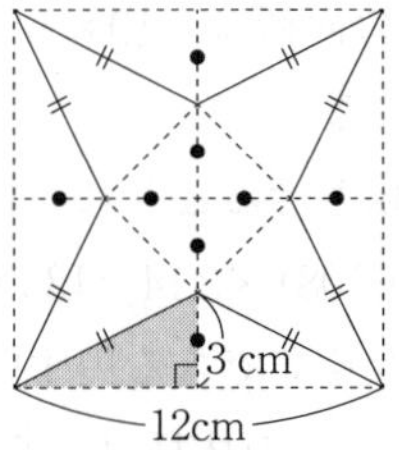

図４

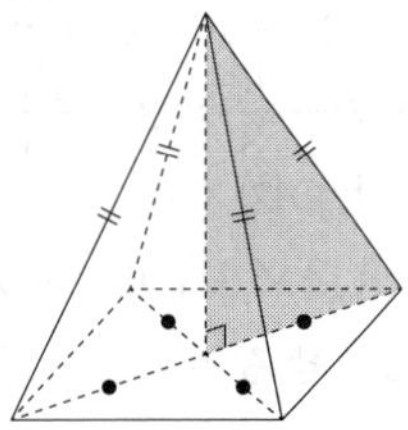

(6)　上の図３で，●印をつけた部分の長さはすべて３cmになる。また，図３の図形を組み立てると，上の図４のような四角すいになる。この四角すいの底面は対角線の長さが，３×２＝６(cm)の正方形だから，底面積は，６×６÷２＝18(cm^2)となる。また，図３と図４のかげをつけた直角三角形は合同なので，四角すいの高さは，12÷２＝６(cm)とわかる。よって，この四角すいの体積は，18×６÷３＝36(cm^3)と求められる。

$\boxed{3}$ 場合の数，濃度《のうど》，長さ，面積，体積

(1)　異なる３個の数字の和が６になる組み合わせは，(1，２，3)，(0，１，5)，(0，２，4)の３通りある。これらを並べて３桁《けた》の整数をつくると，０を含《ふく》まない場合は，３×２×１＝６(通り)の整数ができる。また，０を含む場合は，百の位には０を除いた２通りの数字を使うことになるから，２×２×１＝４(通り)の整数ができる。よって，全部で，６＋４×２＝14(通り)とわかる。

(2)　食塩または水を加えた後の食塩水の重さを$\boxed{100}$とすると，食塩を加えた食塩水には$\boxed{18.5}$の食塩が含まれていて，水を加えた食塩水には$\boxed{14.5}$の食塩が含まれている。この差の，$\boxed{18.5}$－$\boxed{14.5}$＝$\boxed{4}$が16gにあたるので，$\boxed{1}$にあたる重さは，16÷４＝４(g)とわかる。よって，食塩または水を加えた後の食塩水の重さは，４×100＝400(g)だから，はじめの食塩水の重さは，400－16＝384(g)と求められる。

(3)　下の図１で，三角形EDCと三角形EDC′は合同なので，角CEDと角C′EDの大きさは等しい。また，ABとEDは平行だから，角CABと角CEDの大きさも等しい。よって，●をつけた角の大きさはすべて等しくなる。また，三角形EAFで，角EAF＋角AFE＝角FECという関係があるので，角AFEも●になることがわかる。したがって，三角形EAFは二等辺三角形だから，EFの長さは4.5cmである。

(4)　下の図２で，斜線部分の面積は，長方形AEFDと三角形GBCの面積の和から，三角形GHI

図１

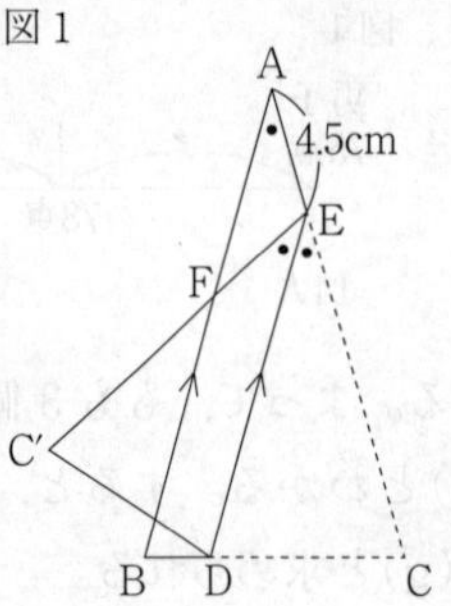

図２

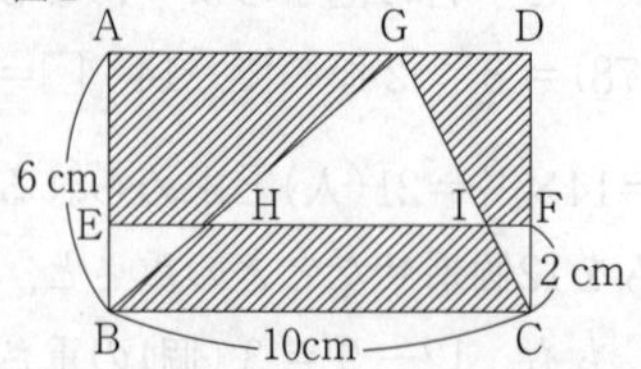

図３

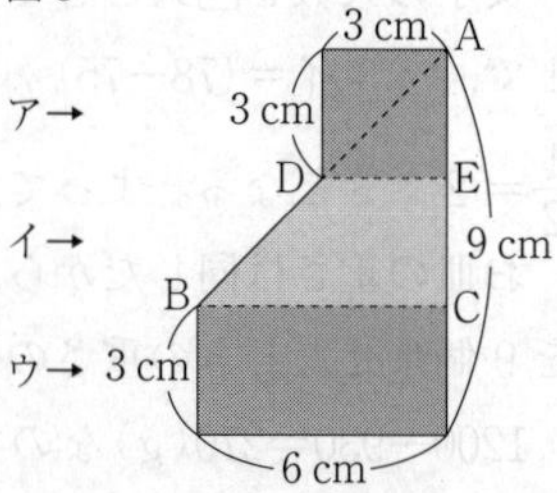

の面積２個分をひいて求めることができる。はじめに，三角形GBCと三角形GHIは相似であり，相似比は，AB：AE＝６：（６－２）＝３：２なので，HI＝10×$\frac{2}{3}$＝$\frac{20}{3}$(cm)とわかる。よって，三角形GHIの面積は，$\frac{20}{3}$×（６－２）÷２＝$\frac{40}{3}$(cm^2)と求められる。また，長方形AEFDの面積は，（６－２）×10＝40(cm^2)，三角形GBCの面積は，10×６÷２＝30(cm^2)だから，斜線部分の面積は，40＋30－$\frac{40}{3}$×２＝$\frac{130}{3}$＝43$\frac{1}{3}$(cm^2)となる。

(5)　上の図３で，ア，ウの部分を１回転させるとそれぞれ円柱になり，これらの体積の和は，３×３×3.14×３＋６×６×3.14×３＝(27＋108)×3.14＝135×3.14(cm^3)となる。また，イの部分を１回転させると，三角形ABCを１回転させてできる円すいから，三角形ADEを１回転させてできる円すいを切り取った形の立体になる。その体積は，６×６×3.14×（９－３）÷３－３×３×3.14×３÷３＝(72－９)×3.14＝63×3.14(cm^3)なので，図３の図形を１回転してできる立体の体積は，135×3.14＋63×3.14＝(135＋63)×3.14＝198×3.14＝621.72(cm^3)と求められる。

4　旅人算

(1)　８kmは8000mだから，バスと由美さんの進行のようすをグラフに表すと，右のようになる。バスの速さは毎分，8000÷16$\frac{40}{60}$＝480(m)なので，アの部分ではバスと由美さんの間の距離《きょり》は１分間に，480＋120＝600(m)の割合で縮まる。よって，１回目に出会うのは出発してから，8000÷600＝$\frac{40}{3}$＝13$\frac{1}{3}$(分後)と求められる。60×$\frac{1}{3}$＝20(秒)より，これは13分20秒後とわかるから，その時刻は９時13分20秒である。

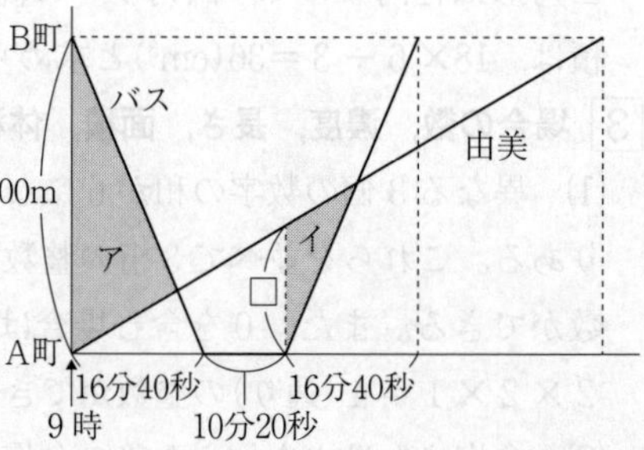

(2)　バスがＡ町を出発するのは，Ｂ町を出発してから，16分40秒＋10分20秒＝27分後であり，その間に由美さんが進む距離(□の距離)は，120×27＝3240(m)である。また，イの部分ではバスと由美さんの間の距離は１分間に，480－120＝360(m)の割合で縮まるので，イの部分の時間は，3240÷360＝９(分)と求められる。よって，由美さんがバスにはじめて追いこされるのはＡ町から，480×９＝4320(m)の地点である。

5　立体図形—体積

(1)　直線 l を●，長方形BFGCを太線で表すと，真上から見たようすは下の図１のようになる。長方形BFGCが通過するのは図１のかげをつけた部分であり，斜線部分を図のように移動すると，かげをつけた部分は半径が５cmの四分円から半径が４cmの四分円を除いた部分になる。よって，かげをつけた部分の面積は，５×５×3.14×$\frac{1}{4}$－４×４×3.14×$\frac{1}{4}$＝(25－16)×3.14×$\frac{1}{4}$＝$\frac{9}{4}$×3.14

(cm²)だから，この立体の体積は，$\frac{9}{4}\times3.14\times8=18\times3.14=56.52$(cm³)とわかる。

図１

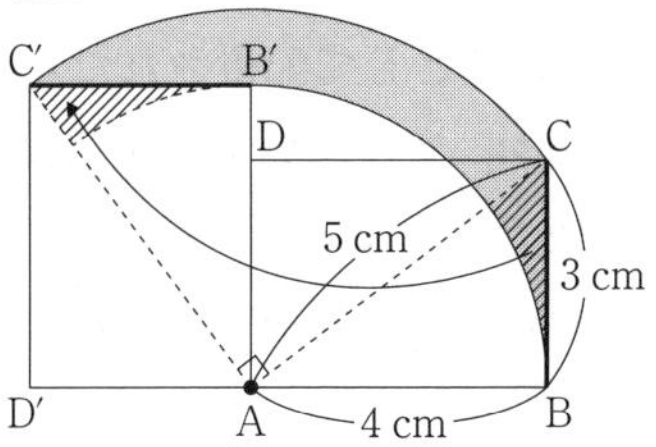

図２

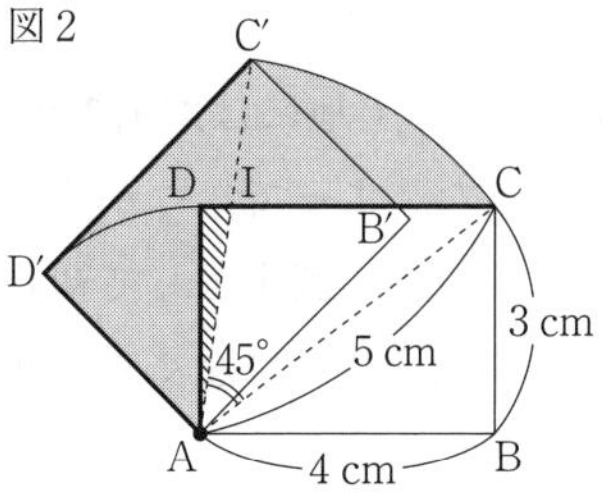

(2)　真上から見ると，２つの長方形が通過するのは上の図２のかげをつけた部分になる。図２で，三角形AC′D′と三角形ACDは合同なので，両方から斜線部分を取り除くと，五角形ADIC′D′と三角形ACIの面積は等しくなる。よって，かげをつけた部分の面積はおうぎ形ACC′の面積と等しくなるから，$5\times5\times3.14\times\frac{45}{360}=\frac{25}{8}\times3.14$(cm²)と求められる。したがって，この立体の体積は，$\frac{25}{8}\times3.14\times8=25\times3.14=78.5$(cm³)とわかる。

社　会　＜Ａ方式第１回試験＞（30分）＜満点：50点＞

解　答

1　**問１**　西南戦争(西南の役)　**問２**　③→①→②→④　**問３**　ア　**問４**　ウ　**問５**　エ　**問６**　イ　**問７**　エ　**問８**　ア　**問９**　イ　**問10**　ウ　**2**　**問１**　吉野ケ里，②　**問２**　白川郷，⑤　**問３**　黒部(黒四)，③　**問４**　石見(大森)銀山，⑥　**問５**　天童，④　**問６**　今治，①　**問７**　①，⑥　**問８**　エ　**問９**　オ，銚子(港)　**問10**　(例)　(農林漁業者が)農畜産物・水産物の生産だけでなく，食品加工や流通・販売にも取り組み，(生産物の価格を上げようとすること。)　**3**　**問１**　オ　**問２**　50　**問３**　違憲(立法)審査(権)　**問４**　エ　**問５**　安全保障　**問６**　ウ　**問７**　エ

解　説

1　**戦争の歴史についての問題**

問１　西南戦争(西南の役)は，1877年に鹿児島県の不平士族が西郷隆盛を推《お》し立てて起こした反乱である。反乱軍は徴兵令によって組織された政府軍に敗れ，西郷隆盛も自殺した。西南戦争は士族の反乱の中で最も規模が大きく，国内最後の内戦となった。

問２　①の源平合戦は1180～85年(平安時代)，②の承久の乱は1221年(鎌倉時代)，③の壬申の乱は672年(飛鳥時代)，④の応仁の乱は1467～77年(室町時代)に起こった戦いである。よって，年代の古いものから順に並べ替《か》えると，③→①→②→④となる。

問３　源平合戦とは，源頼朝の挙兵(1180年)から壇ノ浦で平氏が滅亡《めつぼう》する(1185年)までの間に起こった源氏と平氏による一連の戦いをいい，発生時期は平安時代の末期にあたる。アは平安時代後半，イは安土桃山時代，ウは飛鳥時代，エは奈良時代の文化の特徴《とくちょう》について述べているので，アが最も近い。なお，奥州で1124年に中尊寺金色堂を建てたのは，奥州藤原氏初代の藤原清衡《きよひら》である。

問４　承久の乱は，後鳥羽上皇が政治の実権を鎌倉幕府から朝廷に取り戻《もど》そうとして起こした反乱

である。鎌倉幕府を開いた源頼朝の妻で，頼朝亡《な》き後「尼《あま》将軍」とよばれた北条政子が，頼朝の御恩を御家人に説いて団結させ，幕府軍が朝廷軍を破った。結果，後鳥羽上皇は隠岐《おき》(島根県)に流され，西国の没収《ぼっしゅう》された土地には東国の御家人が地頭として配置されたため幕府の勢力は西国にまでおよぶようになった。よって，ウが正しい。なお，アについて，平清盛は平治の乱(1159年)で後白河天皇を支え，1167年に武士として初めて太政大臣となった。イは源平合戦の一部だが，平氏を都落ちさせたのは「義経」ではなく「義仲」である。エは鎌倉幕府の滅亡(1333年)について述べている。

問５　壬申の乱は，大海人《おおあま》皇子(天智天皇の弟)と大友皇子(天智天皇の子)が，天智天皇の死後，皇位継承《けいしょう》をめぐって争った戦いである。結果，勝利した大海人皇子が都を大津から飛鳥に遷都《せんと》し，天武天皇として即位した。よって，エが正しい。なお，ウは天智天皇がまだ皇太子の立場(中大兄皇子)で政治を行っていたころに起こった白村江の戦い(663年)について説明している。

問６　ア　1428年に起こった正長の徳政一揆は，近江(滋賀県)の馬借が徳政(借金の帳消し)を求めて起こした日本で最初の一揆である。将軍の交代を求めたものではないので，正しくない。　イ　室町時代に起きた一揆の説明として正しい。　ウ　一揆とは，農民や武士などが何かの目的のために団結したり行動したりすることで領主や大名に反抗することなので，正しくない。　エ　山城の国一揆では，山城(京都府南部)の国人や農民が守護大名の畠山《はたけやま》氏を国外に追い出し，自治を行った。したがって，正しくない。

問７　ア　1274年の文永の役と1281年の弘安の役の２度の元軍の襲来を元寇という。　イ　かな文字や和歌などが生まれた国風文化が平安時代に栄えるきっかけとなったのは，894年の遣唐使の廃止《はいし》なので，正しくない。　ウ　日本に軍を送ったのは元(中国)の皇帝・フビライ＝ハン。チンギス＝ハンはモンゴル帝国を築いた人物で，フビライ＝ハンの祖父である。　エ　元寇では御家人らの働きによって元軍を撃退することができたが，国土を守る戦争であったため幕府は新たな領地を得ることができず，御家人らは幕府から十分な恩賞をもらえなかった。そのため，御家人たちの生活はさらに苦しくなり，幕府に不満を持つようになった。したがって，正しい。

問８　アの台湾は日清戦争(1894～95年)後に結ばれた下関条約，イの遼東半島とウの満州(中国東北部)は1932年の満州国の建国(名目上は独立国だが，事実上は日本のかいらい政権)，エの朝鮮半島は1910年の韓国併合《へいごう》によって日本が植民地支配を進めた。よって，アが最も早い。なお，遼東半島も下関条約で日本に譲渡《じょうと》されることになったが，ロシア・ドイツ・フランスによる三国干渉を受けて清(中国)に返還《へんかん》したので，ふさわしくない。

問９　二十一カ条の要求は，第一次世界大戦中の1915年に中華民国(中国)に日本が突《つ》きつけたものなので，イが正しくない。

問10　日本が東南アジアに進出すると，アメリカは日本への石油の輸出を禁止した。よって，ウが正しい。なお，北京郊外で発生したのは盧溝橋《ろこうきょう》事件(1937年)であり，これが日中戦争のきっかけとなったので，アは正しくない。柳条湖《りゅうじょうこ》事件(1931年)は満州事変のきっかけとなった南満州鉄道の爆破《ばくは》事件である。イについて，日本・ドイツ・イタリアが結んだ三国軍事同盟は，連合国に対抗するために結ばれたもので，朝鮮半島の統治権を守るために結ばれたものではないので，正しくない。エについて，太平洋戦争(1941～45年)のきっかけとなった真珠湾攻撃は，東条英機内閣の時に行われた。したがって，正しくない。なお，近衛文麿《このえふみまろ》内閣は日中戦争が始まった時の内閣である。

2 **都道府県の特色についての問題**

問１　有明海・のりの養殖・有田(焼)などから，読み札Ⓐは佐賀県(地図②)について説明しているとわかる。佐賀県は弥生時代としては最大級の環濠《かんごう》集落跡《あと》である吉野ケ里遺跡があることで知られ，吉野ケ里遺跡は外敵を防ぐために集落の周りに濠《ほり》や柵《さく》をめぐらし，物見やぐらも備えていた。

問２　合掌《がっしょう》造り・関ヶ原の戦いなどから，読み札Ⓑは岐阜県(地図⑤)について説明しているとわかる。白川郷《ごう》の合掌造り集落は五箇山《ごかやま》(富山県)とともに，ユネスコ(国連教育科学文化機関)の世界文化遺産に登録されている。なお，鵜飼《うかい》は長良川で伝統的に行われているアユなどをとる漁法。

問３　チューリップの産地であることから読み札Ⓒは富山県(地図③)と推測できる。黒部(黒四)ダムは富山県を流れる黒部川上流に建設された，国内最大のアーチ式ダムとして知られる。

問４　宍道《しんじ》湖があることから読み札Ⓓは島根県(地図⑥)について説明しているとわかる。石見《いわみ》(大森)銀山は，戦国時代後期から江戸時代にかけて良質の銀を大量に産出した日本最大級の銀山であり，ユネスコの世界文化遺産に登録されている。

問５　「はえぬき」は山形県のオリジナルのブランド米であることから，読み札Ⓔは山形県(地図④)と推測できる。山形県の庄内平野は水田単作がさかんで，山形県の米の生産量は全国で４番目に多い。また，天童市は伝統的工芸品に指定されている将棋駒の産地として知られ，山形県の将棋駒の生産量は日本一多い。統計資料は『日本国勢図会』2022/23年版による(以下同じ)。

問６　別子《べっし》銅山は愛媛県新居浜《にいはま》市南東に位置する銅山で，江戸時代から昭和時代にかけて銅が採掘《さいくつ》された。また，道後温泉は松山市にある温泉で，夏目漱石の小説『坊っちゃん』の舞台《ぶたい》として知られるので，読み札Ⓕは愛媛県(地図①)について説明しているとわかる。今治《いまばり》市は生産量日本一のタオルの産地として知られ，ゆるキャラの「バリィさん」も今治タオルのはらまきをしている。

問７　①～⑥の県のうち県名と県庁所在地名が異なるのは，愛媛県(県庁所在地は松山市)と島根県(県庁所在地は松江市)の２つである。

問８　地図はそれぞれ，１位が茨城県，２位が宮崎県，３位が高知県である。よって，ピーマンがあてはまる。茨城県では季節に合わせた露地栽培《ろじさいばい》でピーマンを生産するが，宮崎県や高知県ではビニルハウスなどの施設を使って収穫《しゅうかく》や出荷の時期を他地域とずらす促成栽培がさかんである。

問９　アは境港(鳥取県)，イは焼津港(静岡県)，ウは釧路港(北海道)，エは石巻《いしのまき》港(宮城県)，オは銚子港(千葉県)の位置を示している。このうち最も水揚《あ》げ量が多いのはオの銚子港で，以下，釧路港・焼津港・境港・石巻港の順になっている。

問10　６次産業化とは，１次産業(農林水産業)の従事者が，生産物を加工する２次産業(製造業・建設業)と３次産業(商業・サービス業)にもかかわることをいう。たとえば，みかんを生産している農家がみかんを出荷するほか，生果として出荷できないみかんをジャムやジュースに加工してインターネットや道の駅などを通じて販売《はんばい》するといったことである。６次産業化は農林水産業にたずさわる人々の収入の安定化や地域の活性化などにつながると考えられている。

3 **2022年の政治・経済のできごとを題材にした問題**

問１　民法の改正によって2022年４月から，成人年齢《ねんれい》が満20歳《さい》から満18歳に引き下げられた。これにより，ア～エのすべてのことが満18歳からできることになった。ただし，飲酒・喫煙《きつえん》や競馬などの公営ギャンブルができるのは，これまで通り満20歳からである。

問２　沖縄が日本に返還《へんかん》されたのは1972年の佐藤栄作内閣の時なので，2022年は沖縄の本土復帰50

年にあたる。

問３　すべての裁判所は，国会が制定した法律や内閣が定める政令・命令・行政処分，地方公共団体の条例・行政処分などについて，具体的な裁判を通して憲法に違反《いはん》していないかどうかを審査する違憲（立法，法令）審査権を持っている。ただし，最終的に違憲か合憲かを決定する権限は最高裁判所が持っているため，最高裁判所は「憲法の番人」とよばれる。

問４　国際連合での採決は多数決を原則とするが，安全保障理事会の採決の一部で常任理事国に拒否権が認められるなど，異なる場合がある。よって，エが正しくない。

問５　安全保障理事会は世界の平和と安全を守るためにつくられた国際連合の中心機関で，常任理事国５か国と総会で選出される非常任理事国10か国の計15か国から構成される。常任理事国であるアメリカ・ロシア・イギリス・フランス・中国には採決を無効にする拒否権が認められているため，通常の採決には常任理事国をふくむ９か国以上の賛成が必要であるが，常任理事国が１か国でも反対すると採決できない（五大国一致《いっち》の原則）。

問６　北大西洋条約機構（NATO）は第二次世界大戦後の1949年に発足した北アメリカとヨーロッパ地域の国々の軍事同盟なので，日本は加盟していない。よって，ウが正しくない。冷戦後は旧東側諸国も加わり，北大西洋条約機構の加盟国数は増加している。

問７　2023年５月，広島市でサミット（主要国首脳会議）が開催《かいさい》される。よって，原爆ドームの写真であるエがあてはまる。なお，アは東京都（浅草寺と東京スカイツリー），イは長崎市（平和祈念《きねん》像），ウは大阪市（通天閣）の写真である。

理　科　＜Ａ方式第１回試験＞（30分）＜満点：50点＞

解　答

1 (1) ●…二酸化炭素　○…酸素　(2) □…オ　■…エ　(3) **器官Ｂ**…ウ　**器官Ｄ**…ア　(4) ① イ，エ　② え　2 (1) 線状降水帯　(2) ア　(3) イ　(4) ア，ウ，オ　3 (1) エ　(2) ア　(3) ウ　(4) 熱（が銅板に吸収され，温度が）発火点（より低くなるため）　(5) ウ　4 (1) 水，1.6ｇ　(2) ① 食塩水，$7.5cm^3$　② ウ　(3) エ　5 (1) ３秒後　(2) 16.5秒間　(3) 172秒間　6 (1) エ　(2) イ，ウ　(3) エ　(4) イ

解　説

1 ヒトの器官と物質の移動についての問題

(1)　肺動脈を通ってきた血液中の二酸化炭素は肺に放出され，肺から血液中に酸素が取り込《こ》まれる。よって，肺を通過後に減少している物質●は二酸化炭素，増加している物質○は酸素を表している。

(2)　□はタンパク質や▲（アミノ酸）が体内で分解されたとき生じる，人体に有害な物質だからアンモニアである。アンモニアはかん臓で無害な物質■（尿素《にょうそ》）に変えられる。

(3)　(2)より，器官Ｂは尿素をこしとっているからじん臓である。じん臓はウのようにソラマメのような形をしていて，腰《こし》の背中側に１対（２個）ある。また，器官Ｄはかん臓で，アのような形をしている。なお，イは肺，エは胃を表している。

(4)　①　血管ア，血管オは全身から心臓にもどる血液が流れる血管で大静脈，血管イは心臓から肺に向かう血液が流れる血管で肺動脈，血管ウは心臓から全身に送り出される血液が流れる血管で大動脈，血管エは肺から心臓にもどる血液が流れる血管で肺静脈である。したがって，肺と心臓を直接結んでいる血管は血管イと血管エとなる。　②　大静脈からａの右心房《ぼう》に入った血液はｂの右心室に送られるので，ここには血液の逆流を防ぐために下向きに弁がついている。また，ｄの左心室からは全身に血液が送り出されるから，血液の逆流を防ぐためにここでは上向きに弁がついている。

2　線状降水帯についての問題

(1)　一直線上に連なった雨雲が成長し，同じ場所で次々と雨雲が発生して強い雨が長く続くことがある。このような雨域を線状降水帯という。

(2)　東シナ海で大量の水蒸気をふくんだ暖かくて湿《しめ》った風が山に沿って上昇《じょうしょう》し，雨雲がつくられる。

(3)　図のように垂直方向に発達した雲は積乱雲で，雲が厚くなるため強い雨を降らせることが多い。

(4)　線状降水帯が発生しやすい条件としては，暖かく湿った風が入り，その空気が上昇しやすい地形にぶつかること，積乱雲が発生しやすい不安定な大気の状況《じょうきょう》にあること，雨雲を流す一定の向きの風がふいていることなどがあげられる。

3　ろうそくの燃え方についての問題

(1)　Ｂの部分を内えんといい，内えんではろうそくが燃えるための空気が不足しているため，不完全燃焼によって炭素の粒《つぶ》ができている。この炭素の粒が熱せられて光を放つため，内えんが最も明るい。

(2)　Ａの部分を外えんといい，完全燃焼しているため，Ａの部分にガラス管を差し込んでも煙《けむり》は出ない。また，Ｂの内えんはすすができているので，ガラス管を差し込むと黒い煙が出る。Ｃの部分をえん心といい，燃える前のろうの気体があり，ガラス管を差し込むと，ろうの気体がガラス管で冷やされて小さなろうの液体や固体の粒になり，白い煙が出る。

(3)　えん心に差し込んだガラス管の先にマッチの火を近づけると，ガラス管の先から出たろうが燃え続ける。

(4)　ものが燃え続けるためには，燃えるものがあること，新しい空気があること，発火点以上の温度になることの３つが必要である。切れ込みをいれた銅板をろうそくにのせると，熱が銅板に吸収されて，燃えているところの温度が発火点より低くなる。このため炎《ほのお》が消えたと考えられる。

(5)　宇宙ステーションの中は無重力状態で，あたためられた空気が上に移動しないから，炎のまわりに空気の流れができない。そのため，炎は長くのびず，ウのように丸くなる。

4　浮力《ふりょく》についての問題

(1)　液体中の物体は，物体がおしのけた液体の重さだけ，液体から上向きの力を受ける。この上向きの力を浮力という。水と食塩水とでは，１cm^{3}の重さは水の方が食塩水より小さいので，物体がすべて沈《しず》んだときの浮力が小さくなる。したがって，ばねばかりが示す値は，金属を水に沈めたときの方が食塩水に沈めたときより大きい。金属の体積は，２×２×２＝８(cm^3)，１cm^{3}の重さが６ｇだから，金属の重さは，６×８＝48(ｇ)となる。また，１cm^{3}の重さは，水が１ｇ，食塩水が1.2ｇなので，金属を水と食塩水に沈めたときのばねばかりの示す値の差は，(48－１×８)－(48－

1.2×８)＝1.6(g)となる。

⑵ ① 物体が液体に浮《う》いているとき，物体の重さと物体にはたらく浮力の大きさは等しく，氷にはたらく浮力は，水に浮かべたときと食塩水に浮かべたときで等しい。氷の重さは，0.9×50＝45(g)だから，水の場合，液面の下の氷の体積は，45÷１＝45(cm^3)より，液面の上に出ている氷の体積は，50－45＝５(cm^3)となる。一方，食塩水の場合，液面の下の氷の体積は，45÷1.2＝37.5(cm^3)より，液面の上に出ている氷の体積は，50－37.5＝12.5(cm^3)となる。よって，液面の上に出ている氷の体積は，食塩水に浮かべたときの方が水に浮かべたときより，12.5－５＝7.5(cm^3)大きい。　② この氷がすべてとけたときの水の体積は，45÷１＝45(cm^3)となり，食塩水の液面の下の氷の体積は①より37.5cm^3だから，氷がすべてとけたとき，液面の高さは高くなる。

⑶ 同じ体積で比べたときの重さは，水＞氷＞灯油となる。したがって，水と灯油を容器に入れて，氷を加えると，エのように，下から順に水，氷，灯油になる。

5 音の速さについての問題

⑴ 音の速さは毎秒340mなので，音がAC間を伝わるのにかかる時間を求めればよく，(340＋680)÷340＝３(秒後)となる。

⑵ 地点Ａで救急車が鳴らしたサイレンの音が地点Ｄで聞こえるのは，340÷340＝1(秒後)で，地点Ｂで救急車が鳴らしたサイレンの音が地点Ｄで聞こえるのは，170÷340＝0.5(秒後)である。救急車が地点Ａから地点Ｂまで移動するのにかかる時間は，340÷20＝17(秒)なので，地点Ｄでサイレンが聞こえた時間は，17＋0.5－１＝16.5(秒間)である。

⑶ 地点Ａで救急車が鳴らしたサイレンの音が地点Ｃで聞こえるのは，⑴より３秒後である。また，地点Ｂでサイレンの音が聞こえるのは，340÷340＝１(秒後)である。明夫君が地点Ｃから地点Ｂまで移動するのにかかる時間は，680÷４＝170(秒)だから，救急車がサイレンを鳴らし続けた時間は，３＋170－１＝172(秒間)と求められる。

6 地球温暖化についての問題

⑴ 二酸化炭素などの温室効果ガスには，熱(赤外線)を吸収しやすい性質がある。このため，地表から宇宙空間へ放出される赤外線を温室効果ガスが吸収し，その一部が再び地球にもどされることで地表面の温度が上昇する。

⑵ 植物は光合成によって大気中の二酸化炭素を吸収している。よって，森林が伐採《ばっさい》されて森林が減ると，植物に吸収される二酸化炭素の量も減り，大気中の二酸化炭素濃度《のうど》が上昇する。また，化石燃料を燃焼させると二酸化炭素が発生するので，化石燃料の消費量が増えると，二酸化炭素濃度が上昇する。

⑶ 北半球は南半球よりも陸地の面積が大きいため，陸上植物も多い。夏にはこれらの植物の光合成のはたらきがさかんになり，光合成による二酸化炭素の吸収量も増加する。このため，大気中の二酸化炭素濃度が減少する。

⑷ 南極にはほとんど植物が生息していないため，光合成による二酸化炭素の増減は北半球よりも小さくなる。そのため，グラフの振幅《しんぷく》は北半球の平均のものより小さくなる。

国　語　＜Ａ方式第１回試験＞（50分）＜満点：100点＞

解　答

□一 **問１**　エ　**問２**　暴力衝動を覚えた（こと。）　**問３**　**ア**　理不尽　**イ**　人格を損ねる　**問４**　**ア**　制御（理解）　**イ**　相手を傷つける（ひとを傷つける）　**問５**　ア　**問６**　イ　**問７**　捨てる　**問８**　精一杯の誠意　**問９**　**ア**　誰かのせい　**イ**　身勝手でひ　**問10**　ウ　**問11**　①，⑥，⑨，⑪　下記を参照のこと。　⑧　いえもと　□二 **問１**　集団生活　**問２**　能力主義　**問３**　**ア**　同じ目標　**イ**　一人勝ち　**問４**　背景や利害　**問５**　上手に他人　**問６**　一つの生命体のようなもの　**問７**　あらかじめ　**問８**　イ　**問９**　家庭環境の　**問10**　ア　**問11**　下記を参照のこと。

●漢字の書き取り

□一 **問11**　①　手間　⑥　半信半疑　⑨　難題　⑪　罪悪感　□二 **問11**　②　装置　④　活気　⑤　一丸　⑩　試行　⑭　改善

解　説

□一 **出典は町田《まちだ》そのこの『星を掬《すく》う』による。**認知症《にんちしょう》の母と，母を「ママ」と慕《した》う恵真《えま》と暮らす千《ち》鶴《づる》は，認知症で変わっていく母の姿を見ながら，それでもそばにいてほしいと思う自分の我儘《わがまま》さをふり返る。

問１　前の部分では，千鶴の母が「グループホームに入りたがっている」一方で，千鶴と恵真は施《し》設《せつ》に空きがないので入れないと母に伝えていることが書かれている。母は，何度お願いしてもグループホームに入れてくれないことを二人の「いじわる」ととらえていることが想像できるので，エがよい。

問２　「しんどい」はつらいということ。続く部分で恵真は，スプーンを投げつけてきた千鶴の母を思わず「叩《たた》こうとしてしまった」こと，これからもそのような「衝動《しょうどう》」に襲《おそ》われたときに手をあげずにいる自信がないことを打ち明けている。それを聞いた千鶴は，母に「暴力衝動を覚えた」ことで恵真の心は「傷ついている」と感じている。

問３　**ア**　続く部分で千鶴は，これから母の病気が悪化していく中で，自分も病気の「理不尽《りふじん》」に向き合い，暴力衝動を覚えて「しんどい」と思う日が来るだろうと考えている。「理不尽」は，物事の筋が通らない，理にかなわないこと。　**イ**　続く部分では，かつて千鶴の母が，自分を病気で「衰退《すいたい》していく者」として扱《あつか》うことは自分の「人格を損ねる」と主張していたことを恵真が話している。

問４　**ア**　認知症である母が「離《はな》れたがっている」ということにつながる説明を探して読み進めていくと，ぼう線⑨をふくむ恵真の発言に，認知症によっていろんな「制御《せいぎょ》」ができなくなっていくひとに対して，母は寄り添《そ》いたいが無理に近づこうとするなと話したとある。また，そのすぐ後に，母の発言として，誰《だれ》かを「理解」できると考えることはえらそうな態度だという考えも書かれている。母は，認知症によって自分を「制御」も「理解」もできなくなることがわかっていたのである。　**イ**　アでみた部分の直後，母の発言の続きで，「相手を傷つける」歩み寄りは迷惑《めいわく》でしかないし，自分を傷つけないと近づけない相手なら「離れる」こと，とあり，その関係を「棘《とげ》を逆立てたハリネズミ」にたとえている。だから，母は自分がハリネズミのような存在になる前に離れたいと考えているといえる。また，ぼう線⑫に続く部分の千鶴の考えの中で，「ひとを傷つける」という同じ意味の表現もある。

問５　ぼう線⑦の直後で，母はいらいらすると「喧嘩《けんか》する」し「すごい無茶」もすると書かれているので，「どんなときでも冷静な態度」とあるアは正しくない。なお，その後のエピソードから，母は必要だと思ったら「すごい無茶」をし，相手のために「がむしゃらになれる」ひとだとわかる。また，恵真が，母が「出会えたからには」相手を「大事にしたい」と語っていたことを話している。

問６　問４でもみたように，直前の部分には，「棘を逆立てたハリネズミ」は，寄り添った人を刺《さ》して傷つけると同時に，ハリネズミ自身も「刺したくないものを刺し」たことに「苦しむ」，という母の言葉が書かれている。これは，病気になった母が，そばにいようとする千鶴や恵真を傷つけると同時に，母自身も二人を傷つけた事実に苦しむことのたとえだと考えられるので，イがふさわしい。

問７　すぐ前の部分で，以前母から「ホームに入る」と言われた千鶴が，「二度も」自分を「捨てる」なんて「許さない」，と言って母を責めたことが書かれている。当時の千鶴は，母が自分から離れることは，自分を捨てることだと感じていたことがわかる。

問８　問７でみたように，かつて母から「ホームに入る」と言われた千鶴は，母の「精一杯《せいいっぱい》の誠意」に応えることができず，自分を「捨てる」なんて「我儘」は「許さない」，と母を傷つける言葉を言って泣かせている。このことをふまえ，千鶴は自分のことを「瘡蓋《かさぶた》を自ら剥《は》いで」は「痛いと叫《さけ》」んでいる，と表現していると考えられる。

問９　**ア**　ぼう線⑪の前の部分で千鶴は，恵真が自分の「受けた痛み」を決して「誰かのせい」にしないところを，恵真の「うつくしさ」だと考えている。　**イ**　ぼう線⑫に続く部分で千鶴は，恵真と異なり，自分は誠実な母にもひどいことを言うなど，いつも「身勝手でひとを傷つける言葉」ばかり口に出している，と反省している。

問10　千鶴の母はグループホームに入ることを希望しているが，千鶴は母の意思に逆らってでも「もう少し一緒《いっしょ》にいたい」と思っており，そのことを「離れたがっている母を縛《しば》っている」と自覚している。よって，ウがふさわしい。なお，千鶴の母が家政婦時代にとった行動は，「余命宣告されたおばあちゃん」の願いをかなえるためだったので，アは正しくない。恵真が千鶴の母に暴力衝動を覚えたのは，睡眠不足《すいみんぶそく》ではなく，病気による母の変化が受け入れられないことが原因なので，イは合わない。千鶴が恵真に「お姉ちゃん」と言われて「どきり」としたのは，「こそばゆい告白」に対する「照れ」からなので，エはふさわしくない。

問11　①　何かをするためにかかる時間や労力。　⑥　信じる気持ちと疑う心を同時に持つこと。　⑨　簡単には解決できない課題。　⑪　やましさや後ろめたさ。　⑧　伝統芸能の流派を代々受けついでいる家系。

二　**出典は宮武久佳《みやたけひさよし》の『自分を変えたい―殻《から》を破るためのヒント』による。**筆者は，学校教育と会社の仕事を対比させながら，チームでの協力や失敗についての両者の考え方の違《ちが》いを論じている。

問１　読み進めていくと，ぼう線⑥の前の段落で筆者は，学校は「集団生活」を学ぶところだが，「第一義的には子どもに学力をつけさせる」場所で，「集団生活や社会性を身に付けさせる」という役割は「副次的に捉《とら》えられている」，つまり第二の意味合いになっていると述べている。

問２　ぼう線③の後，会社についての説明が続く。本来の会社はチームでの成果を目指すが，最近では個人の仕事を「数値化」してその成果を重視する「能力主義」が幅《はば》をきかせている企業《きぎょう》もある，と述べられている。

問３　**ア**　問２でみた会社の説明の部分で，会社や役所，店では，チームを作って「同じ目標」のもとに仕事をするとある。　　**イ**　同じ部分で，特定の従業員だけが「一人勝ち」することを良しとする仕組みは会社にはないと書かれている。

問４　読み進めていくと，ぼう線⑨の次の段落に，「実社会に出ると」失敗が避《さ》けられない理由として，「背景や利害が異なる人間を相手にする」必要があり，それが複雑で，最も良い解決のしかたが分からない場面が多いからだと説明されている。

問５　二，三段落後で，会社では問題が毎日降って来るので，毎日テストがあるようなものだという状況《じょうきょう》が述べられている。仕事の問題を解決するためには，同僚《どうりょう》や家族，友人に尋《たず》ねても「カンニング」にならず，むしろ「上手に他人の頭脳に依存《いぞん》できる人」が優秀《ゆうしゅう》な社会人とみなされるのである。

問６　会社の仕事は「チームとして取り組む」ものであり，「一人の従業員が全部の責任を取る」ことはないという性質について，筆者はぼう線⑤をふくむ段落で，「一つの生命体のようなもの」だと説明している。

問７　前の部分では，学校や家庭において，教師や親は子どもに「あらかじめ失敗を避ける」ことを教えたがっており，昔のように「失敗させる」ことで学ばせる教育ではなくなったことが書かれている。

問８　前後の部分で筆者は，学校では授業で一部の生徒がついて来られなくても先生が次の内容に進むことを指摘《してき》したうえで，会社では一人の失敗が「職場で共有され，次の仕事に活《い》かさ」れると述べている。一部の生徒がつまずいた部分を教室全体で共有して失敗から学び，生徒の「全員を理解させる」ような授業をするべきだと主張していることがわかるので，イがよい。なお，「あらかじめ失敗を避ける」ように教えることを筆者は批判《ひはん》しているので，アは正しくない。失敗した生徒を厳しくしかるかどうかについて筆者は論じていないので，ウはふさわしくない。続く部分で筆者は，学校では「一人ひとりの子ども」が自分で「失敗に対処」しなければならない現状を指摘しているので，エは合わない。

問９　成績については文章の最初の部分で述べられている。ぼう線②をふくむ段落で，子どもの学校の成績には「家庭環境《かんきょう》の差がもたらす努力の量や質の差」が反映されることが書かれている。

問10　問５でみた，会社での「要領のよい人」について説明されている部分に，会社は学校と異なり，「出入り自由の状態」で「最良の答えを探《さぐ》る」場だと書かれているので，アが選べる。なお，本文の四つ目の段落で，家庭環境が異なるのに学校では「同じ土俵」で成績を比べるという「ひずみ」を見抜《みぬ》いているのは「子ども」だと述べられているので，イはふさわしくない。ぼう線⑧の次の段落で，筆者は，「考えさせること」よりも知識を「伝授する」ことが教師の「使命」だと主張しているので，ウは合わない。ぼう線⑨の前の部分に，会社では一人の失敗をチームでカバーするので失敗を怖《おそ》れる必要はないとあるが，同じ失敗を何度しても会社自体が信用を失うことはないとは書かれていないので，エは正しくない。

問11　②　ある目的を果たすためにつくられた機械や仕組み。　　④　いきいきとした雰囲気《ふんいき》。

⑤　一つのチームとして団結するさま。　⑩　「試行錯誤《しこうさくご》」は，挑戦《ちょうせん》と失敗をくり返しながら修正していくこと。　⑭　現状よりも良い状態にすること。

2023年度 明治大学付属中野八王子中学校

【算　数】〈**A方式第２回試験**〉（50分）〈満点：100点〉

1　$\square$ にあてはまる数を求めなさい。

(1)　$4\frac{1}{3}\times1.625-3.75+\frac{1}{16}\div0.25+\left(4\frac{3}{4}-2.5\right)\times0.5=\square$

(2)　$4-\left(\frac{4}{7}\div0.7+11.6\times\frac{5}{49}\right)-2.5\times0.72=\square$

(3)　$969\times\left(\frac{7}{45}-\frac{1}{17}\right)+969\times\left(\frac{4}{45}-\frac{1}{19}\right)+969\times\left(\frac{5}{17}-\frac{11}{45}\right)=\square$

(4)　$3\frac{2}{5}-4\div\left(\square+\frac{3}{8}\right)\times\frac{9}{16}=2\frac{1}{5}$

2　次の問いに答えなさい。

(1)　10haあたり45tの収かくがある水田で8100tの収かくがありました。この水田の面積は30万分の１の地図では何cm^2ですか。

(2)　兄は７時に家を出て毎分70mの速さで学校に向かいました。弟はその14分後に自転車で毎時21kmの速さで学校に向かいました。弟が兄に追いつくのは７時何分何秒ですか。ただし，兄が学校に着く前に，弟は兄に追いつきます。

(3)　あるクラスで，１人に20個ずつあめを配ると７個足りません。１人に16個ずつ配ると17個余ります。あめの個数を求めなさい。

(4)　プールを借りて練習会を開きます。１人あたりの参加費は昼食代と使用料の合計で，使用料はプールの貸切料を参加人数で均等《きんとう》に割ったものです。１人あたりの参加費は30人の参加で760円，50人の参加で688円です。プールの貸切料は何円ですか。

(5)　下の図１のような円すいの展開図をかいたとき，側面を表すおうぎ形の中心角の大きさは何度ですか。

図１

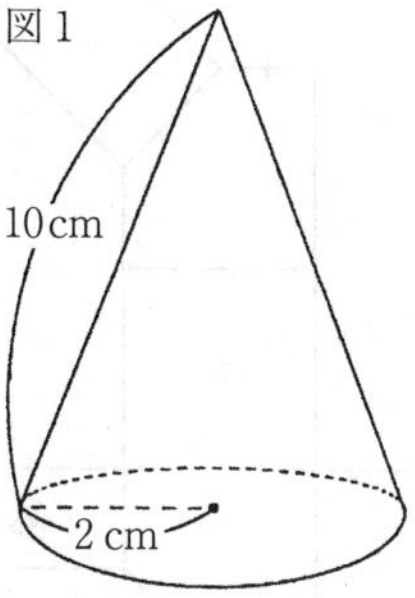

図２

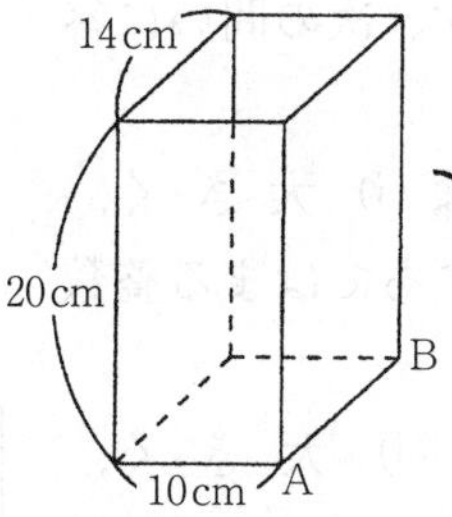

(6)　上の図２のような直方体の容器に水が満たされています。ABを軸として矢印の向きに45度傾《かたむ》けたとき，こぼれた水の量は何Lですか。

3　次の問いに答えなさい。

⑴　赤・黒・青・緑の４色のボールが１個ずつあります。これらのボールをAとBの２つの箱に入れます。このとき，入れ方は何通りありますか。ただし，ボールを入れる順番は考えないものとし，AとBの箱には必ず１個以上のボールを入れるものとします。

⑵　□％の食塩水が80ｇあります。これと５％の食塩水を120ｇ混ぜたところ，９％の食塩水になりました。□にあてはまる数はいくつですか。

⑶　下の図１は，長方形ABCDを頂点Cが頂点Aに重なるように折ったものです。AB＝３cm，BC＝４cm，AC＝５cmのとき，PQの長さを求めなさい。

⑷　下の図２は，点Oを中心とする半径６cmの半円です。斜線部分の面積を求めなさい。ただし，円周率は3.14とします。

図１

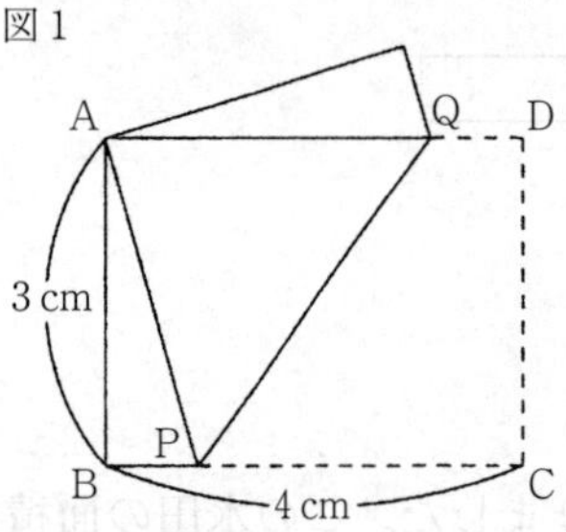

図２

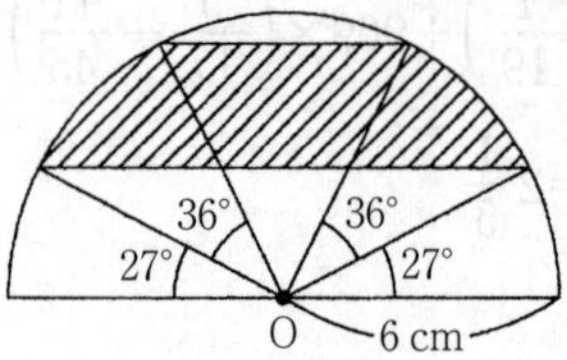

図３

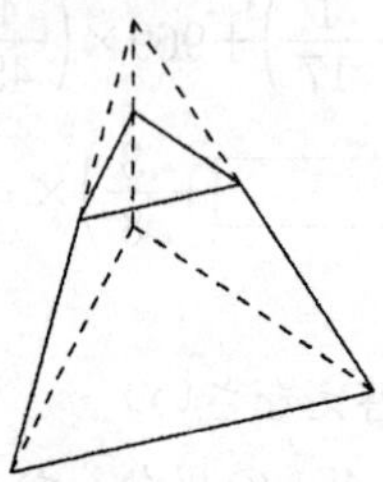

⑸　上の図３は，同じ大きさの４個の正三角形でつくった三角すいを底面に平行な平面で切ってできた立体です。切り口の面積と底面の面積の比は２：５です。この立体の表面積が176cm²のとき，切り口の面積は何cm²ですか。

4　ある中高一貫校の学校説明会に参加した受験生の人数を調査したところ，今年度は昨年度に比べ中学生の参加者は10％減少し，小学生の参加者は２割増加して，合計で1596人になりました。また，今年度の小学生の参加者は今年度の中学生の参加者よりも84人多かったことがわかりました。次の問いに答えなさい。

⑴　昨年度の小学生の参加者は何人でしたか。

⑵　今年度の参加者は昨年度の参加者よりも何人増加しましたか。

5　右の図は，ある立体の展開図です。面㋐は面積が８cm²の正方形で，面㋑は辺の長さの比が１：２の長方形です。次の問いに答えなさい。

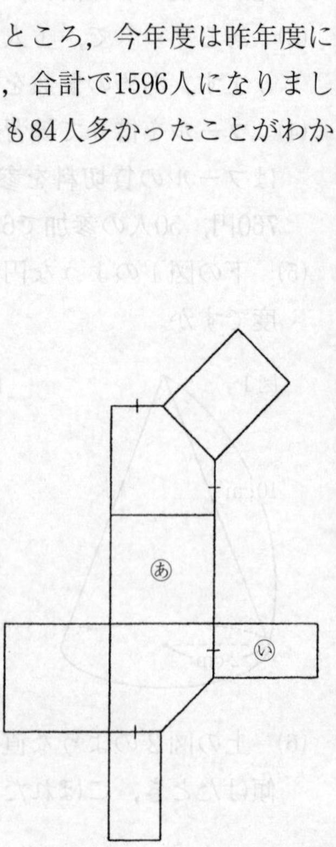

⑴　この立体の表面積は，□cm²より大きく，(□＋1)cm²より小さくなります。□にあてはまる整数を求めなさい。

⑵　この立体の体積は，□cm³より大きく，(□＋1)cm³より小さくなります。□にあてはまる整数を求めなさい。

【社　会】〈Ａ方式第２回試験〉（30分）〈満点：50点〉

1　次の各時代における外交上の動きをまとめた表を見て，各設問に答えなさい。

今から170年前，アメリカのペリー提督が浦賀に来航しました。日本への開国要求によっていわゆる鎖国体制が終わりを迎《むか》え，日本は明治維新と呼ばれる近代的な改革を進めながら，欧《おう》米《べい》諸国との関係を深めていきました。しかし，今から90年前，日本は軍部の台頭により国際連盟を脱退《だったい》しました。その後，第二次世界大戦による敗戦は，民主化への大きな転換点《てんかんてん》となりました。日本人は古くから多くの国々の影響《えいきょう》を受けながら，それぞれの時代を生き抜《ぬ》いてきたといえるでしょう。

時代	出来事
弥生	①卑弥呼が中国に使いを送り，中国の皇帝から金印をさずけられた。
古墳	朝鮮半島や中国からやってきた渡来人がすぐれた技術や文化を日本に伝えた。
飛鳥	②聖徳太子が小野妹子らを隋に派遣《はけん》した。 犬上御田鍬らが遣唐使として唐に派遣された。 白村江の戦いで新羅・唐の連合軍に敗れた。
奈良	③鑑真が来日して戒律を説き，日本の仏教の発展に力を尽《つ》くした。
平安	［　④　］の提言をきっかけに遣唐使が停止されたことが，⑤国風文化の発展に影響をあたえた。
鎌倉	元が２度にわたって九州北部に攻《せ》めてきた。
室町	足利義満が明に朝貢する形で貿易を始めた。 ⑥ポルトガル人によって鉄砲が伝来した。
安土桃山	豊臣秀吉は明の征服《せいふく》を計画し，朝鮮にその協力を求めた。
江戸	徳川家光のもとで鎖国体制が完成した。 ⑦ラクスマンが根室に来航し，通商を要求した。 日米和親条約が締結《ていけつ》された。
明治	岩倉使節団がヨーロッパやアメリカに派遣された。 ⑧不平等条約改正の交渉《こうしょう》が進んだ。 日清戦争が起こった。
大正	第一次世界大戦が始まった。
昭和	［　⑨　］ 日中国交正常化が実現した。
平成	日朝首脳会談によって平壌宣言が発表された。 中国が最大の貿易相手国となった。

問１　下線部①の内容について書かれている史料と，その内容の組み合わせとして正しいものを，下の中から１つ選んで記号で答えなさい。

※史料は原文を現在の言葉に変えています。

［史料］　Ⅰ 『魏志』倭人伝　　Ⅱ 『後漢書』東夷伝　　Ⅲ 『漢書』地理志

[内容]　A　楽浪郡の海のむこうには，倭人が住んでいて，100あまりの国々に分かれている。そして中国の王朝へ定期的にみつぎ物をもってあいさつに来ている。

B　倭国は，もともと男子を王としていた。70～80年たって，国は乱れ，何年にもわたって戦乱が続いた。そこで１人の女子を立てて王とした。

C　建武中元２年に，倭の奴の国が中国の王朝へみつぎ物をもってあいさつに来た。…[中略]…光武帝は，奴国王の位を認め，その証《あかし》として金印をあたえた。

ア　Ⅰ―A　　イ　Ⅰ―B　　ウ　Ⅰ―C
エ　Ⅱ―A　　オ　Ⅱ―B　　カ　Ⅱ―C
キ　Ⅲ―A　　ク　Ⅲ―B　　ケ　Ⅲ―C

問２　下線部②について，聖徳太子がおこなったことについての説明として**誤っているもの**を，次の中から１つ選んで記号で答えなさい。

ア　十七条憲法を制定し，役人の心構えを定めた。
イ　推古天皇の時代に，蘇我馬子と協力して政治をおこなった。
ウ　家がらにとらわれず，才能や功績で役人を登用した冠位十二階の制度を定めた。
エ　６年ごとに戸籍をつくり，６歳《さい》以上の男女に口分田をあたえ，その土地から税を集めた。

問３　下線部③について，この時代に起こった出来事として**誤っているもの**を，次の中から１つ選んで記号で答えなさい。

ア　行基は広く民衆に仏教を説き，また東大寺の大仏造営にも協力した。
イ　全国に国分寺，国分尼寺の建立の詔が出された。
ウ　墾田永年私財法が制定され，開墾した土地の期限のない私有が認められた。
エ　藤原道長・頼通親子により，摂関政治が全盛期を迎えた。

問４　④ に入る人物のフルネームを，**漢字**で答えなさい。

問５　下線部⑤について，国風文化に関係する建築物を，次の中から１つ選んで記号で答えなさい。

ア

イ

ウ

エ

問6　下線部⑥について，この文章に関連する内容として正しいものを，次の中から1つ選んで記号で答えなさい。

ア　鎖国体制のもとでもポルトガルとは出島の商館で貿易がおこなわれ，幕府は風説書により海外の情報を手に入れた。

イ　鉄砲が日本に伝わった後，ポルトガル出身のフランシスコ＝ザビエルが鹿児島に来航し，南蛮寺を建てた。

ウ　桶狭間の戦いで織田信長は徳川家康と結び，足軽鉄砲隊を用いて武田勝頼を破った。

エ　南蛮貿易で日本はポルトガルから中国産の生糸などを多く購入《こうにゅう》した結果，日本からは銀が大量に流出した。

問7　下線部⑦について，次の鎖国体制中の外国との関わりについて述べた文A～Cを，年代の古いものから順番に並べ替《か》えたものを，下の中から1つ選んで記号で答えなさい。

A　ロシア使節ラクスマンが根室に来航し，救助した漂流《ひょうりゅう》民を送り届けるとともに通商を求めたが，幕府はこれを受け入れなかった。

B　外国船が現れて各地をおびやかす騒《さわ》ぎが多く起こったことから，幕府は外国船を追い払《はら》うことを定めた。

C　漂流民を送り届けようとしたアメリカのモリソン号を幕府が追い払った事件をきっかけに，この政策を批判した渡辺崋山や高野長英らが幕府から弾圧《だんあつ》された。

ア　A→B→C　　イ　A→C→B　　ウ　B→A→C

エ　B→C→A　　オ　C→A→B　　カ　C→B→A

問8　下線部⑧について，次の絵は明治時代に描《えが》かれた風刺《ふうし》画です。不平等条約の改正の要求が強まるきっかけとなった出来事について描かれている作品を，次の中から1つ選んで記号で答えなさい。

ア

イ

ウ

エ

問9　⑨に入る昭和時代の内容として正しいものを，次のページの中から1つ選んで記号で答えなさい。

ア　満州の盧溝橋付近で南満州鉄道の線路を爆破《ばくは》した日本軍は，中国の策略であるとして，中国軍を攻撃《こうげき》した。

イ　日本とロシアとの間で条約が結ばれ，日本は樺太の南半分と満州における鉄道の権利などをゆずり受けた。

ウ　満州に勢力をのばそうとしていたロシアが，ドイツ・フランスとともに日本に対して清に遼東半島を返すように要求し，日本はこの要求を受け入れた。

エ　日本がポツダム宣言を受け入れて降伏《こうふく》すると，アメリカのマッカーサーを中心とした連合国軍最高司令官総司令部(GHQ)が日本を民主化するためのさまざまな改革を進めた。

問10　次の文の出来事が起きた時代を，年表から選んで**漢字**で答えなさい。

イギリスはロシアの南下政策に対抗《たいこう》するために，日本と同盟を結んだ。

2　ある姉弟がいくつかの都道府県の魅力《みりょく》について調べ，ポスターを作成することにしました。二人の会話文を読んで，各設問に答えなさい。

順位	都道府県名	順位	都道府県名	順位	都道府県名
1	（あ）	9	（い）	17	宮崎県
2	京都府	10	長野県	18	熊本県
3	沖縄県	10	石川県	19	広島県
4	（Ａ）	12	千葉県	20	（お）
5	（Ｂ）	13	（う）	21	青森県
6	神奈川県	13	宮城県	22	新潟県
7	福岡県	15	（え）	23	三重県
8	長崎県	16	鹿児島県		

『地域ブランド調査2021』(ブランド総合研究所)より作成

姉「見て見て！　おもしろいものを見つけたの。都道府県魅力度ランキング2021だって。」

弟「アンケートの結果にもとづいてポイントをつけてランク分けしているんだね。上位の都道府県にはどんな特徴《とくちょう》があるのかな？」

姉「13年連続で１位となっている(あ)や，２位の京都府，３位の沖縄県はいずれもレジャーや観光で人気のある場所というイメージがあるね。」

弟「(あ)はおいしい海鮮《かいせん》料理が食べられるのも魅力だね。①日本最大の汽水湖があってホタテやカキを養殖しているよ。」

姉「②４位から７位にかけては人口500万人以上の都道府県が並んでいるね。」

弟「(い)が９位にランクインしているのは納得《なっとく》だな。私も筆の生産で知られるこの県の県庁所在地に遊びに行ったことがあるけど，③南の方角に見えた山地は三重県・和歌山県にもまたがるほど大きくて驚《おどろ》いちゃった。古くから霊場《れいじょう》として信仰《しんこう》されていて，世界文化遺産にも登録されているんだよ！」

姉「13位の(う)にある明石市には④日本の標準時刻を定める子午線が通っているね。明石焼きという出汁《だし》で食べるたこ焼きのようなものがあるんだよ。」

弟「15位の(え)には⑤茶の栽培に適した台地があって，2021年度の生産量は全国１位だね。その他みかんやいちごなどの生産でも知られているよ。」

姉「20位の(お)はもっと上位なのかと思ったから意外！　⑥トヨタ自動車の本社工場があって，自動車製造のさかんなこの工業地帯は日本の製造業の中心地ってイメージだな。」

弟「22位の⑦新潟県では湯沢町のスキー場が，23位の⑧三重県では伊勢神宮が，⑨国外からの観光客にも人気の高いスポットになっているね。」

姉「こうやって見てみると日本には魅力的な場所がたくさんあるんだな～。」

弟「たしかに。でも一方でこうしたランキングは，⑩下位になることで特定の都道府県のイメージを悪化させてしまうのではないかという批判もあるね。」

姉「そっか，じゃあ私が作るポスターには上位の都道府県だけを載《の》せることにする！　でも何より，調べることによって気付く，新たな地域の魅力にも目を向けてほしいな！」

問１　表中の(あ)に入る都道府県として正しいものを，下の【語群】の中から１つ選んで記号で答えなさい。また下線部①について，この湖の名前を答えなさい。両方できて正解とします。

問２　表中の(い)に入る都道府県として正しいものを，下の【語群】の中から１つ選んで記号で答えなさい。また下線部③について，この山地の名前を答えなさい。両方できて正解とします。

問３　表中の(う)に入る都道府県として正しいものを，下の【語群】の中から１つ選んで記号で答えなさい。また下線部④について，日本の標準時子午線の経度を解答欄に合わせて答えなさい。両方できて正解とします。

問４　表中の(え)に入る都道府県として正しいものを，下の【語群】の中から１つ選んで記号で答えなさい。また下線部⑤について，この台地の名前を答えなさい。両方できて正解とします。

問５　表中の(お)に入る都道府県として正しいものを，下の【語群】の中から１つ選んで記号で答えなさい。また下線部⑥について，この工業地帯の名前を答えなさい。両方できて正解とします。

【語群】

ア　兵庫県　　イ　山形県　　ウ　北海道　　エ　岐阜県　　オ　山口県

カ　奈良県　　キ　愛知県　　ク　滋賀県　　ケ　静岡県　　コ　山梨県

問６　下線部②について，表中の(Ａ)・(Ｂ)に入る都道府県として正しいものを，次の表も参考にして，下の中から１つ選んで記号で答えなさい。

【産業別出荷額の全国順位】

印刷・印刷関連業		金属工業		繊維工業		農業産出額	
(Ａ)	1位	(Ｂ)	2位	(Ｂ)	2位	福岡県	16位
(Ｂ)	3位	神奈川県	8位	福岡県	22位	神奈川県	37位
福岡県	6位	福岡県	9位	(Ａ)	23位	(Ｂ)	46位
神奈川県	7位	(Ａ)	26位	神奈川県	29位	(Ａ)	47位

※金属工業は「鉄鋼業・非鉄金属製造業・金属製品製造業」出荷額の合算

経済産業省『工業統計表』・農林水産省『生産農業所得統計』(ともに2020年)より作成

ア　Ａ－東京都　Ｂ－埼玉県　　イ　Ａ－埼玉県　Ｂ－東京都

ウ　Ａ－大阪府　Ｂ－埼玉県　　エ　Ａ－埼玉県　Ｂ－大阪府

オ　Ａ－東京都　Ｂ－大阪府　　カ　Ａ－大阪府　Ｂ－東京都

問７　下線部⑦・⑧について，次のページのグラフは札幌市・新潟市・松本市・津市・岡山市・那覇市いずれかの雨温図です。新潟市・津市の雨温図として正しいものを，次の中からそれぞれ１つ選んで記号で答えなさい。

ア

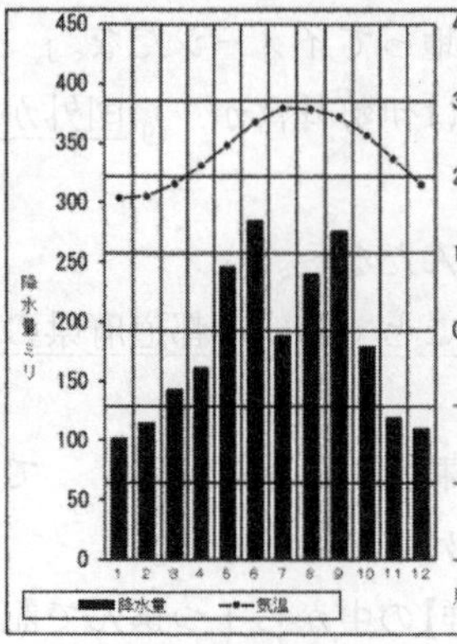

イ

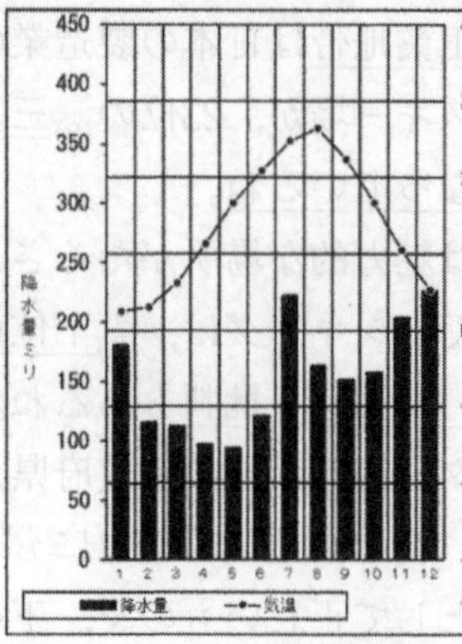

ウ

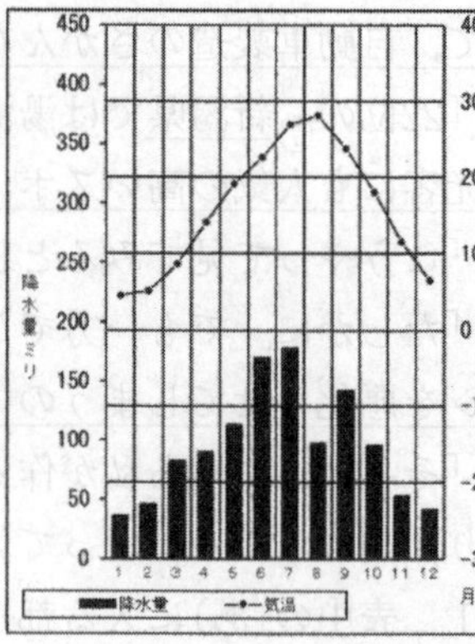

エ

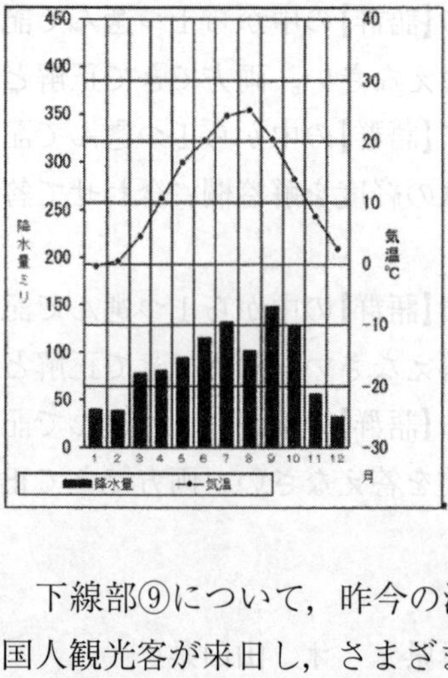

オ

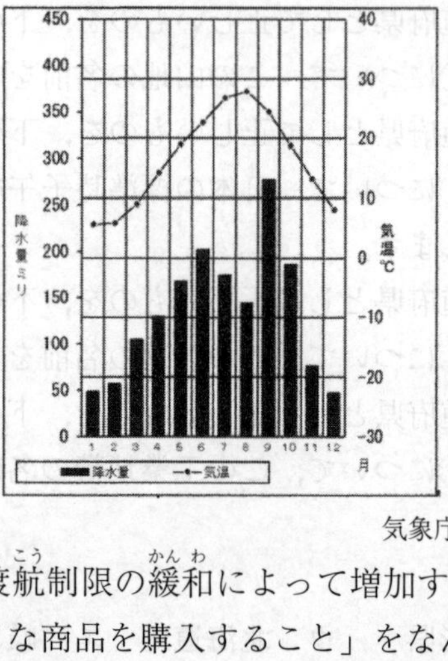

カ

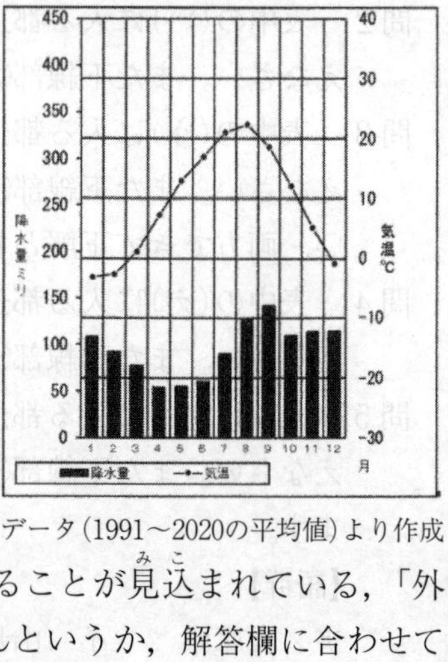

気象庁データ（1991～2020の平均値）より作成

問８　下線部⑨について，昨今の渡航《とこう》制限の緩和《かんわ》によって増加することが見込《みこ》まれている，「外国人観光客が来日し，さまざまな商品を購入すること」をなんというか，解答欄に合わせて**カタカナ６文字**で答えなさい。

問９　下線部⑩について，次の新聞記事を読み，ある都道府県に「魅力がない」というイメージが定着することで生じる「経済的損失」には，どのようなものがあると考えられますか。簡潔に説明しなさい。

群馬県の山本一太知事は12日の記者会見で，民間調査会社が発表した都道府県別の魅力度ランキングにおいて2021年は群馬県の順位が44位と20年から４つ下げたことについてふれ「なぜ下がったのか判然としない」と批判した。「根拠《こんきょ》の不明確なランキングで群馬に魅力がないという誤った認識《にんしき》が広がることは**経済的損失も伴《ともな》うゆゆしき問題**」と語り，法的措置《そち》も含めて今後の対応を検討していると述べた。

［日本経済新聞　令和３年10月12日］

※経済的損失：ある出来事によって，企業《きぎょう》や自治体の収入が減ってしまうような，経済的な悪影響のこと。

3　次の文章を読んで，各設問に答えなさい。

2022年７月10日に①参議院議員選挙がおこなわれました。８月３日には②国会が開かれ，開会式において参議院の議場で天皇が「本日，第209回国会の開会式に臨み，参議院議員通常選挙による新議員を迎え，全国民を代表する皆《みな》さんと一堂に会することは，私の深く喜びとするところであります。ここに，国会が，(　　あ　　)として，当面する③内外の諸問題に対処するに当たり，その使命を十分に果たし，国民の信託《しんたく》に応えることを切に希望します。」と述べられました。

問１　下線部①について，参議院議員選挙に関連する内容として正しいものを，次の中から**２つ**選んで記号で答えなさい。

ア　選挙権は，満20歳以上の者にあたえられる。

イ　定員248名全員を選ぶ。

ウ　今回の選挙は，解散に伴う選挙である。

エ　参議院の選挙の方法は，小選挙区比例代表並立制と呼ばれる。

オ　参議院議員の被選挙権は，日本国民で満30歳以上の者にあたえられる。

カ　有権者は，１人で２種類の投票用紙を投じる。

キ　この選挙の際に，最高裁判所裁判官の国民審査もおこなわれた。

ク　７月11日午前に，総務省は投票率が72.05％で確定したと発表した。

問２　下線部②について，この国会の種類として正しいものを，次の中から１つ選んで記号で答えなさい。

ア　特別国会　　イ　緊急集会

ウ　通常国会　　エ　臨時国会

問３　(あ)にあてはまる表現は，日本国憲法第41条から引用したものです。次の条文を参考に(あ)にあてはまる表現を解答欄に合うように答えなさい。

＜日本国憲法第41条＞

国会は，(　　あ　　)であつて，国の唯一の立法機関である。

問４　下線部③に関連する次の文章を読んで，(い)にあてはまる語句として正しいものを，下の中から１つ選んで記号で答えなさい。

林外相[当時]は４月22日午前の閣議で，2022年版外交青書を報告した。ロシアによるウクライナ侵攻《しんこう》について「冷戦後の世界秩序《ちつじょ》を脅《おびや》かす歴史の大転機」と位置付け，「暴挙だ」と非難した。(　い　)については「日本固有の領土であるが，現在ロシアに不法占《せん》拠《きょ》されている」と明記した。

[読売新聞　令和４年４月22日より抜粋]

ア　尖閣諸島　　イ　北方領土

ウ　沖ノ鳥島　　エ　竹島

問５　下線部③に関連する次のページの文章を読んで，円安の影響に関するＡ・Ｂの文章の正誤の組み合わせとして正しいものを，あとの中から１つ選んで記号で答えなさい。

〔編集部注…ここには，「政府，24年ぶり円買い介入」（共同通信　令和4年9月22日付）の記事から抜粋された文章がありましたが，著作権上の都合により掲載できません。〕

A　輸入品の価格が低下して，輸入量が増加する。
B　日本から海外に行く旅行費が安くなるため，日本からの海外旅行者が増える。
　ア　A－正　B－正　　イ　A－正　B－誤
　ウ　A－誤　B－正　　エ　A－誤　B－誤

【理　科】〈A方式第２回試験〉（30分）〈満点：50点〉

1　夏休みの自由研究で，次の①～⑦の昆虫《こんちゅう》のからだのつくりと生態について調べました。それにより，同じ昆虫のなかまでも様々な違《ちが》いがあることがわかりました。その特徴《とくちょう》を下の表にあるように**視点A～C**についてそれぞれグループ分けをしました。下の各問いに答えなさい。

①　**ノコギリクワガタ**	②　**アゲハチョウ**	③　**アブラゼミ**	④　**ハタラキアリ**
⑤　**エンマコオロギ**	⑥　**オニヤンマ**	⑦　**トノサマバッタ**	

表

	グループX	グループY	グループZ
視点A	①②③⑥⑦	⑤	④
視点B	②③	①	④⑤⑥⑦
視点C	①②④	③⑤⑥⑦	なし

(1)　**視点A**と**視点B**のグループ分けの内容は「からだのつくり」です。どのような視点で分けているのか，次の**ア～オ**よりそれぞれ１つずつ選び，記号で答えなさい。

ア　口のかたち　　**イ**　あしの本数

ウ　羽の有無《うむ》とそのはたらき　　**エ**　触角《しょっかく》の有無

オ　背骨の有無

(2)　**視点C**のグループ分けの内容は「育ち方」です。**グループX**の特徴を次の**ア～ウ**より１つ選び，記号で答えなさい。

ア　卵→成虫　　**イ**　卵→幼虫→成虫

ウ　卵→幼虫→さなぎ→成虫

(3)　幼虫は大きくなるために何回も皮をぬぎます。このことを何というか答えなさい。

(4)　**視点C**の**グループX**のような育ち方を何といいますか。漢字４字で答えなさい。また，この育ち方と同じ昆虫を次の**ア～エ**よりすべて選び，記号で答えなさい。

ア　カ　　**イ**　ハエ　　**ウ**　カマキリ　　**エ**　ハチ

(5)　クモのなかまは，上の①～⑦の昆虫とは違ったからだのつくりと生態を持っています。正しく説明しているものを次の**ア～エ**よりすべて選び，記号で答えなさい。

ア　昆虫は頭部・胸部・腹部に分かれているが，クモは頭部・胸腹部に分かれている。

イ　昆虫は６本のあしがあるが，クモは８本である。

ウ　昆虫には触角があるが，クモにはない。

エ　昆虫は卵から幼虫になるが，クモは幼虫にはならない。

2　カーボンニュートラルという言葉を知っていますか。カーボンニュートラルとは，地球温暖化を地球全体で防ぐために，地球上の温室効果ガスの排出量《はいしゅつりょう》と吸収量をプラスマイナスゼロにすることです。多くの国や地域では2050年までに脱炭素《だつたんそ》社会の実現を目指しています。そのために，各国が様々な対策を立てています。温室効果ガスとは，二酸化炭素やメタン，フロンガスなどのことです。火力発電による化石燃料の燃焼《ねんしょう》をはじめ，自動車や航空機の利用など，私たちは日常生活や経済活動で，常に温室効果ガスを排出しています。温室効果ガスが増えると，地球温暖化が進行してしまうため，排出量を削減《さくげん》しなくてはなりません。しかし，排出量を完全にゼロに抑《おさ》えることは，現実的に困難です。そこで，Ⓐ排出せざるを得なかった分について，同じ量を森林が吸収したり，人為的《じんいてき》に除いたりすることで，差し引きを実質的にゼロにすることを目指しています。この考え方が，カーボンニュートラルです。次の各問いに答えなさい。

(1)　右の円グラフは2021年の日本における電源構成を示しています。なお，電源構成とは電気がつくられる方法の割合のことです。

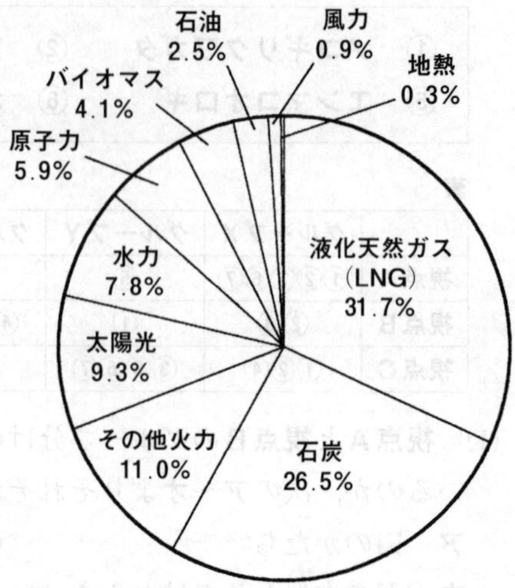

①　このグラフで，バイオマス発電を除き，発電時に温室効果ガスを排出する電源構成は合計何％になるか答えなさい。

②　再生可能エネルギーと呼ばれる電源構成は合計何％になるか答えなさい。

(2)　走るときに温室効果ガスを排出しない自動車を次の**ア**～**エ**よりすべて選び，記号で答えなさい。

ア　ガソリン車　　　**イ**　ディーゼル車
ウ　ハイブリッド車　**エ**　電気自動車

(3)　次世代の自動車の燃料として期待されている物質があります。その物質を次の**ア**～**エ**より１つ選び，記号で答えなさい。

ア　プロパン　　**イ**　ヘリウム　　**ウ**　水素　　**エ**　二酸化炭素

(4)　下線部Ⓐの方法に当てはまるものを次の**ア**～**エ**よりすべて選び，記号で答えなさい。

ア　畜産《ちくさん》の効果をあげるために，熱帯雨林を放牧地として開拓《かいたく》していく。
イ　二酸化炭素を排出した企業《きぎょう》が，廃業《はいぎょう》したゴルフ場を買収し，植林をする。
ウ　工場で排出した二酸化炭素を地中に封《ふう》じ込《こ》める。
エ　電気料金を下げるために，自宅の屋根に太陽光パネルを設置する。

3　空気が膨張《ぼうちょう》すると気温が下がります。雲がない場合には，100ｍ上昇《じょうしょう》するごとに気温が１℃下がり，100ｍ下降するごとに１℃上がります。雲がある場合，100ｍ上昇するごとに気温が0.5℃下がり，100ｍ下降するごとに0.5℃上がります。水蒸気を含《ふく》んだ空気の温度が下がり，水蒸気を含みきれなくなると雲ができます。次の表は気温とⒶ1 m^3 の空気に含むことができる水蒸気の重さとの関係を表したものです。下の各問いに答えなさい。ただし，割り切れない場合は，小数第２位を四捨五入し，小数第１位まで答えなさい。

表

気温[℃]	0	5	10	15	20	25	30	35
下線部Ⓐ[ｇ]	4.85	6.79	9.39	12.8	17.2	23.0	30.3	39.6

(1)　空気は上昇気流によって上空へ押《お》し上《あ》げられると膨張します。なぜ膨張するのか，その理由を簡単に答えなさい。

(2)　下線部Ⓐを何というか答えなさい。

次のページの**図**のように，気温25℃，1 m^3 あたり17.2ｇの水蒸気を含む空気が標高1500ｍの山の斜面《しゃめん》を上昇すると途中《とちゅう》で雲ができました。

図(イメージです)

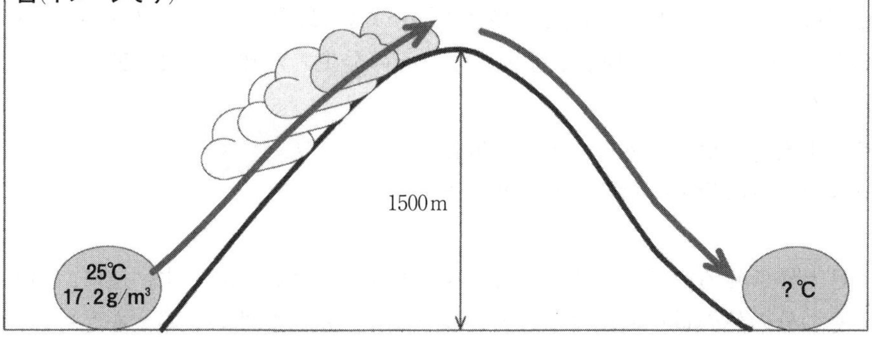

(3)　この空気は20℃を下回ると水蒸気が水滴《すいてき》に変わります。このときの温度を何というか答えなさい。

(4)　この空気が，山を越《こ》えて山の斜面に沿ってふもと(標高０m)まで下降したときの気温は何℃か，また湿度《しつど》は何％かそれぞれ答えなさい。

4　金属のマグネシウムの燃焼について調べるために**【実験１】**～**【実験３】**を行いました。**【実験２】**は危険をともなうため，先生に実験の様子を撮影したものを見せてもらいました。なお，燃焼とは，光や熱をともない酸素と激しく結びつき別の物質に変わることです。例えば，水素が燃焼すると酸素と結びつき水ができます。また，炭素が燃焼すると酸素と結びつき二酸化炭素ができます。下の各問いに答えなさい。

【実験１】

金属の燃焼について調べるためにマグネシウムの粉末を加熱し，その重さを測定しました。**表**はマグネシウムと燃焼後の白色の粉末の重さをまとめたものです。ただし，加熱は十分に行われ，すべてのマグネシウムが白色の粉末へ変わったものとします。

表

マグネシウムの重さ[g]	1.5	3.0	4.5	6.0	7.5
白色の粉末の重さ[g]	2.5	5.0	7.5	10	12.5

【実験２】

２つの燃焼皿に同じ量のマグネシウムの粉末をそれぞれのせ，燃焼させました。片方のマグネシウムの粉末のみに少量の水をかけたところ，何もしない燃焼皿に比べるとより激しく燃え上がりました。

【実験３】

図のようにドライアイスにくぼみをつくり，そのくぼみにマグネシウムの粉末を入れ，火をつけた後にドライアイスの板でふたをして観察をしたところ，中で燃焼が続きました。しばらくしてふたを外すと，穴の中には白色の粉末と黒色の粉末が残っていました。

図

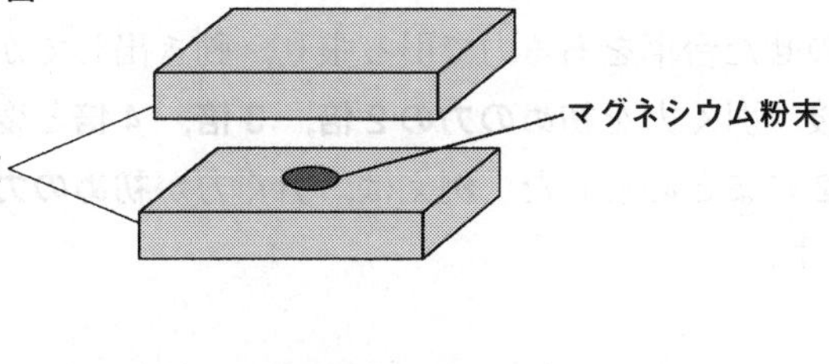

⑴　白色の粉末の重さと白色の粉末中の酸素の重さをもっとも簡単な整数の比で答えなさい。

⑵　**【実験２】**の結果のように水を加えて激しく燃え上がったのは，マグネシウムの還元力《かんげんりょく》(酸素をうばう力)が強いことで発生した物質が原因です。その発生した物質を次の**ア**～**エ**より１つ選び，記号で答えなさい。

ア　酸素　　**イ**　水素　　**ウ**　炭素　　**エ**　二酸化炭素

⑶　**【実験３】**でできた黒色の粉末の物質名を答えなさい。

5　１ｇの水を１℃上昇させるのに必要な熱の量(熱エネルギー)は１cal です。逆に，温度を下げるときには，その分の熱の量を放出することになります。次の各問いに答えなさい。ただし，割り切れない場合は，小数第１位を四捨五入し，整数で答えなさい。

⑴　水 200ｇを13℃から27℃にしました。このとき加えた熱の量は何 cal か答えなさい。

⑵　15℃の水 300ｇに45℃の水を加えてよく混ぜたところ，全体が33℃になりました。45℃の水を何ｇ混ぜたか答えなさい。ただし，熱は水の間でのみやりとりされたものとします。

⑶　アルミニウム１ｇを１℃上昇させるのに必要な熱の量は，水１ｇを１℃上昇させるのに必要な熱の量の0.2倍です。重さが50ｇで26℃のアルミニウムのコップに10℃の水150ｇを入れると，全体の温度は何℃になるか答えなさい。ただし，熱はアルミニウムと水の間でのみやりとりされたものとします。

6　物体の運動の様子を調べるために**【実験１】**，**【実験２】**を行いました。下の各問いに答えなさい。

【実験１】

図のような台車に分銅をのせて一定の大きさの力で引っ張り，動き出してから１秒ごとの速さを**４秒間**記録しました。その後，同じ重さの分銅を**２個**，**３個**，**４個**と増やして分銅が**１個**のときと同じ力の大きさで同様の実験を行い，結果を**表１**にまとめました。例えば，分銅１個で動き出してから１秒後の速さは毎秒2.4cm です。ただし，このとき台車の重さは無視できるものとし，実験結果に影響《えいきょう》しないものとします。

図

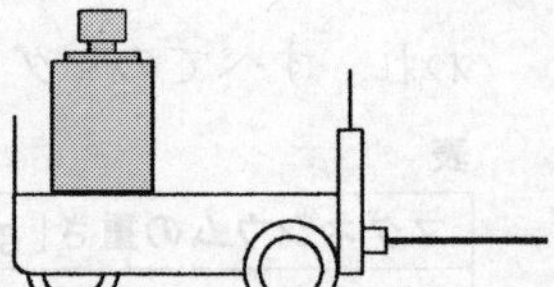

表１

動き出してからの時間 ／ 分銅の数	１秒後	２秒後	３秒後	４秒後
１個	2.4	4.8	7.2	9.6
２個	1.2	2.4	3.6	4.8
３個	0.8	1.6	2.4	3.2
４個	0.6	1.2	1.8	2.4

【実験２】

上の**図**のような分銅**１個**をのせた台車をある力で引っ張り，動き出してから１秒ごとの速さを**４秒間**記録しました。その後，引く力を**初めの力の２倍**，**３倍**，**４倍**と変えて同様の実験を行い，結果を次のページの**表２**にまとめました。例えば，引く力が**初めの力**で動き出してから１秒後の速さは毎秒 0.2cm です。

表2

引く力 ＼ 動き出してからの時間	1秒後	2秒後	3秒後	4秒後
初めの力	0.2	0.4	0.6	0.8
初めの力の2倍	0.4	0.8	1.2	1.6
初めの力の3倍	0.6	1.2	1.8	2.4
初めの力の4倍	0.8	1.6	2.4	3.2

(1) **【実験1】**の結果から1秒あたりの速さの変化と，台車にのせた分銅の重さの関係を表したグラフを作成しました。もっとも適切なものを次の**ア**～**エ**より1つ選び，記号で答えなさい。ただし，グラフの縦軸《たてじく》は1秒あたりの速さの変化，横軸は台車にのせた分銅の数とします。

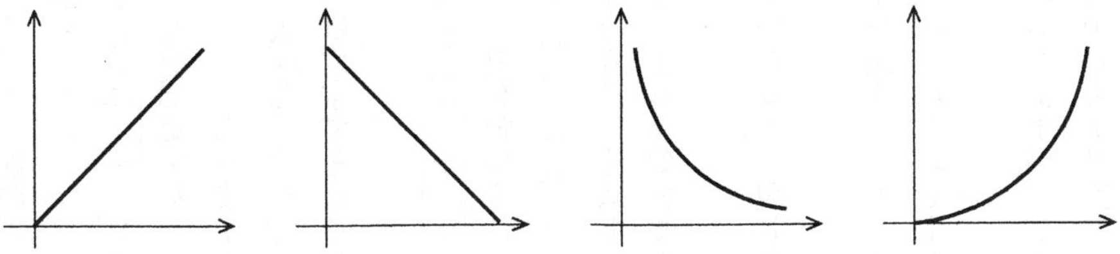

ア　**イ**　**ウ**　**エ**

(2) **【実験2】**の結果から1秒あたりの速さの変化と，台車を引く力の関係を表したグラフを作成しました。もっとも適切なものを次の**ア**～**エ**より1つ選び，記号で答えなさい。ただし，グラフの縦軸は1秒あたりの速さの変化，横軸は台車を引く力とします。

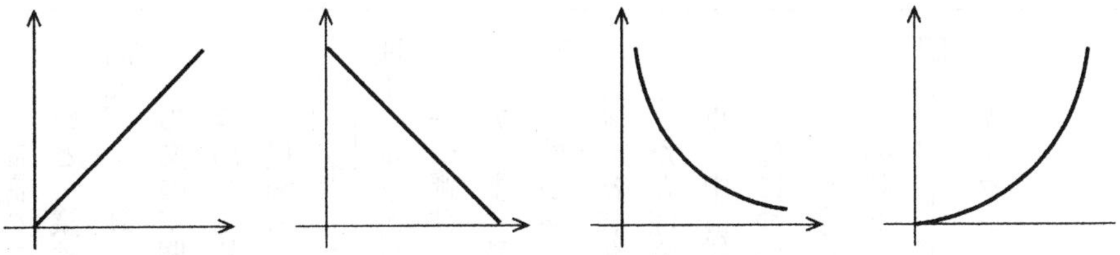

ア　**イ**　**ウ**　**エ**

(3) **【実験2】**について，引く力を初めの力の6倍にしたとき，動き出してから5秒後の速さを答えなさい。

(4) **【実験1】**と**【実験2】**から1秒あたりの速さの変化と物体の重さと引く力の関係を1つの式で表しました。もっとも適切なものを次の**ア**～**エ**より1つ選び，記号で答えなさい。ただし，「決まった数」には常に同じ数字が入るものとします。

ア $\boxed{\text{1秒あたりの速さの変化}} = \text{決まった数} \times \boxed{\text{重さ}} \times \boxed{\text{引く力}}$

イ $\boxed{\text{1秒あたりの速さの変化}} = \text{決まった数} \times \dfrac{\boxed{\text{重さ}}}{\boxed{\text{引く力}}}$

ウ $\boxed{\text{1秒あたりの速さの変化}} = \text{決まった数} \times \dfrac{\boxed{\text{引く力}}}{\boxed{\text{重さ}}}$

エ $\boxed{\text{1秒あたりの速さの変化}} = \dfrac{\text{決まった数}}{\boxed{\text{重さ}} \times \boxed{\text{引く力}}}$

りますが、どのようにして敵認定するのですか。これを説明した次の文の空欄にあてはまる言葉をこれより前の部分からアは四字、イは七字でそれぞれ抜き出して答えなさい。

集団では周りの意見に同調しようと〔ア〕が行われ、意見が異なる人を〔イ〕ことで敵認定する。

問四、――⑧「集団思考に陥ってしまう」とありますが、これはなぜだと考えられますか。その理由を説明した次の文の空欄にあてはまる言葉を文中からアは三字、イは六字でそれぞれ抜き出して答えなさい。

指導者を中心に、似通った人たちの〔ア〕が高まり、仲の良い〔イ〕としてさらに結束を強めることになるから。

問五、――⑨「そうした本は、書棚の隅っこにひっそりと眠っている」とありますが、これはどのようなことを表していますか。それを説明した次の文の空欄にあてはまる言葉を文中から七字で抜き出して答えなさい。

人々が〔　〕に託していた夢が実現しなかったということ。

問六、――⑪「開かれた議論の場を生み出す」とありますが、このことによってどのような社会がもたらされるのですか。文中から八字で抜き出して答えなさい。

問七、――⑫「逆効果をもたらす」とありますが、これを説明した次の文の空欄にあてはまる言葉を文中からアは五字、イは四字で抜き出して答えなさい。

〔ア〕との意見交換《こうかん》は期待できず、自分と同じ意見が〔イ〕て集団思考を促進するということ。

問八、――⑬「烏合の衆ではダメ」とありますが、この理由を説明した次の文の空欄にあてはまる言葉を文中からアは九字、イは二字で抜き出して答えなさい。

議論の〔ア〕をお互いに確認し合うなどのルールがないと、議論が〔イ〕に終わってしまうから。

問九、――⑭「悪魔の代理人の役」とありますが、これを説明した次の文の空欄にあてはまる言葉を文中からアは四字、イは三字で抜き出して答えなさい。

提案を厳密に審査するため、徹底的に〔ア〕を入れる〔イ〕の役割を果たす人。

問十、本文の構成に関する説明として**ふさわしくない**ものを次から一つ選び、記号で答えなさい。

ア　まず最初に、賢いと思われている人でも集団思考に陥る可能性があると述べられている

イ　次に集団思考の特徴について述べ、どんな集団にも起こる話だと注意をうながしている

ウ　中盤《ちゅうばん》ではインターネットのもつ危険性にもふれ、その未来像について鋭《するど》く検証している

エ　最後に集団思考に陥らないための方法として、「考えるための制度《しくみ》」を提示している

問十一、――①「イタって」・③「ラッカンテキ」・⑥「カイソウ」・⑦「クンリン」・⑩「ジュシャ」のカタカナを漢字に直しなさい。

めていかなくてはならない。

たとえば、哲学者《てつがくしゃ》と科学者では「観察」という言葉の意味がズレている。哲学者にとっての観察は、肉眼で見ることだ。科学者にとっては、顕微鏡《けんびきょう》や望遠鏡、しかも電波やX線みたいに目に見えない電磁波《でんじは》を使って「見て」も観察になる。これだけズレた言葉遣いをしながら議論していると、お互い何を言っているのかわからないとか、相手がすごくバカなことを言っているように思ってしまう。「話が通じない」ということになる。

なので、うまく通じていないなと思ったら、つねに言葉の意味とか、基本的な考えかたの「すり合わせ」をしなければいけない。このとき大事なのは、どちらの言葉遣いのほうが正しいかを争ってもしょうがない、ということだ。哲学者が、「科学者の言う「観察」は観察ではない」と言ったり、科学者がその逆をやったりすると、議論は不毛になる。「あなたはそういう意味で使っているんですね、だったら言いたいことはわかります（賛成はしないけど）」という態度が大切だ。

グループの外から「違う人」を招くって、そんなに簡単なことではない。ヘタするとお金がかかったりするし。引き受けてくれる人を探すのもタイヘンだ。そこで、メンバーの中からあえて反対派・異分子の役割を果たす人を選ぶ、というワザがある。

これはちょっと説明がいるかもしれない。カトリック教会（キリスト教の一派）を例にとろう。「こんな不思議な出来事が起こりました。奇跡《きせき》じゃないでしょうか」あるいは、「この方はこんなことをなさいました。ぜひ聖人と認めてください」。こうした申し出が教会に寄せられる。ここで、「はいはい奇跡ですね、聖人ですね、おめでとうございます」と簡単に認めてしまうわけにはいかない。ほんとうに奇跡なのか聖人の誕生なのか、できるかぎり厳密に審査《しんさ》しなければならない。

そこで、聖職者の中から「悪魔《あくま》の代理人」と呼ばれる人が選ばれる。この人は、奇跡も聖人も存在しないという前提に立って、寄せられた申し出に徹底的《てっていてき》にツッコミを入れまくる。それに耐《た》えて残ったものだけがほんとうの奇跡として認められるわけ。奇跡も聖人も、そして神さまもいないという立場だから、悪魔の立場ということになる。

教会ってみんな同じ教えを信じている。均質性も凝集性も高い組織だよね。どうしてもそうなっちゃう。だからこうやって、あえて批判者の役割をつくって、集団思考に陥ることを避けているわけだ。キミもこの知恵を取り入れよう。みんなで議論するとき、提案に見落としはないか、十分にサポートされているか、もっと良い策はないかを検討するために、誰かに⑭悪魔の代理人の役をやってもらうとよい。

（戸田山和久「思考の教室」による。一部表記・体裁《ていさい》を改めた）

問一、――②「それを避けるにはどうしたらよいか」とありますが、避けるために必要なこととして最もふさわしいものを次から選び、記号で答えなさい。

ア　組織の仲間を信頼し、決定事項については全員が賛成したという前提で自信をもっていること

イ　かりに相手の年齢や立場が上だったとしても、簡単には同調せず自分の意見をしっかり伝えること

ウ　自分と意見が異なるメンバーの意見を察知して、意見が合うように事前にすり合わせを行うこと

エ　たとえ相手が愚か者であったとしても、その意見を否定することなく積極的に取り入れていくこと

問二、――④「そうしたバイアス」とありますが、これと同じことを表している言葉をこれより前の部分から十一字で探し、最初の五字を抜き出して答えなさい。

問三、――⑤「そういう研究会に参加して『敵認定』されると」とあ

しかし、このときキミが「みんなの意見」だと思っているものは、グーグルの検索エンジンがキミのために⑩シュシャ選択《せんたく》してくれた「キミのような人が読みたいだろう意見」にすぎない。キミが捕鯨《ほげい》反対派なら反対派の意見が並ぶ。賛成派なら賛成派の意見が並ぶ。キミがネトウヨっぽい人〔ネット上で特定の意見を主張する人〕なら、お仲間の意見が並ぶ。キミはそれを読んで、みんなも自分と同じように思っているんだと知って安心する。そうでない考えは頭のヘンな少数派の意見だ、と思うようになる。これでは、異質な他者との出会いも対話もあったものではない。

さらに、ソーシャルネットワーク（SNS）は、ネットワーク上で誰とつながっていたいかを選べるという特徴がある。そうすると、自分と似たような考えの持ち主ばかりとつながることになる。こうしてネット空間は、同じような意見の人ばかりからなる、いくつもの閉じたコミュニティ〔結びつきをもつ集まり〕に分かれていく。そこでは、異質な意見を表明してもかき消され、みんなと同じ意見を表明すると、そうした意見がどんどん増幅されて返ってくる。まるで音の響《ひび》きやすい部屋の中で、自分の声がいつまでもこだましているようだ。そうすると、ああやっぱり自分の考えは正しいんだと確信を深めることになる。こういう現象は「エコーチェンバー」と呼ばれている。

⑪開かれた議論の場を生み出すと期待されたインターネットというテクノロジーは、あっという間に変質して、均質性と凝集性の高いコミュニティに人々を囲いこみ、集団思考を促進するものに化けてしまった。テクノロジーを使うことによって、そしてみんなといっしょに考えることによって、キミが生まれつきもっているバイアスをまぬがれよう、というのが本書のモットー〔中心となる考え〕だった。ところが、そのテクノロジーの使いかたを間違えると、むしろ、私たちのもっているバイアスを強めてしまうし、「みんなで考える」ことも、ときとして⑫逆効果をもたらすということがわかった。じゃあ、どうしよう。

じゃーん。そこで「考えるための制度《しくみ》」の出番だ。じょうずに考えるためには、たんに「みんなで考える」のではどうもダメらしい。どのような「みんな」とどのように「考える」のかも重要になる。どういう人に集まってもらって、どんなふうにグループで考えるか。そのためには、⑬烏合《うごう》の衆ではダメで、人々をうまく組織して、みんなで話し合って（あるいは文章をやりとりして）考えていくための決まり、ルールが必要だ。こうした組織やルールをひっくるめて「制度《しくみ》」と呼んでおこう。

ここで、ちょっと考えてみると、組織もルールも自然にあるものではなくて、人が工夫してつくりあげるものだ。だから、人工物。テクノロジーの一種とも言える。

集合愚・集団思考に陥りやすいのは、均質性と凝集性の高いグループだった。だから、集合愚を避けたいなら、この二つを弱めてあげればよい。

均質性を弱めるにはどうすればよいか。答えは簡単、ちょっと違う意見の持ち主に入ってもらえばいいんだ。たとえば、外部の人、つまり異分野の人、違う職業の人、異文化の人……をゲストに招いて議論に加わってもらう。グループ内の異分子を追い出さない（でも、これってよくやってしまうんだ。あいつがいるとウルサイから、オレたちだけで決めちゃおうぜ、みたいに）。

ちょっと違う人が加わると、議論が面倒《めんどう》くさくなる。もともとのグループのメンバーと、ゲストに加わってもらった「違う人」とでは、議論の「隠《かく》れた前提」にしている基本理解と、使っている言葉の意味の理解がズレていることがあるからだ。だから、ちょっと違った人との議論では、つねに、基本前提と言葉遣《づか》いをお互いに確認しながら進ということ。「凝集性」というのは、そういう似通った人たちが、すごく仲良く結びついているということ。すごくパワーのあるリーダーが⑦クンリンしていて、逆らうとひどい目にあっちゃう（出世できないとか、極端《きょくたん》な場合には殺されちゃうとか）なんて集団も、凝集性が高くなるね。均質性と凝集性、二つ合わせて、「オレたち」と「アイツら」がきれいに分かれちゃってる、と言ってもいいや。敵味方のハッキリ分かれた、内では気の合うお友だち集団ってことだ。

「規範の欠如」というのは、より大きな社会、たとえば国際社会のルールがそのグループ内では通用しないってこと。民主的にことを進めるには証拠に基《もと》づいた議論が必要だよねというルールを無視して、自分たちに都合の良いデータをでっちあげたり、都合の悪い文書はなかったことにする、自分たちの都合の良いように全体のルール（法律）を変えるなんてのは、規範の欠如だね。

「コミュニケーション不全」ってのは、まともに話が通じないということ。リーダー自らヤジを飛ばして人の発言をジャマするとか、説明すると言って何も説明しないとか、質問に同じ答えを繰《く》り返すだけでみんなをウンザリさせるとか。

で、これらが「構造的欠陥」だというのは、そのグループの特定の個人がそういうアホな人だというだけでなく、グループ全体がそれを許す、どころかサポートする体制になってるということ。「忖度《そんたく》〔人の気持ちを察すること〕」とかね。

こういうグループが、他のグループや市民デモや一部マスコミとかから絶えず批判され、競争相手やよその国から脅《おびや》かされ続けていると、⑧集団思考に陥ってしまう。

（中略）

インターネットも集合愚を引き起こす。私がインターネットに出会ったのは、いまから20年以上も前、30歳《さい》をちょっと越《こ》えた頃《ころ》だ。そのときは、みんなインターネットにバラ色の夢を託《たく》していたなあ、と思い出す。便利な道具であったのはもちろんだが、インターネットにはそれ以上の意味合いがあった。世の中を根本的に変化させるものだと思われていたんだ。もちろん良い方向に。

インターネットは、情報をフリーにする。「自由」という意味と「無料《タダ》」という意味の両方で。そして、世界中の人々が互《たが》いに語り合うことを可能にする。これによって、異なる意見をもつ人々を出会わせ、自由でオープンな議論を生み出す。ネット上に、真に民主的な社会が実現できるかもしれない。こうした未来像は「サイバーデモクラシー」と呼ばれていた。

私はサイバーデモクラシー関係の本をずいぶん買ったし、授業でも使った。いまでは⑨そうした本は、書棚《しょだな》の隅《すみ》っこにひっそりと眠《ねむ》っている。代わりに置かれているのは、ネット中毒やフェイクニュース〔うそのニュース〕やらＧＡＦＡ（Google, Amazon, Facebook, Apple）〔巨大ＩＴ企業《きぎょう》〕がどんなに社会と経済をゆがめ、不健全なものにしているかを告発する本ばかりだ。世の中変わってしまったなあと、ため息が出る。

インターネット技術は、異なる意見をもつ人々の出会いを促進《そくしん》するどころか、むしろジャマするものになってしまった。一つはフィルタリング技術の発展。これまでにキミがどんなサイトを閲覧してきたかの情報をもとに、検索《けんさく》エンジン〔検索機能〕がキミの好みにあわせて見たい情報だけを自動的に選んでくれる（フィルタリングする）技術のことだ。

あることがらについて、みんながどんな意見をもっているかを知りたいとしよう。キミは、キーワードをグーグルの検索ウィンドウに入力して、いろんなサイトを覗《のぞ》いてみようとするはずだ。いろんなサイトへのリンクがダーッと並ぶ。

ジャニスの答えは、そりゃみんなで考えたからだよ、というのね。正しくは、みんなで考えることの良くない面が現れてしまったからだ、と言ったほうがいいかな。ジャニスは、集団で考えることがかえって愚かな意思決定を生み出すという現象を「集団思考」と名づけて、それがどういう特徴《とくちょう》をもつのか、なぜ起こってしまうのか、②それを避《さ》けるにはどうしたらよいかを調べた。

かいつまんで述べるなら、集団思考は次のような特徴をもっている。

(1) 自分たちの正しさを疑わなくなる傾向《けいこう》

(2) オレたち負けないもんね幻想《げんそう》

こんだけ仲間がいるんだからぜったい大丈夫だ、失敗なんかしない、と③ラッカンテキな見通しをもってしまう。

(3) ステレオタイプ化〔型にはめて見ること〕

自分と意見の異なるグループや敵対する相手を、「軽蔑《けいべつ》すべき邪悪《じゃあく》な愚か者」という型にはめて見るようになる。

(4) 自己検閲《けんえつ》〔自分の意見をチェックすること〕

みんなの意見を察知して、それに自分の意見をあわせようとする。よく言われる「空気を読む」ってヤツ。

(5) 全会一致《いっち》の幻想

「みんなの意見」と異なる考えをもっていても、自己検閲により誰《だれ》もそれを言わないで黙《だま》っている。そうすると多数派に賛成したことになってしまい、みんな同じ意見だった、全員が賛成したということになる。

(6) 心をガードする傾向

自分たちの意見や決定に反する意見や不利な証拠《しょうこ》に心を閉《と》ざして、なかったことにする。

こうやって見てみると、個人の心がもともともっているバイアス〔かたより〕と共通しているところが多いね。集団思考というのは、④そうしたバイアスを修正するどころか拡大して、それにさらに集団ならではの「新しい愚かさ」をプラスしたもの、ということになるかな。

集団思考に陥《おちい》るとどうなるか。自分たちに都合の良い偏《かたよ》った情報しか利用しなくなる。他の意見や自分たちのと違うプランをちゃんと取りあげて検討せずに、すぐ捨ててしまう。捨ててしまったらもう二度と振《ふ》り向かない。自分たちのプランの問題点やリスクを考えられなくなる。自分たちの案がうまくいかなかった場合にどうするかをあらかじめ考えておこうとしなくなる。……こりゃアホな結果になることは火を見るより明らかだね。

どんなグループでも集団思考は起こりうる。クラス、クラブやサークル、仲良しグループもそうだ。大人も集団思考の餌食《えじき》になることは多い。会社の部とか課といったセクション、プロジェクトチーム、PTA、ママ友の集まり、自治会、マンションの理事会、保護者会、老人会。はてはお役所、政党、内閣……。ぼくたちのグループは集団思考をまぬがれていると胸を張れる人はいるかな? 理性的なはずの学者が集まってつくった研究会なども集団思考に陥ってしまうことがある。⑤そういう研究会に参加して「敵認定」されると、すごくイヤな目にあう。

（中略）

どういうグループが集団思考にハマりやすいのだろう。ジャニスの見解を私なりにまとめると、次のようなグループだ。

「均質性と凝《ぎょう》集性《しゅうせい》が高く、規範《きはん》の欠如《けつじょ》やコミュニケーション不全などの構造的欠陥《けっかん》を抱え、外部からの批判・脅威《きょうい》などストレスの高い状況《じょうきょう》に置かれているグループ」

「均質性」というのは、人種とか⑥カイソウとか考えかたとか価値観とか歴史観とか趣味《しゅみ》とか……が同じような人たちばかり集まっている気に［ア］ことに対する［イ］を感じていたから。

問七、――⑫「今回のことに気付いたのは、うちのスタッフの野宮でした」とありますが、野宮が葉子さんの病気に気付くことができたのはなぜだと考えられますか。この理由を説明した次の文の空欄にあてはまる言葉を文中から七字で抜き出して答えなさい。

目が不自由な患者を助ける、つまり［　　］ことがどれだけ大切な仕事であるかを身をもって知っていたから。

問八、――⑬「赤いチェックの帽子」とありますが、この帽子に込められた意味を説明した次の文の空欄にあてはまる言葉をア・イそれぞれ二字で文中から抜き出して答えなさい。

野宮にとっては救出のきっかけになった［ア］の帽子であり、光彦にとっては病気を患っても［イ］にしてくれている母からの愛情を表すものとなっている。

問九、――⑭「と、先日と同じ説明をして、帽子を受け取った。それから、愛おしそうにその帽子を眺めると、ギュッと胸に抱えた」とありますが、これはどのようなことを表していると考えられますか。それを説明した次の文の空欄にあてはまる言葉を文中から六字で抜き出して答えなさい。

葉子さんの時間は、正彦さんや光彦さん夫婦と過ごした幸せな日々で［　　］ということ。

問十、本文の登場人物に関する説明として**ふさわしくない**ものを次から一つ選び、記号で答えなさい。

ア　野宮には、気付いた問題点をすぐに誰かに伝えることができる行動力がある

イ　剛田には、自分の身の回りの人の心配や世話をすることができる優《やさ》しさがある

ウ　光彦には、異なる病気を患っている両親の世話を真剣《しんけん》に考える責任感がある

エ　葉子には、うそをつけずにたびたび周囲の人を困らせてしまう正直さがある

問十一、――①「イチヨウ」・⑦「キズ」・⑨「オウトウ」・⑩「ソウゾウ」のカタカナを漢字に直し、――②「細々」の漢字の読みを答えなさい。

二

次の文章を読んで、あとの各問いに答えなさい。なお、文中の言葉の下の〔　〕の中はその言葉の意味とする。

「みんなで考えると文殊《もんじゅ》の知恵《ちえ》」というのはとてもポジティブ〔前向き〕でいいんだけど、現実の世の中を見てみるとそんなに話は簡単ではない。というのも、みんなで考えたら、かえってもっとアホになってしまった、ということも同じくらいよく起きているからだ。みんなで考えることによって、逆に一人ひとりのもつ愚《おろ》かさが増幅《ぞうふく》されたり、個人のときにはなかった新たな愚かさが現れたり、という現象だ。みんなで考えたら一人のカシコさを超《こ》えた賢《かしこ》さが現れるのを「集合知」というのなら、こちらは「集合愚《ぐ》」と名づけてもよいかもね。

集合愚現象について、はじめてまとまった研究をしたのがアメリカの心理学者、アーヴィング・ジャニスだ。ジャニスがその研究をしようと思ったきっかけは、次のような疑問を抱《いだ》いたからだという。

ケネディ政権と、それを引き継《つ》いだジョンソン政権は、優秀《ゆうしゅう》なスタッフを抱《かか》えていた。なのに、とても愚かな政策をとってしまった。まず、ベトナム戦争のやめどきを間違《まちが》えて泥沼化《どろぬまか》させてしまった。「キューバ危機」に①イタっては核戦争《かくせんそう》一歩手前まで行ってしまった。なぜだろう。アメリカ社会で最もカシコいはずの人々を集めて考えたはずなのに、なぜこんなにバカげた決定をしてしまったのか。

になっていたかも知れません。これから父と母をケアする方法を探していきたいと思います」

光彦さんはそう言って立ちあがり診察室を出た。去り際《ぎわ》、僕と剛田さんに深く礼をしてから検査室の扉《とびら》を開けた。正彦さんと葉子さんに声を掛けて光彦さんは歩き出した。僕は、

「すみません。ちょっと待ってもらえますか？」

と言って、三人を引き止めた。ロッカーから取り出してきた⑬赤いチェックの帽子を葉子さんに見せると、

「まあ、ずっとこれを探していたんです。私の宝物です。これは息子《むすこ》夫婦が私にくれたんですよ。二人が私たちをお祝いしてくれるなんて、それだけで嬉しくて……」

⑭と、先日と同じ説明をして、帽子を受け取った。それから、愛《いと》おしそうにその帽子を眺めると、ギュッと胸に抱《かか》えた。光彦さんは、なにかをこらえるようにその様子を眺めていた。葉子さんは、そんな彼の表情に気付くと、

「みっちゃんあのね、弘美《ひろみ》さんと仲良くするんだよ」

と、小さな子供に諭《さと》すように言った。光彦さんの目から涙《なみだ》が溢《あふ》れた。

（砥上裕將「７．５グラムの奇跡」による。一部表記・体裁《ていさい》を改めた）

問一、――③「僕は泣き出してしまいそうだった」とありますが、これはなぜですか。その理由を説明した次の文の空欄にあてはまる言葉を文中から二十七字で探し、最初の五字を抜き出して答えなさい。

真っ暗な山道を照らす懐中電灯の光が、［　　　　］のように思え、安心したから。

問二、――④「見えないってことを、僕は生まれて初めて体験した」とありますが、見えない状態になったばかりの野宮の様子を例えを用いて表している一文を文中から探し、最初の五字を抜き出して答えなさい。

問三、――⑤「見えるっていうこと」とありますが、野宮にとっての見えることにあたる言葉を二つ、文中から十四字と十六字で探し、それぞれ最初の五字を抜き出して答えなさい。

問四、――⑥「確かに最近、目が見えにくい」とありますが、これが改善されたことがわかる動作を表した一文を文中から探し、最初の五字を抜き出して答えなさい。

問五、――⑧「けれども、その瞳はほんの少しだけ潤んでいた」とありますが、これはなぜだと考えられますか。最もふさわしいものを次から選び、記号で答えなさい。

ア　葉子さんが自身のメガネのレンズが汚れていることに気付いていないことを知り、認知症を患《わずら》っている確率が高いと思い辛い気持ちになったから

イ　葉子さんが正彦さんの目ヤニを指先でぬぐう心温まる場面を見て、老夫婦のきずなの深さを目の当《ま》たりにし、感動で胸がいっぱいになったから

ウ　葉子さんが認知症を患っていることを確信し、そのことを光彦さんに伝えたときの彼の辛そうな様子を思い浮かべてしまい悲しい気持ちになったから

エ　葉子さんのメガネのレンズを洗ったことによりはっきりと目が見えるようになったことで白内障の疑いがなくなり、心から安心したから

問六、――⑪「経験を重ねた二人の医療従事者の沈黙は、重かった」とありますが、これはなぜですか。その理由を説明した次の文の空欄にあてはまる言葉を文中からアは七字、イは二字でそれぞれ抜き出して答えなさい。

経験を重ねた医療従事者であるにもかかわらず、葉子さんの病

を細め、そっと受け取った。葉子さんは子供のような瞳で、先生と剛田さんのやりとりを見つめている。

彼がゆっくりとメガネを洗い、戻ってくると、先生は、

「これで、良くなるはずですよ。ちょっと掛けてみてください」

と、葉子さんの耳にメガネを掛けた。葉子さんが何度か瞬《まばた》きをして、隣にいる正彦さんの顔を見た。正彦さんは彼女の目を見つめた。彼女は手を伸ばして、彼の目ヤニを指先で拭《ぬぐ》って取った。

「どうですか」

「はっきり見えます。先生、ありがとうございます」

と声をあげた。先生は、うんうんといつものように頷《うなず》いた。⑧けれども、その瞳はほんの少しだけ潤《うる》んでいた。先生は視線をあげると、背後に立っている剛田さんに、

「光彦《みつひこ》さんに連絡して、すぐに来てもらってください」

と言った。

きょとんとした顔で葉子さんは、先生を見ていた。その後、そっと止まったままの腕時計の針を確認した。まるでそれは、針が止まっていることを確認しているかのようだった。正彦さんは、奥さんの肩を撫《な》でた。奥さんは、小さな子供を見るときのように、正彦さんに向かって、何度か頷いた。二人の時間も、ずいぶん前から止まっていたのかも知れない。

光彦さんは、連絡を受けるとすぐにやってきた。診察室では、白衣を着た二人の男性が向かい合うことになった。事情を説明し、葉子さんの状態と正彦さんの緑内障の症状を説明した。光彦さんは、深刻な表情で先生の説明を聞いていた。

「父と母がそんなことになっていただなんて。母まで認知症《にんちしょう》に……」

「今の段階では、葉子さんが認知症を発症している可能性がある、というところまでですが……、正彦さんの目薬の管理をすることは難しいでしょう」

光彦さんは、そうですね、とため息を吐《つ》いてから、顔を上げた。先生は説明を続けた。

「ご病気になられた後も、葉子さんは、病院には絶対行かなくては、ということは覚えていたんですね。だから、毎月、決まった日には来ていた。そして来る前には、必ず目薬を差さなければならないことを思い出して、目薬を差して、眼圧を下げてから、診察に来た。その上、ここでもきちんとした⑨オウトウをされるので、私たちも気付けなかったのです」

彼は説明を聞いて、しばらくの間、言葉を失っていた。何かを口にしようとした瞬間に飲み込み、唇《くちびる》を結んだ。それからすぐに、小さなため息を吐いて、額に手を当てて、話し始めた。

「少し前から、母も物忘れするようになったな、と思うことはあったのですが、年のせいだろうと思い込んでいました。母に限ってと疑いもせず……。認知症だなんて、⑩ソウゾウすらしませんでした。その思い込みが、父の緑内障まで深刻な状態にさせてしまった。私の責任です」

「誰かがもっと早くに気付ければ、良かった。私も目だけを見ていて、お二人の状態にまで心を配ることができませんでした」

それから、しばらく二人は顔を見合わせて黙《だま》り込んだ。⑪経験を重ねた二人の医療《いりょう》従事者の沈黙《ちんもく》は、重かった。口を開いたのは北見先生だった。

「⑫今回のことに気付いたのは、うちのスタッフの野宮でした。彼がメガネの汚れに目を留めなければ、気付くのはもっと遅《おく》れたでしょう」

「確か先日も剛田さんと一緒に、ハイキングに行ってもらったとか。お二人が両親を気に掛けてくださらなかったら、今以上、ひどいこと

と、前回と同じように時計を確認しながら訊ねた。剛田さんが近寄ってきて、

「いえ、大丈夫《だいじょうぶ》ですよ。今回もセーフです」

と声をかけた。葉子さんは微笑《ほほえ》んだ。その後、剛田さんが葉子さんを介助《かいじょ》して誘導《ゆうどう》することになった。正彦さんには待合室で待ってもらおうとも思ったが、俺が二人分見ているから大丈夫だよ、と剛田さんは言った。検査室に葉子さんを案内すると、

「じゃあ、ノミーよろしくね」

と、もう一度、剛田さんは言った。葉子さんは、ぼんやりとその様子を見ていた。

僕は検査を始めた。眼圧、屈折度《くっせつど》、矯正《きょうせい》視力ともに、どれもほぼ問題はなかった。加齢による視力の若干《じゃっかん》の低下は見られたが、問題というほどではない。あとは、先生が行うスリットランプでの検査でなにか摑《つか》めればと思ったけれど、結果はなにもなかった。その後、先生の指示によって、白内障のための思いつく限りの検査を行ったけれど、そのどれからも異常は感じられなかった。

けれども葉子さんは「⑥確かに最近、目が見えにくい」と言う。

これでまたいよいよ、分からなくなった。北見《きたみ》先生も首をかしげていた。「さて……」と先生が言って、説明を始めようとすると、葉子さんは鞄《かばん》からメガネを取り出して掛《か》けた。先生の表情を見ている。先生も彼女の準備が整うのを待ってから話し始めた。

「最近、見えにくいということで来られたようですが、そんなに悪いところはないですね」

「そんなことはないです。最近、前が見えづらいし、よく物に躓《つまず》くし、物を失くします。見えにくいです」

「そうですか。ですが、スリットで覗《のぞ》いてみても、目にはそんなに悪いところはないですよ。視力もしっかり出ているようですし、どうしたものかな」

と、もう一度言って、先生は駄目押《だめお》しで眼底レンズで眼底を覗いた。結果は、なにも変わらなかった。

「うーん」

と唸《うな》って、先生は腕組《うでぐ》みをした。傍《そば》で見ていた僕も気付くと眉間《みけん》にしわを寄せていた。剛田さんの額にもうっすらと汗《あせ》が浮《う》かんでいる。正彦さんはただ静かに葉子さんの傍に座っている。葉子さんは、メガネをかけなおした。

「どうしたものかな」

と、先生が立ちあがって、半暗室にしていた診察室のカーテンを開けたとき、僕は葉子さんの小さな丸いメガネが白く光ったことに気付いた。そして、斜《なな》めから見た葉子さんの目が、さっきとは印象が違《ちが》うことに気が付いた。僕は彼女の瞳《ひとみ》をメガネを通さず覗いた。この違和《いわ》感《かん》は、間違いない。僕は、慌《あわ》てて先生に耳打ちをした。

先生は大きく目を見開いた。椅子《いす》に座りなおした先生は、

「奥《おく》さん、すみません、メガネをお借りしていいですか」

と、言った。彼女《かのじょ》はメガネを外した。メガネを外した葉子さんの目はさっきよりも弱々しく、小さかった。隣《となり》にいた僕に、メガネを渡《わた》すために手を伸ばしたとき、見えた腕時計の針は止まっていた。僕は目を細めてレンズを確認した。その後で、先生に手渡した。

先生は、メガネを陽《ひ》の光にかざした。メガネのレンズは、カビが生えたかのように無数の⑦キズがつき、汚れていた。北見先生は、辛《つら》い表情を浮かべた後、さっきとはまるで違う微笑みを浮かべて、

「葉子さん、ありがとうございます」

と言った。それから、剛田さんに視線を向けると、

「剛田君、このメガネ、洗ってきてあげて」

と、彼にメガネを手渡した。剛田さんはなにかをこらえるように目

いたからね。本当に幸運の帽子だったね」

僕は頭に載《の》せていた帽子を外して、なんとも言えない気持ちでそれを眺《なが》めた。

「しばらくジムはお休みします」

と、僕が言うと、剛田さんは苦笑いしながら、

「ＯＫ」

と、言った。その後、

「大変だったね。でも無事で良かったよ」

といつもの調子で言った。僕は、

「本当に、ありがとうございました」

と、素直に自分の気持ちを伝えた。剛田さんの持ってきた懐中電灯は山道を照らし、僕らは下山することができた。

僕は肩を借りながら、目を凝《こ》らして、一歩一歩足場を踏《ふ》みしめた。平地に着くと、痛みをこらえれば歩くことができた。外灯のある歩道に出たとき、肩の力が抜《ぬ》けたのが分かった。

④見えないってことを、僕は生まれて初めて体験した。

そして、⑤見えるっていうことが、どういうことなのか、僕はようやく気付いた。

僕は外灯に照らされた道を眺めながら、行き先の見えることに、ただ心動かされていた。

あたりを見回し、自分が安全な場所にいることを確かめると、気分が落ち着いていくことが分かった。視線をあげると星が瞬《またた》き、足元を見ると汚《よご》れた靴《くつ》が見えた。さっきまでの僕にはなかったものだ。形あるものを得たわけじゃない。けれども、とんでもなく大きな価値のあるものを取り戻したような強い気持ちを感じていた。

「本当に、幸運の帽子かも知れないですね」

と、僕は呟《つぶや》いた。

「あの帽子は？」

と剛田さんが訊《たず》ねた。あれから、一週間が経ち、午後の診察《しんさつ》が一区切りついたときのことだった。足の怪我《けが》はもう完全に治っていた。

「ロッカーに置いてありますよ」

「この前の葉子さんについてどう思う」

「うーん、白内障《はくないしょう》かなと思いましたけど」

と、僕は思ったことを言った。白内障とは、目の中のレンズに当たる水晶体《すいしょうたい》が濁《にご》ってしまう病気だ。加齢《かれい》に伴《ともな》い発症《はっしょう》する場合が多い。

「ノミーもそう思ったんだね。実は、俺《おれ》もだよ。視力が低下して細かいことに気づかなくなるって、よくあることだよな」

「ええ、そうですね。あまり良いことではないですけれど。でも、正彦さんの緑内障まで進んだのはなぜでしょう？」

「目薬が正彦さんの目に入っていなかったからとか」

「でも、それだと病院に来たとき、眼圧が下がっていることの説明がつかないんですよ。目薬を差していなければ、眼圧は高くなっているはずですから」

「そのときだけはたまたま、目薬がちゃんと入ったのかな」

「この二ヵ月、二回ともですか」

「今日、検査したら結果は出るんでしょ。予約、今日だったよね？」

「そうです。もうすぐだと思います」

「先生にも、葉子さんも最近目が見えにくいっていうのを伝えたよ」

「気合を入れて検査しないと、ですね」

「頼《たの》むよ」

と、剛田さんは言って離《はな》れていった。午前中の検査が終わり、人もまばらになってきたころ、午前中最後の予約の持木《もちぎ》さんご夫婦《ふうふ》がやってきた。僕は受付でお二人を待っていた。

「あら、すみません。もう、終わりの時間でしたか」

2023年度

明治大学付属中野八王子中学校

【国語】〈A方式第二回試験〉（五〇分）〈満点：一〇〇点〉

〈注意〉字数には、句読点《くとうてん》も記号も一字として数えます。

一 次の文章を読んで、あとの各問いに答えなさい。

【眼科の検査技師である剛田《ごうだ》と野宮《のみや》は、患者《かんじゃ》の正彦《まさひこ》と妻の葉子《ようこ》をさそってハイキングに出かけ、葉子が落とした帽子《ぼうし》を探しに戻《もど》った野宮は、真っ暗な中、一人で山を下ろうとしている。】

生まれて初めて、本当に真っ暗な中に、僕《ぼく》は放り出された。

帽子を失《な》くさないように被《かぶ》り、手探《てさぐ》りで長い木の棒を探した。幸いそれはすぐ近くにあった。僕は棒を手繰《たぐ》り寄せ、上から下まで湿《しめ》っていないか確認《かくにん》し、小さな枝をポキポキと指で折って、杖《つえ》を作った。もうこれしか、あたりを探る方法はない。僕は、病院に来られる白杖《はくじょう》をつく患者さんのように杖を使い、音に耳を澄《す》ませた。一段、下りるために長い時間がかかり、さらに一段下りるために、また神経を使った。ゆっくり下りていけば、いつかはたどり着く。遭難《そうなん》するほどの山ではないというのは、分かっていた。しばらく下りれば、明かりも見えてくるかも知れない。いま、ここ、この瞬間《しゅんかん》を乗りきる方法が大切だった。

僕は病院で、こんなふうにゆっくりと歩き、不安そうに動いている患者さんをたくさん見ていた。僕らが手を差し伸《の》べると、皆《みな》①イチヨウに、「ありがとう」と、大きな笑顔《えがお》を向けてくれた。それは、僕らにとってはなんでもないことだった。その笑顔の強さや印象が、僕らが傾《かたむ》ける労力に対して大きすぎるな、と思っていた。けれども、こうして真っ暗闇《くらやみ》の中に置かれてみると、あれがどういう意味を持っていたのか、よく分かる。

なに一つ手立てがないときには、差し伸べられた手や、不安から救い出してくれる小さな一助が、なによりも大切に思えるのだ。

暗闇に手を差し伸べることは、無意味なことではない。

見える、という当たり前が崩《くず》れたとき、世界は別のものに変わる。気にも留めなかった些細《ささい》なことが、②細々とした大きな問題に変わる。見えるということは、この世で、最もありふれた奇跡《きせき》なのだ。

誰《だれ》かの光を守る仕事に従事していることは、意味のあることなのだ、そんなふうに、なんとか自分の思考を保ち、歯を食いしばって一段一段また進んでいった。

そして、ついに手も痺《しび》れ、身体中《からだじゅう》が強張《こわば》り、もう一歩も動けないとその場に座《すわ》り込んだとき、遠くから声が聞こえた。

「ノミー」

気付くと、上の方で懐中電灯《かいちゅうでんとう》が光っている。ずっと前を向いていたので気がつかなかった。光は揺《ゆ》れながら、少しずつ大きくなっていく。③僕は泣き出してしまいそうだった。光が見える。心は光に同調するように、明るく変わっていく。眩《まぶ》しさを感じる。そのことが、素《す》直《なお》に嬉《うれ》しい。あれほど苦労した階段を、剛田さんは軽々と下りてくる。近づくと彼《かれ》は僕に肩《かた》を貸して、立たせた。

「どうして、ここに」

「いつまで経《た》ってもノミーから連絡《れんらく》がないし、もしものことがあったらまずいな、と思って。一通り探して、帰ろうかと思いながら下を照らしたら、見覚えのある帽子が見えたんだ。赤だからすごく目立って

2023年度
明治大学付属中野八王子中学校 ▶解説と解答

算 数 ＜A方式第２回試験＞（50分）＜満点：100点＞

解 答

[1] (1) $4\frac{2}{3}$ (2) 0.2 (3) 177 (4) $1\frac{1}{2}$ [2] (1) 2 cm^2 (2) 7時17分30秒 (3) 113個 (4) 5400円 (5) 72度 (6) 0.7L [3] (1) 14通り (2) 15 (3) $3\frac{3}{4}$cm (4) 22.608cm^2 (5) 22cm^2 [4] (1) 700人 (2) 56人 [5] (1) 43 (2) 19

解 説

[1] 四則計算，計算のくふう，逆算

(1) $4\frac{1}{3}\times1.625-3.75+\frac{1}{16}\div0.25+\left(4\frac{3}{4}-2.5\right)\times0.5=\frac{13}{3}\times1\frac{5}{8}-3\frac{3}{4}+\frac{1}{16}\div\frac{1}{4}+\left(\frac{19}{4}-\frac{5}{2}\right)\times\frac{1}{2}=\frac{13}{3}\times\frac{13}{8}-\frac{15}{4}+\frac{1}{16}\times\frac{4}{1}+\left(\frac{19}{4}-\frac{10}{4}\right)\times\frac{1}{2}=\frac{169}{24}-\frac{15}{4}+\frac{1}{4}+\frac{9}{4}\times\frac{1}{2}=\frac{169}{24}-\frac{15}{4}+\frac{1}{4}+\frac{9}{8}=\frac{169}{24}-\frac{90}{24}+\frac{6}{24}+\frac{27}{24}=\frac{112}{24}=\frac{14}{3}=4\frac{2}{3}$

(2) $4-\left(\frac{4}{7}\div0.7+11.6\times\frac{5}{49}\right)-2.5\times0.72=4-\left(\frac{4}{7}\div\frac{7}{10}+11\frac{3}{5}\times\frac{5}{49}\right)-1.8=4-\left(\frac{4}{7}\times\frac{10}{7}+\frac{58}{5}\times\frac{5}{49}\right)-1.8=4-\left(\frac{40}{49}+\frac{58}{49}\right)-1.8=4-\frac{98}{49}-1.8=4-2-1.8=0.2$

(3) $A\times B+A\times C=A\times(B+C)$となることを利用すると，$969\times\left(\frac{7}{45}-\frac{1}{17}\right)+969\times\left(\frac{4}{45}-\frac{1}{19}\right)+969\times\left(\frac{5}{17}-\frac{11}{45}\right)=969\times\left(\frac{7}{45}-\frac{1}{17}+\frac{4}{45}-\frac{1}{19}+\frac{5}{17}-\frac{11}{45}\right)=969\times\left(\frac{4}{17}-\frac{1}{19}\right)=969\times\left(\frac{76}{323}-\frac{17}{323}\right)=969\times\frac{59}{323}=3\times59=177$

(4) $3\frac{2}{5}-4\div\left(□+\frac{3}{8}\right)\times\frac{9}{16}=2\frac{1}{5}$より，$4\div\left(□+\frac{3}{8}\right)\times\frac{9}{16}=3\frac{2}{5}-2\frac{1}{5}=1\frac{1}{5}$，$4\div\left(□+\frac{3}{8}\right)=1\frac{1}{5}\div\frac{9}{16}=\frac{6}{5}\times\frac{16}{9}=\frac{32}{15}$，$□+\frac{3}{8}=4\div\frac{32}{15}=4\times\frac{15}{32}=\frac{15}{8}$ よって，$□=\frac{15}{8}-\frac{3}{8}=\frac{12}{8}=\frac{3}{2}=1\frac{1}{2}$

[2] 正比例と反比例，単位の計算，旅人算，差集め算，消去算，展開図，体積

(1) 8100ｔは45ｔの，8100÷45＝180(倍)だから，この水田の面積は，10×180＝1800(ha)である。また，１haは１辺の長さが100m(＝10000cm)の正方形の面積なので，1800haは，1800×10000×10000＝180000000000(cm^2)となる。よって，30万分の１の地図上の面積は，$\frac{180000000000}{300000\times300000}=\frac{18}{9}=2$ (cm^2)と求められる。

(2) 弟が家を出るときの２人の間の距離《きょり》(兄が14分で進む距離)は，70×14＝980(m)である。また，弟の速さは毎分，21×1000÷60＝350(m)だから，弟が家を出ると２人の間の距離は１分間に，350－70＝280(m)の割合で縮まる。よって，弟が兄に追いつくのは弟が家を出てから，980÷280＝3.5(分後)と求められる。60×0.5＝30(秒)より，これは３分30秒後になるので，その時刻は，７時＋14分＋３分30秒＝７時17分30秒とわかる。

(3) １人に20個ずつ配るときに必要な個数と，１人に16個ずつ配るときに必要な個数の差は，７＋

17＝24(個)である。これは，20－16＝４(個)の差がクラスの人数だけ集まったものだから，クラスの人数は，24÷４＝６(人)とわかる。よって，あめの個数は，20×６－７＝113(個)である。

(4)　30人が参加する場合の費用の合計(30人分の昼食代とプールの貸切料の合計)は，760×30＝22800(円)であり，50人が参加する場合の費用の合計(50人分の昼食代とプールの貸切料の合計)は，688×50＝34400(円)となる。ここで，プールの貸切料は両方に共通なので，この金額の差は，50－30＝20(人分)の昼食代にあたることになる。よって，１人分の昼食代は，(34400－22800)÷20＝580(円)と求められるから，30人分の昼食代は，580×30＝17400(円)となる。したがって，プールの貸切料は，22800－17400＝5400(円)とわかる。

(5)　円すいの側面を展開図に表したとき，(母線)×(おうぎ形の中心角)＝(底面の円の半径)×360という関係がある。よって，おうぎ形の中心角を□度とすると，10×□＝２×360となるので，□＝２×360÷10＝72(度)と求められる。

(6)　右の図のアの部分の水がこぼれる。水面と床は平行だから，●印をつけた角の大きさは等しくなり，アの部分は直角二等辺三角形とわかる。よって，アの部分の面積は，10×10÷２＝50(cm^2)なので，こぼれた水の量は，50×14＝700(cm^3)と求められる。１L＝1000cm^3より，これは0.7Lになる。

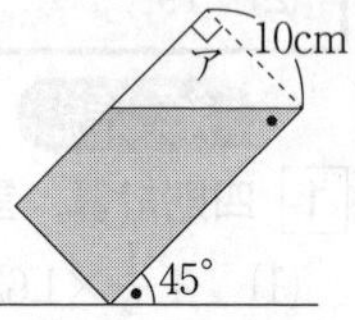

3　場合の数，濃度《のうど》，相似，長さ，面積，表面積

(1)　赤のボールの入れ方は，ＡかＢの２通りである。また，黒，青，緑のボールの入れ方もそれぞれ２通りあるから，４色のボールの入れ方は全部で，２×２×２×２＝16(通り)となる。ただし，この中には４色ともＡに入れる１通りと，４色ともＢに入れる１通りが含《ふく》まれているので，ＡとＢに必ず１個以上入れるときの入れ方は，16－２＝14(通り)とわかる。

(2)　できた食塩水の重さは，80＋120＝200(g)である。また，(食塩の重さ)＝(食塩水の重さ)×(濃度)より，できた食塩水に含まれている食塩の重さは，200×0.09＝18(g)とわかる。このうち，５％の食塩水120gに含まれていた食塩の重さは，120×0.05＝６(g)なので，濃度がわからない食塩水に含まれていた食塩の重さは，18－６＝12(g)と求められる。よって，この食塩水の濃度は，12÷80×100＝15(％)である。

(3)　下の図１で，台形PCDQと台形PAD′Qは合同だから，PCとPAの長さは等しく，角QPCと角QPAの大きさも等しい。また，ADとBCは平行なので，角AQPと角QPCの大きさも等しい。すると，三角形APQは二等辺三角形とわかるから，APとAQの長さも等しくなる。よって，ＣとＱを結ぶと四角形APCQはひし形になるので，２本の対角線ACとPQは垂直に交わり，三角形ABCと三角形POCは相似とわかる。さらに，三角形ABCの３つの辺の長さの比は３：４：５だから，三角形POCの３つの辺の長さの比も３：４：５になる。よって，OCの長さは，５÷２＝$\frac{5}{2}$(cm)なので，OPの長さは，$\frac{5}{2}\times\frac{3}{4}=\frac{15}{8}$(cm)となり，PQの長さは，$\frac{15}{8}\times 2=\frac{15}{4}=3\frac{3}{4}$(cm)と求められる。

(4)　下の図２で，ABとCDは平行だから，角ODCの大きさは27度である。また，ＯからEFに垂直な線OGを引くと，角FOGの大きさは，90－(27＋36)＝27(度)になり，角ODCの大きさと等しくなる。さらに，OFとODの長さは等しいので，三角形OFGと三角形DOHは合同とわかる。よって，両方から共通部分の三角形OIHを取り除くと，四角形IFGHと三角形IODの面積は等しくなるから，斜線《しゃせん》部分の右半分の面積は，中心角が36度のおうぎ形ODFの面積と等しくなる。

図１

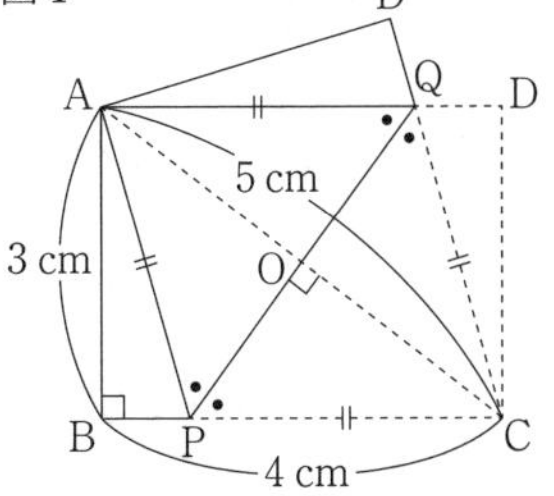

図２

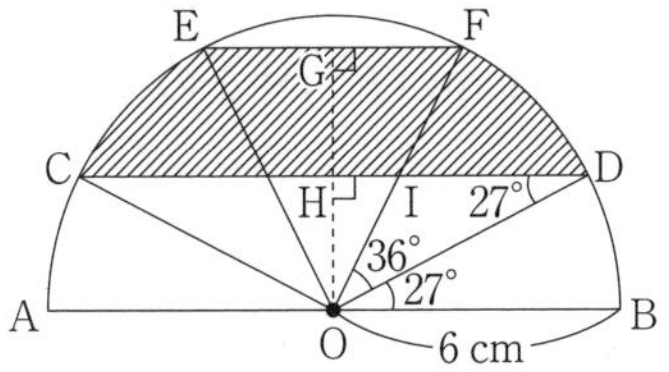

図３

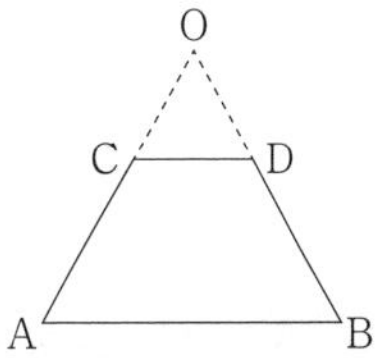

さらに，図２は線対称《せんたいしょう》な図形なので，左半分についても同様であり，斜線部分の面積は中心角が，36×２＝72(度)のおうぎ形の面積と等しくなる。したがって，$6\times6\times3.14\times\frac{72}{360}=7.2\times3.14=22.608$(cm^2)と求められる。

(5)　切り取った三角すいの４つの面は同じ大きさの正三角形になる。また，残った立体の１つの側面は上の図３のようになる。図３で，三角形OCDの面積を②とすると，三角形OABの面積は⑤になるから，台形CABDの面積は，⑤－②＝③とわかる。すると，この立体の表面積は，②＋⑤＋③×３＝⑯と求められる。これが176cm^{2}なので，①にあたる面積は，176÷16＝11(cm^2)となり，切り口の面積は，11×２＝22(cm^2)とわかる。

4　和差算，相当算

(1)　今年度の人数は下の図１のように表すことができる。よって，小学生の人数の２倍が，1596＋84＝1680(人)だから，小学生の人数は，1680÷２＝840(人)とわかる。これは昨年度の小学生の人数の，１＋0.2＝1.2(倍)にあたるので，昨年度の小学生の人数は，840÷1.2＝700(人)と求められる。

(2)　今年度の中学生の人数は，840－84＝756(人)であり，これは昨年度の中学生の人数の，１－0.1＝0.9(倍)にあたる。よって，昨年度の中学生の人数は，756÷0.9＝840(人)だから，昨年度の合計は，700＋840＝1540(人)と求められる。したがって，今年度は昨年度よりも，1596－1540＝56(人)増加したことがわかる。

図１

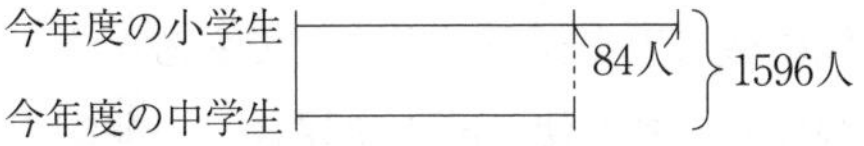

図２

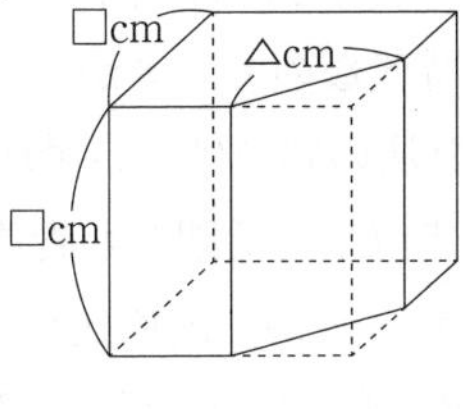

図３

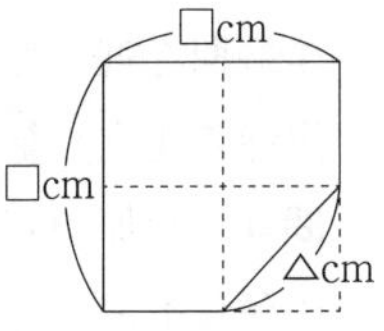

5　立体図形―展開図，表面積，体積

(1)　この立体は，上の図２のように立方体から三角柱を切り取った形をしていて，底面は上の図３のような五角形になる。はじめに，問題文中の展開図で面㋐の面積が８cm^{2}だから，面㋑の面積は，８÷２＝４(cm^2)になる。また，図３で，正方形から切り取った三角形の面積は，８÷４÷２＝１(cm^2)なので，図３の五角形の面積は，８－１＝７(cm^2)とわかる。よって，切り口の長方形を除いた表面積は，８×２＋４×２＋７×２＝38(cm^2)になる。次に，立方体の１辺の長さを□cmとすると，□×□＝８であり，2.83×2.83＝8.0089となるから，□の値は約2.83とわかる。また，△cmを１辺とする正方形の面積は，８÷２＝４(cm^2)なので，△×△＝４より，△の値は２とわかる。

したがって，切り口の面積は約，$2\times2.83=5.66(cm^2)$だから，この立体の表面積は約，$38+5.66=43.66(cm^2)$となる。つまり，求める整数は43である。

⑵　底面積が$7cm^2$，高さが約2.83cmの五角柱なので，体積は約，$7\times2.83=19.81(cm^3)$とわかる。よって，求める整数は19である。

社　会　＜Ａ方式第２回試験＞（30分）＜満点：50点＞

解　答

1　問１　イ　問２　エ　問３　エ　問４　菅原道真　問５　ア　問６　エ　問７　ア　問８　イ　問９　エ　問10　明治　2　問１　ウ，サロマ湖　問２　カ，紀伊山地　問３　ア，(東経)135(度)　問４　ケ，牧之原台地　問５　キ，中京工業地帯　問６　オ　問７　新潟市…イ　津市…オ　問８　インバウンド(消費)　問９　(例)　観光客や移住者が減ってしまうことで特産品の売り上げも減ってしまう。　3　問１　オ，カ　問２　エ　問３　国権(の)最高機関　問４　イ　問５　エ

解　説

1　各時代の外交関係についての問題

問１　『魏志《ぎし》』倭人伝《わじんでん》には邪馬台国の女王卑弥呼についての記録，『後漢書』東夷伝には１世紀に奴国王が光武帝から金印を授けられたという記録，『漢書』地理志には紀元前１世紀の日本は百余りの小国が分立していたという記録がある。よって，組み合わせとして正しいものはイである。

問２　６歳《さい》以上の男女に口分田を支給する班田収授《はんでんしゅうじゅ》法は，聖徳太子の死後に起こった大化の改新(645年)以降に制度化されたものである。よって，エが正しくない。なお，聖徳太子は推古天皇の摂政となり，蘇我馬子と協力して冠位十二階や十七条憲法を制定したほか，遣隋使を派遣《はけん》するなど天皇中心の国づくりを目指した政治を行った。

問３　鑑真は，奈良時代に来日した唐(中国)の高僧《こうそう》である。藤原道長・頼通父子による摂関政治が全盛期を迎《むか》えたのは平安時代なので，エが正しくない。なお，東大寺の大仏造立《ぞうりゅう》，国分寺・国分尼寺の建立，墾田《こんでん》永年私財法の制定は，いずれも奈良時代に聖武天皇が行ったことである。

問４　菅原道真は平安時代前半に活躍《かつやく》した貴族である。894年に遣唐使の廃止《はいし》を建言し，醍醐《だいご》天皇の信任も厚《あつ》く右大臣まで昇《のぼ》ったが，藤原氏のはかりごとにより北九州の大宰府に左遷《させん》された。詩文・学問に優れていたため，「学問の神様」として現在でも親しまれている。

問５　国風文化は平安時代後半に栄えた日本風の文化である。平安時代中期以降，末法の世となって世の中が乱れるという末法思想が広がったことから浄土教が流行した。藤原頼通も浄土教を信仰《しんこう》し，京都府宇治市の平等院に阿弥陀如来《あみだにょらい》を祀《まつ》った鳳凰《ほうおう》堂(写真ア)を建立している。よって，アが正しい。なお，イは東大寺正倉院(奈良時代の天平文化)，ウは東大寺南大門(鎌倉時代の鎌倉文化)，エは慈照寺《じしょうじ》銀閣(室町時代の東山文化)である。

問６　1543年の鉄砲伝来，1549年のキリスト教伝来以降，ポルトガル・スペインとの間で南蛮貿易とよばれる貿易がさかんに行われるようになった。南蛮貿易で日本は鉄砲や火薬のほか明(中国)産の生糸や絹織物を輸入し，大量の銀を輸出したので，エが正しい。なお，鎖国中に長崎を通じて貿

易を行ったのはポルトガルではなくオランダ，フランシスコ＝ザビエルもポルトガルではなくスペイン人の宣教師なので，ア・イともに誤り。ウは桶狭間の戦いではなく長篠の戦いについて説明しているので，正しくない。

問７　ラクスマンが根室に来航したのは1792年，異国船打払令が発せられたのは1825年，モリソン号事件の発生は1837年である。よって，年代順に並べ替《か》えるとＡ→Ｂ→Ｃとなり，アが正しい。なお，鎖国政策を批判した高野長英・渡辺崋山《かざん》らは1839年の蛮社《ばんしゃ》の獄《ごく》で弾圧《だんあつ》された。

問８　不平等条約改正の世論が高まるきっかけとなったのは，1886年に起こったノルマントン号事件である。ノルマントン号事件とは，イギリス船のノルマントン号が紀州沖で難破した時，イギリス人船長と乗組員は全員助かったにもかかわらず，日本人乗客は全員おぼれて死亡したという事件である。船長は裁判にかけられたが，日本がイギリスに治外法権を認めていたためイギリス領事による裁判が行われ，船長は軽罪で済んだ。これに対し，日本国内で不平等条約改正の世論が高まった。したがって，ノルマントン号事件のようすを描《えが》いているイが正しい。なお，アは自由民権運動に対する政府の言論弾圧，ウは日清戦争(1894～95年)のころの東アジア情勢，エは日露戦争(1904～05年)のころの東アジア情勢を風刺《ふうし》した絵。

問９　アについて，南満州鉄道の爆破《ばくは》事件は奉天《ほうてん》郊外の柳条湖《りゅうじょうこ》付近で起き，満州事変のきっかけとなった。一方，北京郊外の盧溝橋《ろこうきょう》で起こった日本軍と中国軍の衝突《しょうとつ》は，日中戦争のきっかけとなったので，正しくない。イはポーツマス条約，ウは三国干渉について説明しており，いずれも明治時代のできごとなので，正しくない。エについて，昭和時代に起こった太平洋戦争(1941～45年)は，日本がポツダム宣言を受け入れて連合国に無条件降伏したことで終結した。よって，エが正しい。

問10　日英同盟は，ロシアの南下政策に危機感を持った日本とイギリスが1902年に結んだ同盟である。明治時代は1868～1912年なので，明治時代のできごと。

２　都道府県の魅力度ランキングを題材にした問題

問１　２位の京都府，３位の沖縄県とともに「レジャーや観光で人気のある場所」，「おいしい海鮮《かいせん》料理が食べられるのも魅力《みりょく》」とあるので，１位の都道府県は北海道と推測できる。なお，日本最大の汽水《きすい》湖(海水と淡水《たんすい》が混じる湖)とはオホーツク海に面したサロマ湖で，北海道のホタテの生産量は青森県についで日本で２番目に多い。統計資料は『日本国勢図会』2022／23年版による(以下同)。

問２　古くから霊場《れいじょう》として信仰されており，世界文化遺産にも登録されている山地とは，三重県・和歌山県・奈良県にまたがる紀伊山地である。「三重県・和歌山県にもまたがる」とあるので，９位の都道府県は奈良県とわかる。なお，奈良筆は奈良市や大和郡山市周辺で古くからつくられている筆で，伝統的工芸品に指定されている。

問３　「明石市には日本の標準時刻を定める子午線が通っている」とあるので，13位の都道府県は明石市が属する兵庫県である。日本の標準時子午線は東経135度の経線で，兵庫県のほか京都府や和歌山県を通っている。なお，明石市は明石海峡《かいきょう》大橋で淡路島と結ばれていることでも知られる。

問４　「茶の栽培《さいばい》に適した台地」，「みかんやいちごなどの生産でも知られている」とあるので，15位の都道府県は静岡県とわかる。静岡県中西部に広がる牧之原(牧ノ原)台地は水はけが良く，茶の栽培に適している。静岡県の茶の生産量は全国一多く，みかんの生産量は和歌山県についで日本で

２番目に多い。

問５　「トヨタ自動車の本社工場があって，自動車製造のさかんな」地域とあるので，20位の都道府県は豊田市が属している愛知県とわかる。愛知県は三重県とともに中京工業地帯を形成し，その製造品出荷額等は全国一多い。

問６　Ａは，印刷・印刷関連業が１位，農業産出額が47位(最下位)なので，東京都である。Ｂは，金属工業が２位であることから内陸に位置する埼玉県はあてはまらないので，大阪府とわかる。

問７　**新潟市**　日本海側に位置するため，対馬海流と北西の季節風の影響《えいきょう》を強く受け，冬の降水量(積雪量)が多いことが特徴《とくちょう》である。したがって，イがあてはまる。　**津市**　太平洋側に位置するため，日本海流(黒潮)と南東の季節風の影響を受けて夏の降水量が多い。アとオの雨温図で夏の降水量が多いが，アは冬でも月の平均気温が15度を上回っているので，南西諸島の気候区(亜熱帯の気候)に属する沖縄県那覇市とわかる。したがって，三重県津市の雨温図はオがあてはまる。なお，ウは岡山市(瀬戸内の気候)，エは長野県松本市(中央高地の気候)，カは北海道札幌市(亜寒帯の気候)の雨温図を表している。

問８　インバウンドには，「外から入ってくる」という意味があることから，日本を訪《おとず》れる外国人観光客をインバウンドという。2002年から政府が外国人観光客の誘致《ゆうち》を推進《すいしん》してきたため，昨今(新型コロナウイルス感染症《かんせんしょう》の感染拡大前)は訪日《ほうにち》外国人の数が急増し，インバウンド消費(訪日外国人がさまざまな商品を日本国内で購入《こうにゅう》すること)の増加が期待された。

問９　ランキングで下位にある，あるいは順位を大きく下げた都道府県には，「魅力がない」というイメージを与えかねない。このようなイメージが広がると，観光客や移住者が来なくなったり，若い人が他県に流出してしまったり，特産品の売り上げが減ってしまったりして，地方自治体の財政収入の減少につながる可能性がある。

３　参議院議員の通常選挙をもとにした問題

問１　ア　参議院議員の選挙権年齢《ねんれい》は満18歳《さい》以上なので，誤り。2015年に公職選挙法が改正され，選挙権年齢は満20歳以上から満18歳以上に引き下げられた。　イ　参議院の定数は248名であるが，１回の選挙ではその半数だけを改選するので正しくない。　ウ　解散は衆議院にはあるが参議院にはないので，誤り。参議院は任期が６年と長く，任期途中《とちゅう》で解散もないので，長期的な視野での政策議論が期待できることから「良識《りょうしき》の府」と称される。　エ　小選挙区比例代表並立制は衆議院の選挙制度なので，正しくない。　オ　参議院議員と都道府県知事の被選挙権は満30歳以上，衆議院議員と市区町村長，地方議会議員の被選挙権は満25歳以上なので，正しい。カ　参議院の選挙では，選挙区と比例代表区の２つの選挙区から当選者が出るので，有権者は２種類の投票用紙を投じる。よって，正しい。　キ　最高裁判所裁判官の国民審査は衆議院議員総選挙の時に行われるので，正しくない。　ク　2022年７月に行われた選挙の投票率は52.05％だったので，誤り。なお，平成以降，参議院の選挙で投票率が70％を超《こ》えたことはない。

問２　７月の参議院通常選挙後の８月に開かれているので，臨時国会である。臨時国会は内閣が必要と認めた時，あるいは衆参どちらかの議院の総議員の４分の１以上の要求があった時に開かれる。なお，アの特別国会は衆議院解散による衆議院議員総選挙後30日以内に開かれる国会で，内閣総理大臣の指名が行われる。イの緊急集会は衆議院が解散され，特別国会が開かれるまでの間に緊急《きんきゅう》な要件が生じた時，参議院だけで開く集会。ウの通常国会は毎年１月に開かれ，おもに来年度予算を審議・議決する。

問3　日本国憲法第41条は国会について，「国会は，国権の最高機関であって，国の唯一《ゆいいつ》の立法機関である」と定めている。三権分立を採用しているにもかかわらず国会が最高機関とされるのは，国会が主権(政治を決める最高権力)を持つ国民の代表者によって構成されているからである。

問4　北海道北東部に位置する択《え》捉《とろふ》島・国後《くなしり》島・色丹《しこたん》島・歯舞《はぼまい》群島のことを北方領土という。北方領土は日本固有の領土であるが，現在はロシアに占拠《せんきょ》されている。なお，アの尖閣《せんかく》諸島(沖縄県)は中国，エの竹島(島根県)は韓国が領有権を主張している。ウの沖ノ鳥島(東京都)は日本最南端《さいなんたん》の島であるが，この島については中国と韓国が「岩」であって「島」ではないため，沖ノ鳥島を基準とした排他的経済水域(EEZ)を有することはできないと主張している。

問5　円安とは外国為替《かわせ》相場において，円の価値が下がることをいう。たとえば，1ドル＝100円の交換《こうかん》比率が，1ドル＝120円になるような場合である。円安になると輸入品の価格が上がるので，輸入量が減る。また，日本から海外に行くと旅行費用が高くなるので，日本からの海外旅行者数は減少する。よって，組み合わせとして正しいものはエである。

理　科　＜A方式第2回試験＞（30分）＜満点：50点＞

解　答

1 (1)　**視点A**…ウ　**視点B**…ア　(2)　ウ　(3)　だっ皮　(4)　完全変態　**記号**…ア，イ，エ　(5)　イ，ウ　**2** (1)　①　71.7%　②　22.4%　(2)　エ　(3)　ウ　(4)　イ，ウ　**3** (1)　(例)　気圧が低くなるから。　(2)　ほう和水蒸気量　(3)　ろ点　(4)　30℃，42.2%　**4** (1)　5：2　(2)　イ　(3)　炭素　**5** (1)　2800cal　(2)　450g　(3)　11℃　**6** (1)　ウ　(2)　ア　(3)　毎秒6cm　(4)　ウ

解　説

1　昆虫《こんちゅう》の分類とクモについての問題

(1)　**視点A**…昆虫の羽はふつう4枚あり，飛ぶために用いられるが，エンマコオロギの羽は左右の羽をこすり合わせて鳴くためについている。また，ハタラキアリには羽がない。　**視点B**…アゲハチョウとアブラゼミは花のみつや木のしるを吸う口，ノコギリクワガタは樹液をなめる口，ハタラキアリやエンマコオロギ，オニヤンマやトノサマバッタはかむ口を持っている。

(2)　ノコギリクワガタやアゲハチョウ，ハタラキアリは，卵→幼虫→さなぎ→成虫のように育つ。一方，アブラゼミ，エンマコオロギ，オニヤンマ，トノサマバッタは，卵→幼虫→成虫のように育つ。

(3)　昆虫などが成長のとちゅうで古い皮をぬぎすてることをだっ皮という。

(4)　さなぎの時期のある育ち方を完全変態といい，ここではカ，ハエ，ハチがあてはまる。なお，さなぎの時期のない育ち方を不完全変態という。

(5)　クモは頭胸部・腹部に分かれていて，頭胸部からあしが8本はえている。また，クモに触角《しょっかく》はないが，そのかわりにあしが変化したしょくしと呼ばれる器官を持ち，卵→幼虫→成虫のように育つ。

2 カーボンニュートラルについての問題

(1) ① 化石燃料のように炭素を含《ふく》む物質を燃焼させると，温室効果ガスの１つである二酸化炭素が発生する。バイオマスを除くと，これにあたる電源構成は，液化天然ガス，石炭，その他の火力，石油で，これらの割合の合計は，31.7＋26.5＋11.0＋2.5＝71.7(％)である。 ② 再生可能エネルギーとは，資源がなくならずくり返し利用できるエネルギーのことで，これにあたる電源構成は，太陽光，水力，バイオマス，風力，地熱で，これらの割合の合計は，9.3＋7.8＋4.1＋0.9＋0.3＝22.4(％)になる。

(2) ガソリン車，ディーゼル車，ハイブリッド車は，いずれも石油を燃料としているので二酸化炭素を排出《はいしゅつ》するが，電気自動車は電気を動力のためのエネルギーとして利用しているので，二酸化炭素を排出しない。

(3) 水素を燃焼させると大きなエネルギーを取り出すことができ，あとに水だけが残る。このため，次世代の自動車の燃料として期待されている。

(4) ア 熱帯雨林が減少し，森林に吸収される二酸化炭素の量が減るので，あてはまらない。 イ 植林によって森林に吸収される二酸化炭素の量が増えるから，あてはまる。 ウ 二酸化炭素を地中に封《ふう》じ込《こ》めることで空気中の二酸化炭素が減るので，あてはまる。 エ 二酸化炭素を吸収したり，人為《じんい》的に除いたりしていないから，あてはまらない。

3 気温とほう和水蒸気量についての問題

(1) 上空は気圧が低いため，上昇《じょうしょう》気流によって上空に押《お》し上げられた空気は膨張《ぼうちょう》する。このため，空気の温度が下がる。

(2) 1 m^{3}の空気に含むことができる水蒸気の最大量をほう和水蒸気量といい，気温が高くなると大きくなる。

(3) 気温が下がるほどほう和水蒸気量が小さくなっていくため，水蒸気を含む空気の温度が下がっていくと，やがて水蒸気を含みきれなくなって，水滴《すいてき》が発生する。このときの温度をろ点という。

(4) 雲ができ始めたときの標高は，100×(25－20)＝500(m)で，雲がある場合，100m上昇するごとに気温が0.5℃下がるから，山頂での空気の温度は，20－0.5×(1500－500)÷100＝15(℃)になる。このとき，空気1 m^{3}あたりに含まれている水蒸気の量は，気温が15℃のときのほう和水蒸気量に等しい12.8gである。山頂を越えると雲が消えるので，この空気は100m下降するごとに気温が１℃ずつ上がる。よって，ふもとまで下降したときの気温は，15＋１×1500÷100＝30(℃)になる。気温30℃のときのほう和水蒸気量は30.3gなので，このときの湿度《しつど》は，12.8÷30.3×100＝42.24…より，42.2％と求められる。

4 マグネシウムの燃焼と還元《かんげん》についての問題

(1) (白色の粉末中の酸素の重さ)＝(白色の粉末の重さ)－(マグネシウムの重さ)で求められる。これより，白色の粉末2.5g中の酸素の重さは，2.5－1.5＝1.0(g)である。したがって，白色の粉末の重さと白色の粉末中の酸素の重さの比は，2.5：1.0＝５：２となる。この割合は，マグネシウムの重さが変化しても変わらない。

(2) 水は酸素と水素からできている。燃焼しているマグネシウムに水をかけると，マグネシウムが水から酸素をうばうことでさらに激しく燃え上がる。また，このとき発生した水素が爆《ばく》発的に燃え上がる。

(3)　ドライアイスは二酸化炭素の固体で，炭素と酸素が結びついてできている。ドライアイスのくぼみにマグネシウムの粉末を入れると，マグネシウムが二酸化炭素から酸素をうばうため，あとに黒色の炭素が残る。

5 熱の移動についての問題

(1)　上昇した水の温度は，27－13＝14(℃)だから，加えた熱の量は，１×200×14＝2800(cal)である。

(2)　15℃の水300ｇが得た熱の量は，１×300×(33－15)＝5400(cal)である。ここで，混ぜた45℃の水は5400calの熱の量を失ったことになるので，混ぜた水の重さは，5400÷１÷(45－33)＝450(ｇ)となる。

(3)　アルミニウム１ｇを１℃上昇させるのに必要な熱の量は，水１ｇを１℃上昇させるのに必要な熱の量の0.2倍とあるから，アルミニウム50ｇは，50×0.2＝10より，水10ｇにあたる。したがって，50ｇで26℃のアルミニウムのコップに10℃の水150ｇを入れたときの全体の温度は，(１×10×26＋１×10×150)÷(10＋150)＝11(℃)と求められる。

6 物体の運動についての問題

(1)　表１より，台車にのせた分銅の重さを２倍，３倍，…にすると，１秒あたりの速さの変化は$\frac{1}{2}$，$\frac{1}{3}$，…になることが読み取れるので，反比例の関係とわかる。したがって，ウが選べる。

(2)　表２より，台車を引く力の大きさを２倍，３倍，…にすると，１秒あたりの速さの変化も２倍，３倍，…になることが読み取れるから，比例の関係とわかる。よって，アのグラフが適切である。

(3)　初めの引く力のときの１秒後の速さは毎秒0.2cmなので，引く力を初めの力の６倍にしたとき，動き出してから５秒後の速さは毎秒，0.2×６×５＝６(cm)と求められる。

(4)　１秒あたりの速さの変化は，物体の重さに反比例し，物体を引く力の大きさに比例するから，ウが適切である。

国語　＜Ａ方式第２回試験＞（50分）＜満点：100点＞

解答

一　**問１**　差し伸べら　**問２**　僕は，病院　**問３**　この世で，／とんでもな　**問４**　彼女は手を(その後，そ)　**問５**　ア　**問６**　**ア**　気付けなかった　**イ**　責任(痛み)　**問７**　誰かの光を守る(手を差し伸べる)　**問８**　**ア**　幸運(奇跡)　**イ**　宝物(大切)　**問９**　止まっていた(止まったまま，止まっている)　**問10**　エ　**問11**　①，⑦，⑨，⑩　下記を参照のこと。　②　こまごま　二　**問１**　イ　**問２**　一人ひとり　**問３**　**ア**　自己検閲　**イ**　型にはめて見る　**問４**　**ア**　凝集性　**イ**　お友だち集団(「オレたち」)　**問５**　インターネット　**問６**　真に民主的な社会　**問７**　**ア**　異質な他者　**イ**　増幅され　**問８**　**ア**　基本前提と言葉遣い　**イ**　不毛　**問９**　**ア**　ツッコミ　**イ**　批判者(反対派，異分子)　**問10**　ウ　**問11**　下記を参照のこと。

●漢字の書き取り

一　**問11**　①　一様　⑦　傷　⑨　応答　⑩　想像　二　**問11**　①　至(っ

て）　③　楽観的　⑥　階層　⑦　君臨　⑩　取捨

解　説

一　出典は砥上裕將《とがみひろまさ》の『7.5グラムの奇跡《きせき》』による。眼科の検査技師の同僚《どうりょう》の剛田《ごうだ》と患者《かんじゃ》の正彦《まさひこ》・葉《よう》子《こ》夫妻とのハイキングの後，暗闇《くらやみ》の中を一人で山を下るはめになったことで，自分の仕事の意義を実感した野宮《のみや》は，後日診察《しんさつ》を受けに来た夫妻を前に，ある違和感《いわかん》に気付く。

問１　前の部分で「僕《ぼく》」は，生まれて初めて「真っ暗闇」を味わう中で，「なに一つ手立てがないとき」に「差し伸《の》べられた手や，不安から救い出してくれる小さな一助」が大きな意味を持つことを実感している。遠くに見えた懐中電灯《かいちゅうでんとう》の光も，「僕」にとって何より希望を感じさせるものだったとわかる。

問２　本文の最初の部分で，暗闇に放り出された「僕」が「あたりを探《さぐ》る」ために杖《つえ》をつくって行動したことが書かれている。「僕は，病院に来られる白杖《はくじょう》をつく患者さんのように〜」という例えで，何も見えないようすを表している。「白杖」は，視覚障害がある人が使う白い杖のこと。

問３　「僕」は暗闇の中をゆっくりと歩きながら，「見えるということ」は「この世で，最もありふれた奇跡」だと考えている。さらに，探しに来てくれた剛田と合流して下山し，「外灯のある歩道」に出た後は，あたりが見えることに心動かされ，「とんでもなく大きな価値のあるもの」を取り戻《もど》したと感じている。

問４　読み進めていくと，葉子の目が見えにくかったのはメガネが汚《よご》れていたからだったと判明する。洗ったメガネをかけると，隣《となり》にいる正彦の顔を見て，「彼女は手を伸ばして，彼の目ヤニを指先で拭《ぬぐ》って取った」。そして，「はっきり見えます」と答えているので，葉子の目の状態が改善されたことがわかる。また，さらに続く部分で葉子は「その後，そっと止まったままの腕時計《うでどけい》の針を確認した」。それは「針が止まっていることを確認しているかのようだった」とあるので，視界が改善されて初めて時計が動いていないと知ったことが想像できる。

問５　ぼう線⑧の前の部分では，葉子のメガネの汚れを見た北見《きたみ》先生が「辛《つら》い表情」や，それまでとは「まるで違《ちが》う微笑《ほほえ》み」を浮《う》かべている。ぼう線⑧の後の部分では，先生は葉子の息子の光彦《みつひこ》に対し，葉子が「認知症《にんちしょう》を発症している可能性がある」と伝えている。こうしたことから，先生は，葉子がメガネの汚れに気付いていないという事実から認知症の可能性に思い至り，辛い気持ちになったことが読み取れるので，アがふさわしい。

問６　前の部分の先生と光彦の会話に注目する。　**ア**　先生は，葉子が以前と変わらないようすなので認知症の発症に「気付けなかった」と説明している。　**イ**　葉子の認知症の可能性を想像すらしなかったことについて，光彦は自分の「責任」だと話している。先生も，もっと早く気付ければ良かったと答え，責任を感じていることがわかる。また，似た表現としてぼう線④の前の部分に「痛み」がある。

問７　問１でみたように，野宮は自分自身が暗闇を体験する中で，「暗闇に手を差し伸べる」のは「無意味なことではない」と知り，「誰《だれ》かの光を守る」という自分の仕事の意義を感じている。

問８　**ア**　本文の前半で剛田は，暗闇から野宮を見つけられたのは，野宮が被《かぶ》っていた葉子の帽子《ぼうし》が赤くて目立っていたからだと明かし，「幸運」の帽子だったねと話している。また，似た表現としてぼう線②に続く部分に「奇跡」がある。　**イ**　本文の最後で野宮から赤い帽子を受け取った葉子は，息子夫婦《ふうふ》からもらった「宝物」だと話している。また，似た表現としてぼう線①の前の部分に「大切」がある。

問９　夫婦の時間について，問４でみた葉子の腕時計の針が「止まっている」，実は「止まったまま」だったことに気付いた場面で，野宮は，二人の時間も，ずいぶん前から「止まっていた」のかもしれないと考えている。

問10　葉子は受診時にきちんと応答したり，帽子を大切に思う素直な気持ちを話したりしているが，うそがつけず周りを困らせるようすはないので，エが誤り。なお，アは，本文の後半で野宮は，葉子のメガネの汚れに気付き，すぐに北見に伝えている。イは，剛田は本文の前半で暗闇の中にいた野宮を心配して探しに来たり，本文の後半で葉子が認知症を発症している可能性があることを知って「なにかをこらえるよう」な表情をしたりしている。ウは，光彦は，母親が認知症をしている可能性に気付かなかったことや，そのせいで父親の緑内障が深刻な状態になってしまったことについて「私の責任です」と話している。

問11　①　どれも似通って同じようなさま。　⑦　けがをしたところやいたんだところ。　⑨　質問に対して受け答えすること。　⑩　目の前にないものを頭に思い浮かべること。　②　数が多く細部にわたるさま。

二　**出典は戸田山和久《とだやまかずひさ》の『思考の教室―じょうずに考えるレッスン』による。**筆者は，集団で考えることでかえって愚《おろ》かな意思決定をしてしまう「集団思考」の特徴《とくちょう》や原因，集団思考を避《さ》ける方法などを論じている。

問１　続く部分で筆者は，「集団思考」の特徴として，自分と意見の異なる相手を否定することや，「みんなの意見」と異なる考えを言わずに黙《だま》ることなどをあげている。よって，集団思考を避けるためには，全体とは異なる意見も受け入れたり発信したりすることが必要だと考えられるので，イがよい。なお，アのように全員が同じ意見だと思いこむ「全会一致《いっち》の幻想《げんそう》」や，ウのようにメンバーの「意見を察知」して，「自分の意見をあわせようとする」という「自己検閲《じこけんえつ》」，エのように「自分たちの正しさを疑わなくなる傾向《けいこう》」などは，筆者が集団思考の特徴としてあげているものなので，いずれもふさわしくない。

問２　前後の部分では，集団思考が「個人の心がもともともっているバイアス」を「拡大」してしまうことが指摘《してき》されている。同じことを筆者は本文最初の段落において，「みんなで考える」ことでかえって「一人ひとりのもつ愚かさ」が「増幅《ぞうふく》」されることがある，と説明している。

問３　**ア**　前で述べられた集団思考の特徴⑷で，周囲の考えを察知して自分の意見をそれにあわせ，「空気を読む」ことを「自己検閲」と呼んでいる。　**イ**　同じく集団思考の特徴⑶で，自分と意見の異なるグループや人を「敵対」する存在とみなし，「愚か者」という「型にはめて見る」過程について説明している。

問４　**ア**　本文最初の「中略」の後で，「集団思考」に陥《おちい》りやすいグループの特徴として，考えかたや価値観などが同じような人たちが集まるという「均質性」が高いこと，そしてその「似通った人たち」が「仲良く結びついて」いるという「凝集性《ぎょうしゅうせい》」が高いことの二点があげられている。

イ　均質性と凝集性の高い集団では，集団内の「オレたち」とそれ以外の「アイツら」がはっきりと区別され，気の合う「お友だち集団」を形成しているのである。

問５　前の部分で筆者は，20年以上も前，「インターネット」は「世の中を根本的に変化させるもの」として「バラ色の夢」を託《たく》されていたと述べている。一方で，続く部分では，結局インターネットは「集団思考を促進《そくしん》するもの」になってしまったと説明している。「サイバーデモクラシー」と呼ばれた未来像についての本が書棚《しょだな》の隅《すみ》に眠っているということは，インターネットが期待されていた役割を果たせず，「バラ色の夢」が実現できなかったことを象徴している。

問６　問５でみたインターネットの未来像では，インターネットは「異なる意見をもつ人々を出会わせ」て「自由でオープンな議論を生み出」し，ネット上に「真に民主的な社会」を実現することが期待されていたのである。

問７　ぼう線⑫をふくむ段落より前の部分で，インターネット技術の悪い点があげられている。**ア**　インターネットの検索《けんさく》エンジンは自分と同じような意見ばかりを並べてしまうので，「異質な他者」との出会いも対話もできないとある。　**イ**　ソーシャルネットワークでは「同じような意見の人ばかり」からなる「閉じたコミュニティ」が形成され，みんなと同じ意見を発すると，そのような意見が「増幅され」て返ってくるのである。

問８　「烏合《うごう》の衆《しゅう》」とは，ただ寄り集まった集団のこと。ぼう線⑬をふくむ一文は，これではダメで，みんなで話し合って考えていくための決まり，ルールが必要だという内容である。　**ア**　続く部分で筆者は，「違う意見の持ち主」と議論をするためには，理解がずれないよう，つねに「基本前提と言葉遣《ことばづか》い」を確認しあって進めていく必要があると述べている。　**イ**　さらに続く部分で，アでみたような基本的な考えかたの「すり合わせ」をしなければ，議論は「不毛」に終わると主張している。「不毛」は何の結果も出ないこと。

問９　**ア**　前の段落で，「悪魔《あくま》の代理人」と呼ばれる立場の人は，寄せられた申し出に対して徹底《てってい》的《てき》に「ツッコミ」を入れると書かれている。　**イ**　ぼう線⑭の段落で，教会における「悪魔の代理人」のように，あえてグループ内に「批判者」の役割をつくれば集団思考に陥ることを避けられると論じている。また，三段落前では，「悪魔の代理人」のようにグループ内で違う意見を言う人について，「反対派・異分子の役割を果たす人」と言いかえられている。

問10　ウは，筆者は人々がかつてインターネットに未来像の夢を託していたと述べているが，鋭く検証はしていないので，正しくない。なお，アは，本文の最初の部分で，「最もカシコいはずの人々」の集まりでも「愚かな意思決定」をしてしまった例があると述べられている。イは，「集団思考」の特徴を箇条《かじょう》書《が》きにした後，「どんなグループでも集団思考は起こりうる」とある。エは，本文の後半で，集団思考に陥らないために，意見が異なる人にグループ内外から議論に参加してもらう方法を紹介《しょうかい》している。

問11　①　音読みは「シ」で，「必至」などの熟語がある。　③　前向きな考え方を持つさま。　⑥　複数のものが上下に積み重なってできる構造。　⑦　高い地位を占《し》め，権力をふるうこと。　⑩　不必要なものは除き，必要なものだけを選び取ること。「取捨選択」の形でよく使われる。

2023年度

明治大学付属中野八王子中学校

【４科総合型】〈Ｂ方式試験〉(60分)〈満点：120点〉

1 次の図のような**容積が２Ｌ**の容器があり、この容器に水を注ぎ入れるための蛇口《じゃぐち》と、水を排出《はいしゅつ》するための排水溝《はいすいこう》の栓《せん》があります。

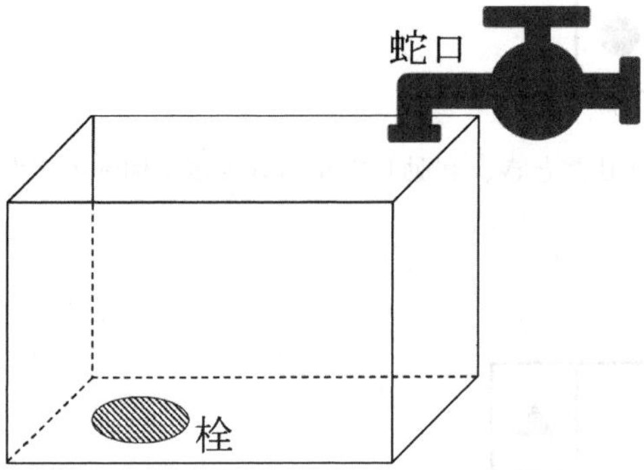

この水の流れを制御《せいぎょ》する装置に、カードを並べて命令をつくり、動作させます。注水や排水を操作するカードには次のようなものがあります。

- ○ :蛇口が開き、毎秒200mLの水が注がれる。
- ● :蛇口が閉じる。
- △ :排水溝の栓が開き、毎秒300mLの水が排出される。
- ▲ :排水溝の栓が閉じる。
- ◇ :蛇口から注がれる水量が2倍になる。

例えば

○		●		△	▲
0	1	2	3	4	5

このようにカードを並べて装置を起動させると、次のように動作します。なお、装置を起動させたときを０秒後とします。

０秒後に蛇口が開き、注水が始まります。
２秒後に蛇口が閉まり、注水が止まります。
４秒後に栓が開き、排水が始まります。
５秒後に栓が閉まり、排水が止まります。

このとき、５秒後には容器に100mLの水が残っています。これをもとに以下の問に答えなさい。

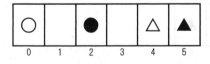

問１

○				●	△	▲
0	1	2	3	4	5	6

このようにカードを並べて動作させたとき、起動してから６秒後に何mLの水が容器に残っていますか。

問２

○		◇		◇	●
0	1	2	3	4	5

このようにカードを並べて動作させたとき、起動してから５秒後に何mLの水が容器に残っていますか。

問３

○						▲
0	1	2	3	4	5	6

このようにカードを並べて動作させたとき、起動してから６秒後にちょうど300mLの水が容器に残っている状態を作りたい。●と△のカードを1枚ずつ適切な位置に置きなさい。

問４

○		◇		◇		●
0	1	2	3	4	5	6

このようにカードを並べて動作させたとき、起動してから６秒後までの容器の中の水の量をグラフに表しなさい。

問５

○			△			◇	●	▲
0	1	2	3	4	5	6	7	8

このようにカードを並べて動作させたとき、次の（１）（２）に答えなさい。

（１）起動してから８秒後には何mLの水が容器に残っていますか。

（２）７秒後と同じ水の量になるときが他に２回あります。何秒後と何秒後ですか。

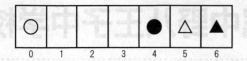

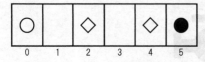

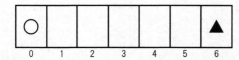

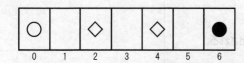

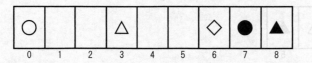

2 次の〔文章A〕〔文章B〕を読んで、以下の問に答えなさい。

〔文章A〕

物価の変動は私達の生活に様々な面で影響《えいきょう》をおよぼします。それは歴史的にも同様です。ここでは江戸時代の支配階級である武士の生活について考えてみましょう。

武士の給料は主に米で支給され、それらは「俸禄米《ほうろくまい》」や「扶持米《ふちまい》」と呼ばれました。しかしながら、実際は米をもらっても現金がなければ、おかずも日用品も買うことはできません。そこで、それらを換金《かんきん》する必要性が生じます。その業者は札差《ふださし》や蔵元《くらもと》と呼ばれました。

それでは、江戸時代の米価はどのようになっていたのでしょうか。江戸時代は**備中鍬《びっちゅうぐわ》**などの新たな農具が発明されたことで、農業生産力が飛躍《ひやく》的に向上した時代でした。他方、特に18世紀に入ると米価は政策や飢饉《ききん》などにより激しく変動しました。

同時期には、貨幣《かへい》経済（貨幣を仲立ちにしてモノの売買が行われる経済）が急速に発達していきます。日本各地で特産品が生まれ、商人らの活躍もあり、商業が活発化します。その結果、様々な生活物資の需要《じゅよう》が都市を中心に高まりました。それ故《ゆえ》に、米以外のモノの値段が上がります。このような、米価に対して相対的にその他のモノの値段が高い状態のことを「米価安の諸色高」と呼びますが、城下町など都市生活者である**①武士にとっては最悪の状況《じょうきょう》です**。そのため、江戸時代の時の権力者たちは、物価の調整に大変苦労したのです。今も昔も物価が人々の生活にあたえる影響は大きいものですが、江戸時代はその「主役」である武士たちが大変苦しい立場に置かれていたのですね。

問1 下線部①について、なぜこのように考えられるのでしょうか。〔文章A〕を参考に、【X】は15字以内で、【Y】【Z】は10字以内でそれぞれ答えなさい。

武士が生活をしていくためには、【 X 】ので、米価が高値でなければ実質的に【 Y 】、米以外の物価が上昇《じょうしょう》していれば【 Z 】から。

問2　二重下線部について、鍬《くわ》には様々な種類があり、平らな１枚の刃《は》を持つものが平鍬（図１）で、刃がフォークのように３本や４本に分かれているものが備中鍬（図２）です。次の（1）～（3）に答えなさい。

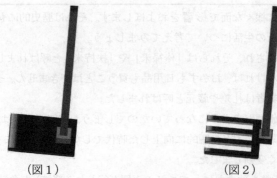

（図１）

（図２）

（1）鍬は長い柄《え》を両手で握《にぎ》り、先端《せんたん》に取り付けられた刃を振り下ろして地面に刺《さ》すことで、てこの原理を使って、小さな力で土を掘《ほ》り起こすことができます。（図３）は、鍬で土を掘り起こす様子を模式的に表したもので、柄と刃は完全につながっています。力点・支点・作用点を図のア～エからそれぞれ１つずつ選び、記号で答えなさい。

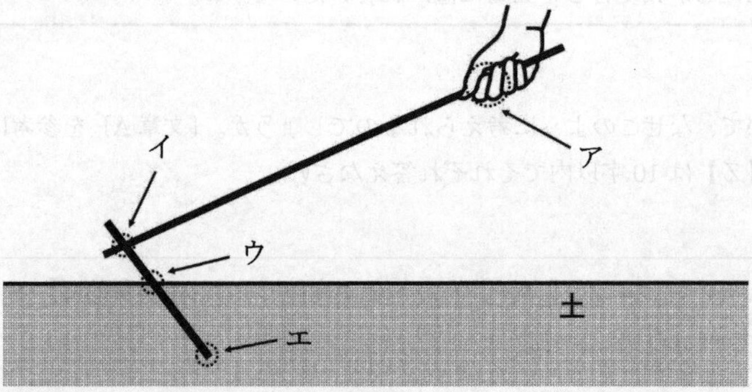

（図３）

（2）次のア・イは、平鍬または備中鍬の特徴《とくちょう》を説明しています。備中鍬の特徴を説明したものを選び、記号で答えなさい。

ア．柔《やわ》らかい土に適していて、畑を耕したり、草を取ったりするのに向いている。
イ．固い土に適していて、固い土を砕《くだ》いたり、かたまった土をほぐしたりするのに向いている。

（3）次の文は、（2）で備中鍬の特徴を選んだ理由を説明したものです。文中の【X】は「土」・「面積」の２つの語句を用いて15字以内で、【Y】は「力」・「面積」の２つの語句を用いて20字以内で、それぞれ答えなさい。

備中鍬の刃は【　X　】ので、【　Y　】から。

〔文章B〕

21世紀に入り、日本では資源価格の高騰《こうとう》や為替《かわせ》の影響など、様々な要因でモノの値段が上がる局面がありました。こうした状況が長く続くとどうなるのでしょうか。

仮に、1年に10%の割合で②**モノの値段が上がり続ける**とします。この場合、例えば2023年に10000円で購入《こうにゅう》できたコートは、2024年には1着11000円になります。以降、次の表のように値段が推移することになります。

表

西暦(年)	値段(円)
2023	10000
2024	11000
2025	12100
⋮	⋮
2027	［A］
⋮	⋮
2033	25937

※値段については、小数点以下を四捨五入している。

これを見ると、10年間でコートの値段が約2.6倍に上がることがわかります。もちろん、コートの品質やデザインが変わっているわけではありません。もし、あなたが2023年に10000円を持っていたとしても、このコートはやがて買えなくなってしまうわけですから、現金10000円の価値は［B］ことになります。

このようなモノの値段が上がり続ける時代に、すでに持っている資産の価値を守るための工夫として、例えば［C］ことなどが考えられます。

問3　下線部②「モノの値段が上がり続ける」について、このような状態のことを何と言いますか。**カタカナ**で答えなさい。

問4　［A］にあてはまる数字を答えなさい。必要な場合は小数点以下を四捨五入すること。

問5　表をもとに、2023年から2033年にかけてのコートの値段の推移をおおまかに図に表しなさい。

問6　[B]にあてはまる表現を、次のア～ウから１つ選び、記号で答えなさい。

ア．上がっている　　　イ．下がっている　　　ウ．変わらない

問7　[C]にあてはまる表現として最もふさわしいものを、次のア～エから１つ選び、記号で答えなさい。

ア．現金を銀行や郵便局に預け、年に0.1%程度の利息をもらう
イ．現金を銀行や郵便局に預けず、自宅で大切に保管しておく
ウ．現金を貴金属や株式など、他のモノに変えて持っておく
エ．現金を１人が管理するのではなく、家族など複数人で分けて持っておく

問8　問３で問われたような状態にあっても、必ずしも私たちの生活が苦しくなるとは限りませんが、そのように考えられるのはなぜですか。20字以内で答えなさい。

3 以下の問に答えなさい。

問1 【資料1】をもとに寓話《ぐうわ》「アリとキリギリス」の現代版として「新解釈《しんかいしゃく》アリとキリギリス」を考えました。これについて、次の(1)・(2)に答えなさい。

「アリとキリギリス」のあらすじと教訓

［1］ 夏の間、アリたちは冬の食糧《しょくりょう》を蓄《たくわ》えるために働き続けます。

［2］ その一方で、キリギリスはヴァイオリンを弾《ひ》き、歌を歌ってばかりです。

［3］ アリたちは冬がきても蓄えておいた食糧のおかげで平穏《へいおん》な生活を営むことができました。一方、キリギリスは食べ物を得ることができずにやがて飢《う》えてしまいました。

［教訓］ キリギリスのように将来のことを考えずに遊んでばかりいると身を滅《ほろ》ぼす。アリのように日ごろから地道に働くことが大切だ。

「新解釈アリとキリギリス」のあらすじと教訓

［1］ ある会社で、アリは与《あた》えられる仕事以外のことには目もくれず働いていました。

［2］ その一方で、キリギリスは音楽を聴《き》いたり演奏したりする時間を大切にしつつ働いていました。

［3］ アリは、論理的・理性的な思考のみに頼《たよ》り続けた結果、［ A ］。そのため、会社に必要とされなくなってしまいました。一方、キリギリスは、優《すぐ》れた感性を生かして［ B ］。そのため、会社の中でも高く評価されました。

［教訓］ ［ C ］

(1) ［ C ］にあてはまる文として最もふさわしいものを以下から選び、記号で答えなさい。

ア. 食糧難となる冬の訪《おとず》れに備えるアリは論理的・理性的思考の持ち主といえるが、現代の市場《しじょう》で生じる変化は季節のようにわかりやすいものではなく、事前に予想するためにはキリギリスの持つ創造力や美意識の方が有効だといえる。

イ. より多くの食糧を確保するためにはアリの持つ論理的・理性的な思考が有効だったが、現代では食糧確保の分野の中で激しい競争が生じていて生き残りが難しいため、昔は消費者が目を向けなかったような独特な市場を切り開く可能性を持つキリギリスの芸術性の方が貴重だ。

ウ. 食糧の備蓄《びちく》のような仕事は論理的・理性的な思考を持つアリに向いていたが、大きく発展した現代の市場では差別化できないものに需要《じゅよう》はなく、消費者の欲求を刺激《しげき》するのは日頃《ひごろ》から音楽を通して感性や美意識を磨《みが》いているキリギリスの方だといえる。

エ. 「生きるために必要なもの」を確保する際に有効だったのはアリの論理的・理性的な思考だが、自分らしさを求める現代の消費者が大切にする感性や美意識は特定の集団内部で共有されるものであり、キリギリスのように音楽に詳《くわ》しい方がそこに所属できる機会は大きい。

(2) 以下の条件に従って、［ A ］、［ B ］にふさわしい内容を考えて答えなさい。

- (1)で選んだ選択肢《せんたくし》の内容に沿うこと。
- ［ A ］と［ B ］のちがいがわかるよう、内容を明確に対比させること。
- 起こる出来事の原因をふくめて書くこと。

【資料１】

明　八　経　済　新　聞

コラム：世界のエリートは美術館に行く！？

寓話「アリとキリギリス」は、アリが勤勉で計画性のある人間を、キリギリスが怠《なま》け者で無計画な人間をそれぞれ表し、「勤労と貯蓄《ちょちく》が重要だ」という教訓を伝えているよね。この教訓は、数十年前の世界なら正解と言ってもいいと思うよ。でもね、現代はこの考え方だけで乗り切れるほど甘《あま》くはないんだ。ここでは誤解を恐《おそ》れずに、アリよりもキリギリスの方が活躍《かつやく》できるんだということをみんなに伝えたいな。もちろんアリを全面的に否定するわけじゃないけれど、ここでは話をわかりやすくしてお話ししていくよ。まず前提として、アリが表す人間を論理的・理性的な思考を重視する者、日頃から音楽に親しんでいるキリギリスが表す人間を芸術的センスがよく、創造性・感性の優れた者ということにするよ。

ここ最近、有名なグローバル企業《きぎょう》では、社員が美術館やアートスクールに通うことが勧《すす》められているんだって。なんでかな？　社員がアートに親しんだところで仕事に役立つとは思えないよね。でも、そこには確かな利益があるんだよ。

現代のビジネスシーンには、「論理的・理性的な思考の限界」という問題があるんだ。これまでの仕事では、論理的・理性的な思考が大切だったけれど、みんながその力を磨いていった結果、世界中の市場で「正解のコモディティ化」という現象が発生してしまった。コモディティ化とは、どの会社の製品やサービスも似たようなものになることを意味するよ。

また、現代は何が起こるか極《きわ》めて予測が難しい時代でね、いくら論理的・理性的に考えても十分に安心できる正解が出せるとは限らないんだ。だからね、予想外の問題が生じたときに対応できる問題解決能力や創造力の方が大切なんだよ。

消費者の求めるものが「自分らしさ」になったことも要因の１つなんだ。世界という大きな市場は現在急速に成長しているんだけど、成長が進む前、世界がもっと貧しかったころに人々が求めたものは「生きるために必要なもの」だったんだ。やがてそれらが十分手に入るようになると、人々が求めるものは変化していった。例えば、「帰属欲求を満たすことができるもの（それを持っていることである集団の仲間入りができる）」や「承認欲求を満たすことができるもの（それを持っていることで他者から認められる）」などだね。そして今、人々が求めるものは「自己実現欲求を満たすことができるもの（それを持っていることで、自分らしい生き方ができていると思うことができる）」になったんだ。このような市場で役立つのもまた、論理や理性よりも、人の自己実現欲求を刺激することができるような感性や美意識なのさ。仮に誰《だれ》もが価格だけを気にするとしたら、安いものを作れるように努力すればいいだけだよね。でも、おしゃれなものを欲《ほ》しがる消費者の心をつかむにはどうすればいいのかな？　おしゃれかダサいかを決めるのは感性や美意識だよね。

これで優秀《ゆうしゅう》な社員がわざわざ美術館やアートスクールに通うことで得られる利益が想像できたんじゃない？　みんなも今のうちに美意識を鍛《きた》えて、予測不可能な未来に備えよう！

＊参考文献

山口周著『世界のエリートはなぜ「美意識」を鍛えるのか？　経営における「アート」と「サイエンス」』
細谷功著『アリさんとキリギリス　持たない・非計画・従わない時代』

問2　エサを見つけたアリは、腹部の先から出した道しるベフェロモンを地面につけながら巣に帰ります。このにおいを触角《しょっかく》により感知することで、道しるベフェロモンに沿ってたくさんのアリが進み、行列ができると考えられています。アリの触角に操作を加えて、道しるベフェロモン（太線）で描いた直線の上を歩かせる実験をすると、A～Cのような道すじ（点線）をたどりました。正常なアリがDの道すじ（点線）のようにまっすぐ進むためには、どのような道しるベフェロモンの直線を引くといいでしょうか。この実験結果をふまえた上で、解答欄の図に書きなさい。ただし、A～Cで描かれている道しるベフェロモン（太線）より太くならないようにすること。

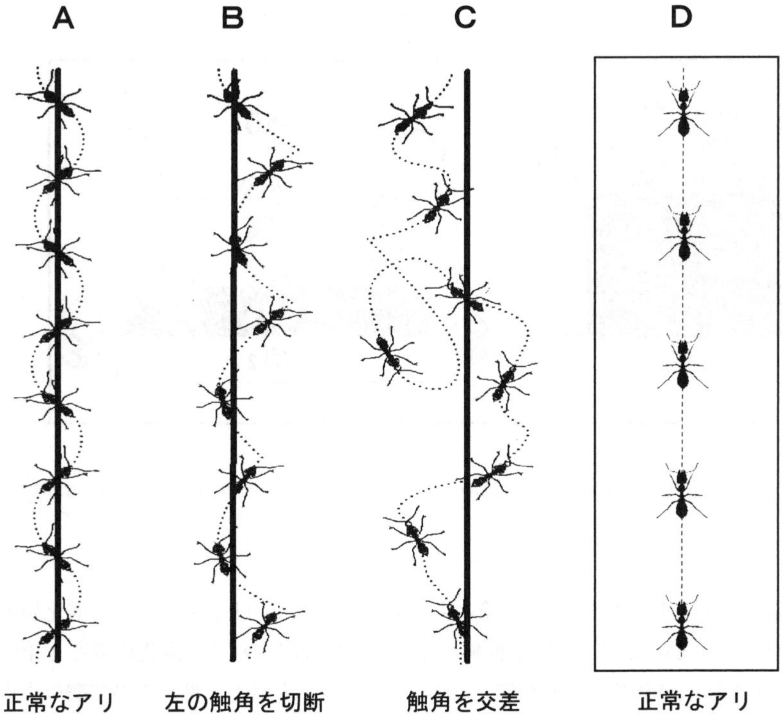

『フェロモンの謎　生物のコミュニケーション』WILLIAM C. AGOSTA著 木村武二訳　より

問３　昆虫などが生息する生態系を守っていくためにも、世界中の様々な国や地域で「カーボンニュートラル」の達成を目指しています。これについて、次の（１）・（２）に答えなさい。

（１）「カーボンニュートラル」について述べた枠《わく》内の文章について、下の図を参考にしながら、【X】にあてはまる言葉を15字以内で、【Y】にあてはまる語句を９字で答えなさい。

カーボンニュートラルとは、二酸化炭素(CO_2)などの温室効果ガスの【　X　】ことを言います。カーボンニュートラルの達成のためには植林などを行い温室効果ガスの吸収量を増やすほかに、太陽光や風力などの【　Y　】を使用して温室効果ガスの排出量を少なくする必要があります。

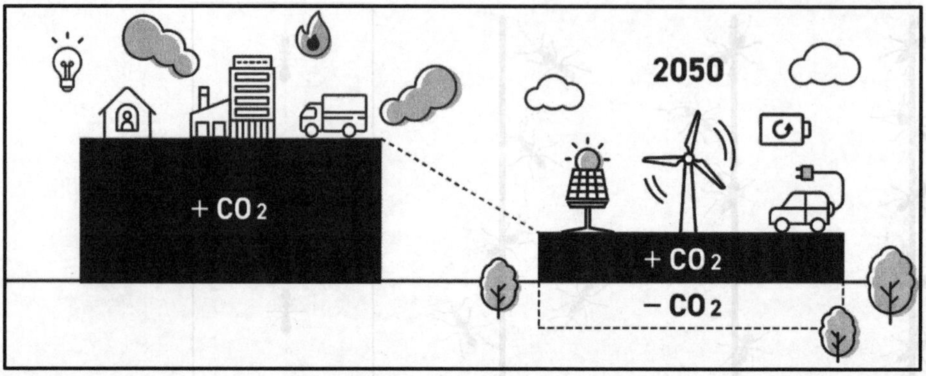

図

環境省脱炭素ポータルページ（https://ondankataisaku.env.go.jp/carbon_neutral/about/）より

（２）植物の光合成によるはたらきは、地球温暖化対策にも役立つとされており、大気中の二酸化炭素を減少させる効果が期待されています。家庭１世帯から１年間に排出される二酸化炭素を１年間で吸収するためには、何本の木が必要になるか答えなさい。ただし、家庭１世帯からの二酸化炭素排出量を年間2700kgとし、葉は１㎡あたり平均して年間3.0kgの二酸化炭素を光合成で吸収し、0.5kgの二酸化炭素を呼吸で排出しているものとします。また、木１本の葉の総面積を140㎡とし、木１本の葉以外の器官から呼吸によって排出される二酸化炭素の量を年間340kgとします。

2023年度
明治大学付属中野八王子中学校 ▶解　答

※　編集上の都合により，Ｂ方式試験の解説は省略させていただきました。

４科総合型　＜Ｂ方式試験＞（60分）＜満点：120点＞

解　答

1　**問１**　500mL　**問２**　2000mL　**問３**　右の図１　**問４**　下の図２　**問５**　(1)　100mL　(2)　２秒後と５秒後　**2**　**問１**　**X**　(例)　米を換金する必要性が生じる　**Y**　(例)　収入が減少してしまい　**Z**　(例)　支出が増加してしまう　**問２**　(1)　**力点**…ア　**支点**…ウ　**作用点**…エ　(2)　イ　(3)　**X**　(例)　土にふれる面積が小さい　**Y**　(例)　同じ面積にかかる力が大きくなる　**問３**　インフレーション(インフレ)　**問４**　14641　**問５**　(例)　下の図３　**問６**　イ　**問７**　ウ　**問８**　(例)　給料などの収入が増える可能性があるから。

3　**問１**　(1)　ウ　(2)　**A**　(例)　他の企業と同じような製品やサービスばかり提供することになって差別化がはかれず消費者の獲得に苦しみ，利益が生まれなくなった　**B**　(例)　独創的な製品やサービスを生みだし，他の企業との差別化をはかることで消費者を引きつけ，大きな利益を得ることにつながった　**問２**　(例)　下の図４　**問３**　(1)　**X**　(例)　排出量と吸収量のバランスを保つ　**Y**　再生可能エネルギー　(2)　270本

図１

○			●		△	▲
0	1	2	3	4	5	6

図２

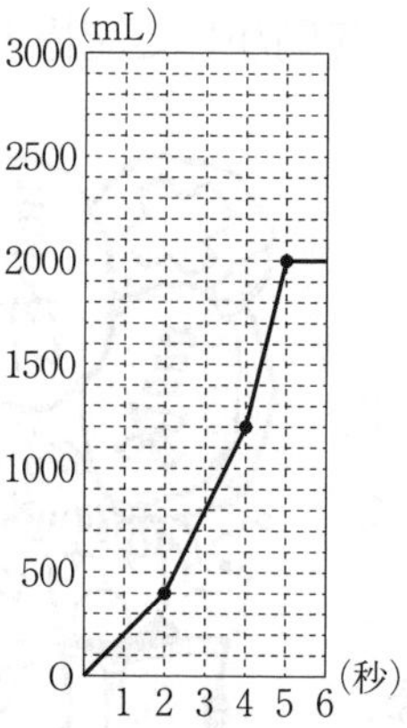

図３

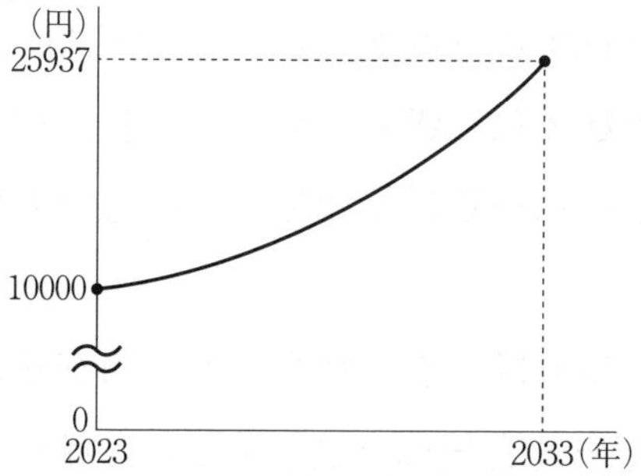

図４

Dr.福井の 入試に勝つ！脳とからだのウルトラ科学

記憶に残る“ウロ覚え勉強法”とは？

人間の脳には，ミスしたところが記憶に残りやすい性質がある。順調にいっているときの記憶はあまり残らないが，まちがえて「しまった！」と思うと，その部分がよく記憶されるんだ（これは，脳のヘントウタイという部分の働きによる）。その証拠に，おそらくキミたちも「あの問題を解けたから点数がよかった」ことよりも，「あの問題をまちがえたから点数が悪かった」ことのほうをよく覚えているんじゃないかな？

この脳のしくみを利用したのが“ウロ覚え勉強法”だ。もっと細かく紹介すると，テキストの内容を一生懸命覚え，知識を万全にしてから問題に取り組むのではなく，テキストにざっと目を通した程度（つまりウロ覚えの状態）で問題に取りかかる。もちろんかなりまちがえると思うが，それを気にすることはない。まちがえた部分はよく記憶に残るのだから……。言いかえると，まちがえながら知識量を増やしていくのが“ウロ覚え勉強法”なのである。

ここで，ポイントが2つある。1つは，ヘントウタイを働かせて記憶力を上げるために，まちがえたときは「あ～っ！」とわざとらしく驚くこと。オーバーすぎるかな……と思うぐらいでちょうどよい。

もう1つのポイントは，まちがえたところをそのままにせず，ここできちんと見直すこと（残念ながら，驚くだけでは覚えられない）。問題の解説を読んで理解するのはもちろんだが，必ずテキストから見直すようにする。そうすれば，記憶力が上がったところで足りない知識をしっかり身につけられるし，さらにその部分がどのように出題されるかもわかってくる。頭の中の知識を実戦で役立てられるようにするわけだ。

Dr.福井（福井《ふくい》一成《かずしげ》）…医学博士。開成中・高から東大・文Ⅱに入学後，再受験して翌年東大・理Ⅲに合格。同大医学部卒。さまざまな勉強法や脳科学に関する著書多数。

2022年度　明治大学付属中野八王子中学校

〔電　話〕 (042) 691－０３２１
〔所在地〕 〒192-0001　東京都八王子市戸吹町1100
〔交　通〕 JR中央線―「八王子駅」よりスクールバス
JR五日市線―「秋川駅」よりスクールバス

【算　数】〈A方式第１回試験〉 (50分) 〈満点：100点〉

1　$\square$にあてはまる数を求めなさい。

(1)　$6\frac{1}{3}\div4\div\left\{4\frac{1}{2}-\left(\frac{5}{8}+\frac{1}{5}\right)\right\}\times2\frac{7}{19}=\square$

(2)　$\left(\frac{5}{6}-\frac{7}{9}\right)\times2\div0.125\times\left(2.75-1\frac{1}{2}\right)\times0.3=\square$

(3)　$\frac{1}{30}+\frac{1}{42}+\frac{1}{56}+\frac{1}{72}+\frac{1}{90}=\square$

(4)　$\left(2.28+\frac{3}{5}\times\square\div2\right)\times2-4\frac{8}{25}=\frac{2}{5}$

2　次の問いに答えなさい。

(1)　縮尺 $\frac{1}{25000}$ の地図上で，たて２cm，横６cmの長方形の面積は縮尺 $\frac{1}{10000}$ の地図上では何cm^2ですか。

(2)　ある商品の仕入れ値に３割の利益を見込んで定価をつけましたが，売れなかったので定価の１割引きで売り，4250円の利益がありました。この商品の仕入れ値はいくらでしたか。

(3)　７人で毎日働いて24日かかる仕事があります。はじめの６日間は７人で行い，残りを２人増やして行うと，７人で毎日働くより何日早く終わりますか。

(4)　８％の食塩水が600ｇあります。水を何ｇか蒸発させると，10％の食塩水になりました。水を何ｇ蒸発させましたか。

(5)　下の図１の三角形ABCでEF，DGは辺ACに平行です。BF：FG：GC＝3：5：2で，斜線部分の面積が$110cm^2$のとき，三角形ABCの面積を求めなさい。

図１

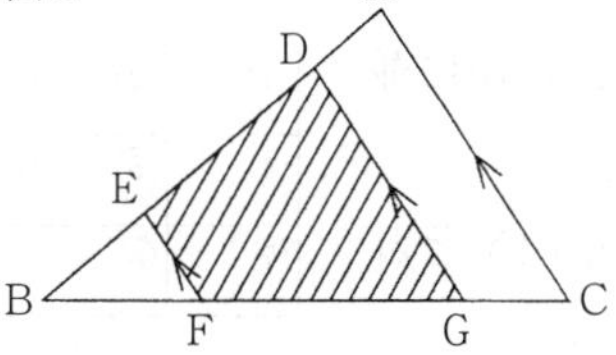

図２

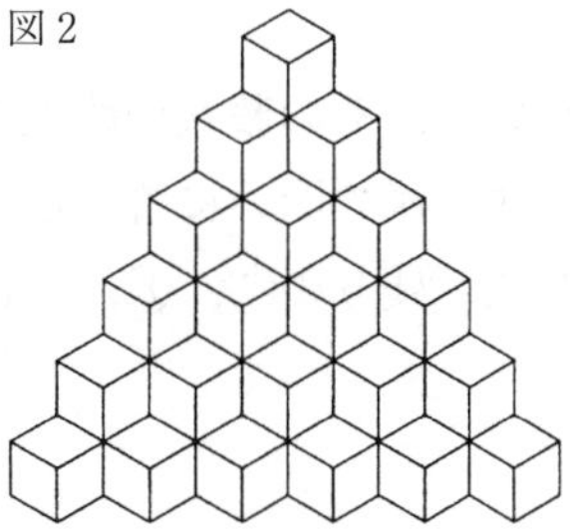

(6)　同じ大きさの立方体が上の図２のように上から１個，３個，６個…と積み重なっています。表面を全て赤色でぬったとき，１つの面だけが赤くぬられている立方体は何個ありますか。

3 次の問いに答えなさい。

(1) ある電車が320mの橋を通過するのに18秒，6160mのトンネルを通過するのに3分57秒かかりました。この電車の長さは何mですか。また，この電車の速さは時速何kmですか。

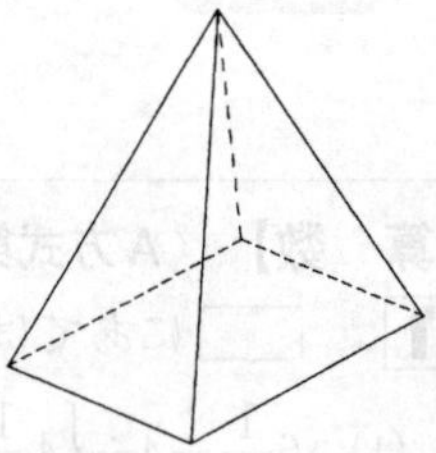

(2) 円柱の高さを2%だけ高くして，底面の円の半径を10%だけ長くすると体積は何%増加しますか。

(3) 四角すいの頂点から3つの頂点を選んでできる三角形は全部で何個ありますか。

(4) 下の図1のように，1辺の長さが8cmの正六角形と直径8cmの円を組み合わせてできた図形があります。斜線部分の面積の和を求めなさい。ただし，円周率は3.14とします。

(5) 下の図2で軸 l を中心に三角形ABCを1回転させてつくられる立体の表面積を求めなさい。ただし，円周率は3.14とします。

図1

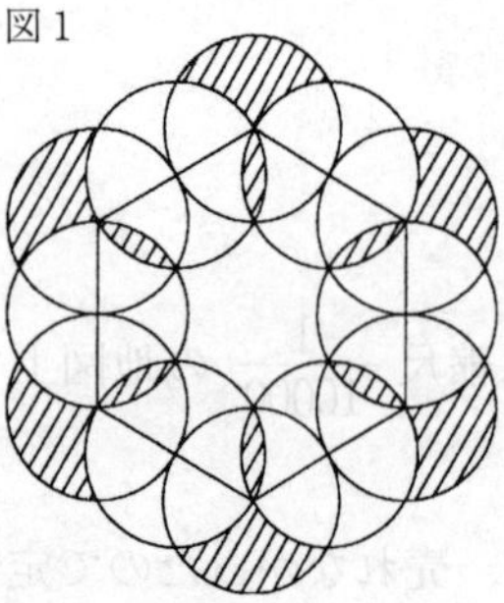

図2

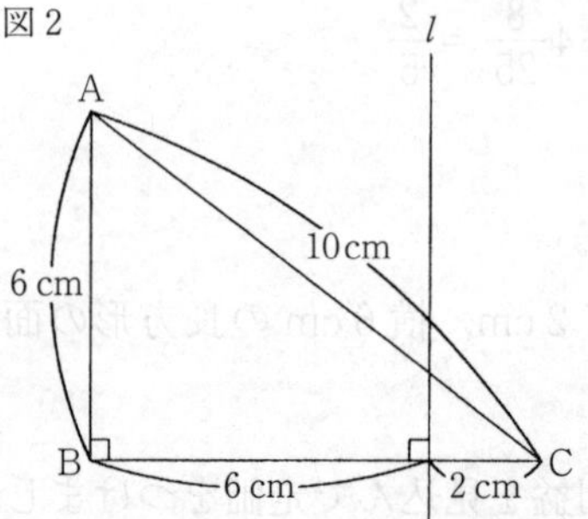

4 ある遊園地の前で150人が開園を待っています。開園後は，一定の割合で人が増えますが，入場口を2つにすると30分，3つにすると10分で待っている人はいなくなります。次の問いに答えなさい。

(1) 1つの入場口から，1分間に何人入場できますか。

(2) 入場口を4つにすると，待っている人は何分でいなくなりますか。

5 全部で9個の約数をもつ整数について，その整数の約数を小さい順に並べ，右の図の①～⑨へ入れていきます。次の問いに答えなさい。

①	②	③
④	⑤	⑥
⑦	⑧	⑨

(1) ある整数の約数を⑥まで入れました。残りの⑦，⑧，⑨に入る数をそれぞれ答えなさい。

① 1	② 2	③ 3
④ 4	⑤ 6	⑥ 9
⑦	⑧	⑨

(2) (③の数)×(⑤の数)×(⑦の数)が35937となる整数を答えなさい。

【社　会】〈A方式第1回試験〉（30分）〈満点：50点〉

1　次の文章を読んで，各設問に答えなさい。

「歴史は勝者による記録」であるという話があります。実際の戦いでも政治上の権力争いでも，勝ち残った側が自分たちの都合のいいように記録を残すことが可能だからでしょう。このため，今まで歴史上で世の中を乱したとされてきた政治家や反逆者としてのあつかいを受けていた人物について，研究が進んだことで評価が変わったという例がいくつか見られます。

江戸幕府第5代将軍の徳川綱吉は，①極端《きょくたん》な動物愛護令を出して民衆を苦しめたことから「犬公方」というあだ名がついたとされています。しかし，現在ではこの法令をはじめ綱吉がおこなった政策によって，(　　あ　　)という評価に変わっています。

また，第8代将軍徳川吉宗は②幕府の財政を立て直した良い政治家という評価を得ていますが，その一方で，③節約を進めたことにより世の中の景気を悪くしたという評価もあります。逆に第10代将軍徳川家治の時代に老中として政治をおこなった(い)は，以前は「※わいろ」をもらって政治をおこなった政治家というイメージで知られていましたが，現在では④貿易や商業などの経済政策を積極的に進めた政治家という評価が中心になってきています。

このほか⑤明治時代から第二次世界大戦が終わるころまでは，足利尊氏に対する評価として，⑥天皇に逆らった武将というものが見られました。また本能寺の変で織田信長を討《う》った明智光秀は⑦反逆者としてのイメージを植え付けられていた人物といえるでしょう。

歴史上，⑧良い評価と悪い評価の両面を持っている人物は何人もいます。私たちは，さまざまな視点から歴史をとらえ，歴史上の事件や人物を深く研究していくことで，もっと楽しく歴史を学ぶことができるのではないでしょうか。

※わいろ…自分の利益になるように，不正な目的でおくる金品などのこと

問1　文中の(あ)に入る文として最も適切なものを，次の中から1つ選んで記号で答えなさい。

ア「動物を思いやる精神が人々の心に余裕《よゆう》をもたらし，江戸で元禄文化が発展するもとを作った」

イ「人を殺すことで地位を高めるような戦国時代以来の荒々《あらあら》しい風潮がなくなり，武士は役人として事務能力が重視されるようになった」

ウ「動物愛護の精神が人間同士の対立を減少させ，幕藩体制の開始につながった」

エ「人を傷つけたり殺したりすることを厳重に処罰《しょばつ》する公事方御定書が整えられ，犯罪者の減少により世の中を平和にした」

問2　文中の(い)に入る人物名を**漢字**で答えなさい。

問3　下線部①について，この法令の名称《めいしょう》を**漢字とひらがなを用いて8文字以内**で答えなさい。

問4　下線部②について，幕府の財政の立て直しに効果があった徳川吉宗の政策として正しいものを，次の中から1つ選んで記号で答えなさい。

ア　正徳新令　　イ　人返しの法　　ウ　上米令　　エ　棄捐令

問5　下線部③について，節約を進めると景気が悪くなる理由を，簡単に説明しなさい。

問6　下線部④の経済政策について述べた文として正しいものを，次の中から1つ選んで記号で答えなさい。

ア　ロシアとの交易を計画した。

イ　清との交易を盛んにするため，長崎に出島を設置した。

ウ　伊能忠敬に地図の作成を命じ，街道の整備を進めた。

エ　慶長金銀を発行し，人々が商業活動をおこないやすいようにした。

問7　下線部⑤について，この間に見られた次の出来事を，年代の古いものから順番に正しく並べ替《か》えなさい。

ア　五・一五事件が発生した。

イ　日露戦争が起こった。

ウ　渋沢栄一らにより，大阪紡績会社が設立された。

エ　加藤高明内閣により普通選挙法が制定された。

問8　下線部⑥について，この天皇の名を**漢字**で答えなさい。

問9　下線部⑦について，10世紀前半，朝廷の支配に対して関東で反乱を起こして新皇を名乗った人物を，次の中から1人選んで記号で答えなさい。

ア　平将門　　イ　藤原純友　　ウ　坂上田村麻呂　　エ　北条義時

問10　下線部⑧について，歴史上の人物の評価について述べた文として正しいものを，次の中から1つ選んで記号で答えなさい。

ア　蘇我入鹿は，政治権力を握《にぎ》ったことで中大兄皇子らによって殺害されたが，日本で初めて仏教を広めたうえ，朝鮮半島の進んだ知識や技術を受け入れた人物であった。

イ　平清盛は，一族を朝廷の高い位につけて支配を強めたことで貴族から批判されたが，日宋貿易を進めて以後の日本の文化や経済に大きな影響《えいきょう》を与《あた》えた人物であった。

ウ　足利義満は，南北朝の合体や日明貿易をおこなって大きな政治権力を握ったが，弟と息子《むすこ》に将軍の位をゆずる約束をしたことで応仁の乱の原因を作った人物であった。

エ　原敬は，平民宰相と呼ばれて国民から歓迎《かんげい》されたが，シベリア出兵に失敗して米騒動を引き起こし，総辞職した内閣総理大臣であった。

2　次の文章を読んで，各設問に答えなさい。

日本は南北，東西に約3,000kmの範囲《はんい》で広がる島国で，国土の総面積は約378,000km^2あります。①大小の7,000に近い島々がありますが，最も面積が大きい島が本州で，それに次ぐ面積となるのが(あ)です。

日本列島は，弓のようにそり返った形で列をなして並んでいるので「弓なりの形」といわれますが，これを「弧状列島」や「島弧」と呼びます。②日本列島周辺には，他にもいくつかの弧状列島が見られますが，これは地球のプレートの動きによって形成されてきたことが理由となっています。太平洋やフィリピン海の「海のプレート」が移動してきて「陸のプレート」にぶつかったことで「弓なりの形」の島々が形成されたと考えられています。

このプレートがぶつかった境目には，海溝と呼ばれる深い海も形成されていますが，

③2011年の東日本大震災は，④この海溝の付近でマグニチュード9.0の巨大地震が発生したことによって引き起こされました。

弓なりの日本列島は，南北に長いのも特徴《とくちょう》の１つです。そのため⑤気候の違《ちが》いも明確です。また東西も長く⑥日の出や日の入りの時刻も異なります。この東西南北の範囲を緯度，経度で見てみると，緯度ではおおよそ北緯20度から45度，経度ではおおよそ東経120度から150度の範囲となります。

問１　文中の(あ)に最も適する語句を**漢字**で答えなさい。

問２　下線部①について，下の写真は日本の最東端に位置する島です。この島の名前を**漢字**で答えなさい。

［海上保安庁ホームページより］

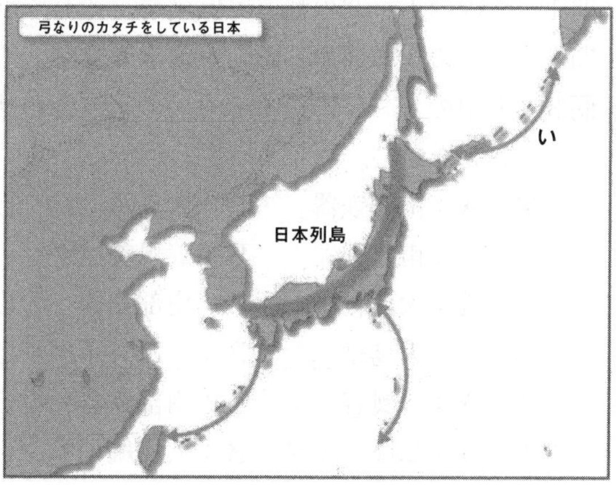

［(財)国土技術研究センターホームページより］

問３　下線部②について，右の図中の「い」の島々の名前を，**【語群】**の中から１つ選んで記号で答えなさい。

【語群】

ア　琉球列島　　イ　千島列島

ウ　小笠原諸島　　エ　南西諸島

問４　下線部③について，この震災(地震)が発生した日付を答えなさい。

問５　下線部④について，この海溝の名前を，次の中から１つ選んで記号で答えなさい。

ア　カムチャッカ海溝　　イ　千島海溝　　ウ　日本海溝　　エ　三陸海溝

問６　下線部⑤について，日本は６つの気候区に分けることができます。次の説明文は，どの気候区の特色を示していますか。下の**【語群】**の中から１つ選んで記号で答えなさい。

「１年を通して温暖であるが，夏も冬も季節風が山地によりさえぎられるため降水量が少なくなる。このため，昔からため池を利用して農業用水を確保してきた。」

【語群】

ア　北海道の気候　　イ　南西諸島の気候　　ウ　日本海側の気候

エ　太平洋側の気候　　オ　中央高地の気候　　カ　瀬戸内の気候

問７　下線部⑥について，日本の北海道と沖縄では経度で約30度の差があります。このため，日の出や日の入りの時刻にも差が生じます。次のページの表[ア]・[イ]は札幌と那覇の日の出・日の入りの時刻を示しています。**夏至の日の時刻**を示しているものとして正しいものは，[ア]・[イ]のどちらですか。記号で答えなさい。

[ア]

	日の出	日の入り
札幌	3:55	19:18
那覇	5:38	19:25

[イ]

	日の出	日の入り
札幌	7:12	17:43
那覇	7:03	16:03

3 次の表を見て，各設問に答えなさい。

都道府県	北海道	①	岩手県	②	鹿児島県
主な地形	石狩平野	淡路島	三陸海岸	赤城山	大隅半島
伝統的工芸品	A	播州そろばん	B	桐生織	C
③	知床	姫路城	※1平泉	※2富岡製糸場	屋久島

※1：平泉－仏国土(浄土)を表す建築・庭園及《およ》び考古学的遺跡群－

※2：富岡製糸場と絹産業遺産群

問1　表中の①・②の都道府県名を，それぞれ**漢字**で答えなさい。

問2　表中の③に適する語句を**漢字4文字**で答えなさい。

問3　表中のA～Cに適するものの組み合わせとして正しいものを，次の中から1つ選んで記号で答えなさい。

ア　A：南部鉄器　B：大島紬　C：二風谷イタ
イ　A：南部鉄器　B：二風谷イタ　C：大島紬
ウ　A：大島紬　B：南部鉄器　C：二風谷イタ
エ　A：大島紬　B：二風谷イタ　C：南部鉄器
オ　A：二風谷イタ　B：南部鉄器　C：大島紬
カ　A：二風谷イタ　B：大島紬　C：南部鉄器

4 次のグラフを見て，各設問に答えなさい。

＜日本の主要農産物の農業総産出額＞

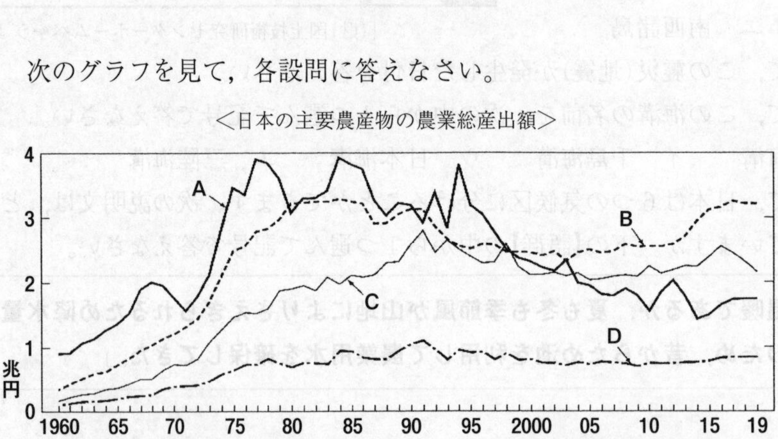

農林水産省「生産農業所得統計」により作成。1975年以前は沖縄県を含まず。

[日本国勢図会 2021/22より]

問1　グラフ中のAは米の産出額を表しています。1995年ころから産出額が減少していますが，その理由の1つとして，1995年に食糧管理法にかわって施行《しこう》された米の自由販売《はんばい》を認めた法律の制定があげられます。この法律を何というか答えなさい。

※正式な法律名ではなく，一般《いっぱん》的に使われる法律名で答えなさい。

問２　グラフ中のＢ～Ｄの組み合わせとして正しいものを，次の中から１つ選んで記号で答えなさい。

ア　Ｂ：果実　Ｃ：野菜　Ｄ：畜産　　イ　Ｂ：果実　Ｃ：畜産　Ｄ：野菜
ウ　Ｂ：畜産　Ｃ：果実　Ｄ：野菜　　エ　Ｂ：畜産　Ｃ：野菜　Ｄ：果実
オ　Ｂ：野菜　Ｃ：畜産　Ｄ：果実　　カ　Ｂ：野菜　Ｃ：果実　Ｄ：畜産

5　次の文章を読んで，各設問に答えなさい。

「気候変動」や「新型コロナウイルス感染症《かんせんしょう》の発生」など世界情勢は混迷《こんめい》した状態が続いています。現在の世界には，貧困・紛争《ふんそう》・テロ・気候変動・資源の枯渇《こかつ》など，解決しなければならないさまざまな問題があり，「このままではいつしか人間が地球に住めなくなってしまうかもしれない」という心配が広がっています。

2015年，①国際連合本部において，「国連持続可能な開発サミット」が開催され，150を超える加盟国首脳の参加のもと，その成果文書として，「2030アジェンダ」が全会一致《いっち》で採択《さいたく》されました。この中には，②「持続可能な開発目標」の「17の目標」と「169のターゲット」が掲《かか》げられています。

貧困をなくすことは，「持続可能な開発目標」の１つとして掲げられており，日本では③日本国憲法やさまざまな法律でこれに対応しています。今後私たちは国内だけでなくグローバルな視点に立ち，「持続可能な社会」を築き上げることが求められています。

問１　下線部①について，下の写真は2015年に開催された「国連持続可能な開発サミット」に先立ち，国連の事務局ビルと総会議場ビルに「持続可能な開発目標」の17のアイコンが投影されたときのものです。これらのビルが置かれている都市を，下の中から１つ選んで記号で答えなさい。

［国際連合ホームページより］

ア　ジュネーブ　　イ　ニューヨーク　　ウ　ロンドン
エ　ウィーン　　オ　ワシントンD.C.

問2　下線部②について，「持続可能な開発目標」の略称を，**アルファベット4文字**で答えなさい。

問3　下の図は「持続可能な開発目標」を表す17のアイコンですが，「気候変動に具体的な対策を」と掲げているアイコンは1～17のうちどれですか。数字で答えなさい。

[国際連合広報センターホームページより]

問4　国際連合について述べた文として正しいものを，次の中から1つ選んで記号で答えなさい。

ア　日本は1956年に国際連合に加盟したが，一度脱退《だったい》したことがある。

イ　日本は安全保障理事会の常任理事国である。

ウ　総会での評決は全会一致が原則である。

エ　安全保障理事会の決定には，加盟国は従わなければならない。

問5　下線部③について，日本国憲法では，第25条第1項で以下のように国民の生存権を認めています。下の条文の(あ)・(い)にあてはまる語句をそれぞれ**漢字**で答えなさい。すべてできて正解とします。

すべて国民は，(あ)で(い)的な最低限度の生活を営む権利を有する

【理　科】〈A方式第1回試験〉（30分）〈満点：50点〉

1　植物のたねに関する次の各問いに答えなさい。

(1)　下の円グラフはダイズ，インゲンマメ，イネのたねの成分を表しています。また，**A**の植物は子葉が1枚，**B**・**C**の植物は子葉が2枚です。それぞれの植物のたねの成分を表しているグラフを**A**～**C**より1つ選び，記号で答えなさい。

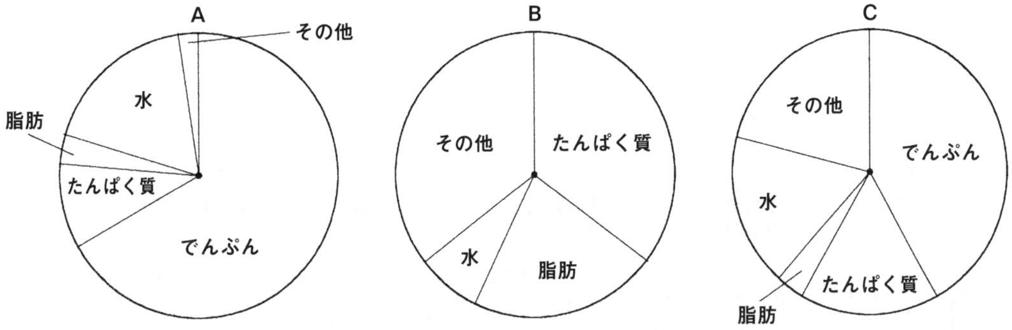

(2)　下の**図**のように，三角フラスコに発芽しかけたエンドウのたねと水酸化ナトリウム水溶液を入れて，栓《せん》をしました。次にガラス管の一方を栓に通し，他方を着色した水に入れ，一昼夜置きました。すると，着色した水がガラス管に吸い上げられていました。この現象を説明するためには，下の**ア**～**エ**をどの順に並べるとよいですか。**ア**～**エ**を並べ替えなさい。

図

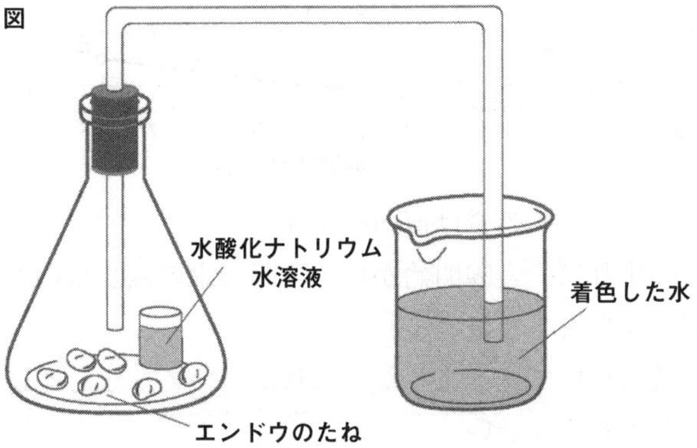

ア　二酸化炭素が吸収された分だけ，フラスコの中の空気が減った。
イ　フラスコの中の圧力が下がり，着色した水がガラス管に吸い上げられた。
ウ　エンドウのたねが呼吸をし，酸素をとり入れて二酸化炭素を出した。
エ　フラスコの中の二酸化炭素が，水酸化ナトリウム水溶液に吸収された。

2　植物の蒸散について調べるため，次の実験を行いました。下の各問いに答えなさい。

【実験】　同じ大きさの試験管**A**～**E**に，食紅で赤色に着色した同じ量の水を入れました。次に葉の数と大きさ，茎《くき》の長さと太さをそろえ，蒸散する水の量が同じになるようなホウセンカを4本用意して，**図1**のように**A**～**D**に入れました。**A**はそのまま，**B**は葉の表側にワセリンをぬり，**C**は葉の裏側にワセリンをぬり，**D**は葉の両面にワセリンをぬりました。**E**にはホウセンカの茎と同じ長さと太さのガラス棒をさしました。**A**～**E**を同じ条件の場所に置いて，それぞれの試験管の水の減少量を調べたところ，**図2**と**図3**のグラフのようになりました。しかし，**C**の試験管だけ不注意により実験開始後に割れてしまったため，調べることができませんでした。

図1

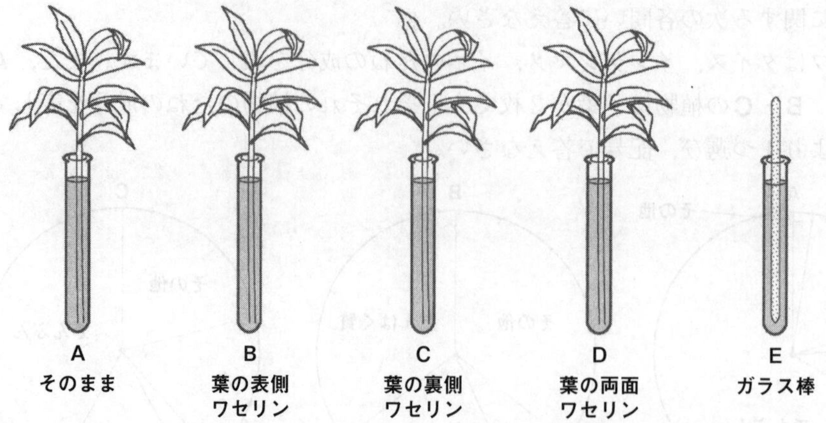

図2

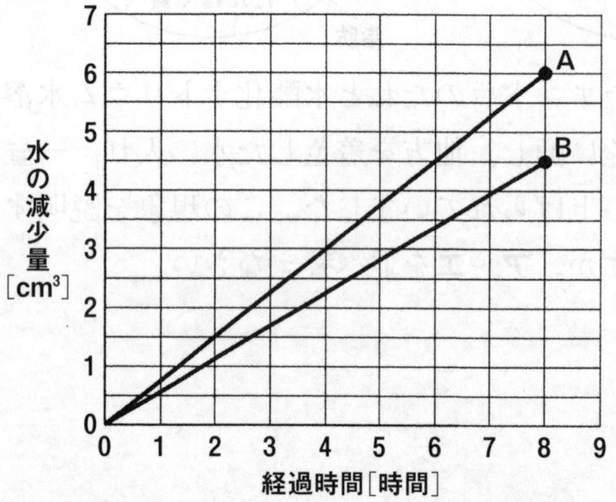

図3

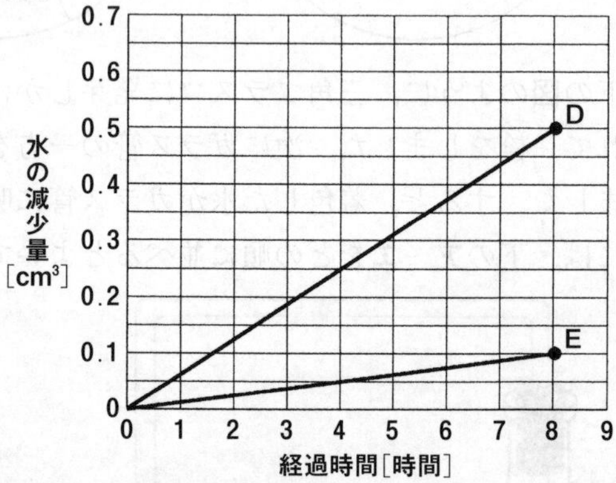

(1)　実験開始から8時間で，葉の表側から失われた水の量は何 cm^3 ですか。

(2)　**C**の試験管が割れずに測定されていたとすれば，実験開始から8時間の水の減少量の変化はどのようになりますか。解答欄にそのグラフを書きなさい。

(3)　葉の表側と葉の裏側から蒸散する水の量について比べました。これについて，正しく述べているものを次の**ア**～**エ**より1つ選び，記号で答えなさい。

ア　葉の表側の方は光が多くあたるので，葉の表側から蒸散する水の量が多い。

イ　葉の表側の方は表面積が大きいので，葉の表側から蒸散する水の量が多い。

ウ　葉の表側の方は気孔が少ないので，葉の表側から蒸散する水の量が少ない。

エ　葉の表側の方は葉脈が少ないので，葉の表側から蒸散する水の量が少ない。

(4)　蒸散が行われているところからの物質の出入りについて，正しく述べているものを次の**ア**～**エ**より1つ選び，記号で答えなさい。

ア　酸素だけが出入りし，二酸化炭素と水蒸気が出て行く。

イ　酸素と二酸化炭素が出入りし，水蒸気だけが出て行く。

ウ　二酸化炭素と水蒸気が入り，酸素だけが出て行く。

エ　二酸化炭素だけが入り，水蒸気と酸素が出て行く。

(5)　実験後，試験管**A**のホウセンカの茎の中央を縦や横に切り，切り口のようすを観察しました。縦の断面図，横の断面図について正しく表しているものを，次の**ア**～**ク**よりそれぞれ1つずつ選び，記号で答えなさい。ただし，図の黒色の部分は，赤く染まった部分を表しています。

縦の断面図

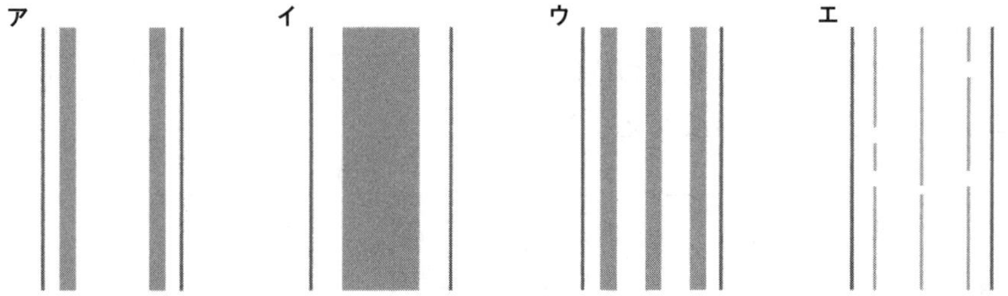

横の断面図

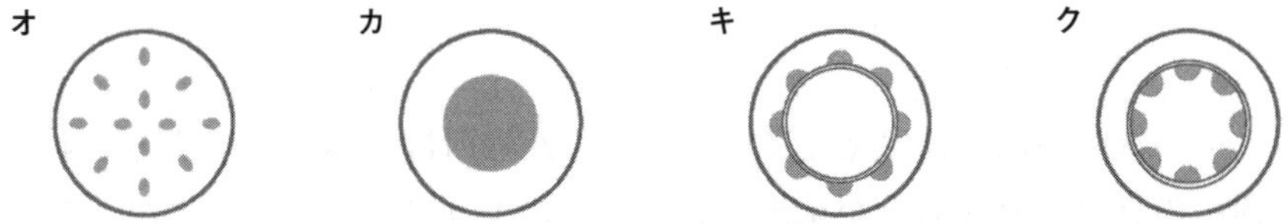

3 陸と海のあたたまり方の違《ちが》いによる空気の動きについて調べました。次の各問いに答えなさい。

(1) 右の**図**は，水そうに砂と水を置いて電球であたため，砂と水の間に火のついた線香《せんこう》を置いて，空気の動きを確かめる実験装置を表しています。水そうの中で線香の煙《けむり》が規則的に流れました。水そうの中の空気の流れとして正しく表しているものを次の**ア**～**エ**より１つ選び，記号で答えなさい。

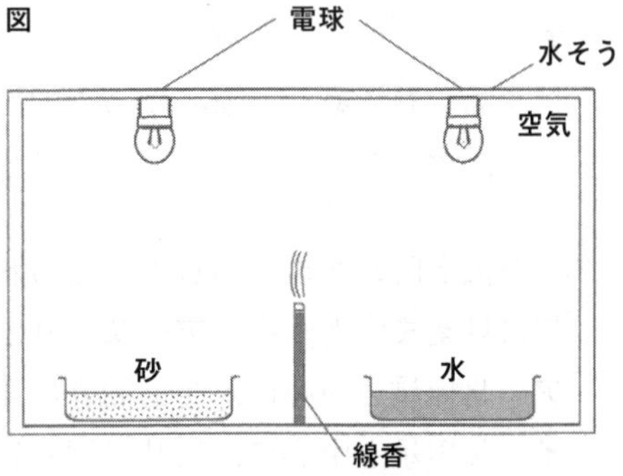

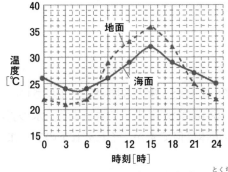

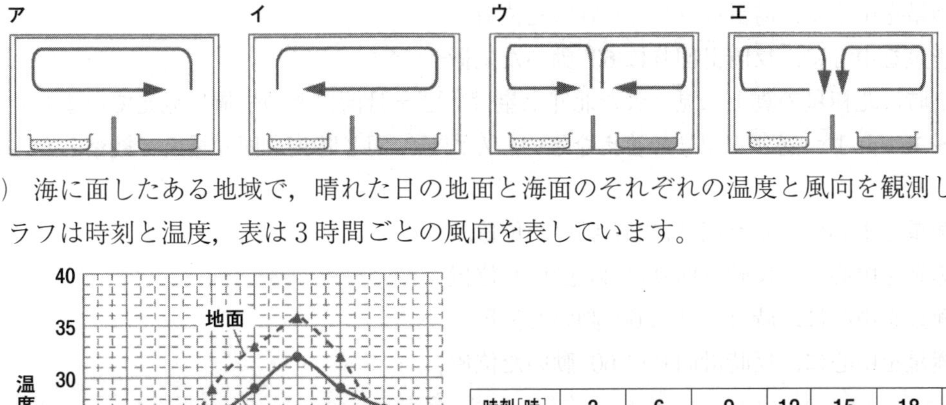

(2) 海に面したある地域で，晴れた日の地面と海面のそれぞれの温度と風向を観測しました。グラフは時刻と温度，表は３時間ごとの風向を表しています。

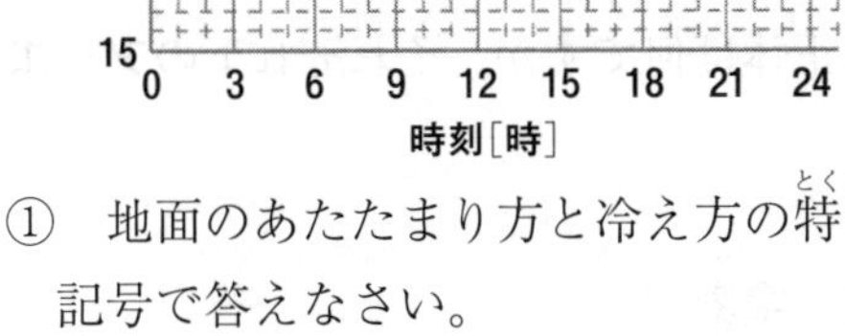

時刻[時]	3	6	9	12	15	18	21	24
風向	北西	南西	南南東	東	北東	南東	西南西	北西

① 地面のあたたまり方と冷え方の特徴《とくちょう》を正しく述べているものを次の**ア**～**エ**より１つ選び，記号で答えなさい。

ア 地面は海面に比べて，あたたまりにくく冷めにくい。

イ 地面は海面に比べて，あたたまりやすく冷めにくい。

ウ　地面は海面に比べて，あたたまりにくく冷めやすい。

エ　地面は海面に比べて，あたたまりやすく冷めやすい。

②　グラフと表より，この地域の陸と海の位置関係を表しているのはどれですか。正しいものを次の**ア**～**エ**より１つ選び，記号で答えなさい。

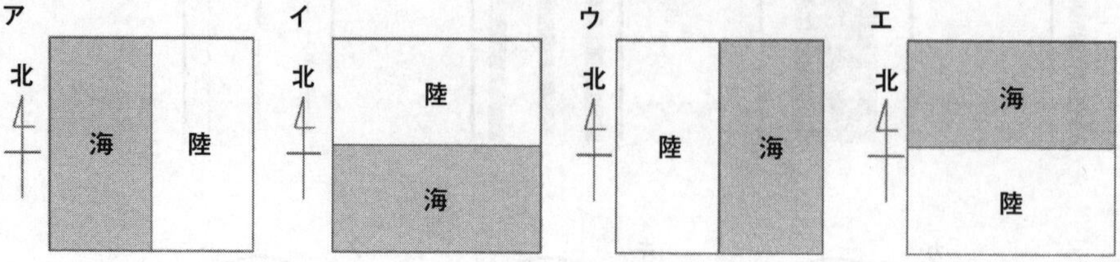

4　北斗七星《ほくとしちせい》について，次の各問いに答えなさい。観察した場所は日本の関東地方です。

(1)　午後７時に北極星の真上に北斗七星が見えました。どのように見えていますか。正しいものを次の**ア**～**エ**より１つ選び，記号で答えなさい。

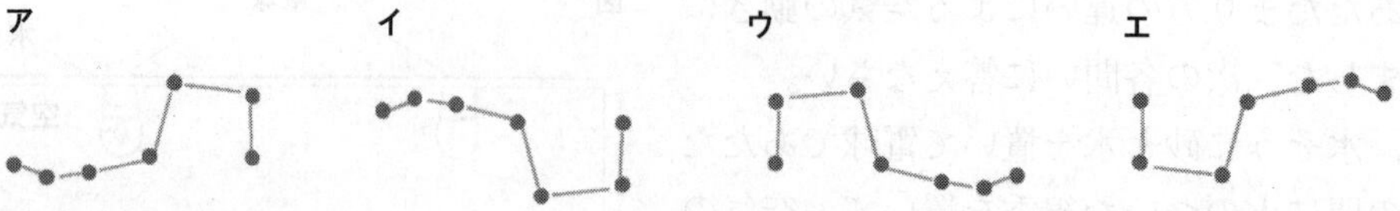

(2)　午後７時に北極星の真上に見られた北斗七星は，３時間後に同じ場所で観察すると，どの位置に見えますか。次の**ア**～**エ**より１つ選び，記号で答えなさい。

ア　北極星を中心に，時計回りに45°動いた位置。

イ　北極星を中心に，反時計回りに45°動いた位置。

ウ　北極星を中心に，時計回りに60°動いた位置。

エ　北極星を中心に，反時計回りに60°動いた位置。

(3)　午後７時に北極星の真上に見られた北斗七星は，２ヶ月前にどの位置に見えていましたか。次の**ア**～**エ**より１つ選び，記号で答えなさい。ただし，同じ時刻，同じ場所で観察したものとします。

ア　北極星を中心に，時計回りに30°動いた位置。

イ　北極星を中心に，反時計回りに30°動いた位置。

ウ　北極星を中心に，時計回りに60°動いた位置。

エ　北極星を中心に，反時計回りに60°動いた位置。

5　ドライアイスを水と食料油にそれぞれ入れ，観察しました。次の各問いに答えなさい。

(1)　水の入ったビーカーにドライアイスを入れると，盛んに泡《あわ》が発生します。また，水の表面からは白い煙《けむり》が発生します。泡の正体および白い煙の正体は何ですか。それぞれ下の**ア**～**エ**より１つずつ選び，記号で答えなさい。

①　泡の正体

ア　酸素　　**イ**　空気　　**ウ**　二酸化炭素　　**エ**　窒素《ちっそ》

②　白い煙の正体

ア　液体や固体の水　　**イ**　気体の水

ウ　液体の二酸化炭素　　**エ**　気体の二酸化炭素

(2)　食用油の入ったビーカーにドライアイスを入れると，どのようになるか次の**ア**～**エ**より１つ選び，記号で答えなさい。

ア　ドライアイスは変化しない。

イ　ドライアイスは氷で包まれる。

ウ　ドライアイスから泡が出て，油の表面から白い煙が出る。

エ　ドライアイスから泡が出て，油の表面から白い煙が出ない。

6　塩酸**A**と水酸化ナトリウム水溶液《すいようえき》**B**と水酸化ナトリウム水溶液**C**があります。10 cm^{3}の塩酸**A**と8 cm^{3}の水酸化ナトリウム水溶液**B**を混ぜ合わせるとちょうど中和しました。この混ぜ合わせた水溶液から水をすべて蒸発させると1.5 gの物質が得られました。

また，10 cm^{3}の塩酸**A**と16 cm^{3}の水酸化ナトリウム水溶液**B**を混ぜ合わせた水溶液から水をすべて蒸発させると2.5 gの物質が得られました。次の各問いに答えなさい。

(1)　下線部の物質名を答えなさい。

(2)　10 cm^{3}の塩酸**A**と16 cm^{3}の水酸化ナトリウム水溶液**C**を混ぜ合わせるとちょうど中和しました。混ぜ合わせた水溶液から水をすべて蒸発させると，何 gの物質が得られますか。

(3)　10 cm^{3}の塩酸**A**と24 cm^{3}の水酸化ナトリウム水溶液**B**を混ぜ合わせた水溶液から水をすべて蒸発させると，何 gの物質が得られますか。

7　50 gで2 cmのびるばね**A**～**C**があります。次の各問いに答えなさい。ただし，ばねの重さは考えないものとし，水1 cm^{3}の重さは1 gとします。

(1)　**図１**のようにばねとおもりをつなげたとき，ばね**A**は何 cmのびますか。

(2)　**図２**のようにばね**C**と体積50 cm^3，重さ200 gのおもりをつないで，水中に完全に沈《しず》めました。このとき，ばね**C**は何 cmのびますか。

図１

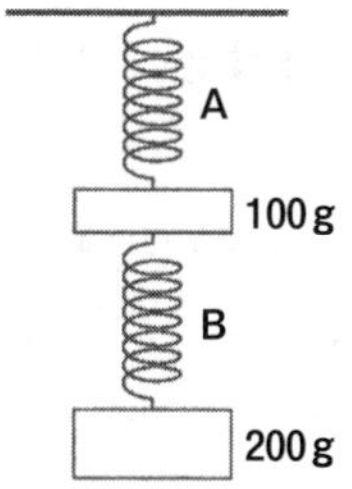

図２

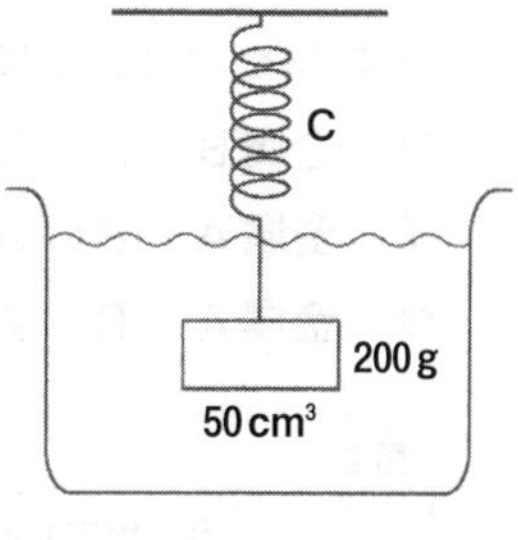

8　**図１**のようなふりこをつくり，おもりを持ち上げてから手をはなし，おもりがビー玉にあたるまでの時間と，ビー玉が飛ぶ距離《きょり》を調べました。次の各問いに答えなさい。

図１

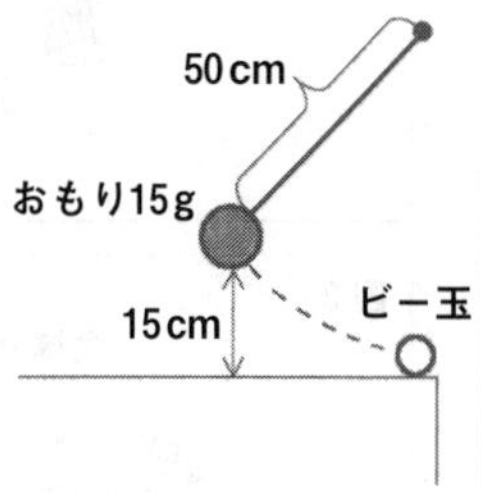

(1)　ふりこのおもりの重さを40 gにして，他の条件は**図１**と同じにします。

①　手をはなしてからビー玉にあたるまでの時間は**図１**の場合と比べてどうなりますか。次の**ア**～**ウ**より１つ選び，記号で答えなさい。

ア　長くなる　　**イ**　短くなる　　**ウ**　変わらない

②　ビー玉が飛ぶ距離は**図１**の場合と比べてどうなりますか。次の**ア**～**ウ**より１つ選び，記号で答えなさい。

ア　長くなる　　**イ**　短くなる　　**ウ**　変わらない

(2)　ふりこの長さを**図2**のように30cmにして，他の条件は**図1**と同じにします。

図2

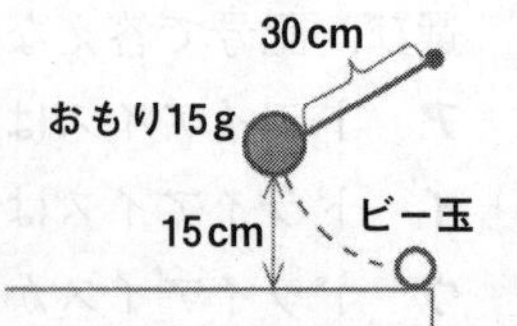

①　手をはなしてからビー玉にあたるまでの時間は**図1**の場合と比べてどうなりますか。次の**ア**～**ウ**より1つ選び，記号で答えなさい。

ア　長くなる　　**イ**　短くなる　　**ウ**　変わらない

②　ビー玉が飛ぶ距離は**図1**の場合と比べてどうなりますか。次の**ア**～**ウ**より1つ選び，記号で答えなさい。

ア　長くなる　**イ**　短くなる　**ウ**　変わらない

9　金属の膨張《ぼうちょう》と収縮について，次の各問いに答えなさい。

(1)　金属の輪をぎりぎり通ることのできる金属球を準備し，**図1**のように組み合わせました。金属の輪を加熱すると金属球の通り方はどのようになりますか。正しいものを次の**ア**～**ウ**より1つ選び，記号で答えなさい。

図1

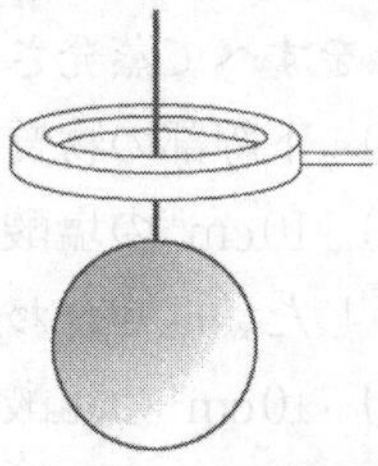

ア　通らなくなる　**イ**　通りやすくなる　**ウ**　変わらない

(2)　膨張の割合がちがう**金属A・B**をはり合わせて加熱したところ，**図2**のような結果になりました。**図2**の2種類の金属を**図3**のようにぴったりと組み合わせて輪をつくり，**金属A**に針金をつけてつり下げました。この**金属A・B**の輪を均等に充分《じゅうぶん》に加熱するとどのようになりますか。正しいものを次の**ア**～**ウ**より1つ選び，記号で答えなさい。

ア　**金属B**の輪が落ちる。

イ　**金属A・B**の輪がくっついたままひろがる。

ウ　**金属A・B**の輪がくっついたままちぢむ。

図2

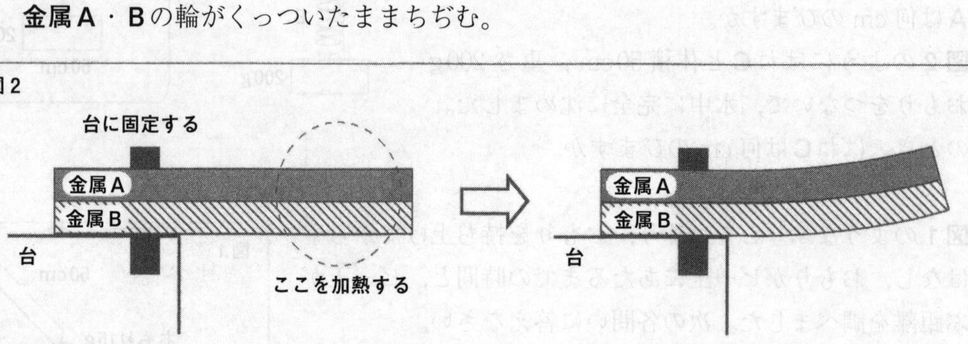

図3

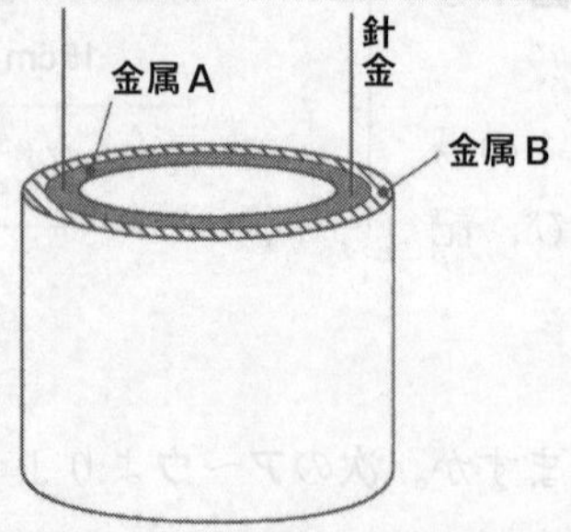

えなさい。

ア　生徒A―よくわからない「神さま」の存在を「奇跡」と結びつけることによって理解しようとしている子どもたちがいるけど、問題は複雑だね。

イ　生徒B―そうだね。哲学と科学と神学がみつどもえとなったことで、子どもたちは「神さま」の存在をより強く意識したんじゃないかな。

ウ　生徒C―「神さま」という言葉は子どもたちの議論に繰《く》り返し出てくるけれど、いずれも地球を作った「神さま」のことを言っているよね。

エ　生徒D―きっと生物が生きるための条件を考えるうえで、「神さま」の存在というのは必要不可欠なもので、絶対的なものなんだろうね。

問九、本文の構成に関する説明として**ふさわしくない**ものを次から一つ選び、記号で答えなさい。

ア　子どもたちの議論が最終的にまとまらなかったと述べることで、子どもたちの様々な視点の存在が示されている

イ　子どもたちの議論に対して筆者の考えを述べることで、子どもたちの言葉の足りない部分がつけ加えられている

ウ　子どもたちの議論を会話文としてそのまま引用することで、子どもたちの白熱した議論の様子が伝えられている

エ　子どもたちの議論を有名な哲学者の意見と比べることで、子どもたちの議論が未熟であることが強調されている

問十、本文の内容に関する説明として最もふさわしいものを次から選び、記号で答えなさい。

ア　子どもたちだけでは存在論と認識論の対立を考えることは難しく、メイヤスーの意見を踏《ふ》まえて解決しようとしている

イ　地球は偶然できたという知識を持っている子どもたちは、地球は生き物のために作られたという考え方には納得できない

ウ　アリストテレスが世界は誰が何のために作ったのか問わなかったように、子どもたちもそれについては考えていない

エ　子どもたちは地球が存在することについて、科学的事実と哲学的事実の折り合いをうまくつけることによって理解している

問十一、――①「ホカン」・⑤「サンセイ」・⑦「タイショウ」・⑨「タンジョウ」のカタカナを漢字に直し、――⑩「刷新」の漢字の読みを答えなさい。

か。

こうして、地球をめぐる三年生の対話は、哲学と科学と神学がみつどもえとなった混沌《こんとん》とした問いの中に私たちを置き去りにしたまま、いつものように時間切れを迎《むか》えたのであった。

（森田伸子「哲学から〈てつがく〉へ！　対話する子どもたちとともに」による。一部表記・体裁《ていさい》を改めた）

問一、――②「二つの事実」とありますが、この内容を説明した次の文の空欄ア・イにあてはまる言葉を文中からそれぞれ二字で抜《ぬ》き出して答えなさい。

「二つの事実」とは、「科学的事実」と「哲学的な事実」のことである。「科学的事実」とは、地球が［ア］を持つ存在だということであり、「哲学的な事実」とは、地球が［イ］を持つ存在だということである。

問二、――③「もしも、地球が何らかの目的をもって作られたのなら、最初からその目的となるものは存在していたはずではないか」とありますが、この意見に対する反論の要点が最もよく表れている一文を探し、最初の五字を抜き出して答えなさい。

問三、――④「どこかそれだけでは納得できないものが多くの子どもたちの中には残っているようである」とありますが、「それだけ」の内容を説明した次の文の空欄にあてはまる言葉をこれより後の文中から八字で抜き出して答えなさい。

地球という天体ができる［　　］の説明だけだということ。

問四、――⑥「奇跡論」とありますが、この立場の説明として最もふさわしいものを次から選び、記号で答えなさい。

ア　太陽のカス論に反対で、目的論を認めているが、絶対的な目的がひとつだけあると考えているわけではない

イ　目的論に反対で、太陽のカス論を認めているが、それで全ての疑問が解決できたと考えているわけではない

ウ　目的論に反対で、太陽のカス論を認めているが、これらを完全に分けて考えることはできないと考えている

エ　太陽のカス論に反対で、目的論を認めているが、異なった観点から新たに考え直す必要があると考えている

問五、――⑧「ここで子どもが『奇跡』と言っている事態は、現代の哲学者メイヤスーが『有限性の後で』という書物の中で『祖先以前性』の問題と名づけている問題と同じである」とありますが、「奇跡」と言っている子どもたちとメイヤスーが問題にしていることの共通点は何ですか。これを説明した次の文の空欄にあてはまる言葉を文中から七字で抜き出して答えなさい。

本来考えることができない［　　］の時間のこと。

問六、――⑪「ある種の違和感」とありますが、これは科学的な説がどのようなことを前提にしているから生まれるのですか。その説明として最もふさわしいものを次から選び、記号で答えなさい。

ア　直接経験したことしか証明できないという前提

イ　人間の知性を越えた者が存在するという前提

ウ　世界は思考とは関係なく存在するという前提

エ　絶対に正しいと言えることなどないという前提

問七、――⑫「手に負えないこの難問」とありますが、これを説明した次の文の空欄ア・イにあてはまる言葉をそれぞれ二字で文中から抜き出して答えなさい。

［ア］が存在しなかった時に［イ］が存在したことについて、その関係性が説明できないという難問。

問八、次に示すのは四人の生徒が「神さま」について論じている場面です。本文の内容に合っている発言を次から一つ選び、記号で答

はないのに、生き物、命あるものが生まれてきた、というそのことだけでも十分「奇跡的」なのだが、さらに、「考える者がいなかったんだから、地球は奇跡的に生まれたんだと思う」。ここで「考える者」と言っているのは、明らかに今自分たちがしているような「考える」ということをする者である「人間」を指していると思われる。今自分たちがしているのは、地球について考えることである。しかし、その考える者がいなかったとき、考えられる⑦タイショウである地球があった、というのは、不思議である。考える者と、考えられる物との間に、子どもたちは分かちがたい関係があると感じているのだろう。だからこそ、一方がなかった時にもう一方があった、というのは「奇跡」と感じられるのだ。子どもたちは、存在論と認識《にんしき》論の関係として、つまり、物が存在することと物があることを認識する事との関係として、てつがくの最も重要な根本的なテーマとされてきたことを、「奇跡」という言葉を使って考えているのである。

⑧ここで子どもが「奇跡」と言っている事態は、現代の哲学者メイヤスーが『有限性の後で』という書物の中で「祖先以前性」の問題と名づけている問題と同じである。現代の科学者たちは、さまざまな物証(古生物の化石から、同位性原子核《かく》の一定の崩壊《ほうかい》速度と熱ルミネセンスに依拠《いきょ》した放射性年代測定法にいたるまで―これをメイヤスーは原化石と呼ぶ)によって、人間の出現以前の時間(これをメイヤスーは祖先以前的時間と呼ぶ)に生じたさまざまな出来事(宇宙の始まり、地球の形成、生命の⑨タンジョウなど)の年代を測定できるようになっている。おそらく科学者にとっては、この測定がいかに正確であるかということだけが問題であるだろう。しかしメイヤスーは、そこに、哲学の次元を挿入《そうにゅう》してみる。そしてそのとき問題になっているのが、まさに「考える者」である人間と世界との関係である。

(中略)

子どもたちは、メイヤスーが哲学の⑩刷新の入り口に据《す》えた問題に、まともに素直にぶつかり、そしてとまどいながらも何とか考えようとしているのである。子どもたちは理科の時間に、メイヤスーの言うこの「祖先以前的言明」を科学的知識として先生から教わって、それが「理科的には正しい」説だと思っている。しかし、地球について「考える者」と、その考えられている地球、という二つの項《こう》を、互《たが》いに切り離《はな》し難《がた》いと感じている子どもは、この科学的な「説」を「正しい」と思いつつも、そこに⑪ある種の違和感《いわかん》を持たずにいられないのである。子どもたちは、⑫手に負えないこの難問を、「奇跡的」という言葉で表現しているのだ。

(中略)

この「奇跡」は、その存在を考えることはできるけれど、わかることはできない「神さま」という存在とも関係しているのでは、と考えている子どもたちもいる。奇跡という言葉と関連しながら、「神さま」という言葉が数回にわたって出てくる。ある子どもは、もしかしたら地球は神さまが作ったのかもしれない、と考えつつ、でもそうとは限らないとも思っている(「地球は神さまが作ったとは限らない」)。また作ったかどうかは分からないけれど、地球ができて、まだ「考える者」がいなかった時から、神さまはいたはずだ、と考えている(「考える者がいなくても、神さまはいたはず」「神さまは最初からいた」)子どももいる。しかし、神さまを見た者はいないので、「神さまがいたとしても、どこにいるかわからない。いまもいないかもしれない」と言う子どももいる。地球を作ったかどうかは分からないが、考える者である人間がいなかった最初の時からいた神さまというのは、どういう存在であろうか。それは、人間に代わってこの地球の形成を目撃《もくげき》した神さまのことを言っているのだろうか。だとしたら、地球を作った神さまと地球の形成を目撃した神さまとは、どのように違《ちが》うのだろう

「地球が最初にできて、生き物が生まれた」
「地球ができたら、まず水ができて、植物ができて、育った」
つまり、地球の目的は地球ができると同時に一気に実現したのではなく、順番に時間をかけて少しずつ実現してきて、今日の世界になったのだ、ということである。旧約聖書の創世記では、神は六日間で天と地と海と他の生き物を作ってから、七日目にやっと人間を作ったことになっているが、実際には、その期間は何億年という時間がかかったのだ、というわけである。この反論は手ごわい。

しかしたとえそうであっても、目的論に反対する子どもたちは、そもそも地球が何者かによって、何かの目的をもって作られたなどということは、どうしても納得《なっとく》できない。地球という天体は、「隕石《いんせき》がくっついてできた」のであり、もう少し詳《くわ》しく言うと「地球は太陽のできた残りかす」である。そして「理科的にはそれで正しい」と念を押《お》している。この意見は確かに「理科的」であり、つまり、地球という天体のでき方を説明するものとしては、クラスの子どもは誰《だれ》もそれ自体に反対することはしていないのではないだろうか。たぶん子どもたちは以前に、先生から太陽系の生成過程について話を聞いているのだろう（ちなみにこの「てつがく」の時間は、このクラス担任の理科教師が行っている。その理科の授業は、自然界の不思議について、具体的で魅力《みりょく》に満ちたイメージを喚起《かんき》する独創的な授業で、小学校の時こういう理科の授業を受けていたら、私も理科系人間になっていたかも、と思わせられるものである）。しかし、理科的に正しい説明に反論はできなくても、それでも、④どこかそれだけでは納得できないものが多くの子どもたちの中には残っているようである。それを、何人かの子どもたちは「奇跡《きせき》」という言葉によって語っている。

ある子どもが、「奇跡的に地球はできた」と発言し、すぐにそれに続いて別の子どもが「⑤サンセイ、地球ができたのは生き物のためではない」と反応《はんのう》している。以下、対話で出てきた「奇跡的」という言葉を拾ってみると、
「地球が生まれる前は生き物がいなくて、考える者がいなかったんだから、地球は奇跡的にできたんだと思う」
「生き物がいなかったし、地球がどうなるかわからなかったので、奇跡的だと思う」
「奇跡的だ。考える者もいないし、予言する者もいない」

これらはいずれも、「生き物のために地球は創られた」という目的論的な考えに対する反論として出されている。地球には、生き物はいなかったし、生き物が生まれるという風に予言（予定）されていたわけでもない。そういう目的をもって作られたわけではなく、だから、地球がその後どうなるのかは全く分からなかったのだ。こうしてみると、子どもたちは「奇跡」というのを「偶然《ぐうぜん》」という意味で言っているようにも見え、その限りでは、⑥奇跡論は「理科的に正しい」とされる太陽のカス論と通じる。このことを、目的論に反対していた子どもは次のように言っている。「太陽のカスからできたけど、人間の生まれるもとが入っていないから、命が生まれるのが不思議」。つまり、地球は太陽のカスから偶然にできたものであって、そこには何らそれを越《こ》える目的などない。にもかかわらず、命が生まれ、そして人間が生まれた、それは何としても不思議だ。我々の世界が存在するという絶対的事実と、地球という天体は我々の世界とは何ら関係のない、物理的な因果関係からできたという、やはり絶対的な「理科的な」事実との間の、越えがたい深淵《しんえん》に落ち込《こ》んでしまった子どもたちの、当惑と驚異《きょうい》の思いを、子どもたちは「奇跡的」と表現しているのだ。

同時にこの「奇跡」は、単なる「生き物」ではなく、「考える者」の存在との関係で強調されている。誰かが目的をもって作ったわけで

二　次の文章は、小学校三年生に行われた「てつがく」という授業で、「地球はなぜあるのだろうか」という問いについて子どもたちが話し合った後、それを聞いていた筆者が話し合いの内容を振《ふ》り返りながらまとめたものである。これを読んで、あとの各問いに答えなさい。なお、文中の言葉の下の〔　〕の中はその言葉の意味とする。

「地球はなぜあるのか」と問われてすぐ出てきた答えは、「人間とか生き物のために」、あるいは「みんなのために」、「ある」、あるいは「作られた」というものであった。この答えは、地球とは、人間をはじめとするさまざまな生き物が生き、そこに住んでいる、私たちの住家＝世界であるという、否定しようのない絶対的な事実から最も素直《すなお》に引き出されたものであろう。この絶対的な事実から考えるならば、地球の存在理由は、「生き物」あるいは、私たちすべてがそこに生きる「ため」である、と考えることは少しも不思議ではない。地球が無かったら、私たちも他の生き物も、そもそも存在することはなかったのだから。世界と、世界の中でこの問いを考えているこの自分の存在そのものこそが、地球がなぜ存在しているかの理由である。この絶対的事実を①ホカンするものとして、子どもたちは、②二つの事実をあげている。一つは科学的事実である。

「他の惑星《わくせい》には空気がないけど、地球にはあるから、（地球は）生き物のために作られた」。生命の存在のためには空気が必要であり、地球にはそれがある。すなわち地球は生物が住むことができるように作られており、それは地球が生物のために作られていることを示している、というのである。

（中略）

もう一つの事実は、いわば、哲学《てつがく》的な事実である。

「ものはためになるためにある。地球もためになるために作られた」。すべてのものは、それぞれに「なにかのために」という目的を持っているはずだ。地球もやっぱり何かの目的を持っているはずだ。そしてその目的は、私たちの世界のためにという目的以外に考えようがない、だって、現に私たちの世界はこの地球に存在しているのだから。こんなふうにこの子どもは考えているようである。およそ存在する物は皆《みな》、それぞれの「目的」を持っているという考え方は、それほど突拍子《とっぴょうし》もないものではない。古くはアリストテレス〔古代ギリシャの哲学者〕が、自然界のあらゆる物を、目的を内在するものとしてとらえた。しかしアリストテレスは、物にその存在と目的を与《あた》えたのは、いったい何者か、という問いは立てなかった。つまり、世界の創造ということは彼《かれ》の目的論の中には含《ふく》まれなかった。他方、子どもたちは目的を考えると、どうしても、その目的を与えたもの、あるいはその目的のためにそれを作ったもののことを考えずにいられないようであった。「地球はなぜあるのか」という問いに対して、「地球は生き物のために作られた」という答えが出された時、子どもたちの中には、「作られた」というなら、必ず「作ったもの」がいるはずだ、という考えが浮《う》かんだようであった。後に見るように、この問題は、「神さま」をめぐる問いを引き起こすことになる。その前に、地球は生き物のために作られた、という考えに真《ま》っ向《こう》から反対する考えを見ておこう。

「地球は生き物のために作られた」という意見が出ると、即座《そくざ》に、「生き物のためなら最初に生き物がいたはずだ。（だから）地球は生き物のためにではない」という反論が出される。③もしも、地球が何らかの目的をもって作られたのなら、最初からその目的となるものは存在していたはずではないか。これに対しては、いくつかの反論が出されている。

か。これを説明した次の文の空欄にあてはまる言葉を、文中の言葉を使って五字以上十字以内で答えなさい。

母は私のことを［　　　］から。

問六、――⑨「お日様が昇って夜が明けるところ」とありますが、この景色は真千子にとってどのような意味を持ちますか。これを説明した次の文の空欄にあてはまる言葉を文中から十一字で探し、最初の五字を抜き出して答えなさい。

すべてのことが［　　　］という励《はげ》まし。

問七、――⑪「今はアンラッキーの先払いをしてるんだよ、私もぶーさんも」とありますが、二人に共通する「アンラッキー」なことの一つが「病気であること」だとすれば、もう一つは何ですか。十字以上十五字以内で考えて答えなさい。

問八、――⑬「答える代わりに強く握り返した」とありますが、このときの「私」の気持ちの説明として最もふさわしいものを次から選び、記号で答えなさい。

ア　悲しい経験を何とか乗り越えようともがくマチの姿に胸を打たれ、なぜ彼女にばかり不幸が訪れるのかと神様を呪《のろ》う気持ちになるとともに、彼女が退院できるまで見守りたいという願いを抱《いだ》いている

イ　これまで自分を不幸だと思い続けてきたが、はるかにつらい状況にいるマチが決して自分のことを不幸だと考えていないことに励まされ、幸運を手にするための行動にさっそく取り掛《か》かろうと決心している

ウ　夜の次には必ず朝が来るように、どんなに苦しい状況でも時間が経てば自然に解決するのだというマチの気楽な姿勢に共感し、自分自身もつらいことが連続する現実に耐《た》えられると勇気を抱いている

エ　つらい出来事があって心に傷を受けていたが、後で苦しみに見合った分の喜びを自らの手で積極的につかみにいくのだというマチの姿勢に共感し、自分自身も前向きに生きていこうと決心している

問九、本文で描《えが》かれている物語が過去の回想であることがわかる一文を探し、最初の五字を抜き出して答えなさい。

問十、本文の表現に関する説明として**ふさわしくない**ものを次から一つ選び、記号で答えなさい。

ア　「ずっと思い続けていたから」のように文末を省略することで、「私」の願いがこれから叶うことはないだろうということが暗示されている

イ　「私」と真千子がお互いを「マチ」、「ぶーさん」のようにあだ名で呼び合うことで、病院で過ごす二人の少女の良好な関係が表現されている

ウ　「えっ、これって誰のこと?!」のように「私」の心の声を多用することで、「私」の場面ごとの気持ちがわかりやすく表現されている

エ　「瑠璃色」や「薔薇色」のように夜明けの色彩《しきさい》の変化を描写《びょうしゃ》することで、「マチ」と「ぶーさん」の気持ちの変化が強調されている

問十一、――①「給湯」・⑤「束ねた」の漢字の読みを答え、――③「ケイサツ」・⑩「クらし」・⑫「カイシュウ」のカタカナを漢字に直しなさい。

とつひとつに光が宿るようだった。マチを見ると陽の光を受け頬《ほお》が薔《ば》薇色《らいろ》に輝《かがや》いている。

「朝日が昇れば、まっさらな一日が始まる。今ここから新しく始まるんだよ。何もかも」

マチの言葉に頷きながら、深呼吸して光を浴びる。受け止める。

「私の病気はね、何万人に一人とかいうとっても珍《めずら》しいやつなんだって。よりによってなんで私がって思うけど、でもその確率《かくりつ》と同じくらいの幸運《こううん》がこの先待ち受けてるんじゃないかって思うんだ。何万人に一人のアンラッキーにぶち当たったんだから、今度は同じくらいの確率の幸運を手にしなくちゃ人生の帳尻《ちょうじり》が合わないよ。そうでしょ、神様。⑪今はアンラッキーの先払《さきばら》いをしてるんだよ、私もぶーさんも。だからこの先もういいことしか起こらないから。このツケはしっかり覚えてて、あとでちゃんと神様から⑫カイシュウしてやるんだよ、必ず」

マチが私の手を握《にぎ》った。熱い血を感じる手のひらだった。

私はそこで入院してから初めて泣いた。涙《なみだ》が溢《あふ》れ出て止まらなかった。

「夜を越《こ》えて行くんだよ」

マチの手に力が入った。⑬答える代わりに強く握《にぎ》り返した。

（鈴木るりか「夜を越えて」による。一部表記・体裁《ていさい》を改めた）

問一、――②「耳が『三〇一号室の田中真千子ちゃんが』という言葉を拾ったからだ」とありますが、文末を「言葉を聞いたからだ」と表現した場合と比べてみると、「拾った」という表現によってどのような印象にかわりますか。最もふさわしいものを次から選び、記号で答えなさい。

ア　一度は聞き流したけれど、どうしても気になったのでもう一度聞き直してしまった印象にかわる

イ　いろいろ飛び交う言葉の中から、最も聞きたくない内容が聞こえてきてしまった印象にかわる

ウ　意識して聞かないようにしていたのに、嫌な言葉が向こうから飛び込んできた印象にかわる

エ　いろいろ聞こえてくる会話の中から、自分にとって関心の強い内容を選びとった印象にかわる

問二、――④「マグカップを持つ指先が冷えて心臓がどくどく波打つ」とありますが、このときの「私」の気持ちとして最もふさわしいものを次から選び、記号で答えなさい。

ア　思いがけず真千子の深刻な過去と病気のことを聞いてしまい、突然のことで信じられずにいる

イ　真千子に自分と同じようにつらい過去があることを知り、真千子をかわいそうだと思っている

ウ　今まで知らなかった真千子の秘密について聞き、誰かに相談するべきではないかと悩んでいる

エ　仲の良い真千子が「私」に隠《かく》しごとをしていたことを知り、真千子に対してがっかりしている

問三、――⑥「顔がカーッと熱くなった」とありますが、このときの「私」の気持ちとして最も**ふさわしくない**ものを次から一つ選び、記号で答えなさい。

ア　混乱　イ　憤《いきどお》り　ウ　感動

エ　嫉妬《しっと》　オ　興奮

問四、――⑦「母はもう帰ってこない」とありますが、「私」にそう確信させた母の様子をたとえを用いて表している言葉を文中から十九字で探し、最初の五字を抜《ぬ》き出して答えなさい。

問五、――⑧「私を見てもわからなかったことだった」とありますが、「母」がわからなかった理由を「私」はどのように考えています

出していた。母はこちらを一度も振《ふ》り返ることなく行ってしまった。

⑦母はもう帰ってこない。祖母が死んだとしても。

はっきりわかった。

それがわかっただけ、いいじゃないか。

二度と帰ってこないものを、待ち続けるのはつらい。

でも母がいつの間にか再婚《さいこん》し子供がいて、今お腹の中に赤ちゃんがいることより、もっとショックだったのは、⑧私を見てもわからなかったことだった。

別れたのが小さいときだったから、あれから何年も経《た》って私も成長しているから、と理由は挙げられるかもしれないが、私はすぐにわかった。

ずっと思い続けていたから。忘れることはなかったから。いつも人混みの中に母の面影《おもかげ》を探し求めていたから。

でも母は違っていたようだ。それが何よりも悲しい。

夕飯も少し残してしまった。本当はまったく食欲《しょくよく》がなかったのだけど、食べないで看護婦さんにあとで理由を聞かれても困るので、無理して食べた。味はしなかった。マチも隣《となり》のベッドで口数が少なくなっていた。何を言っていいかわからないのだろう。

消灯《しょうとう》時間になった。目を閉じると、今日目にしたあの情景が巻き戻されてまた最初から再生《さいせい》されそうで恐《おそ》ろしくなった。

「太陽が昇《のぼ》るところ見たことある?」

マチが話しかけてきた。

「太陽が?」

「うん、夜明けだよ。⑨お日様が昇って夜が明けるところ、日の出」

「ないよ。そんな早起きしたことない」

急に何を言い出すんだろう。でも言われてみれば見たことがない。夏休みのラジオ体操《たいそう》へ行くときは、もう日が昇っていたし、お正月の初日の出も見たことがない。

「私はあるよ、何回も。夜中に家から放り出されてさ、そのままあちこちさまよっているうちに夜が明けてきて目にしたこともあるし、ひとりで草の上に寝転びながら見たこともある」

「えっ、なんでっ」

看護学生が話していたことが蘇《よみがえ》る。

——虐待も受けてたんでしょ、実の母親に——

まさか、本当だったの?

「私が悪かったんだよ、多分。でも綺麗なんだよ、夜が明けていくのって。だんだん空が明るくなってきて、遠い山の向こうから陽《ひ》の光が見えた瞬間、その光がまっすぐ自分のところへ届くんだ。明日見てみない?」

マチがどうしてそんなことを言い出したのかわからなかったが、どこかやけになった気持ちもあった。

だからそれ以上理由も聞かずに「いいよ」と答えていた。

(中略)

夜明けを待ちきれないかのような小鳥のさえずりが絶えず聞こえる。少しずつ瑠璃色《るりいろ》が薄《うす》くなり、空が明るくなってきた。

「来るよ」

マチがそう言うのとほぼ同時に、群青《ぐんじょう》の山の連なりの向こうから、裂《さ》くような光に射られる。眩《まぶ》しさに目を閉じる。

瞼《まぶた》の裏に、全身に光を感じる。うっすら目を開ける。朝日が、街を、人の⑩クらしを照らす。すべてのものの輪郭《りんかく》を際立《きわだ》たせる。夜が明けてゆく。

朝だ。朝が来たのだ。

鳥の鳴き声が一層《いっそう》忙《せわ》しくなる。光で満たされていく。体の細胞《さいぼう》のひ色白で大きな黒い瞳《ひとみ》が印象的な、和風美人だった。その頃はまだ異性よりも、年上の同性に強い憧《あこが》れを持った。かっこいい男の人を見るより、綺麗《きれい》な女の人を見るほうが好きだった。白衣を着てキビキビと働く河合さんはとても美しかった。

その日も午後から、私たちは売店に行くふりをして河合さんを見に行った。物陰《ものかげ》から覗《のぞ》くと、長い髪《かみ》を後ろでひとつに⑤束ねた河合さんが調剤局内にいた。

「河合さん、やっぱり綺麗だね」

私が言うと、

「うん、いつ見ても素敵《すてき》だよね」

マチも深く頷《うなず》いた。

「私も大きくなったら、河合さんみたいな女の人になりたいなあ。薬剤師さんになろうかな」

「いいんじゃない。ぶーさん、白衣似合いそう」

「でもすごく勉強しなくちゃなれないよね、やっぱ。なんとかあんまり勉強しないでなれる方法ないかなあ」

「ないでしょーっ。でも手に職《しょく》っていうの？　何か資格《しかく》を取るのはいいよね。私も何かの資格は取りたいんだ。それでバリバリ働いてお母さんにラクをさせたいよ」

マチの口から「お母さん」という言葉が出てきてどきっとする。でもこんなことを言えるのだから、やっぱりあれは間違いだよね。

「高岡《たかおか》さーん。高岡百合子《ゆりこ》さん、いらっしゃいますか？」

河合さんがよく通る愛らしい声で待合室《まちあいしつ》の人たちに呼びかける。

「高岡さーん、高岡百合子さん」

河合さんが一層《いっそう》声を高くすると、

「ああ、すいませーん、高岡です。子供がトイレって言うんで」

そう言いながら幼稚《ようち》園児ぐらいの女の子の手を引いた女の人が慌ててやってきた。

あっ、と声が出そうになった。出ていたかもしれない。

「高岡百合子さんですか？　今日出ているお薬は」

河合さんが窓口で薬の説明を始める。

はい、はい、と頷きながら聞いている、それは私の母だった。

何年かぶりに見る母親だった。そうだ、下の名前は百合子だった。

傍《かたわ》らにいる女の子は、髪を編み込みにして可愛《かわい》い髪飾《かみかざ》りをつけている。母がしてあげたのだろうか。私の、私のお母さんが。

私のお母さんなのに。

⑥顔がカーッと熱くなった。

河合さんの説明が終わり、薬袋《ぶくろ》を受け取る母。手提《てさ》げバッグにそれをしまうと、ふっと顔を上げこちらを見た。全身が心臓になったのかと思うくらいドキンと跳《は》ねた。

が、母の視線は私に一瞬《いっしゅん》も留まることなくそのまま素通りし、まるで柱や壁《かべ》を見るのと変わらないように、その表情には僅《わず》かな変化もなかった。

気がつかなかったのだ。

「どうしたの？」

私の異変《いへん》を感じたのか、マチが首をかしげ覗き込《こ》んでいる。

「あれ、私のお母さん。さっき河合さんと話してた人」

「えっ。あの女の人？　えっ、本当？」

マチが伸《の》びをする。

母は女の子と手をつなぎ、会計窓口のほうに歩き出す。女の子が母に話しかける。母が立ち止まって女の子の耳元に顔を近づける。何を言われたのか女の子がくすぐったそうに笑う。

「でも子供連れてるし、それに、あ」

そこまで言ってマチが口をつぐんだ。母のお腹《なか》は、たっぷりとせり

二〇二二年度 明治大学付属中野八王子中学校

【国　語】〈A方式第一回試験〉（五〇分）〈満点：一〇〇点〉

〈注意〉　字数には、句読点《くとうてん》も記号も一字として数えます。

一　次の文章を読んで、あとの各問いに答えなさい。

薬は白湯《さゆ》で飲むといいと言われていたので、マグカップを持って①給湯室に行った。

入る手前で立ち止まる。

②耳が『三〇一号室の田中真千子《たなかまちこ》ちゃんが』という言葉を拾ったからだ。午前中実習に来ている看護《かんご》学生が内《なか》で話をしているらしい。

「あの年齢《ねんれい》で。かわいそうに」

「ね、まだ十二歳《さい》なのに。取っちゃったんでしょう」

「うん、ものすごく稀《まれ》な例らしいけど、何万人に一人だったかな、婦長が言ってたけど、えーっと正確には何万人って言ってたっけ、まあとにかく滅多《めった》にないらしいけど」

「じゃあもう子供は産めないの？」

「そうでしょ、だって卵巣《らんそう》だもの」

えっ、これって誰《だれ》のこと？　もしかしてマチ？

「本当に気の毒。だってその上あの子は虐待《ぎゃくたい》も受けてたんでしょ、実の母親に」

「そうそう、だから一度も来ないのよ。来られないのかな。③ケイサツ捕《つか》まってるとかかも」

「時々来てる女の人は児童相談所の人みたいね。退院したら施設《しせつ》に行くみたい。もっとも小さい頃《ころ》から施設は出たり入ったりしていたみたいだけどね」

え、え、え、虐待？　施設？

まさか、これマチの話じゃないよね、違《ちが》う子の話だよね？

でもこの病棟《びょうとう》で十二歳の女の子って言ったら私とマチしかいない。

④マグカップを持つ指先が冷えて心臓がどくどく波打つ。

「あ、もう行かなきゃ。午後の授業始まっちゃう」

出てくる気配があり、慌《あわ》ててその場を立ち去る。

どういうこと？　卵巣？　虐待？　施設？

馴染《なじ》みのない言葉が頭の中をぐるぐる回る。

まさか、違うよね。マチのことじゃないよね。でも。

病室に戻《もど》ると、マチが寝転《ねころ》んで『ちゃお』を読んでいた。もう何十回も読んでいるのに。

「やっぱ面白《おもしろ》いね『ちゃお』は。ぶーさんからもらったと思うと、ますます面白く感じるよ」

屈託《くったく》なく笑うマチに「な、何それー」と返すのがやっとだった。

さっきのは違うよね、嘘《うそ》だよね。こんな明るいマチが、そんなことあるはずがない。お母さんにパイナップルケーキを食べさせたいって言っていたもの。虐待なんかされていたらそんなふうに思うわけがない。きっと人違いか何かだよ、きっと。

けれどその夜は、マチの寝息にいくら耳を澄《す》ませてもなかなか寝つけなかった。

病院は五階建てで小児外科《しょうにげか》病棟は三階、一階に売店がある。売店に行くとき、外来の横を通るのだが私たちには密《ひそ》かな楽しみがあった。

調剤局《ちょうざい》で働く『河合《かわい》さん』を見るのだ。河合さんは若い女性薬剤師だった。本当は河合という苗字《みょうじ》ではない。当時大人気だったアイドルの河合奈保子《なおこ》に似ていたので、ふたりで勝手にそう呼んでいたのだ。

2022年度

明治大学付属中野八王子中学校 ▶解説と解答

算　数　＜Ａ方式第１回試験＞（50分）＜満点：100点＞

解　答

1 (1) $1\frac{1}{49}$　(2) $\frac{1}{3}$　(3) $\frac{1}{10}$　(4) $\frac{4}{15}$　**2** (1) 75cm^2　(2) 25000円　(3) 4日　(4) 120g　(5) 200cm^2　(6) 18個　**3** (1) **長さ** 160m　**速さ** 時速96km　(2) 23.42%　(3) 10個　(4) 100.48cm^2　(5) 480.42cm^2　**4** (1) 10人　(2) 6分　**5** (1) ⑦ 12　⑧ 18　⑨ 36　(2) 1089

解　説

1 四則計算，計算のくふう，逆算

(1) $6\frac{1}{3}\div 4\div\left\{4\frac{1}{2}-\left(\frac{5}{8}+\frac{1}{5}\right)\right\}\times 2\frac{7}{19}=\frac{19}{3}\times\frac{1}{4}\div\left\{\frac{9}{2}-\left(\frac{25}{40}+\frac{8}{40}\right)\right\}\times\frac{45}{19}=\frac{19}{12}\div\left(\frac{9}{2}-\frac{33}{40}\right)\times\frac{45}{19}=\frac{19}{12}\div\left(\frac{180}{40}-\frac{33}{40}\right)\times\frac{45}{19}=\frac{19}{12}\div\frac{147}{40}\times\frac{45}{19}=\frac{19}{12}\times\frac{40}{147}\times\frac{45}{19}=\frac{50}{49}=1\frac{1}{49}$

(2) $\left(\frac{5}{6}-\frac{7}{9}\right)\times 2\div 0.125\times\left(2.75-1\frac{1}{2}\right)\times 0.3=\left(\frac{15}{18}-\frac{14}{18}\right)\times 2\div\frac{1}{8}\times\left(2\frac{3}{4}-\frac{3}{2}\right)\times\frac{3}{10}=\frac{1}{18}\times\frac{2}{1}\times\frac{8}{1}\times\left(\frac{11}{4}-\frac{6}{4}\right)\times\frac{3}{10}=\frac{8}{9}\times\frac{5}{4}\times\frac{3}{10}=\frac{1}{3}$

(3) $\frac{1}{N\times(N+1)}=\frac{1}{N}-\frac{1}{N+1}$となることを利用すると，$\frac{1}{30}+\frac{1}{42}+\frac{1}{56}+\frac{1}{72}+\frac{1}{90}=\frac{1}{5\times 6}+\frac{1}{6\times 7}+\frac{1}{7\times 8}+\frac{1}{8\times 9}+\frac{1}{9\times 10}=\frac{1}{5}-\frac{1}{6}+\frac{1}{6}-\frac{1}{7}+\frac{1}{7}-\frac{1}{8}+\frac{1}{8}-\frac{1}{9}+\frac{1}{9}-\frac{1}{10}=\frac{1}{5}-\frac{1}{10}=\frac{2}{10}-\frac{1}{10}=\frac{1}{10}$

(4) $\left(2.28+\frac{3}{5}\times\square\div 2\right)\times 2-4\frac{8}{25}=\frac{2}{5}$より，$\left(2.28+\frac{3}{5}\times\square\div 2\right)\times 2=\frac{2}{5}+4\frac{8}{25}=\frac{10}{25}+\frac{108}{25}=\frac{118}{25}$，$2.28+\frac{3}{5}\times\square\div 2=\frac{118}{25}\div 2=\frac{118}{25}\times\frac{1}{2}=\frac{59}{25}$，$\frac{3}{5}\times\square\div 2=\frac{59}{25}-2.28=\frac{59}{25}-\frac{57}{25}=\frac{2}{25}$　よって，$\square=\frac{2}{25}\times 2\div\frac{3}{5}=\frac{2}{25}\times\frac{2}{1}\times\frac{5}{3}=\frac{4}{15}$

2 相似，売買損益，相当算，仕事算，濃度《のうど》，面積，構成

(1) 実際の面積は縮尺$\frac{1}{25000}$の地図上の面積の(25000×25000)倍になる。また，縮尺$\frac{1}{10000}$の地図上の面積は実際の面積の$\left(\frac{1}{10000}\times\frac{1}{10000}\right)$倍になる。よって，縮尺$\frac{1}{10000}$の地図上の面積は，縮尺$\frac{1}{25000}$の地図上の面積の，$25000\times 25000\times\frac{1}{10000}\times\frac{1}{10000}=\frac{25000\times 25000}{10000\times 10000}=\frac{25\times 25}{10\times 10}=6.25$(倍)になることがわかる。さらに，たて2cm，横6cmの長方形の面積は，$2\times 6=12$(cm^2)だから，縮尺$\frac{1}{10000}$の地図上の面積は，$12\times 6.25=75$(cm^2)と求められる。

(2) 仕入れ値を1とすると，定価は，$1\times(1+0.3)=1.3$となるので，定価の1割引きは，$1.3\times(1-0.1)=1.17$，利益は，$1.17-1=0.17$とわかる。これが4250円にあたるから，(仕入れ値)$\times 0.17=4250$(円)と表すことができる。よって，仕入れ値は，$4250\div 0.17=25000$(円)と求められる。

(3) 1人が1日にする仕事の量を1とすると，この仕事全体の量は，$1\times 7\times 24=168$となる。また，７人が６日でする仕事の量は，１×７×６＝42なので，残りの仕事の量は，168－42＝126とわかる。この仕事を，７＋２＝９(人)ですると，126÷９＝14(日)かかるから，仕事が終わるまでに全部で，６＋14＝20(日)かかることになる。よって，７人で毎日働くより，24－20＝４(日)早く終わる。

⑷　(食塩の重さ)＝(食塩水の重さ)×(濃度)より，８％の食塩水600ｇに含《ふく》まれている食塩の重さは，600×0.08＝48(g)とわかる。また，食塩水から水を蒸発させても食塩の重さは変わらないので，水を蒸発させて濃度が10％になった食塩水にも48ｇの食塩が含まれている。よって，水を蒸発させた後の食塩水の重さを□ｇとすると，□×0.1＝48(g)と表すことができるから，□＝48÷0.1＝480(g)と求められる。したがって，蒸発させた水の重さは，600－480＝120(g)である。

⑸　下の図１で，３つの三角形ABC，DBG，EBFは相似であり，相似比は，BC：BG：BF＝(３＋５＋２)：(３＋５)：３＝10：８：３なので，面積の比は，(10×10)：(８×８)：(３×３)＝100：64：９となる。よって，三角形ABCの面積を100とすると，三角形DBGの面積は64，三角形EBFの面積は９となるから，斜線《しゃせん》部分の面積は，64－９＝55とわかる。これが110cm^{2}にあたるので，比の１にあたる面積は，110÷55＝２(cm^2)となり，三角形ABCの面積は，２×100＝200(cm^2)と求められる。

図１

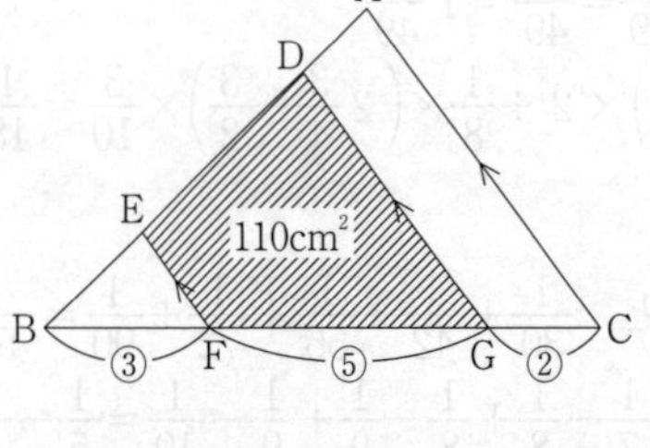

図２

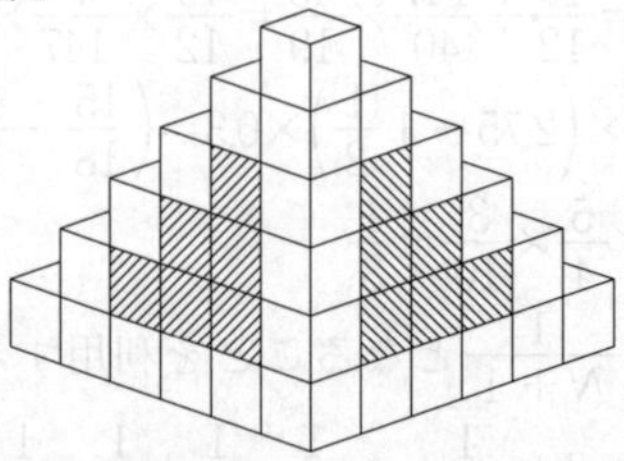

図３

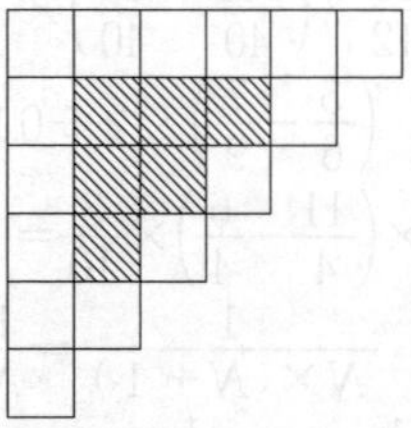

⑹　この立体を反対側から見ると上の図２，真下から見ると上の図３のようになる。１つの面だけが赤くぬられている立方体は斜線をつけた立方体であり，これ以外にはない。よって，全部で，(１＋２＋３)×３＝18(個)と求められる。

3　通過算，体積，場合の数，面積，表面積

⑴　３分57秒は，60×３＋57＝237(秒)だから，右の図１のようになる。電車の最後尾《さいこうび》が走った距離《きょり》の差に注目すると，この電車は，237－18＝219(秒)で，6160－320＝5840(m)走ることがわかる。よって，この電車の速さは秒速，5840÷219＝$\frac{5840}{219}$＝$\frac{80}{3}$(m)なので，この電車が18秒で走る距離は，$\frac{80}{3}$×18＝480(m)と求められる。したがって，この電車の長さは，480－320＝160(m)とわかる。また，秒速$\frac{80}{3}$mを時速に直すと，$\frac{80}{3}$×60×60÷1000＝96(km)となる。

図１

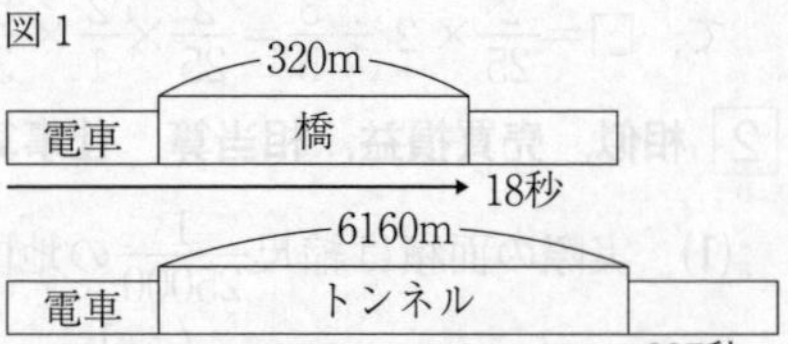

⑵　底面の円の半径は，１＋0.1＝1.1(倍)，高さは，１＋0.02＝1.02(倍)になるから，体積は，1.1×1.1×1.02＝1.2342(倍)になる。よって，(1.2342－１)÷１＝0.2342より，0.2342×100＝23.42(％)増加することがわかる。

⑶　四角すいの頂点は，１＋４＝５(個)ある。この中から３個を選ぶ方法は，選ばれない，５－３＝２(個)を選ぶのと同じことなので，$\frac{5\times4}{2\times1}$＝10(通り)あることがわかる。この中に同じ三角形

はないから，三角形は全部で10個できる。

(4)　下の図２で，太線部分の長さはすべて，８÷２＝４(cm)で等しいから，太線で囲まれた三角形はすべて正三角形である。よって，斜線部分の一部を矢印のように移動すると，半径が４cmで中心角が，360－60×４＝120(度)のおうぎ形になる。これと同じものが６か所あるので，問題文中の図の斜線部分の面積の和は，$4\times4\times3.14\times\frac{120}{360}\times6=32\times3.14=100.48$(cm^{2})と求められる。

図２

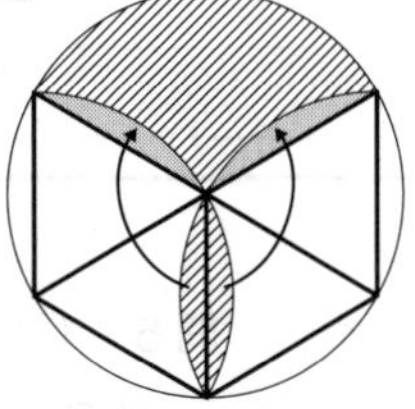

図３

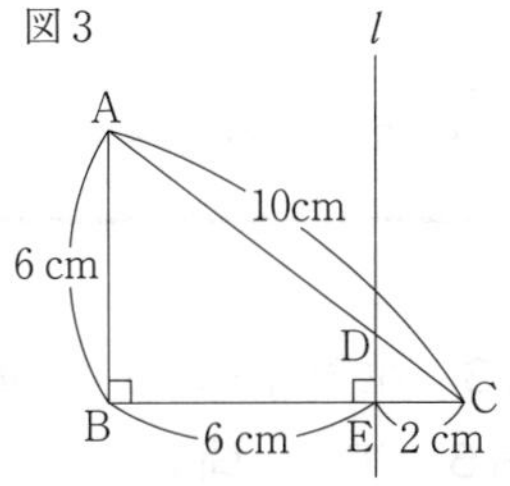

図４

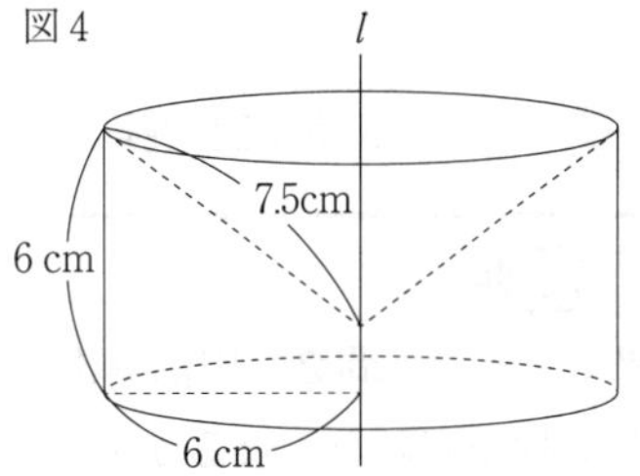

(5)　上の図３で，辺ABと直線 l は平行だから，AD：DC＝BE：EC＝６：２＝３：１となり，$AD=10\times\frac{3}{3+1}=7.5$(cm)とわかる。また，三角形ABCを１回転させると，上の図４のように円柱から円すいをくり抜《ぬ》いた形の立体ができる。図４で，円柱の底面積は，６×６×3.14＝36×3.14(cm^{2})である。また，円柱の底面のまわりの長さは，６×２×3.14＝12×3.14(cm)なので，円柱の側面積は，12×3.14×６＝72×3.14(cm^{2})とわかる。さらに，円すいの側面積は，(母線)×(底面の円の半径)×(円周率)で求められるから，7.5×６×3.14＝45×3.14(cm^{2})となる。よって，この立体の表面積は，36×3.14＋72×3.14＋45×3.14＝(36＋72＋45)×3.14＝153×3.14＝480.42(cm^{2})と求められる。

4 ニュートン算

(1)　入場口が２つのときは，１分間に，150÷30＝５(人)の割合で待っている人の数が減る。また，入場口が３つのときは，１分間に，150÷10＝15(人)の割合で待っている人の数が減る。この間にやってくる人の数は同じだから，２つの入場口から１分間に入場する人の数と，３つの入場口から１分間に入場する人の数の差が，15－５＝10(人)とわかる。よって，１つの入場口から１分間に入場する人の数は，10÷(３－２)＝10(人)と求められる。

(2)　入場口を２つから４つに増やすと，１分間に入場する人の数は，10×(４－２)＝20(人)増える。よって，１分間に減る人の数も20人増えて，５＋20＝25(人)になる。したがって，待っている人がいなくなるのにかかる時間は，150÷25＝６(分)と求められる。

5 整数の性質

(1)　右の図１のように，①と⑨の積，②と⑧の積，③と⑦の積，④と⑥の積，⑤と⑤の積が，それぞれ「ある整数」と等しくなる。よって，「ある整数」は，４×９＝36とわかるので，⑦に入る数は，36÷３＝12，⑧に入る数は，36÷２＝18，⑨に入る数は，36÷１＝36となる。

図１

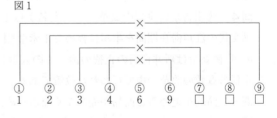

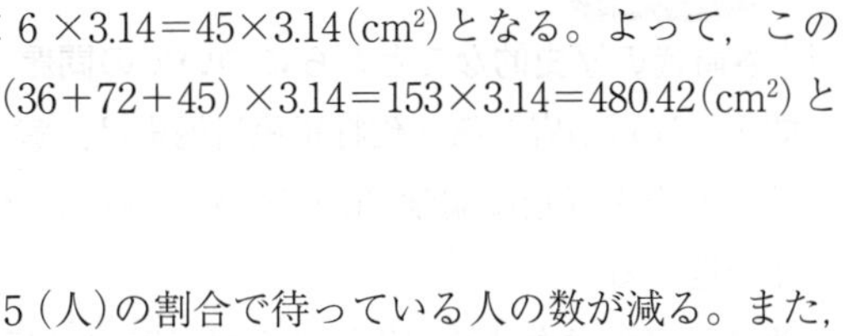

(2)　⑤に入る数を△とすると，求める整数は(△×△)と表すことができる。よって，③の数と⑦の数の積も(△×△)になるから，(③の数)×(⑤の数)×(⑦の数)＝△×△×△と表すことができる。下の図２の計算から，35937＝３×３×３×11×11×11＝(３×11)×(３×11)×(３×11)＝33×33

×33となるので，△＝33とわかる。よって，求める整数は，33×33＝1089である。

図２

3) 35937
3) 11979
3) 3993
11) 1331
11) 121
11

社会 ＜Ａ方式第１回試験＞（30分）＜満点：50点＞

解答

1 **問１** イ　**問２** 田沼意次　**問３** 生類憐みの令　**問４** ウ　**問５** （例）節約することで物が売れなくなるから。　**問６** ア　**問７** ウ→イ→エ→ア　**問８** 後醍醐(天皇)　**問９** ア　**問10** イ　2 **問１** 北海道　**問２** 南鳥島　**問３** イ　**問４** ３(月)11(日)　**問５** ウ　**問６** カ　**問７** ア　3 **問１** ① 兵庫県　② 群馬県　**問２** 世界遺産　**問３** オ　4 **問１** (新)食糧法　**問２** エ　5 **問１** イ　**問２** SDGs　**問３** 13　**問４** エ　**問５** あ 健康　い 文化

解説

1 各時代の歴史的なことがらについての問題

問１ 江戸幕府の第５代将軍徳川綱吉は，武力によって国を治めるそれまでの武断政治を改め，幕政の安定を背景に儒学《じゅがく》(朱子学)を奨励《しょうれい》し，学問によって国を治める文治政治を行った。よって，イが選べる。

問２ 田沼意次《おきつぐ》は第10代将軍の徳川家治《いえはる》の時代に政治を行った老中である。享保《きょうほう》の改革を行った第８代将軍の徳川吉宗やそれ以前の幕府が，農村の立て直しなど米による収入で財政を立て直そうとしたことに対し，意次は株仲間(商工業者の同業組合)を奨励するなど，商人の経済力を積極的に利用する政策をとった。しかし，浅間山の噴火《ふんか》や東北地方の冷害によって天明の飢饉《ききん》が起きたことや，わいろの横行などで不評を買い，家治の死とともに失脚《しっきゃく》した。

問３ 徳川綱吉は1685年以降，生類憐《しょうるいあわれ》みの令とよばれる極端な動物愛護令を出して動物の殺生《せっしょう》を禁じた。綱吉が戌《いぬ》年生まれであったことから生き物の中でも特に犬を愛護し，犬を殺したものが重刑に処されたり，江戸に大規模な野良犬収容所がつくられたりしたため，綱吉は「犬公方《くぼう》」とよばれて非難された。なお，生類憐みの令は綱吉の死後，廃止《はいし》された。

問４ 徳川吉宗は享保の改革の中で大名から１万石につき100石の米を納めさせ，そのかわりに参勤交代の江戸滞在《たいざい》期間を半年に縮める上米令(上米の制)を行った。よって，ウが正しい。なお，アの正徳《しょうとく》新令は新井白石の正徳の治，イの人返しの法は水野忠邦《ただくに》の天保の改革，エの棄捐《きえん》令は松平定信の寛政《かんせい》の改革の中で行われた政策である。

問５ 節約を進めると商品が売れなくなるため，一般的に景気が悪くなる。

問６ ア　田沼意次は，印旛《いんば》沼や手賀《てが》沼(いずれも千葉県)の干拓による新田開発を進めた。また，蝦夷《えぞ》地(北海道)を開発し，ロシアと交易を行う計画などを立案したが，実現しなかった。　イ　長崎に出島がつくられたのは，第３代将軍徳川家光のときのことである。意次は，俵物《たわらもの》(いりこや

干しアワビなどを俵につめたもの）を清（中国）に輸出し，長崎貿易を積極的に行うことで金銀を流入させようとした。　ウ　伊能忠敬に地図の作成が命じられたのは，ロシア船が日本近海に出現するようになった第11代将軍徳川家斉《いえなり》のときのことである。また，街道の整備は参勤交代が始まった江戸時代の初めに進められた。　エ　慶長金銀は，江戸時代初めから全国に流通していた。

問7　年代が古いものから順に並べると，ウ（1882年）→イ（1904〜05年）→エ（1925年）→ア（1932年）となる。

問8　後醍醐《ごだいご》天皇は，御家人の足利尊氏や新田義貞《にったよしさだ》，悪党の楠木正成《くすのきまさしげ》らの協力によって1333年に鎌倉幕府を滅《ほろ》ぼすと，建武の新政を行って朝廷による政治を復活させた。しかし，公家中心の政治は武士の不満を招き，足利尊氏に背《そむ》かれて新政は2年半あまりで失敗に終わった。

問9　平将門は939年に反乱を起こし，自ら「新皇」と称して関東一帯を支配したが，翌年には平定された。なお，イの藤原純友は平将門の乱と同時期に瀬戸内で反乱を起こした人物，ウの坂上田村麻呂は平安時代の初めに征夷《せいい》大将軍として東北地方の蝦夷《えみし》を征討《せいとう》した人物，エの北条義時は鎌倉幕府第2代執権《しっけん》を務めた人物である。

問10　ア　仏教を積極的に取り入れたのは，聖徳太子とともに政治を行った蘇我馬子である。聖徳太子の死後，蘇我氏の勢力が天皇をしのぐほど強大化したため，中大兄《なかのおおえの》皇子と中臣鎌足《なかとみのかまたり》らは蘇我蝦夷・入鹿を殺害し，蘇我氏を滅ぼした。　イ　平清盛は1167年に武士として初めて太政《だいじょう》大臣になり，政治の実権を握《にぎ》った。また，大輪田泊《おおわだのとまり》（現在の神戸港付近）を修築して宋（中国）と民間貿易を行った。よって，正しい。　ウ　足利義満は室町幕府の第3代将軍で，南北朝の合体や日明貿易を行ったが，応仁の乱（1467〜1477年）の原因をつくったのは第8代将軍の足利義政である。
エ　立憲政友会の原敬《たかし》は，米騒動《そうどう》の責任をとって総辞職した寺内正毅《まさたけ》内閣にかわって内閣総理大臣になり，日本で最初の本格的な政党内閣を組織した。

2　日本の国土と気候についての問題

問1　日本列島は，4つの大きな島と約7000の島々から構成される。4つの大きな島は面積の大きい順に本州・北海道・九州・四国で，そのおおよその面積比は12：4：2：1である。

問2　日本最東端の島は南鳥島で，東京都に属している。なお，最西端は沖縄県の与那国《よなぐに》島，最北端は北海道の択捉《えとろふ》島，最南端は東京都の沖ノ鳥島である。

問3　北海道の北東からロシアのカムチャッカ半島まで続く「い」の島々を，千島列島という。千島列島にふくまれる北方領土（択捉島・国後《くなしり》島・色丹《しこたん》島・歯舞《はぼまい》群島）は日本固有の領土であるが，現在はロシアが実効支配している。また，そのほかの島はロシア領になっている。なお，地図中に示されている，東京から南に連なる島々は伊豆諸島と小笠原《おがさわら》諸島，九州の南から台湾の北東へと連なる島々は南西諸島で，これを琉球《りゅうきゅう》列島とよぶこともある。

問4　東日本大震災は，2011年3月11日に発生した東北地方太平洋沖地震（マグニチュード9.0）による災害である。東北地方の太平洋側を中心に北海道や関東地方にも被害が及《およ》び，約2万人の死者・行方不明者を出した。地震後に発生した津波とそれによって起きた福島第一原子力発電所の事故も，震災の被害をより深刻なものにした。

問5　東北地方太平洋沖地震の震源地は，北アメリカプレートと太平洋プレートの境界線にあたる日本海溝《かいこう》の近くであった。なお，カムチャッカ半島から千島列島，北海道南西部沖にかけての海底に連なる海溝を千島・カムチャッカ海溝というが，三陸海溝という名の海溝はない。

問６　瀬戸内海沿岸の地域は比較的《ひかくてき》温暖な気候で，夏は南東の季節風が四国山地にさえぎられ，冬は北西の季節風が中国山地にさえぎられるため，１年を通して降水量が少ないことが特徴《とくちょう》である。そのため，この地域は干害(日照りによる水不足)が起こりやすく，古くからため池をつくって農業用水を確保してきた。

問７　北半球に位置する日本では，夏至《げし》の日に１年で最も昼(日の出から日の入りまでの時間)が長く，夜が短くなる。したがって，日の出が早く日の入りが遅いアが，夏至の日の時刻とわかる。なお，イは１年で最も昼が短く，夜が長くなる冬至《とうじ》の日の時刻を表している。

3　都道府県の特色についての問題

問１　①　淡路《あわじ》島は，兵庫県に属する瀬戸内海で最も大きな島である。兵庫県の伝統的工芸品には，県中南部の小野市周辺で製造される播州《ばんしゅう》そろばんがある。また，県南西部の姫路市にある姫路城は，シラサギが羽を広げたような美しく優雅《ゆうが》な姿から「白鷺《しらさぎ》城」の愛称で親しまれ，1993年にはユネスコ(国連教育科学文化機関)の世界文化遺産に登録された。　②　赤城山は，群馬県中東部に位置する火山である。群馬県の桐生《きりゅう》市やその周辺地域は古くから養蚕業がさかんで，桐生織には「西の西陣《にしじん》，東の桐生」とよばれるほど古い歴史と技術があり，伝統的工芸品に指定されている。また，生糸が日本の主要輸出品であった明治時代，明治政府は群馬県の富岡市に日本で最初の本格的な製糸工場である富岡製糸場をつくった。富岡製糸場は2014年に「富岡製糸場と絹産業遺産群」を構成する資産の一つとして，世界文化遺産に登録された。

問２　知床《しれとこ》(北海道)と屋久島(鹿児島県)は世界自然遺産，平泉(岩手県)・姫路城・富岡製糸場は世界文化遺産に登録されている。

問３　二風谷《にぶたに》イタは北海道の平取《びらとり》町に伝わる伝統的な技法で製作される木製の盆《ぼん》，南部鉄器は岩手県の盛岡市や奥州市で製造される鉄器，大島紬《つむぎ》は鹿児島県の奄美《あまみ》大島に伝わる織物である。

4　日本の主要農作物の生産額についての問題

問１　国内での米余り現象や世界からの米の市場開放の要求を受け，1995年11月，食糧管理法にかわって(新)食糧法が施行された。それまでは，食糧(おもに米)を安定して供給することを目的に政府が米の生産や流通に介入《かいにゅう》していたが，(新)食糧法の施行によって，だれでも自由に米を流通・販売できるようになった。

問２　日本人のくらしが豊かになり，食生活の洋風化が進むと，米の需要《じゅよう》は減少し，かわりに畜産物や野菜の需要が増加した。農家も政府の政策や消費者の需要に合わせて生産の工夫をしてきたため，生産額は畜産物が最も多くなり，ついで野菜・米・果実の順になった。

5　「持続可能な開発目標」についての問題

問１　国際連合は，国際平和の実現を目指して第二次世界大戦終結後の1945年に設立された国際機関で，本部はアメリカのニューヨークに置かれている。なお，アのジュネーブは国際連盟の本部が置かれたスイスの都市，ウのロンドンはイギリスの首都，エのウィーンはオーストリアの首都，オのワシントンD.C.はアメリカの首都である。

問２　2015年に国際連合総会で採択《さいたく》された「持続可能な開発目標」はSDGsと略され，ここには2030年までに国際社会が実現するべき17の目標と169のターゲットが掲《かか》げられている。

問３　「気候変動に具体的な対策を」と掲げているのは13番目のアイコンである。この目標は，「気候変動及びその影響《えいきょう》を軽減するための緊急《きんきゅう》対策を講じる」というテーマのもと，５つのターゲットから構成されている。

問４　ア　日本は1933年に国際連盟を脱退《だったい》したことはあるが，国際連合を脱退したことはない。　イ　安全保障理事会は国際連合の最高機関で，５つの常任理事国(アメリカ・イギリス・フランス・ロシア・中国)と総会で選ばれる10の非常任理事国によって構成される。　ウ　国際連盟が全会一致を原則としたことで迅速《じんそく》に有効な対策をとることができなかったという経験から，国際連合の総会での評決は，多数決によって行われる。　エ　常任理事国には採決を無効にする拒否《きょひ》権が認められており，加盟国は原則として安全保障理事会の決定に従わなければならない。

問５　日本国憲法第25条は生存権について，「すべて国民は，健康で文化的な最低限度の生活を営む権利を有する」と規定している。

理　科　＜Ａ方式第１回試験＞（30分）＜満点：50点＞

解　答

1 (1) **ダイズ**…Ｂ　**インゲンマメ**…Ｃ　**イネ**…Ａ　(2) ウ→エ→ア→イ　2 (1) 1.5cm^3　(2) 解説の図を参照のこと。　(3) ウ　(4) イ　(5) ア，ク　3 (1) イ　(2) ① エ　② ウ　4 (1) ウ　(2) イ　(3) ウ　5 (1) ① ウ　② ア　(2) エ　6 (1) 食塩(塩化ナトリウム)　(2) 1.5ｇ　(3) 3.5ｇ　7 (1) 12cm　(2) 6 cm　8 (1) ① ウ　② ア　(2) ① イ　② ウ　9 (1) イ　(2) ア

解　説

1 たねの成分と呼吸についての問題

(1) たねの成分のうち，ふくまれる割合が最も多いのは，ダイズではたんぱく質，インゲンマメとイネではでんぷんである。インゲンマメとイネを比べると，でんぷんをふくむ割合はイネの方が大きい。

(2) エンドウのたねは呼吸によって三角フラスコ内の酸素をとり入れ，二酸化炭素を出している。二酸化炭素は水酸化ナトリウム水溶液《すいようえき》に吸収されるため，吸収された二酸化炭素の分だけフラスコ内の空気が減る。このため，フラスコ内の圧力が下がり，着色した水がガラス管に吸い上げられる。

2 蒸散についての問題

(1) ワセリンをぬった部分からは水が出ていくことがないので，試験管Ａ～試験管Ｅで，水が出ていく部分と８時間での水の減少量を示すと，右の表のようになる。これより，葉の表側から失われた水の量は，(Ａの減少量)－(Ｂの減少量)で求められるから，6 －4.5＝1.5(cm^3)となる。

試験管	A	B	C	D	E
水面	○	○	○	○	○
葉の表側	○		○		
葉の裏側	○	○			
茎《くき》	○	○	○	○	
水の減少量(cm^3)	6	4.5		0.5	0.1

(○は水が出ていったことを示す。)

(2) ８時間で葉の裏側から失われた水の量は，右の表より，(Ｂの減少量)－(Ｄの減少量)で求められるので，4.5－0.5＝４(cm^3)である。よって，試験管Ｃでの８時間の水の減少量は，６－４＝２(cm^3)になる。

この関係をグラフに表すと，右の図のようになる。

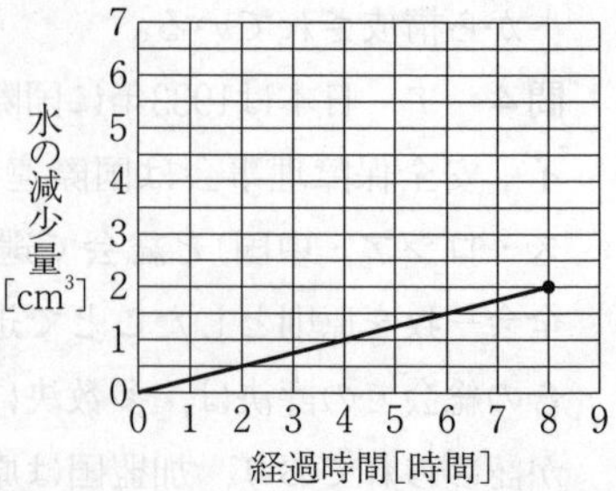

⑶　⑴，⑵より，蒸散する水の量は，葉の裏側より表側の方が少ないことがわかる。蒸散は，おもに葉の表面にある気孔《きこう》という小さなあなから行われる。蒸散する水の量が葉の裏側より表側の方が少ないのは，葉の表側の方が裏側より気孔が少ないためである。

⑷　気孔では，呼吸によって酸素がとり入れられて二酸化炭素が出ていき，光合成によって二酸化炭素がとり入れられて酸素が出ていく。また，蒸散では水が水蒸気となって気孔から出ていく。

⑸　根から吸収した水が通る管を道管，葉でできた栄養分が通る管を師管といい，道管と師管は束のようになっている。ホウセンカは，発芽のときに子葉を２枚出す双《そう》子葉類に属し，双子葉類では道管と師管が集まった束は茎《くき》では輪状に並んでいる。よって，茎の縦の断面図では，赤く染まった部分はアのように見える。また，道管は師管より茎の中心側にあるので，茎の横の断面図では，クのように中心側が赤く染まって見える。

3　海風についての問題

⑴　砂の方が水よりもあたたまりやすい。そのため，電球で砂と水があたためられると，砂の上の空気の方があたためられて，同じ体積の重さがまわりの空気より軽くなり上に移動する。すると，空気はイのように動き，線香《せんこう》の煙《けむり》もその動きにあわせて流れる。

⑵　①　グラフより，地面は海面より最高温度が高く，最低温度が低いと読みとれる。よって，地面は海面に比べて，あたたまりやすく冷めやすいといえる。　②　晴れた日の昼は地面の方が海面より温度が高いから，海から陸に向かって海風とよばれる風がふく。表より，12時の風向が東だから，この地域は東に海，西に陸が位置していると考えられる。

4　北斗七星《ほくとしちせい》の動きについての問題

⑴　北極星は，右の図のように，北斗七星のＡの部分の長さをほぼ５倍した位置にある。北極星の真上に北斗七星が見えるとき，北斗七星をひしゃくに見立てると，柄《え》の部分を右側にしてふせたような形になる。

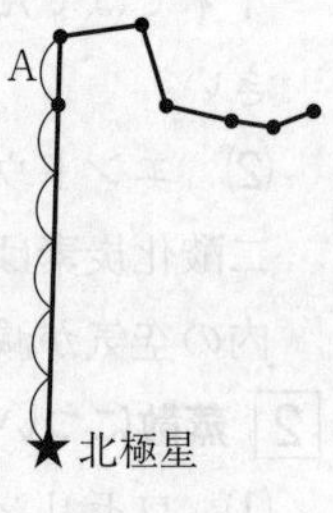

⑵　北斗七星は北極星を中心にして反時計回りに動いて見える。地球が１日に360度自転しているので，北極星は１時間で，360÷24＝15(度)動いて見え，３時間では，15×３＝45(度)動く。よって，３時間後には，北極星を中心に反時計回りに45度動いた位置に見える。

⑶　地球が１年に360度公転しているから，同じ時刻に観察すると，北斗七星は北極星を中心にして１か月に，360÷12＝30(度)反時計回りに動いて見える。したがって，30×２＝60(度)より，２か月前には，北極星を中心に時計回りに60度動いた位置に見えていた。

5　ドライアイスについての問題

⑴　①　ドライアイスは二酸化炭素の固体で，水の入ったビーカーに入れると，液体の状態をへずに直接気体になる。よって，泡《あわ》の正体として二酸化炭素が選べる。　②　泡には水(液体)や氷(固体)のつぶがふくまれているため，これらのつぶが空気中に出ると白い煙のように見える。

⑵　食用油にドライアイスを入れると，水に入れたときと同じように盛んに二酸化炭素の泡を出す

が，泡には水や氷のつぶがふくまれていないため，油の表面から白い煙は出ない。

6　塩酸と水酸化ナトリウム水溶液《すいようえき》の中和についての問題

(1)　塩酸と水酸化ナトリウム水溶液をほどよく混ぜてちょうど中和させると，食塩水(塩化ナトリウム水溶液)ができる。よって，この水溶液から水をすべて蒸発させると，あとに食塩(塩化ナトリウム)が残る。

(2)　10cm^{3}の塩酸Ａと８cm^{3}の水酸化ナトリウム水溶液Ｂがちょうど中和したときに1.5ｇの食塩が得られたことから，10cm^{3}の塩酸Ａと16cm^{3}の水酸化ナトリウム水溶液Ｃがちょうど中和したときも，1.5ｇの食塩が得られる。

(3)　10cm^{3}の塩酸Ａと16cm^{3}の水酸化ナトリウム水溶液Ｂを混ぜ合わせた水溶液から水をすべて蒸発させると，2.5ｇの物質が得られたので，水酸化ナトリウム水溶液Ｂ，16－８＝８(cm^3)にとけている水酸化ナトリウムの固体は，2.5－1.5＝１(ｇ)とわかる。ここで，10cm^{3}の塩酸Ａと24cm^{3}の水酸化ナトリウム水溶液Ｂを混ぜ合わせると，10cm^{3}の塩酸Ａと８cm^{3}の水酸化ナトリウム水溶液Ｂがちょうど中和して1.5ｇの食塩ができ，あとに，24－８＝16(cm^3)の水酸化ナトリウム水溶液Ｂが残る。したがって，この水溶液から水をすべて蒸発させたときに得られる物質の重さは，1.5＋１$\times\frac{16}{8}$＝3.5(ｇ)と求められる。

7　ばねののびと浮力《ふりょく》についての問題

(1)　ばねＡにかかる重さは，100＋200＝300(ｇ)である。したがって，ばねＡののびの長さは，２$\times\frac{300}{50}$＝12(cm)である。

(2)　水中の物体には，物体がおしのけた水の重さと同じ大きさの力が，物体に上向きにはたらく。この上向きの力を浮力という。おもりＣにはたらく浮力は，水１cm^{3}の重さが１ｇだから，１×50＝50(ｇ)となる。よって，ばねにかかる重さは，200－50＝150(ｇ)になり，ばねＣののびの長さは，２$\times\frac{150}{50}$＝６(cm)になる。

8　ふりこのおもりのはたらきについての問題

(1)　①　おもりの重さを変えてもふりこが１往復する時間は変わらないので，手をはなしてからおもりがビー玉にあたるまでの時間は変わらない。　②　おもりの重さを重くすると，おもりがビー玉を動かすはたらきが大きくなるため，ビー玉が飛ぶ距離《きょり》は長くなる。

(2)　①　ふりこの長さを短くするとふりこが１往復する時間が短くなるから，手をはなしてからおもりがビー玉にあたるまでの時間は短くなる。　②　おもりの重さやおもりを持ち上げる高さが変わらないので，おもりがビー玉を動かすはたらきは変わらない。したがって，ビー玉が飛ぶ距離も変わらない。

9　金属の温度と体積の変化についての問題

(1)　金属の輪を加熱すると体積が大きくなり，内側の半径が大きくなるため，金属球は金属の輪を通りやすくなる。

(2)　図２の結果から，同じ温度だけ変化したとき，体積の変化は金属Ｂの方が金属Ａより大きいことがわかる。したがって，図３で金属Ａの輪と金属Ｂの輪を均等に加熱すると，外側の金属Ｂの輪が金属Ａの輪より大きく変化し，金属Ｂの輪が落ちると考えられる。

国　語　＜Ａ方式第１回試験＞（50分）＜満点：100点＞

解　答

一　問１　エ　**問２**　ア　**問３**　ウ　**問４**　まるで柱や　**問５**　（例）　忘れてしまっていた　**問６**　今ここから　**問７**　（例）　お母さんに愛されていないこと　**問８**　エ　**問９**　当時大人気（その頃はま）　**問10**　ア　**問11**　①　きゅうとう　⑤　たば（ねた）　③，⑩，⑫　下記を参照のこと。　**二　問１**　**ア**　空気　**イ**　目的　**問２**　つまり，地　**問３**　物理的な因果関係　**問４**　イ　**問５**　人間の出現以前　**問６**　ウ　**問７**　**ア**　人間　**イ**　地球（世界）　**問８**　ア　**問９**　エ　**問10**　イ　**問11**　①，⑤，⑦，⑨　下記を参照のこと。　⑩　さっしん

●**漢字の書き取り**

一　問11　③　警察　⑩　暮（らし）　⑫　回収　**二　問11**　①　補完　⑤　賛成　⑦　対象　⑨　誕生

解　説

一　出典は鈴木《すずき》るりかの『私を月に連れてって』所収の「夜を越《こ》えて」による。実の母に忘れられていたことにショックを受けた「私」は，深刻な病状のマチに，いっしょに幸運をつかもうとはげまされる。

問１　「拾う」には，多くのものの中から選んで取るという意味がある。聞こえてきた会話の中から，友達のマチの名前という自分にとって強く関心をひかれる内容を選び取ったという意味になるので，エがあてはまる。

問２　ぼう線④は，話を聞いてショックを受けた「私」のようすである。前後で「私」は，卵巣《らんそう》を取った，虐待《ぎゃくたい》を受けていた，退院したら施設《しせつ》に行くといったマチに関する深刻な内容を聞いてしまい，本当にマチのことなのだろうかと信じられずにいるのだから，アがふさわしい。

問３　何年かぶりに母親を偶然《ぐうぜん》目にして，「私」は思わず声が出そうになるほど驚《おどろ》き，混乱している。また，母親が連れているかわいらしく髪《かみ》をまとめた女の子に，「私」は「私のお母さんなのに」と，母を取られたような憤《いきどお》りや嫉妬《しっと》も感じて興奮している。したがって，ウがふさわしくない。

問４　母親が「私」のほうを見たのに表情に変化がなかったようすを，「まるで柱や壁《かべ》を見るのと変わらないように」と，たとえを使って表現している。何年も離《はな》れていたとはいえ，母親に娘《むすめ》だとわかってもらえなかったことに「私」はひどくショックを受け，母親は自分のことを忘れてしまい，帰ってこないのだと感じたのである。

問５　続く部分に注意する。別れて何年もたっていても，いつも母親のことを思い続け，忘れることはなかったから，「私」は一目見て母親がわかった。だが，自分を見ても娘だとわからなかった母親は「違《ちが》っていた」，つまり自分のことを忘れてしまっていたのだと，「私」は感じたのである。

問６　この後，翌朝二人は太陽が昇《のぼ》るところを見る。マチは朝日を受けながら，朝日が昇れば何もかも「今ここから新しく始まる」のだと「私」に伝えている。これは，難病を抱《かか》えたマチにとっても，母親に忘れられていたことでショックを受けた「私」にとっても，励《はげ》ましの意味を持つ。

問７　マチは母親に虐待を受けていて，「私」は母親に忘れられていたことが明らかになったのだ

から，二人とも母親に愛されていないことが共通しているといえる。

問８　「私」自身のつらい体験についてふれられていないアは合わない。マチは今の不幸を後で取り返そうと考えているのだから，マチは自分を不幸だと考えていないとあるイも誤り。今の不幸を後で取り返そうと考えるマチの姿勢は「気楽」とはいえないことから，ウも正しくない。

問９　「河合さん」に関しては「当時大人気だったアイドルの河合奈保子《なおこ》に似ていたので～勝手にそう呼んでいたのだ」と，また，自分については「その頃《ころ》はまだ異性よりも，年上の同性に強い憧《あこが》れを持った」と過去形で説明されていることから，本文の物語が過去の回想だとわかる。

問10　アの「ずっと思い続けていたから」は，直前にある「私はすぐにわかった」と語順を逆にすることで，その内容を強調している。文末が省略されているわけでも，願いが叶《かな》わないことを暗示しているわけでもないので，誤り。

問11　①　湯を供給すること。　⑤　音読みは「ソク」で，「結束」などの熟語がある。　③　社会の秩序《ちつじょ》や国民の安全を守るため，国のきまりにしたがって取りしまりをする機関。　⑩　音読みは「ボ」で，「暮色」などの熟語がある。　⑫　一度配ったり使ったりしたものを，集めて元にもどすこと。

二　出典は森田伸子《もりたのぶこ》の『哲学《てつがく》から〈てつがく〉へ！　対話する子どもたちとともに』による。「地球はなぜあるのだろうか」という問いについての子どもたちの話し合いを振《ふ》り返り，まとめている。

問１　「二つの事実」とは，地球は生き物のために存在しているという「絶対的事実」を補って説明する事実を指す。　**ア**　「科学的事実」については，続いて説明がある。ほかの惑星《わくせい》にはないが，生き物が存在するためには欠かせない「空気」が地球にはあることから，地球は生き物のためにつくられたと考えられる。　**イ**　「哲学的な事実」については，最初の（中略）の直後に書かれている。すべてのものは「目的」を持っているが，地球には「私たちの世界のために」という「目的」以外は考えられないのである。

問２　ぼう線③の直後に「反論」の例があげられている。そして，“要するに”という意味の「つまり」で始まる一文で，前に述べた内容をまとめて，地球の目的は順番に時間をかけて少しずつ実現され，今日の世界になったと述べられている。

問３　ぼう線④の「それ」は，同じ段落の前の部分で述べられている，「地球は太陽のできた残りかす」だという「理科的に正しい」説明を指す。地球は何かの目的でつくられたという説に納得《なっとく》できない子どもたちは，「奇跡《きせき》」という言葉で表現している。この後，「奇跡的」という考えについて説明される中で，「『理科的な』事実」について，地球は我々の世界とは関係なく「物理的な因果関係」からできたと説明されている。

問４　「奇跡論」は，ぼう線⑥の直後にあるとおり「太陽のカス論」と通じ，少し前にあるとおり「目的論」に対する反論である。さらに，目的論に反対していた子どもの後の言葉にあるとおり，「命が生まれるのが不思議」だといった疑問も残るのだから，イが選べる。

問５　「ここで子どもが『奇跡』と言っている事態」とは，「考える者」である人間がいないのに「考えられる」対象である地球があったことを指す。メイヤスーが言う「祖先以前性」の問題とは，「人間の出現以前」の時間に生じた出来事に関する問題にあたるので，共通点は「人間の出現以前」の時間ということになる。

問６　「ある種の違和感《いわかん》」を持つ子どもは，地球について「考える者」と，「考えられている地球」

という二つの項《こう》を互《たが》いに切り離《はな》し難《がた》いと感じ，考える者がいないのに地球が存在することに違和感を持っているのだから，ウがふさわしい。

問７ ア，イ　今までみてきたように，子どもたちが「奇跡的」という言葉で表現している「手に負えないこの難問」とは，考える者である「人間」が存在しなかったときに，考えられる対象である「地球(世界)」が存在したことについて，関係性が説明できないという難問のことになる。

問８　最後の二段落に注目する。「神さま」という存在を「奇跡」と関連づけて考える時点で哲学と科学と神学はみつどもえとなっているので，イは誤り。また，地球は神さまがつくったとは限らない，神さまがいるとは限らないと考える子どももいることから，ウとエも合わない。

問９　最後の二段落では，子どもたちの議論が会話文として引用され，さまざまな意見が取り交わされたこと，その結果まとまらなかったことがうかがえるので，アとウは合う。また，最後から三つ目の段落などでは，子どもたちの議論に対して筆者の意見を補足しつつ説明しているので，イもよい。

問10　ぼう線④の前後に，地球は太陽のできた残りかすとして偶然《ぐうぜん》できたという知識を持っている子どもたちは，地球が生まれる前には生き物がいなくて考える者もいなかったのだから，地球が生き物のためにつくられたという考え方には納得できないとある。したがって，イがよい。

問11　①　足りないところを補い，完全なものにすること。　⑤　人の意見に同意すること。　⑦　目当て。目的になるもの。　⑨　人などが生まれること。　⑩　悪いところを改めて，すっかり新しくすること。

2022年度　明治大学付属中野八王子中学校

〔電　話〕 (042) 691－０３２１
〔所在地〕 〒192-0001　東京都八王子市戸吹町1100
〔交　通〕 JR中央線―「八王子駅」よりスクールバス
JR五日市線―「秋川駅」よりスクールバス

【算　数】〈A方式第2回試験〉 (50分) 〈満点：100点〉

1　□にあてはまる数を求めなさい。

(1) $\left\{\left(4\frac{2}{7}-0.75\right)\times\frac{4}{9}+0.125\right\}\div7\frac{1}{8}=\square$

(2) $7\frac{5}{17}\times34\div31\times0.25+1.75-0.75\div\left(1.25+1\frac{3}{4}\right)=\square$

(3) $1+3+5+7+\cdots\cdots+71+73=\square$

(4) $\left(1\frac{1}{2}+\square\div\frac{2}{5}\right)\div1\frac{8}{13}-2\frac{1}{3}=\frac{29}{8}$

2　次の問いに答えなさい。

(1) 時速5kmで1時間15分かかる道のりは，縮尺 $\frac{1}{20000}$ の地図上で何cmですか。

(2) ある品物を売り値の2割5分引きで売ると130円の損失，売り値の1割引きで売ると65円の利益があります。この品物の仕入れ値はいくらですか。

(3) ある学校の生徒を長いすに6人ずつ座らせると3人座れません。8人ずつ座らせると，1脚は3人で座ることになり，9脚余ります。この学校の生徒の人数を答えなさい。

(4) 9%の食塩水720gから何gかをくみ出した後，それと同じ量の水を加えると6%の食塩水ができました。くみ出した食塩水は何gでしたか。

(5) 右の図1において，点A，Bを中心とする2つの円の半径はどちらも10cmであり，点DはCAの延長上の点です。このとき，斜線部分の面積を求めなさい。ただし，円周率は3.14とします。

(6) 右の図2のように，1辺の長さが12cmの正三角形ABCがあり，ADを折り目として折り返しました。BDの長さが4cmのとき，DEの長さを求めなさい。

図1

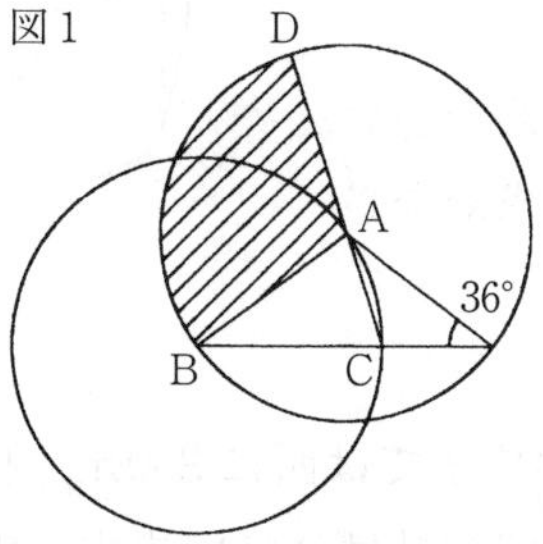

図2

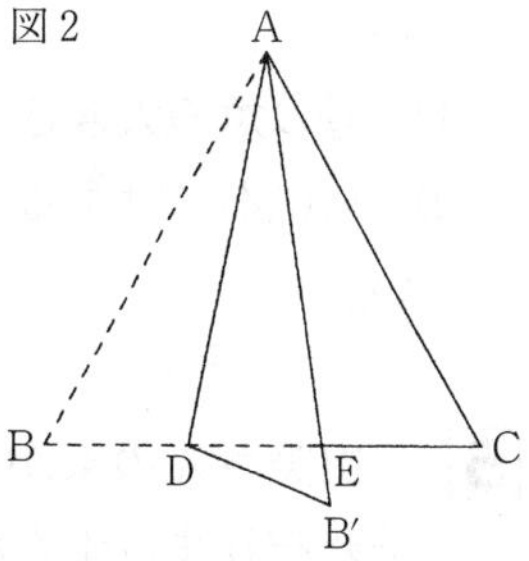

3　次の問いに答えなさい。

(1) 国語，算数，理科，社会の試験を受けたところ，4教科の平均点は60.5点でした。また，国語と算数，理科と算数，社会と算数の平均点はそれぞれ81点，61点，57点でした。このとき，算数の得点を求めなさい。

(2) 大きさの違う3つのビーカーA，B，Cがあります。底面の直径を比較すると，BはAの1.2倍，CはBの $\frac{3}{4}$ 倍です。これらのビーカーに高さが同じになるように水を入れて，Bと

Cに入っている水をAに移すと，Aの水の高さは水を移す前の高さの何倍になりますか。ただし，ビーカーから水があふれることはありません。

(3)　下の図1のような四角すいがあります。頂点Aから辺の上を4回移動して，頂点Aに戻る方法は何通りありますか。ただし，同じ辺を何回通ってもよいこととします。

(4)　下の図2のように，正方形の中に円があり，その中にもう1つ正方形があります。斜線部分の面積の和を求めなさい。ただし，円周率は3.14とします。

(5)　下の図3のように，すべての面が正三角形でできている三角すいAがあります。三角すいAの各辺の真ん中の点を頂点とする立体をBとします。三角すいAと立体Bの体積の比をもっとも簡単な整数の比で求めなさい。

図1

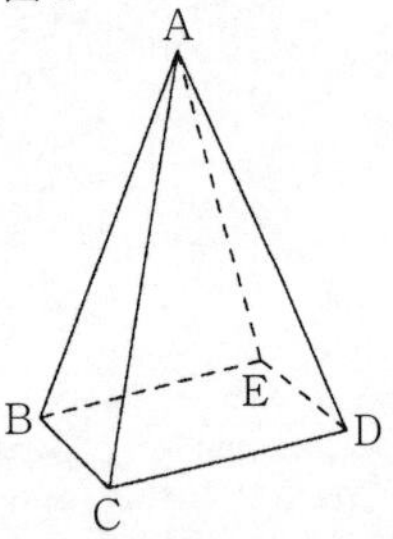

図2

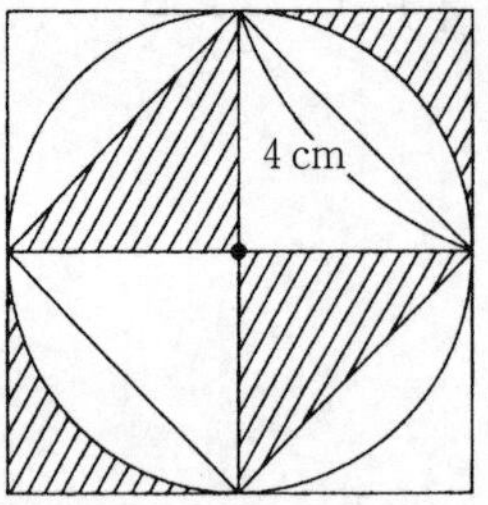

図3

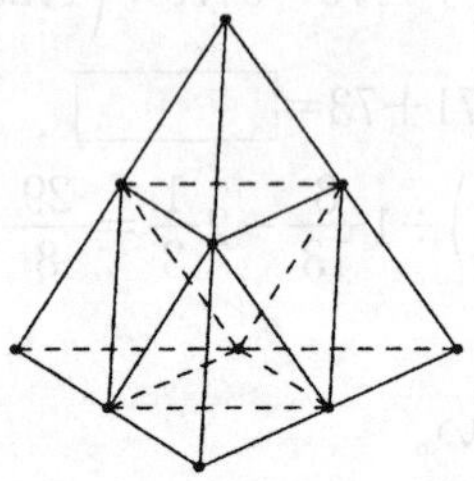

4　右下の図1のように，高さが30cmの円柱の一部を切り取った形をした水そうがあります。この水そうに一定の割合で①の部分から水を入れていきます。図2はそのときの時間と水面の高さの関係を表したグラフです。このとき，次の問いに答えなさい。

図1

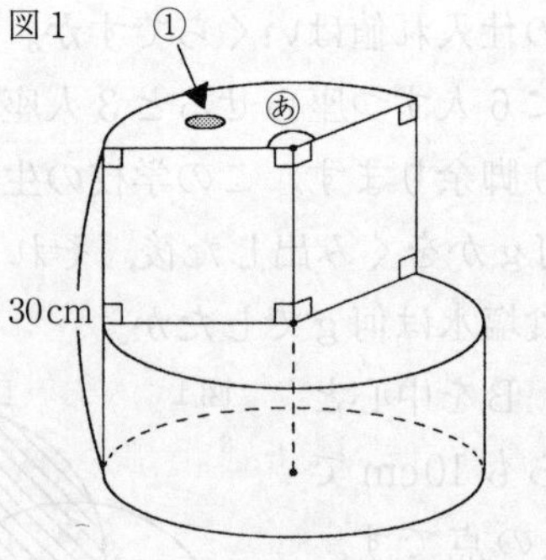

図2

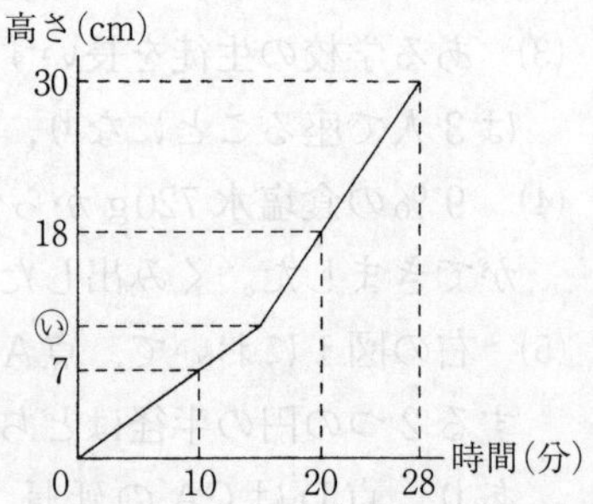

(1)　(あ)の角の大きさを求めなさい。

(2)　(い)にあてはまる数を求めなさい。

5　由美さんの家から学校までは西に300m，駅までは北に400m，学校から駅までは500mでそれぞれまっすぐな道路で結ばれています。由美さんが学校から家に向かって歩き始めたとき，由美さんのおじいさんは家から駅に向かって歩き始めました。2人が歩き出して3分20秒後に，由美さん，学校，駅を頂点とする三角形の面積が，おじいさん，学校，駅を頂点とする三角形の面積に等しくなりました。由美さんの歩く速さが分速60mであるとき，次の問いに答えなさい。

(1)　おじいさんの歩く速さは分速何mですか。

(2)　由美さんは家に着くと，おじいさんが切符を忘れていることに気づいたので，家に着いてから3分後に切符を持って駅に向かいました。おじいさんも駅に着くと切符を忘れたことに気づき，すぐに家に向かいました。2人の歩く速さは変化しないとして，由美さんがおじいさんに切符を渡したのは，おじいさんが家を出てから何分何秒後ですか。

【社　会】〈Ａ方式第２回試験〉（30分）〈満点：50点〉

1　次の年表を見て，各設問に答えなさい。

今から400年前の1622年９月10日，長崎の西坂でカトリックのキリスト教徒55名が火刑と斬《ざん》首《しゅ》によって処刑された元和の大※殉教《じゅんきょう》が起こりました。日本のキリスト教迫害《はくがい》の歴史の中でも最も多くの信徒が同時に処刑された出来事として知られています。日本では，歴史上，政治をおこなったり国を治めたりする人と宗教やそれを信仰《しんこう》する人たちとの間で対立する場面があり，古代から中世頃《ごろ》までは仏教，近世以降はキリスト教に関わる対立が多く見られました。以下の年表は，それに関する代表的な内容を示しています。

※殉教：信仰のために自らの命をささげること

	主な出来事
585年	①仏教受け入れに反対する(あ)が賛成派の(い)と対立
1207年	②幕府が法然・親鸞を流刑とする
1221年	Ａ
1271年	③幕府が日蓮を流刑とする
1467年	Ｂ
1571年	織田信長が④比叡山延暦寺焼き打ちをおこなう
1580年	⑤織田信長が11年間戦争していた石山本願寺と講和
1587年	豊臣秀吉が(う)を発令
1600年	Ｃ
1612年	幕府が直轄《ちょっかつ》領に禁教令を出す
1622年	元和の大殉教が起こる
1629年頃	長崎で⑥キリスト教徒を捕《つか》まえるための政策を展開
1637年	Ｄ
1837年	Ｅ
1868年	「⑦切支丹邪宗門ノ儀ハ堅ク御制禁タリ」の高札が立つ
1891年	⑧キリスト教徒だった(え)が第一高等中学校嘱託《しょくたく》教員を辞職
1903年	(え)が⑨非戦論を主張

問１　下線部①について，(あ)・(い)に入る豪族の組み合わせとして正しいものを，次の中から１つ選んで記号で答えなさい。

ア　(あ)：藤原氏　(い)：物部氏　　イ　(あ)：藤原氏　(い)：蘇我氏
ウ　(あ)：物部氏　(い)：蘇我氏　　エ　(あ)：物部氏　(い)：藤原氏
オ　(あ)：蘇我氏　(い)：藤原氏　　カ　(あ)：蘇我氏　(い)：物部氏

問２　下線部②・③について，鎌倉新仏教に関する内容として正しいものを，次の中から１つ選んで記号で答えなさい。

ア　鎌倉新仏教は修行方法や教えが難しかったため，武士や庶民《しょみん》・商工業者などには支持されなかった。
イ　法然は，一生を通じて各地をまわって踊念仏を唱えながら臨済宗を広めた。
ウ　親鸞は，ひたすら坐禅をすることによって悟《さと》りに達すると考え，栄西の弟子に学んで南宋に渡《わた》った。

エ　日蓮は，外国からの侵略《しんりゃく》があるという国難の予言をおこなった。

問３　下線部④について，比叡山延暦寺に関する内容として正しいものを，次の中から１つ選んで記号で答えなさい。

ア　紀伊国，現在の和歌山県に建てられた寺院である。

イ　鎮護国家を願う聖武天皇の時代に創建された。

ウ　平安時代初期に空海が開いた真言宗の総本山である。

エ　平安時代後期には，武装したこの寺の僧侶《そうりょ》が僧兵として強訴することもあった。

問４　下線部⑤について，この講和と同じ時期に終結したものとして正しいものを，次の中から１つ選んで記号で答えなさい。

ア　山城の国一揆　　イ　嘉吉の徳政一揆　　ウ　応仁の乱

エ　加賀の一向一揆　　オ　南北朝の動乱　　カ　正長の徳政一揆

問５　(う)には，「キリシタンを邪法《じゃほう》として禁止し，宣教師に20日以内の国外退去を命じた」法令が入ります。この法令の名前を，**カタカナと漢字を用いて７文字**で答えなさい。

問６　下線部⑥について，この政策の様子を表した絵として正しいものを，次の中から１つ選んで記号で答えなさい。

ア

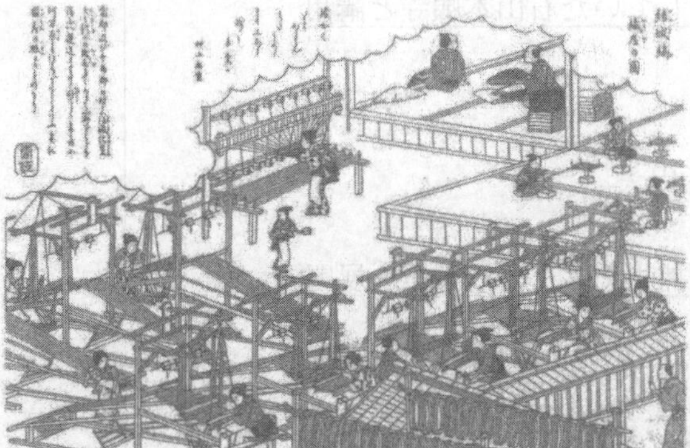

イ

ウ

エ

［『新詳日本史』(浜島書店)より］

問７　下線部⑦について，この内容に関する次のⅠ・Ⅱの文章の正誤の組み合わせとして正しいものを，下の中から１つ選んで記号で答えなさい。

Ⅰ：明治新政府の方針を明らかにした五箇条の御誓文が示された。

Ⅱ：諸外国の反対にあったが，不平等条約の改正が実現する1911年まで，この内容は残された。

ア　Ⅰ：正　Ⅱ：正　　イ　Ⅰ：正　Ⅱ：誤
ウ　Ⅰ：誤　Ⅱ：正　　エ　Ⅰ：誤　Ⅱ：誤

問８　下線部⑧について，(え)の人物が辞職した理由は，キリスト教の教えにもとづく良心から，天皇の署名がある教育勅語に最敬礼しなかったことで，批判を受けたからです。(え)にあてはまる人物として正しいものを，次の中から１人選んで記号で答えなさい。

ア　内村鑑三　　イ　田中正造　　ウ　幸徳秋水　　エ　尾崎行雄

問９　下線部⑨について，この当時(え)の人物が「非戦」を主張していた戦争の相手国を，次の中から１つ選んで記号で答えなさい。

ア　イギリス　　イ　ロシア　　ウ　中華民国　　エ　アメリカ

問10　「島原の乱」が発生した時期を，年表中の A ～ E から１つ選んで記号で答えなさい。

2　次の各設問に答えなさい。

問１　次の表は，農産物・工業製品の生産における都道府県別の順位を示したものです。表中の空欄Ａ・Ｂにあてはまる都道府県庁の所在地として正しいものを，下の【語群】からそれぞれ選んで記号で答えなさい。

	１位	２位	３位	４位	５位
りんご	青森	Ａ	岩手	山形	福島
みかん	和歌山	愛媛	Ｂ	熊本	長崎
輸送用機械	愛知	Ｂ	神奈川	福岡	群馬
情報通信機器	Ａ	神奈川	福島	東京	埼玉
パルプ・紙・紙加工品	Ｂ	愛媛	埼玉	愛知	北海道

[『データでみる県勢 2021年版』より]

問２　次の文章は，ある河川について説明しています。

> この川は，琵琶湖から流れ出る唯一《ゆいいつ》の河川として知られ，流れる地域によって呼び名が変わります。1960年代頃から水質汚染《おせん》が問題となっていましたが，改善への取り組みがおこなわれました。

(1)　この河川の名前を**漢字**で答えなさい。どの流域の呼び名でも正解とします。

(2)　この河川の河口にあたる都道府県庁の所在地として正しいものを，下の【語群】から１つ選んで記号で答えなさい。

問３　2021年，新たに世界自然遺産として登録された地域がある都道府県庁の所在地として正しいものを，下の【語群】から２つ選んで記号で答えなさい。すべてできて正解とします。

【語群】

ア　札幌市　　イ　鹿児島市　　ウ　青森市　　エ　那覇市　　オ　盛岡市
カ　秋田市　　キ　静岡市　　ク　浜松市　　ケ　新潟市　　コ　長岡市
サ　長野市　　シ　松本市　　ス　広島市　　セ　呉市　　ソ　京都市
タ　和歌山市　　チ　大阪市　　ツ　大津市　　テ　神戸市　　ト　松山市

3 次の各設問に答えなさい。

問１　2015年の国連総会で採択《さいたく》されて以降，SDGsへの取り組みが注目されています。次の(1)・(2)の問いに答えなさい。

(1)　SDGsという略称《りゃくしょう》は，日本語で何というか，答えなさい。

(2)　SDGsにおける“達成すべき課題”と，それに対する“取り組み”の組み合わせとして**誤っているもの**を，次の中から１つ選んで記号で答えなさい。

	達成すべき課題	取り組み
ア	不平等	途上国に向けた経済支援《しえん》をおこなう
イ	水・衛生	水産資源を守るためマグロを養殖《ようしょく》する
ウ	エネルギー	太陽光発電によるエネルギーを活用する
エ	ジェンダー平等	女性管理職の割合を高める取り組みをする

問２　下の地図は八王子市に住む花子さんが，洪水発生時の避難《ひなん》に役立てるために作成したハザードマップです。次の条件を読んで，(1)～(3)の問いに答えなさい。

①　地図中の斜線《しゃせん》部分は洪水が発生した時，浸水《しんすい》する危険性がある。
②　花子さんは地図中［花子］の位置に住んでいる。
③　周辺の施設《しせつ》の大まかな位置を，地図記号で記している。

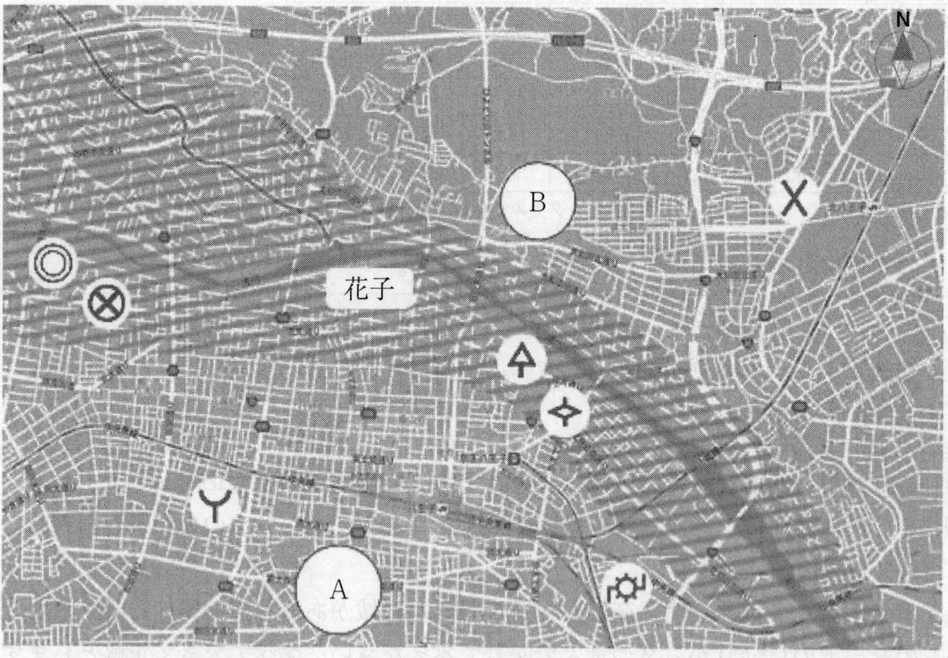

(1)　この地図から読み取れることとして正しいものを，次の中から１つ選んで記号で答えなさい。

ア　多くの人を収容できるので，市役所を避難所とするべきである。
イ　税務署の周辺は浸水が想定されるので，裁判所へと避難するべきである。
ウ　交番周辺は浸水の可能性が低いが，大雨の時は液状化現象に気をつけるべきである。

エ　消防署は浸水が想定されていない場所に設置されており，緊急《きんきゅう》時も早急に対応することができる。

(2)　花子さんは地図中の河川が多摩川の支流であることに気づき，多摩川の流域面積を調べようとしました。河川の流域面積の説明として正しいものを，次の中から１つ選んで記号で答えなさい。

ア　本流における川幅《はば》の総面積のことである。

イ　本流と支流における川幅の総面積のことである。

ウ　川に流れ込む雨や雪が降った範囲《はんい》の総面積のことである。

エ　ハザードマップで示される浸水想定範囲を含《ふく》めた川幅の総面積のことである。

(3)　洪水が発生した時，花子さんが住んでいる場所から最も近い避難所Ｂよりも，離《はな》れた場所にある避難所Ａへと移動すべき理由を説明しなさい。

4　八王子市に住む18歳の太郎君は，学校の夏休みの課題で身近な地域を中心とした政治や経済のしくみについて調べてみました。次の各設問に答えなさい。

問１　太郎君がこの時点で，選挙において**直接投票できない代表者**を，次の中から１つ選んで記号で答えなさい。

ア　内閣総理大臣　　イ　衆議院議員　　ウ　参議院議員　　エ　東京都知事

オ　東京都議会議員　　カ　八王子市長　　キ　八王子市議会議員

問２　問１で答えた代表者の選ばれ方について，簡単に説明しなさい。

問３　次の図は，令和２年度の八王子市の歳入の内訳です。太郎君は図の「国庫支出金」について調べてみました。「国庫支出金」の内容として正しいものを，下の中から１つ選んで記号で答えなさい。

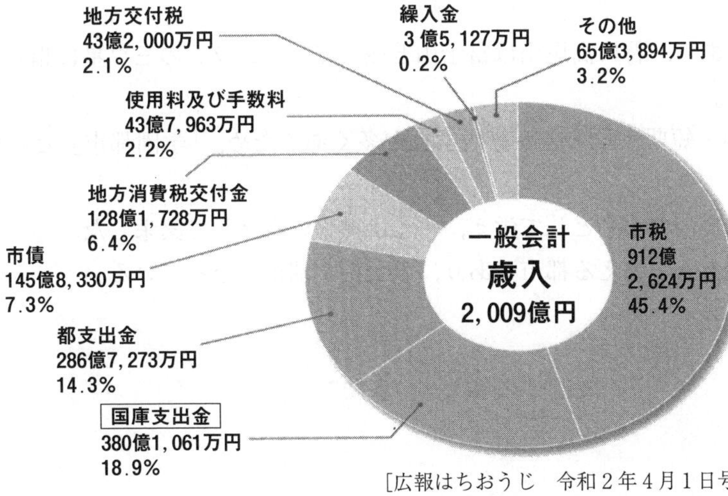

[広報はちおうじ　令和２年４月１日号]

ア　国から都道府県や市町村に与《あた》えられるお金のことで，使い道が決まっている。

イ　都道府県や市町村の格差をなくすために，国から与えられるお金のことで，使い道は自由である。

ウ　税金の足りない部分をおぎなうために，都道府県や市町村が国から借りるお金のことである。

エ　都道府県や市町村の住民から徴収《ちょうしゅう》するお金のことである。

問４　八王子市は1945年８月２日，アメリカ軍の焼夷弾《しょういだん》で町が火の海となり，たくさんの人が焼け死に，たくさんの家や建物が焼かれました。このことを知った太郎君は，日本国憲法第９条をもう一度読み直してみました。

> 第１項　日本国民は，正義と秩序を基調とする国際平和を誠実に希求し，国権の発動たる（　あ　）と，武力による威嚇又は武力の行使は，国際紛争を解決する手段としては，永久にこれを放棄する。
>
> 第２項　前項の目的を達するため，陸海空軍その他の戦力は，これを保持しない。国の（　い　）権は，これを認めない。

(1)　上の条文の(あ)・(い)にあてはまる語句を，それぞれ**漢字２文字**で答えなさい。

(2)　上の条文中の下線部について，自衛隊は戦力にあたるかということは常に議論されていますが，現在認められている自衛隊の具体的な活動についての説明として**誤っているもの**を，次の中から１つ選んで記号で答えなさい。

ア　日本の平和と独立を守り，他国から武力で攻撃《こうげき》されたときに防衛する。

イ　国内で自然災害が起こったときに，人命の救助にあたり，災害の復旧や生活支援をおこなう。

ウ　地域紛争，国際テロの解決や国際平和の維持《いじ》のため，国際社会に協力する活動をおこなう。

エ　日本と親密な関係にある国が他国を攻撃して戦争状態になった場合，直接現地におもむいて同盟軍として戦う。

問５　八王子市についての説明として**誤っているもの**を，次の中から１つ選んで記号で答えなさい。

ア　自然豊かな都市であり，特に高尾山は富士山と並んでミシュランの三ツ星に指定された山として有名である。

イ　八王子市には大学・短期大学・高等専門学校が多くあるため，「学園都市」と呼ばれている。

ウ　多摩地域の産業・経済の中心として栄え，古くは織物の町として繁栄《はんえい》した。

エ　八王子市は人口50万人を超《こ》える都市であり，政令指定都市となっている。

【理　科】〈Ａ方式第２回試験〉（30分）〈満点：50点〉

1　動物のからだのつくりと生活習慣の関係を調べるために，動物園に行きました。下の文章は，動物園で学んだ内容をまとめたものです。①～⑥の動物たちに当てはまる特徴《とくちょう》を，下の**ア～カ**より１つずつ選び，記号で答えなさい。

①  ゾウ	② 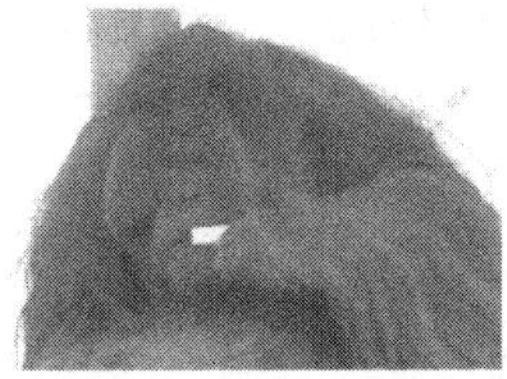 オランウータン	③ 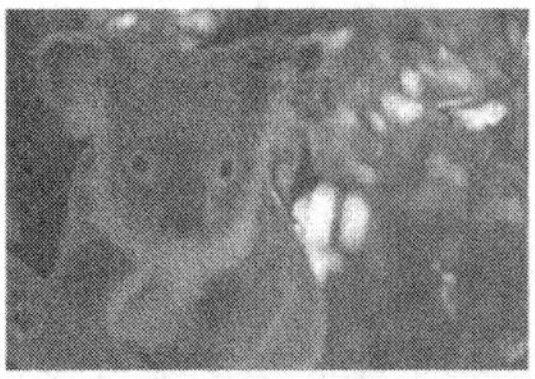 コアラ
④  キリン	⑤  ゴリラ	⑥  カバ

ア　水の中で生活することが多く，目の他に呼吸しやすいように耳と鼻が顔の上のほうについています。DNA（遺伝子）はクジラ・イルカに近いなかまだということがわかっています。

イ　樹の上で生活していることが多いので，握力《あくりょく》が強く，その強さは400～500kgと推定されています。名前は「森の人」という意味からきています。

ウ　背の高い木の葉をむしってエサを食べるため，舌の長さが40cmもあります。１日に18時間くらい食べているので，睡眠《すいみん》時間は１～２時間程度です。

エ　重たい体重を支えるために足のウラが脂肪《しぼう》につつまれており，足音をほとんど立てずに歩くことができます。

オ　ナックルウォークという４足歩行をします。群れで暮らしているので，手の平を広げて胸をたたき，なかまに居場所を知らせることがあります。

カ　体力を消耗《しょうもう》しないように１日20時間の睡眠をとります。毒のある葉を主食としますが，その毒を分解する微生物《びせいぶつ》が体内にいるので心配いりません。

2　種子の発芽の様子を調べるために，インゲンマメとイネの種子を使って観察をしました。次の各問いに答えなさい。

図１

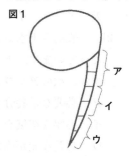

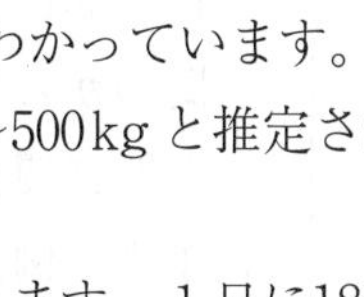

(1)　**図１**のように，発芽しかけた根に２mmずつ目盛りをつけました。１日後，どこの部分がもっとも伸《の》びていますか。図の**ア～ウ**より１つ選び，記号で答えなさい。

(2)　インゲンマメの種子とイネの種子を，水を入れたビーカーに沈《しず》めておいたところ，イネの種子だけが発芽しました。その理由として正しいものを，次の**ア～エ**より１つ選び，記号で答えなさい。

ア　イネはインゲンマメよりも皮がかたいので，水につけてやわらかくする必要があるため。

イ　イネは水の中の少ない空気でも発芽できるため。

ウ　イネは水にとけている二酸化炭素を使って発芽するため。

エ　イネはインゲンマメよりも発芽するのに多くの水を必要とするため。

(3)　インゲンマメの種子を，水を含んだ脱脂綿《だっしめん》の上に置くと2日目に発芽しました。**図2**の**A**の部分の重さを10日目まで，毎日はかったとします。その結果とそうなる理由について正しいものを，次の**ア**～**エ**より1つ選び，記号で答えなさい。

図2

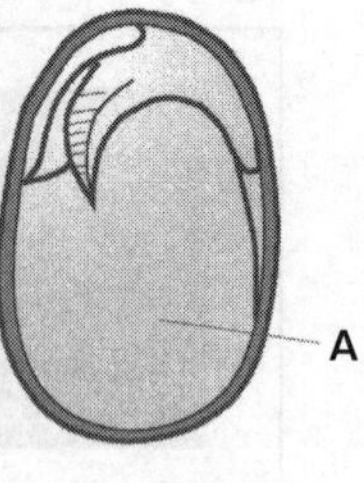

ア　はじめは水分を吸収し重くなっていき，その後，水分は十分に吸収できたので重さはあまり変わらない。

イ　はじめは水分を吸収し重くなっていき，その後，養分を自分でつくるようになるが，成長に使ってしまうので重さはあまり変わらない。

ウ　はじめは水分を吸って重くなっていき，引き続き養分を自分でつくるようになるので，さらに重くなっていく。

エ　はじめは水分を吸って重くなっていくが，やがて養分が使われていくので軽くなっていく。

3　微生物と人間生活は常に密接な関係にあります。以下の文章を読んで，微生物のはたらきについて，下の各問いに答えなさい。

> 自然界には様々な微生物がいます。微生物は，水，空気，土などで生活していますが，人間のからだの中で生活している微生物もいます。
>
> 人間に関係する微生物には，人間をくるしめる微生物もいれば，人間に役立つ微生物もいます。例えば，有機物を分解して土をつくったり，水をきれいに浄化《じょうか》してくれたり，食品をつくるときに役立ったりする微生物です。
>
> みなさん「ダンボールコンポスト」を知っていますか。ダンボールコンポストとは，生活の中で出てきた生ごみをダンボールに入れ，そこに微生物をまぜて「たい肥」をつくるものです。このたい肥は，植物を育てるための肥料となります。
>
> 最近では，プラスチックを分解したり，石油と同じ成分をつくり出す微生物も発見されています。このように微生物を様々な人間生活に利用する研究が進んでいけば，SDGsで提案されている「持続可能な世界」を実現するためのひとつの手段になるかもしれません。

(1)　生ごみをたい肥にするときに，微生物の代わりに実際に利用されている生物もいます。その生物を次の**ア**～**エ**より1つ選び，記号で答えなさい。

ア　アリ　　**イ**　ミミズ　　**ウ**　ムカデ　　**エ**　カタツムリ

(2)　一般的な下水処理場では，集められた汚水《おすい》を微生物に分解させて，汚水を浄化させる方法をとっています。下水処理場で行われている微生物が活発に活動するために必要な作業はどれですか。次の**ア**～**ウ**より1つ選び，記号で答えなさい。

ア　必要な栄養分をさらに送りこむ。

イ　必要な空気を送りこむ。

ウ　必要な光が当たりやすいようにする。

(3)　微生物のはたらきによって様々な食品がつくられています。次の食品のうち，乳酸菌《にゅうさんきん》や酵《こう》母菌《ぼきん》を利用してできるものはどれですか：次の**ア**～**ク**よりすべて選び，記号で答えなさい。

ア　うどん　　**イ**　みそ　　**ウ**　ヨーグルト　　**エ**　ソーセージ
オ　ハム　　**カ**　マヨネーズ　　**キ**　しょうゆ　　**ク**　そば

4　次の**図**は地球・月・太陽の位置関係を表しています。これは，地球の北極側から見た**図**で，**矢印A**は地球の自転の向き，**矢印B**は月の公転の向きを表しています。下の各問いに答えなさい。

図

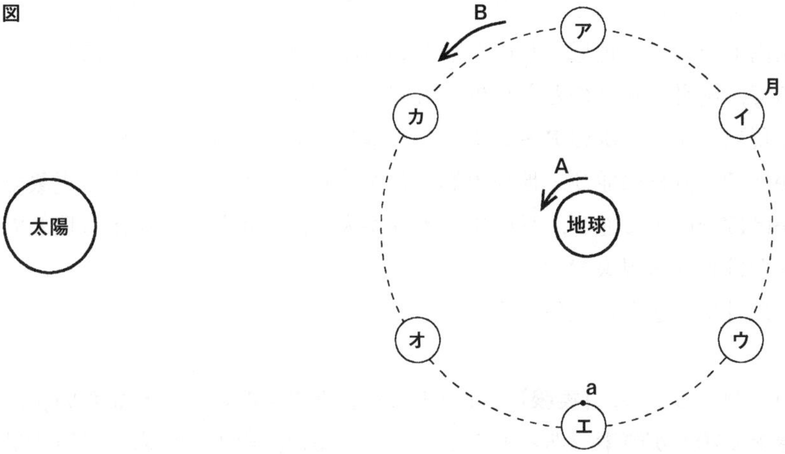

(1)　八王子市で夕方，西の空近くに三日月が見えました。このとき月の位置はどこですか。**図**の**ア**～**カ**より1つ選び，記号で答えなさい。また，このときの三日月はどのように見えますか。次の**キ**～**コ**より1つ選び，記号で答えなさい。ただし，図の斜線《しゃせん》部は月の暗い部分を表しています。

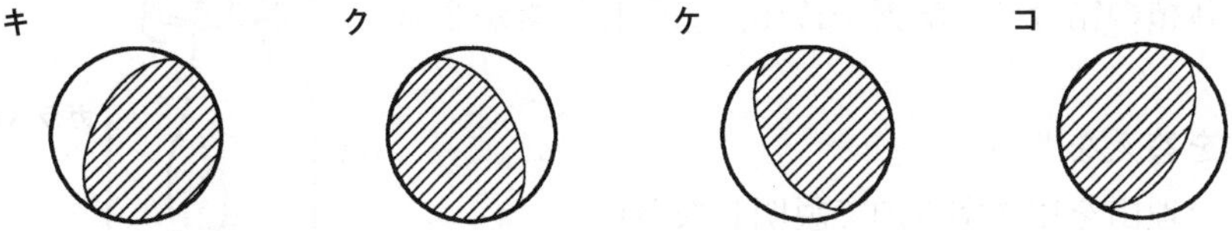

(2)　(1)のときに暗い部分もよく見るとかすかに光っていました。その理由を次の**ア**～**エ**より1つ選び，記号で答えなさい。

ア　強い太陽光が当たるため。
イ　地球の空気で屈折した太陽光が当たるため。
ウ　地球に反射した太陽光が当たるため。
エ　少しだけ自ら光を出しているため。

(3)　月から地球を観察しました。**図**の**エ**の**a**の位置から地球を見ると，どのような形に見えるか図示しなさい。解答欄の円を地球とし，影となる部分に斜線を入れなさい。

(4)　月から地球を観察すると，大きさはどのように見えますか。次の**ア**～**ウ**より1つ選び，記号で答えなさい。

ア　地球から月を見たときとほぼ同じ大きさに見える。
イ　地球から月を見たときよりも小さく見える。

ウ　地球から月を見たときよりも大きく見える。

(5)　2021年５月26日(水)にスーパームーンが観察できました。しかも，その日は皆既《かいき》月食でした。スーパームーンとはどんな現象ですか。次の**ア**～**エ**より１つ選び，記号で答えなさい。

ア　月の公転軌道《きどう》が円形なので，地球と月の距離《きょり》は常に一定であるが，太陽光の当たり方によって月がもっとも大きく見えるもので，満月と新月のときにだけ起きる現象です。

イ　月の公転軌道が楕円《だえん》形なので，地球と月の距離がいちばん近くになったときに月がもっとも大きく見えるもので，満月と新月のときにだけ起きる現象です。

ウ　月の公転軌道が円形なので，地球と月の距離は常に一定であるが，太陽光の当たり方によって月がもっとも大きく見えるもので，満月と新月のとき以外にも起きる現象です。

エ　月の公転軌道が楕円《だえん》形なので，地球と月の距離がいちばん近くになったときに月がもっとも大きく見えるもので，満月と新月のとき以外にも起きる現象です。

(6)　月食とはどのような現象ですか。次の**ア**～**エ**より２つ選び，記号で答えなさい。

ア　太陽・地球・月がほぼ一直線に並び，地球の影《かげ》に月が入り，月が欠けて見える現象です。

イ　太陽・月・地球がほぼ一直線に並び，月の影に地球が入り，月が欠けて見える現象です。

ウ　月食は満月のときだけ起きる現象です。

エ　月食は満月のとき以外にも起きる現象です。

5　ものの燃え方について調べるため，**【実験】**を行いました。下の各問いに答えなさい。ただし，空気の体積は80％が窒素で20％が酸素であるものとします。また，窒素《ちっそ》，酸素，二酸化炭素それぞれ1.0Lの重さを同じ条件で比べると，その比は以下のようになったものとします。

窒素：酸素：二酸化炭素＝7：8：11

【実験】　図のように空気の入ったガラス器具に火のついたロウソクを入れ，ふたをしました。しばらくすると火が消えました。びんの中の気体を調べると，体積の割合は，酸素が17％，二酸化炭素が３％でした。

図

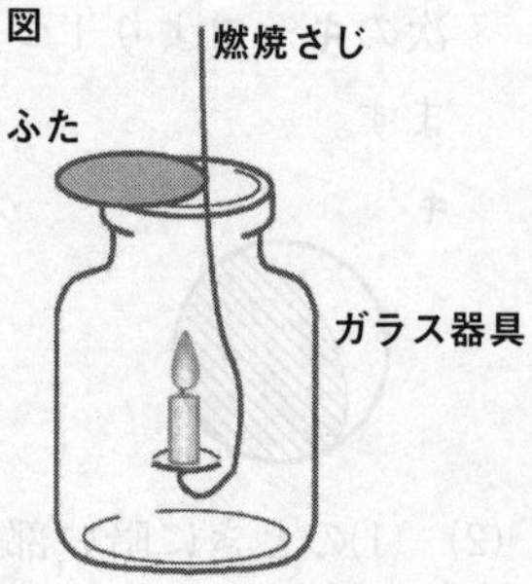

(1)　ガラス器具の名称を答えなさい。

(2)　**【実験】**で火が消えた理由を12文字以内で説明しなさい。

(3)　1.0Lの窒素と1.0Lの酸素の重さを同じ条件で比べると，窒素の重さは酸素の重さの何倍になりますか。分数で答えなさい。ただし，約分して答えなさい。

(4)　1.0Lの空気に含《ふく》まれる窒素と酸素の重さを同じ条件で比べると，窒素の重さは酸素の重さの何倍になりますか。ただし，割り切れない場合は，小数第２位を四捨五入し，小数第１位まで答えなさい。

(5)　**【実験】**で火が消えた後のガラス器具の中の気体の重さは，はじめにガラス器具の中に入っていた空気の重さの何倍になりますか。小数で答えなさい。ただし，割り切れない場合は，小数第３位を四捨五入し，小数第２位まで答えなさい。また，実験後のガラス器具の中の気体は，窒素，酸素，二酸化炭素のみが含まれているものとします。

6 方位磁針の性質と電流のはたらきについて調べるために，右の**図**のように，電源装置に導線と抵抗《ていこう》を接続し，導線の真上の**a**，**b**，導線の真下の**c**，**d**に方位磁針を置き，電流を流しました。次の各問いに答えなさい。

図

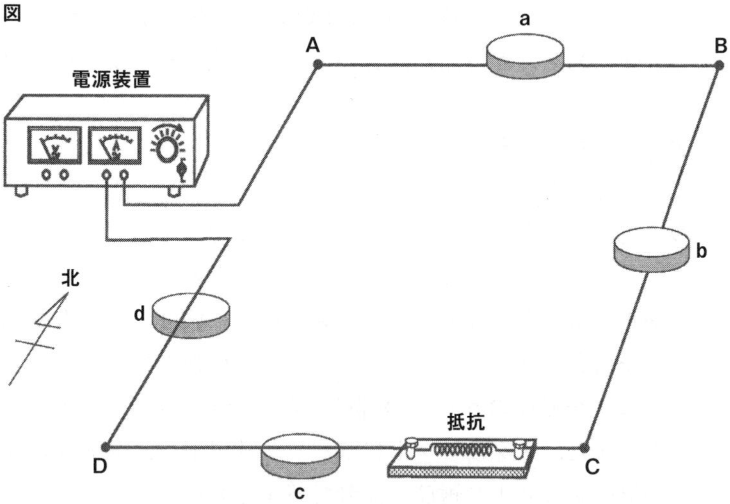

(1) 強く電流を流したとき，**b**に置いた方位磁針のN極が東のほうにふれました。電流は図の**A**→**B**か，**B**→**A**のどちらの向きに流れていますか。解答欄に**A**と**B**のアルファベットを用いて答えなさい。

(2) 電源装置のダイヤルを操作して流れる電流の大きさを小さくしていきました。その結果，N極が北東を指して静止する方位磁針がありました。このとき**a**，**b**，**c**，**d**に置いた方位磁針の状態としてもっとも適当なものを，次の**ア**～**ク**よりそれぞれ選び，記号で答えなさい。ただし，同じ記号を何度選んでもよいものとします。また，方位磁針の針はで表し，黒いほうをN極とします。

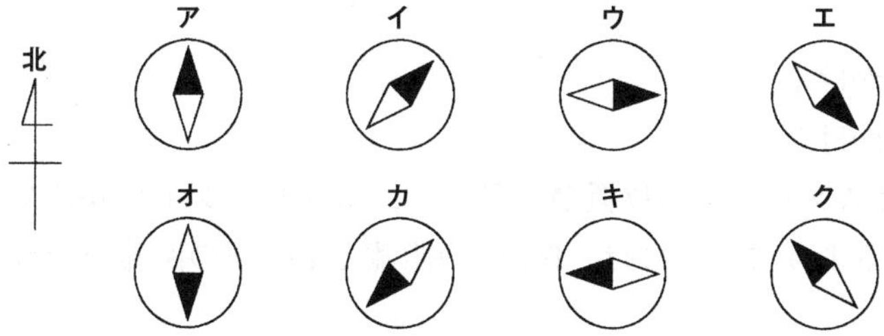

(3) **CD**間に抵抗が入れてあるのは，抵抗を入れないと接続部分から火花が出たり，導線自体が熱くなって危険だからです。このような危険なつなぎ方を何というか答えなさい。

7 **図1**のような実験装置を作りました。**P**は電球の位置で直線**OP**はスクリーンに対して垂直です。**P**から**O**に向かって24cmの位置**L**に焦点《しょうてん》距離12cmの凸レンズを置きました。**図2**は，このときのスクリーンの様子で，**a**，**b**，**c**はそれぞれ明るさが異なる部分です。下の各問いに答えなさい。

図1

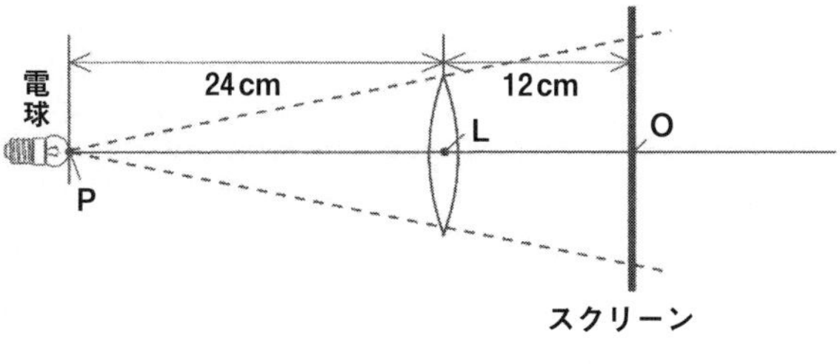

図2

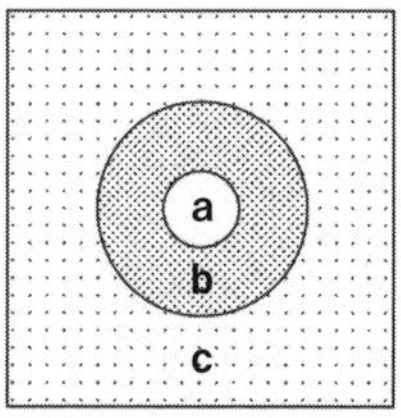

(1)　スクリーンを右に移動させ，**LO** 間の距離を 12cm から 48cm までゆっくりと変えました。その間に**図2**の**a**の部分はどのように変化しますか。次の**ア**～**エ**より1つ選び，記号で答えなさい。

ア　だんだん大きくなっていく。

イ　だんだん小さくなっていく。

ウ　だんだん大きくなり，途中《とちゅう》からだんだん小さくなっていく。

エ　だんだん小さくなり，途中からだんだん大きくなっていく。

(2)　**図1**の電球を取り去り，同じ**P**の位置に**図3**のような矢印の形をした発光体を置き，スクリーンを移動させるとスクリーン上に矢印の形が発光体と同じ大きさで映りました。**図3**の矢印の形は，発光体のうしろ（**P側**）から見たものです。このとき，**LO** 間の距離は何 cm になりますか。また，スクリーン上に映った矢印の形は，発光体側から見てどのような形になりますか。次の**ア**～**エ**より1つ選び，記号で答えなさい。

図3

ア

イ

ウ

エ

(3)　(2)の状態で，レンズの上半分を黒い紙でおおいかくすと，スクリーン上に映るものはどうなりますか。次の**ア**～**エ**より1つ選び，記号で答えなさい。

ア　形は変わらず，明るくなる。

イ　形は変わらず，暗くなる。

ウ　明るさは変わらず，上半分がかける。

エ　明るさは変わらず，下半分がかける。

(4)　(2)の状態から発光体の位置**P**とスクリーンの位置**O**を動かし，スクリーン上に映る矢印の長さが発光体の長さの1.5倍になるようにするには，**PL** 間の距離と **LO** 間の距離をそれぞれ何 cm にすればよいか答えなさい。

イ　五感を超えたテレパシーを持つことができれば、人々はプレッシャーやストレスを感じずに生活することができる

ウ　心の余裕を持つことができれば、互いの長所も短所もすべてひっくるめて尊重して高めあうことができる

エ　たとえ美しさやかっこよさといった魅力がなくても、平均から外れた忘れられない特徴のある顔のほうが望ましい

問十一、――④「シュウセイ」・⑦「ウチワ」・⑧「ゴカイ」・⑩「ノびて」のカタカナを漢字に直し、――⑬「雑多」の漢字の読みを答えなさい。

問五、――⑥「広い社会に入っていけば、クラスメート同士がテレパシーのような敏感さで通じあっていたことが、いかに原始的なコミュニケーションであるかがわかると思います」とありますが、ここから考えられる意見として最もふさわしいものを次から選び、記号で答えなさい。

ア　空気を読んで生きることがつらいと思うこともあるかもしれないが、それは動物にもできる簡単なことなので、自信を持って頑張《がんば》っていくべきだ

イ　他者の気持ちが理解できずに悩《なや》む人がいるかもしれないが、そのような能力が必ずしも優《すぐ》れているわけではないので、気にしないほうが良い

ウ　人間関係に疲れて心と身体のバランスを崩《くず》すこともあるかもしれないが、それは個人ではなく社会の問題なので、気軽に周囲に相談すべきだ

エ　五感を超えた能力は優れたものであるかもしれないが、実際は多くの動物が使っている能力にすぎないので、人間は自分の持つ感覚を磨《みが》いていけば良い

問六、――⑨「このような医療技術の進歩がそのままハッピーな社会につながるかというと、一筋縄ではいかないのです」とありますが、そう言える理由を説明した次の文の空欄にあてはまる言葉を文中から十三字で探し、最初の五字を抜き出して答えなさい。

医療技術が進歩したことで、□になじめない人が新たに出てきてしまったから。

問七、――⑪「同じような心境」とありますが、これを説明した次の文の空欄にあてはまる言葉を文中から九字で抜き出して答えなさい。

「健康じゃない」と特別視する周りの態度に□を感じ、それによる不安と苦痛を覚えている心境。

問八、――⑫「自分の仲間内だけの世界にこもる」とありますが、これと同じことを述べている部分を文中から十七字で探し、最初の五字を抜き出して答えなさい。

問九、――⑭「そんな多様性と統一性へのプレッシャーという二面性を持つこの世界」とありますが、この説明として最もふさわしいものを次から選び、記号で答えなさい。

ア　渋谷には様々な国の文化を反映したような映像や看板が立ち並び、観光客が写真を撮《と》るほど個性的な光景が広がっているのに対し、欧米の田舎には同じようなチェーン店が立ち並び、もともとあったはずの文化が見えにくくなっている世界

イ　渋谷のように色あざやかな看板が立ち並び、ドラッグストアに所狭《ところせま》しと商品が詰《つ》め込《こ》まれている東アジアの国々に対し、一体感を重んじて、通りに使う色にまで規制を設けて整った景観になるように配慮している欧米の国々もある世界

ウ　渋谷の交差点を整然と行きかう人々の姿が日本人の型にはまった行動の特徴であるのに対して、イタリアやイギリスの田舎にはマクドナルドやラーメン屋など多様な店がいくつも立ち並ぶという特徴のある世界

エ　渋谷に見られる雑多な光景が広がる国もあれば、整然とした街並みになるように規制を設ける国もある一方で、多様な文化とは関連しない似たりよったりのチェーン店が世界中に広がり、同じような景色を作り上げている世界

問十、本文の内容に関する説明として最もふさわしいものを次から選び、記号で答えなさい。

ア　人間は人にほめられたり喜びをわかちあうよりも、失敗を積み重ねることによってより成長することができる

表面的に処するやり方でもあるのでしょう。様々な個人を見極め尊重し、様々な個人の長所も短所も知りつくしながら過ごしていく。そんな心の余裕を作りたいものです。互いの違いを認めあい、互いの違いをみがきあう社会へと変わっていくことができたらと思うのです。

改めて世界を見渡《みわた》すと、そこは多様性と単一性の入り交じりであることがわかります。渋谷《しぶや》の交差点は、外国人観光客の写真スポットとしてにぎわっています。スクランブル交差点を行き交《か》うたくさんの人たちが、ぶつからずにうまくすれ違っていくことが不思議なのだと思います。

その背景もエキゾチック（外国風）です。大きなスクリーンに映し出される広告映像や、色あざやかな様々な看板の数々。このような⑬雑多な街並みは、日本や中国、台湾《たいわん》、韓国《かんこく》、インドネシア、マレーシアなどの東アジアでみられるものです。色あざやかで大小様々な看板が並び、ドラッグストアの商品がところせましと路上まではみだす風景が広がります。かたや欧米では、整然とした街並みが並びます。通りに使う色が制限されている街もあり、欧米は街並みの統一感を大切にするのです。

こうした違いがある一方で、どこの国に行っても同じようなチェーン店が並んでいます。「なんで日本はマクドナルドばかりあるの？」と質問をするイギリス人やイタリア人がいますが、そういう欧米の国でも最近はちょっとした田舎《いなか》に行っても日本風のラーメン屋の店があったりします。多様な文化を持つはずの地域に、同じような店や街並みが並び、似たりよったりの国へと変貌《へんぼう》をとげるところがあるのです。

⑭そんな多様性と統一性へのプレッシャーという二面性を持つこの世界をどう生き、どう変えていくか、みなさんの身体で感じていってほしいと思います。

（山口真美「こころと身体の心理学」による。一部表記・体裁《ていさい》を改めた）

問一、――①「こうしたやりとり」とありますが、この具体例として**ふさわしくない**ものを次から一つ選び、記号で答えなさい。

ア　授業中に問題の答えが分かったので指名してほしいと思い顔を上げていたが、先生に気付いてもらえなかったので諦《あきら》めた

イ　部活動で疲《つか》れていたので電車の優先席に座っていたが、目の前に立っている老人がじっと見ていたので席をゆずった

ウ　二人の好物の唐揚《からあ》げが一つだけ残ったので兄に「食べていいよ」と言ったが、兄はにっこり笑って皿を僕《ぼく》に渡した

エ　野球の試合があったのでテレビで観戦していたが、隣《となり》の兄の部屋からため息が聞こえてきたのでヘッドホンを着けた

問二、――②「日本人の場合、ときに互いの感度の高さが度を越して、互いに互いを縛りあうまでに達してしまうことはないでしょうか」とありますが、このような状態になることを避《さ》けるためにはどのようなことが必要だと筆者は述べていますか。文中から十七字で探し、最初の五字を抜《ぬ》き出して答えなさい。

問三、――③「若いうちに、より広い世界を知る経験を得ることは大切です」とありますが、この理由を説明した次の文の空欄にあてはまる言葉を文中から十八字で探し、最初の五字を抜き出して答えなさい。

より広い世界を知ることで［　　　］ようになるから。

問四、――⑤「自分がどのような場所で、どのような文化のもとに生きているかを知ることができるのです」とありますが、日本について説明した次の文の空欄にあてはまる言葉をアは十一字、イは五字で文中から抜き出して答えなさい。

他者への思いやりを生み出す［　ア　］が可能な人々がいる反面、そのせいで頻繁《ひんぱん》に不自由を感じる［　イ　］になってしまっている。

がないのですが、「どんな人ですか？」と聞き返すと、それに答えられる患者はいないそうです。

いったい、「ふつう」とは何なのでしょうか？　「平均」ならば、まだ考える糸口があります。コンピュータグラフィックスを使えば「平均顔」を作ることができます。作りあげた平均顔は、そこそこ魅力《みりょく》的です。進化心理学では、平均性と左右対称《たいしょう》性が顔の魅力として議論され続けています。

しかしながら平均顔は「そこそこ」魅力的ではあっても、絶対的な魅力ではありません。平均顔は、特徴がなくて忘れられやすいからです。人気のある芸能人やハリウッドスターたちは、平均からはずれたそれぞれの特徴を持っていて、その特徴が忘れられないその人の顔となっておぼえられているのです。

つまり平均から逸脱《いつだつ》した部分が、個性であり魅力となるのです。ですが心の余裕がなくなると、それぞれの個性をみる余裕もなくなっていき、「突出《とっしゅつ》してはいけない」という暗黙の圧力が社会にはびこっていくのではないでしょうか。

一方で、社会のなかの多様性は進んでいます。医療技術が進み、様々な病が克服《こくふく》されるようになりました。早産児の生存率は格段にアップし、超《ちょう》未熟児で生まれた子どもたちの生存もまれではなくなっています。

生殖《せいしょく》医療も進歩し、不妊《ふにん》治療《ちりょう》による体外受精の数も増えています。日本産科婦人科学会の報告によると、国内初の体外受精が１９８３年に成功してから、２０１７年には５万６６１７人の子どもが体外受精により誕生し、この年に生まれた子どものおよそ16人に１人の割合になるそうです。また、脳出血や脳損傷の手術も進歩して、がんやエイズなどこれまで死の病とされた病気も克服されつつあります。

ですが、⑨このような医療技術の進歩がそのままハッピーな社会につながるかというと、一筋縄ではいかないのです。投薬や治療を続けながら暮らす人も多くなり、健康と病の中間層の人が増えているともいえます。様々な出生状況《じょうきょう》で生まれる子どもの数が増えるにともない、発達障害とよばれる子どもたちの数も増加しています。先進国で発達障害が問題視されるのは、出生状況の変化が関係している面もあるでしょう。そのうえ寿命《じゅみょう》も⑩ノびて、高齢者《こうれいしゃ》の数も増えています。

実際のところ日本社会はこれまでになく、多様な人々で構成されているのです。たくさんの個性が社会にあふれています。そんな今は「ふつうが一番」とか「人はみな同じ」という心のバリア〔壁《かべ》〕を壊《こわ》し、それぞれの個性を楽しむことに転換《てんかん》すべき時期なのではないでしょうか。

私自身が手術と治療生活を経て退院したときに感じたのは、ふつうに健康が前提の世の中がひどく怖いという事実でした。改めて思うのは、これまでは何も考えずに平均の基準で暮らしてきたことです。

これから先は、どこまで仕事ができるのか、どこまで休めばいいのか、決めねばなりません。そして病を公表することにより、周りから「不治の病」と腫《は》れ物に触《さわ》るような目でみられ、「健康じゃないから、この仕事は無理だね」と言われるのではないかという不安と苦痛。これらをこの身で体験してはじめて、⑪同じような心境で生きていた人たちに身をもって共感できるようになりました。

身をもって痛みを知る経験は、他人の痛みを知るためにも重要です。若い人たちは痛みを体験する機会はまだ少ないかもしれませんが、⑫自分の仲間内だけの世界にこもるのではなく、少しでも視野を広げようとする勇気があればそれでじゅうぶんだと思います。心の余裕のなさが、平均ですまそうというプレッシャーにつながるように思えてならないからです。

平均ですまそうということは、それぞれの個性を味わうことなく、撃《げき》でした。細やかに相手の表情を読み取ることはすばらしい能力ですが、ただ、それが幸せにつながるかは、別の問題といえるでしょう。

②日本人の場合、ときに互《たが》いの感度の高さが度を越《こ》して、互いに互いを縛《しば》りあうまでに達してしまうことはないでしょうか？

それは小さな島国でひしめきあって、せまい範囲《はんい》しか目に入らずに暮らしているせいもあると思います。よその国と国境を接していない日本ではしかたのない面もありますが、それは世界的にみて、一般的《いっぱんてき》ではありません。まずは思春期までのみなさんは、自分がまだ身のまわりの小さな世界しかみていないことを頭に入れておいてほしいのです。そしてもしも今、心と身体のバランスをくずしかけているとしたら、それは自分に問題があるわけではなくて、窮屈《きゅうくつ》な社会のせいかもしれないということも。

③若いうちに、より広い世界を知る経験を得ることは大切です。海外に渡《わた》って異文化を体験することや、ボランティア活動などで異なる地域や異なる世代の人と交流することも得難《えがた》い経験でしょう。学校から出て、自分の身体で様々な異文化を体験し、そこでとまどう体験をより多くすること。痛みや失敗を怖《こわ》いと思うかもしれませんが、これらは新しいことを学習するうえでは最も重要なことなのです。

失敗による痛みは、学習に重要な役割を果たすという強みもあるのです。いわゆる学習は、行動を④シュウセイするために「報酬《ほうしゅう》」を与《あた》える「強化」と、「罰《ばつ》」を与える消去で成立します。これは20世紀初頭のアメリカでバラス・スキナーやジョン・ワトソンが動物を対象に実験をくり返した行動主義心理学による基本原則です。

当然ながら人間の学習における報酬と罰は、動物実験のようなエサや電気ショックではありません。人の最大の報酬は人にほめられること、そして人と喜びをわかちあうことにあります。こうした報酬は、実際に島皮質《とうひしつ》など脳の報酬系をつかさどる部位を活動させることがわかっています。そして罰の方は、「失敗した！」「やっちゃった！」と感じる痛みの効果が大きいのです。つまり人は、人とつながることによって、そして痛みの経験によって、学習し成長していくのです。

そうして得たより広い経験は、自分の世界を広げることにもつながります。広い目で自分や周囲を見なおすことにより、客観的に自分や周囲をみることができるでしょう。自分と同じではない、いろいろな暮らし方があることを知る。それによって、⑤自分がどのような場所で、どのような文化のもとに生きているかを知ることができるのです。

⑥広い社会に入っていけば、クラスメート同士がテレパシーのような敏感さで通じあっていたことが、いかに原始的なコミュニケーションであるかがわかると思います。身体的なつながりは根源的で重要ですが、根源的であるがゆえに原始的でもあるのです。

じつは、テレパシーは、動物のコミュニケーションに近いようなものなのです。なぜならそれは極めて⑦ウチワで、その文脈からはずれたらまったく通じないからです。世代が違えば通じないだけでなく、ちょっと違う環境《かんきょう》に行ったら通用しないコミュニケーションは、役に立たないことが多いのです。

人の心を感じ取る繊細さには大切な面もあるかもしれませんが、ローカルな法則でのつながりにすがることは⑧ゴカイを生むこともあり危険です。つまり最終的には、言葉できちんと語りあい、伝えることが大切だということを、心に留めておくべきでしょう。

世界は多様になりつつある一方で、平均をよしとする圧力があります。心の余裕《よゆう》がなくなると、平均への暗黙《あんもく》の強要がさらに加速するようにみえます。この強要は日本社会に強いようで、精神科医の泉谷《いずみや》閑《かん》示《じ》によると「ふつうが一番」というのは日本人くらいだそうです。ふつうになれない苦しみから「ふつうになりたい」と診療所《しんりょうじょ》をたずねる患者《かんじゃ》は多いとのこと。そこで精神科医が「ふつうの人ってみたことますが、この表現の説明として最もふさわしいものを次から選び、記号で答えなさい。

ア　大きな声で吠え続けることで、婆さんに自分の存在を伝えようとする様子を読み取ることができる

イ　死んでも婆さんの墓を守ろうという姿から、飼い犬であったことへの誇《ほこ》りを読み取ることができる

ウ　人間に見放され、自然界の鳥からも敵視されたことで生まれた激しい怒《いか》りを読み取ることができる

エ　今まで人間に飼われていた犬が、自らの本性《ほんしょう》に従って戦おうとする力強さを読み取ることができる

問十、本文の表現に関する説明として最もふさわしいものを次から選び、記号で答えなさい。

ア　優れた嗅覚《きゅうかく》や散歩中の公園でのルールなど犬ならではの設定が、物語の中で効果的に使われている

イ　「私」は自分自身について語ることがなく、目に見えるものを客観的に語ることに徹《てっ》している

ウ　年老いた犬と老人の、言葉が通じなくてもわかりあえる親密な関係が両者の視点から語られている

エ　複数の場面を乱れた時系列の中で語ることで、人間とは異なる動物独特の見方を表現している

問十一、――①「チン」・⑨「マク」・⑪「ケイソウ」のカタカナを漢字に直し、――②「歩調」・⑦「正気」の漢字の読みを答えなさい。

二　次の文章を読んで、あとの各問いに答えなさい。なお、文中の言葉の下の〔　〕の中はその言葉の意味とする。

ところで、五感《ごかん》を超《こ》えた能力であるテレパシーを持つことができたら、それはうらやましいと思いますか？　人よりも敏感《びんかん》な感覚で相手のことを知ることができたら、便利だと思いますか？　万能《ばんのう》な身体と感覚を持って生まれたら、それはすばらしい能力であり、有利に生きていけると思いますか？

残念ながら、世の中は、そんなに単純ではないのです。感覚の鋭《するど》さについていえば、多くの日本人は極《きわ》めて高い能力を持つと言ってもよいでしょう。ぎゅうぎゅうにつめこまれた満員電車で言葉をかわすこともなくそれぞれの位置を確保しあったり、学校や職場で空気を読みあいながら人間関係をつくりあげたり。いずれも異国の文化の目からみると、テレパシーで通じあっているようにみえるのではないでしょうか。

繊細《せんさい》な気持ちのやりとりができることは、誇《ほこ》りを持っていいと思います。それは「おもてなし」の精神や、相手の気持ちをおもんばかってさりげなく行動できることにつながります。

①こうしたやりとりの源流として考えられることに、表情を見るときの視線の読み方の特徴《とくちょう》が関係しているかもしれません。最近の研究によると、欧米《おうべい》の人たちは口もとではっきり表情をつくりそれに注目するのに対し、日本人を含《ふく》めた東アジア人はわずかな表情変化を読み取るため目元に注目します。そしてこうした視線の読み取りのやり方の違《ちが》いは、生後7か月からみられることを、私たちの研究で明らかにしました。

欧米人と日本人の表情の読み取りの違いが、生後1歳《さい》未満という極めて幼い時期から身についているという事実が実証されたのは、衝《しょう》

るものではない理由を「しなければならないから」に続く形で文中から十四字で探し、最初の五字を抜《ぬ》き出して答えなさい。

問二、――④「亡霊の、死者の声」とありますが、この表現の説明として最もふさわしいものを次から選び、記号で答えなさい。

ア　人間には感知できない存在と会話することができることを自《じ》慢《まん》に思う心情を表している

イ　見えないはずの存在にねらわれているせいで落ち着くことができない焦《あせ》りを表している

ウ　公園から離れることができなくなった存在が訴《うった》えかけてくる激しい悲しみを表している

エ　すでにその場から肉体が消えている存在の意思が伝わってくる不気味な感覚を表している

問三、――⑤「犬の会話」とありますが、それはどのような性質のものですか。「もの」に続く形で文中から十七字で探し、最初の五字を抜き出して答えなさい。

問四、――⑥「われわれの、公園でのかみ合いはまるで違った」とありますが、「通常のかみ合い」とどのようなところが違うのですか。これを説明した次の文の空欄にあてはまる言葉を文中から十三字で探し、最初の五字を答えなさい。

幽霊の声に誘われるかのように［　　　　］ところ。

問五、――⑧「近くを過ぎる犬と目線を交わし合うとき、飼い犬である自分のなかにも、わずかながら『犬のたましい』とでもいうものが、残っているような気になれるのです」とありますが、「私」はマンションで飼われている犬たちの目線には「犬のたましい」がないと感じていると読み取れます。そのことがわかるたとえを含《ふく》む一文を文中から探し、最初の五字を答えなさい。

問六、――⑩「おずおずと」とありますが、この表現が表す「理髪店の店主」の様子の一つがためらう様子だとすれば、もう一つは何ですか。「様子」に続く形で文中から七字で抜き出して答えなさい。

問七、――⑫「私は吐き気をこらえ公園を離れました」とありますが、ここまでに描かれている公園の犬たちの様子をたとえた表現を次のようにまとめたとき、空欄にあてはまる言葉をそれぞれ指定の字数で文中から抜き出して答えなさい。ただし、「イ」の解答は最初の五字を答えること。

・二重傍《ぼう》線部「飼い主の頭」は、動物らしさを持たず、犬同士の会話ができない状態を表している。

・「［ア　三字］」は、飼い主に十分な世話を受けていると同時に、自然の存在から離れてしまっている姿を表している。

・「［イ　十八字］」は、機械のように何も考えずに動いている様子を表している。

問八、――⑬「クリーニング屋の看板の前で滝のような小便をぶちまけました」とありますが、このときの「私」の気持ちの説明として最もふさわしいものを次から選び、記号で答えなさい。

ア　においもなく犬の気配もしない公園にたたずんでいたことで、自分が孤独《こどく》なことをさびしいと思っている

イ　わずか十日の間に公園をのっとられてしまい、自分の散歩コースがなくなりくやしいと思っている

ウ　公園を規則正しく回りながら進んでいる犬たちを見て、理解できない行動に気持ち悪さを感じている

エ　小便をしたかったのに異様な犬たちの行進を目の当《ま》たりにして、体調を崩《くず》し気分が悪くなっている

問九、――⑭「そして、おいぼれ犬のたましいを込めた吠え声を、息のつづく限りそちらのほうへ思いきり浴びせかけてやる」とあり

れ、おや、と思った。ひさしぶりの公園から、あのひどいにおいが漂《ただよ》ってこない。そもそも犬の気配がしないのです。

　正門をくぐり、石塔のあいだに立つ。⑪ケイソウの人々が胸を張って歩いています。朝の散歩なのです。彼らの手に長い引き綱。その先には何十匹もの清潔な犬たち。

　私はぞっとしました。犬も飼い主も、全員が公園を、左周回に進んでいたのです。整然とした足取りに、まったく迷いが見られません。高級そうな犬、普通の犬。巨体《きょたい》の犬、毛玉のような犬。すべて、どこを見ているかわからない目つきで、左へ、左へと。彼《かれ》らはときどき立ち止まって小便をします。まるで工場のラインに乗っているような正確さで、どうしてこんな風にできるのか、生身の犬である私には、理解ができませんでした。本屋のクロがやってきます。彼も左向きにひたすら足を運び、前の犬がしたその場所に、わずかな小便を垂らしました。⑫私は吐《は》き気をこらえ公園を離れました。⑬クリーニング屋の看板の前で滝《たき》のような小便をぶちまけました。

　それから何ヶ月も街をうろつきました。肉屋のウインドウに映った自分の姿は、使い古したモップに見えました。とある夕方、国道を渡《わた》っているとき、はっと頭をあげました。くんくんと鼻を使う。まちがいない、婆さんのにおいだ。私は駆け出します。住宅地を抜《ぬ》け、川を越《こ》えて。懐《なつ》かしいにおいが体の奥に響《ひび》きます。こっちだ、ほら、こっちだよ！　婆さんのにおいはどんどん強くなっていく。焦《こ》げたような臭気がそれに混じる。

　やがて私は門をくぐり、静かに歩調を落としました。上空をトビが舞《ま》っています。はじめて訪《おとず》れた寺でしたが、婆さんの墓はすぐにわかりました。日に照らされ石のようになったビーフジャーキーが供えられてあったのです。墓石はなく、細長い板が立てられてあります。婆さんのにおいが土の下からします。

　婆さんは何もいいません。でも私は犬ですから、言葉などいらない。においでじゅうぶんです。板の前に寝ころびました。ビーフジャーキーにはさすがに手をつけません。

　うつらうつらとしかけ、ばしっ！と頭をはたかれました。跳《と》びおきると、けっ、けけっ、と耳障《みみざわ》りな声が真上から響きました。

　茶色い鳥は五羽《ごわ》に増えて、おそろしく低い場所を急旋回《きゅうせんかい》していました。私は額を流れる血のにおいに気づきました。視界がぼやけてきます。傷は相当深いらしい。トビはまた舞い降りてきて、私の背中を激しく突《つ》きました。痛い。また別のが、今度は右肩をえぐります。痛い痛い。五羽のトビは次々と私に飛びつき、その鋭《するど》いくちばしで肉を削《けず》っていきます。私は動きません。婆さんの墓の前は私が守る。ぐるぐるとうなり、飛来するトビどもに狙《ねら》いを定めます。けけっ、けけっ！　トビが一匹、背後から来ました。私は横に飛び、鳥の左ももにがぶりとかみつきました。

　トビは甲高《かんだか》く叫《さけ》び、私の顔をかぎ爪《つめ》でひっかきまわす。でも離しません。四羽のトビが背中に乗って、猛然《もうぜん》と私をついばみます。私は歯ぐきにいっそう力を込め、婆さんの墓を振《ふ》り向きました。婆さんはやはり何もいいません。でも、言葉はいらない。においだけでじゅうぶんです。私は犬なのですから。

　動かなくなったトビをぷいと吐きすて、私は再び身構えました。ばさばさとトビたちがはばたく気配がします。私は、もう見えない目でにらみつける。⑭そして、おいぼれ犬のたましいを込めた吠《ほ》え声を、息のつづく限りそちらのほうへ思いきり浴びせかけてやる。

（いしいしんじ「犬のたましい」による。一部表記・体裁《ていさい》を改めた）

問一、――③「ただ、公園への散歩が心躍るものかというと、それは違いました」とありますが、「私」にとって公園への散歩が心躍山犬などからすれば、まったく笑止千万《しょうしせんばん》なことでしょう。ただ、われわれには、⑦正気を保つためそんなものにでもすがるしかなかった。それに、ぐるぐると右まわりに歩きながら、⑧近くを過ぎる犬と目線を交わし合うとき、飼い犬である自分のなかにも、わずかながら「犬のたましい」とでもいうものが、残っているような気になれるのです。

婆さんが寝込《ねこ》みました。町会長がきて入院の手続きをします。私の世話は向かいの理髪店《りはつてん》に任されました。この若い店主がひどい男だった。乱暴というのではありません。犬を恐《おそ》れているのです。その上やたら力が強く、散歩のときにはぎゅうぎゅう首を絞《し》められ、行程ずっと駆《か》け足です。私は早く婆さんにもどってもらいたかった。店主は自転車まで使いました。私もこの世にうまれ、今年で十二年です。けして若いとはいえないのです。

駆け足の散歩が一週間ほどつづいた頃《ころ》、理髪店の前でへたばっていると、おおきな紀州犬、本屋のクロが、小学生を連れやってきました。私の耳元に鼻をよせ、ター坊、気がついてるか、といいました。公園の感じがなんだかおかしい。私は重い首をあげます。

「でかいマンションができたろう。新参のやつらが急に増えた。やつらでたらめだ。右へまわったり、左へいったり」

私はいいました。

「教えてやればいいのに」

「それが変なんだ。やつら、鼻も耳も、おかしいんじゃないかとおもう。なんにも伝わらないんだよ。犬ってより、飼い主の頭に近いみたいだ。見てるとぞっとするんだ」

夕刻、理髪店の自転車に引きずられて公園へ向かいます(引き綱は前のかごに縛《しば》られてある)。駆けながら横目で見ると、なるほど公園に見かけない犬が大勢いました。どれも作り物みたいに清潔で、無表情に飼い主の顔をながめています。理髪店主は気まぐれに自転車を止め、私から三歩ほど離《はな》れてたばこをふかしはじめました。私はめまいをこらえながら芝生《しばふ》のフェンスをかぎます。真新しい小便のあとがいくつも残っている。驚《おどろ》いたことに、どれもまったく無臭《むしゅう》でした。犬の、というより生き物につきもののにおいが、一切《いっさい》まるでないのです。それは幽霊の残り香よりいやな感じでした。がたん、と自転車が押され首が絞まります。私は駆け出しました。いつもよりいっそう早く、この不吉《ふきつ》な場所から逃《に》げ出したい、そうこころから願いながら。

新参の犬たちがときおり黒い目玉をこちらへ向けました。まるでこの世にあいた無数の穴みたいでした。

婆さんが亡くなったのは、黒服の人々がぞろぞろ牛乳屋に集まりだしたのでわかりました。白黒の⑨マクが引かれます。まるで婆さんの顔じゃないみたいな婆さんの写真。色とりどりの果物は、新鮮なはずなのに、古めいた臭気を放っています。深夜に牛乳屋の二階で何度か怒号《どごう》が響《ひび》きました。婆さんはなんでも看護師の手落ちで命を落としたらしい。

葬儀《そうぎ》が終わっても、私はずっと理髪店につながれたままでした。散歩もなしで、糞尿《ふんにょう》は朝になるときれいに掃除《そうじ》されてありました。散歩途中の犬たちが立ち寄ることもなく、そうして十日ばかり過ぎたでしょうか。

ある朝、奇妙《きみょう》な気配を感じふりむくと、理髪店の店主が⑩おずおずと唇《くちびる》をゆがめ立っていました。私の首輪に手を伸ばし、留め金をはずします。ほい、ほい、と尻を叩《たた》かれ、朝日のなかへとぼとぼ歩きだす。私は突然《とつぜん》、飼い犬でなくなったわけです。

いきなり自由にされ、私はどこへいったらよいか、見当もつきません。足は自然に、あのいやな公園のほうに向いています。近づくにつ

二〇二二年度 明治大学付属中野八王子中学校

【国　語】〈A方式第二回試験〉（五〇分）〈満点：一〇〇点〉

〈注意〉字数には、句読点《くとうてん》も記号も一字として数えます。

一　次の文章を読んで、あとの各問いに答えなさい。

私の飼主《かいぬし》は牛乳屋の婆《ばあ》さんです。店先にすわってビーフジャーキーをなめ、味がしなくなったら投げてよこす。まったく暇《ひま》な婆さんで、ター坊《ぼう》ター坊（私のこと）、今度湯河原《ゆがわら》へ行こうねえ、犬の電車①チンいくらかしら、などと、日がな繰《く》りごとをつづけています。

店先には、散歩途中《とちゅう》の犬たちがジャーキーほしさによく顔をだします。彼らとは、公園でなければ普通《ふつう》に話ができました。われわれは言葉なんてものを使いません。においや気配で、全部わかってしまうのです。今日は天気が悪いので早く寝《ね》たい。ゆうべ食ったエビのせいで腹が張って困る、などなど、どうでもいいことをいうとすぐ尻《しり》を向けてしまう。そしてまた飼主に引かれ散歩へ戻《もど》っていく。

私だって散歩にはいきます。朝夕それぞれ一回ずつ。婆さんは足腰《あしこし》が弱く、②歩調も雪山をいくようにのろいですが、それでも十年このかた一日も欠かさないのだから、あっぱれといってよろしい。もし私が人間ならこういうのを連れ合いにほしい。③ただ、公園への散歩が心躍《おど》るものかというと、それは違《ちが》いました。ええ、まったく違っていました。

あの公園なる場所が、われわれ犬にとってどれほどひどいところか、想像されたことはないでしょう。むろん外出は楽しい。なわばりを検分してまわるのが嫌《きら》いな犬などこの世にはいません。ただ、決定的に問題なのは、自然の犬は本来、自分のなわばりを他の犬と共有したりしない、ということです。

正門が見えるころ、私の頭はもう、どうにかなりそうだ。よその犬たちの、新鮮《しんせん》な小便のにおい、食物やシャンプー、血やよだれのにおい、その他いろんなものがどっと押《お》しよせてくる。石段をくだり、石《せき》塔《とう》の根で右足をあげます（私はテリアの雄《おす》）。そこにしたくもないのにしてしまう。他の犬も、みな歯をくいしばり小便をしている。彼らだけじゃない、これまで公園に通った何万匹《びき》という犬のたしかな残り香が、そこかしこに染《し》みついていて、こっちだ、ほら、こっちだよ、と体の奥《おく》に直接ささやきかけてくる。犬の鼻には④亡霊《ぼうれい》の、死者の声がわかるのです。

ところで、通常のかみ合いなら野犬同士だってやります。なわばりを荒《あ》らされたり、獲物《えもの》を横取りされたりしたときなんかに。ルールを破ったほうは、かまれる前からもう「ああ、かまれるな」とわかっている。かむほうも、相手になわばりの位置を示すためにかむのです。自然の犬同士によるかみ合いは、つまり⑤犬の会話の延長線上にあります。

⑥われわれの、公園でのかみ合いはまるで違った。幽霊《ゆうれい》の声に誘《さそ》われるかのように相手に近づき、がぶり！　ただかむ。ひたすらかみ合う。まるで相手と自分との境目を崩《くず》すように。かみついた途端《とたん》、自分はもう犬でないような気がします。ええ、おそらく犬ではないのでしょう。なんだかわからない幽霊といっしょになって、真っ黒い公園で転がりまわる灰色の毛皮にすぎないのだとおもいます。

公園ではここ数年、あまり頻繁《ひんぱん》にかみ合いが起こらなくなりました。引き綱《づな》と、もちろん飼主のおかげもありますが、われわれ飼い犬のほうでも、いつのまにかルールが決まっていったのです。公園を右周回する犬の数と左周回の数を、ほぼ同程度に保つ。このバランスを保ちつづける。こんな不自然なルールで、かみ合いを避《さ》けているのだから、

2022年度
明治大学付属中野八王子中学校　▶解説と解答

算　数　＜A方式第２回試験＞（50分）＜満点：100点＞

解　答

1 (1) $\frac{5}{21}$　(2) $3\frac{1}{2}$　(3) 1369　(4) $3\frac{1}{4}$　2 (1) 31.25cm　(2) 1105円
(3) 243人　(4) 240g　(5) 94.2cm^2　(6) 3.5cm　3 (1) 78点　(2) 3.25倍
(3) 32通り　(4) 11.44cm^2　(5) 2：1　4 (1) 168度　(2) 10.5cm　5 (1)
分速40m　(2) 12分48秒後

解　説

1 四則計算，計算のくふう，逆算

(1) $\left\{\left(4\frac{2}{7}-0.75\right)\times\frac{4}{9}+0.125\right\}\div 7\frac{1}{8}=\left\{\left(\frac{30}{7}-\frac{3}{4}\right)\times\frac{4}{9}+\frac{1}{8}\right\}\div\frac{57}{8}=\left\{\left(\frac{120}{28}-\frac{21}{28}\right)\times\frac{4}{9}+\frac{1}{8}\right\}\div\frac{57}{8}$
$=\left(\frac{99}{28}\times\frac{4}{9}+\frac{1}{8}\right)\div\frac{57}{8}=\left(\frac{11}{7}+\frac{1}{8}\right)\div\frac{57}{8}=\left(\frac{88}{56}+\frac{7}{56}\right)\div\frac{57}{8}=\frac{95}{56}\times\frac{8}{57}=\frac{5}{21}$

(2) $7\frac{5}{17}\times34\div31\times0.25+1.75-0.75\div\left(1.25+1\frac{3}{4}\right)=\frac{124}{17}\times\frac{34}{31}\times\frac{1}{4}+1\frac{3}{4}-\frac{3}{4}\div\left(1\frac{1}{4}+1\frac{3}{4}\right)=$
$2+\frac{7}{4}-\frac{3}{4}\div2\frac{4}{4}=2\frac{7}{4}-\frac{3}{4}\div3=\frac{15}{4}-\frac{3}{4}\times\frac{1}{3}=\frac{15}{4}-\frac{1}{4}=\frac{14}{4}=\frac{7}{2}=3\frac{1}{2}$

(3) 1から連続する奇数《きすう》の和は，(個数)×(個数)で求めることができる。1から73までの奇数の個数は，(73＋1)÷2＝37(個)だから，1＋3＋5＋7＋…＋71＋73＝37×37＝1369とわかる。

(4) $\left(1\frac{1}{2}+\square\div\frac{2}{5}\right)\div1\frac{8}{13}-2\frac{1}{3}=\frac{29}{8}$より，$\left(1\frac{1}{2}+\square\div\frac{2}{5}\right)\div1\frac{8}{13}=\frac{29}{8}+2\frac{1}{3}=\frac{29}{8}+\frac{7}{3}=\frac{87}{24}$
$+\frac{56}{24}=\frac{143}{24}$，$1\frac{1}{2}+\square\div\frac{2}{5}=\frac{143}{24}\times1\frac{8}{13}=\frac{143}{24}\times\frac{21}{13}=\frac{77}{8}$，$\square\div\frac{2}{5}=\frac{77}{8}-1\frac{1}{2}=\frac{77}{8}-\frac{3}{2}=\frac{77}{8}-\frac{12}{8}$
$=\frac{65}{8}$　よって，$\square=\frac{65}{8}\times\frac{2}{5}=\frac{13}{4}=3\frac{1}{4}$

2 速さ，相似，売買損益，相当算，差集め算，濃度《のうど》，面積，長さ

(1) 時速5kmで1時間15分かかる道のりは，$5\times1\frac{15}{60}=\frac{25}{4}$(km)である。これは，$\frac{25}{4}\times1000=$6250(m)，6250×100＝625000(cm)だから，縮尺$\frac{1}{20000}$の地図上で表したときの長さは，625000×$\frac{1}{20000}$＝31.25(cm)になる。

(2) 売り値を1として図に表すと，右の図1のようになる。図1から，売り値の，0.25－0.1＝0.15にあたる金額が，130＋65＝195(円)とわかる。よって，(売り値)×0.15＝195(円)と表すことができるので，売り値は，195÷0.15＝1300(円)と求められる。よって，売り値の1割は，1300×0.1＝130(円)だから，仕入れ値は，1300－(130＋65)＝1105(円)とわかる。

図1

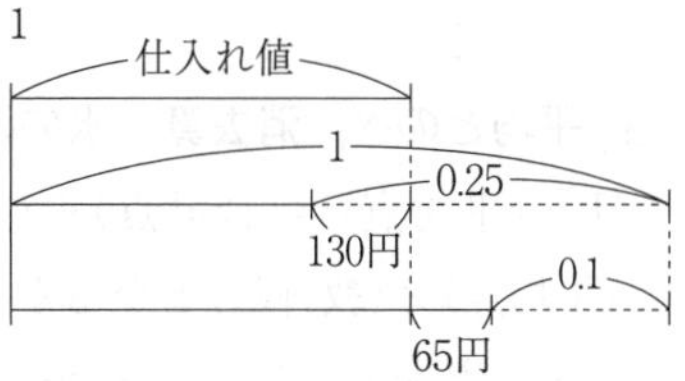

(3) 8人ずつ座らせるとき，3人で座っている長いすには，あと，8－3＝5(人)座ることができる。また，余っている9脚《きゃく》の長いすには，あと，8×9＝72(人)座ることができるので，合わせ

ると，あと，５＋72＝77(人)座ることができる。よって，長いすの数を□脚として図に表すと，右の図２のようになる。図２から，８－６＝２(人)の差が□脚だけ集まったものが，３＋77＝80(人)とわかるから，□＝80÷２＝40(脚)と求められる。したがって，生徒の人数は，６×40＋３＝243(人)である。

図２

□脚
６人，…，６人 → ３人座れない
８人，…，８人 → あと77人座れる

⑷　(食塩の重さ)＝(食塩水の重さ)×(濃度)より，最初の食塩水に含《ふく》まれていた食塩の重さは，720×0.09＝64.8(g)とわかる。また，最後にできた食塩水の重さも720gなので，最後にできた食塩水に含まれている食塩の重さは，720×0.06＝43.2(g)となる。ここで，水を加えても食塩の重さは変わらないから，くみ出した食塩水には，64.8－43.2＝21.6(g)の食塩が含まれていたことがわかる。よって，くみ出した食塩水の重さを□gとすると，□×0.09＝21.6(g)と表すことができるので，□＝21.6÷0.09＝240(g)と求められる。

⑸　下の図３で，同じ印をつけた部分の長さは等しいから，三角形ABEと三角形BCAは二等辺三角形である。よって，角ABCの大きさは36度，角BACの大きさは，(180－36)÷２＝72(度)なので，角BADの大きさは，180－72＝108(度)とわかる。したがって，斜線《しゃせん》部分は半径が10cmで中心角が108度のおうぎ形だから，面積は，$10\times10\times3.14\times\frac{108}{360}=30\times3.14=94.2(\mathrm{cm}^2)$と求められる。

図３

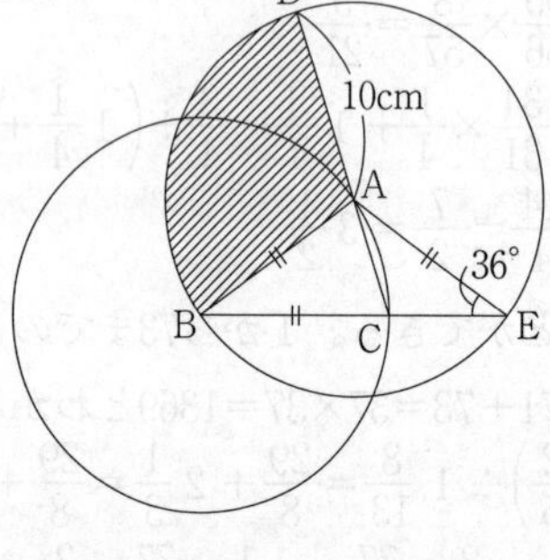

図４

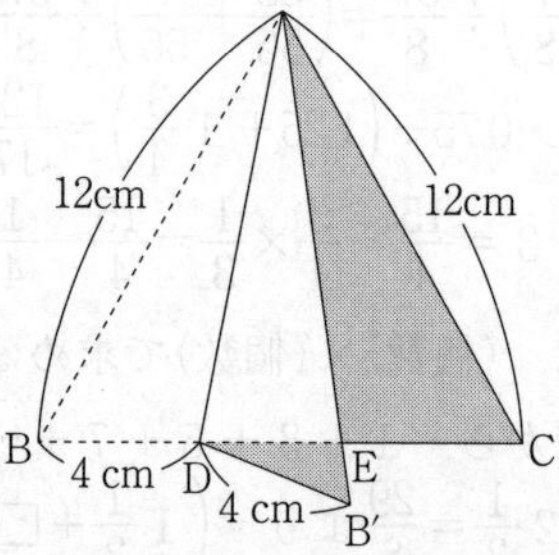

図５

$\boxed{3}$＋①＝12(cm)…㋐
$\boxed{1}$＋③＝８(cm)…㋑
↓
$\boxed{9}$＋③＝36(cm)…㋐×３
$\boxed{1}$＋③＝８(cm)…㋑

⑹　上の図４のかげをつけた２つの三角形で，角B′と角Cの大きさはどちらも60度である。また，角B′EDと角CEAの大きさは対頂角で等しいので，この２つの三角形は相似である。ここで，相似比は，DB′：AC＝４：12＝１：３だから，EB′＝①とすると，EC＝③となり，DE＝$\boxed{1}$とすると，AE＝$\boxed{3}$となる。さらに，AEとEB′の長さの和(AB′の長さ)は12cmであり，DEとECの長さの和(DCの長さ)は，12－４＝８(cm)なので，上の図５の㋐，㋑のような式を作ることができる。次に，㋐の式の等号の両側を３倍してから㋑の式との差を求めると，$\boxed{9}$－$\boxed{1}$＝$\boxed{8}$にあたる長さが，36－８＝28(cm)とわかる。よって，$\boxed{1}$にあたる長さ，つまりDEの長さは，28÷８＝3.5(cm)と求められる。

3　平均とのべ，消去算，水の深さと体積，場合の数，面積，相似，体積

⑴　(平均点)＝(合計点)÷(教科数)より，(合計点)＝(平均点)×(教科数)となるから，右の図１のような式を作ることができる。㋑＋㋒＋㋓－㋐を計算すると，算数の得点の２倍が，162＋122＋114－242＝156(点)とわかるので，算数の得点は，156÷２＝78(点)と求められる。

図１

国＋算＋理＋社＝60.5×４＝242(点)…㋐
国＋算　　　　＝81　×２＝162(点)…㋑
　　算＋理　　＝61　×２＝122(点)…㋒
　　算　　＋社＝57　×２＝114(点)…㋓

⑵　底面の直径について，Aを１とすると，Bは，１×1.2＝1.2，Cは，$1.2\times\frac{3}{4}=0.9$となる。この

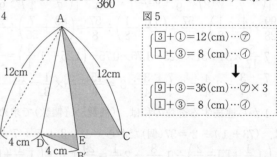

比は，１：1.2：0.9＝10：12：９だから，Ａ，Ｂ，Ｃの底面積の比は，(10×10)：(12×12)：(９×９)＝100：144：81とわかる。そこで，Ａ，Ｂ，Ｃの底面積をそれぞれ，100，144，81とし，それぞれのビーカーに入れた水の高さを１とすると，それぞれのビーカーに入れた水の体積は，100，144，81となる。よって，ＢとＣの水をＡに移すと，Ａに入っている水の体積は，100＋144＋81＝325になるので，そのときＡに入っている水の高さは，325÷100＝3.25と求められる。これは水を移す前の高さの，3.25÷１＝3.25(倍)である。

(3)　４回移動してＡに戻《もど》るためには，３回目にＢ，Ｃ，Ｄ，Ｅのいずれかにいればよい。そこで，１回目にＢに移動した場合について調べると，下の図２のように８通りあることがわかる。１回目にＣ，Ｄ，Ｅに移動した場合も同様だから，全部で，８×４＝32(通り)と求められる。

図２

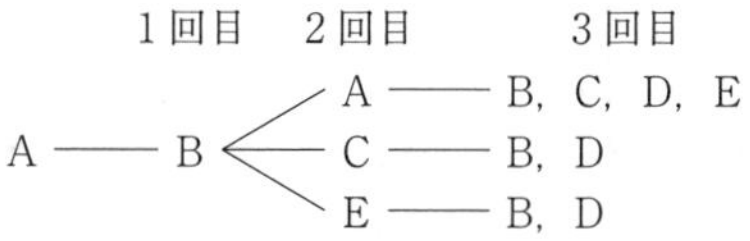

図３

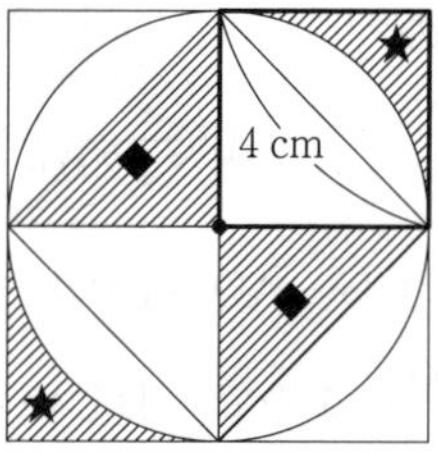

図４

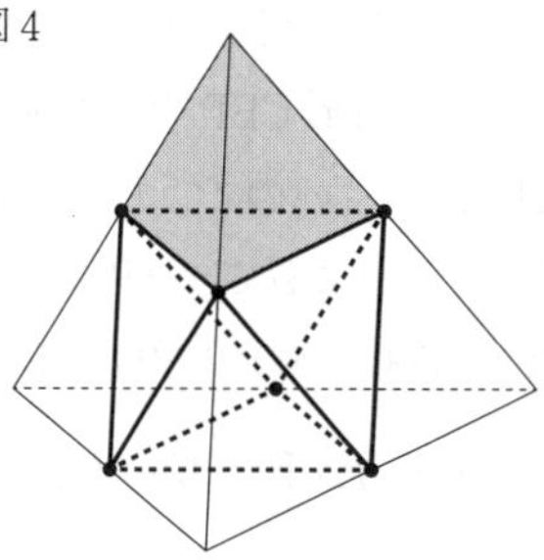

(4)　正方形の面積は，(対角線)×(対角線)÷２で求めることができるので，上の図３の太線で囲んだ正方形の面積は，４×４÷２＝８(cm²)となる。よって，円の半径を□cmとすると，□×□＝８となるから，★印の部分１か所の面積は，８－□×□×3.14÷４＝８－８×3.14÷４＝８－6.28＝1.72(cm²)と求められる。また，◆印の部分２か所の面積の和は８cm²なので，斜線部分の面積の和は，1.72×２＋８＝11.44(cm²)となる。

(5)　上の図４で，立体Ｂは太線で囲んだ立体である。これは，三角すいＡからかげをつけた三角すいと合同な三角すいを４個取り除いた形の立体である。また，かげをつけた三角すいは，三角すいＡを$\frac{1}{2}$に縮小した立体である。よって，三角すいＡの体積を１とすると，かげをつけた三角すいの体積は，$1\times\frac{1}{2}\times\frac{1}{2}\times\frac{1}{2}=\frac{1}{8}$になるから，立体Ｂの体積は，$1-\frac{1}{8}\times 4=\frac{1}{2}$と求められる。したがって，三角すいＡと立体Ｂの体積の比は，$1:\frac{1}{2}=2:1$とわかる。

４　グラフ―水の深さと体積

(1)　正面から見ると右の図のようになる。アの部分に入った時間が10分，オの部分に入った時間が，28－20＝８(分)だから，アとオの部分の容積の比は，10：８＝５：４である。また，アとオの部分の高さの比は，７：(30－18)＝７：12なので，アとオの部分の底面積の比は，$\frac{5}{7}:\frac{4}{12}=15:7$とわかる。つまり，水そうの下の段と上の段の底面の中心角の比が15：７だから，㋐の角の大きさは，$360\times\frac{7}{15}=168$(度)と求められる。

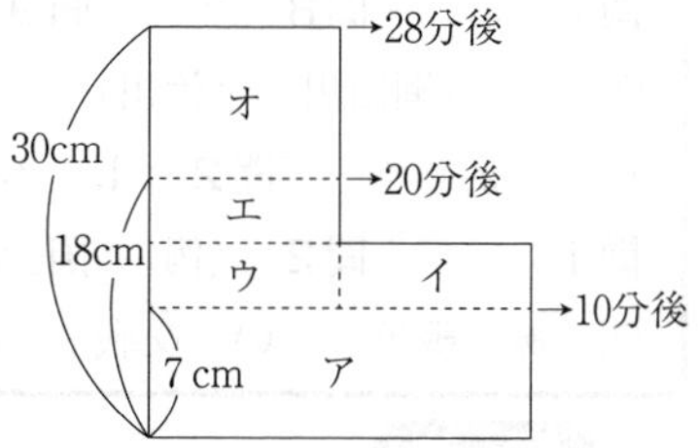

(2)　下の段の底面積を15，上の段の底面積を７とすると，アの部分の容積は，15×７＝105となるので，１分間に入る水の量は，105÷10＝10.5と表すことができる。また，(イ＋ウ＋エ)の部分に入った時間は，20－10＝10(分)だから，(イ＋ウ＋エ)の部分の容積は，10.5×10＝105とわかる。

このうち，（ウ＋エ）の部分の容積は，７×(18－７)＝77なので，イの部分の容積は，105－77＝28と求められる。さらに，イの部分の底面積は，15－７＝８だから，イの部分の高さは，28÷８＝3.5(cm)となる。よって，(い)にあてはまる数，つまり下の段の高さは，７＋3.5＝10.5(cm)である。

5 旅人算

(1)　由美さんが３分20秒で歩いた距《きょ》離《り》は，$60\times3\frac{20}{60}=200$(m)だから，家をＡ，学校をＢ，駅をＣ，由美さんをＰ，おじいさんをＱとすると，２人が歩き始めてから３分20秒後のようすは右の図１のようになる。図１で，三角形CBPと三角形CBQの面積が等しいので，PQとBCは平行になる。よって，AP：PB＝AQ：QC＝(300－200)：200＝１：２だから，$AQ=400\times\frac{1}{1+2}=\frac{400}{3}$(m)とわかる。つまり，おじいさんが３分20秒で歩いた距離が$\frac{400}{3}$mなので，おじいさんの速さは分速，$\frac{400}{3}\div3\frac{20}{60}=40$(m)と求められる。

図１

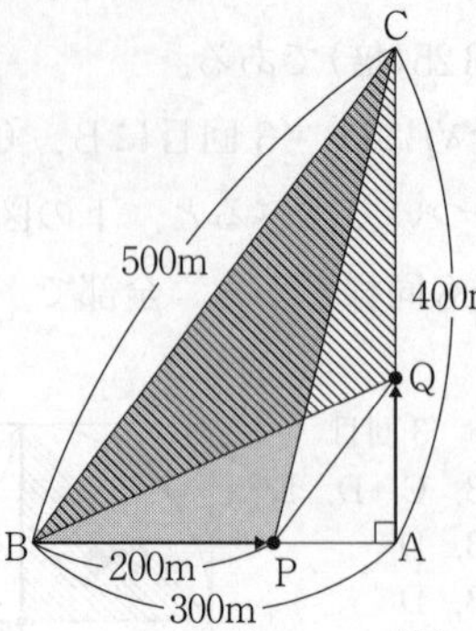

図２

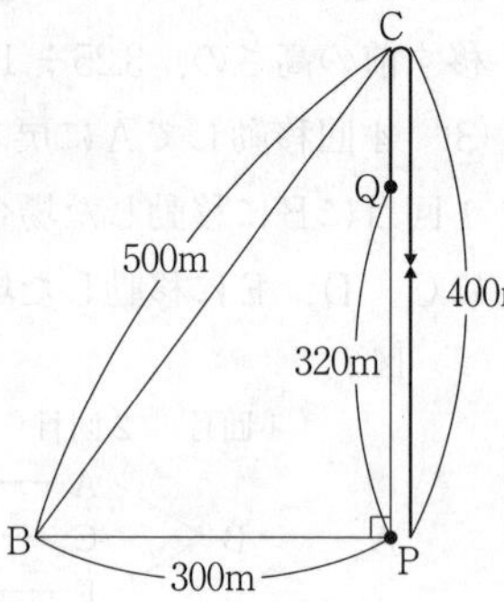

(2)　由美さんが家に着いたのは学校を出てから，300÷60＝５(分後)だから，由美さんが家を出たのは学校を出てから，５＋３＝８(分後)である。その間におじいさんは，40×８＝320(m)歩いているので，由美さんが家を出てから２人が出会うまでのようすは，上の図２のようになる。図２で，２人が歩いた距離の和は，400×２－320＝480(m)だから，２人が出会ったのは由美さんが家を出てから，480÷(60＋40)＝4.8(分後)とわかる。これは，おじいさんが家を出てから，８＋4.8＝12.8(分後)であり，60×0.8＝48(秒)より，12分48秒後となる。

社　会　＜Ａ方式第２回試験＞（30分）＜満点：50点＞

解　答

1　**問１**　ウ　**問２**　エ　**問３**　エ　**問４**　エ　**問５**　バテレン追放令　**問６**　ウ　**問７**　エ　**問８**　ア　**問９**　イ　**問10**　D　**2**　**問１**　A　サ　B　キ　**問２**　(1)　淀川(瀬田川，宇治川)　(2)　チ　**問３**　イ，エ　**3**　**問１**　(1)　持続可能な開発目標　(2)　イ　**問２**　(1)　エ　(2)　ウ　(3)　(例)　川から離れるべきだから。　**4**　**問１**　ア　**問２**　(例)　国会議員の中から国会議員の投票で選ばれる。　**問３**　ア　**問４**　(1)　**あ**　戦争　**い**　交戦　(2)　エ　**問５**　エ

解　説

1　日本の宗教の歴史についての問題

問１　仏教が日本に正式に伝えられたのは，538年(552年の説もある)とされている。このとき，仏教を排斥《はいせき》しようとする物部《もののべ》氏と，仏教を受け入れようとする蘇我《そが》氏が対立し，蘇我馬子が物部守《もり》屋《や》を倒《たお》して物部氏を滅《ほろ》ぼした。なお，藤原氏は中大兄《なかのおおえの》皇子に協力して蘇我氏を滅ぼした中臣鎌足《なかとみのかまたり》

に始まる一族である。

問２　日蓮《にちれん》は法華《ほっけ》(日蓮)宗の開祖で，他宗派を激しく攻撃《こうげき》し，法華経を信仰《しんこう》しなければ他国の侵《しん》略《りゃく》を受けると『立正安国論』の中で訴《うった》えたため，鎌倉幕府によって伊豆(静岡県)や佐渡(新潟県)に流された。よって，エが正しい。アについて，鎌倉時代に生まれた新しい仏教の教えはわかりやすいものだったため，一般庶民《しょみん》や武士の間に広まった。イについて，諸国を巡《めぐ》り歩いて踊《おどり》念仏を広めたのは時宗を開いた一遍で，法然《ほうねん》が開いたのは浄土《じょうど》宗，臨済宗を開いたのは栄西である。ウについて，法然の弟子であった親鸞《しんらん》が開いたのは浄土真宗で，座禅《ざぜん》によって悟《さと》りを開く禅宗ではない。栄西の弟子に学び，南宋(中国)に渡って日本で曹洞《そうとう》宗を開いたのは，道元である。

問３　滋賀県にある比叡《ひえい》山延暦《えんりゃく》寺は，平安時代の初めに最澄が創建した天台宗の総本山である。仏教教学の中心となり，奈良興福《こうふく》寺の南都とともに北嶺《ほくれい》と並び称された。平安時代後期になると僧《そう》侶《りょ》が武装して僧兵となり，実力で要求を通そうと強訴《ごうそ》することもあったので，エが正しい。なお，アとウについて，空海は紀伊国(和歌山県)の高野山に金剛峰寺《こんごうぶじ》を創建し，真言宗を開いた。イについて，仏教の力で国を治めようと考えた聖武天皇は，国ごとに国分寺・国分尼寺《にじ》を建てさせ，都の平城京には大仏をつくらせた。

問４　1488年に加賀国(石川県南部)で一向宗(浄土真宗)の門徒らが守護大名の富樫《とがし》氏を攻《せ》め滅ぼし，約100年間の自治を行った。この一向宗による一揆《いっき》(加賀の一向一揆)は，一向宗の総本山である石山本願寺と織田信長が講和した1580年まで続いた。なお，アの山城の国一揆は1485～1493年，イの嘉吉《かきつ》の徳政一揆は1441年，ウの応仁の乱は1467～1477年，オの南北朝の動乱は1336～1392年，カの正長の徳政一揆は1428年に起こった。

問５　豊臣秀吉はキリスト教を邪教《じゃきょう》とみなし，1587年にバテレン追放令を発した。バテレンとは，キリスト教の宣教師のことである。

問６　江戸幕府はキリスト教の信者を探し出すため，キリスト像や聖母マリア像を踏《ふ》ませる「踏絵(絵踏み)」を行った。ウが，踏絵のようすを描《えが》いたものである。なお，アは江戸時代終わりころのマニュファクチュア(工場制手工業)，イは寺子屋のようすを表した絵。エは一遍の生涯《しょうがい》が描かれた絵巻(「一遍上人《しょうにん》絵伝」)の一部である。

問７　明治政府は新しい政治の方針として五箇条《ごかじょう》の御誓文《ごせいもん》を1868年に出したが，同時に庶民に対して五榜《ごぼう》の掲示《けいじ》を示し，この中でキリスト教の信仰を禁じた。しかし，欧米諸国の反発により，1873年にこの項目《こうもく》は取り消された。

問８，問９　キリスト教を信仰した宗教家の内村鑑三《かんぞう》は，キリスト教の立場から非戦論を唱え，日露戦争(1904～05年)に反対した。なお，イの田中正造は足尾銅山鉱毒事件の解決のために一生を捧《ささ》げた政治家，ウの幸徳秋水は社会主義(共産主義)の立場から日露戦争に反対した思想家，エの尾崎行雄は「憲政の神様」と称された政治家で，普通選挙運動を指導した人物である。

問10　島原の乱(島原・天草一揆)は，1637年に島原(長崎県)と天草(熊本県)のキリスト教徒の農民らが中心となり，厳しい年貢の取り立てとキリスト教の弾圧《だんあつ》に対して起こした一揆である。したがって，Ｄにあてはまる。

２　都道府県の特色についての問題

問１　**Ａ**　長野県は果樹栽培がさかんで，りんごの収穫《しゅうかく》量は青森県について全国で２番目に多い。また，長野県の情報通信機器の生産額は全国一である。語群の中で長野県に属するのは長野市と松本市だが，長野県の県庁所在地は長野市である。統計資料は『データでみる県勢』2022年版による(以下同じ)。　**B**　静岡県はみかんの栽培がさかんで，その収穫量は和歌山県・愛媛県についで全国第３位になっている。また，輸送用機械の生産額は愛知県についで全国第２位，パルプ・紙・紙加工品の生産額は全国第１位である。したがって，静岡県の県庁所在地であるキの静岡市があてはまる。なお，浜松市は静岡県を代表する工業都市で，人口は静岡市よりも多いが，県庁所在地ではない。

問２　(1)　滋賀県の琵琶湖には複数の川が流れこんでいるが，琵琶湖から流れ出る川は瀬田川だけである。瀬田川はおおむね南西の方角へ流れ，京都府では宇治川とよばれる。京都府と大阪府の境付近で淀川と名を変え，大阪平野を形成して大阪湾に注ぐ。　(2)　大阪府の府庁所在地は，大阪平野に位置する大阪市である。

問３　日本の世界自然遺産登録地は，鹿児島県の「屋久島」・青森県と秋田県の県境に位置する「白神山地」・北海道の「知床」・東京都の「小笠原諸島」の４件であったが，2021年に鹿児島県と沖縄県にまたがる島々が新たに「奄美《あまみ》大島，徳之島《とくのしま》，沖縄島北部及び西表《いりおもて》島」として登録されたので，５件になった。したがって，鹿児島県の県庁所在地である鹿児島市と沖縄県の県庁所在地である那覇市が選べる。なお，2021年には「北海道・北東北の縄文遺跡群」も世界文化遺産に登録されたため，日本の世界遺産登録地は自然遺産と文化遺産を合わせて25件となった。

3　SDGsとハザードマップについての問題

問１　(1)　2015年に国際連合の総会で採択《さいたく》されたSDGsは「持続可能な開発目標」の略称で，2030年までの実現を目指す17の目標から構成されている。　(2)　イは，６番目の目標である「安全な水とトイレを世界中に」にあたり，すべての人に水と衛生へのアクセスと持続可能な管理を確保することを目指すものである。しかし，水産資源を守るのは14番目の「海の豊かさを守ろう」にあたるので，組み合わせとして正しくない。なお，アは10番目の「人や国の不平等をなくそう」，ウは７番目の「エネルギーをみんなにそしてクリーンに」，エは５番目の「ジェンダー平等を実現しよう」にあたる。

問２　(1)　消防署(Y)は浸水《しんすい》する危険性がある場所から離《はな》れているので，エが正しい。市役所(◎)・裁判所(♤)・税務署(◇)はどれも浸水の危険がある場所に位置するので，避難所《ひなんじょ》には適さない。ウについて，液状化現象は大雨のときではなく，地震のときに起こる現象である。また，交番周辺で液状化現象が起こりやすいかどうかは，この地図からは判断できない。　(2)　河川の流域面積とは，ある河川において雨や雪などの降水が集まる範囲《はんい》の総面積をいう。よって，ウが正しい。

(3)　花子さんの家は避難所Ｂに近いが，川の南岸に位置するため，川の北岸にある避難所Ｂへ行くには川を渡る必要がある。したがって，洪水が発生しているときに花子さんの家から避難所Ｂに向かうのは危険である。一方，避難所Ａは避難所Ｂよりも花子さんの家から遠いが，避難時に川から離れることになるので，安全といえる。

4　日本の政治と経済についての問題

問１，問２　選挙権は満18歳以上の日本国民に与えられるので，八王子市に住む18歳の太郎君は，国会議員や地方公共団体の首長(都道府県知事や市区町村長)・地方議会議員の選挙で投票できる。しかし，内閣総理大臣は国会議員の中から国会の指名によって選ばれるので，選挙権のある太郎君でも内閣総理大臣を直接選ぶことはできない。なお，国会議員になるためには参議院または衆議院の被選挙権(立候補する権利)が必要で，それぞれの資格年齢は満30歳以上と満25歳以上である。

問３　国から地方公共団体(地方自治体)に支給される補助金には，地方交付税交付金と国庫支出金がある。国庫支出金とは，地方公共団体が行う特定の行政に対して，それに要する経費の全部または一部を国が負担するものなので，使い道が定められている。よって，アが正しい。なお，イは地方交付税交付金，ウは地方債《さい》，エは住民税について説明している。

問４　(1)　日本国憲法は，国民主権・基本的人権の尊重・平和主義を三大原則として成り立っており，平和主義については前文と第９条に明記されている。第９条１項には，「国権の発動たる戦争と，武力による威嚇《いかく》又《また》は武力の行使は，～永久にこれを放棄《ほうき》する」とある。また，２項では「陸海空軍その他の戦力は，これを保持しない。国の交戦権は，これを認めない」と定めている。　(2)　日本と同盟関係にある国が他国から攻撃を受けた場合，日本が直接攻撃を受けていなくても同盟国と協同で防衛を行うことが認められている。これを集団的自衛権というが，自衛隊を戦場に派遣することは認められておらず，自衛隊が直接現地で戦うことはない。よって，エが正しくない。

問５　八王子市の人口は50万人を超《こ》えており，東京23区を除くと東京都の中で最も人口が多いが，政令指定都市にはなっていない。よって，エが正しくない。なお，政令指定都市は2022年２月現在，全国に20都市(札幌市・仙台市・千葉市・さいたま市・横浜市・川崎市・相模原《さがみはら》市・新潟市・静岡市・浜松市・名古屋市・京都市・大阪市・堺市・神戸市・岡山市・広島市・福岡市・北九州市・熊本市)ある。

理　科　＜Ａ方式第２回試験＞（30分）＜満点：50点＞

解　答

[1] ①　エ　②　イ　③　カ　④　ウ　⑤　オ　⑥　ア　[2] (1)　ウ　(2)　イ　(3)　エ　[3] (1)　イ　(2)　イ　(3)　イ，ウ，キ　[4] (1)　**位置**…オ　**見え方**…コ　(2)　ウ　(3)　解説の図を参照のこと。　(4)　ウ　(5)　イ　(6)　ア，ウ　[5] (1)　集気びん　(2)　(例)　酸素が減ったから。　(3)　$\frac{7}{8}$倍　(4)　3.5倍　(5)　1.01倍　[6] (1)　B→A　(2)　**a**　ア　**b**　イ　**c**　ア　**d**　イ　(3)　ショート(短絡)　[7] (1)　エ　(2)　24cm，イ　(3)　イ　(4)　**PL間**…20cm　**LO間**…30cm

解　説

[1] ほにゅう類の特ちょうについての問題

①　ゾウは陸上における最大の動物で，体重は数トンもある。この体重を支えるために足のウラが脂肪《しぼう》につつまれている。

②　オランウータンはインドネシアやマレーシアなどの熱帯の森林に生息していて，樹の上で生活していることが多い。このため，樹の枝をつかむための握力《あくりょく》が強い。

③　コアラはオーストラリア大陸だけに生息していて，おもに，毒のあるユーカリの葉を食べている。近年その数が減っているため，保護に向けた活動がなされている。

④　キリンは大型の草食動物で，高い木の葉を食べている。このため，決まった位置で多くの葉が食べられるように，長い舌を持っている。

⑤　ゴリラはアフリカ大陸だけに生息していて，歩くとき，前あしの指の関節を地面につけて４足歩行をする。これをナックルウォーク(ウォーキング)という。また，コミュニケーションの手段のひとつとして，両手で胸をたたくこともある。これをドラミングという。

⑥　カバはおもにアフリカ大陸に生息している大型の草食動物で，昼は水の中で生活し，夜は陸上で草を食べていることが多い。

2　種子の発芽についての問題

⑴　根の先端《せんたん》より少しつけ根に近い部分に成長点というつくりがあり，ここでさかんに細胞分裂《さいぼうぶんれつ》を行って，細胞の数を増やしている。細胞分裂によって増えた１つ１つの細胞が成長することで根が伸《の》びていく。したがって，ウの部分がもっとも伸びる。

⑵　種子が発芽するには，発芽に適した温度，水，空気の３つの条件が満たされる必要がある。種子を水に沈《しず》めた場合，インゲンマメは空気が不足するため発芽しないが，イネは水にとけている少ない空気でも発芽することができる。

⑶　インゲンマメの種子を水を含《ふく》んだ脱脂綿の上に置くと，はじめは脱脂綿に含まれた水分を吸って重くなっていく。その後，発芽のためにＡの部分(子葉)の中にたくわえられていた養分が使われていくため，軽くなっていく。

3　微生物《びせいぶつ》のはたらきについての問題

⑴　ミミズは，土の中のくさった落ち葉などの有機物を食べている。このため，生ごみをたい肥にするとき，微生物の代わりに利用されている。

⑵　汚水《おすい》には有機物が含まれている。微生物は酸素を取り入れて汚水中の有機物を分解しているので，多くの空気(酸素)が必要となる。

⑶　みそとしょうゆはダイズからおもに酵母菌《こうぼきん》や麹《こうじ》菌，ヨーグルトは牛乳から乳酸菌のはたらきによってつくられる。

4　月の見え方についての問題

⑴　三日月は，新月(太陽―月―地球がこの順で一直線に並んだときの位置の月)から上弦《じょうげん》の月(エの位置のときに見える月)に移る間に見られる。したがって，月がオの位置にあるときに見える。また，三日月は月の右(西)側が細く光って見え，西の空近くでは，光っている部分が右下になる。

⑵　月をよく観察すると，太陽の光が当たって明るく光っている部分以外にも地球に反射した太陽光が当たるため，かすかに光って見える。

⑶　図のエのａの月の位置から地球を見ると，地球の左半分を太陽が照らしているので，右の図のように見える。

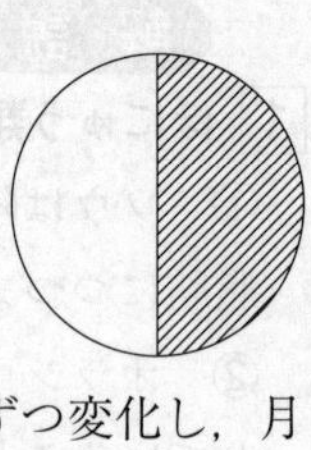

⑷　直径は地球の方が月より大きいため，月から地球を観察すると，地球から月を見たときよりも大きく見える。

⑸　月の公転軌道《きどう》は円形ではなく楕《だ》円形である。このため，地球と月の距離《きょり》が少しずつ変化し，月が地球に最も近づいたときに満月か新月になると，月が大きく見える(ただし，新月は見ることができない)。このときの月をスーパームーンという。

⑹　月食は，太陽―地球―月がこの順で一直線に並んだときに，地球の影《かげ》に月が入って，月の一部や全体が欠けて見える現象である。月全体が地球の影に入ったときを皆既《かいき》月食という。月食は満月のときだけに起こることがある。

5 ものの燃え方についての問題

(1)　ものを燃やすときや，気体を集めるときに使う図のガラス器具を集気びんという。

(2)　ものが燃えるためには酸素が必要で，ロウソクが燃えるときに酸素が使われる。このため，集気びんの中のロウソクが燃え続けるために必要な酸素が不足するので，ロウソクの火が消える。

(3)　1.0Lの重さの比は，窒素《ちっそ》：酸素＝７：８だから，窒素の重さは酸素の重さの，$7 \div 8 = \frac{7}{8}$(倍)である。

(4)　空気の体積は80％が窒素で20％が酸素なので，1.0Lの空気に含まれる窒素の重さの割合は，$7 \times \frac{80}{100} = 5.6$，酸素の重さの割合は，$8 \times \frac{20}{100} = 1.6$と表すことができる。よって，窒素の重さは酸素の重さの，5.6÷1.6＝3.5(倍)になる。

(5)　はじめにガラス器具に入っていた空気の重さの割合は，5.6＋1.6＝7.2と表すことができる。窒素はものが燃えることに関係しないから，実験の前後で重さは変わらない。これより，実験後のガラス器具中の気体の重さは，$5.6 + 8 \times \frac{17}{100} + 11 \times \frac{3}{100} = 7.29$と表すことができる。したがって，火が消えた後のガラス器具の中の気体の重さは，はじめにガラス器具の中に入っていた空気の重さの，7.29÷7.2＝1.0125より，1.01倍と求められる。

6 電流がつくる磁界についての問題

(1)　導線に電流を流すと，導線のまわりに，電流が流れる方向に対して時計回りの磁界ができ，方位磁針のＮ極は磁界の向きにふれる。導線の真上に置いたｂの方位磁針のＮ極が東にふれたことから，電流はＢ→Ａの向きに流れているとわかる。

(2)　電流を流したときに，ａとｃに置いた方位磁針には，地球の磁界の向き(北向き)と同じ向きの力がはたらくため，どちらも北を指したまま動かない。また，ｂとｄに置いた方位磁針には東向きの力がはたらき，地球の磁界の向きとあわせると，どちらも北東を指して静止する。

(3)　電源の＋極と－極が直接つながるようなつなぎ方をショート(短絡《たんらく》)といい，導線に大きな電流が流れるため，発熱や発火などの危険が生じる。

7 凸《とつ》レンズの像についての問題

(1)　この凸レンズの焦点《しょうてん》距離は12cmなので，焦点距離の２倍の長さは，12×２＝24(cm)となる。焦点距離の２倍の位置(図１のＰ)から出た電球の光は，凸レンズを通過後，反対側の焦点距離の２倍の位置に集まる。したがって，スクリーンを右に動かしたとき，LO間の距離が24cmまでの間はａの部分がだんだん小さくなり，24cmのとき最小になる。スクリーンをさらに右に動かしていくと，光は広がるように進むため，ａの部分はだんだん大きくなっていく。

(2)　スクリーン上に矢印の形が発光体と同じ大きさで映ったのだから，(1)より，LO間の距離は24cmとなる。また，凸レンズでスクリーンに映すことのできる像は，上下左右が逆さまになる。

(3)　レンズの上半分を黒い紙でおおっても，レンズの下半分を通る光によって矢印全体の像がつくられる。像の形は変わらないが，レンズを通る光の量が減るため，像は暗くなる。

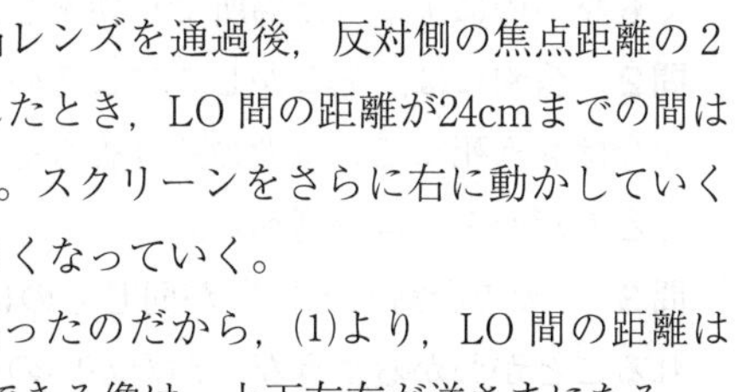

(4)　発光体から出て，凸レンズのじく(凸レンズの中心を通り，凸レンズに垂直な直線)に平行な光線は，凸レンズを通過後，焦点を通る。また，凸レンズの中心を通る光線はそのまま直進する。すると，この２つの光線の交点の位置に像ができる。発光体を矢印(↑)

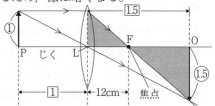

としてこのときできる像を作図すると，上の図のようになる。ここで，(PL 間の距離)：(LO 間の距離)＝1：1.5のときにスクリーン上に映る矢印の長さが発光体の長さの1.5倍になる。このとき，影をつけた2つの三角形は相似になり，LF：OF＝1：1.5＝2：3になる。したがって，LO 間の距離は，$12\times\frac{2+3}{2}=30$(cm)になり，PL 間の距離は，$30\times\frac{2}{3}=20$(cm)と求められる。

国　語　＜A方式第2回試験＞（50分）＜満点：100点＞

解　答

一　**問1**　自分のなわ　**問2**　エ　**問3**　においや気　**問4**　したくもな　**問5**　まるでこの　**問6**　犬を恐れている(様子)　**問7**　**ア**　作り物　**イ**　工場のライ　**問8**　ウ　**問9**　エ　**問10**　ア　**問11**　①，⑨，⑪　下記を参照のこと。　②　ほちょう　⑦　しょうき　二　**問1**　ア　**問2**　言葉できち　**問3**　客観的に自　**問4**　**ア**　繊細な気持ちのやりとり　**イ**　窮屈な社会　**問5**　イ　**問6**　ふつうに健　**問7**　平均への暗黙の強要　**問8**　ローカルな　**問9**　エ　**問10**　ウ　**問11**　④，⑦，⑧，⑩　下記を参照のこと。　⑬　ざった

●漢字の書き取り

一　**問11**　①　賃　⑨　幕　⑪　軽装　二　**問11**　④　修正　⑦　内輪　⑧　誤解　⑩　延(びて)

解　説

一　**出典はいしいしんじの『マリアさま』所収の「犬のたましい」による。**婆《ばあ》さんに飼われていた犬の「私」の視点から見た自然の犬とのちがいや，犬らしさを失った犬の不気味さなどをえがいている。

問1　次の段落に，「決定的に問題」であることとして，「自分のなわばりを他の犬と共有」しなければならないことがあげられている。これは，自然の犬なら本来しないことであり，「私」もしたくもないのに決まった場所で小便をしてしまうことが，さらに次の段落に書かれている。

問2　公園には，そこかしこによその犬のさまざまなにおいが染《し》みついていて，公園に通っていたが今はもう死んでいる犬の残り香もそこにはふくまれ，肉体を失ってもなお彼らの意思が伝わってくるのだから，エが選べる。

問3　「犬の会話」と性質が同じものは「自然の犬同士によるかみ合い」で，かまれる前からかまれることがわかるような，おたがいの意思が理解し合えるものにあたる。よって，それは，二段落目に書かれていた，飼い犬と公園以外で会い，普通《ふつう》に話をするときの「においや気配で，全部わかってしまう」ような性質といえる。

問4　「われわれの，公園でのかみ合い」では，かみついた途端《とたん》に自分は犬でないような気になり，ひたすらかみ合うのだから，幽霊《ゆうれい》の声に誘《さそ》われるかのように自分の意思を見失うのだとわかる。よって，亡霊や死者の声がささやきかけ，小便のように「したくもないのにしてしまう」ところが「通常のかみ合い」と異なるところと考えられる。

問5　次の大段落の「夕刻，理髪店の」で始まる段落とその次の段落に，新しいマンションで飼わ

れている新参の犬たちの様子について書かれている。その犬たちは，小便がまったく無臭《むしゅう》で生き物らしいにおいがない。そして，その「黒い目玉」は，「まるでこの世にあいた無数の穴みたいでした」と，たとえを用いて表現されている。

問６　「おずおずと」は，おそれ，ためらいながら行動する様子。ぼう線⑧の直後の段落に，理髪《りはつ》店《てん》の店主について，「犬を恐《おそ》れている」と書かれている。

問７　**ア**　飼い主に十分な世話を受け，自然の存在から離《はな》れてしまった犬とは，マンションで飼われている犬を指す。理髪店の自転車で公園へ向かった場面で，「清潔《せいけつ》で，無表情に」飼い主の顔をながめる様子が「作り物」にたとえられている。　**イ**　ぼう線⑫と同じ段落で，清潔な犬たちすべてが公園を左周回に「整然とした足取り」で進む様子が，「工場のラインに乗っているような正確さ」だとして機械にたとえられている。

問８　清潔で生き物らしいにおいもせず，まるで機械のような犬たちの行進を見た「私」は，生身の犬である自分からかけ離れた姿にぞっとして気分が悪くなり，滝《たき》のような小便をぶちまけることで自分の生を確かめていると思われるので，ウがあてはまる。

問９　なつかしい婆さんの墓でまどろみかけた「私」がトビにおそわれ応戦し，飛び去るトビに吠《ほ》える場面なので，「婆さんに自分の存在を伝えようとする」というア，人間に見放された「怒《いか》り」とあるウは合わない。死ぬ覚悟《かくご》をしていると読めるイも誤り。「私」は，「飼い犬ではなくなった」以上，犬として戦って生きていくしかないのだから，エが選べる。

問10　小便のにおいの違《ちが》いや，公園での散歩のルールなど，犬の世界独特の話がえがかれているので，アが正しい。いきなり飼い犬でなくなってとまどったことなど，自分自身についても語っていること，婆さんの視点からは語られていないこと，時系列に沿って語られていることから，イ，ウ，エは正しくない。

問11　①　「電車賃」は電車に乗るときの代金。　⑨　式典などで張りめぐらされている飾《かざ》り用の布。　⑪　身軽であっさりした服装。　②　歩くときの足を運ぶ調子。　⑦　気が確かな様子。

［二］ **出典は山口真美《やまぐちまさみ》の『こころと身体の心理学』による。**多様化の進む社会では，さまざまな異文化を体験して広い視野を持ち，個性を認め合うことが大切だと述べられている。

問１　ぼう線①は，言葉をかわさなくても視線を読み取ることで可能になる繊細《せんさい》な気持ちのやりとりのこと。イは優先席に座りたい老人の気持ち，ウは実は唐揚《からあ》げを食べたい「僕」の気持ち，エは静かにしてほしい兄の気持ちを読み取っているが，アの先生は生徒の気持ちを読めていない。

問２　八つ後の「人の心を感じ取る」で始まる段落で，人の心を感じ取る繊細さも大切だが，それだけでは世代や環境《かんきょう》が違えば通用せず，誤解を生むこともあるとして，「言葉できちんと語りあい，伝えること」が大切だと筆者は述べている。

問３　三つ後の「そうして得た」で始まる段落に，広い目で自分や周囲を見なおすことで，「客観的に自分や周囲をみることができる」と筆者は述べている。

問４　**ア**　最初から三つ目の段落に，日本人は「繊細な気持ちのやりとり」ができ，それは相手の気持ちをおもんぱかる行動や「おもてなし」の精神など，他者への思いやりにつながると書かれている。　**イ**　五つ目の段落に，日本人は感度が高すぎるために互《たが》いに互いを縛《しば》りあってしまうことがあると書かれており，その次の段落では，そんな日本を「窮屈《きゅうくつ》な社会」と呼んでいる。

問５　最初から二つ目，三つ目の段落に，テレパシーで通じあっているような気持ちのやりとりができることは，相手の気持ちを考える力につながると書かれている。一方，ぼう線⑥の次の段落では，テレパシーは動物のコミュニケーションに近く，必ずしも優《すぐ》れてはいないと述べられるので，イが合う。

問６　続く部分に注目する。医療技術《いりょうぎじゅつ》が進歩して，健康と病の中間層の人や発達障害の子どもたち，高齢者《こうれいしゃ》の数が増加し，「ふつう」のわくに収まらない人が多くなった。これは，筆者も退院時に怖《こわ》いと感じた，「ふつうに健康が前提の世の中」になじめない人が増えたことを意味するのである。

問７　前問でみたように，退院時に，筆者は「ふつうに健康が前提の世の中」になっていることに気づき，今まで自分が「平均の基準で暮らしてきた」とわかったということが，直前の段落に書かれている。健康ではない，つまり「平均」ではないことで特別視されると，不安と苦痛を感じるというのがぼう線⑪の心境である。文章の話題が「平均」についてになったのは，ぼう線⑧の次の段落からだが，その段落で，世界には「平均をよしとする圧力」があり，「平均への暗黙《あんもく》の強要」が日本社会では強いという，不安と苦痛を感じる背景が説明されている。

問８　ぼう線⑫は，視野を広げず，内輪《うちわ》のせまい世界に閉じこもることを表す。本文の前半，ぼう線⑥の部分でクラスメート同士のコミュニケーションをテレパシーにたとえ，極めて内輪のもので違う環境では通じないとし，その二つ後の段落で「ローカルな法則でのつながりにすがる」ことを危険だとしていることに注意する。

問９　東アジアに見られる雑多な街並みもあれば，欧米《おうべい》では整然とした街並みが見られるといったように，世界には多様性がある一方，欧米の国でも田舎《いなか》にも日本風のラーメン店があるなど，「多様な文化を持つはずの地域」が，「似たりよったりの国へと変貌《へんぼう》をとげるところがある」のだから，エが選べる。渋谷《しぶや》で観光客が写真を撮《と》るのは交差点を多くの人々がぶつからずに行《い》き交《か》う風景で，映像や看板ではないこと，欧米にも田舎に限らずチェーン店はあり，景観の一体感を重んじた場所ばかりではないこと，マクドナルドはチェーン店の例であり，多様な店の例ではないことから，ア，イ，ウは合わない。

問10　ぼう線⑧をふくむ段落の次の段落に，心の余裕《よゆう》がなくなると，平均への暗黙の強要がさらに加速するとある。逆に，心の余裕が持てれば，その三つ後の「つまりその平均から」で始まる段落にあるように，平均から逸脱《いつだつ》した部分を個性や魅力《みりょく》と感じられるようになるはずである。したがって，ウが選べる。

問11　④　まちがっていたり，良くなかったりするところを正しく直すこと。　⑦　家族や仲間などの内部の人たち。　⑧　思いちがいをすること。　⑩　音読みは「エン」で，「延長」などの熟語がある。　⑬　いろいろ入り混じっている様子。

2022年度　明治大学付属中野八王子中学校

〔電　話〕　(042)691－０３２１
〔所在地〕　〒192－0001　東京都八王子市戸吹町1100
〔交　通〕　JR中央線―「八王子駅」よりスクールバス
JR五日市線―「秋川駅」よりスクールバス

【４科総合型】〈Ｂ方式試験〉（60分）〈満点：120点〉

〈編集部注：実際の試験問題では，写真・グラフおよび図の一部はカラー印刷です。〉

日本の建造物、またはそれに関する文化や自然について〔第１部〕～〔第３部〕の問題に答えなさい。

〔第１部〕

高い石垣《いしがき》に立派な天守閣は、日本の城の典型ともいえるものですが、多くは戦後に復元されたもので、現在も歴史的建造物を保存するために、そのような取り組みが進んでいます。

復元に関する以下の【資料１】～【資料３】を読んで、後の問題に答えなさい。

【資料１】

Ⅰ．復元

１．定義

「歴史的建造物の復元」とは、今は失われて原位置に存在しないが、史跡《しせき》等の保存活用計画又《また》は整備基本計画において当該《とうがい》史跡等の本質的価値を構成する要素として特定された歴史時代の建築物その他の工作物の遺跡（主として遺構。以下「遺跡」という。）に基《もと》づき、当時の規模（桁行《けたゆき》・梁行《はりゆき》等）・構造（基礎《きそ》・屋根等）・形式（壁《かべ》・窓等）等により、遺跡の直上に当該建築物その他の工作物を再現する行為《こうい》をいう。

２．基準

歴史的建造物の復元が適当であるか否《いな》かは、具体的な復元の計画・設計の内容が次の各項目《こうもく》に合致《がっち》するか否かにより、総合的に判断することとする。　※（１）基本的事項、（３）配慮《はいりょ》事項は省略

（２）　技術的事項

ア．当該史跡等の本質的価値を構成する要素として特定された歴史時代における史資料の作成・残存状況《じょうきょう》等も踏《ふ》まえ、（中略）復元する歴史的建造物が遺跡の位置・規模・構造・形式等について十分な根拠《こんきょ》をもち、復元後の歴史的建造物が規模・構造・形式等において高い蓋然《がいぜん》性をもつこと。

イ．原則として、復元に用いる材料・工法は同時代のものを踏襲《とうしゅう》し、かつ当該史跡等の所在する地方の特性等を反映していること。

Ⅱ．復元的整備

１．定義

今は失われて原位置に存在しないが、史跡等の保存活用計画又は整備基本計画において当該史跡等の本質的価値を構成する要素として特定された歴史時代の建築物その他の工作物を遺跡の直上に次のいずれかにより再現する行為を「歴史的建造物の復元的整備」という。

ア．史跡等の本質的価値の理解促進《そくしん》など、史跡等の利活用の観点等から、規模、材料、内部・外部の意匠《いしょう》・構造等の一部を変更《へんこう》して再現することで、史跡等全体の保存及《およ》び活用を推進する行為。

イ．往時の歴史的建造物の規模、材料、内部・外部の意匠・構造等の一部について、学術的な調査を尽《つ》くしても史資料が十分に揃《そろ》わない場合に、それらを多角的に検証して再現することで、史跡等全体の保存及び活用を推進する行為。

（文化審議《しんぎ》会文化財分科会 2020 年４月「史跡等における歴史的建造物の復元等に関する基準」による。一部表記・体裁《ていさい》を改めた）

【資料２】

「お城」というと、高く聳《そび》える総石垣や白壁の天守を想像する人が多いと思いますが、それは近世以降のイメージです。戦国時代の城（とくに東国）は土塁《どるい》と板壁の城が一般《いっぱん》的で、むろん天守などはありませんでした。ところが、戦後の高度経済成長期に地方自治体の首長が暴走して、地域のシンボルとして、戦国時代の城跡に近世風の白亜《はくあ》の天守（ふうの建物）を鉄筋コンクリートで安易に建ててしまうことが流行しました。（中略）

しかし、最近ではそうした反省に立って、むやみに建物を復元せずに遺構や礎石をわかりやすく整備して、城跡を歴史公園とする自治体も多く見られるようになりました。たとえば、青森県の根城跡や群馬県の金山城跡や静岡県の山中城跡・高根城跡などは、派手な復元建物などはほとんどありませんが、それだけに素朴《そぼく》な戦国時代の城の雰囲気《ふんいき》をよく伝えるかたちに整備がなされていて、なかなかオススメです。また、建物を復元する場合でも、しっかりとした史料や研究成果のうえに立って、できる限り当時の材料や工法に準じて建設をする事例も少しずつ増えてきています。（中略）

天守以外の建造物の復元も、近年、各地で積極的に進められています。佐賀県の佐賀城跡などは、江戸初期の本丸御殿《ごてん》の建物を木造で正確に復元していて、足を運べば、その壮大《そうだい》さに圧倒《あっとう》されますし、福井県の一乗谷朝倉氏遺跡では、城下町の町並みを広い範囲《はんい》で実物大で復元していて、観光客にも人気です。（中略）それぞれ堅実《けんじつ》な考証のもとに復元が進められています。ただ、「お城」というと「天守」、という固定観念は相変わらず根強いので、天守以外の建物の復元はまだまだ正当な評価をあたえられていないようです。　（須田努・清水克行『現代を生きる日本史』による。一部表記・体裁を改めた）

【資料３】

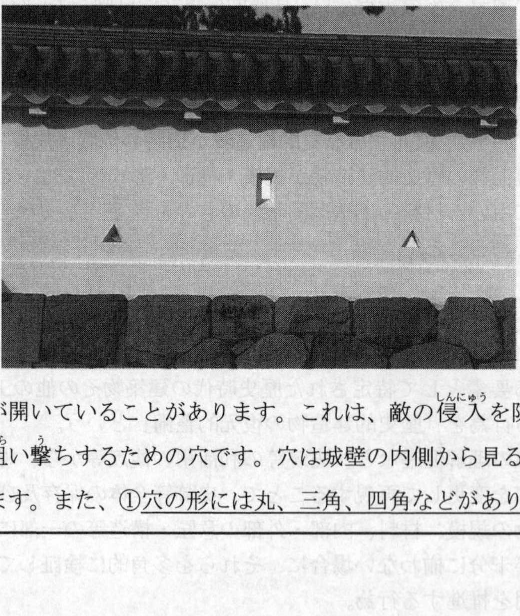

城壁にはこのような穴が開いていることがあります。これは、敵の侵入《しんにゅう》を防ぐために弓や鉄砲《てっぽう》をつきだして敵を壁の内側から狙《ねら》い撃《う》ちするための穴です。穴は城壁の内側から見ると大きく、城壁の外側から見ると小さくなっています。また、①穴の形には丸、三角、四角などがあります。

問１　「復元」と「復元的整備」には、どのような違《ちが》いがありますか。【資料１】をよく読み、解答欄に合うように、「復元」は15字以内で、「復元的整備」は30字以内でそれぞれ説明しなさい。

問２　歴史的建造物を保存していく際、「復元的整備」を積極的に進めることにはどのような問題点があると考えられますか。【資料２】を参考にして、説明しなさい。

問３　――①「穴の形には丸、三角、四角などがあります」とありますが、ある四角の穴について、どのような形になっているかを調べ、穴をふさぐような６つの面をもつ立体模型をつくりました。下の形や辺の割合をもとに、その立体模型の展開図をかきなさい。

[1]、[4]、[5]は辺の長さの比を表しています。解答欄の面(あ)を利用して、解答欄からはみ出さないようにかきなさい。

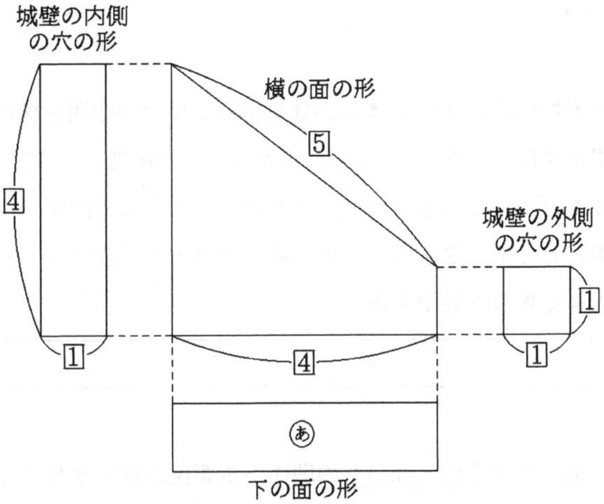

問４　問３でつくった立体模型の体積を求めなさい。ただし、[1]を２㎝として計算しなさい。

問５　城壁に下の図のような丸い穴があり、中心をＯとします。また、点Ａを中心として時計回りに120°回転させた位置に丸い穴がもう１つありました。その丸い穴の中心をＢとし、点Ｂがどの位置にあるか作図によって示しなさい。

ただし、作図に用いた線は消さずに残しておくこと。また、作図とは、コンパスと定規のみを用いて図をかくことです。

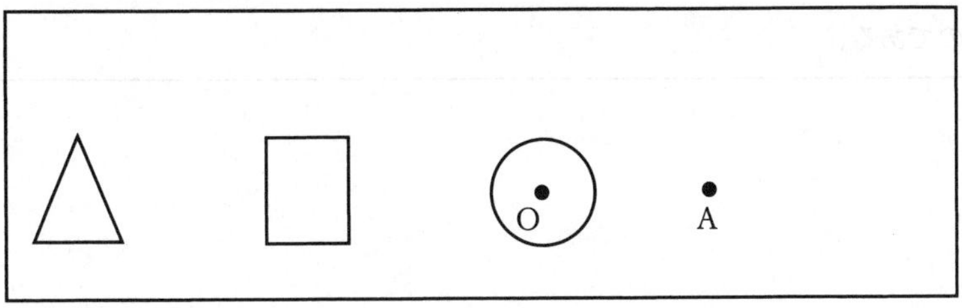

〔第2部〕

以下の文章は、いずれも建築や街づくりに関し、日本と西欧《せいおう》を比較《ひかく》して述べたものです。これを読んで後の問題に答えなさい。なお、文中の言葉の横の〔　〕の中はその単語の意味とします。

〈文章1〉

日本人は、「『ここ』から世界の全体を見るのであって、世界秩序《ちつじょ》の全体からその一部分＝日本＝『ここ』を見るのではない。その構造、すなわち部分が全体に先行する見方は、（中略）根本的に変わったようにはみえない」。文芸評論家加藤周一は、その著作『日本文化における時間と空間』の中でこのように述べている。

この「部分が全体に先行する」との見方を軸《じく》にして、日本と西欧の社会や文化を比べると、興味深いことがいろいろと見えるとともに、日本の特質が浮《う》かび上がってくる。②パリ地下鉄（メトロ）と東京地下鉄の比較が面白い。

（中略）

この「部分が全体に先行する見方」は、日本人が建築あるいは建築空間を構成する際の特徴《とくちょう》として、きわめて大きな役割を果たすはずである。即《すなわ》ち、日本（人）の建築は、「部分部分から造り上げて、全体を構成する」ということにつながる。いいかえれば、はじめに全体像ありきではなく、部分部分を最適に造り込み、結果としてトータルベストの全体を生み出そうということである。これは西欧文化における取組《とりく》み方と大きく異なる点である。

〈文章2〉

西洋の都市づくりで、絶えず③全体と部分との関係が重要視されてきたことはよく知られている。常に全体は部分を支配し、かりに部分が強調されるときは、全体に対する積極的な反乱という強い意図をもって行われてきた。これは都市においても建築においても同じであったといえよう。これに対し、日本の都市づくりの過程をみていると、全体と部分との関係においてこのような西洋的認識《にんしき》は極《きわ》めて稀薄《きはく》だったといえるのではないか。日本人は僅《わず》かな小空間の中にも自立した宇宙をみることによって、④部分は実は全体でもあるという認識を早くから強めてきたのではないか。つまり、一個の家に対応するのは、風土、気候を含《ふく》めた、大げさにいうならば全自然であって、例えば城下町、江戸のように、社会階層によってその敷地《しきち》割、建築の材料、構想のあり方が、一方に於《お》いて厳密に定められながら、他方こうした小宇宙を自在に造り出すという、精神の上でも極めてユニークな二重構造を発展させてきたのである。

〈文章3〉

住居の原型は、一室の家である。住む人にとってそれ以上の空間が必要になれば、同じ敷地内に、あるいは近隣《きんりん》に、もう一軒《けん》の一室家屋を建てる。第二の室を別棟《べっとう》としないで第一の室へ、廊下《ろうか》でつなぐか壁を接して作れば、一軒の家屋の「建増《たてま》し」である。建増しは原則としていつまでも続けることができる。それには時とともに変《かわ》る必要に対応できる利点があると同時に、かくして出来上った数室から成る建物の全体の形を初めから予想はできない欠点がある。他方、初めに長期間の必要を予想して、仕事を一室からではなく全体の大きさと形を決めることから始めることもできる。まず枠組《わくぐみ》を作り、その中の空間を分割《ぶんかつ》して必要な、あるいは将来必要になるだろう、と予測されるいくつかの室を作る。全体の調和を実現できるのはこの方式の利点であり、予測外の空間の必要がおこったときに対応が容易でないのは欠点である。要するに第一の建増し方式は、部分から出発して全体に到《いた》り、第二の、今から計画方式とよぶやり方は、全体から出発して部分に到る。

〈文章4〉

建増し主義からは伝統的空間意識の二つの特徴を予想することができる。すなわち「小さな空間」の嗜好《しこう》〔好み〕と、⑤左右（上下）相称性（シンメトリー）の忌避《きひ》〔避《さ》けること〕である。後者は「非相称性」の好みと言い換《か》えることもできる。建増し主義の背景には、全体から細部へではなく、細部から全体へ向《むか》う思考の傾きがある。その傾きは、当然、細部すなわち「小さな空間」に注意を集中する心理的傾向《けいこう》を生みだすだろう。「小さな空間」が独立すれば、たとえば楽茶碗《らくちゃわん》の「景色」が洗錬《せんれん》され、根付《ねつけ》の彫《ほ》りにおどろくべき工夫が凝《こ》らされるということになる。他方「シンメトリー」は対象の全体の設計に関わる。一本の軸、または一つの平面の両側に重ね合せることのできるような同じ大きさの同じ形を配するのが「シンメトリー」であり、建増しの結果として相称的な建物が成り立つことはない。日本文化の中の空間の特徴は、単に「シンメトリー」の不在ではなく、故意に、意識的に、ほとんど計画的に「シンメトリー」を避ける傾向である。たとえば桂離宮の建物の入口へ導く敷石の配置は、目的合理性のある一定幅の直線の左右相称性を避けて、不規則である。

それぞれの文章の出典は以下の通り。出題のために一部表記・体裁を改めたところがある。

文章1　　枝川裕一郎『日本建築の特質と心　創造性の根源を探《さぐ》る』

文章2　　槇文彦『見えがくれする都市』

文章3・4　　加藤周一『日本文化における時間と空間』

問6　――②「パリ地下鉄（メトロ）と東京地下鉄の比較」とありますが、パリ地下鉄は「西洋の都市づくり」を、東京地下鉄は「日本の都市づくり」を反映していると考えられます。

（1）パリ地下鉄を造るにあたり、実際に工事を始めるよりも前に行われたことは何だと考えられますか。「全体」という言葉を用いて15字以内で答えなさい。

（2）東京地下鉄の利点は何ができることだと考えられますか。15字以内で答えなさい。

問７　――③「全体と部分との関係」とありますが、西欧では「常に全体は部分を支配し」ていると考えられています。これとは対照的な日本の「全体と部分との関係」を説明した以下の文の空欄にあてはまる言葉を〈文章２〉から２字で抜き出して答えなさい。

全体に対し、部分が［　　　］している。

問８　――④「部分は実は全体でもあるという認識を早くから強めてきた」とありますが、そのことによって日本文化にはどのような利点が生まれたと考えられますか。これを説明した以下の文の空欄にあてはまる言葉を〈文章４〉から７字で抜き出して答えなさい。

細部に［　　　］ことで、一つひとつの部分が造り込まれる。

問９　――⑤「左右（上下）相称性（シンメトリー）の忌避」とありますが、建増し主義からこの特徴が予想されるのはなぜですか。これを説明した以下の文の空欄にあてはまる言葉をAは５字で抜き出し、Bは16字で探して最初の５字を抜き出して答えなさい。ただし、探す範囲は〈文章３〉および〈文章４〉とします。

シンメトリーな建物を建てるには［　A　］を考える段階で、そのような造りにすると決めなければならないが、建増し主義の日本の建築では［　B　］から。

〔第３部〕

校外学習で皇居周辺を散策した本校の生徒、明子さんと八郎さんの以下の会話を読んで、後の問題に答えなさい。

▲ハス　一般財団法人国民公園協会による

明子：「お城のお濠《ほり》にきれいな⑥ハスの花（右写真）が咲《さ》いているね。」

八郎：「お濠でハスを栽培《さいばい》しているのには理由があってね。その一つに、戦《いくさ》のときの非常食として利用できるようにハスを栽培していたともいわれているよ。」

明子：「へえ、そうなんだ！　見て楽しむだけではなくて、食べてもおいしいなんてお得だね！　ところで、ハスって食べられるんだね。」

八郎：「明子さんも食べたことがあるはずだよ。レンコンといって、蓮《はす》の根と書くんだよ。穴がいっぱい開いた野菜だよ。」

明子：「ああ、あれね！　サクサクしておいしいよね。ところで、どうしてレンコンなんだろう。私だったらニンジンやジャガイモ、それからカボチャやナスを育てるところなんだけど。」

八郎：「それぞれの野菜が育つ条件は違うよね。お濠の環境《かんきょう》に適していたのがレンコンだったんだ。その土地の条件に適した植物を育てることをなんていうか覚えている？」

明子：「もちろんよ。⑦適地適作でしょ。農業中心の日本だけど、この国には四季があって、気候も一様ではないからこそ、それぞれの土地に合わせた工夫が必要だって習ったわ。」

八郎：「その通り。さらにいうと、現在は⑧地球温暖化による気候変動で今まで通りのやり方ではうまくいかなくなった地域も出てきたんだ。だからこそ、今でも適地適作が農業のキーワードなんだね。」

問 10　――⑥「ハス」について、ハスの葉には水をはじく優《すぐ》れたしくみが備わっています（右写真）。葉の表面に水をはじくワックス状の成分が含まれていることに加え、構造上、ある特徴《とくちょう》をもっているため、葉の表面に広がらず水滴《すいてき》のまま泥《どろ》や汚《よご》れを絡《から》めて転がり落ちてしまいます。この葉の表面の特異的なしくみは、米粒《つぶ》のこびりつかないしゃもじやヨーグルトのフタなど、私たちの身近な生活にすでに取り入れられています。

▲ハスの葉の上で丸く光る水滴

（1）ハスの葉の表面が水をはじく構造上の特徴について 15 字以内で説明しなさい。

（2）水面に浮《う》かんだハスの葉に、このような水をはじく効果がなかった場合、生育上でどのような影響《えいきょう》があると考えられますか。解答欄に合うように答えなさい。

問 11　――⑦「適地適作」について、かつて城の周りの濠でレンコン栽培が行われていたことを知った明子さんは、その他の地域についても自然と産業の関係について調べました。そして、気になった地域の特徴を次のようにまとめました。

《　　　　県》

◇「晴れの国」といわれるほど穏《おだ》やかな気候に恵《めぐ》まれていて、日照時間が長く、年間約 2000 時間ある。

◇高品質の果物の生産地で、特にぶどうやももの栽培が盛んである。ピオーネの栽培面積は日本一を誇《ほこ》っている。

◇県を代表する水産物のひとつである高品質なかきを、全国に出荷している。

◇全国に比べ製造業などの第二次産業の生産額の割合が高く、水島工業地帯には、石油・化学・鉄鋼など幅広い分野の高度な技術力を有する大企業《だいきぎょう》が集まっている。

◇この県の南部にある平野の耕地の大部分は、児島湾《わん》の干拓《かんたく》によって生み出され、稲作《いなさく》が盛んな地域となっている。

（1）この説明はどの県について書かれたものですか。県名を答えなさい。

（2）この県の県庁所在地のハイサーグラフを下のア～カより選び、選んだ理由も説明しなさい。なお、ハイサーグラフとは、縦軸を平均気温、横軸を平均降水量として、各月の平均気温と平均降水量が一致する点を1月から12月まで結んだグラフのことです。

ア.

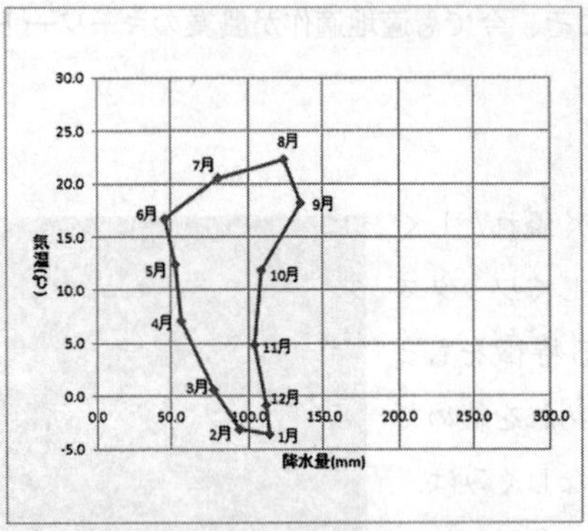

イ.

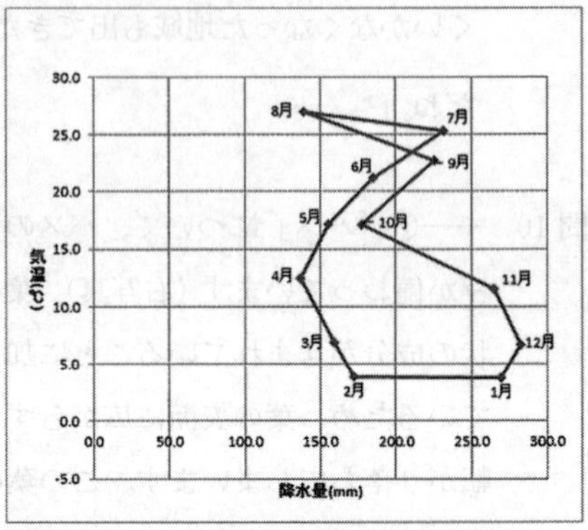

ウ.

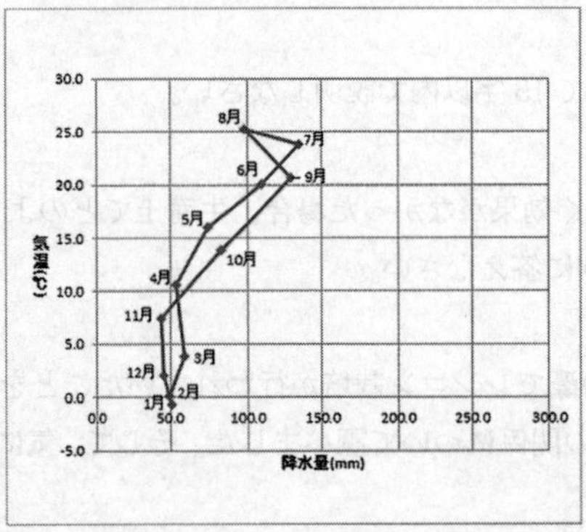

エ.

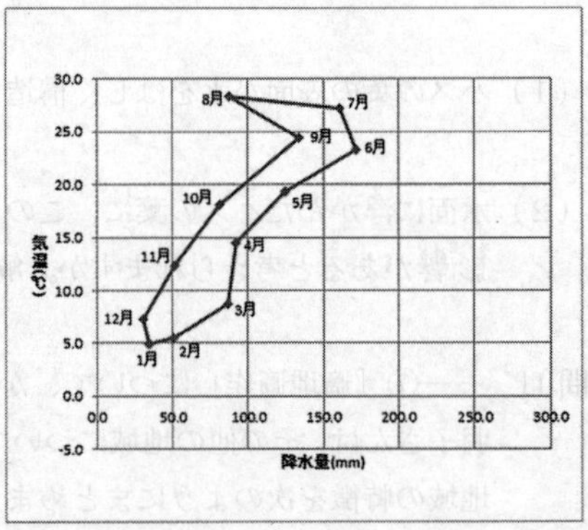

オ.

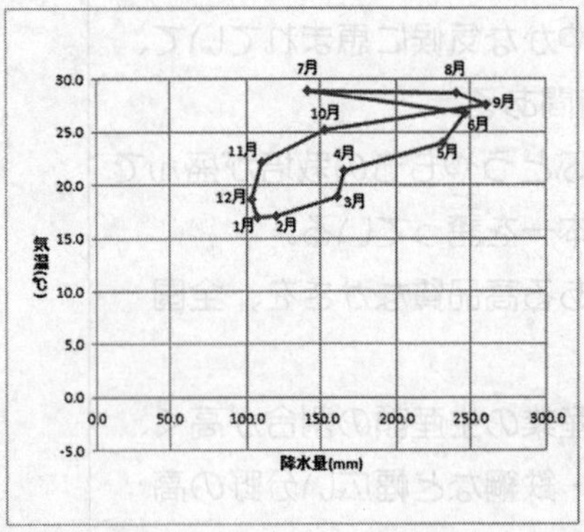

カ.

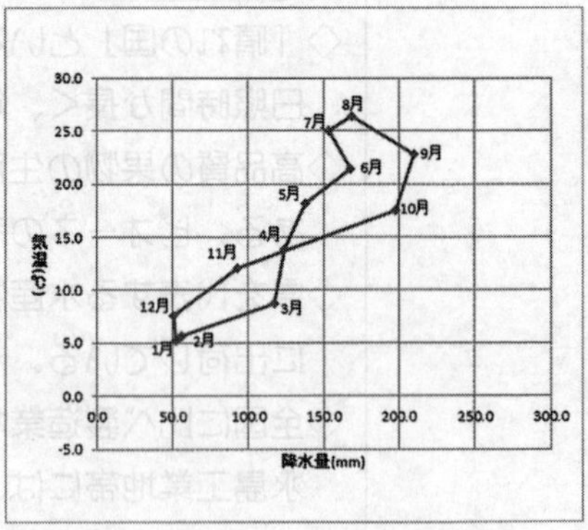

問 12　――⑧「地球温暖化」について、日本列島は、大部分は温帯湿潤気候《おんたいしつじゅんきこう》ですが、南北に細長いため、細かく見ると寒帯、亜寒帯、温帯（冷温帯・暖温帯）、亜熱帯まで幅《はば》広く分布しています。それは、世界中の気候がこの狭《せま》い国土に散りばめられていて、世界中に原産地をもつ野菜や果実の栽培に適した場所が日本列島のどこかに存在することを意味します。今日、気候変動により日本の平均気温は少しずつ上昇《じょうしょう》していて、今後もこの傾向《けいこう》が続くと予測されています。これに伴《ともな》って「適地」にも変化が起こり始めているのです。

【資料４】

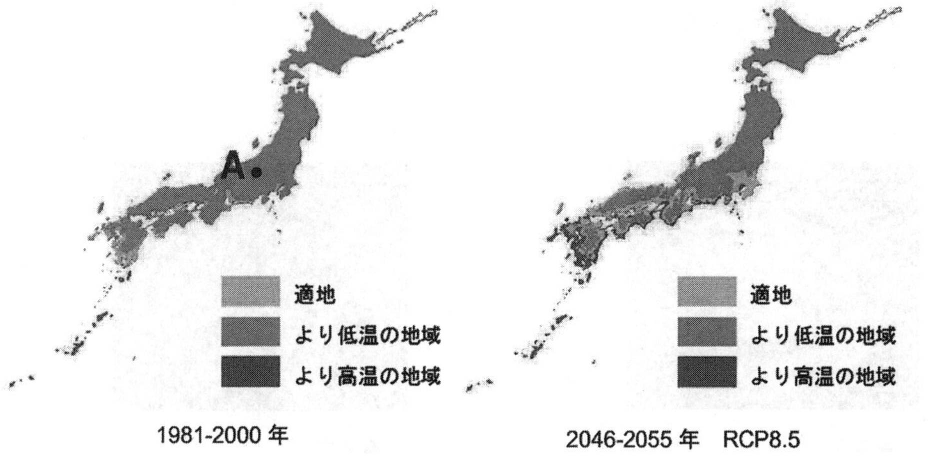

＊RCP8.5…現在のペースで温室効果ガスの排出《はいしゅつ》が進んだ場合

▲温州みかんの栽培適地予測　　農林水産省「気候変動の影響への適応に向けた将来展望」(2019)による

植生(生育する植物)	気候帯	あたたかさの指数
ツンドラ(高山植物など)	寒帯	15以下
針葉樹林	亜寒帯	45～15
夏緑樹林(落葉広葉樹など)	冷温帯	85～45
照葉樹林(常緑広葉樹など)	暖温帯	180～85
亜熱帯多雨林(常緑広葉樹、つる性植物など)	亜熱帯	240～180

【A地点の2020年の月平均気温(℃)】

月	1月	2月	3月	4月	5月	6月	7月	8月	9月	10月	11月	12月
平均気温	−1	0	3	5	13	17	19	23	18	10	6	−1

〈編集部注：【資料４】の図では「適地」がオレンジ，「より低温の地域」が水色，「より高温の地域」が赤に塗られています。Ａ地点は「より低温の地域」に属しています。また，「2046-2055年　RCP8.5」では「適地」および「より高温の地域」の割合が大きくなっています。
【資料４】の図はカラーのものを弊社のホームページに掲載してあります。右上のＱＲコードからもアクセス可能です。〉

植物の生育には、一般的に月平均気温で５℃以上の温度が必要となります。ある地点において、月平均気温が５℃以上の月に関して、それぞれの月平均気温から５℃を引いた上、その求めた値を年間にわたって合計した値をその地点の「あたたかさの指数」といい、この指数は、その土地の気候帯およびどのような植物が主に生育しているかを示す指標として広く使われています。

（１）Ａ地点のあたたかさの指数を求めなさい。

（２）現在から約２万年前は氷期であったことが知られています。月平均気温が現在より一律に７℃低かったと仮定すると、当時Ａ地点で多くみられた樹木の葉として、最も適当なものを次のア～エより１つ選び記号で答えなさい。

ア．

▲カシ

イ．

▲ブナ

ウ．

▲ガジュマル

エ．

▲トドマツ

2022年度 明治大学付属中野八王子中学校 ▶解　答

※　編集上の都合により，B方式試験の解説は省略させていただきました。

4科総合型　＜B方式試験＞（60分）＜満点：120点＞

解　答

問1　（復元とは，歴史的建造物を）史実に忠実に再現すること（である。復元的整備とは）史跡の一部を変更して再現し，全体の保存や活用を推進すること（である。）　**問2**　（例）　復元された歴史的建造物に対して，史実とは異なる誤った認識が広がってしまうこと。　**問3**　（例）　右の図1　**問4**　80cm^3　**問5**　（例）　右の図2　**問6**　⑴　（例）　全体の計画を立てること。　⑵　（例）　必要なときに建て増しができる。　**問7**　自立　**問8**　注意を集中する　**問9**　**A**　全体の設計　**B**　全体の形を　**問10**　⑴　（例）　葉の表面がでこぼこしている。　⑵　（ハスの葉にある）気孔（が泥や大気中の汚れなどでつまり，）光合成（や）呼吸（が行われにくくなる。）　**問11**　⑴　岡山（県）　⑵　エ／（例）　年間を通じて降水量が少ない。また，夏は暑く，冬でも比較的温暖で冬の平均気温は氷点下にはならないから。　**問12**　⑴　71　⑵　エ

図1

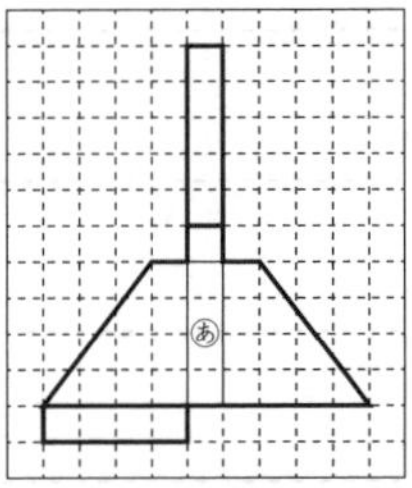

図2

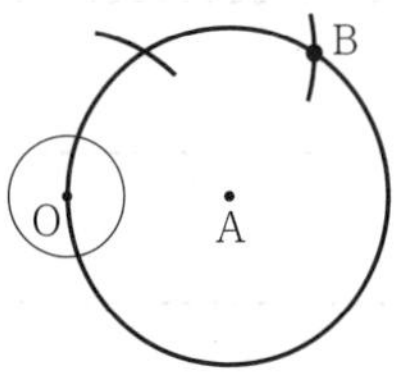

Memo

Memo

Memo

2021年度　明治大学付属中野八王子中学校

〔電　話〕 (042) 691－０３２１
〔所在地〕 〒192-0001　東京都八王子市戸吹町1100
〔交　通〕 JR中央線―「八王子駅」よりスクールバス
JR五日市線―「秋川駅」よりスクールバス

【算　数】〈A方式第１回試験〉（50分）〈満点：100点〉

1　□にあてはまる数を求めなさい。

(1)　$45-\{24\div4+(23-9)\times3\div7\}=$ □

(2)　$7\frac{1}{2}\times\left(0.625-\frac{1}{4}\right)\times1.6\div\left(2\frac{1}{4}-1.75\right)=$ □

(3)　$21\times39+52\times49+39\times9-39\times52=$ □

(4)　$\left(2\frac{5}{16}-\square\times1.9\right)\times\left(1\frac{19}{20}-0.3\right)+\frac{1}{5}=3.5$

2　次の問いに答えなさい。

(1)　$0.002\,km^2-50\,m^2+60000\,cm^2$ は何 m^2 ですか。

(2)　なし１個の値段はりんご１個の値段よりも15円高く，なし２個とりんご３個を買うと205円になります。なし１個の値段はいくらですか。

(3)　８％の食塩水400gに11％の食塩水を何gか混ぜたら，９％の食塩水ができました。11％の食塩水を何g混ぜましたか。

(4)　はじめに持っていたお金の $\frac{2}{9}$ を使い，次に残りの $\frac{3}{7}$ を使ったら460円残りました。はじめに持っていたお金はいくらですか。

(5)　下の図１のような輪を下の図２のように2021個並べると，はしからはしまでの長さは何cmですか。

図１

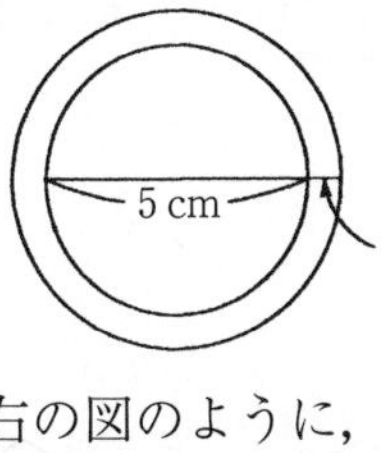

図２

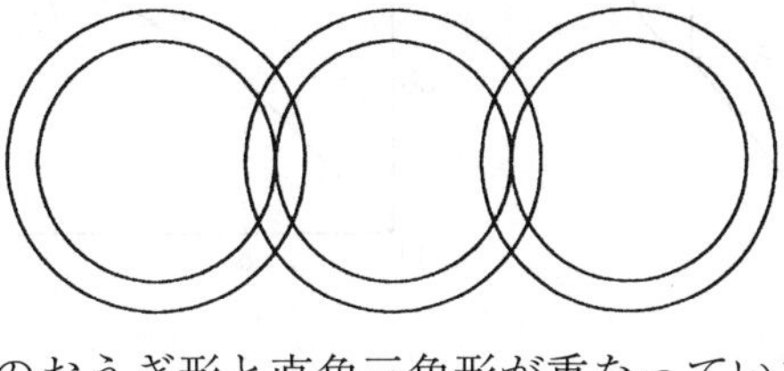

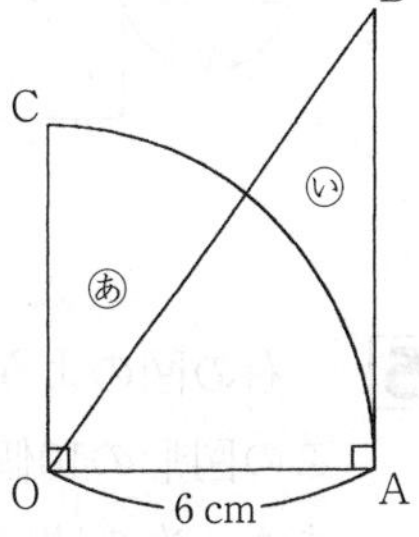

(6)　右の図のように，中心角90°のおうぎ形と直角三角形が重なっています。あといの面積が等しいときABの長さを求めなさい。ただし，円周率は3.14とします。

3　次の問いに答えなさい。

(1)　$3\times4\times7\times8\times3\times4\times7\times8\times3\times\cdots$と規則的に2021個の数をかけ合わせてできる数の一の位の数はいくつですか。

(2)　登君はある坂道を毎分65mの速さで上り，毎分110mの速さで下ります。登君がこの坂道を下から上まで上り，すぐに下って下までもどってくるのに17分30秒かかりました。この坂道は何ｍありますか。

(3)　展望台に移動するのに１回200円のＡか，１回250円のＢのエレベーターを使います。ある日の利用者の $\frac{3}{4}$ がＡを使い，残りがＢを使ったため，売り上げは合計66300円でした。この日の利用者は何人ですか。

(4)　下の図１のように，大小２つの直角二等辺三角形を重ねました。重なった斜線部分の面積を求めなさい。

図１

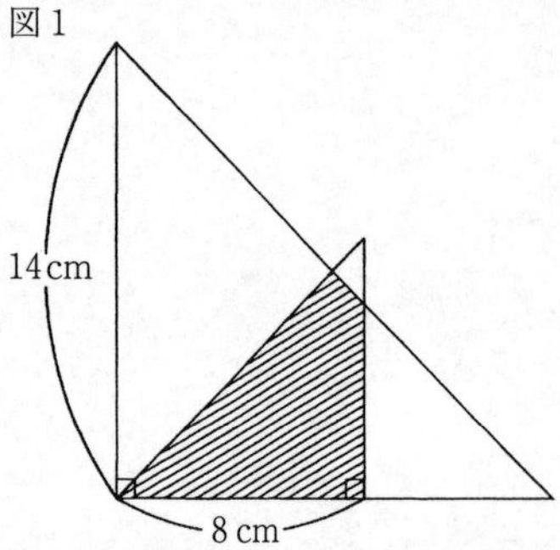

図２

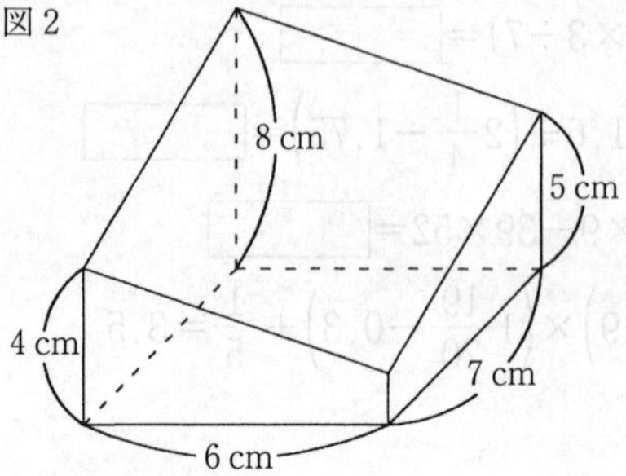

(5)　上の図２のように，直方体をななめに切りました。この立体の体積を求めなさい。

4　下の図のような直方体が組み合わさった水そうがあります。グラフは，水そうに一定の速さで水を入れたときの，水を入れる時間と水深との関係を表したものです。このとき次の問いに答えなさい。

(1)　毎分何Ｌの水を入れていますか。

(2)　㋐の長さを求めなさい。

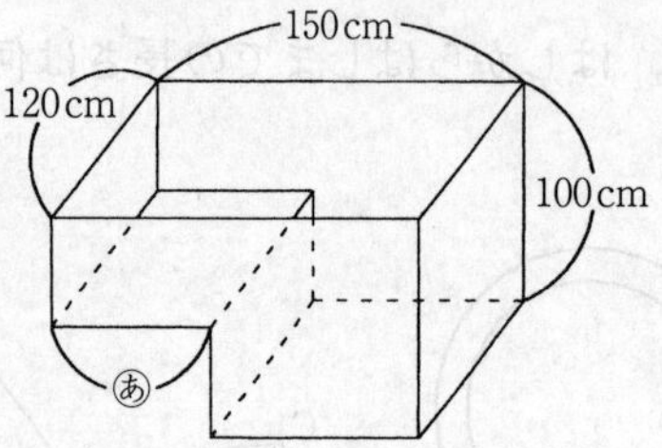

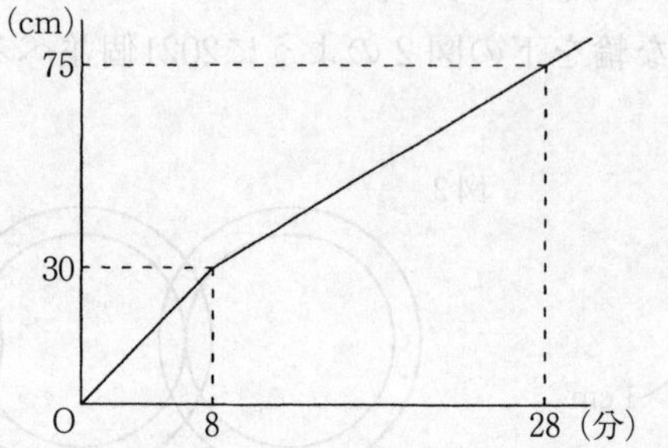

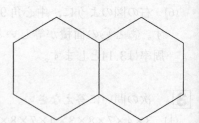

5　右の図のように正六角形を２個つなげた図形があります。この図形の10個の頂点から３個の頂点を選んで三角形を作ります。次の問いに答えなさい。

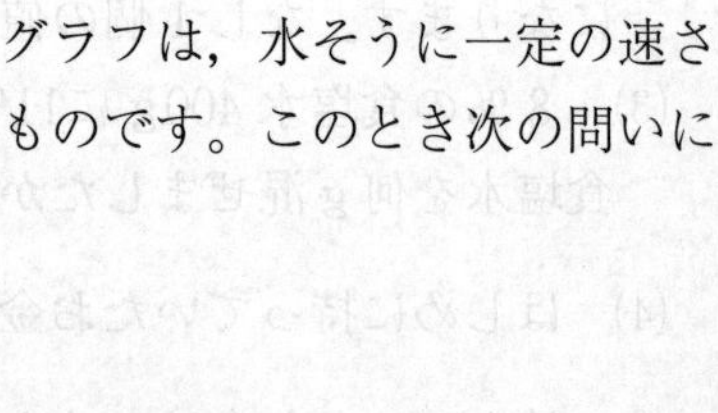

(1)　正三角形は全部で何個できますか。

(2)　直角三角形は全部で何個できますか。

【社　会】〈A方式第1回試験〉(30分)〈満点:50点〉

1　次の文章を読んで,各設問に答えなさい。

　昨年は新型コロナウイルスの感染が世界中に広がり,日本各地でも感染者がみられました。このような疫病《えきびょう》の流行はこれが初めてではなく,日本の歴史の中でもたびたびみられています。

　まず,①仏教伝来の頃《ころ》,朝鮮半島から天然痘《とう》が持ち込《こ》まれたと考えられています。日本書紀には6世紀後半に疫病が突然流行したことが記載《きさい》されており,その記述によると症《しょう》状《じょう》は天然痘に大変良く似ているものでした。②天然痘は奈良時代にも流行し,当時の政治に大きな影響《えいきょう》力を持っていた藤原氏の四人兄弟が次々に病死しました。同じ時期に九州で朝廷に対する反乱が発生したこともあり,聖武天皇はこうした様々な災《わざわ》いを鎮《しず》めるために大仏造立の詔を出しました。

　平安時代にも疫病が流行したことがありました。その頃の人々は天変地異や疫病の流行を個人の怨霊《おんりょう》や[注1]疫神《えきじん》の祟《たた》りと考え,それらをまつり,なぐさめることで災いから逃《のが》れようとしました。この行事を御霊会といい,現在,③祇園祭にも引き継《つ》がれています。

　また,平安時代末期に④平清盛が高熱で死んだことはよく知られていますが,それも天然痘やマラリアなどの伝染病によるものという説があります。

　江戸時代にも疫病が流行し,多くの人々の命が失われました。⑤1733年には当時の大飢饉や江戸に流行した疫病による死者供養《くよう》と災厄《さいやく》除去を祈願《きがん》して両国川開きがおこなわれ,この川開きの初日に花火が打ち上げられたのが隅田川花火大会のはじまりとされています。また,⑥1858年には江戸でコレラが流行しました。妖怪変化《ようかいへんげ》の仕業《しわざ》であるとして,当時の元号をとって『(あ)狐狼狸《コロリ》』と呼ばれたということが,『(あ)箇労痢《コロリ》流行記』に記載《きさい》されています。

　一方,世界では19世紀にフランスのパスツールやドイツのコッホらによって細菌《さいきん》の研究が進み,結核《けっかく》菌やコレラ菌が発見されました。ドイツに留学し,コッホの研究室で学んだ(い)は破傷風菌の研究を進め,その治療《ちりょう》法を完成させました。

　20世紀に入っても,マラリアをはじめ,⑦第一次世界大戦中に流行して「スペイン風《か》邪《ぜ》」とも呼ばれたインフルエンザ,SARS[重症急性呼吸器症候群]など,様々な感染症が人類を苦しめてきました。また,戦争や⑧自然災害により社会は様々な形で被害《ひがい》を受け,衛生状態が悪くなることもありました。今後も人類は新型コロナウイルスとの共存をはじめ,感染症対策の研究を進めていく必要があるのでしょう。

注1:疫神…世の中に伝染病をもたらすと考えられた悪い神

問1　文中の(あ)に当てはまる元号を答えなさい。

問2　文中の(い)に当てはまる人物は,その肖像《しょうぞう》が2024年度からの千円紙幣《しへい》に使用される予定になっています。この人物を,次の中から選んで記号で答えなさい。

(ア)　渋沢栄一　(イ)　野口英世　(ウ)　杉田玄白　(エ)　北里柴三郎

問3　下線部①について,朝鮮半島からは仏教の他にも様々なものが日本に伝えられていただけでなく,政治的なつながりもありました。朝鮮半島の国々との関係について述べた文として正しいものを,次の中から1つ選んで記号で答えなさい。

(ア)　日本が高句麗と結んで百済を従えたことが，新羅の好太王の碑文に書かれている。

(イ)　日本は朝鮮半島南部の国々と結んで，高句麗や新羅を破った。

(ウ)　日本は進んだ技術や鉄資源を手に入れるため，朝鮮半島南部の国々と深い関係を持った。

(エ)　仏教の伝来後に百済との関係が良好となり，それによって漢字も日本に伝わった。

問４　下線部②について，奈良時代の出来事について述べた文として正しいものを，次の中から１つ選んで記号で答えなさい。

(ア)　大仏造立の詔が発せられたのと同じ年に，三世一身の法が出された。

(イ)　天皇から全国に国分寺と国分尼寺を建立する詔が出された。

(ウ)　人々の間で富本銭が広く使われたことが，天然痘の流行につながった。

(エ)　大宝律令が制定された。

問５　下線部③について，記録によると，15世紀の後半に祇園祭がおこなわれなかった期間があり，1500年に京都の富裕《ふゆう》な商工業者によって再開されました。祇園祭がしばらくおこなわれていなかった理由を簡単に説明しなさい。

問６　下線部④について述べた文として正しいものを，次の中から１つ選んで記号で答えなさい。

(ア)　平清盛は中国の宋との貿易を進めるため，大輪田泊を整備した。

(イ)　平清盛は，かつて安芸守に任じられたことから，現在の山口県にある神社を平家の守り神とした。

(ウ)　平清盛が病死したことにより，平氏一族は都を福原にうつした。

(エ)　平清盛の死後，源頼朝らが挙兵した。

問７　下線部⑤について，この時の江戸幕府の将軍として正しい人物を，次の中から選んで記号で答えなさい。

(ア)　徳川綱吉　　(イ)　徳川吉宗　　(ウ)　徳川家斉　　(エ)　徳川慶喜

問８　下線部⑥について，これよりも前に発生した出来事として正しいものを，次の中から１つ選んで記号で答えなさい。

(ア)　桜田門外の変によって井伊直弼が暗殺された。

(イ)　異国船打ち払い令が発令され，外国船への取り締《し》まりが強化された。

(ウ)　薩英戦争が発生した。

(エ)　薩長同盟が結ばれた。

問９　下線部⑦について，スペイン風邪は1918～1920年に世界的に流行しました。この期間中に日本のおこなった政策として正しいものを，次の中から１つ選んで記号で答えなさい。

(ア)　パリ講和会議に参加した。

(イ)　中華民国政府に対して二十一カ条の要求をつきつけた。

(ウ)　ワシントン会議に参加して四カ国条約を結んだ。

(エ)　ソ連と国交を樹立した。

問10　下線部⑧について，昔から日本では多くの災害が起こってきました。歴史上の災害についての説明として**誤っているもの**を，次の中から１つ選んで記号で答えなさい。

(ア)　1657年に江戸城を含《ふく》む江戸の大半が焼失した明暦の大火が起こった。

(イ)　1782年からの天保の飢饉では，東北地方を中心に多数の餓死《がし》者を出した。

(ウ)　1923年に発生した関東大震災では，地震による被害より火災による被害の方が大きかった。

(エ) 2011年の東日本大震災により福島第一原子力発電所が大きな打撃《だげき》を受けた。

2 伝統的工芸品に関する各設問に答えなさい。

問1 伝統的な技術や技法の伝承などを目的に，法律に基《もと》づいて伝統的工芸品を指定し，品質を国が保証する右のシンボルマークの使用が認められています。伝統的工芸品を指定するのはどの省の大臣か，漢字で答えなさい。[シンボルマークは実際の色とは異なります。]

問2 次の①～⑧の都市と伝統的工芸品の組み合わせに関係の深い県の形を，下の(ア)～(コ)の中からそれぞれ1つずつ選んで記号で答えなさい。

① 小千谷市ーちぢみ(麻織物)　② 丸亀市ーうちわ　③ 萩市ー陶磁器
④ 天童市ー将棋の駒　⑤ 小野市ーそろばん　⑥ 盛岡市ー鉄器
⑦ 久留米市ーかすり(綿織物)　⑧ 輪島市ー漆器

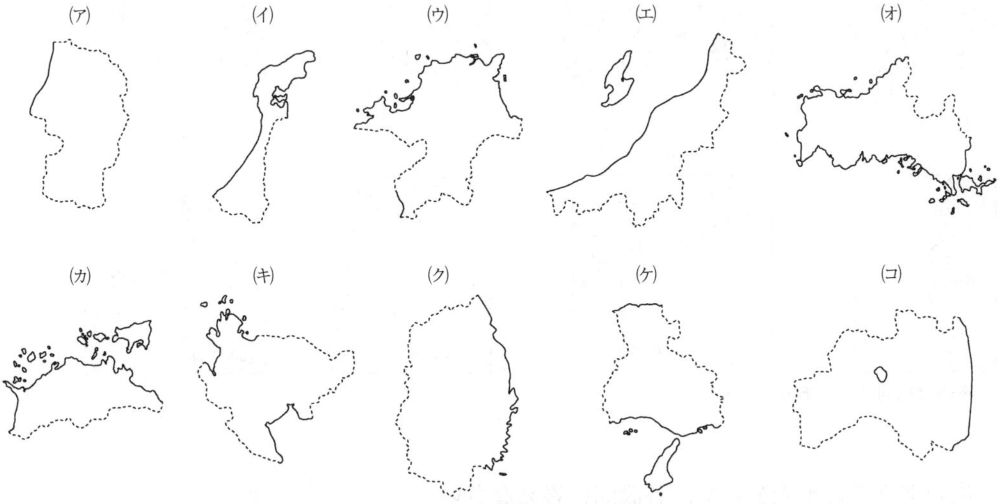

※各県の実線(——)は海岸線，破線(-----)は陸地の県境を示しています。
※方位は，上が北とは限りません。また，縮尺も同じではありません。

3 次の日本の各地域を説明した[A]～[E]の各文章を読み，最も関係のある地域を下の①～⑧の地図からそれぞれ番号で答えなさい。

[A] 「原発銀座」と呼ばれるほど，商業用の原子力発電所や研究開発のための施設《しせつ》の建設が進んだ。海岸線は典型的なリアス海岸で，沿岸を流れる対馬海流の影響によって，湾内には時計回りの流れがあり，定置網《あみ》や底引き網，養殖などの漁業が盛んである。

[B] 濃尾平野を流れる木曽川，長良川，揖斐川が注ぐ湾の沿岸部には，臨海工業地域が発達している。豊川用水が引かれた半島では，温暖な気候を利用して電照菊や温室メロンの栽培がおこなわれている。また，リアス海岸で有名な半島では，御木本幸吉が始めた真珠《しんじゅ》の養殖も盛んである。

[C] 雄物川，米代川の河口から伸《の》びた2本の砂州が本土と連なった陸繋島がみられる。砂州によって囲まれた湖は日本第2の湖だったが，1957年からの干拓により耕地化され，大潟村がつくられた。この村では，10度単位で引かれた緯線と経線が交差(北緯40度，東経140度)し

ている。北部には1993年に世界自然遺産に登録されたブナの原生林がある。

［D］ 1990年，普賢岳で噴火が始まり，一帯で火砕流や土石流などによる被害が続いた。付近には，筑後川など多くの河川が流入し，川によって運ばれた土や砂が積もる作用が盛んなことから，浅い海が広がっている。この海は，日本一の干潟を持ち，ムツゴロウをはじめとする干潟生物が多く生息している。南西部にある諫早湾はノリの養殖が盛んだったが，水害防止と農地の造成のために干拓を進め，1997年に堤防によって閉め切られた。

［E］ 貴重な生態系が残されているとして，2005年に世界自然遺産に登録され，また，周辺の湿原や湖など，ラムサール条約の登録地も多い。パイロットファームや新酪農村がつくられた根釧台地では酪農が，日本で３番目に大きい湖ではホタテやカキなどの養殖が盛んにおこなわれている。

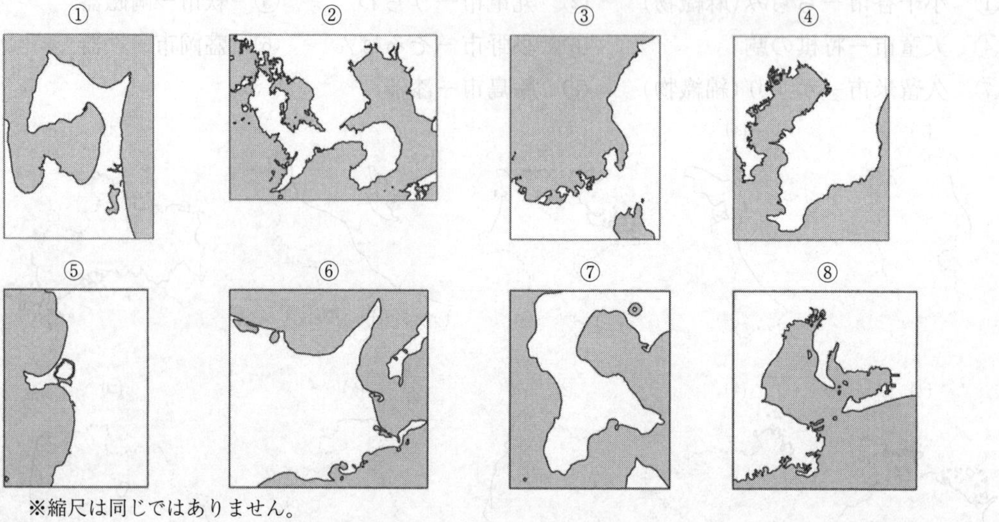

※縮尺は同じではありません。

4 次のグラフと年表をみて，各設問に答えなさい。

［グラフ］

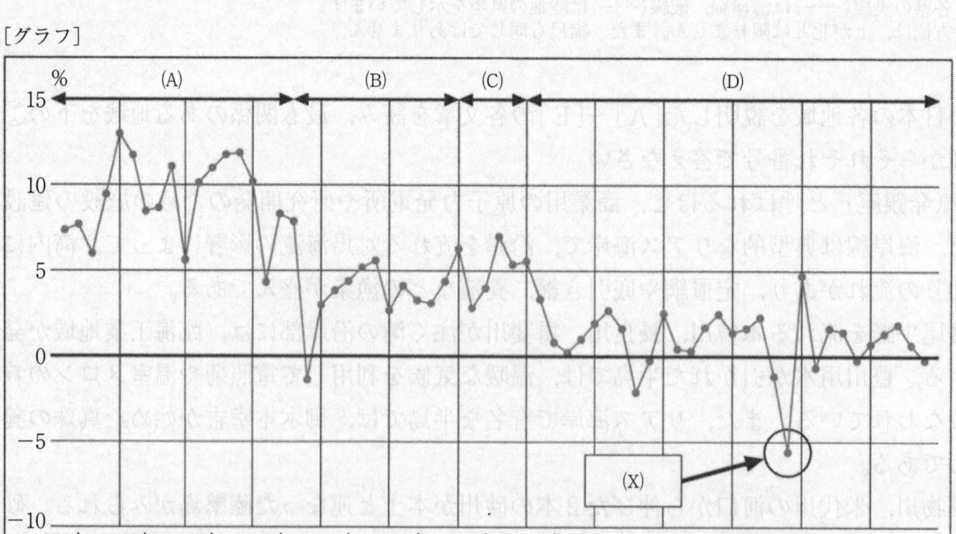

※日本の実質経済成長率(内閣府「年次経済財政報告」による)

［年表］

年代	出来事
1945	①衆議院議員選挙法改正
1946	②日本国憲法公布
1951	日米安全保障条約調印
1960	③国民所得倍増計画発表
1965	日韓基本条約調印
1972	沖縄返還《へんかん》
1978	日中平和友好条約調印
1992	国連平和維持活動協力法成立
2001	中央省庁再編
2003	イラク復興支援特別措置法公布
2009	④政権交代

問１　戦後間もない時期に起きた次の(あ)～(う)の出来事を古い順に正しく並べたものを，下の(ア)～(カ)の中から１つ選んで記号で答えなさい。

(あ)　GHQ が１ドル360円の為替相場を設定

(い)　朝鮮戦争の勃発《ぼっぱつ》

(う)　財閥解体のはじまり

(ア)　(あ)→(い)→(う)　　(イ)　(あ)→(う)→(い)　　(ウ)　(い)→(あ)→(う)

(エ)　(い)→(う)→(あ)　　(オ)　(う)→(あ)→(い)　　(カ)　(う)→(い)→(あ)

問２　グラフ中の(A)の期間の事がらとして**誤っているもの**を，次の中から１つ選んで記号で答えなさい。

(ア)　公害の防止と国民の健康・生活環境を守るために公害対策基本法が制定された。

(イ)　「白黒テレビ，電気冷蔵庫，電気洗濯機《せんたくき》」が「三種の神器」として消費ブームを巻き起こした。

(ウ)　農業と他産業との生産性や所得の格差を小さくするため農業基本法が制定された。

(エ)　労働時間，休日，賃金などの労働条件に関して，その基準を定めた労働基準法が制定された。

問３　グラフ中の(X)の年に実質経済成長率が大幅《おおはば》に落ち込みましたが，その理由を次の中から１つ選んで記号で答えなさい。

(ア)　第１次石油危機によって原油価格が急激に上昇《じょうしょう》した。

(イ)　アメリカ合衆国の投資銀行が経営破綻《はたん》したことをきっかけとして，世界的な金融《きんゆう》危機が発生した。

(ウ)　日本銀行が金融引き締め政策を実施したり，政府が土地政策をおこなったりした。

(エ)　消費税の税率が５％から８％に引き上げられ，消費活動が停滞《ていたい》した。

問４　日本で初めて消費税が導入されたのは，グラフ中の(A)～(D)のどの期間ですか。(A)～(D)の中から１つ選んで記号で答えなさい。

問５　年表中の①について，この時の改正で定められたものを，次の中から１つ選んで記号で答えなさい。

(ア)　直接国税３円以上を納める満25歳以上の男子が選挙権を有する。

(イ)　満18歳以上のすべての男女が選挙権を有する。

(ウ)　満20歳以上のすべての男女が選挙権を有する。

(エ)　満25歳以上のすべての男子が選挙権を有する。

問６　年表中の②について，「日本国憲法の三原則」に**当たらないもの**を，次の中から１つ選んで記号で答えなさい。

(ア)　国民主権　　(イ)　三権分立　　(ウ)　基本的人権の尊重　　(エ)　平和主義

問７　年表中の③について，実質国民総生産を10年以内に２倍にすることを目標とした内閣を，次の中から１つ選んで記号で答えなさい。

(ア)　吉田茂内閣　　(イ)　池田勇人内閣　　(ウ)　岸信介内閣　　(エ)　田中角栄内閣

問８　年表中の④について，2009年におこなわれた衆議院議員総選挙に関する次の２つの文章の正誤の組み合わせとして正しいものを，下の中から１つ選んで記号で答えなさい。

Ⅰ：第45回衆議院議員総選挙で，民主党が議席数の過半数を獲得《かくとく》し，民主党政権が誕生した。

Ⅱ：第45回衆議院議員総選挙で，自由民主党が議席数の過半数を割り込み，「55年体制」が終わった。

(ア)　Ⅰ：正　Ⅱ：正　　(イ)　Ⅰ：正　Ⅱ：誤

(ウ)　Ⅰ：誤　Ⅱ：正　　(エ)　Ⅰ：誤　Ⅱ：誤

問９　次の文中の□に入る適語を**漢字４文字**で答えなさい。

内閣府が17日発表した４～６月期の国内総生産（GDP）速報値は，物価変動の影響を除く実質で前期比7.8％減，年率換算《かんさん》で27.8％減だった。マイナス成長は３四半期連続で，減少率は比較《ひかく》可能な1980年以降でこれまで最大だった2009年１～３月期（前期比年率17.8％減）を超えた。新型コロナウイルス感染症の拡大に伴《ともな》う□宣言などにより，経済活動が停滞したことが影響した。

2020年８月17日　日本経済新聞より

【理　科】〈A方式第１回試験〉（30分）〈満点：50点〉

1　心臓や血液の流れについて，次の各問いに答えなさい。

(1)　次の文章は，全身の血液の流れについて書いたものです。文中の(あ)～(け)には「心臓」という語句が３カ所入ります。「心臓」という語句が入る正しい組み合わせを，下の**ア**～**エ**より１つ選び，記号で答えなさい。

（ あ ）に運ばれた血液は，酸素と二酸化炭素が交換されます。（ い ）から出た酸素を多く含んだ血液は，（ う ）に運ばれて全身に送り出されます。全身に送られた血液は，（ え ）に酸素を与えて，（ お ）からの不要になった二酸化炭素を受け取り，（ か ）に戻ってきます。（ き ）から（ く ）に戻ってきた二酸化炭素を多く含む血液は，（ け ）に運ばれます。

ア　あ・う・く　　**イ**　い・か・く　　**ウ**　う・か・け　　**エ**　う・か・く

右の**図**は，ヒトの心臓を正面から見た断面の模式図《もしきず》です。**図**の**ア**～**エ**は，心臓の各部屋と臓器をつなぐ太い血管です。

図

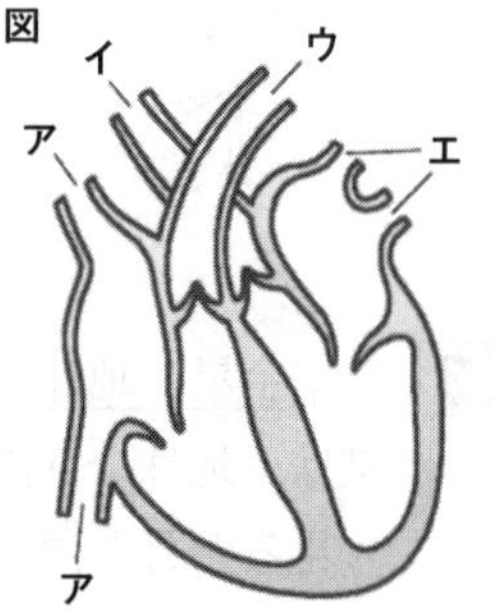

(2)　次の①～③が示す血管はどれですか。**図**の**ア**～**エ**より１つずつ選び，記号で答えなさい。

①　全身に血液を送り出す血管

②　肺から心臓に向かって血液が流れている血管

③　心臓から肺に向かって血液が流れている血管

(3)　**図**の血管**ア**～**エ**について，肺静脈を出発点にして，血液が流れていく順番を記号で答えなさい。順番は，肺静脈を示す記号を最初に書きなさい。

2　インゲンマメの種子を使って，以下の**【実験Ⅰ】**・**【実験Ⅱ】**および**【観察Ⅰ】**・**【観察Ⅱ】**を行いました。これについて，次の各問いに答えなさい。

【実験Ⅰ】

発芽前のインゲンマメの種子を**図１**のように水の量を変えた**シャーレA**～**C**の中に入れ，一昼夜後に観察したところ，**シャーレB**の種子だけが発芽していました。

図１

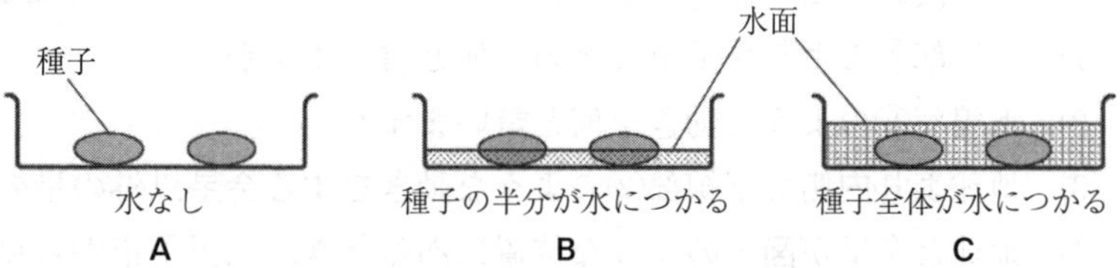

【実験Ⅱ】

さらに**シャーレB**で発芽した種子を**図２**のようにセットしたところ，二酸化炭素が発生し，小さいビーカー内の**水溶液X**に変化がおこりました。

図２

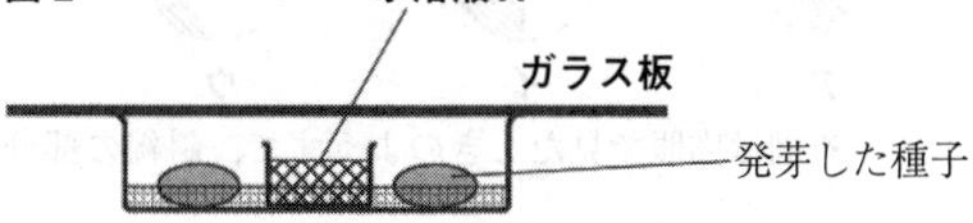

【観察Ⅰ】

インゲンマメの種子を割って断面を観察してスケッチしました。**図３**は，そのスケッチです。

図３

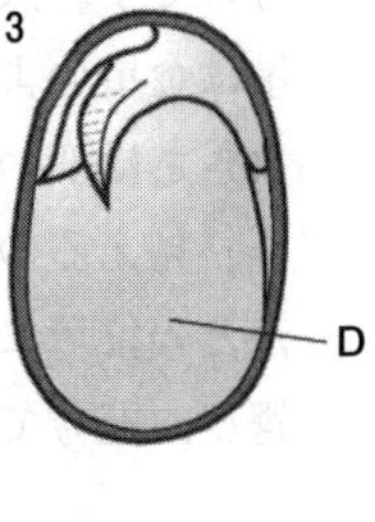

【観察Ⅱ】

土から発芽した後のインゲンマメのようすを観察してスケッチしました。

(1)　以下の文章は**【実験Ⅰ】**の結果について述べたものです。空欄**ア**にあてはまる気体の名称を答えなさい。ただし，答えは**【実験Ⅰ】**の結果のみから分かるものとします。

「**【実験Ⅰ】**より，発芽には水と[　**ア**　]が必要なことが分かる。」

(2)　**【実験Ⅱ】**の**水溶液X**の名称と，**水溶液X**の変化のようすを書きなさい。

(3)　**図3**の**D**の名称をひらがなで答えなさい。

(4)　**【観察Ⅱ】**のスケッチとして，正しいものを次の**ア**～**エ**より1つ選び，記号で答えなさい。

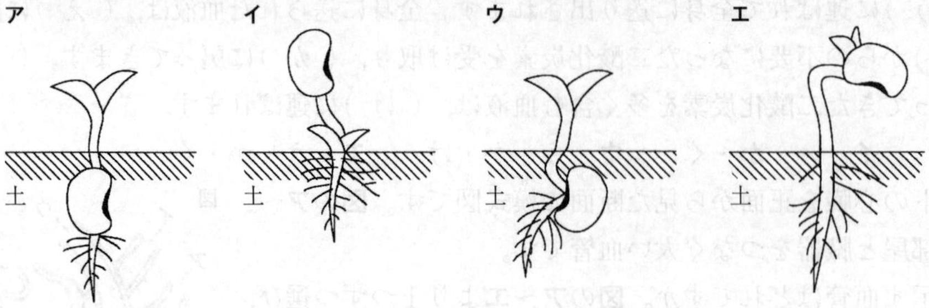

3　①金星，地球，火星，木星などの星は②太陽を中心に楕円《だえん》を描きながらまわっています。金星は，地球より内側をまわっているため，地球から見ると月と同じように満ち欠けをしているように見えます。右の**図1**は，ある日の太陽，金星，地球，火星の位置を表したものです。ただし，地球，金星，太陽をつないだ三角形の角aは90°よりも小さいものとします。また，**図1**は地球の北極のはるか上空から太陽系を見たものであるとします。次の各問いに答えなさい。

図1

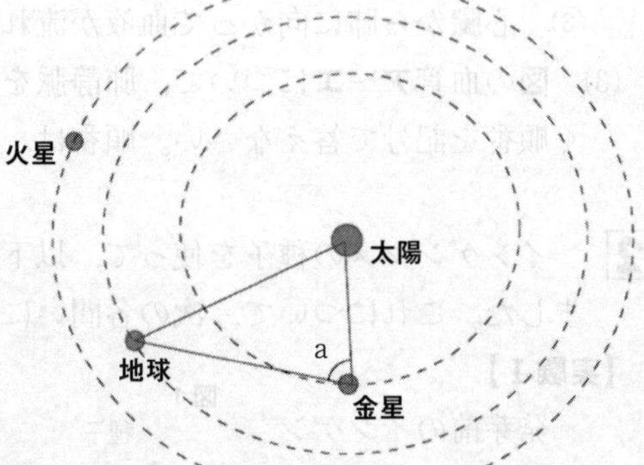

(1)　下線部①のような星をまとめて何と言いますか。

(2)　下線部②のような動きを何と言いますか。

(3)　地球より内側で下線部②のような動きをする金星以外の星の名称を漢字2字で答えなさい。

(4)　地球と金星が**図1**のような位置にあるとき，八王子市から見た金星はどのような形に見えますか。次の**ア**～**エ**より1つ選び，記号で答えなさい。ただし，大きさは考えないものとします。

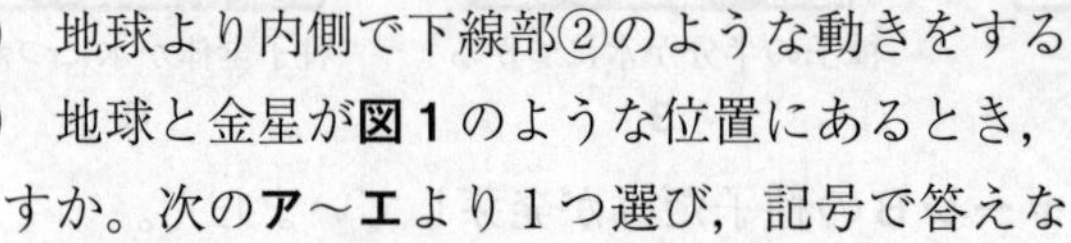

※図は肉眼で見たときのようすで，斜線の部分は影とします。

(5)　**図2**は地球の北極のはるか上空から太陽系を見たものです。火星は地球の外側をまわっています。火星は金星のように満ち欠けはしませんが，見かけの大きさは変わります。火星が「夕方，西の空に小さく」見えるのは，**図2**の地球の位置に対して，火星がどの位置にあるときですか。右の**ア**～**カ**より1つ選び，記号で答えなさい。

図2

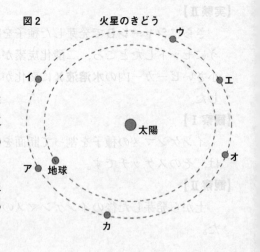

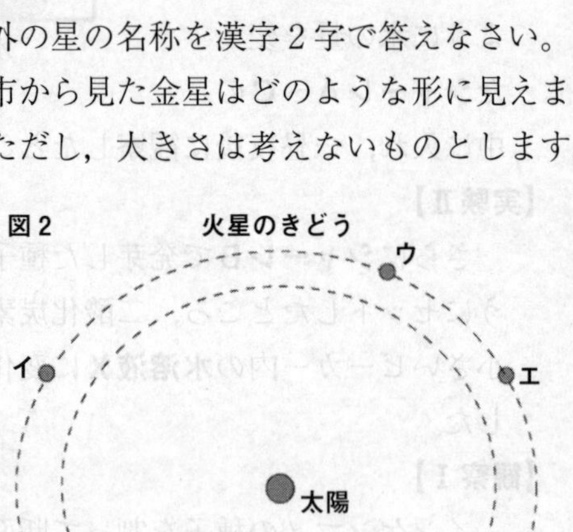

4　７種類の**水溶《よう》液A～G**を用意しました。その水溶液は次に示す**ア～キ**のいずれかであることが分かっています。これらの水溶液について，下に示す**【実験１】～【実験５】**を行いました。その結果をもとにして，次の各問いに答えなさい。

ア　アンモニア水　　**イ**　石灰水《せっかいすい》　　**ウ**　食塩水　　**エ**　塩酸
オ　砂糖水　　**カ**　炭酸水　　**キ**　水酸化ナトリウム水溶液

【実験１】　**水溶液A**と**水溶液B**は，つんとするにおいがしました。

【実験２】　**水溶液G**を観察すると，泡《あわ》が発生していました。

【実験３】　リトマス紙につけると，**水溶液B**，**G**は青色リトマス紙が赤色に変わり，**水溶液A**，**C**，**F**は赤色リトマス紙が青色に変わり，**水溶液D**，**E**はどちらのリトマス紙も色の変化はありませんでした。

【実験４】　蒸発《じょうはつ》皿に少量の水溶液を取りガスバーナーで加熱すると，**水溶液C**，**D**，**E**，**F**からは固体が残りました。

【実験５】　**水溶液B**と**水溶液F**を混ぜ，その水溶液を蒸発させて残った固体の粒《つぶ》を観察すると，**【実験４】**で**水溶液D**から得られた固体と同じ形でした。

(1)　**水溶液A**，**C**，**D**を上の**ア～キ**より１つずつ選び，記号で答えなさい。

(2)　炭酸水とは何が水にとけた水溶液ですか。名称を漢字で答えなさい。

(3)　**水溶液A**，**G**に緑色にしたBTB溶液を加えると，液体はそれぞれ何色になりますか。

(4)　**【実験４】**で，でてきた固体を強く熱すると１つだけが黒くなりました。その水溶液を上の**ア～キ**より１つ選び，記号で答えなさい。

(5)　この実験では，駒込《こまごめ》ピペットを使います。駒込ピペットの特徴《とくちょう》が分かるように全体を描《えが》きなさい。

5　電池と電球，電池と電熱線をつないだときの回路について，**【実験１】**・**【実験２】**を行いました。次の各問いに答えなさい。

【実験１】

図１～４のように電球と電池をつなぎ，電球の明るさを比べました。ただし，電池と電球はすべて同じものを使用しています。

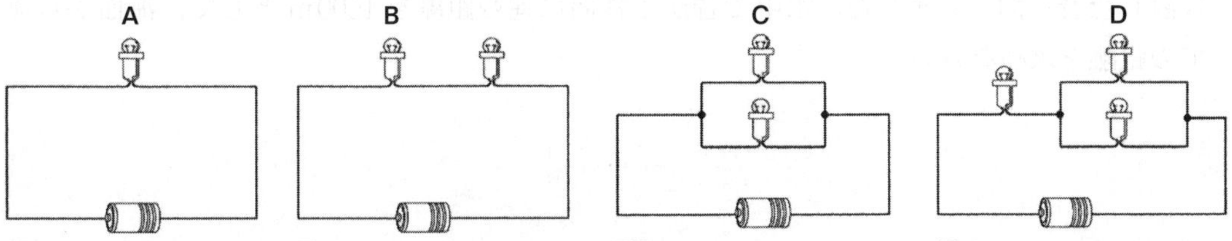

図１　　**図２**　　**図３**　　**図４**

(1)　**図１**の**A**の電球の明るさと比べて，**図２**の**B**と**図３**の**C**の電球の明るさはどうなりますか。次の**ア～ウ**よりそれぞれ１つ選び，記号で答えなさい。

ア　**A**より明るい　　**イ**　**A**より暗い　　**ウ**　**A**と同じ

(2)　**図３**の**C**の電球の明るさと比べて，**図４**の**D**の電球の明るさはどうなりますか。次の**ア～ウ**より１つ選び，記号で答えなさい。

ア　**C**より明るい　　**イ**　**C**より暗い　　**ウ**　**C**と同じ

【実験2】

図5〜**8**のように電熱線と電池をつなぎ，水の入ったビーカーの中に各回路にある電熱線を水につかるようにすべて入れて1分間あたためました。ただし，電熱線，電池，ビーカーは同じものを使用し，ビーカー内の水の量も同じです。また，電熱線で発生した熱は，すべて水をあたためるためだけに使われたものとします。

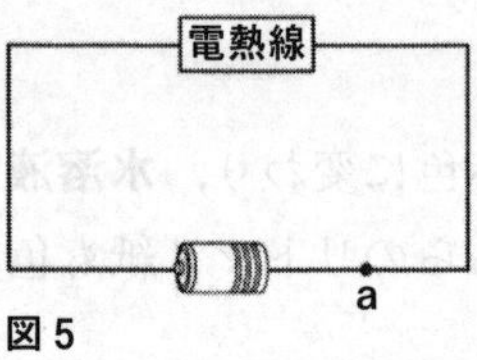

図5

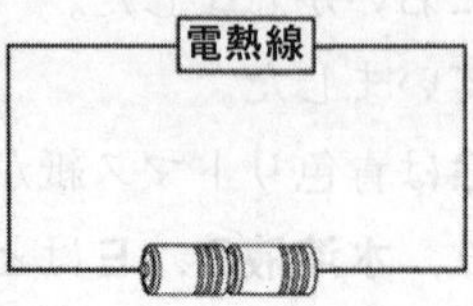

図6

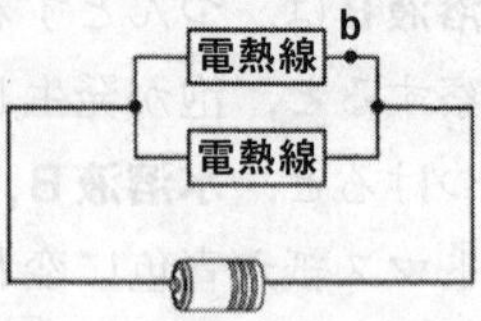

図7

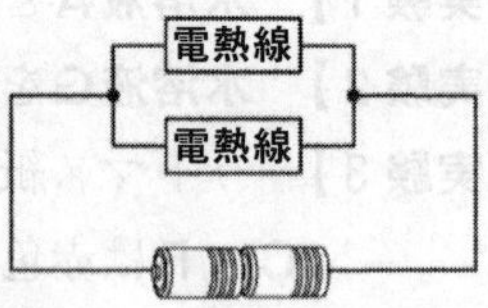

図8

(3)　**図7**の**b**を流れる電流の大きさは，**図5**の**a**を流れる電流の何倍になりますか。

(4)　ビーカー内の水は**図5**では温度が1℃，**図6**では4℃あがりました。**図8**のように回路を接続し，両方の電熱線を1つのビーカー内に入れた場合，水の温度は1分間で何℃あがりますか。

6　海岸から5831m離れた海上に船がいます。気温が20℃のとき，船が汽笛を鳴らし，しばらくすると，海岸にいる人に汽笛の音が聞こえました。また，右のグラフは，「気温」と「音が1秒間に進む距離《きょり》」との関係を表したものです。次の各問いに答えなさい。

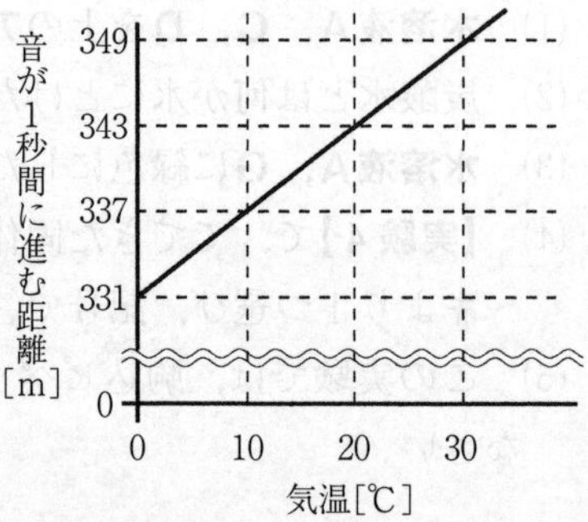

(1)　グラフから気温が1℃上がるごとに音が1秒間に進む距離は何mずつ増えますか。

(2)　海岸にいる人が汽笛の音を聞くのは，船が汽笛を鳴らしてから何秒後ですか。

(3)　船が移動して，汽笛をもう一度鳴らしました。その汽笛は14秒後に海岸にいる人に聞こえました。船は最初の位置から何m海岸に近づきましたか，または遠ざかりましたか。距離を答え，解答欄の「近づく」「遠ざかる」のうち，あてはまるものを◯で囲みなさい。

(4)　船が停止したところで，海底にむけて音を出したところ，音を出してから0.5秒後に海底で反射した音が聞こえました。水中で音が1秒間に進む距離を1500mとして，海面から海底までの距離を求めなさい。

問十一、宮沢賢治の作品として**ふさわしくない**ものを次から一つ選び、記号で答えなさい。

ア　グスコーブドリの伝記　　イ　セロ弾きのゴーシュ

ウ　蜘蛛《くも》の糸　　エ　銀河鉄道の夜

問十二、――⑥「エンメイ」・⑧「ゼンテイ」のカタカナを漢字に直し、――⑩「見地」・⑪「後退」の漢字の読みを答えなさい。

イ　自分に心づかいの細やかな妹がいた思い出になるということ

ウ　何もしてやれなかった後悔《こうかい》に苦しむことがないということ

エ　苦しい病気にも立ち向かう強さを教えてくれたということ

問三、――③「トシ自身は自分がこんな形で賢治に貢献していることを知らなかった」とありますが、これを説明した次の文の空欄にあてはまる言葉を文中から十五字で探し、最初の五字を抜き出して答えなさい。

自分が頼みごとをしたことが［　　　　］になっていることを知らなかったということ。

問四、――④「妹の存在そのものが自分を一生明るくする」とありますが、この理由にあたる、「から」という言葉に続く一文をこれより前の文中から探し、最初の五字を抜き出して答えなさい。

問五、――⑤「優越性の追求」とありますが、これと反対のことを言い表した次の文の空欄にあてはまる言葉を文中から六字で抜き出して答えなさい。

［　　　　］で生きること。

問六、――⑦「その廊下を歩く誰にも私は後ろから追い抜かれた」とありますが、筆者はこのことをどのようにとらえていますか。文中から十七字で探し、最初の五字を抜き出して答えなさい。

問七、――⑨「アドラーやジッハーの言葉」とありますが、この二人の主張の説明として最もふさわしいものを次から選び、記号で答えなさい。

ア　アドラーの勝利・敗北のイメージを持たれている主張に反対して、ジッハーは病気が治った人は病気と闘って勝利したわけではないと主張している

イ　アドラーのプラス・マイナスのイメージを持たれている主張に反対して、ジッハーは新たに進化という言葉を使って独自の主張を展開している

ウ　アドラーの「優越性の追求」と呼ばれている主張に対して、ジッハーは人生は進化ではなく、他の人と比べた優劣は関係ないと主張している

エ　アドラーの上・下のイメージを持たれている主張に対して、ジッハーはアドラーの進化という言葉に注目して前に向かうイメージを強調している

問八、――⑫「等価である」とありますが、こういえる理由を説明した次の文の空欄ア・イにあてはまる言葉を、アは五字、イは三字で文中から抜き出して答えなさい。

人の価値は［　ア　］そのものにあり、どの［　イ　］にも優劣はないから。

問九、――⑬「ありがたいと思ったことを思い出した」とありますが、この経験をとりあげることで筆者が言いたいことを説明した次の文の空欄にあてはまる言葉を文中から五字で抜き出して答えなさい。

［　　　　］ことにも価値があるということ。

問十、本文の内容の説明として**ふさわしくない**ものを次から一つ選び、記号で答えなさい。

ア　生きることは変化であるが、以前の状態と今の状態とを比べて進化したとか退化したなどと見なくていい

イ　病者の心の面での負担をなくすためには、病気の状態と健康の状態とに価値の差はないと考えるべきである

ウ　貢献感が持てるように、体の不自由な人がいたら積極的に援《えん》助《じょ》の手を差しのべると結局は自分のためになる

エ　人の自分に対する評価を気にすることなく、自分の置かれている今、ここを生きることが大事である

しかし、だからといって私がその人よりも優れているわけではない。ただ歩いている場所が違うだけのことにすぎず、前を歩いていようが後ろを歩いていようが、それは優劣を持ち込むようなことではない。それぞれの人が自分のペースで歩んでいるだけである。

治療を受けたり、リハビリに励むのは、マイナスの状態からプラスの状態になるためではない。また回復は病気の前と同じ状態に戻《もど》ることでもない。そもそも回復できない病気がある。だがそれでも、リハビリをしても意味がないということにはならないのだ。

すでに見てきたように、人の価値は生きることにあるのだから、病気であるか健康であるかは関係はないのだ。

生きることについてさらに考えてみよう。

先に、生きることは「進化」ではないといった。それでは、生きることは何なのか。それは「進化」ではなく、「変化」である。

前に進めなくても、あるいはむしろ⑪後退することになってしまっても、その時その時のその人のあり方のすべてが生きることなのであって、どのあり方にも優劣はない。すでに見たように、前にいることが特別優れているわけではないからだ。

生まれた時には何もできなかった子どもに日ごとできることが増えていくことも、健康な人が病気になることも、歳《とし》を重ね、若い時には難なくできていたことが思うようにできなくなることも、どれも単なる変化なのであって、以前の状態と今の状態とを比べて進化したとか退化したなどと見なくてもいい。

さらには、変化しないということも、やはり無変化という変化である。もっとも実際には変化しないものなどはなく、ただ単に変化に気づいていないだけである。子どものような目覚ましい変化はもはやないとしても、ゆっくりとした変化ならば自分の中にもあるはずだ。

といって、変化がいいということでもない。また変化しなければならないというのも間違っている。前と今とを比べて変化に気づいたとしても、あるいは、できるようになることもできなくなってしまうことも⑫等価である。またさらには、変化がなければ、それはそれでありがたい。

脳梗塞《のうこうそく》（脳の血管が詰まり異常をきたした状態）で倒れた母の看病を週日はもっぱら私がしていたが、週末は他の家族に代わってもらっていた。週明け、早朝に看病を引き継《つ》ぐのだが、ずっと一緒《いっしょ》にいる時には病状の変化に一々動揺《どうよう》することはないのに、週末しばらくの間だけ離《はな》れていた後で母のところへ行くと、その間に何かあったのではないかと怖《こわ》くなった。そしてこのような時には大きな変化がなければ安堵《あんど》し、⑬ありがたいと思ったことを思い出した。

（岸見一郎「人生は苦である、でも死んではいけない」による。一部表記・体裁《ていさい》を改めた）

問一、——①「トシが自分のことばかりで苦しんでいるのではないことである」とありますが、この説明として最もふさわしいものを次から選び、記号で答えなさい。

ア　自分が病気で家族が負担に感じていることに苦しんでいるということ

イ　自分が病気で家族のために何もできないことに苦しんでいるということ

ウ　自分が病気で家族の支えが不十分なことに苦しんでいるということ

エ　自分が病気で家族が気をつかいすぎることに苦しんでいるということ

問二、——②「私を一生明るくする」とありますが、この説明として最もふさわしいものを次から選び、記号で答えなさい。

ア　自分が家族から優しい兄という評価を得られるということ

った。お前は私に頼んだ、ありがとう。この「ありがとう」は妹に対して貢献できたことへのありがとうである。病者は家族に迷惑をかけるどころか、家族が貢献感を持てるという貢献をしているのだ。

詩では、トシが賢治を一生明るくするために雪の一椀を頼んだことになっている。だが、もとより、賢治は④妹の存在そのものが自分を一生明るくすることを知っていたに違いない。

病気になると、たちまち多くの問題が起こる。仕事を失ったり生活に困ることになったりと、家族との関係に何らかの影響《えいきょう》を及《およ》ぼすことになる。その意味ではたしかに失うものが多く、病気の状態はマイナスと見られる。だからこそ、病気になれば健康になりたいと思い、そのために治療《ちりょう》を受け、薬を飲み、リハビリ〔社会生活に復帰するための治療的訓練〕に励《はげ》む。

アドラーは、人間の生活の全体は「下から上へ、マイナスからプラスへ、敗北から勝利へと進行する」といい、これを「⑤優越性《ゆうえつせい》の追求」と呼んでいる（『人生の意味の心理学』）。しかし私は、病気の状態は「下」でも「マイナス」でも「敗北」でもないと考える。病者はただ病気という状態にあるだけなのであって、健康な状態と比べて劣《おと》っているわけではない。下から上、マイナスからプラスになろうと努力することを、「下」や「マイナス」とするのはともかく、病気を「敗北」と見るのは問題だろう。病者は敗北したわけではない。病気に征《せい》服《ふく》されたわけでも、病魔《びょうま》に侵《おか》されたわけでもない。同様に、治癒《ちゆ》した人も病気と闘《たたか》って勝利したわけでもない。

「プラス」になることが望めないのであれば、⑥エンメイ措置《そち》を打ち切ればいいのか。たしかに簡単に決めることはできないとしても、病気や障害のために何もできない人は生きる価値がない、さらには生きていてはいけないという考えをよしとする人はやはりいないだろう。

先述のジッハー〔アドラーと同じく心理学者〕は、アドラーのいう優越性の追求は上下のイメージを喚起《かんき》するが、アドラーが「生きることは進化だ」という時、その進化は「上」「下」ではなく、「前」に向かっての動きであり、ここに優劣《ゆうれつ》はないと考えた。

ジッハーによれば、人は皆《みな》それぞれの出発点から目標に向かって前に進んでいく、同じ地平を皆が進んでいくのであり、自分より前を歩いている人もいれば、後ろを歩いている人もいる、速く歩く人もいれば、ゆっくりと歩く人もいる、ただ単にそれだけのことである。

しかし、このように見ても、なお「前」に向かうことのほうが優《すぐ》れていると取る人は多いのではないだろうか。そもそも、人生が「進化」であると考える点では、やはりアドラーと同じである。

私は入院していた時、リハビリのために病棟《びょうとう》と病棟をつなぐ長い渡り廊下《ろうか》を歩いた。その時、⑦その廊下を歩く誰《だれ》にも私は後ろから追い抜《ぬ》かれた。

この「追い抜かれる」という言い方をする時、私を追い抜いていった人が私よりも優れていることがすでに⑧ゼンテイになっている。

ゆっくりであれ前に向かって歩けばいい。他の人は関係ないのだ、そう考えてみても、前に進むこと、前にいることが、前に進めない、後ろにいることよりも優れており、⑨アドラーやジッハーの言葉を使えば、進化していることになるという考えは、なかなか否定できるものではない。

こうした進化の⑩見地に立つ限り、仮にアドラーとは違って「上」「下」ではなく「前」「後」という見方を導入したとしても、やはり前には進めない老人や回復が難しい病者は若い人や健康な人よりも劣っていることにならざるをえないだろう。

リハビリの結果、やがて私は長い距離《きょり》を楽に速く歩けるようになった。私よりも後からリハビリを始め、今はまだ短い距離をゆっくりとしか歩けない人を今度は私が追い抜くようになった。

問十、――①「カイサツ」・⑧「ハンシャ」・⑨「セイダイ」のカタカナを漢字に直し、――④「治る」・⑩「額」の漢字の読みを答えなさい。

二

次の文章を読んで、あとの各問いに答えなさい。なお、文中の言葉の下の〔　〕の中はその言葉の意味とする。

自分では何もできない人の看病や介護《かいご》をする時も、まだ自力ではできることがあまりない小さな子どもの世話をする時も、それを厭《いと》わないで、それどころか嬉々《きき》として看病、介護をできる人がいる。看病、介護、子育てはいずれも貢献感《こうけんかん》を持てる。もちろん、貢献感を持つためにすることではないが、病者のほうも家族が貢献感を持てるという貢献をしているのである。

宮沢賢治《けんじ》の二歳違《さいちが》いの妹、トシは、賢治の献身的な看病にもかかわらず、二四歳で亡《な》くなった。最愛の妹を失った賢治は、押し入れに首を突《つ》っ込《こ》んで号泣した。

賢治の「永訣《えいけつ》の朝」はこの妹を詠《うた》ったものである。この詩の中で、トシはこういっている。

「うまれでくるたて
こんどはこたにわりやのごとばかりで
くるしまなあよにうまれてくる」

今度生まれてくる時には、病の苦しみにあっても、こんなに自分のことばかりで苦しまないように生まれてくるというのである。

病気の時には自分のことしか考えられなくなる。とりわけ、痛みがひどく苦しい時には、他の人のことまでは考えられなくなる。

しかし、この詩を読んで心打たれるのは、①トシが自分のことばかりで苦しんでいるのではないことである。みぞれが降った朝、トシは「あめゆじゆとてちてけんじや」（雨雪をとってきてください）と賢治に頼《たの》んでいる。そのトシ（詩の中ではとし子）に賢治はこう語っている。

「ああとし子
死ぬといふいまごろになつて
わたくしをいつしやうあかるくするために
こんなさつぱりした雪のひとわんを
おまへはわたくしにたのんだのだ
ありがたうわたくしのけなげないもうとよ
わたくしもまつすぐにすすんでいくから」

トシが雪を一椀《ひとわん》取ってくるように頼んだことを賢治は、②私を一生明るくするためだという。だが、③トシ自身は自分がこんな形で賢治に貢献していることを知らなかった。賢治はそれが悲しいのだ。

生きていることがそのままで他者にとっての喜びであり、生きていることだけで他者に貢献している。だとすれば、病気になったからといって自分にはもはや価値がないとは思わなくてもよいはずだ。

しかし、トシはこのようには思わなかったのだろう。だから、こんなに自分のことばかりで苦しむことのないように今度は生まれてきたいといったのだ。だが、トシが雪を一椀所望《しょもう》したことは、本当に賢治の一生を明るくしてくれた。病床《びょうしょう》にある人も、家族らに迷惑《めいわく》をかけているのではないのである。

想像するに、もしも賢治が病気であればトシが看病しただろう。それなのに、兄に看病してもらっていることを受け入れることができなかった。だから、わがままな患者《かんじゃ》がするように、あれやこれやの用事を兄にいいつけることなどとうていできなかった。

そのトシが、死ぬ間際《まぎわ》に雪を一椀取ってくることを兄に頼むことには勇気がいったことだろう。しかし、トシが頼んだ時、賢治は嬉《うれ》しか耳のことをみんなに話すのはわたしの［　　　］待ってもらうということ。

問五、――⑦「先生だったら最悪だ」とありますが、「結」が思っている「先生」の説明として**ふさわしくない**ものを次から一つ選び、記号で答えなさい。

ア　腕組みをして押《お》しつけがましい言い方をするような、結の気持ちに寄りそってくれない先生

イ　体育の先生で日常生活での礼儀《れいぎ》や前向きな気持ちなど、型どおりの行動しか認めない先生

ウ　結の本心を遠慮と受け取って、親切の押し売りのように、自分の考えを押しつけてくる先生

エ　結が意地を張って自分の主張を変えないと見るや、わかったふうをしてものを言ってくる先生

問六、――⑪「ありがとう」とありますが、「結」が感謝している内容を説明した次の文の空欄にあてはまる言葉を文中から八字で抜き出して答えなさい。

結が自分自身にも［　　　］を抱《いだ》いている原因を、空腹という単純な問題にさりげなく置き換《か》えてくれたこと。

問七、――⑫「まっすぐか」とありますが、このときの「結」の気持ちの説明として最もふさわしいものを次から選び、記号で答えなさい。

ア　思ったことをそのまま口にするのが自分らしさだという指摘《してき》を受けたものの、今まさに思っていることを言い出せないでいることにもどかしさを感じている

イ　思ったことをそのまま口にする単純な人間に見えるのかもしれないが、今まさに言い出せないでいることを涼介に気づいてほしいとじれったく感じている

ウ　思ったことをそのまま口にすると評価されながら、蝶の羽ばたきの話で遠回しに耳のことを知らせようとしている自分はやはり幼いなと落ち込《こ》んでいる

エ　思ったことをそのまま口にすることが自分の良さだとすれば耳のことを打ち明けるべきなのに、それをせずに意地を張っている自分にほとほとあきれている

問八、――⑬「だいじょうぶか」とありますが、このときの「涼介」の気持ちの説明として最もふさわしいものを次から選び、記号で答えなさい。

ア　図書館に行ってばかりいないで、体力をつけて、健康を取り戻してほしいという気持ち

イ　思っていることをそのまま言って、人を傷つけるような人になってほしくないという気持ち

ウ　ムカつくのは腹が減っている証拠《しょうこ》だから、間食をしたりして工夫《くふう》してほしいという気持ち

エ　もとのようにまっすぐなものいいに戻れるように、気持ちの整理をしてほしいという気持ち

問九、本文の内容の説明として**ふさわしくない**ものを次から一つ選び、記号で答えなさい。

ア　「耳の中の蟬の声」が結の気持ちに重ねられており、その時々の結の不安のあるなしをわかりやすく表現している

イ　学校からの帰り道にある「十字路」が、結の気持ちが良い方向に変わるかどうかの分かれ道として描かれている

ウ　「パンと牛乳」を口の中で混ぜて食べる結の自然な姿が、結が大きな不安に立ち向かっていることを暗に示している

エ　「蝶の羽ばたき」の話題を出すところに、本当は自分の耳のことを話したいという結の気持ちを重ねて描いている

「なんだよ」

「蝶の羽ばたきって、十デシベル〔音の強さの単位〕の音なんだって」

「なに、それ」

「健康な耳が聞き取れるほとんど限界の音」

「ふうん。でもさ、蝶の羽ばたきって、どうやって聞けるわけ？　蝶だろ」

「だよね。わたしもふしぎ」

話してしまおうか。耳のこと。いまなら話せそうな気がする。でも、ことばは喉元《のどもと》まであがってきて、そこでとまってでてこない。

目を上げれば、青い空に桜の葉が黒ぐろとして見えた。蝉の声につつまれて、葉の隙間《すきま》から空を眺めた。

⑫まっすぐか。

わたしたちは、食べ終えてもすわっていた。

ときどき思い出したように、たわいもないことを話して。

「んじゃ、帰るか」

「うん」

ようやく立ち上がった。

十字路できかれた。

「⑬だいじょうぶか」

耳の中の蝉の声は消えていた。

「うん。だいじょうぶ。ありがと」

涼介が照れたように見えた。感謝されることが苦手なのかな。

（森埜こみち「蝶の羽ばたき、その先へ」による。
一部表記・体裁《ていさい》を改めた）

問一、――②「ママがわたしの手をにぎり大きくふった」とありますが、このときの「ママ」の気持ちを説明した次の文の空欄《くうらん》にあてはまる言葉を考えて七字以内で答えなさい。

娘を少しでも［　　　　］という気持ち。

問二、――③「ママはゆずらなかった」とありますが、

1　この理由にあたる一文を文中から探し、最初の五字を抜き出して答えなさい。

2　「結」と「ママ」の考えの食い違《ちが》いの説明として最もふさわしいものを次から選び、記号で答えなさい。

ア　結は前の座席になることで授業であてられることがいやなのに対し、ママは前の座席で先生の話をしっかりと聞くことができる方が結のためだと考えている

イ　結は耳のことを友達に知られると仲間外れにされると恐《おそ》れているのに対し、ママは知らせずに聞きもらしてしまう方が友達に迷惑《めいわく》をかけると考えている

ウ　結は耳が回復する可能性をまだ捨てきれていないのに対し、ママはすでに耳が聞こえなくなると決めつけて今後の学校生活のことを考えている

エ　結は周囲に気をつかわせることがいやだと考えているのに対し、ママは不安を少しでも減らすために周囲の協力を得ることが重要であると考えている

問三、――⑤「先生、みんなには、そのことをなんて説明するんですか」とありますが、「結」は、みんなに片耳が聞こえないと伝えた場合、どのような気持ちを持たれてしまうと予想していますか。それにあたる言葉を文中から三つ探し、それぞれ六字以内で抜き出して答えなさい。

問四、――⑥「ママは先生に、ちゃんとわたしの気持ちを伝えてくれたんだろうか」とありますが、「わたし」が伝えてほしいことを説明した次の文の空欄にあてはまる言葉を文中から十五字で探し、最初の五字を抜き出して答えなさい。

涼介がへらっと笑った。

「やっと山口っぽくなったな」

「どういうこと？」

「山口って、思ったことまっすぐにいうよな」

「……」

「オレさ、ずっとそう思ってた。でも最近、なんか変わったよなあって」

気づいていたんだ。わたしが変わったって。

「かりに、もしかりに、わたしがまっすぐなものいいをしていたとして、そして、いまはそうじゃなくなったとしたら、それは、わたしがねじくれたからだよ」

ことばにすると、手におえない感情が後追いのようにわきあがってくる。

涼介は笑った。

「やっぱ、山口らしいや」

「どこが」

「そのいい方」

「理屈《りくつ》っぽいっていうわけ？ それとも子どもっぽい？」

「そうじゃなくて、まっすぐ。山口ってまっすぐなんだよ。だけどいま、なんかムカついてるだろ。そういうときはだな」

涼介はズボンのポケットに手を入れた。

「ここ動くなよ」

わたしが答える間もなく走っていった。

カバンを置きっぱにされたんじゃ、動くに動けないよ。まぶしいグラウンドを眺《なが》めながら、蝉の声を聞いた。あまりに⑨セイダイな鳴き声で、耳鳴りがかき消されている。耳の中の蝉の声とほんものの蝉の声を聞き分けることなんてできなくて、可笑《おか》しくなってくる。

思いのほか早く、涼介が戻《もど》ってきた。⑩額に玉の汗《あせ》をかき、手にはコンビニの袋をもっている。その袋から、あんパンと牛乳のパックをだした。

「オレ、この組み合わせがいちばんだと思うんだよな。山口、こしあんとつぶあん、どっちがいい？」

「つぶあん」

「オレも」

つぶあんのあんパンと牛乳パックをくれた。

「でも、わたし、どっちでもいい」

「両方つぶあんだって。ぜってえ、つぶあんのほうがうめえもん」

「うん」

汗をかいている牛乳パックにストローをさし、あんパンを食べて、牛乳を飲んだ。口の中にまだあんパンがあるうちに牛乳を飲んだ。品がわるいと思われてもかまわない。こうするとおいしい。

「お金、あとで払《はら》うね」

「倍返しでな」

「それはないでしょ」

「ならいらね」

へらっと笑う。

⑪ありがとう。わたしがイラついているのは腹がへっているせいだとしてくれて。お腹《なか》はすいていなかったけれど、でも、おいしい。この牛乳とあんパン、おいしい。

「ねえ、蝶《ちょう》の羽ばたきって、聞いたことある？」

「はっ」

「蝶が羽ばたく音、飛ぶ音」

「ない。山口、あんの？」

「ない」

「なにすっかなあ」

のんびりした声。

「となりを歩くこといがいなら、なんでもどうぞ」

涼介はまたへらっと笑った。その横顔を見ながら、右側を歩いてくれてよかったと、そんなことを、こんなときも、わたしの頭は考えてしまう。

「こっち行こうぜ」

十字路を右に曲がろうとした。

「じゃあ。わたし、こっちだから」

「山口も気に入ると思うよ」

「なにが」

「そこ」

「そこってどこ」

「行けばわかる」

「疲《つか》れた」

「あとちょっと歩けばすわれる」

結局、わたしは家には向かわず、右に曲がった。どうしてだろう。涼介がねばったからか。あるいは涼介の脱力感《だつりょくかん》がうつって、なるようになれと思ったのか。

そこは運動公園だった。公園の外側の道を歩いたことはあったけれど、中に入ったことはなかった。木々に囲まれていて外からはあまり見通しのきかない公園は、入ってみると中央にグラウンドがあって、真昼の光を⑧ハンシャしていた。

木々のあいだにぽつぽつとおかれている木製のベンチのひとつに涼介がすわった。わたしもすわった。木陰《こかげ》になっているせいか、思いがけず涼《すず》しかった。足元にはオオバコが生えている。そして蝉の声がすごかった。降るような蝉の声、ほんものの蝉の声だ。

涼介がグラウンドの向こうを指さして、なにかいった。

「なに？」

声を大きくして聞き返した。

「向こうに柵《さく》で囲まれているところあるの、わかる？」

目をこらした。

「小学生のとき、あそこでよく試合したなあ」

「なんの？」

「サッカー。あそこ、有料のグラウンドなんだ」

「小学校のときからサッカーやってたの？」

「ここくるの、すっげえ、ひさびさ」

わたしたちは声を張り上げるようにして話した。

「山口は小学校のとき、なにやってた？」

「なにも」

「バイオリンとか弾《ひ》いてそうに見えるけどな」

「バイオリン？」

「なんとなく、イメージ」

へええ。そんなふうに見えるんだ。

「そうだ。思い出した。涼介、ピアノ弾くよね。習ってたの？」

去年のクラス対抗《たいこう》の合唱コンクールで伴奏《ばんそう》をしたのは涼介だった。

「突《つ》き指すんなとか、やたらうるさくいわれっから五年のときやめた」

「ピアノとサッカー、両方やってたんだ」

「山口は？」

だからなにもっていったじゃない、ということばは飲みこんだ。

「うーん、図書館にはよくいってた。いまもいくけど」

「真面目《まじめ》そうだもんなあ」

「そのいい方、ちょっと傷つくんですけど」

ったらと考えると怖《こわ》い。それに、右耳で聞くから窓際《まどぎわ》の席がいい。なら、いまのままがいちばんいい。
「このままがいいです」
「ほんとうに、いいのか」
「はい」
「まあ、席替えはいつでもできるからな。困ったことがあったらいってくれ。なんでもいいからな。遠慮するなよ」
下を向いた。なぜだか先生と顔をあわせたくなかった。
わたしの態度が頑《かたく》なに見えたのか、先生は教え諭《さと》す〔よくわかるように話し聞かせる〕ようにいった。
「なあ山口、片方の耳だけでよかったじゃないか。そうだろ。日常生活には問題がないんだろ。いまだって、こうやって問題なく会話ができている。わるいほうにだけ考えるな。もっとゆったり構えて、明るいほうを見ろ」
いらっとした。どうしようもなく、いらっとした。先生のいっていることは正しいんだろう。先生はわたしを励《はげ》ますためにいってくれているんだろう。だけど、たまらない。よかったじゃないか、片耳でって。そんなこと、簡単にいわないでほしい。先生は、片耳が聞こえないということがどういうことか、知っていますか。知らないくせに、それなのにそんなに簡単に、ことばにしないでほしい。
「すみません。もういいですか」
立ち上がった。
先生はあっけにとられたようだった。憮然《ぶぜん》〔失望してぼんやりとしている様子〕ともしていた。
わたしの態度は礼を失しているんだろう。だけど、ここにいたくない。相談室をでた。
耳鳴りがひどい。もうほとんどしなくなっていたのに、してもキーンという音なのに、いまは蝉《せみ》の声がする。ジージーと鳴く蝉の声がする。ああうるさい。早く帰ろう。帰って休もう。
下駄箱《げたばこ》からだした靴《くつ》を下においた拍子《ひょうし》に、耳鳴りがさらに強くなって、頭を抱《かか》えてしゃがみこんだ。
どのくらいそうしていただろう。長い時間じゃない。
「だいじょうぶか」
声がした。わたしにいっているんだろうか。
「山口、だいじょうぶか」
やっぱりわたしだ。
先生じゃないよね。⑦先生だったら最悪だ。
「山口」
顔を上げた。思いもよらない顔があった。
「おまえ、だいじょうぶか」
なんで涼介《りょうすけ》がここにいるんだろう。
ゆっくり立ち上がった。耳鳴りはひどいけれど、なんとか、だいじょうぶ。
「すこし休んだほうがよくね。保健室とか」
「だいじょうぶ」
早く家に帰りたかった。
涼介を避《さ》けるように玄関《げんかん》を抜け、校門をでた。なのに涼介がとなりを歩く。
「部活じゃないの？」
「さすがにきょうはねえって」
へらっと笑う。
「こんなに早く帰れるの、ひさびさだなあ」
目を細めて空を見上げている。
ああ日差しが強い。暑い。夏はきらいだ。

たくない。

「みんなに、なんていっていいかわからない。だから学校にいわないで」

でもママはうんといわなかった。

「なんで？　わたしのことはわたしが決めてもいいでしょ」

「結、これは別」

③ママはゆずらなかった。

無性《むしょう》に腹が立った。

「きょういわれて、きょう認めなくちゃいけないの。④治るって信じてきた。かならず治るって信じて、毎日病院に通ったんだよ。それなのに、もういわなくちゃいけないの。わたしの耳は聞こえなくなりましたって、みんなにいわなくちゃいけないの。なんで？　わけわかんない！」

ヒステリー〔感情をむき出しにした状態〕を起こしたみたいに叫《さけ》んでいた。

「わかった。わかったから。結の気持ちはわかったから。みんなに話すのはあとにしてもらおう。結の気持ちがいいって思えるときまで待ってもらおう。でも、石川先生にだけは伝えておかなきゃ。わかっておいてもらわなきゃ」

「なら終業式の日にして」

それなら、つぎの日から夏休みだ。顔をあわせずにいられる。

「うん、そうね。そうするわね」

終業式の日。帰りのホームルーム〔学級活動〕が終わると、石川先生に声をかけられた。

「山口、帰る前に職員室にきてくれ」

なんのことかはすぐにわかった。

（中略）

職員室にいくと、石川先生はすぐに立ち上がり、ついてこいというように職員室をでた。いった先は相談室だった。先生に続いて中に入り、引き戸をしっかり閉めた。

「まあ、すわれや」

先生はどっかと腰《こし》をおろし、腕《うで》組みをした。

「お母さんがこられて、耳のことを話していかれた。たいへんだったな」

どう答えたらいいんだろう。わからなくて黙った。

「二学期になったら席替《が》えをしなけりゃならんと思っていた。前の席にするか？　お母さんは、山口はほとんど右の耳だけで聞いているはずだといっていた。教壇《きょうだん》の前の席にするか？」

それはいやだ。わたしは背が高い。背が高いわたしがいちばん前の席になるのは、しかも真ん中だなんて、絶対いやだ。

「席はこのままでいいです」

「遠慮しなくてもいいんだぞ。なにも山口だけが席替えをするわけじゃない。クラス全員席替えをするんだ。ただ、おまえの席だけは決めておくということだ」

⑤先生、みんなには、そのことをなんて説明するんですか。

⑥ママは先生に、ちゃんとわたしの気持ちを伝えてくれたんだろうか。

「な、山口、そうしないか。そのほうがいいだろ」

たしかに前の席なら、先生の声は聞きやすいだろう。だけどいやだ。この気持ちをどういったらわかってもらえるだろう。

「後ろの席のほうが……、後ろの席なら、だれが手を上げて、だれが当てられたかわかります。だから、後ろの席のほうがいいです」

苦しまぎれにでたことばだったけれど、うそではなかった。見てわかるほうがいい。いちばん前の席にすわり、後ろがまったく見えなか

二〇二一年度 明治大学付属中野八王子中学校

【国語】〈A方式第一回試験〉（五〇分）〈満点：一〇〇点〉

〈注意〉字数には、句読点《くとうてん》も記号も一字として数えます。

一　次の文章を読んで、あとの各問いに答えなさい。なお、文中の言葉の下の〔　〕の中はその言葉の意味とする。

帰り道、ママもわたしも黙《だま》ったままだった。

駅の①カイサツを通って空の下に立ったとき、②ママがわたしの手をにぎり大きくふった。

「結《ゆい》、おいしいもの食べよう。なに食べる？　なんでもいいわよ」

思い浮《う》かばなかった。

「ステーキにしようか」

「ステーキよりハンバーグのほうがいい」

「安上がりねえ。そんなんでいいの？　あとは？」

「おいしいトマトも」

「おいしいトマトか。高いのにしようね」

駅前のスーパーに入って買い物をした。ママはハンバーグに必要なものだけじゃなく、いろいろ買った。いちばん高いコーヒーも買ったし、いちばん高いアイスクリームも買った。ふたつのかごにいっぱいになったから、わたしも両手にレジ袋《ぶくろ》を持つことになった。

その日、ママがつくってくれたハンバーグはおいしかった。ポテトのマッシュも、ニンジンのグラッセも手を抜《ぬ》いてなかった。わたしは、ごはんをおかわりして、ママはすごく喜んだ。

「ごちそうさまでした」

「おそまつさまでした」

ママが頭をさげた。さげたまま、あげなかった。

「結、ごめんね。気づいてあげられずに、ごめん。すぐに治療《ちりょう》すれば、こんなことにならなかったのに。ほんとうにごめん」

ママの声がふるえていて、どきりとした。泣くのを見たくない。

「ママのせいじゃない」

わたしがわるい。いわなかったわたしがわるいのだ。だけどこんなことになるなんて、あのときはまったく考えていなかった。耳鳴りなんか大したことない、そのうち消えてなくなると思っていた。ある日突然《とつぜん》聞こえなくなることがあるなんて、知りもしなかった。

ママは顔をあげ、指で涙《なみだ》をぬぐった。

「月曜日、学校にいくね。石川先生に伝えておかなくちゃ」

なんで？

「わたし、こっち聞こえるから、だいじょうぶだよ」

日常生活はふつうに過ごすことができる。

「でも、困ることがあるでしょ。こういうことは早いほうがいい。早く知ってもらって、きちんと対応してもらうほうが、結だって楽になる」

きちんと対応？　いったい、どんな対応をしてもらえるんだろう。

バスケのことを考えた。山口の左の耳は聞こえない。どこから声をかけられたかわからない。だから配慮《はいりょ》しろ。いいか、チームワークが大事だぞ。そう体育の先生がいったなら、みんなはどうするだろう。どうしていいかわからず困惑《こんわく》する顔が浮かんだ。

山口が聞き返したなら、めんどくさがらず答えてやれ。右耳しか聞こえないんだ。石川先生がそういったなら、みんなはどう思うだろう。かわいそうだと思うかもしれない。かわいそうだけれど、何度も聞き返されるのは、やっぱりめんどくさいと感じるだろう。そんな顔を見

2021年度
明治大学付属中野八王子中学校　▶解説と解答

算　数　＜Ａ方式第１回試験＞（50分）＜満点：100点＞

解　答

1 (1)　33　(2)　9　(3)　1690　(4)　$\frac{25}{152}$　**2** (1)　1956m^2　(2)　50円　(3)　200 g　(4)　1035円　(5)　10107cm　(6)　9.42cm　**3** (1)　6　(2)　715m　(3)　312人　(4)　31cm^2　(5)　189cm^3　**4** (1)　40.5 L　(2)　60cm　**5** (1)　6 個　(2)　40個

解　説

1　四則計算，計算のくふう，逆算

(1)　$45-\{24\div4+(23-9)\times3\div7\}=45-(6+14\times3\div7)=45-(6+42\div7)=45-(6+6)=45-12=33$

(2)　$7\frac{1}{2}\times\left(0.625-\frac{1}{4}\right)\times1.6\div\left(2\frac{1}{4}-1.75\right)=\frac{15}{2}\times\left(\frac{5}{8}-\frac{1}{4}\right)\times1\frac{3}{5}\div\left(\frac{9}{4}-1\frac{3}{4}\right)=\frac{15}{2}\times\left(\frac{5}{8}-\frac{2}{8}\right)\times\frac{8}{5}\div\left(\frac{9}{4}-\frac{7}{4}\right)=\frac{15}{2}\times\frac{3}{8}\times\frac{8}{5}\div\frac{2}{4}=\frac{9}{2}\div\frac{1}{2}=\frac{9}{2}\times\frac{2}{1}=9$

(3)　$A\times B+A\times C=A\times(B+C)$となることを利用すると，$21\times39+52\times49+39\times9-39\times52=39\times(21+9)+52\times(49-39)=39\times30+52\times10=1170+520=1690$

(4)　$1\frac{19}{20}-0.3=\frac{39}{20}-\frac{3}{10}=\frac{39}{20}-\frac{6}{20}=\frac{33}{20}$より，$\left(2\frac{5}{16}-\square\times1.9\right)\times\frac{33}{20}+\frac{1}{5}=3.5$，$\left(2\frac{5}{16}-\square\times1.9\right)\times\frac{33}{20}=3.5-\frac{1}{5}=3.5-0.2=3.3$，$2\frac{5}{16}-\square\times1.9=3.3\div\frac{33}{20}=\frac{33}{10}\times\frac{20}{33}=2$，$\square\times1.9=2\frac{5}{16}-2=\frac{5}{16}$　よって，$\square=\frac{5}{16}\div1.9=\frac{5}{16}\div\frac{19}{10}=\frac{5}{16}\times\frac{10}{19}=\frac{25}{152}$

2　単位の計算，和差算，濃度《のうど》，相当算，植木算，面積

(1)　1 km^2は１辺の長さが１km(＝1000m)の正方形の面積だから，１km^2＝１km×１km＝1000m×1000m＝1000000m^2となる。したがって，0.002km^2は，0.002×1000000＝2000(m^2)とわかる。また，１m^2は１辺の長さが１m(＝100cm)の正方形の面積なので，１m^2＝１m×１m＝100cm×100cm＝10000cm^2となる。そこで，60000cm^2は，60000÷10000＝６(m^2)だから，0.002km^2－50m^2＋60000cm^2＝2000m^2－50m^2＋６m^2＝1956m^2と求められる。

(2)　下の図①のように表すことができる。りんごの値段をなしの値段にそろえると，なし，２＋３＝５(個)の金額が，205＋15×３＝250(円)となる。よって，なし１個の値段は，250÷５＝50(円)と求められる。

図①

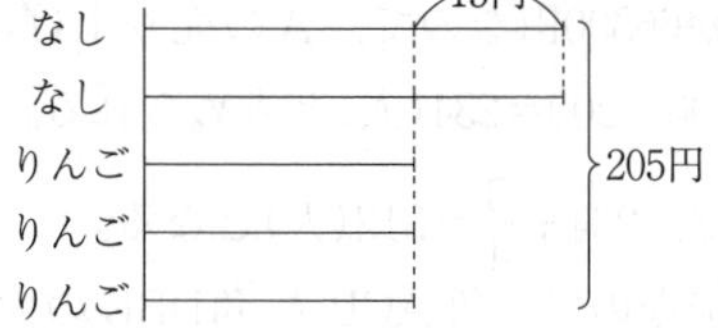

図②

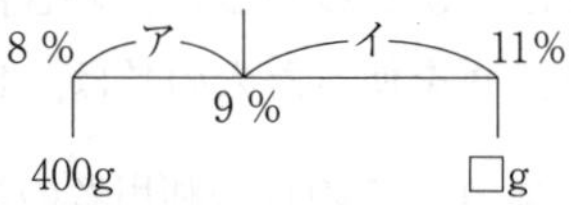

図③

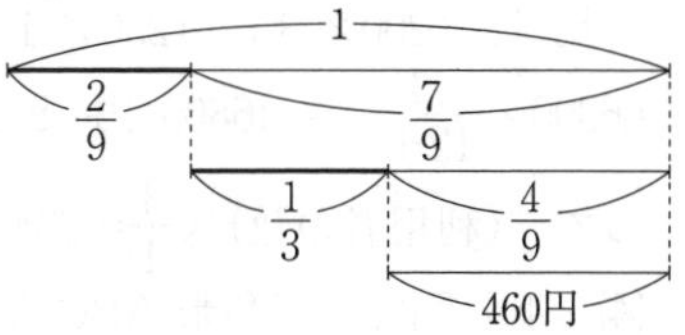

(3)　11％の食塩水の重さを□gとして図に表すと，上の図②のようになる。図②で，アとイの比は，(9−8)：(11−9)＝1：2なので，8％の食塩水と11％の食塩水の重さの比は，$\frac{1}{1}$：$\frac{1}{2}$＝2：1とわかる。よって，□＝400×$\frac{1}{2}$＝200(g)と求められる。

(4)　上の図③のように，はじめに持っていたお金を1とすると，1回目に使ったお金は，1×$\frac{2}{9}$＝$\frac{2}{9}$だから，その残りは，1−$\frac{2}{9}$＝$\frac{7}{9}$となる。すると，2回目に使ったお金は，$\frac{7}{9}$×$\frac{3}{7}$＝$\frac{1}{3}$なので，その残りは，$\frac{7}{9}$−$\frac{1}{3}$＝$\frac{4}{9}$とわかる。これが460円だから，(はじめに持っていたお金)×$\frac{4}{9}$＝460(円)より，はじめに持っていたお金は，460÷$\frac{4}{9}$＝1035(円)と求められる。

(5)　右の図④で，1個の輪の外側の直径(アの長さ)は，5＋1×2＝7(cm)なので，つなぎ目がなかったとすると，2021個の輪の長さの合計は，7×2021＝14147(cm)になる。また，つなぎ目1か所の長さ(イの長さ)は，1×2＝2(cm)であり，つなぎ目は全部で，2021−1＝2020(か所)あるから，つなぎ目の長さの合計は，2×2020＝4040(cm)となる。よって，はしからはしまでの長さは，輪の長さの合計よりもつなぎ目の長さの分だけ短くなるので，14147−4040＝10107(cm)と求められる。

図④

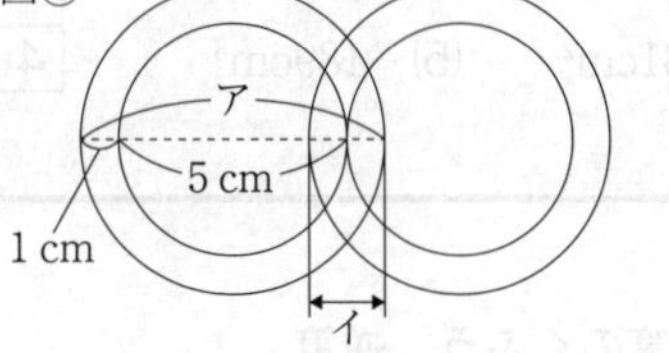

図⑤

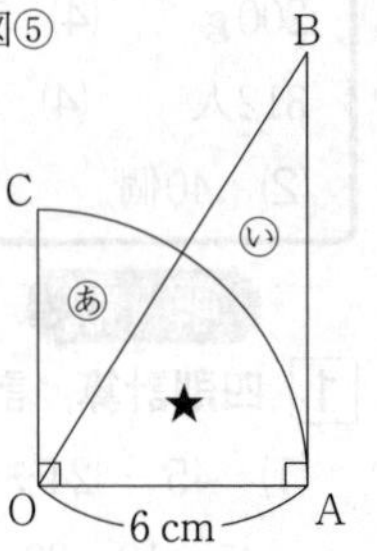

(6)　右上の図⑤で，(あ)と(い)の面積が等しいから，両方に★印の部分の面積を加えると，((あ)＋★)と((い)＋★)の面積も等しくなる。つまり，おうぎ形OACと三角形OABの面積も等しくなる。ここで，おうぎ形OACの面積は，6×6×3.14×$\frac{90}{360}$＝9×3.14＝28.26(cm^2)なので，三角形OABの面積も28.26cm^2であり，ABの長さは，28.26×2÷6＝9.42(cm)とわかる。

3　周期算，速さと比，売買損益，割合と比，面積，体積

(1)　{3，4，7，8}の4個の数をくり返しかけている。また，2021÷4＝505余り1より，この4個の数を全部で505回かけ，最後に3をかけていることがわかる。さらに，3×4＝12，2×7＝14，4×8＝32より，3×4×7×8の一の位は2とわかるから，2を505回かけた数に3をかけた数の一の位を求めればよい。次に，2，2×2＝4，4×2＝8，8×2＝16，6×2＝12，…より，2を次々とかけてできる数の一の位は{2，4，8，6}の4個の数がくり返されるので，505÷4＝126余り1より，2を505回かけた数の一の位は2とわかる。よって，これに3をかけると，2×3＝6と求められる。

(2)　上りと下りの速さの比は，65：110＝13：22だから，上りと下りにかかった時間の比は，$\frac{1}{13}$：$\frac{1}{22}$＝22：13である。この和が17分30秒なので，上りにかかった時間は，$17\frac{30}{60}$×$\frac{22}{22+13}$＝11(分)とわかる。よって，この坂道の長さは，65×11＝715(m)と求められる。

(3)　Aを使った人とBを使った人の数の比は，$\frac{3}{4}$：$\left(1-\frac{3}{4}\right)$＝3：1だから，AとBの売り上げの比は，(200×3)：(250×1)＝12：5とわかる。この合計が66300円なので，Aの売り上げは，66300×$\frac{12}{12+5}$＝46800(円)となり，Aを使った人の数は，46800÷200＝234(人)と求められる。よって，(利用者の数)×$\frac{3}{4}$＝234(人)より，この日の利用者の数は，234÷$\frac{3}{4}$＝312(人)となる。

(4)　下の図で，三角形ABCと三角形DBEは直角二等辺三角形なので，角ACBと角DBEの大きさは45度であり，三角形FBCと三角形GECも直角二等辺三角形になる。また，三角形FBCの底辺をBCとすると，底辺の長さは14cmだから，高さは，14÷２＝７(cm)となり，三角形FBCの面積は，14×７÷２＝49(cm^2)とわかる。さらに，ECの長さは，14－８＝６(cm)なので，三角形GECの面積は，６×６÷２＝18(cm^2)となり，斜線《しゃせん》部分の面積は，49－18＝31(cm^2)と求められる。

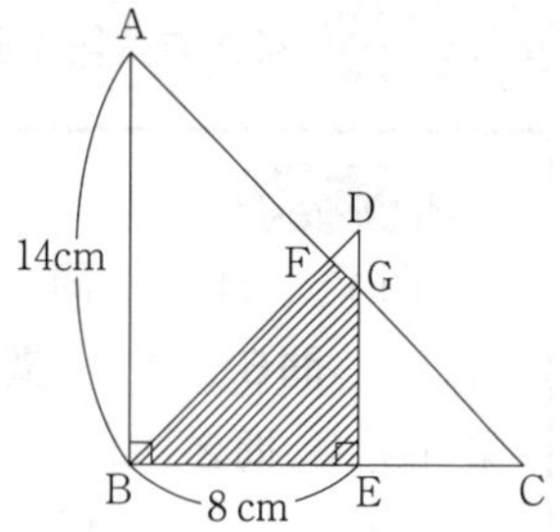

⑸　問題文中の立体を向きを変えて２つ重ねると，高さが，４＋５＝９(cm)の直方体になる。この直方体の体積は，７×６×９＝378(cm^3)だから，１つの立体の体積は，378÷２＝189(cm^3)とわかる。

４　グラフ―水の深さと体積

⑴　正面から見ると右の図のようになる。Ⅱの部分の水の体積は，120×150×(75－30)＝810000(cm^3)であり，Ⅱの部分に入れるのにかかった時間は，28－８＝20(分)だから，毎分，810000÷20＝40500(cm^3)の水を入れたことがわかる。また，１Lは1000cm^{3}なので，これは，40500÷1000＝40.5(L)となる。

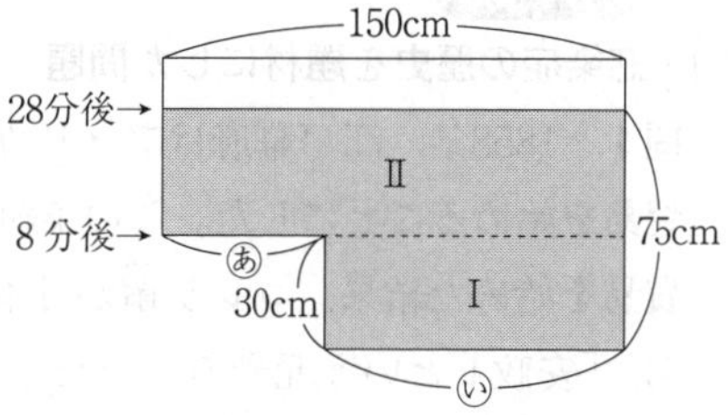

⑵　Ⅰの部分に入れるのにかかった時間は８分だから，Ⅰの部分の水の体積は，40500×８＝324000(cm^3)とわかる。よって，Ⅰの部分の底面積は，324000÷30＝10800(cm^2)なので，(い)の長さは，10800÷120＝90(cm)となる。したがって，(あ)の長さは，150－90＝60(cm)と求められる。

５　平面図形―構成

⑴　左側の正六角形の頂点だけを使う場合は，下の図１のように２個できる。同様に，右側の正六角形の頂点だけを使う場合も２個できる。また，両方の正六角形の頂点を使う場合は，下の図２のように２個できる。よって，全部で，２＋２＋２＝６(個)となる。

図１

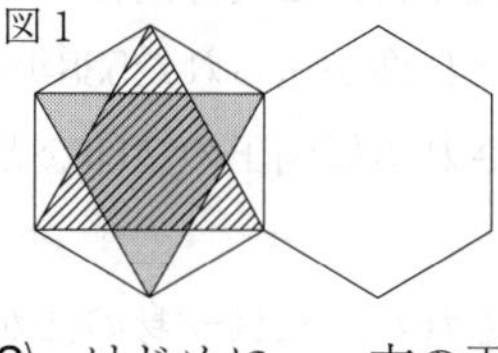

図２

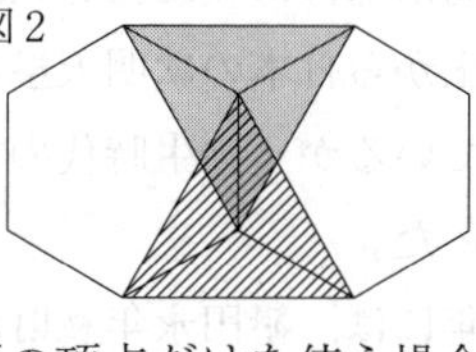

図３

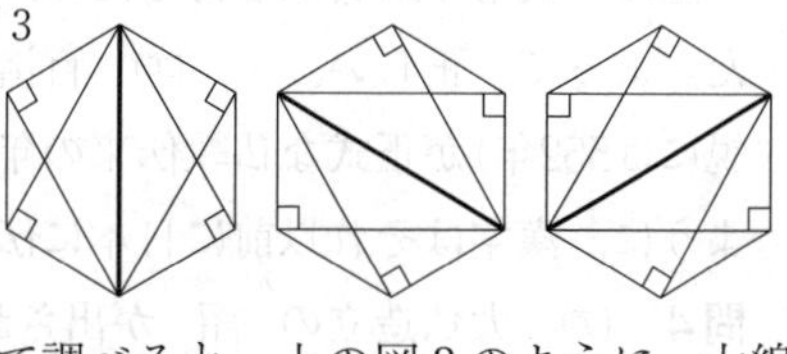

⑵　はじめに，一方の正六角形の頂点だけを使う場合について調べると，上の図３のように，太線を１つの辺とする直角三角形がそれぞれ４個ずつできる。よって，左右の正六角形に，４×３＝12(個)ずつできるから，これらの合計は，12×２＝24(個)となる。次に，両方の正六角形の頂点を使う場合について調べると，下の図４のように８個できることがわかる。さらに，これらを左右対称《たいしょう》にしたものが８個あるので，全部で，24＋８×２＝40(個)と求められる。

図４

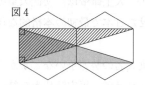

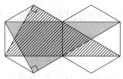

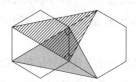

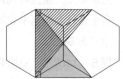

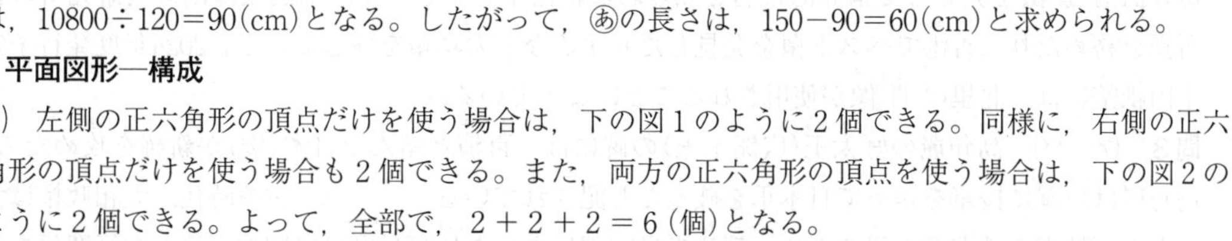

社　会　＜Ａ方式第１回試験＞（30分）＜満点：50点＞

解　答

1　問１　安政　　問２　(エ)　　問３　(ウ)　　問４　(イ)　　問５　（例）　応仁の乱が起こったから。　　問６　(ア)　　問７　(イ)　　問８　(イ)　　問９　(ア)　　問10　(イ)　　2　問１　経済産業(省)　　問２　①　(エ)　②　(カ)　③　(オ)　④　(ア)　⑤　(ケ)　⑥　(ク)　⑦　(ウ)　⑧　(イ)　　3　［Ａ］　③　［Ｂ］　⑧　［Ｃ］　⑤　［Ｄ］　②　［Ｅ］　⑥　　4　問１　(オ)　　問２　(エ)　　問３　(イ)　　問４　(C)　　問５　(ウ)　　問６　(イ)　　問７　(イ)　　問８　(イ)　　問９　緊急事態

解　説

1　感染症《しょう》の歴史を題材にした問題

問１　1858年，江戸幕府はアメリカ・イギリス・フランス・ロシア・オランダと通商条約を結び，貿易を始めることにした。この条約はまとめて「安政の五カ国条約」とよばれる。こうして外国と貿易を始めた結果，コレラ菌《きん》が日本に持ちこまれて大流行し，「安政狐狼狸《コロリ》」などとよばれた。なお，「安政」という元号のついたできごととしては，安政の五カ国条約に批判的な人々を大老井伊直弼が弾圧した安政の大獄《たいごく》(1858～59年)がある。

問２　北里柴三郎《しばさぶろう》は明治時代後半，ドイツに留学して細菌学の権威《けんい》コッホのもとで研究中，破傷《はしょう》風《ふう》の血清療法《りょうほう》を発見して世界的に名を知られる細菌学者となった。帰国後は伝染病研究所の初代所長を務めたり，香港《ホンコン》でペスト菌を発見したりするなどの功績を残している。2024年度発行予定の千円紙幣《しへい》には，北里の肖像《しょうぞう》が使用されることになっている。

問３　(ア)，(イ)　高句麗《こうくり》の好太王《こうたいおう》(広開土王)の碑《ひ》には，百済《くだら》と結んだ日本(倭《わ》)が新羅《しらぎ》を攻《せ》めたので，高句麗は新羅に援軍を送って日本軍を破ったと記されている。　(ウ)　古墳時代，大和政権は大陸の進んだ技術や鉄資源を得るため，朝鮮半島南部にあった任那《みまな》(加羅《から》)諸国や百済と友好関係を築いた。よって，正しい。　(エ)　百済の聖明《せいめい》王から日本の欽明《きんめい》天皇に経典と仏像が送られた538年(一説には552年)が正式な仏教伝来の年とされているが，弥生時代のものとされる奴国王《なこくおう》の金印などのように，漢字はそれ以前に日本に伝わっていた。

問４　(ア)　大仏造立の詔《みことのり》が出された743年には，墾田《こんでん》永年私財法が出された。三世一身の法が出されたのは，723年のことである。　(イ)　奈良時代には疫病《えきびょう》の流行や貴族どうしの争い，地方の反乱などの社会不安があいついだ。そのため，聖武天皇は仏教の力で国を安らかに治めようと願い，741年に地方の国ごとに国分寺と国分尼《に》寺を建てるよう命じた。よって，正しい。　(ウ)　富本銭は飛鳥時代後半に鋳造《ちゅうぞう》された日本最古とされる貨幣で，貨幣としての価値や流通範囲《はんい》など不明な点が多く，奈良時代に流通したという事実は確認されていない。　(エ)　大宝律令は，文武天皇の命を受けた藤原不比等《ふひと》と刑部《おさかべ》親王らが，飛鳥時代末の701年に完成させた日本で最初の本格的な律令である。

問５　1467年，室町幕府の第８代将軍足利義政の後つぎ争いに有力守護大名の勢力争いなどがからみ，応仁の乱が始まった。約11年続いた戦いで主戦場となった京都は荒れはてて，平安時代から続いていた祇園《ぎおん》祭も中断された。しかし1500年，町衆とよばれる富裕《ふゆう》な商工業者によって再開され，現

在にいたる。

問６　(ア)　平清盛は大輪田泊《おおわだのとまり》(現在の神戸港の一部)を修築して，宋(中国)と民間貿易を始めた。よって，正しい。　(イ)　平清盛が保護した厳島《いつくしま》神社は，山口県ではなく広島県にある。　(ウ)　平清盛は1180年，福原京(兵庫県)に都をうつしたが，すぐに京都にもどった。　(エ)　源頼朝が伊豆で挙兵したのは1180年，清盛が亡くなったのはその翌81年のことである。

問７　徳川吉宗は江戸幕府の第８代将軍になると，享保の改革(1716～45年)とよばれる幕政改革を行い，目安箱の設置，上米の制の導入，公事方御定書の制定などを行った。1733年には，享保の飢《き》饉《きん》や疫病によって亡くなった人たちの魂をとむらうため，両国川開きを行い，そのときに花火が打ち上げられたことが，現在の隅田川花火大会の起源とされている。なお，(ア)は第５代，(ウ)は第11代，(エ)は第15代将軍。

問８　(ア)は1860年，(イ)は1825年，(ウ)は1863年，(エ)は1866年のできごとなので，(イ)が正しい。

問９　(ア)　日本は第一次世界大戦後の1919年に開かれたパリ講和会議に戦勝国として参加し，ベルサイユ条約に調印した。よって，正しい。　(イ)　日本が中華民国(中国)に二十一カ条の要求をつきつけたのは，第一次世界大戦中の1915年のことである。　(ウ)　四カ国条約は，1921年に開かれたワシントン会議でアメリカ・イギリス・フランス・日本が結んだ条約である。この条約によって太平洋の島々に関する勢力範囲や権利の維持が約束された。　(エ)　日本は1925年に日ソ基本条約を結んで社会主義国のソ連(ソビエト連邦)を承認し，ソ連との国交を樹立させた。

問10　(イ)は，天保の飢饉ではなく天明の飢饉について説明した文である。

2　伝統的工芸品についての問題

問１　経済産業省は経済や産業，通商政策や，資源，エネルギーなどについての仕事を担当する行政機関である。伝統的工芸品の指定も仕事としており，経済産業大臣が指定した伝統的工芸品には，資料にある伝統証紙の使用が認められる。

問２　①　小千谷ちぢみの産地として知られる小千谷市は，(エ)の新潟県の中部に位置する。　②　丸亀《まるがめ》うちわは香川県の丸亀市周辺でつくられるうちわのことで，丸亀市は(カ)の香川県の北西部に位置する。　③　萩《はぎ》焼は，豊臣秀吉の朝鮮出兵のさいに連行された朝鮮人の陶工《とうこう》によって始められた焼き物で，(オ)の山口県北部に位置する萩市一帯でつくられている。　④　将棋《しょうぎ》の町として知られる天童市は，(ア)の山形県の中部に位置する。　⑤　(ケ)の兵庫県中南部に位置する小野市ではそろばんづくりがさかんで，この地域でつくられるそろばんは，旧国名である播磨《はりま》にちなんで播《ばん》州《しゅう》そろばんとよばれる。　⑥　(ク)の岩手県の県庁所在都市である盛岡市や，南部の奥州市では，鉄瓶《てつびん》などで知られる伝統的工芸品の南部鉄器がつくられている。　⑦　久留米市は(ウ)の福岡県の南西部に位置する都市で，綿織物である久留米がすりの産地として知られる。　⑧　(イ)の石川県北部に位置する輪島市で生産される漆器《しっき》を，輪島塗という。石川県はほかにも，九谷焼や加賀友禅などの伝統的工芸品で知られる。　なお，(キ)は佐賀県，(コ)は福島県で，それぞれ有田焼(伊万里焼)や会津塗などの伝統的工芸品の産地がある。

3　日本の各地域の特色についての問題

［Ａ］　福井県南部から京都府北部に伸びる③の若狭《わかさ》湾は典型的なリアス海岸として知られ，福井県側の沿岸部はいくつもの原子力発電所や研究施設があることから，「原発銀座」ともよばれる。沖合には，日本海を北上する対馬《つしま》海流が流れている。

［B］　木曽川・長良川・揖斐《いび》川という木曽三川は，⑧の中央左側に描かれた伊勢湾に注ぐ。伊勢湾では，沿岸部を中心に中京工業地帯が形成されており，三重県の四日市市では石油化学工業，愛知県の東海市では鉄鋼業がさかんである。また，愛知県南東部の渥美《あつみ》半島は，豊川用水の開発によって農業がさかんな地域となり，電照菊やメロン，キャベツなどの一大産地となっている。リアス海岸が広がることで知られる三重県の志摩《しま》半島では，明治時代に御木本幸吉が始めた真珠の養殖が現在もさかんに行われている。

［C］　⑤の中央に描かれた秋田県の八郎潟は，かつて琵琶湖についで全国第２位の大きさを持つ湖だったが，1950年代後半から大規模な干拓が行われ，大部分が農地となった。八郎潟の西に伸びる男鹿《おが》半島は，砂州が発達して陸地とつながった陸繋《りくけい》島である。また，八郎潟は，東経140度の経線と北緯40度の緯線が交差する地としても知られる。県北部と青森県の境には，1993年にユネスコ(国連教育科学文化機関)の世界自然遺産に登録された白神山地がある。

［D］　普賢岳《ふげんだけ》は長崎県にある活火山で，②の右下に描かれた島原半島の中央部に位置する。長崎県・佐賀県・福岡県・熊本県に囲まれた有明海は，最も深いところでも20mほどしかない遠浅の海で，ノリの養殖がさかんであったが，諫早《いさはや》湾の干拓事業はこの地域の漁業に悪い影響をあたえた。

［E］　⑥の右下にあたる北海道東部の根釧《こんせん》台地には，パイロットファームや新酪農村がつくられ，日本を代表する酪農地帯となった。また，⑥の右上に描かれた知床半島とその周辺海域は，手つかずの自然や野生動物の宝庫として，2005年に世界自然遺産に登録されている。「日本で３番目に大きい湖」とはサロマ湖のことで，ホタテ貝の養殖がさかんに行われている。　なお，①は青森県の下北半島，④は千葉県の房総《ぼうそう》半島(右)と神奈川県の三浦半島(左)，⑦は北海道南西部の渡島《おしま》半島とその周辺を表している。

４　日本の経済成長率を題材にした問題

問１　(あ)は1949年，(い)は1950年，(う)は1945年のできごとなので，古い順に(う)→(あ)→(い)となる。

問２　グラフ中の(A)の期間は，1950年代後半から1970年代初めまでを示しており，高度経済成長期にあたる。労働条件の最低基準を定めた労働基準法が制定されたのは1947年なので，(エ)が誤っている。なお，(ア)は1967年，(イ)は高度経済成長期前半，(ウ)は1961年のできごと。

問３　グラフ中の(X)には，2008年に起こったリーマンショックの影響による経済成長の落ちこみが表れている。リーマンショックとは，アメリカ合衆国の大手投資銀行リーマン・ブラザーズが経営破綻《はたん》したことをきっかけに起こった世界的な金融《きんゆう》危機で，日本も大きな影響を受けた。よって，(イ)があてはまる。なお，(ア)は1973年，(ウ)はバブル経済のさいに行われたことで1980年代後半，(エ)は2014年のできごと。

問４　日本で初めて消費税が税率３％で導入されたのは，1989年のことである。よって，(C)があてはまる。

問５　1945年に衆議院議員選挙法が改正され，満20歳以上のすべての男女に選挙権が認められた。これによって初めて女性参政権が実現し，翌46年に行われた総選挙では39人の女性議員が誕生した。なお，2015年には改正公職選挙法が成立し，2016年に実施された選挙から，選挙権年齢は満18歳以上に引き下げられた。

問６　日本国憲法の三原則は，国民主権・基本的人権の尊重・平和主義の三つなので，(イ)があてはまらない。

問７　池田勇人《はやと》内閣は1960年，10年以内に国民所得を２倍以上にするという所得倍増計画を打ち出したが，10年を待たずして目標は達成された。

問８　2009年に行われた第45回衆議院議員総選挙では民主党が勝利し，自由民主党と公明党との連立政権からの政権交代が行われた。自由民主党が多数を占《し》める「55年体制」が崩壊《ほうかい》したのは1993年のことで，非自由民主党８会派による細川護熙《もりひろ》内閣が誕生した。よって，(イ)となる。

問９　新型コロナウイルス感染症の拡大により，2020年４月から５月にかけて緊急事態宣言が発令されたため，この年の日本経済は低迷し，大幅《おおはば》なマイナス成長となった。

理　科　＜Ａ方式第１回試験＞（30分）＜満点：50点＞

解　答

1 (1) エ　(2) ① イ　② エ　③ ウ　(3) エ→イ→ア→ウ　2 (1) 空気　(2) **名称**…石灰水　**変化のようす**…白くにごる　(3) しよう　(4) エ　3 (1) 惑星　(2) 公転　(3) 水星　(4) ウ　(5) ウ　4 (1) **A** ア　**C** イ　**D** ウ　(2) 二酸化炭素　(3) **A** 青色　**G** 黄色　(4) オ　(5) 解説の図を参照のこと。　5 (1) **B** イ　**C** ウ　(2) イ　(3) １倍　(4) ８℃　6 (1) 0.6m　(2) 17秒後　(3) 1029m近づく　(4) 375m

解　説

1　心臓と血液の流れについての問題

(1)　全身から心臓に戻《もど》ってきた二酸化炭素を多く含《ふく》んだ血液は肺に送られ，肺で酸素と二酸化炭素が交換《こうかん》される。肺から心臓に送られた酸素を多く含んだ血液は全身に送られ，全身の細胞《さいぼう》に酸素を与《あた》えて，不要になった二酸化炭素を受け取り，心臓に戻る。このあと，再び二酸化炭素を多く含んだ血液は肺に送られる。

(2)　①　全身に血液を送り出す血管はイの大動脈である。　②　肺から心臓に向かって血液が流れている血管はエの肺静脈があてはまる。　③　心臓から肺に向かって血液が流れている血管はウの肺動脈である。なお，アは全身から心臓に戻ってくる血液が流れる血管で，大静脈という。

(3)　肺静脈を出発点としたときの血液の流れは，肺静脈（エ）→左心房《ぼう》→左心室→大動脈（イ）→全身→大静脈（ア）→右心房→右心室→肺動脈（ウ）となる。

2　インゲンマメの種子の発芽についての問題

(1)　シャーレＢの種子だけが発芽したのだから，シャーレＡとシャーレＢの結果からインゲンマメの種子の発芽には水が必要なことがわかる。また，シャーレＣの種子全体が水につかっているので種子は空気とふれていない。よって，シャーレＢとシャーレＣの結果から，インゲンマメの種子の発芽には空気が必要なことがわかる。

(2)　二酸化炭素が発生したことを確かめる水溶液《すいようえき》は石灰水《せっかいすい》である。石灰水に二酸化炭素を通すと，石灰水は白くにごる。

(3)　インゲンマメの種子は無はい乳種子で，発芽や成長のための養分をＤの子葉にたくわえている。

(4)　インゲンマメが発芽するときは，エのように２枚の子葉を地上に出す。

3 金星と火星についての問題

(1)　金星，地球，火星，木星などのように，恒星《こうせい》(太陽)のまわりをまわっている星を惑星《わくせい》という。

(2)　惑星が太陽を中心にまわるように，天体がほかの天体のまわりをまわることを公転という。

(3)　地球より内側を公転している惑星は，水星と金星である。

(4)　金星は太陽の光を反射して光って見える。八王子市から見た金星は，ａの角度が90度のときはイのように左側半分が光って見え，ａの角度が90度より小さいときはウのようにかなりの部分が光って見える。

(5)　火星がア，イ，カのように地球に近いときは大きく見え，ウ，エ，オのように地球から遠いときは小さく見える。また，地球は北極上空から見て反時計まわりに自転しているので，ウの位置の火星は夕方西の空に見え，オの位置の火星は明け方東の空に見える。なお，エの位置の火星は太陽と同じ方向にあるので見えない。

4 水溶液の性質についての問題

(1)　青色リトマス紙が赤色に変わるのは酸性の水溶液，赤色リトマス紙が青色に変わるのはアルカリ性の水溶液，どちらのリトマス紙も色の変化がないのは中性の水溶液である。また，塩酸と水酸化ナトリウム水溶液を過不足なく反応するように混ぜると食塩水ができる。これらのことから，実験１～５の結果を整理すると下の表のようになる。これより，Ａはアンモニア水，Ｂは塩酸，Ｃは石灰水，Ｄは食塩水，Ｅは砂糖水，Ｆは水酸化ナトリウム水溶液，Ｇは炭酸水とわかる。

	A	B	C	D	E	F	G
実験１(つんとするにおい)	○	○					
実験２(泡《あわ》が発生)							○
実験３(液の性質)	アルカリ性	酸性	アルカリ性	中性	中性	アルカリ性	酸性
実験４(加熱後固体が残る)			○	○	○	○	
実験５	ＢとＦを混ぜるとＤができた。						

(○は調べた性質があったことを示す)

(2)　炭酸水は二酸化炭素が水にとけた溶液である。市販の炭酸水は，大きな圧力をかけて水に二酸化炭素をとかしているため，ふたをあけるとさかんに泡が発生する。

(3)　緑色にしたBTB溶液を，アルカリ性の水溶液であるＡに加えると青色になり，酸性の水溶液であるＧに加えると黄色になる。

(4)　砂糖水を強く加熱すると，水は蒸発し，砂糖は黒くこげる。

(5)　駒込《こまごめ》ピペットには真ん中より上にふくらみがあり，上の部分にはゴム球がついている。

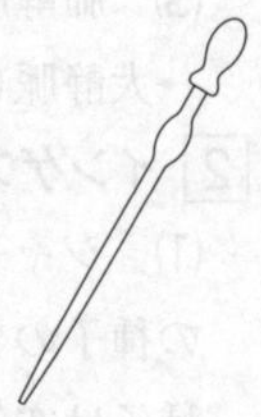

5 回路と電球の明るさ，電熱線の発熱についての問題

(1)，(2)　Ａに流れる電流の大きさを１とすると，それぞれの電球に流れる電流の大きさは，Ｂが$\frac{1}{2}$，Ｃが１，Ｄが$\frac{1}{3}$となる。電球に流れる電流が大きいほど電球は明るくつくので，Ａの明るさと比べて，Ｂは暗く，Ｃは同じ明るさである。また，Ｃの明るさと比べてＤは暗くなる。

(3)　図７は電熱線を２本並列につないでいるから，ｂを流れる電流の大きさはａを流れる電流の大きさと同じになる。

(4)　図８の回路では，水の入ったビーカーの中に図６の回路の電熱線が２本入っていることになるので，このとき１分間に上がる水の温度は，４×２＝８(℃)になる。

6　音の伝わり方についての問題

(1)　気温が０℃から10℃に上がったときに，音が１秒間に進む距離《きょり》は，337－331＝６(m)増えているから，気温が１℃上がるごとに音が進む距離は，６÷10＝0.6(m)増える。

(2)　気温が20℃のときに音が１秒間に進む距離は343mなので，海岸にいる人が汽笛の音を聞くのは，船が汽笛を鳴らしてから，5831÷343＝17(秒後)となる。

(3)　汽笛をもう１度鳴らしたときの，船と海岸の距離は，343×14＝4802(m)である。したがって，船は最初の位置から海岸に近づいたことがわかり，その距離は，5831－4802＝1029(m)である。

(4)　音は0.5秒間で海面と海底の間を往復しているので，海面から海底までの距離は，1500×0.5÷２＝375(m)と求められる。

国　語　＜Ａ方式第１回試験＞（50分）＜満点：100点＞

解　答

一　**問１**　(例)　元気づけたい　**問２**　**１**　早く知って　**２**　エ　**問３**　困惑(する)／かわいそう(だ)／めんどくさい　**問４**　気持ちがい　**問５**　イ　**問６**　手におえない感情　**問７**　ア　**問８**　エ　**問９**　ウ　**問10**　①，⑧，⑨　下記を参照のこと。　④　なお(る)　⑩　ひたい　**二**　**問１**　イ　**問２**　ウ　**問３**　家族が貢献　**問４**　生きている　**問５**　自分のペース　**問６**　ただ歩いて　**問７**　エ　**問８**　**ア**　生きること　**イ**　あり方　**問９**　変化しない　**問10**　ウ　**問11**　ウ　**問12**　⑥，⑧　下記を参照のこと。　⑩　けんち　⑪　こうたい

●漢字の書き取り

一　**問10**　①　改札　⑧　反射　⑨　盛大　　**二**　**問12**　⑥　延命　⑧　前提

解　説

一　**出典は森埜《もりの》こみちの『蝶《ちょう》の羽ばたき，その先へ』による。**左耳が聞こえなくなった結《ゆい》は，それを受け入れられずいらだっていたが，涼介《りょうすけ》の気づかいによって気持ちがしずまる場面である。

問１　帰宅してからのママと結の会話から，この日が，「わたし(結)」の聞こえなくなった左耳は治らないと分かった日であることが読み取れる。そういう状況で，「わたし」の手をにぎって大きくふり，「おいしいもの食べよう」と言ったのは，娘をなぐさめ力づけてやりたいからである。“力づけたい”という意味の，「はげましたい」などもよい。

問２　**１**　前後の会話を整理する。ママは月曜日に学校に行き，結の耳のことを「石川先生」に伝えるつもりでいる。結がいやがってもママがゆずらなかったのは，「早く知ってもらって，きちんと対応してもらうほうが，結だって楽になる」と考えたからである。　**２**　ママは，みんなに伝えて「きちんと対応してもらう」ほうが結のためだと考えている。結は，バスケのチームメートが「配慮《はいりょ》」を求められる場面を想像し，「困惑《こんわく》する」みんなの顔を見たくないと思っているので，エが合う。

問３　問２の２でも検討したように，バスケのときに耳のことを伝えて配慮を求めたら，みんな「困惑する」だろうと結は思っている。また，結が聞き返したときの配慮を先生が求めた場合には，みんなは「かわいそうだ」が「めんどくさい」と思うだろうと想像している。

問４　問２でみたように，耳について学校のみんなに伝えることを結は望んでいない。結がヒステリーを起こしたように叫《さけ》んでいやがったとき，ママは，先生には伝えるが「みんなに話す」のは，「結の気持ちがいいって思えるときまで待って」もらうという妥協《だきょう》案を提示している。

問５　この「先生」は，直前に相談室で話をした「石川先生」のことである。耳のことを「石川先生に伝え」て「きちんと対応してもらう」とママから言われた直後，結がその「対応」について推測している箇所に注目する。「体育の先生」と「石川先生」は分けられているので，別人と判断できる。よって，イがふさわしくない。

問６　続いて「わたしがイラついているのは腹がへっているせいだとしてくれて」とあり，これが感謝の理由にあたる。結が感情をコントロールできなくなりかけたとき，涼介が「なんかムカついてるだろ。そういうときはだな」と，あんパンと牛乳を買ってきたことに注目する。結の事情に立ち入らず，イラつきを空腹のせいにしてくれたことが，結にはありがたかったのである。説明の空らんには，この「ムカ」つき，「イラ」つきを表す言葉が入るので，涼介から「最近，なんか変わったよなあ」と言われた場面で，結の中にわきあがってきた「手におえない感情」があてはまる。

問７　少し前に「耳のこと。いまなら話せそうな気がする」「ことばは～でてこない」と，結が言いたいことを言えないでいるようすが描《えが》かれている。また，この「まっすぐか」の「か」は，引用した言葉の意味を確認したり，自身に言い聞かせたりする表現。「思ったことまっすぐにいう」のが「山口らしい」という涼介の言葉と，それができない今の自分をかみしめているのだから，アが合う。

問８　二人の会話はほとんど「たわいもないこと」だが，涼介が結を気づかってふみこんだ箇所があることに注目する。涼介は，これまでは「思ったこと」を「まっすぐ」言っていた結が「最近，なんか変わった」ことを心配しており，このことをもっとも気にかけていることがわかる。十字路で「だいじょうぶか」と聞いたときも，涼介のことばには「まっすぐ」ものを言う「山口」らしさを取り戻《もど》してほしいという思いがこめられていたと考えられるので，エが合う。

問９　結は，まだ左耳が聞こえなくなったことに立ち向かっていこうとしてはいないので，ウがふさわしくない。「かならず治るって信じて，毎日病院に通った」のに治らないと言われて，結自身がまだ状況《じょうきょう》を受け入れられていない段階である。

問10　①　駅の出入り口などで乗車券や入場券などを調べること。また，調べるための出入り口。　⑧　光・電波・熱・音などが物の表面に当たってはねかえること。　⑨　きわめて勢いがよいようす。　④　音読みは「ジ」「チ」で，「政治」「治安」などの熟語がある。訓読みにはほかに「おさ(める)」がある。同訓異字に「直る」などがある。　⑩　音読みは「ガク」で，「金額」などの熟語がある。

二　**出典は岸見一郎《きしみいちろう》の『人生は苦である，でも死んではいけない』による。**亡き妹を詠《うた》った宮沢賢治《みやざわけんじ》の詩，心理学者アドラーやジッパーの考えなどを手がかりに，生きることについて考察する。

問１　トシの「自分のことばかりで苦しまないように生まれてくる」という言葉には，今度生まれてくる時には他者のために役立ちたいという願いがこめられているので，イがよい。

問２　賢治を「一生明るくするため」に「死ぬ間際《まぎわ》」の妹がしたことは，「雪を一椀《ひとわん》取ってくるように頼《たの》んだこと」である。このことに対して，少し後で「妹に対して貢献《こうけん》でき」て「ありがとう」という気持ちをもったと解説している。「貢献」は，助力すること。死ぬ間際の妹の助けになり，役に立てたという思いが賢治の心を明るくしたと考えられるので，ウが合う。

問３　「貢献」については，この三つ後の段落で説明している。病者は「家族が貢献感を持てるという貢献をしている」のだが，トシはそれを知らなかったということである。

問４　ぼう線④は，詩では妹が雪の一椀を頼んだことで賢治を明るくしたが，いうまでもなく「妹の存在そのもの」が賢治を明るくしているということをいっている。問３でみたような病者の役に立ったという貢献感ではなく，トシの「存在」が賢治の喜びであることに着目する。つまり，「生きていることがそのままで他者にとっての喜びであり，生きていることだけで他者に貢献している」のである。

問５　アドラーの「優越《ゆうえつ》性の追求」に対する筆者の考えは，後の部分で病気を例に説明されている。「病気」はマイナスで「健康」というプラスに向かって治療を受ける。これはアドラーの「優越性の追求」にあてはまるが，筆者は「病気」をマイナスと考えておらず，病気と健康に優劣《ゆうれつ》はなく，回復できない病気でも人の価値は生きることにあり，それぞれの人が「自分のペース」で歩んでいるだけだと説明されている。

問６　問５でもみたように，人は「自分のペース」で歩むだけである。歩行訓練中に追い抜《ぬ》かれる人と追い抜く人に優劣はなく「ただ歩いている場所が違《ちが》うだけのこと」だと述べられている。

問７　「先述のジッパー～」から始まる段落に注目する。アドラーは，問５で検討した「優越性の追求」という考え方を提唱した心理学者で，人はマイナスからプラスへ，下から上へ進化すると考える。ジッパーは，アドラーのいう下から上への進化について，人の進化の方向は下から上ではなく「前」に向かうのだと考えており，エがこの内容に合う。　なお，アは，アドラーやジッパーの言葉を使って「病気」を考察しているのは筆者で，ジッパーではない。イ・ウは，アドラーもジッパーも「進化」という言葉を使っているので誤り。

問８　等価の例には，子どもが日ごとにいろいろ「できるようになること」，歳《とし》を重ねて若い時にできたことが「できなくなってしまうこと」を並べている。これは，人の価値が，できることとできないことによらないという考え方による。少し前で，「人の価値は生きることにある」のであり，前に進めなくとも後退することになっても，「どのあり方にも優劣はない」と説明されている。

問９　ここまでの五つの段落で，人が生きることは進化ではなく「変化」であり，できなかったことができるようになる変化，できたことができなくなる変化，さらに「変化しない」という無変化もすべて等価で，「変化がなければ，それはそれでありがたい」と説明されている。脳梗塞《のうこうそく》で倒れた筆者の母の容体は，「変化しない」こともありがたい場合の例にあたる。

問10　体の不自由な人に手を差しのべることについては述べられていないので，ウがふさわしくない。

問11　『蜘蛛《くも》の糸』は芥川龍《あくたがわりゅう》之介《のすけ》の作品である。

問12　⑥　「延命措置《えんめいそち》」は，快復の見こみがなく死期のせまった患者にほどこす，生命を維持《いじ》するだけの治療。　⑧　ものごとが成り立つのに必要な条件。　⑩　観察や判断をするときの立場や観点。　⑪　後ろへさがること。勢いがおとろえたり程度が低くなったりすること。

Dr.福井の
入試に勝つ！脳とからだのウルトラ科学

歩いて勉強した方がいい？

みんなは座って勉強しているよね。だけど，暗記するときには歩きながら覚えるといいんだ。なぜかというと，歩いているときのほうが座っているときに比べて，心臓が速く動いて（脈はくが上がって）脳への血のめぐりがよくなるし，歩いている感覚が背骨の中を通って脳をつつくので，頭が働きやすくなるからだ（ちなみに，運動による記憶力アップについては，京都大学の久保田名誉教授の研究が有名）。

具体的なやり方は，以下のとおり。まず，机の上にテキストを広げ，1ページぐらいをざっと読む。そして，部屋の中をゆっくり歩き回りながら，さっき読んだ内容を思い出す。重要な語句は，声に出して言ってみよう。その後，机にもどってテキストをもう一度読み直し，大切な部分を覚え忘れてないかをチェック。もし忘れている部分があったら，また部屋の中を歩き回りながら覚え直す。こうしてひと通り覚えることができたら，次のページへ進む。あとはそのくり返しだ。

さらに，この“歩き回り勉強法”にひとくふう加えてみよう。それは，なかなか覚えられないことがら（地名・人名・漢字など）をメモ用紙に書いてかべに貼っておくこと。ドンドン貼っていくと，やがて部屋中がメモでいっぱいになるハズ。これらはキミの弱点集というわけだが，これを歩き回りながら覚えていくようにしてみよう！　このくふうは，ふだんのときにも自然と目に入ってくるので，知らず知らずのうちに覚えることができてしまうという利点もある。

歴史の略年表や算数の公式などを大きな紙に書いて貼っておくのも有効だ。

Dr.福井（福井《ふくい》一成《かずしげ》）…医学博士。開成中・高から東大・文Ⅱに入学後，再受験して翌年東大・理Ⅲに合格。同大医学部卒。さまざまな勉強法や脳科学に関する著書多数。

2021年度　明治大学付属中野八王子中学校

〔電　話〕 (042) 691－０３２１
〔所在地〕 〒192-0001　東京都八王子市戸吹町1100
〔交　通〕 JR中央線―「八王子駅」よりスクールバス
JR五日市線―「秋川駅」よりスクールバス

【算　数】〈Ａ方式第２回試験〉（50分）〈満点：100点〉

1　□にあてはまる数を求めなさい。

(1)　$1-\left\{3-\left(2\frac{4}{5}-1\frac{1}{3}\right)\times1\frac{1}{2}\right\}\div2=$ □

(2)　$\left\{\left(1.3-5.8\times\frac{6}{29}\right)\div\frac{2}{13}+1.25\right\}\div2.85=$ □

(3)　$5.67\times5+4.33\times7+4.33\times5+5.67\times7=$ □

(4)　$\left(\frac{7}{8}-\frac{5}{6}\right)\div\left(\frac{5}{6}-\frac{3}{4}\right)-\left(\frac{3}{4}-\frac{1}{2}\right)\times$ □ $=\frac{5}{12}$

2　次の問いに答えなさい。

(1)　(1.6時間)：(１時間21分)をもっとも簡単な整数の比で表しなさい。

(2)　えんぴつ２本とノート３冊の代金は520円です。また，えんぴつ４本とノート７冊の代金は1160円です。えんぴつ１ダースとノート10冊の代金はいくらですか。

(3)　食塩水が1100ｇあります。この食塩水を100ｇ捨てて，水を100ｇ加えて混ぜたところ濃度は８％になりました。はじめの食塩水の濃度は何％ですか。

(4)　ある品物に原価の４割増しの定価をつけ，定価の２割引きで売りました。このとき，利益は原価の何％ですか。

(5)　右の図１で㋐の角の大きさを求めなさい。ただし，点Ｏは円の中心です。

(6)　右の図２のように，大小２つの長方形が重なった図形があります。この図形の面積は510cm²で，重なった部分の面積は大きい長方形の面積の $\frac{2}{5}$ で，小さい長方形の面積の75％となりました。重なった部分の面積を求めなさい。

図１

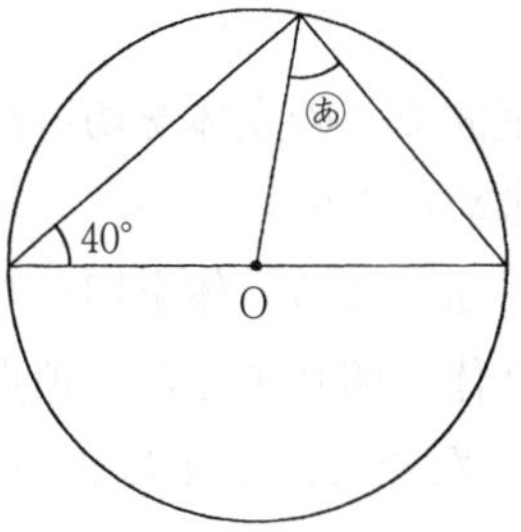

図２

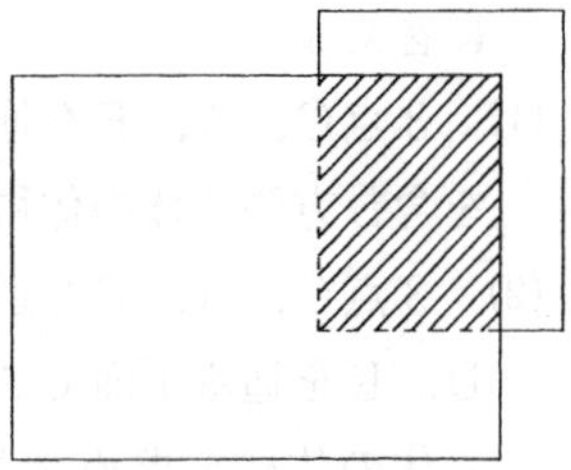

3　次の問いに答えなさい。

(1)　２を70個かけたときの一の位の数を求めなさい。

(2)　１周400ｍのランニングコースをＡさんは分速420ｍ，Ｂさんは分速300ｍで走ります。２人が同時に同じ向きにスタートして，Ｂさんが３周したとき，ＡさんはＢさんの何ｍ前を走っていますか。

(3)　ある中学校で女子の人数の割合は全体の56％です。女子の平均身長が全体の平均身長より

1.1cm 低いとき，男子の平均身長は全体の平均身長より何 cm 高いですか。

(4)　下の図のように，1辺が 10cm の正方形があります。A，B，Cはそれぞれの辺の真ん中の点であるとき，斜線部分の面積を求めなさい。

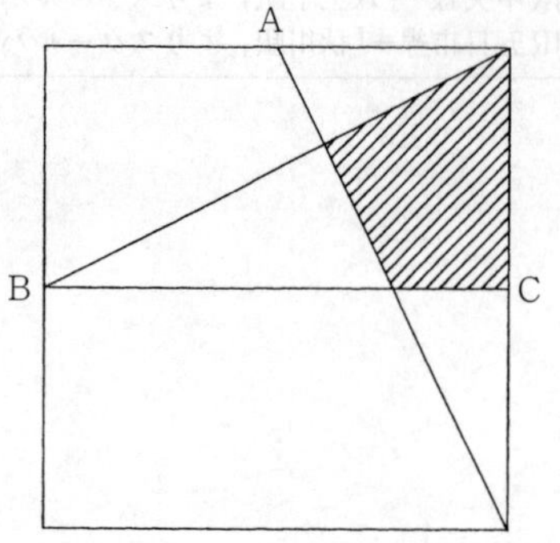

(5)　1辺が 2 cm の正方形を右の図のようにならべ，軸で1回転させたときにできる立体の体積を求めなさい。ただし，円周率は3.14とします。

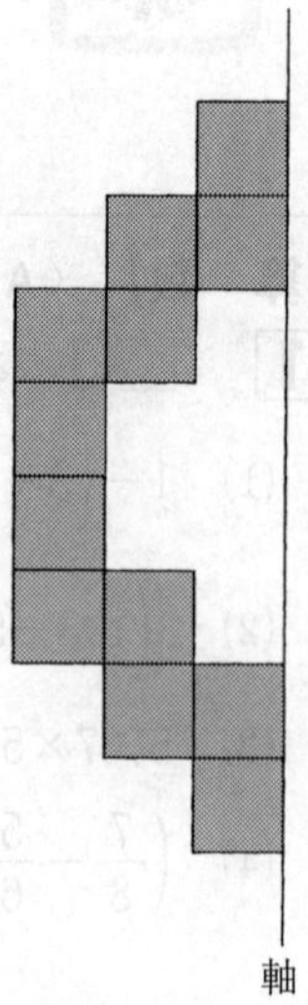

4　底面の面積が $32.5m^2$ の直方体の水そうに水面の高さが 40cm まで水が入っています。一定の割合で水を入れながら，同時にポンプではい水します。水そうの水を空にするには，6台のポンプで44分かかり，8台のポンプで28分かかります。次の問いに答えなさい。

(1)　入れる水の量と1台のポンプからはい水される量の比をもっとも簡単な整数の比で答えなさい。

(2)　ポンプが1台しかないとき，水面の高さが 50cm となるのは何分何秒後ですか。

5　右の図のように1辺が 6 cm の立方体があります。次の問いに答えなさい。

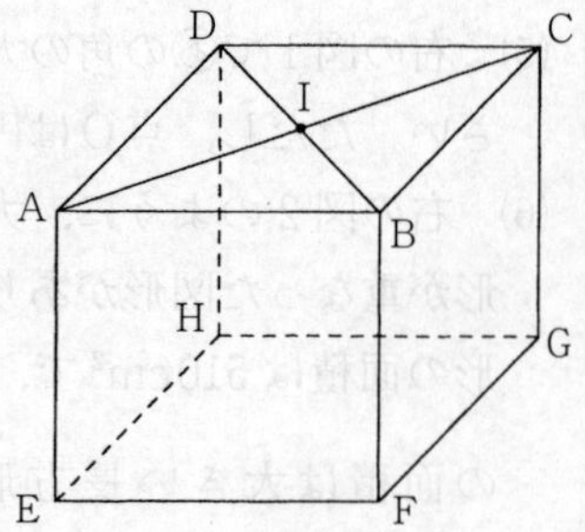

(1)　3点C，A，Fを通る平面でこの立体を切ったとき，頂点Bを含む方の立体の体積を求めなさい。

(2)　3点C，A，Fを通る平面でこの立体を切ったあと，3点I，D，Eを通る平面でこの立体を切りました。頂点Hを含む方の立体の体積を求めなさい。ただし，点Iは正方形 ABCD の対角線の交わる点とします。

【社　会】〈A方式第２回試験〉（30分）〈満点：50点〉

1　次の文章を読んで，各設問に答えなさい。

今から150年前の①1871年，使節団が欧米《おうべい》諸国に派遣《はけん》されました。これまでも，②中国の歴史書に書かれている５世紀頃《ごろ》までの使節派遣，③遣隋使や遣唐使，④15世紀の明への使節派遣，16世紀の天正遣欧少年使節など，多くの使節派遣がおこなわれてきました。1871年の使節派遣の目的は，各国の政治制度・文物の視察・調査以外に，⑤1858年にアメリカ・イギリス・フランス・オランダ・ロシアと結んだ修好通商条約の内容を改正するための予備交渉《こうしょう》をおこなうという，今までとは少し違《ちが》うものでした。この使節団は⑥幕末から活躍《かつやく》した公家出身の人物を全権大使とし，⑦４人の副使に，随行《ずいこう》員・留学生を含《ふく》めて総勢100名以上のものでした。しかし，最初の訪問国アメリカで条約改正交渉を始めましたが，相手にされずに，交渉を断念しました。その後に訪問したイギリス・フランス・ベルギーなどの国においては条約交渉をおこないませんでした。一方，もう一つの目的である各国の政治制度などの視察の面では，一定の成果を上げることができ，⑧日本の近代化の必要性を痛感して帰国しました。

帰国後，政府はこの経験に基《もと》づいて様々な改革をおこない，日本の近代化を推し進めました。それと同時に，⑨条約改正交渉も徐々《じょじょ》に進め，多くの苦労を重ねながら，［1894年］には領事裁判権の撤廃《てっぱい》，［1911年］には関税自主権の完全回復を達成することができました。

問１　下線部①について，1871年に起こった出来事として正しいものを，次の中から１つ選んで記号で答えなさい。

(ア)　廃藩置県がおこなわれた。　(イ)　大政奉還がおこなわれた。

(ウ)　国会開設の勅諭が出された。　(エ)　教育勅語が出された。

問２　下線部②について，次のＡ～Ｃの出来事を年代の古い順に正しく並べかえたものを，下の中から１つ選んで記号で答えなさい。

Ａ．倭王武が使いを送り，東の55か国，西の66か国，北の海を渡《わた》って朝鮮95か国を従えており，先祖を引き継《つ》いで朝貢《ちょうこう》したいと伝えた。

Ｂ．卑弥呼は使いを帯方郡に送り，皇帝は「親魏倭王」の称号や銅鏡100枚などを授《さず》けると伝えた。

Ｃ．倭の奴国が貢物《みつぎもの》をもって朝貢し，皇帝は「漢委奴国王」の金印とひもを授けた。

(ア)　Ａ→Ｂ→Ｃ　(イ)　Ａ→Ｃ→Ｂ　(ウ)　Ｂ→Ａ→Ｃ

(エ)　Ｂ→Ｃ→Ａ　(オ)　Ｃ→Ａ→Ｂ　(カ)　Ｃ→Ｂ→Ａ

問３　下線部③について，遣隋使・遣唐使に関する次の２つの文章の正誤の組み合わせとして正しいものを，下の中から１つ選んで記号で答えなさい。

Ⅰ．天武天皇の時代に，政治制度や仏教文化の吸収，隋との対等な関係をつくるため，小野妹子を遣隋使として派遣した。

Ⅱ．630年から始まった遣唐使の派遣は，当初北路をとったが，百済との関係が悪化して危険な南路をとり，894年に藤原道長の進言で廃止された。

(ア)　Ⅰ：正　Ⅱ：正　(イ)　Ⅰ：正　Ⅱ：誤

(ウ)　Ⅰ：誤　Ⅱ：正　　(エ)　Ⅰ：誤　Ⅱ：誤

問４　下線部④について，1401年の遣明船の派遣後に開始された明との貿易に関する内容として正しいものを，次の中から１つ選んで記号で答えなさい。

(ア)　将軍職を退いた足利義満が中心となって進め，朱印船貿易と呼ばれた。

(イ)　足利義政は朝貢形式による明との貿易を嫌《きら》って中断させた。

(ウ)　日本から明に対して，生糸や絹織物・陶磁器などが輸出された。

(エ)　応仁の乱以降，細川氏や大内氏に貿易の実権が移った。

問５　下線部⑤について，この条約が結ばれた頃の世界の動きとして正しいものを，次の中から１つ選んで記号で答えなさい。

(ア)　アメリカでは，リンカンが大統領となった。

(イ)　フランスでは，フランス革命が起こった。

(ウ)　イギリスでは，エリザベス１世によって東インド会社がつくられた。

(エ)　ロシアでは，ロシア革命が起こった。

問６　下線部⑥について，この人物のフルネームを，漢字で答えなさい。

問７　下線部⑦について，下の写真の人物Ａ～Ｄの説明として**誤っているもの**を，次の中から１つ選んで記号で答えなさい。

(ア)　人物Ａは，長州藩出身で吉田松陰に学び，薩摩藩と同盟を結んで，倒幕運動で活躍した。

(イ)　人物Ｂは，薩摩藩出身で，長州藩と同盟を結び，戊辰戦争の際には新政府軍の参謀《さんぼう》として旧幕府側の勝海舟と会見をおこなった。

(ウ)　人物Ｃは，長州藩出身で，明治憲法の作成や内閣制度の創設に関わり，初代内閣総理大臣に就任した。

(エ)　人物Ｄは，薩摩藩出身で，王政復古に活躍した。征韓論に反対し，内務省の中心として殖産興業に尽力《じんりょく》した。

問８　下線部⑧について，日本の近代化に関する内容として正しいものを，次の中から１つ選んで記号で答えなさい。

(ア)　富国強兵を実現するため，安定した歳入《さいにゅう》を得ようと，地租改正を実施《じっし》した。

(イ)　近代的な産業を育てるために群馬県に八幡製鉄所を開設した。

(ウ)　渋沢栄一の建議で，それまでの飛脚に代わり官営の郵便事業が始まった。

(エ)　開港場と大都市を結びつけるため，新橋・京都間に鉄道が開通した。

問９　下線部⑨について，政府が進めた条約改正交渉に関する内容として正しいものを，次の中から１つ選んで記号で答えなさい。

(ア)　欧米人を鹿鳴館に招いて舞踏会《ぶとうかい》を開くなどの欧化政策をおこなった。

(イ)　ノルマントン号事件を契機《けいき》に関税自主権の回復の声が高まった。

(ウ)　来日中のロシア皇太子が襲撃《しゅうげき》された大逆事件に伴《ともな》い交渉は中断した。

(エ)　領事裁判権が撤廃された時の外務大臣は，小村寿太郎であった。

問10　［1894年］から［1911年］の間で起こった日本の外交に関する出来事として正しいものを，次の中から**４つ**選んで五十音順に記号で答えなさい。すべてできて正解とします。

(ア)　第一次世界大戦への参戦　　(イ)　下関条約の締結《ていけつ》　　(ウ)　二十一カ条の要求

(エ)　日露戦争の開始　　(オ)　樺太・千島交換条約の締結　　(カ)　シベリア出兵

(キ)　日英同盟の締結　　(ク)　韓国併合条約の締結　　(ケ)　国際連盟への加盟

2　次の［１］～［10］の各文章にあてはまる国の地図(黒く塗《ぬ》りつぶした部分)を記号で選んで「国」欄に，また各国の首都名を語群より番号で選んで「首都」欄に答えなさい。両方できて正解とします。

［１］　アラビア半島の大部分を占《し》め，国土の大部分が砂漠である。メッカやメディナはイスラム教の聖地として多くの巡礼《じゅんれい》者を集める。石油の生産量・埋蔵《まいぞう》量は世界有数で，日本にとって最大の石油輸入先である。

［２］　18世紀に世界で初めて産業革命を成し遂《と》げ，19世紀には「世界の工場」とまでいわれ，世界経済を引っ張る工業国であった。本初子午線が通過するこの国の首都は，世界金融《きんゆう》の中心地の一つとなっている。

［３］　一大陸一国家の国で，世界第６位の面積を持つ。鉱産資源も豊富で，日本の石炭・鉄鉱石の輸入先は，この国が第１位である。他の地域では見られないカンガルーやコアラ・タスマニアデビルなどの動物が生息している。

［４］　世界で２番目に人口が多く，面積は第７位である。広い国土と多くの人口，豊かな天然資源をもとに経済発展が著しく，世界経済に大きな影響《えいきょう》力を持つようになった。小麦からつくられるチャパティやナンが主食である。サリーという民族衣装を着た女性が多い。

［５］　銀の生産量世界第２位，沿海域ではアンチョビが多く獲《と》れ，世界のイワシ・ニシン類の漁《ぎょ》獲《かく》量は世界第１位である。インカ文明の中心地で，ナスカの地上絵，マチュピチュ遺跡などが世界遺産に登録されている。

［６］　鉱産資源に恵《めぐ》まれ，現在の先端《せんたん》産業では欠くことのできない希少金属(レアメタル)であるマンガンやクロムの世界一の産出国であるため，供給地として重要な役割を持つ。1991年にアパルトヘイト(人種隔離《かくり》政策)を廃止した。

［７］　多くの古代遺跡が世界遺産に登録されている。工業の発達した北部と農業が中心の南部との経済格差が大きい。地中海式農業も盛んで，ブドウやワインの生産額は世界有数である。「水の都」とも呼ばれるベネツィアは，近年の温暖化による海水面の上昇で，街が水に浸《つ》かる被害を受けている。

［８］　世界最大の流域面積を持つ河川が流れ，世界第５位の面積を持つ。近年，生産量世界第２位の鉄鉱石など豊富な地下資源を用いて工業国に発展しており，BRICSの一つに数えられ

ている。2008年は，日本からの移住100周年にあたり，記念行事がおこなわれた。

［９］　1976年に南北統一を達成した。米の栽培《さいばい》が盛んで，ホン川デルタ，メコンデルタが二大生産地である。コーヒー豆の栽培も盛んで，生産量・輸出量ともに世界第２位である。「アオザイ」は民族衣装として有名で，この国の正装として着用される。

［10］　世界第２位の面積で，タイガと呼ばれる針葉樹林帯が広がり，全体的に寒冷な気候である。鉱産資源や森林資源が豊かで，鉱業やパルプ・製紙業が発達し漁業も盛んにおこなわれている。日本へは石炭・肉類・木材などを輸出している。

(ア)

(イ)

(ウ)

(エ)

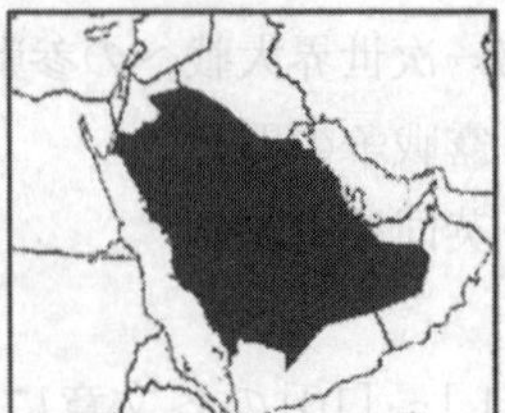

(オ)

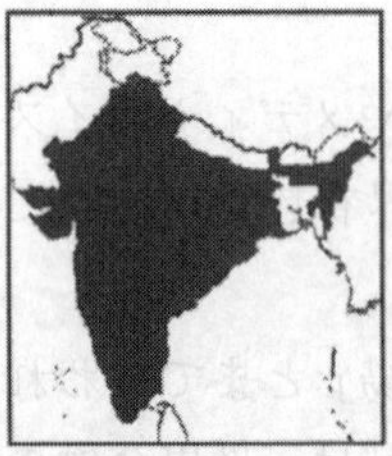

(カ)

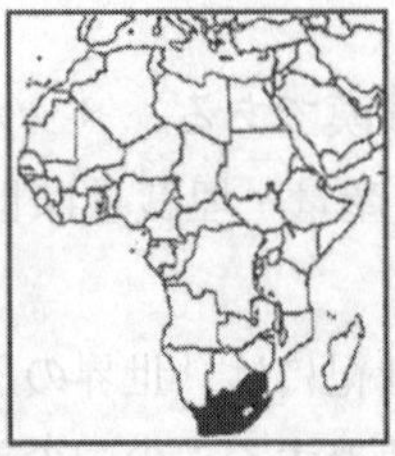

(キ)

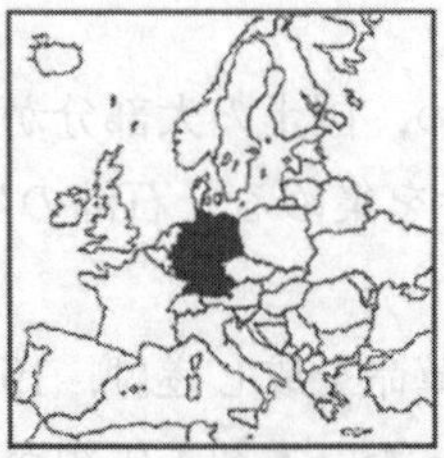

(ク)

(ケ)

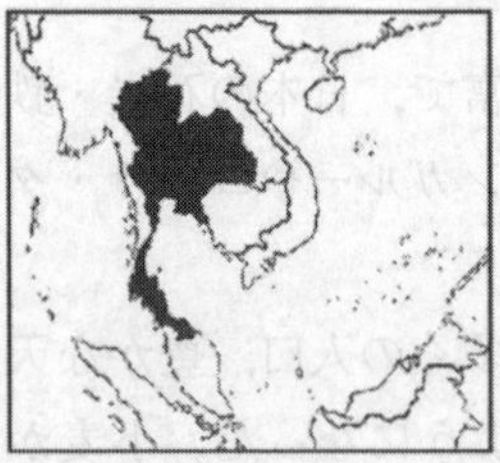

(コ)

(サ)

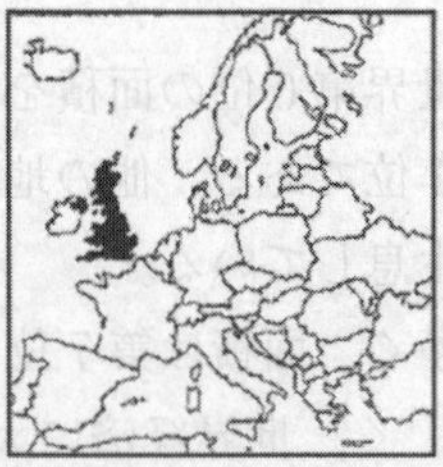

(シ)

(ス)

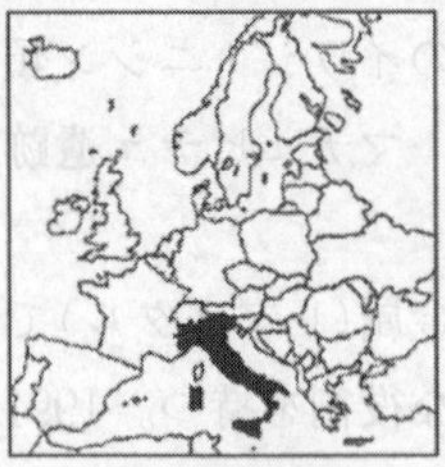

(セ)

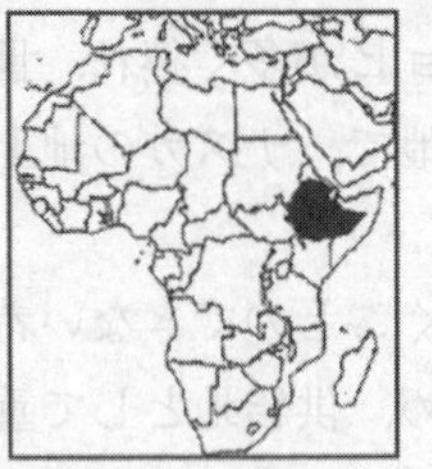

(ソ)

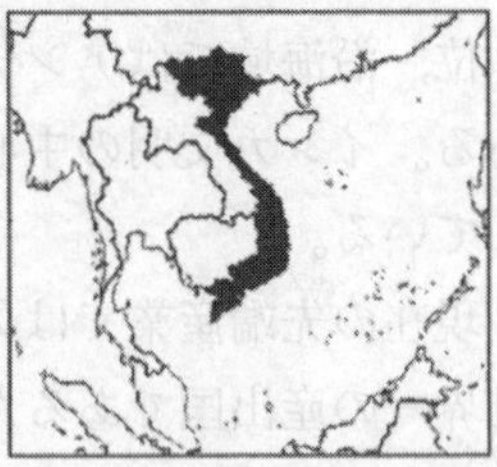

※地図の縮尺は同じではありません。

① アディスアベバ	② シドニー	③ ローマ	④ オタワ
⑤ キャンベラ	⑥ リオデジャネイロ	⑦ リマ	⑧ リヤド
⑨ ハノイ	⑩ デリー	⑪ ホーチミン	⑫ テヘラン
⑬ ラパス	⑭ ロンドン	⑮ プレトリア	
⑯ モントリオール	⑰ ブラジリア	⑱ バンコク	

3 次の各設問に答えなさい。

問1 2020年4月7日，政府は東京都など7都府県を対象に緊急《きんきゅう》事態宣言を発しました。緊急事態宣言下においては，人々の権利を制限する要請《ようせい》や指示ができるようになります。しかし，これにより国民が持つ基本的人権が侵害《しんがい》されるかもしれないという心配があります。日本国憲法では基本的人権を尊重する一方で，社会の幸福を実現するために基本的人権が制限されることを定めています。日本国憲法第12・13条などに見られるこの考えを何というか，**5文字**で答えなさい。

問2 大きな災害や感染症拡大などの緊急事態が今後も想定されることから，憲法を改正する必要があるとの考えもあります。日本国憲法改正の「発議」に必要な手段として正しいものを，次の中から1つ選んで記号で答えなさい。

(ア) 衆議院と参議院の両院で出席議員の3分の2以上の賛成
(イ) 衆議院と参議院の両院で総議員の3分の2以上の賛成
(ウ) 衆議院と参議院の両院で出席議員の過半数の賛成
(エ) 衆議院と参議院の両院で総議員の過半数の賛成

問3 新型コロナウイルスに関して，各地方公共団体は独自に対応をおこなうなど重要な役割を果たしています。以下の文章は地方公共団体がおこなう仕事について述べていますが，**誤っているもの**を，次の中から1つ選んで記号で答えなさい。

(ア) 戸籍や住民登録に関する仕事をおこなう。
(イ) 地方税を集めたり，その使い道を決める仕事をおこなったりする。
(ウ) 国からの委任に基づいてパスポートを交付する仕事をおこなう。
(エ) 地方裁判所を通じてその地域で起こった争いを解決する。

問4 右のグラフのように，新型コロナウイルスの影《えい》響《きょう》でGDP(国内総生産)は戦後最悪のマイナス成長になると想定されています。その理由として正しいものを，次の中から1つ選んで記号で答えなさい。

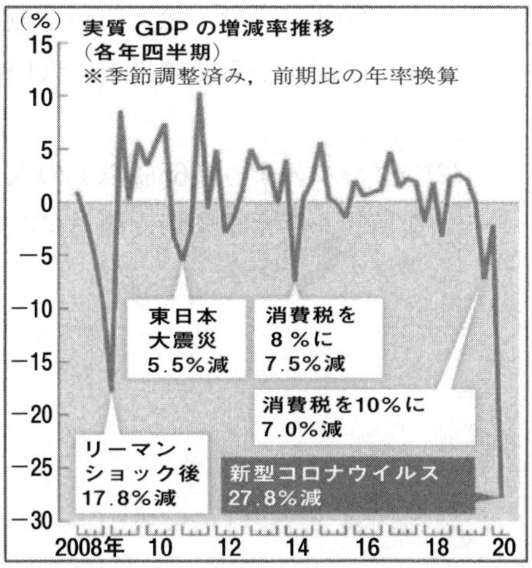

[2020年8月18日毎日新聞]

(ア) 外国人観光客が増加したこと。
(イ) 個人[家計]による，物やサービスにかける消費が落ち込《こ》んでしまったこと。
(ウ) 国内企業による輸出が増加したこと。
(エ) 政府が増税をさらに進めたこと。

問5 昨年の新型コロナウイルスの影響により，東京オリンピックの開催《かいさい》は1年間延期されることになりました。すでに，東京では1964年にオリンピックが開催されていますが，それ以降に起こった出来事を，次の中から**すべて**選んで記号で答えなさい。

(ア) 朝鮮戦争が起こり，北緯38度線を境に南をアメリカが，北をソ連が占領した。
(イ) アメリカのブッシュ大統領とソ連のゴルバチョフ書記長により冷戦が終結した。
(ウ) イラクによるクウェート侵攻《しんこう》をきっかけに湾岸戦争が勃発《ぼっぱつ》した。
(エ) キューバでのソ連のミサイル基地建設をめぐってキューバ危機が起こった。

問６　次の日本の人口に関連するグラフを見て，各設問に答えなさい。

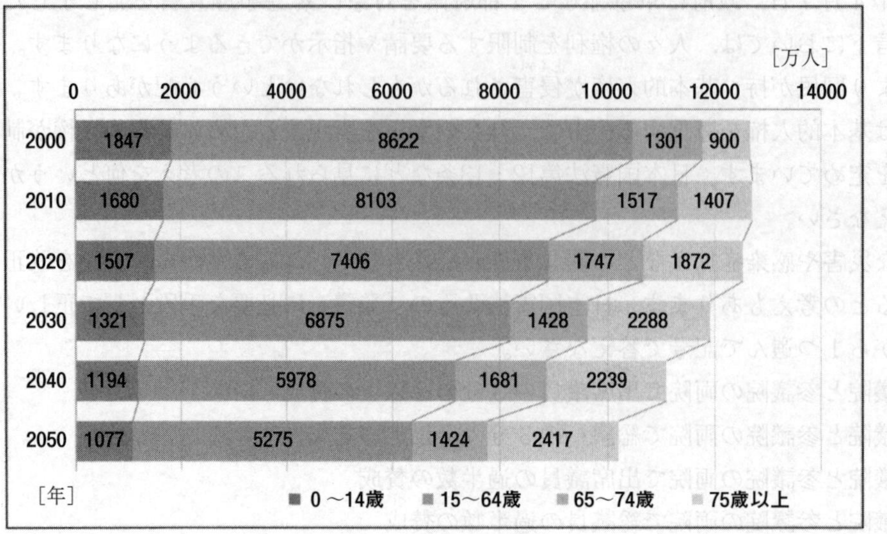

[内閣府ホームページより]

(1)　グラフから読み取れる内容として正しいものを，次の中から１つ選んで記号で答えなさい。

(ア)　2020年現在も人口は増加し続けているが，その勢いはどんどん鈍《にぶ》くなることが予想される。

(イ)　2000年以降，増加したり，減少したりを繰《く》り返しているが，2020年以降もほとんど増減の変動が少ない状態で推移することが予想される。

(ウ)　2030年には，総人口が１億2000万人を下回っている状態が予想される。

(エ)　2050年から65歳以上の人口の割合が７％を超《こ》える高齢化《こうれいか》社会が始まることが予想される。

(2)　グラフのように65歳以上の人口の割合が変化することは，15～64歳の人たちにどのような負担を与えますか。簡単に説明しなさい。

【理　科】〈A方式第２回試験〉（30分）〈満点：50点〉

1　ヘチマに関する次の各問いに答えなさい。

(1)　ヘチマの茎《くき》ののび方の説明で正しいものはどれですか。次のア～エより１つ選び，記号で答えなさい。

ア　まわりの気温が高いほどよくのびる。

イ　夜より昼のほうが光が強いのでよくのびる。

ウ　晴れの日より雨の日のほうが水分が多いのでよくのびる。

エ　茎全体が支柱に巻きつくようにしてのびる。

(2)　ヘチマの茎につく葉の大きさの説明で正しいものはどれですか。次のア～ウより１つ選び，記号で答えなさい。

ア　下のほうにつく葉より，上のほうにつく葉が大きくなる。

イ　下のほうにつく葉より，上のほうにつく葉が小さくなる。

ウ　茎につく葉はすべて同じ大きさになる。

(3)　ヘチマの花の説明で正しいものはどれですか。次のア～エより１つ選び，記号で答えなさい。

ア　５～６個のつぼみがかたまっているのは，雌花《めばな》のつぼみである。

イ　１つの花は数日間咲《さ》き続ける。

ウ　咲きはじめのころはほとんどが雄花《おばな》で，雌花は雄花よりもおくれて咲く。

エ　花がしぼむと，雄花も雌花もすぐに花が落ちる。

(4)　ヘチマの雌花の少し太くなっている部分が実になります。その部分の名前を答えなさい。

2　海にいる様々な生き物について，次の各問いに答えなさい。

(1)　右の図①～④は，マグロ，サケ，イワシ，サンマのいずれかです。①～④の魚の特徴にあてはまるものを次のア～エよりそれぞれ選び，記号で答えなさい。

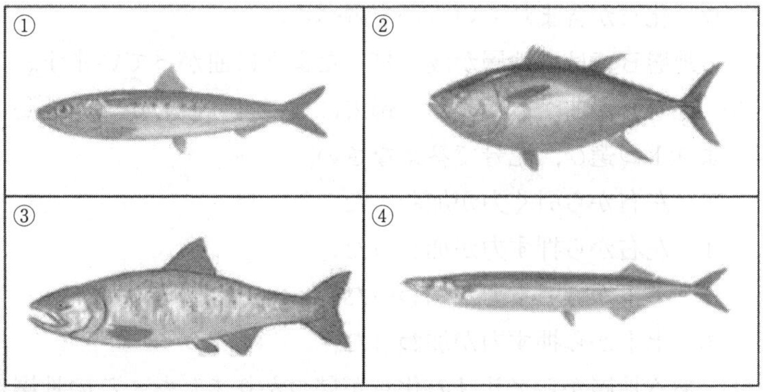

※図の縮尺はすべて同じではありません。

ア　肉食で，口から海水を取り込み，絶えず泳ぐことでえらに海水を取り込んでいる。

イ　ニシン科に分類され，群れで行動する回遊魚《かいゆうぎょ》である。

ウ　漢字では秋刀魚と書き，あごがくちばし状で，下あごは上あごよりも突き出ている。

エ　川で生まれ海で成長し，産卵のために生まれた川に戻ってくる性質がある。

(2)　次のA～Eの生き物で，下のaとbの両方の条件にあてはまる生き物をすべて選び，記号で答えなさい。

A　トビウオ	B　ウミガメ	C　シャチ	D　アザラシ	E　アジ

【条件a】　水温に影響され体温が変化する動物である。

【条件ｂ】　メスが水中に卵を産み，そこにオスが精子をかける体外受精である。

(3)　右の図はマグロとイワシとプランクトンの数を模式的《もしきてき》に示したものです。この図から考えた場合，イワシが減ると他の生き物の数はどのようになりますか。次のア～エより正しいものを１つ選び，記号で答えなさい。

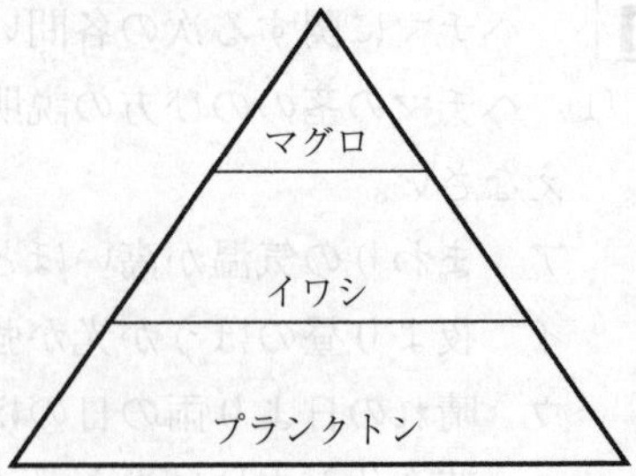

ア　マグロは減り，プランクトンも減る。
イ　マグロは減り，プランクトンは増える。
ウ　マグロは増え，プランクトンは減る。
エ　マグロは増え，プランクトンも増える。

3　右の図はある土地の地層を観察し，模式的に表したものです。この地域では，地層の逆転は見られませんでした。次の各問いに答えなさい。

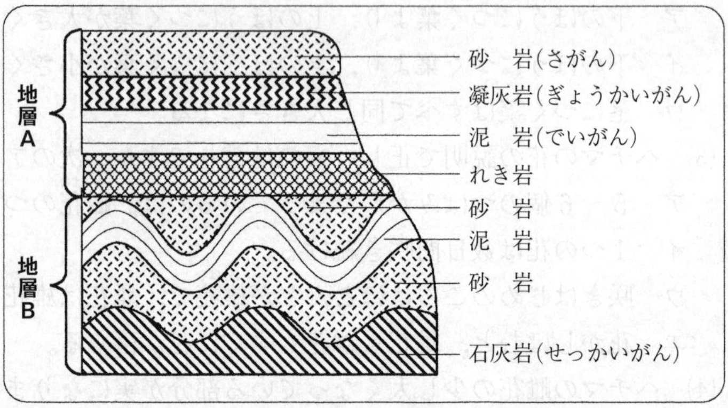

(1)　泥岩《でいがん》と砂岩《さがん》を区別するには，どのような観察をすればよいですか。次のア～ウより１つ選び，記号で答えなさい。
ア　石灰水をかけて泡がでるかを調べる。
イ　ルーペで観察し，岩石をつくる粒の大きさを調べる。
ウ　化石が含まれているかを調べる。

(2)　地層Ｂでは，地層が波を打ったように曲がっています。これを何というか答えなさい。

(3)　地層Ｂが曲がったのは，過去にどのような力がこの地層に加わったからですか。次のア～エより１つ選び，記号で答えなさい。
ア　左右から引く力が加わった。
イ　左右から押す力が加わった。
ウ　上下から引く力が加わった。
エ　上下から押す力が加わった。

(4)　ある地層からアサリの化石が見つかりました。この地層ができたとき，そこはどのようなところだったと考えられますか。次のア～エより１つ選び，記号で答えなさい。
ア　湖　　イ　沼　　ウ　浅い海　　エ　深い海

(5)　地層Ａが堆積《たいせき》したときのようすとして，正しいものはどれですか。次のア～エより１つ選び，記号で答えなさい。
ア　土地が一度大きく隆起《りゅうき》している途中に，火山の噴火《ふんか》があった。
イ　土地が一度大きく沈降《ちんこう》している途中に，大きな地震があった。
ウ　土地が一度大きく沈降し，火山の噴火があったあと，土地が隆起した。
エ　土地が一度大きく隆起し，大きな地震があったあと，土地が沈降した。

4　右の表は，100gの水にとけるホウ酸の最大量と水の温度の関係を示したものです。この表を使って，次の各問いに答えなさい。

水の温度[℃]	0	20	40	60	80	100
ホウ酸の重さ[g]	2.8	4.9	8.9	14.9	23.5	38.0

ただし，答えが割り切れない場合は，小数第２位を四捨五入し，小数第１位まで答えなさい。

(1)　80℃の水200gにホウ酸をとけるだけとかした後，20℃まで下げました。このとき，ホウ酸の結晶《けっしょう》は何g出てきますか。

(2)　(1)において，温度を20℃まで下げたときのホウ酸水溶液《すいようえき》の濃度は何％ですか。

(3)　60℃の水200gにホウ酸25gをとかした後，温度を60℃に保ったまま水だけを100g蒸発させました。このとき，ホウ酸の結晶は何g出てきますか。

5　Ａ～Ｈのビーカーに８種類のうすい水溶液が入っています。８種類の水溶液は，アルコール水溶液，アンモニア水，塩酸，さとう水，食塩水，水酸化ナトリウム水溶液，石灰水，炭酸水です。ビーカーに入っている水溶液の種類を決めるために，水溶液をビーカーから少しずつとって以下の【実験１】～【実験５】を行い，結果を得ました。下の各問いに答えなさい。

【実験１】　水溶液を試験管にとり，緑色のBTB溶液を加えました。

（結果）　Ａ，Ｂ，Ｃが緑色になり，Ｄ，Ｅが黄色になり，Ｆ，Ｇ，Ｈが青色になりました。

【実験２】　一滴《いってき》の水溶液をスライドガラスにとり，ドライヤーでゆっくりと加熱しました。

（結果）　固体が残ったのがＡ，Ｃ，Ｆ，Ｈで，他は残りませんでした。

【実験３】　水溶液を試験管にとり，息を吹きこみました。

（結果）　Ｈだけが白くにごり，他はにごりませんでした。

【実験４】　水溶液を試験管にとり，アルミニウムを入れました。

（結果）　Ｄ，Ｆはアルミニウムがとけることで気体が発生しました。

【実験５】　水溶液を使って，電気が通るかを調べました。

（結果）　電気を通さなかったのはＡ，Ｂだけでした。

(1)　水溶液に鉄を入れると，実験４と同じ気体が発生するものはどれですか。Ａ～Ｈより１つ選び，記号で答えなさい。

(2)　水溶液を蒸発皿に入れてガスバーナーで加熱すると，黒くこげた物が残るものはどれですか。Ａ～Ｈより１つ選び，記号で答えなさい。

(3)　Ｈにまぜると白くにごるものはどれですか。Ａ～Ｇより１つ選び，記号で答えなさい。

(4)　ＤとＦがちょうど中和したときにできる水溶液はどれですか。Ａ～Ｈより１つ選び，記号で答えなさい。

6 金属でできている5つの同じおもりA～Eに同じ長さのひもをつけ，すきまなく棒からつるしました。図1のようにおもりAを高さ10cm引き上げて手を離《はな》し，AがBにぶつかると，おもりEだけが10cm上がりました。下の各問いに答えなさい。

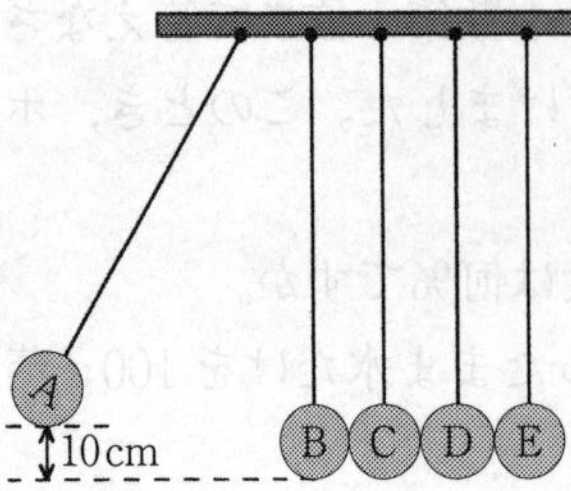

図1

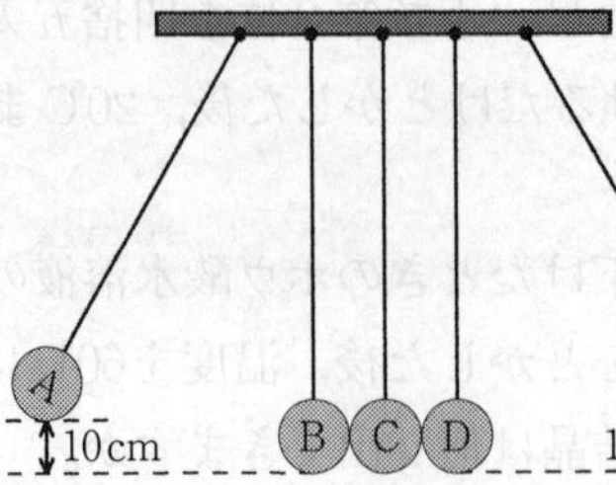

図2

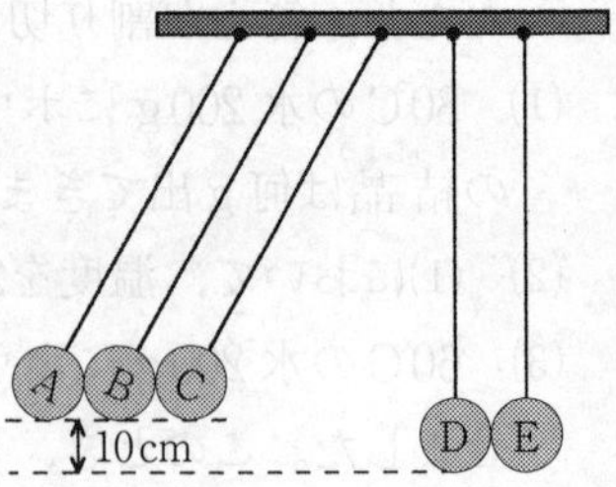

図3

(1) 金属のおもりが止まっている状態から，図2のようにAとEを左右に10cmあげて同時に離すとその後どのようになりますか。次のア～エより1つ選び，記号で答えなさい。

ア すべてのおもりが止まる。　イ AとEだけが左右にはじかれる。

ウ Eだけが大きくはじかれる。　エ Aだけが大きくはじかれる。

(2) 金属のおもりが止まっている状態から，図3のようにおもりA，B，Cを同時に左に引き上げて手を離し，3つのおもりがまとまっておもりDにぶつかったあと，右に動くおもりはどれですか。A～Eよりすべて選び，記号で答えなさい。

(3) 次に図4のようにそれぞれのおもりの間隔《かんかく》を離し，ひもの長さをかえて金属のおもりを棒につるしました。ひもの長さをAとEは20cm，Bは10cm，Cは40cm，Dは60cmにしました。Aだけを図の手前から奥に10cmゆらすと，しばらくしてA以外にゆれ始めたおもりが1つありました。そのおもりをB～Eより1つ選び，記号で答えなさい。

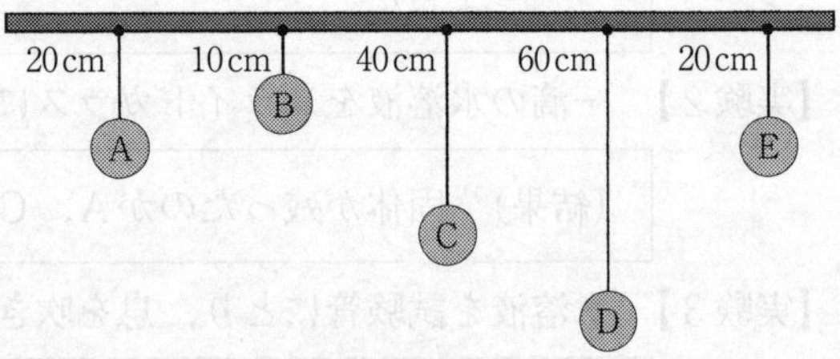

図4

(4) (3)のひもの長さで，それぞれのおもりを図の手前から奥に同じ振《ふ》れ幅《はば》でゆらすと，一往復するのに一番長い時間がかかるおもりはどれですか。A～Eより1つ選び，記号で答えなさい。

7 右の図のように，定滑車《かっしゃ》と動滑車を組み合わせて800gのおもりを引き上げる実験を行いました。ただし，ひもや滑車の重さ，まさつは考えないものとします。次の各問いに答えなさい。

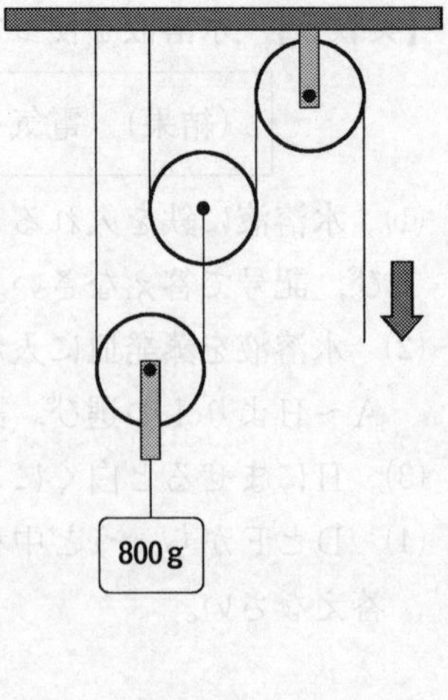

(1) この実験で，800gのおもりを引き上げるのに必要な力の大きさは少なくとも何gか答えなさい。

(2) この実験で，おもりを8cm引き上げるためには，ひもを何cm引けばよいか答えなさい。ただし，動滑車が天井にぶつかることはないものとします。

ら

イ　変化に対応できる多様な能力を身につけることにつながらないから

ウ　生き延びるためには詰め込むより自由気ままにさせる方がいいから

エ　混乱に柔軟に対応するには管理される能力も必要になってくるから

問四、――⑥「コミュニケーションが『そういうもの』だと思っていたら、たしかに日々がさぞやつらいことでしょう」とありますが、本来はどうなるためのものだと書かれていますか。「ためのもの」という言葉に続くように文中から十六字で探し、最初の五字を抜き出して答えなさい。

問五、――⑦「いろいろなレベルの、いろいろな温度や手触り」とありますが、これと同じ意味にあたる言葉をこれより前の文中から九字で抜き出して答えなさい。

問六、――⑧「きびしいコミュニケーション環境」とありますが、これを説明した次の文の空欄にあてはまる言葉を文中から九字で抜き出して答えなさい。

［　　　　］をもらえなければ、自分の全てを否定されたことになる環境。

問七、――⑩「評価基準」とありますが、これをたとえている言葉を文中から四字で抜き出して答えなさい。

問八、――⑪「金魚鉢の中にいながらでも学ぶことができます」とありますが、これを説明した次の文の空欄にあてはまる一文(句点を除く)を、これより前の文中から探し、最初の五字を抜き出して答えなさい。

人文学の資料や文学作品を学ぶことで、［　　　　］ことができるということ。

問九、――⑬「同じようなこと」とはどのようなことですか。「こと」という言葉に続くように文中から十九字で探し、最初の五字を抜き出して答えなさい。

問十、――⑮「君たち」とありますが、これを説明した次の文の空欄にあてはまる言葉を、アは文中から六字で抜き出し、イは文中の言葉を使って七字で答えなさい。

自分たちが用いている用語や概念の［　ア　］を問わず、人間の脳が生み出した幻想を相手にしていることを［　イ　］人たち。

問十一、――③「単一」・⑨「刷り」の漢字の読みを答え、――⑤「ホウニン」・⑫「シヤ」・⑭「ドウニュウ」のカタカナを漢字に直しなさい。

これからＡＩ〔人工知能〕の⑭ドウニュウで、さまざまな産業分野で雇用《こよう》の喪失《そうしつ》が予測されています。生き残るためには自分が携《たずさ》わっていることの根源的な意味を理解しておく必要があります。

（中略）

自分が存在し、生きているこの社会の成り立ちや学問領域そのものの意味を自ら問いかける。文系でも、政治学や経済学や法学などは「実学」と言われます。「実学」とは、その学問領域がどのような歴史的条件の下で生まれたのか、どのような社会的機能を果たしているのか〔それは逆から言えば、「どのような歴史的条件下で不要になり、その社会的機能を失うのか」ということですが〕を問わない学問領域である、と申し上げてよろしいでしょう。自分たちが日常的に用いている用語や概念《がいねん》〔一つの性質にまとめられた意味内容〕そのものを問うということをしない。前に経済学部の学生から「文学部なんて要《い》るんですか？」と訊《き》かれたことがあります。僕はこう答えました。

「経済学部では、貨幣《かへい》とは何か、市場とは何か、交換《こうかん》とは何か、欲望とは何かというような根源的なことをふつうは誰も問わないでしょう。あまりに自明過ぎて、問う必要さえない概念だと思っている。でも、それらはすべて人間の脳が生み出した幻想《げんそう》ですよ。何の実体もない。僕は文学研究をしていますが、自分が人間の脳が生み出した幻想を相手にしていることをつねに自覚している。その点では、⑮君たちよりは正気の度合いが高いと思っています」

実学というのは、既存のシステムが正常に機能している時代の、いわば「平時の学問」です。ある数値や理論を入力〔処理させる情報を入れる〕すれば、こんな出力〔処理した結果〕があるという入力出力の相関〔密接にかかわり合っていること〕が計算できる場合には、きわめて効率がよい。それに対して、人文学はいわば「乱世の学問」です。以前、京都精華《せいか》大学で行った対談でも、僕はそう申し上げたことがあります。人文学というのは、自分の足元が崩《くず》れてゆくような混乱の時代において、「そういうことはよくある」と腹をくくって、その状況を生き延びてゆく知恵と力を身に付けるためのものです。50年、100年、1000年といった広々としたタイムスパン〔期間〕で人間とその世界を俯瞰するための学問です。世界の仕組みが大きく変わり、日本社会の金魚鉢が割れる寸前まできているような「乱世」にこそ、ものごとの本質を根源的に考える知的態度が求められると僕は思います。

（内田　樹「生きづらさについて考える」による。一部表記・体裁《ていさい》を改めた）

問一、――①「風通しのいい」とありますが、この説明として最もふさわしいものを次から選び、記号で答えなさい。

ア　先進国にとって戦争に加わるのを必要なこととしているということ

イ　若者の自由な言動がすべての大人たちから許されているということ

ウ　他国の戦争の危機を心配するのは無駄なこととしているということ

エ　秩序に縛《しば》られたり、思想を制約されたりすることがないということ

問二、――②「『金魚鉢の中の』価値観や規範に適応するように求められている」とありますが、この「適応するように求める力」のことを言い表している言葉を文中から六字で抜き出して答えなさい。

問三、――④「何の役にも立ちません」とありますが、この理由を説明したものとして最もふさわしいものを次から選び、記号で答えなさい。

ア　集団の持っている力を集めなければ強いチームにできないか

とがありましたが、実際に研究棟《とう》の階段の踊《おど》り場に腹ばいになってお弁当を食べている学生を僕も見たことがあります。なんだか壮絶《そうぜつ》〔きわめて激しい〕に孤独な様子で、声をかけられませんでした。

いまの若者たちが気の毒だなと思うのは、自己責任論を深く⑨刷り込まれ、それが内面化してしまっている点です。物事がうまくいかなかったり、十分な評価を得られないと、「自分が悪い。能力がなく、努力が足りないせいだ」と自分を責めてしまう。いまの若者たちは総じて自己肯定感が乏《とぼ》しく、自己評価も低いですけれど、それは幼い頃から単一の⑩評価基準で査定〔調査したうえで決定する〕され、格付けされ続けてきたからだと思います。

格付けされ慣れてしまったせいで、逆に、格付けされないと不安になる。客観的で精度の高い格付けをされて、自分の同学齢《がくれい》集団内部でのランキングを知りたがる。それに基づいて、自分は「どの程度の野心〔ひそかに抱《いだ》く大きな望み〕」を抱いてよいのか、「どの程度の学歴」や「どの程度の地位」や「どの程度の配偶者《はいぐうしゃ》〔夫婦の一方からみた他方〕」をめざしてよいのか、その「シーリング〔最高限度〕」を少しでも早く知ろうとする。

極端《きょくたん》な同調的コミュニケーションにしても、自己責任論にしても、格付け志向にしても、彼《かれ》らの責任ではないんです。社会がそうさせているんです。それが先ほど申し上げた「金魚鉢の中の硬直化したルール」です。

自分たちがいま生きている社会が金魚鉢のように閉ざされた狭い空間であることに気づいて、生き延びる道を見つけること、人文学を学ぶ意味は、そこにあります。

人文学というのは、扱《あつか》う素材の時間軸《じく》が長く、空間も広い。考古学や歴史学なら何千年、何万年前のことを扱うし、民俗《みんぞく》学〔庶民の生活・文化の発展の歴史を研究する学問〕や地域研究では、はるか遠い国の文化を学びます。文学もそうです。遠い時代の、遠い国の、人種や信仰《しんこう》や性別や年齢が違う人の中に想像的に入り込んでいって、その人の心と身体を通じて世界を経験する。「いま、ここ、私」という基準では測り知れないことについて学び、理解するのが人文学です。

学ぶことによって、自分たちが閉じ込められている「金魚鉢」のシステムや構造を知り、それがいつどんな歴史的条件下で形成されたものであるかを知り、金魚鉢の外側には広い社会があり、見知らぬ世界があり、さらにそれを取り巻く宇宙があることを知る。金魚鉢も含《ふく》めた世界はどこから来て、いまどんな状態にあって、これからどう変わっていこうとしているのか、それは⑪金魚鉢の中にいながらでも学ぶことができます。これが人文学を学ぶということです。この混乱期を生き延びてゆくためには、できるだけ⑫シヤを広くとって、長い歴史的展望の中でいまの自分を含む世界の風景を俯瞰《ふかん》〔高い所から見下ろし眺めること〕することが必要です。

安定した時代においては、特定の分野や領域の、限られた技能を磨《みが》いておけば、一生食いっぱぐれがないということもあるでしょう。でも、ある職業や技能がある日まるごと必要でなくなるということは科学技術の歴史の中で何度も起こりました。「イノベーション〔技術革新〕」というのはそのことです。

イノベーションというのは、よいことばかりではありません。ある産業分野や職業がまるごと不要になるんですから。蒸気機関の発明で、馬車を御《ぎょ》す〔うまくあつかう〕技術は不要になり、馭者《ぎょしゃ》〔馬車を走らせる人〕も馬具屋も仕事を失った。かつては和文タイプライターという機械があり、それを扱う技術を教える専門学校まであったのに、ワープロ〔文書作成のための機能を備えるコンピューターシステム〕の登場ですべて消えてしまった。今後も⑬同じようなことが、さまざまな分野で繰《く》り返し起こってくるでしょう。

巡《めぐ》らされ、強い同質化圧が働いている。

そもそもコミュニケーションということの意味が誤解されているのかも知れません。

先年大学で短いレポートを課したら、「私、コミュ障なんです」と書いてきた学生が数人いました。「コミュ障」という言葉をその時にはじめて見て、たぶん「コミュニケーション障害」の略語なんだろうとは思いましたが、どういう意味で使っているのかわからない。

よくよく読んでみると、学生たちが「コミュニケーションが成立している」と見なしている事態とは、誰《だれ》かが「あの店のケーキ、美味《おい》しいよね」「この服かわいいよね」というようなことを言うと、周りが一斉《いっせい》に「そうそうそう！」と手を叩《たた》いて、激しく頷《うなず》くようなふるまいを指しているらしい。全面的な同意と共感を誇示《こじ》することを「コミュニケーションが成り立っているさま」だと思い込んでいるらしい。でも、自分は他の学生の言うことにいちいち首がちぎれるほど頷いたり、手が腫《は》れるほどハイタッチしたりすることができない……。きっと、こんな私はコミュニケーションができない人間なんですと「カミングアウト（人に知られたくないことを告白すること）」しているわけです。

⑥コミュニケーションが「そういうもの」だと思っていたら、たしかに日々がさぞやつらいことでしょう。

同意や共感にだって、「そこそこ共感できるけれども、違和感《いわかん》が残る」とか「理解はできるが、共感できない」とか「意味がわからないが、なんとなく腑《ふ》に落ちた（納得《なっとく》できた）」とか、さまざまな濃淡《のうたん》の差がある。それを言葉にして、やり取りを重ねていくうちに、お互《たが》いの理解が深まったり、違《ちが》いを認め合ったり、調整したり、合意形成を果たしたりできるようになる。それが対話であり、コミュニケーションだと僕は思います。

コミュニケーションすることの最大の喜びは、自分が思いもしなかったアイディアを他人から得ることや、自分とは違う感受性を通じて経験された世界を知ることにあると僕は思っています。自分の感情や思考を他人にまるごと肯定《こうてい》してもらっても、うれしいけれど、それによって自分が豊かになるわけではない。対話することの甲斐《かい》は、対話を通じて自分が豊かになり、より複雑になることでしょう？

だから、いまの若い人たちは異論との対話が苦手になっていると思います。少しでも異論や疑義を呈《てい》すると、それを即《そく》「批判」だと受け止めて、傷ついてしまう。異論や異議にしても、⑦いろいろなレベルの、いろいろな温度や手触《てざわ》りのものであるはずなのに、まるでネットの匿名《とくめい》コメントで「w」付きで罵倒《ばとう》（激しい言葉でののしる）されたのと同じような気分で受け取ってしまう。「そうそうそう！」という100パーセントの同意か、切り立てるような冷笑か。ゼロか100の、どちらかしかないのだとしたら、これは⑧きびしいコミュニケーション環境《かんきょう》だと思います。

友人関係においても、グループ内での自分の立ち位置や「キャラ（性格や役割）」が決められていて、一度決められると、変えることができない。これもしんどいと思います。一度「あなたはこういう人だよね」と断定されて、キャラが固まると、周囲とうまく付き合うためには決められた「キャラ」を演じ続けるしかない。中高一貫《いっかん》校のように狭いところで人間関係が長期間続くと、一度決まった「キャラ」を変更《へんこう》することは容易じゃないです。僕は中学までは優等生で、不良は「高校デビュー」で、その勢いで退学しちゃったんですけれど、中高一貫校だったら、そんな切り替《か》えは無理だったでしょう。

周囲の空気を読めなかったり、「キャラ」を演じきれないと、孤立《こりつ》して、「ぼっち」になる。「一人でいること」はどうもとても恥《は》ずかしいことらしい。お昼ご飯をトイレの個室で食べる子がいると聞いたこ

静に選んでいこうとする主人公の姿が描かれている

問十一、――①「気配」・④「丁重」の漢字の読みを答え、――②「セイシ」・⑥「フイ」・⑪「テレた」のカタカナを漢字に直しなさい。

二

次の文章を読んで、あとの各問いに答えなさい。なお、文中の言葉の下の〔　〕の中はその言葉の意味とする。

いまの若者たちはほんとうに厳しく、生きづらい時代を生きていると思います。

僕《ぼく》が10代だった1960年代は明るい時代でした。

米ソ〔アメリカとロシアの前身のソビエト連邦〕の核《かく》戦争で世界が滅《ほろ》びるのではないかという恐怖《きょうふ》がつねにありましたけれど、そんなことを日本人が心配しても止める手立てもない。だったら、「どうせ死ぬなら、いまのうちに楽しんでおこう」というワイルドでアナーキーな〔無秩序な〕気分があふれていました。幸い、どんなに騒《さわ》いでも、憲兵隊〔警察の役割も兼ねた軍警察〕や特高〔思想犯罪を取り締《し》まった警察〕が来る心配はない。だから、①風通しのいい時代でした。

いまの日本の社会はそれに比べると、ほんとうに風通しが悪いですね。息が詰《つ》まりそうです。狭《せま》い「金魚鉢《きんぎょばち》」のようなところに詰め込《こ》まれているような気がします。

世界は移行期的混乱のうちにあり、あらゆる面で既存《きそん》のシステム〔以前から存在する制度・組織〕やルールが壊《こわ》れかけている。それなのに、日本の社会はその変化に柔軟《じゅうなん》に対応できずに硬直化《こうちょくか》している。金魚鉢にひびが入り、いまにも割れて中の水ごと外に放り出されるかもしれないのに、若い人たちは、相変わらず②「金魚鉢の中の」価値観や規範《きはん》〔行動や判断の基準となる模範〕に適応するように求められている。むしろ、外側で大きな変化が起きている分だけ、恐怖と不安で、硬直しているように見えます。

激動期に対応して、生き残るためには、集団の一人一人が持っている多様な能力や資質を生かして、「強い」チームを形成しなければいけないのですが、日本の学校教育は③単一の「ものさし」をあてがって子どもたちを格付け〔段階をつける〕して、スコア〔得点〕の高い者には報酬《ほうしゅう》を与《あた》え、低い者には処罰《しょばつ》を与えるということだけしかしていない。多様な才能や資質を開花させるためには、ほとんど何もしないで、ただ「みんなができることを、他の人よりうまくできる」競争に若者たちを追い込んで、消耗《しょうもう》させている。こんな相対的な優劣《ゆうれつ》を競わせても、来るべき変化に備え、それを生き延びる知恵と力を育てるのには④何の役にも立ちません。

なぜこんなことになるのか。

理由の一つは、超《ちょう》少子化のせいで子どもより大人の数が圧倒《あっとう》的に多く、大人による管理と監視《かんし》が強まっていることです。社会全体に「すき間」や「遊び」がなくなった。「大人の目が届かない場所」がない。物理的にないのです。僕らの時代には大人の知らない場所、大人の指示も干渉《かんしょう》も届かない場所がそこここにあった。大人たちも生きるのに必死で、子どもたちのことなんか構っていられなかったんでしょう。その⑤ホウニンのおかげで、子どもたちは自由気ままに遊べた。

たしかにSNS〔インターネット上での人間関係の構築を促進《そくしん》するサービス〕で子ども同士のコミュニケーションは便利になりましたけれど、そのシステムを設計し管理しているのは大人たちです。そこで展開されているのは、僕らが中学生の頃《ころ》に仲間うちでやっていたような「地下活動」や「レジスタンス」ではありません。全部が管理されて、「ビッグデータ〔日々生成されるデータの集合〕」に書き込まれている。だから、コミュニケーションの場そのものにも管理の網《あみ》が張り

から

ウ　初めて目の当たりにするジャズの世界に緊張してしまったから

エ　予想もしていなかった音楽のジャンルに驚《おどろ》いてしまったから

問三、⑦にあてはまる体の一部を表す言葉を考えて漢字一字で答えなさい。

問四、――⑧「ナサニエルに話しかけられたのも気付かなかった」とありますが、この理由を説明した次の文の空欄にあてはまる言葉を文中から六字以上十字以内で抜き出して答えなさい。

これまでに全く体験したことのない音楽に[　　　]から。

問五、――⑨「マサルはボーッとした表情で、コントラバス奏者を見上げた」とありますが、このときの気持ちとして最もふさわしいものを次から選び、記号で答えなさい。

ア　信頼《しんらい》とときめき　イ　衝撃とねたみ

ウ　興奮《こうふん》と親しみ　エ　感動とあこがれ

問六、――⑩「うん、だから僕は今日、君をここに連れてこようと思ったのかもしれないな」とありますが、この気持ちを説明した次の文の空欄にあてはまる言葉を文中から七字で抜き出して答えなさい。

ジャズを聴かせることで、マサル自身の[　　　]に気づいてほしいという気持ち。

問七、――⑫「トロンボーンのレッスンを受けている」とありますが、この効果をマサルはどのように感じていますか。それにあたる言葉を文中から二十字で探し、最初の五字を抜き出して答えなさい。

問八、――⑬「あまりにも想像通りの反応だった」とありますが、このように思った理由として最もふさわしいものを次から選び、記号で答えなさい。

ア　人と信頼関係が築けない、相手を力でねじ伏せる自信家タイプだと思っていたから

イ　エネルギッシュで、相手の表現を引き出すのがうまいタイプだと思っていたから

ウ　説明がわかりやすく、型にはめるような、初めて経験するタイプだと思っていたから

エ　論理的で、自分の意見が正しいと他人に押し付けてくるタイプだと思っていたから

問九、マサルが今悩《なや》んでいることとして最もふさわしいものを次から選び、記号で答えなさい。

ア　自分の関心が向く道と将来性が確かな道のどちらに進むべきなのか

イ　高度な演奏技法と基本的な演奏技法のどちらが観客に評価されるのか

ウ　プロの音楽家になることと趣味《しゅみ》で演奏することのどちらが楽しいか

エ　厳しい先生と優しい先生のどちらが自分の音楽性を高めてくれるのか

問十、本文の内容の説明として**ふさわしくない**ものを次から一つ選び、記号で答えなさい。

ア　短文を重ねて書くことにより、実際にその場に身を置いているかのような迫力が感じられるように描《えが》かれている

イ　新しい音楽に触れ、音楽の世界にあこがれる気持ちが伝わるように、主人公の感覚を通した情景が描かれている

ウ　生徒の欠点をなくすことによって、その才能を伸ばそうとしてくれる信頼できる先生との出会いが描かれている

エ　直感を信じつつ、様々なことを考えに入れ、最良の方法を冷

そんなあ、あの時先生が、あんな真剣な顔で言うから、僕もその気になったんですよ。

マサルは不満顔だ。

そうかい。

ナサニエルは、マサルの好きな、⑪テれた顔で鼻を掻く。

でも、すごく面白かったです。ジュリアードにはあらゆる楽器のプロがいたし、みんな喜んで教えてくれたし。

その結果、マサルが選んだのはトロンボーンだった。ドラムスと迷い、しばらく両方やっていたが、結局トロンボーン一本にした。

マサルが⑫トロンボーンのレッスンを受けていることは、ミハルコフスキーには内緒《ないしょ》にしていたのだが、どこからか彼の耳に入ったらしい。

ある日レッスンに行くと、ミハルコフスキーに凄《すさ》まじい勢いで叱《しか》られた。あまりに激怒《げきど》しているので、持病の心臓をまたやられるのではないかと心配したくらいである。

トロンボーンだと？　何を考えているんだ！

ピアノに専念したまえ、せっかくの才能を無駄にするな！　中途半《はん》端《ぱ》に他の楽器に手を出すのは混乱のもとになるっていうのが分からないのか！

⑬あまりにも想像通りの反応だったので、むしろマサルはあっけに取られ、笑い出したくなってしまった。ナサニエルがマサルに対して言った、「決して無駄にはならないし、混乱したりもしない」生徒ではないと完璧《かんぺき》に否定されてしまったわけだ。

申し訳ありません。

マサルはしおらしく頭を下げた。そうしないと、この場が収まらないと思ったからだ。

しかし、頭を下げつつも、内心では冷静に考えていた。

どうしたものだろう。このままこの先生に付いていていいのだろうか。

マサルは自分の置かれた状況《じょうきょう》と、自分の望みと、自分の将来についてシミュレーション〔現実に想定される条件を取り入れて実際に近い状況をつくり出すこと〕をした。

僕の直感では、僕の音楽のタイプはナサニエル・シルヴァーバーグの指摘《してき》したほうが正しい。僕はピアノに「専念」するよりは、マルチ〔いくつかの要素が合わさっているさま〕に試して他ジャンルを経験するほうが伸びるタイプだし、実際とても楽しく充実《じゅうじつ》している。それらが大きな成果となってピアノに還《かえ》ってきているのも感じる。

だが、しかし。こちらからミハルコフスキーと袂《たもと》を分かつ〔行動を共にした人と別れる〕のは、これから先のことを考えると決して得策ではない。

先生を替《か》えるのは、マサルが観察したところによると、決して容易なことではなかった。ジュリアードの目玉教授を生徒のほうから拒絶《きょぜつ》したとなれば、先生や学校の心証〔印象〕はよくない。

（恩田　陸「祝祭と予感」による。一部表記・体裁を改めた）

問一、――③「ミハルコフスキーとは、自分のプライベートについて、ほとんど何も話をしていなかったことに気付いた」とありますが、このことからミハルコフスキーに対してマサルがどのような思いを抱いていたことがわかりますか。文中から十八字で探し、最初の五字を抜き出して答えなさい。

問二、――⑤「入口で棒立ちになる」とありますが、この理由として**ふさわしくない**ものを次から一つ選び、記号で答えなさい。

ア　子供の自分が立ち入っていい場所なのかと戸惑《とまど》ってしまったから

イ　薄《うす》暗くて狭いごちゃごちゃした雰囲気が怖《こわ》くなってしまった

バンドを率いてジャズ・プレイヤーとしても活動しているのだという。

⑨マサルはボーッとした表情で、コントラバス奏者を見上げた。

どのプレイヤーも凄《すご》かったけれど、バンドをまとめ、手綱《たづな》を引いているのはこのコントラバス奏者だった。音楽の土台を支え、イマジネーション〔想像〕溢《あふ》れるベースライン〔メロディーの基準〕で引っ張り、「世界」を作り上げているのは彼だった。

その彼が、ニコニコしながらナサニエルと談笑《だんしょう》している。

ああ、音楽の世界には、こんな凄い人がいっぱいいるんだ。この人も、ナサニエルも同じ側にいる。遠い彼方の、音楽の国に。

二人の横顔が、その輪郭《りんかく》がライトに輝《かがや》いている。

行きたい。あの国に。この人たちと同じところに立ちたい。こんなふうに笑い合い、肩を叩《たた》いて軽口〔軽い調子のおもしろみのある言葉〕を交わしたい――

息がかかりそうなほどそばにいるのに、二人がいるのはとんでもなく遠いところだ。スポットライトの中の、キラキラした音楽の国。

行きたい、僕もあそこに行きたい。

マサルはそう熱望した。

コントラバス奏者は、ナサニエルから離れる時にマサルに目を留め、ニコッと笑った。

「おい、君、まさか君の隠《かく》し子じゃないだろうな？」

冗談《じょうだん》めかして呟く。

すると、ナサニエルは真顔で答えた。

「彼は、スターだ」

コントラバス奏者は一瞬《いっしゅん》きょとんとし、ナサニエルとマサルの顔を見比べていたが、やがて手を振って去っていった。

きょとんとしているのはマサルも同じだった。

「？」とマサルがナサニエルに目をやると、ナサニエルはもう一度言った。

「君は、スターだ」

マサルは面喰《めんく》らったまま、目をぱちくりさせた。

スター？　僕が？

ナサニエルはふと、考え込む表情になった。

「君の音楽は、大きい。内包するものがとても大きい上に、思いがけないほどの複雑さと多面性がある」

思いついたように顔を上げ、声を絞《しぼ》り出すようにして低く唸《うな》った。

「うーん、君は、他の楽器もやったほうがいいんじゃないかな――鍵《けん》盤《ばん》楽器じゃないものを幾《いく》つか」

「他の楽器を？」

マサルは再び目をぱちくりさせた。

「うん。人によっては、ピアノに専念することを勧《すす》めるし、そのほうがいい人もいる。だけど、君の場合は、いろいろやっても決して無駄《むだ》にはならないし、混乱したりもしないと思うんだ」

ナサニエルは腕《うで》組みをした。

「――⑩うん、だから僕は今日、君をここに連れてこようと思ったのかもしれないな」

独り言のように呟くナサニエルを、マサルは不思議な心地で眺めていた。そのひどく真剣で、緊張《きんちょう》した面持《おもも》ちを。

何かすごく大事なことを言われたような気がした。

そして、この人は、僕のことをよく理解しているし、とても大事に思ってくれているのだ、とマサルは直感したのだった。

まさか、君が本当に僕の言うことを聞いて、他の楽器を始めるとは思わなかったよ。

ナサニエルは大袈裟《おおげさ》に首をすくめてみせた。

アイルランドの血も入っていると聞いたことがあった。

「ふうん。先生は、ハープの国の人なんですね」

何気なくマサルが呟くと、ナサニエルは意表を突《つ》かれた顔になった。

ぐるりと目を動かす。

「なるほど、ね。それをいうならマサルは――」

言いかけて少し考えてから、ナサニエルはゆっくりと呟いた。

「なんとなく、フランスには木管楽器のイメージがあるね。特に、マサルにはパンフルートが似合いそうだ」

パンフルート。

吹《ふ》いてみたことはないが、その音色は聴いたことがある。独特の柔《やわ》らかい音色は、どこかノスタルジックな〔故郷をなつかしむ気持ちを感じさせる〕響きがしたことを覚えている。

「そうですか?」

「うん。森でニンフ〔妖精《ようせい》〕と戯《たわむ》れながらパンフルートを吹いてる」

「うーん」

それってどんなイメージなんだ。

⑥フイにフロアの隅が明るくなり、拍手《はくしゅ》が湧いた。

入口から、二人の黒人男性が入ってきてドラムスとピアノの前に座った。

続いてゾロゾロと楽器を抱《かか》えた白人男性たちが入ってくる。トランペット、トロンボーン、テナーサックス。

テーブルのあいだを通り、それぞれの場所に立つ。

最後に大柄《おおがら》な白人男性が入ってきて、ニコニコしながら手を振《ふ》ってコントラバスを抱えた。

すぐさま彼は小声でカウントを取り、いきなり演奏が始まった。

うわーっ。

マサルはその音に圧倒《あっとう》されていた。

全く体験したことのない音楽。

激しさと詩情、衝動《しょうどう》と理智《りち》、殺気と洗練。

音の粒《つぶ》がそれこそ雨あられと飛んできて、物理的な「圧」を感じる。そこに物体としての音がある。湧き上がる。ぶつかってくる。嚙《か》み付いてくる。

六人それぞれが主張し、絡《から》み合い、調和しては離《はな》れ、争い、駆《か》け回る。

ソロ〔一人で行う演奏〕の応酬《おうしゅう》が始まる。

文字通りのバトル〔たたかい〕、真剣《しんけん》勝負だ。

演奏者の精神が、音楽が、剝《む》き出しになって観客の面《おもて》を打つ。

ヒリヒリする。鳥肌《とりはだ》が立つ。

マサルは全身が(⑦)になってしまったような気がした。身体全体で、すべての肌で、音を聴いている。浴びている。吸い込《こ》んでいる。

なんとかついていこう、解釈《かいしゃく》しよう、咀嚼《そしゃく》〔かみくだく〕しようとしているのは自分でも分かるのだけれど、とてもじゃないが追いつかない。ただただ飲み込み、流し込み、ぐわんぐわんと全身の隅々まで反響《はんきょう》するのを感じるのみ。

次々と流れ込むさまざまなフレーズ〔メロディーの一区切り〕がマサルの中で渦巻《うずま》き、泡立《あわだ》ち、大きな飛沫《しぶき》を上げる。

六十分ほどのライブが終わって、プレイヤーたちが引き揚《あ》げていくあいだも、マサルはその衝撃《しょうげき》からなかなか醒《さ》めることができなかった。

音が、フレーズが、彼らの表情が、繰《く》り返し蘇《よみがえ》ってきて、⑧ナサニエルに話しかけられたのも気付かなかったくらいだ。

見ると、あの大柄なコントラバス奏者がナサニエルのところに寄ってきてお喋りをしている。ナサニエルの話によると、彼はニューヨーク・フィルハーモニックのコントラバス奏者だが、自身のリーダー・

ふうん、ほう、とナサニエルはしばしば頷《うなず》きつつ、ゆっくり耳を傾《かたむ》けている。

気が付くと、マサルは夢中になっていろいろなことを彼に話していた。

そして、③ミハルコフスキーとは、自分のプライベートについて、ほとんど何も話をしていなかったことに気付いた。

「これから友人のライブ〔生演奏〕を聴《き》きに行くんだけど、一緒《いっしょ》に行かないかい？」

かなり長いこと喋《しゃべ》ってホッと一息ついた時、ナサニエルが誘《さそ》った。

「え？ いいんですか」

「もちろん。僕《ぼく》から親御《おやご》さんに話そう」

ナサニエルはマサルが母親に電話すると、彼から携帯《けいたい》電話を受け取り、④丁重に「息子さんは、僕が責任を持ってご自宅まで送り届けますから」と言ってくれた。

マサルは有頂天になった。

あのナサニエル・シルヴァーバーグが誘ってくれたなんて。しかも、ママにあんな丁寧《ていねい》なフォローをしてくれるなんて。

「よし、行こう」

ナサニエルは先に立って歩き出す。

マサルはわくわくしてくるのを感じた。

コンサートに行くのは久しぶりだ。なんのコンサートだろうか？ ピアノ？ オーケストラ？ 場所は？ リンカーンセンター？ カーネギーホール？

（中略）

ナサニエルに続いて階段を下りていくと、そこはマサルが知っていたのとは全く異なる音楽の世界だった。

これがジャズ・クラブ〔ジャズ音楽をきかせる店〕というものなのか。

⑤入口で棒立ちになる。

大人の世界。ちょっといけない感じのする、夜の世界。

マサルはどきどきしてくるのを感じた。

暗い。狭《せま》い。ごちゃごちゃしている。

十卓《たく》ほどあるテーブル席は、三分の二くらいが埋《う》まっていた。フロア〔ショーを行う場所〕の隅《すみ》のカウンター〔客と調理場を仕切る細長いテーブル〕の前で立ち飲みしながら談笑する客たち。寛《くつろ》いだ、それでいて期待に満ちた雰囲気《ふんいき》。

正面の奥がステージのようだが、段差はなく、客と同じ高さでフロアを共有している。

壁《かべ》に描《か》かれた店のロゴ〔デザインされた文字やマーク〕が、ぼんやりとてらし出されていた。

グランドピアノとドラムスのセット。大きなコントラバスが椅子《いす》に立てかけて置いてある。客とセッティング〔舞台装置〕のあいだに数本のマイクが立っている。

マサルがキョロキョロしているあいだにナサニエルが既に二人分の料金を払《はら》ってくれたらしく、「こっちだ」と連れられて後ろの壁際《かべぎわ》のテーブルに着いた。「ちょっと座《すわ》ってて」とナサニエルはカウンターに行き、やがて黒ビールの入ったグラスとジンジャーエールの入ったグラスを持って戻《もど》ってきた。

小さく乾杯《かんぱい》をした時、マサルはナサニエルのグラスに入っているロゴに目を留《と》めた。

汗を掻《か》いたグラスの表面に浮《う》かび上がる曲線のマーク。

「これ、楽器なんですね――ハープ？」

「アイリッシュ〔アイルランドの〕・ハープだよ」

「オーケストラで見るハープほど大きくないですね」

そういえば、ナサニエルはイギリス人だけれど、

二〇二一年度 明治大学付属中野八王子中学校

【国　語】〈A方式第二回試験〉（五〇分）〈満点：一〇〇点〉

〈注意〉　字数には、句読点《くとうてん》も記号も一字として数えます。

一　次の文章を読んで、あとの問いに答えなさい。なお、文中の言葉の下にある〔　〕の中はその言葉の意味とする。

マサルはプレ・カレッジ〔ここではニューヨーク市にあるジュリアード音楽大学に入る前の課程〕のオーディション〔審査《しんさ》〕に受かったし、結局プレ・カレッジでのレッスンはミハルコフスキーが受け持つことになった。

マサルはこれまでにもいろいろな先生についており、ミハルコフスキーのようなタイプの教師も経験があった。

彼《かれ》の指導はエネルギッシュで、演奏者の情動〔感情の動き〕を駆《か》り立て、エモーショナル〔感情的〕な表現を引き出すのがうまい。その一方で理詰《りづ》めできちんと曲想〔曲のテーマや構成〕の裏づけを説明することもでき、非常に明晰《めいせき》〔明らかではっきりしている〕である。

なるほど、プロのピアニスト、しかもこういう巨匠《きょしょう》〔特にすぐれた人〕クラスの演奏者が見ている曲の風景はこんなふうなのか。

マサルはそう思ったし、コンサートピアニストという職業に興味も湧《わ》いてくるようになった。

しかし、どこかで違和感《いわかん》を覚えていたのも事実である。

非常に明晰であるがゆえに「これしかない」と曲想を断定するミハルコフスキー。「攻《せ》め」のピアノ、観客をねじ伏《ふ》せるような演奏を好《よ》しとするミハルコフスキー。

そういう彼を尊敬し、自分の能力を伸ばしてくれていると感じつつも、どうしても彼を「師」と素直に呼べないことにも気付いていた。

なんだろう、この違和感は。

ある日のレッスンのあと、なぜかまっすぐ帰る気がせず、マサルはぼんやりと学校の出入口の階段に腰掛《こしか》け、道を行く人々を眺《なが》めていた。

既《すで》に日は暮れ始めていて、空がだんだんと透《す》き通ってゆく。気温は下がる①気配がなく、蒸《む》し暑い。

遠くで鳴り響《ひび》くクラクション、遠ざかるサイレン。

アメリカの街の空気も、街の音も、フランスとは全然違《ちが》うなあ。

マサルはその違いを言語化しようと試みた。

ちょっと殺気立ってて、スピード感があって、ギラギラしたエネルギーに満ちていて――

「帰らないのかい？」

急に頭上から声が降ってきて、マサルはハッとした。

見ると、ナサニエル・シルヴァーバーグがこちらを見下ろしていた。ジャケットを脱《ぬ》いで肩《かた》にかつぎ、リラックスした様子である。

「あ、先生。こんにちは」

立ち上がろうとするマサルを②セイシし、ナサニエルは彼の隣《となり》に腰掛けた。

「暑いな、今日は」

ナサニエルは自分と同じくジャケットを脱いで肩に掛けている通行人を見て呟《つぶや》いた。

「そうですね」

マサルも通行人に目をやる。

二人はしばらく世間話をした。といっても、もっぱら話していたのはマサルだ。普段《ふだん》の学校生活のこと、家族のこと、パリとの違い、アメリカの感想、などなど。

2021年度 明治大学付属中野八王子中学校 ▶解説と解答

算 数 ＜Ａ方式第２回試験＞（50分）＜満点：100点＞

解 答

1 (1) $\frac{3}{5}$ (2) $\frac{2}{3}$ (3) 120 (4) $\frac{1}{3}$ **2** (1) 32：27 (2) 2160円 (3) 8.8% (4) 12% (5) 50度 (6) 180cm^2 **3** (1) 4 (2) 80m (3) 1.4cm (4) $13\frac{3}{4}$cm^2 (5) 904.32cm^3 **4** (1) 5：2 (2) 25分40秒後 **5** (1) 36cm^3 (2) 153cm^3

解 説

1 四則計算，計算のくふう，逆算

(1) $1-\left\{3-\left(2\frac{4}{5}-1\frac{1}{3}\right)\times1\frac{1}{2}\right\}\div2=1-\left\{3-\left(\frac{14}{5}-\frac{4}{3}\right)\times\frac{3}{2}\right\}\div2=1-\left\{3-\left(\frac{42}{15}-\frac{20}{15}\right)\times\frac{3}{2}\right\}\div2=1-\left(3-\frac{22}{15}\times\frac{3}{2}\right)\div2=1-\left(3-\frac{11}{5}\right)\div2=1-\left(\frac{15}{5}-\frac{11}{5}\right)\div2=1-\frac{4}{5}\times\frac{1}{2}=1-\frac{2}{5}=\frac{5}{5}-\frac{2}{5}=\frac{3}{5}$

(2) $\left\{\left(1.3-5.8\times\frac{6}{29}\right)\div\frac{2}{13}+1.25\right\}\div2.85=\left\{\left(\frac{13}{10}-\frac{29}{5}\times\frac{6}{29}\right)\div\frac{2}{13}+1\frac{1}{4}\right\}\div2\frac{17}{20}=\left\{\left(\frac{13}{10}-\frac{6}{5}\right)\div\frac{2}{13}+\frac{5}{4}\right\}\div\frac{57}{20}=\left\{\left(\frac{13}{10}-\frac{12}{10}\right)\div\frac{2}{13}+\frac{5}{4}\right\}\div\frac{57}{20}=\left(\frac{1}{10}\times\frac{13}{2}+\frac{5}{4}\right)\div\frac{57}{20}=\left(\frac{13}{20}+\frac{25}{20}\right)\div\frac{57}{20}=\frac{38}{20}\times\frac{20}{57}=\frac{2}{3}$

(3) $A\times B+A\times C=A\times(B+C)$となることを利用すると，$5.67\times5+4.33\times7+4.33\times5+5.67\times7=5.67\times(5+7)+4.33\times(7+5)=5.67\times12+4.33\times12=(5.67+4.33)\times12=10\times12=120$

(4) $\left(\frac{7}{8}-\frac{5}{6}\right)\div\left(\frac{5}{6}-\frac{3}{4}\right)=\left(\frac{21}{24}-\frac{20}{24}\right)\div\left(\frac{10}{12}-\frac{9}{12}\right)=\frac{1}{24}\div\frac{1}{12}=\frac{1}{24}\times\frac{12}{1}=\frac{1}{2}$，$\frac{3}{4}-\frac{1}{2}=\frac{3}{4}-\frac{2}{4}=\frac{1}{4}$より，$\frac{1}{2}-\frac{1}{4}\times\square=\frac{5}{12}$，$\frac{1}{4}\times\square=\frac{1}{2}-\frac{5}{12}=\frac{6}{12}-\frac{5}{12}=\frac{1}{12}$ よって，$\square=\frac{1}{12}\div\frac{1}{4}=\frac{1}{12}\times\frac{4}{1}=\frac{1}{3}$

2 単位の計算，比の性質，消去算，濃度《のうど》，売買損益，相当算，角度，面積

(1) 1.6時間は，60×1.6＝96(分)であり，１時間21分は，60×１＋21＝81(分)だから，(1.6時間)：(１時間21分)＝96：81＝32：27となる。

(2) ２通りの代金を式で表すと，右の図１のア，イのようになる。はじめに，アの式の等号の両側を２倍してえんぴつの本数をそろえると，ウのようになる。次に，イの式とウの式を比べると，ノート，７－６＝１(冊)の値段が，1160－1040＝120(円)とわかる。さらに，これをアの式にあてはめると，えんぴつ２本の代金が，520－120×３＝160(円)となるので，えんぴつ１本の値段は，160÷２＝80(円)と求められる。よって，えんぴつ１ダース(＝12本)とノート10冊の代金は，80×12＋120×10＝2160(円)となる。

図１

えんぴつ×２＋ノート×３＝ 520(円)…ア
えんぴつ×４＋ノート×７＝1160(円)…イ

↓

えんぴつ×４＋ノート×６＝1040(円)…ウ
えんぴつ×４＋ノート×７＝1160(円)…イ

(3) 食塩水を100ｇ捨てて水を100ｇ加えると，食塩水の重さははじめと同じ1100ｇになる。ここで，

(食塩の重さ)＝(食塩水の重さ)×(濃度)だから，最後にできた食塩水に含《ふく》まれている食塩の重さは，1100×0.08＝88(g)とわかる。また，食塩水に水を加えても含まれている食塩の重さは変わらないので，水を加える前の食塩水(100g捨てた後の食塩水)にも88gの食塩が含まれていたことになる。さらに，100g捨てた後の食塩水の重さは，1100－100＝1000(g)だから，100g捨てた後の食塩水の濃度は，88÷1000＝0.088，0.088×100＝8.8(%)とわかる。よって，はじめの食塩水の濃度も8.8%である。

(4) 原価を1とすると，定価は，1×(1＋0.4)＝1.4となる。すると，定価の2割引きは，1.4×(1－0.2)＝1.12なので，利益は，1.12－1＝0.12とわかる。よって，利益は原価の，0.12×100＝12(%)である。

図2

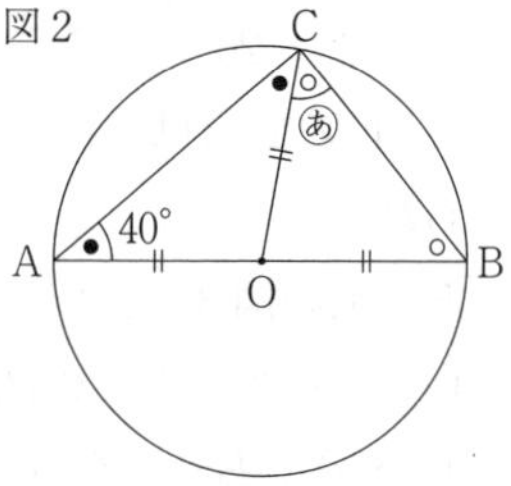

(5) 右の図2で，円の半径は等しいから，三角形OCAと三角形OBCは二等辺三角形である。よって，同じ印をつけた角の大きさはそれぞれ等しいので，角COBの大きさは，40＋40＝80(度)とわかる。したがって，(あ)の角の大きさは，(180－80)÷2＝50(度)と求められる。

(6) 75%＝$\frac{75}{100}$＝$\frac{3}{4}$より，(大きい長方形の面積)×$\frac{2}{5}$＝(小さい長方形の面積)×$\frac{3}{4}$と表すことができるので，大きい長方形と小さい長方形の面積の比は，$\frac{5}{2}$：$\frac{4}{3}$＝$\frac{15}{6}$：$\frac{8}{6}$＝15：8とわかる。そこで，大きい長方形の面積を15，小さい長方形の面積を8とすると，重なった部分の面積は，15×$\frac{2}{5}$＝6だから，図形全体の面積は，15＋8－6＝17となる。これが510cm^2なので，比の1にあたる面積は，510÷17＝30(cm^2)となり，重なった部分の面積は，30×6＝180(cm^2)と求められる。

3 周期算，速さ，平均とのべ，相似，辺の比と面積の比，体積

(1) 2，2×2＝4，4×2＝8，8×2＝16，6×2＝12，…のように，2を何個かかけた数の一の位は，{2，4，8，6}の4個がくり返される。よって，2を70個かけた数の一の位は，70÷4＝17余り2より，2個かけたときの一の位と同じであり，4とわかる。

(2) 3周の長さは，400×3＝1200(m)だから，Bさんが3周するのにかかる時間は，1200÷300＝4(分)である。よって，Bさんが3周する間にAさんが走る長さは，420×4＝1680(m)となる。1680÷400＝4余り80より，これは4周と80mとわかるので，Bさんが3周したとき，AさんはBさんの80m前を走っている。

(3) 男子の人数は全体の，100－56＝44(%)だから，男子と女子の人数の比は，44：56＝11：14である。よって，男子の平均身長を□cm，女子の平均身長を△cmとして図に表すと，下の図1のようになる。図1で，かげをつけた部分の面積と太線で囲んだ部分の面積は，どちらも全体の身長の合計を表している。よって，これらの面積は等しいので，アとイの長方形の面積も等しくなる。また，アとイの横の長さの比は11：14だから，たての長さの比は，$\frac{1}{11}$：$\frac{1}{14}$＝14：11となり，アのたての長さは，1.1×$\frac{14}{11}$＝1.4(cm)と求められる。つまり，男子の平均身長は全体の平均身長より1.4cm高い。

(4) 下の図2で，三角形ADEと三角形FDCは相似であり，相似比は，DE：DC＝2：1なので，FCの長さは，5×$\frac{1}{2}$＝2.5(cm)となる。よって，BF：FC＝(10－2.5)：2.5＝3：1とわかる。また，三角形AGEと三角形FGBも相似であり，相似比は，AE：FB＝5：(10－2.5)＝2：3だから，

図1

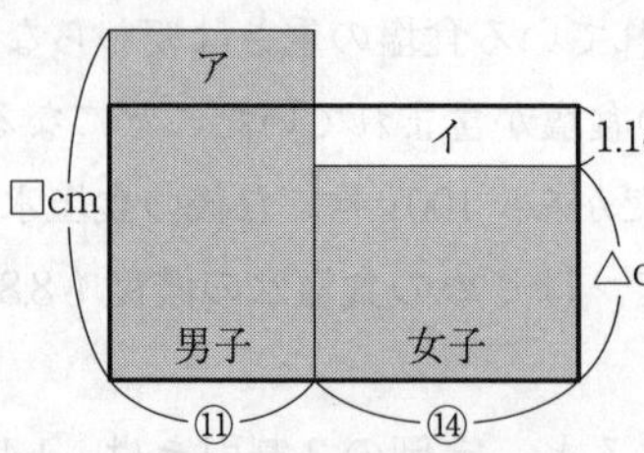

図2

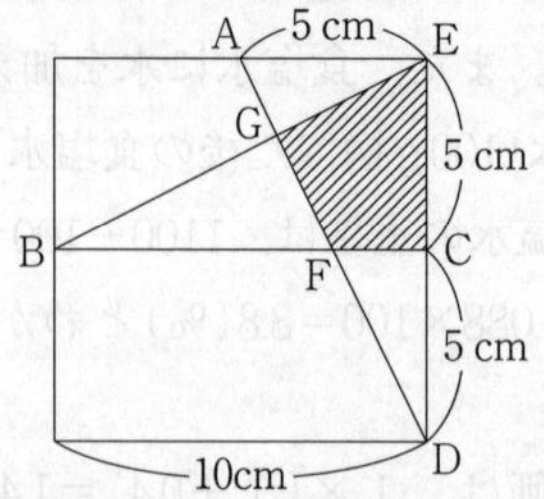

図3

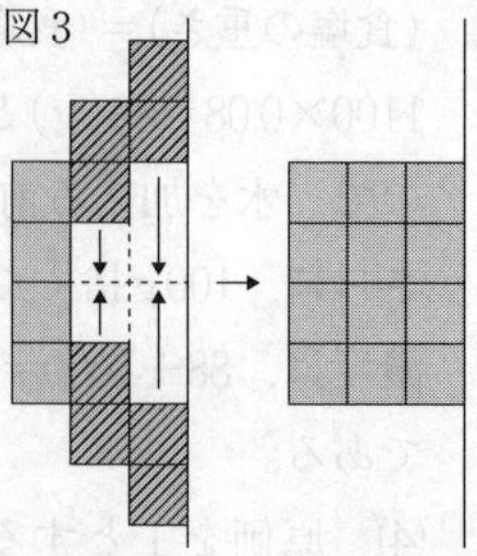

BG：GE＝３：２となる。したがって，三角形FGBの面積は三角形EBCの面積の，$\frac{3}{3+1}\times\frac{3}{3+2}=\frac{9}{20}$(倍)である。さらに，三角形EBCの面積は，$10\times5\div2=25(\text{cm}^2)$なので，三角形GBFの面積は，$25\times\frac{9}{20}=\frac{45}{4}(\text{cm}^2)$となり，斜線《しゃせん》部分の面積は，$25-\frac{45}{4}=\frac{55}{4}=13\frac{3}{4}(\text{cm}^2)$と求められる。

(5)　上の図３で，斜線部分の正方形を矢印のように移動してから１回転させても，体積は変わらない。よって，もとの図形を１回転させたときにできる立体の体積は，底面の円の半径が，$2\times3=6$(cm)であり，高さが，$2\times4=8$(cm)の円柱の体積と等しくなるから，$6\times6\times3.14\times8=288\times3.14=904.32(\text{cm}^3)$とわかる。

4 ニュートン算

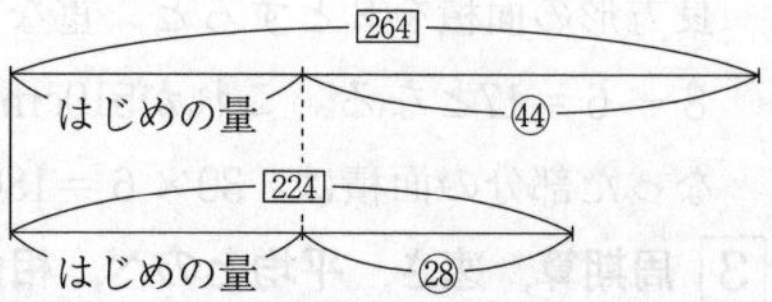

(1)　１分間に入れる水の量を①，１台のポンプから１分間にはい水される量を$\boxed{1}$とする。６台のポンプを使うとき，44分で，①×44＝㊹の水が入り，その間に，$\boxed{1}\times6\times44=\boxed{264}$の水をはい水して空になる。同様に，８台のポンプを使うとき，28分で，①×28＝㉘の水が入り，その間に，$\boxed{1}\times8\times28=\boxed{224}$の水をはい水して空になるから，右上の図のように表すことができる。この図で，㊹－㉘＝⑯にあたる量と，$\boxed{264}-\boxed{224}=\boxed{40}$にあたる量が等しいので，⑯＝$\boxed{40}$となる。さらに，等号の両側を８で割ると，②＝$\boxed{5}$となるから，①：$\boxed{1}=\frac{1}{2}:\frac{1}{5}=5:2$とわかる。つまり，入れる水の量と１台のポンプからはい水される量の比は５：２である。

(2)　①＝５，$\boxed{1}=2$とすると，はじめに水そうに入っている水の量は，$\boxed{264}$－㊹＝$2\times264-5\times44=308$と表すことができる。また，はじめの水面の高さは40cmなので，水面の高さが50cmになったときに水そうに入っている水の量は，はじめの量の，$50\div40=\frac{5}{4}$(倍)であり，$308\times\frac{5}{4}=385$とわかる。つまり，水面の高さが50cmになるのは，水そうに入っている水の量が，$385-308=77$だけ増えたときである。ポンプを１台使うと，水そうに入っている水の量は１分間に，$5-2=3$ずつ増えるから，77増えるのは，$77\div3=\frac{77}{3}=25\frac{2}{3}$(分後)と求められる。これは，$60\times\frac{2}{3}=40$(秒)より，25分40秒後となる。

5 立体図形―分割，体積

(1)　C，A，Fを通る平面で切ったときに頂点Bを含む方の立体は，下の図１の三角すいC－BAFである。よって，体積は，$6\times6\div2\times6\div3=36(\text{cm}^3)$となる。

(2)　直線DIは直線DBと一致《いっち》するから，I，D，Eを通る平面は，B，D，Eを通る平面と一致する。よって，I，D，Eを通る平面で切ったときに頂点Hを含む方の立体は，図１の頂点Hを含む方の立体から，右の図２の太線で囲んだ立体を除いたものになる。はじめに，図１の頂点Ｈを含む方の立体の体積は，６×６×６－36＝180(cm^3)となる。また，図２の太線で囲んだ立体は，三角すいＤ－AEB から三角すいＩ－AJB を除いたものである(Ｊは対角線の交点)。ここで，三角すいＤ－AEB の体積は(1)で求めた三角すいの体積と等しく36cm^3であり，三角すいＩ－AJB の体積は，６×３÷２×３÷３＝９(cm^3)なので，図２の太線で囲んだ立体の体積は，36－９＝27(cm^3)と求められる。よって，図２の頂点Ｈを含む方の立体の体積は，180－27＝153(cm^3)となる。

図１

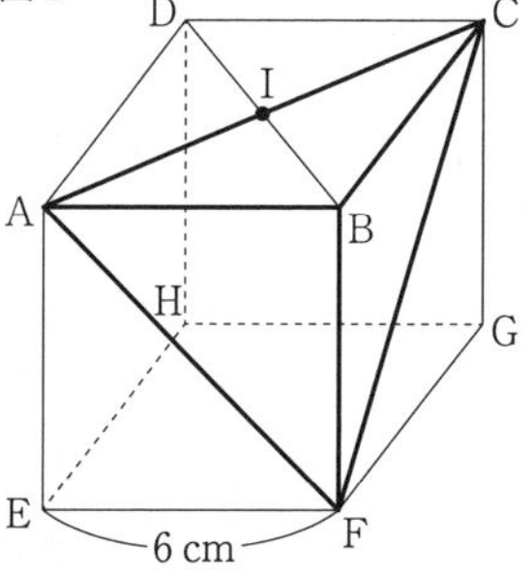

図２

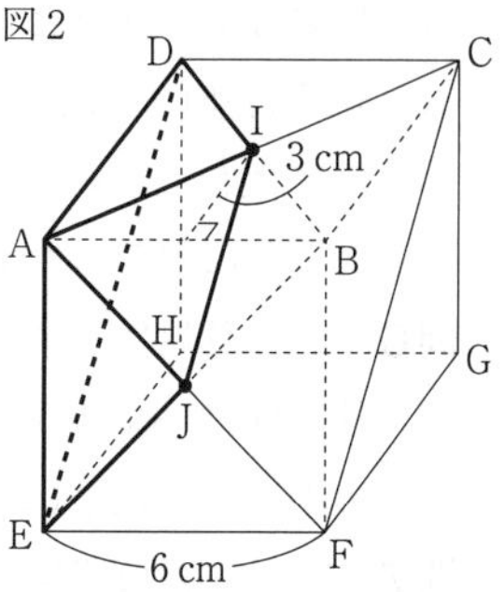

社　会　＜Ａ方式第２回試験＞（30分）＜満点：50点＞

解　答

1 **問１**　(ア)　**問２**　(カ)　**問３**　(エ)　**問４**　(エ)　**問５**　(ア)　**問６**　岩倉具視　**問７**　(イ)　**問８**　(ア)　**問９**　(ア)　**問10**　(イ)，(エ)，(キ)，(ク)　**2**　**［１］**　(エ)，⑧　**［２］**　(サ)，⑭　**［３］**　(ク)，⑤　**［４］**　(オ)，⑩　**［５］**　(シ)，⑦　**［６］**　(カ)，⑮　**［７］**　(ス)，③　**［８］**　(イ)，⑰　**［９］**　(ソ)，⑨　**［10］**　(コ)，④　**3**　**問１**　公共の福祉　**問２**　(イ)　**問３**　(エ)　**問４**　(イ)　**問５**　(イ)，(ウ)　**問６**　(1)　(ウ)　(2)　(例)　年金・介護・医療などの社会保障費の負担が大きくなる。

解　説

1 条約改正を題材にした歴史の問題

問１　(ア)は1871年，(イ)は1867年，(ウ)は1881年，(エ)は1890年のできごとである。

問２　Ａは古墳時代の５世紀(478年)のことで，中国の歴史書『宋書』倭国《わこく》伝に記されている。Ｂは弥生時代の３世紀(239年)のことで，中国の歴史書『魏志《ぎし》』倭人伝に記されている。Ｃは弥生時代の１世紀(57年)のことで，このことは中国の歴史書『漢書』地理志に記されている。よって，年代の古い順に並べかえると，Ｃ→Ｂ→Ａの順になる。

問３　Ⅰ　「天武天皇」ではなく「推古天皇」が正しい。　Ⅱ　「藤原道長」ではなく「菅原道真」が正しい。

問４　(ア)　「朱印船貿易」ではなく「勘合《かんごう》貿易」が正しい。勘合(符)とは，倭寇《わこう》(日本の武装商人団・海賊《かいぞく》)と正式な貿易船を区別するために用いられた合い札のこと。　(イ)　「足利義政」ではなく，室町幕府の第４代将軍である「足利義持」が正しい。　(ウ)　生糸や絹織物・陶磁器は，銅銭(明銭)とともにおもに明(中国)から輸入された品である。　(エ)　室町時代に行われた日明貿易は，応仁の乱(1467～77年)で幕府の権威が落ちたことにともない，西日本の守護大名であった細川氏や大内氏に管理権が移っていった。よって，正しい。

問５　江戸幕府が欧米五カ国と修好通商条約(安政の五カ国条約)を結んだのは，1858年のことである。日本はアメリカと貿易をすることになったが，このころ，アメリカ国内では北部と南部の間で南北戦争（1861～65年）が始まったため，日本との貿易はさかんには行われなかった。南北戦争は，リンカン大統領が率いる北部が勝利した。よって，(ア)が正しい。なお，(イ)は1789年，(ウ)は1600年，(エ)は1917年に起こったできごと。

問６　岩倉具視《ともみ》は公家出身の政治家で，明治政府が1871年に欧米に派遣した使節団の団長をつとめた。使節団は不平等条約改正の予備交渉《こうしょう》と視察をかねて欧米諸国をまわり，交渉は失敗に終わったものの，欧米視察により日本の近代化の方針が決められることになった。

問７　(イ)は，西郷隆盛について説明した文。西郷隆盛は板垣退助とともに，使節団が不在の間の明治政府（留守政府）を守ったが，使節団の帰国後，征韓論（武力を用いてでも朝鮮を開国させようという考え方）が使節団のメンバーであった伊藤博文や大久保利通《としみち》らに受け入れられなかったことから，政府を去った。その後の1877年，鹿児島の不平士族におし立てられて西南戦争を起こしたが，敗れて自害した。なお，写真の中央に座っているのが岩倉具視，人物Ａは(ア)で説明されている木戸孝允《たかよし》，人物Ｂは佐賀藩出身の山口尚芳《なおよし》，人物Ｃは(ウ)で説明されている伊藤博文，人物Ｄは(エ)で説明されている大久保利通。

問８　(ア)　明治政府は富国強兵をスローガンとし，その財源を確保するため，1873年に地租改正を行った。よって，正しい。　(イ)　群馬県につくられた官営工場は富岡製糸場で，八幡製鉄所は現在の福岡県北九州市に建設された。　(ウ)「渋沢《しぶさわ》栄一」ではなく「前島密《ひそか》」が正しい。　(エ)　日本初の鉄道は，1872年に新橋（東京）－横浜間で開通した。

問９　(ア)　井上馨《かおる》は外務卿・外務大臣になると，不平等条約改正交渉を有利に進めるため，東京日比谷に鹿鳴館を建てて舞踏会を開き，日本の西洋化をアピールするといった欧化政策を行ったが，うまくいかなかった。よって，正しい。　(イ)　1886年に起こったノルマントン号事件では，イギリス人船長を日本の法律で裁くことができなかったため，国内で治外法権の撤廃《てっぱい》を求める世論が高まった。　(ウ)「大逆事件」ではなく「大津事件」が正しい。大逆事件とは，1910年に天皇暗殺を計画したとして，幸徳秋水ら社会主義者が処罰《しょばつ》された事件である。　(エ)　1894年，外務大臣の陸奥宗光がイギリスと交渉し，領事裁判権（治外法権）の撤廃に成功した。小村寿太郎《じゅたろう》は1911年に関税自主権の回復に成功した外務大臣である。

問10　アは1914年，イは1895年，ウは1915年，エは1904年，オは1875年，カは1918～22年，キは1902年，クは1910年，ケは1920年のできごとである。

２ 世界の国々についての問題

［１］　(エ)のサウジアラビア（首都リヤド）は，アラビア半島の大部分を占《し》める国である。イスラム教の聖地メッカがあり，国民のほとんどがイスラム教を信仰している。石油資源が豊富で，日本の最大の石油輸入相手国となっている。統計資料は『日本国勢図会』2020／21年版による（以下同じ）。

［２］　(サ)のイギリス（首都ロンドン）は，ヨーロッパの西に位置する島国である。世界で初めて産業革命を成しとげ，19世紀には「世界の工場」とよばれた。世界標準時の基準となる本初子午線（経度０度の経線）は，ロンドンの旧グリニッジ天文台を通っている。

［３］　(ク)のオーストラリア（首都キャンベラ）は，世界の六大陸の１つであるオーストラリア大陸を国土としている。カンガルーやコアラなど野生動物の宝庫で，大自然が広がるため，多くの観光客が訪れる。地下資源が豊富で，日本にとっては鉄鉱石と石炭の最大の輸入相手国である。

[4]　(オ)のインド(首都デリー)は南アジアの中央部を占める国で，中国(中華人民共和国)についで人口が世界で2番目に多い。ヒンドゥー教徒が国民の大半を占め，女性の多くがサリーという民族衣装を身につける。

[5]　(シ)のペルー(首都リマ)は，南アメリカ大陸の太平洋側に位置し，水産業がさかんな国である。インカ文明発祥《はっしょう》の地としても知られ，ナスカの地上絵や天空の都市マチュピチュなどの古代遺跡がある。

[6]　(カ)の南アフリカ共和国(首都プレトリア)は，アフリカ大陸の南端に位置する国である。かつて，アパルトヘイトとよばれる人種隔離《かくり》政策がとられていたが，1991年に廃止された。金やマンガンなどの希少金属(レアメタル)の世界的な産地となっており，日本も多くを輸入している。

[7]　(ス)のイタリア(首都ローマ)は，南ヨーロッパの中央部に位置し，ブーツのような形が特徴《とくちょう》となっている。かつては古代ローマ帝国の中心として栄え，数多くの古代遺跡は観光名所となっている。北部のベネツィアは，街が海にひたっている「水の都」として知られるが，地球温暖化の影響と見られる水害が増えている。

[8]　(イ)のブラジル(首都ブラジリア)は南アメリカ大陸の北東部を占め，世界で5番目に面積が大きい。北部には，世界最大の流域面積を持つアマゾン川が西から東へと流れる。ブラジルは，ロシア，インド，中国，南アフリカ共和国とともに，近年，急激な経済発展や工業化が進んでいるBRICSの1つに数えられる。明治時代の1908年には日本からブラジルへの移民が始まり，それ以降多くの人々が移住したため，現在も日系人が多い。

[9]　(ソ)のベトナム(首都ハノイ)は，インドシナ半島の南東部に位置する。太平洋戦争後，南北に分断されたが，ベトナム戦争終結後の1976年に社会主義国として統一された。

[10]　(コ)のカナダ(首都オタワ)は北アメリカ大陸の北部を占める国で，ロシア連邦についで面積が世界で2番目に大きい。国土の大半は亜《あ》寒帯や寒帯の気候で，タイガとよばれる針葉樹林帯が広がる。森林資源とともに鉱産資源も豊富で，日本へは石炭や肉類，木材をおもに輸出している。なお，(ア)はアメリカ，(ウ)はボリビア，(キ)はドイツ，(ケ)はタイ，(セ)はエチオピアの位置を示している。また，①のアディスアベバはエチオピアの首都，②のシドニーはオーストラリアの都市，⑥のリオデジャネイロはブラジルの都市，⑪のホーチミンはベトナムの都市，⑫のテヘランはイランの首都，⑬のラパスはボリビアの首都，⑯のモントリオールはカナダの都市，⑱のバンコクはタイの首都。

3 現在の日本社会についての問題

問1　日本国憲法の第11条は基本的人権を「侵《おか》すことのできない永久の権利」として保障しているが，これには公共の福祉に反しない限りという条件がつけられている。公共の福祉とは，社会全体の幸福や利益のことで，これに反する権利の主張は認められないことがある。

問2　憲法の改正は，衆議院と参議院の両議院においてそれぞれ総議員の3分の2以上の賛成を得て国会が発議(国民に提案)し，国民投票で有効投票の過半数の賛成を経て承認されなくてはならない。よって，(イ)が正しい。

問3　裁判所は国の司法機関で，地方公共団体に司法を行う権限はないので，(エ)が正しくない。

問4　新型コロナウイルス感染症《しょう》の感染拡大を防止するために不要不急の外出が制限された影響で，2020年は国民の消費活動が落ちこみ，日本経済が低迷した。よって，(イ)が正しい。なお，(ア)と(ウ)について，世界中で移動制限が行われたため，日本を訪れる外国人観光客は激減し，輸出額も縮小した。(エ)について，経済が停滞《ていたい》しているときに増税を行うことは，さらに経済を悪化させることにつながるので，適切でない。

問５　(ア)は1950年，(イ)は1989年，(ウ)は1991年，(エ)は1962年のできごとなので，1964年の東京オリンピック開催以降に起こったできごととして，(イ)と(ウ)が正しい。

問６　(1)　(ア)，(イ)　2020年以降，日本の人口は減少し続けると予想されている。(ウ)　2030年には日本の人口が１億2000万人を下回っているので，正しい。　(エ)　2010年の時点で，全人口に占める65歳以上の割合が10％を上回っていることがわかる。　(2)　人口の高齢化とともに少子化が進むと，15～64歳の労働人口(生産年齢人口)が減少していく。少ない労働人口で多くの老齢人口を支えなくてはならなくなるので，15～64歳の人たちが負担する年金・介護《かいご》・医療《いりょう》など社会保障関係費がふくらんでいくと考えられる。

理 科　＜Ａ方式第２回試験＞（30分）＜満点：50点＞

解 答

[1] (1)　ア　(2)　ア　(3)　ウ　(4)　子房　[2] (1)　①　イ　②　ア　③　エ　④　ウ　(2)　A，E　(3)　イ　[3] (1)　イ　(2)　しゅう曲　(3)　イ　(4)　ウ　(5)　ウ　[4] (1)　37.2g　(2)　4.7％　(3)　10.1g　[5] (1)　D　(2)　A　(3)　E　(4)　C　[6] (1)　イ　(2)　C，D，E　(3)　E　(4)　D　[7] (1)　200g　(2)　32cm

解 説

[1] ヘチマについての問題

(1)　ヘチマの茎《くき》はまわりの気温が高いほどよくのび，晴れた日の夜によくのびる。また，茎から出た巻きひげが支柱などに巻きつくことで，細い茎でも上のほうへのびていける。

(2)　植物が成長するためには，葉に十分な日光が当たる必要がある。ヘチマの茎で，上のほうにつく葉のほうが日光がたくさん当たるため，下のほうにつく葉より大きく成長する。

(3)　**ア**　５～６個のつぼみがかたまっているのは，雄花《おばな》のつぼみである。　**イ**　ヘチマの花はふつう朝早く咲《さ》き，夕方までにはしぼんでしまう。　**ウ**　ヘチマの花はまず雄花が咲き，しばらくたってから雌花《めばな》が咲き始める。これは，同じ株の花どうしで受粉することをさけるしくみだと考えられている。　**エ**　受粉した雌花は，花がしぼんでもしばらくの間は花がついている。

(4)　雌花のつけ根の少し太くなっている部分を子房《しぼう》という。めしべの柱頭に花粉がついて受粉すると，やがて子房がふくらんで実になる。

[2] 海の生き物についての問題

(1)　①はイワシ，②はマグロ，③はサケ，④はサンマ(秋刀魚)である。イワシは，ふつうニシン科のマイワシのことをいう。マグロは絶えず泳ぐことで呼吸を保ち，サケは川で生まれて海で成長し，産卵のために生まれた川に戻《もど》ってくる。

(2)　トビウオとアジは魚類，ウミガメはは虫類，シャチとアザラシはほ乳類である。条件ａのような動物を変温動物といい，魚類，両生類，は虫類があてはまる。また，条件ｂのような体外受精をする動物には魚類と両生類の多くがあてはまる。したがって，ａとｂの両方の条件にあてはまる生き物は，魚類のトビウオとアジとなる。

(3)　イワシが減ると，マグロはエサが不足するため一時的に減り，プランクトンはイワシに食べられることが少なくなるので一時的に増える。

3　地層と岩石についての問題

(1)　泥岩《でいがん》と砂岩は岩石をつくる粒《つぶ》の大きさによって区別され，粒の大きさは泥岩より砂岩のほうが大きい。

(2)，(3)　地層に左右から押《お》す力が大きくはたらくと，地層が波を打ったように曲げられることがある。これをしゅう曲という。

(4)　アサリは浅い海に生息する生物である。よって，ある地層からアサリの化石が見つかった場合，その地層ができたとき，そこは浅い海だったと考えられる。

(5)　凝灰岩《ぎょうかいがん》は火山灰などが堆積《たいせき》してできた岩石なので，凝灰岩の層があれば火山の噴火《ふんか》があったとわかる。また，河口から近い浅い海底には粒が大きなれき(小石)が堆積し，それよりも河口からはなれた少し深い海底に砂，さらに河口からはなれた深い海底に泥《どろ》が堆積する。この地層は，海底で堆積した地層Ｂが隆起《りゅうき》して陸地になり，その後土地が沈降《ちんこう》して再び海底となり，れきの堆積→泥の堆積のあと，火山の噴火が起きて火山灰などが積もり，この前後で土地が隆起して，火山灰などの上に砂が堆積し，その後陸の上に出てきたと考えられる。

4　もののとけ方についての問題

(1)　80℃の水200gにとけるホウ酸の最大量は，$23.5\times\frac{200}{100}=47$(g)で，20℃の水200gにとけるホウ酸の最大量は，$4.9\times\frac{200}{100}=9.8$(g)である。したがって，温度を20℃まで下げたときに出てくるホウ酸の結晶《けっしょう》の重さは，47－9.8＝37.2(g)となる。

(2)　水溶液《すいようえき》の濃度《のうど》(％)は，(とけている物質の重さ)÷{(水の重さ)＋(とけている物質の重さ)}×100で表される。よって，温度を20℃まで下げたときのホウ酸水溶液の濃度は，9.8÷(200＋9.8)×100＝4.67…より，4.7％になる。

(3)　60℃の水100gにとけるホウ酸の最大量は14.9gなので，水を100g蒸発させたときに出てくるホウ酸の結晶の重さは，25－14.9＝10.1(g)と求められる。

5　水溶液の性質についての問題

(1)　実験１で，緑色のBTB溶液を加えたとき，緑色になるのは中性，黄色になるのは酸性，青色になるのはアルカリ性の水溶液である。実験２で，一滴《いってき》の水溶液をスライドガラスにとり，ドライヤーで加熱したとき固体が残るのは，固体がとけたさとう水，食塩水，水酸化ナトリウム水溶液，石灰水である。実験３で，息(二酸化炭素が多くふくまれている)を吹きこんだとき白くにごるのは石灰水，実験４で，アルミニウムを入れたとき気体(水素)が発生するのは塩酸と水酸化ナトリウム水溶液，実験５で電気を通さないのはアルコール水溶液とさとう水である。これらの結果をまとめると下の表のようになり，これより，Ａはさとう水，Ｂはアルコール水溶液，Ｃは食塩水，Ｄは塩酸，Ｅは炭酸水，Ｆは水酸化ナトリウム水溶液，Ｇはアンモニア水，Ｈは石灰水とわかる。Ｄの塩酸に鉄を入れると，鉄がとけて水素が発生する。

	A	B	C	D	E	F	G	H
液の性質	中性	中性	中性	酸性	酸性	アルカリ性	アルカリ性	アルカリ性
加熱後に固体が残る	○		○			○		○
息を吹きこむと白くにごる								○
アルミニウムと反応				○		○		
電気が通るか	×	×						

(○はその性質があったこと，×はその性質がなかったことを示す)

(2) 強く加熱すると，さとう水だけは黒くこげた物が残る。

(3) 石灰水に炭酸水を混ぜると水にとけない炭酸カルシウムができるため，水溶液が白くにごる。

(4) 塩酸と水酸化ナトリウム水溶液をほどよくまぜると，食塩水ができる。このような反応を中和という。

6 おもりのはたらきとふりこの性質についての問題

(1) おもりAとおもりEを同じ高さまであげているので，おもりAが持っている物を動かすはたらきの大きさと，おもりEが持っている物を動かすはたらきの大きさが等しい。したがって，それぞれおもりBとおもりDにぶつかったあと，おもりAとおもりEだけが左右にはじかれる。

(2) おもりA，おもりB，おもりCが持っている物を動かすはたらきによって，おもりC，D，Eが右に動く。

(3) すべての物体には，それ自身固有のしん動数があり，ふりこはひもの長さが同じであれば，同じしん動数を持っている。したがって，おもりAをゆらすと，しばらくしてひもの長さが同じおもりEもゆれ始める。

(4) ふりこが一往復する時間は，ふりこの長さによって決まっていて，ふりこのひもが長いほど一往復する時間は長い。したがって，一往復する時間の関係は，D＞C＞A＝E＞Bとなる。

7 定滑車《かっしゃ》と動滑車の組み合わせについての問題

(1) 下側の動滑車の左右では，それぞれのひもに，800÷2＝400(g)の力がかかり，上側の動滑車の左右では，それぞれのひもに，400÷2＝200(g)の力がかかる。定滑車では力の大きさは変わらないので，800gのおもりを引き上げるのに必要な力の大きさは，少なくとも200gである。

(2) 800gのおもりを8cm引き上げるために，下側の動滑車を支えている右側のひもを引き上げる長さを，8×2＝16(cm)，上側の動滑車を支えている右側のひもを引き上げる長さを，16×2＝32(cm)にする必要がある。したがって，定滑車で力の向きが変わるので，ひもを下に32cm引けばよい。

国語 ＜A方式第2回試験＞（50分）＜満点：100点＞

解答

一 問1 どうしても　問2 イ　問3 耳　問4 圧倒されていた　問5 エ　問6 複雑さと多面性　問7 大きな成果　問8 エ　問9 ア　問10 ウ　問11 ① けはい　④ ていちょう　②，⑥，⑪ 下記を参照のこと。　二 問1 エ　問2 強い同質化圧　問3 イ　問4 自分が豊か　問5 さまざまな濃淡の差　問6

全面的な同意と共感　**問7**　ものさし　**問8**　遠い時代の　**問9**　ある産業分　**問10**　**ア**　根源的な意味(根源的なこと)　**イ**　(例)　自覚していない　**問11**　③　たんいつ　⑨　す(り)　⑤，⑫，⑭　下記を参照のこと。

●漢字の書き取り

一 **問11**　②　制止　⑥　不意　⑪　照(れた)　三 **問11**　⑤　放任　⑫　視野　⑭　導入

解　説

一 **出典は恩田陸《おんだりく》の『祝祭と予感』による。** 有名な音楽大学のサブカレッジで学ぶマサルが，尊敬する担当教授に違和《いわ》感を抱き，自分を理解してくれるナサニエル先生と親しくなる場面である。

問1　マサルがナサニエル相手に「夢中になっていろいろなこと」を話した場面である。「ゆっくり耳を傾《かたむ》けて」くれるナサニエルとは対照的なミハルコフスキー先生のようす，それに対するマサルの「違和感」が冒頭に描《えが》かれている。「違和感」は，居心地が悪くしっくりこない感じを表す。明晰《めいせき》ゆえに「曲想を断定する」こと，「観客をねじ伏《ふ》せるような演奏」をすることなどに強引さが表れており，マサルはそんなミハルコフスキーを「尊敬」はしても「どうしても彼《かれ》を『師』と素直に呼べない」と感じている。

問2　「棒《ぼう》立ち」は，何もせずただ突《つ》っ立っていること。「コンサート」に行くとばかり思っていたマサルは，ジャズ・クラブにびっくりして「入口」で棒立ちになったのである。初めてのジャズ・クラブにマサルは好奇心全開のようすで，「怖《こわ》くなって」はいないのでイはふさわしくない。なお，ここは「大人の世界」だと思って「どきどき」している。さらに「暗い。狭い。ごちゃごちゃしている」場所でも，客たちの「寛《くつろ》いだ，それでいて期待に満ちた雰囲気《ふんいき》」を見てとり，セットされた楽器などを「キョロキョロ」見回すなど，マサルは強い関心を示している。ア，ウ，エが，これらの描写《びょうしゃ》に合う。

問3　直後に「身体全体で，すべての肌《はだ》で，音を聴《き》いている」とあるので，「耳」が合う。

問4　直前の「音が，フレーズが，彼らの表情が，繰《く》り返し蘇《よみがえ》ってきて」が，熱中の理由にあたる。このようなマサルのようすは「演奏が始まった」ときからで，マサルはその音に「圧倒《あっとう》されていた」とある。「圧倒」は，きわだって優《すぐ》れた力を備えていること，その力を見せつけること。

問5　続いて，「バンドをまとめ～音楽の土台を支え～『世界』を作り上げているのは彼だった」とマサルは考え，「こんな凄《すご》い人」たちと「同じところに立ちたい」と「熱望した」ことが描かれている。このようすには，エの「感動とあこがれ」が合う。

問6　ナサニエルはマサルに「君の音楽は，大きい。内包するものがとても大きい上に，思いがけないほどの複雑さと多面性がある」と言っている。だから，クラシックだけでなく「いろいろやって」みればいいと考え，ジャズ・クラブに連れてきたのである。

問7　少し後に，「僕の直感」としてマサル本人の感想が書かれている。マサルは自分を他ジャンルの経験で伸びるタイプと考えており，トロンボーンの経験も「大きな成果となってピアノに還《かえ》ってきている」と実感している。

問8　マサルのトロンボーンのレッスンについて知ったミハルコフスキーは，「ピアノに専念したまえ～他の楽器に手を出すのは混乱のもとになる」と激怒《げきど》している。問1でもみたように，理詰《づ》めで自説を強《し》いるミハルコフスキーの性格をマサルはよく知っており，「想像通りの反応」と思ったのだから，エがこの状況《じょうきょう》に合う。

問９　最後の場面で，ミハルコフスキーにこのまま「付いていていいのだろうか」と悩んでおり，自分をよく知っていてくれるナサニエルと比較《ひかく》している。「自分の望み」としてはナサニエルにつきたいが，ミハルコフスキーという目玉教授を拒絶《きょぜつ》すればマサルに対する「学校の心象」が悪くなり，この先「得策ではない」と考えているので，アが合う。

問10　二人の先生はマサルの欠点を問題にしてはいないので，ウがふさわしくない。

問11　①　はっきり見聞きできないが，何となく感じられるようす。　②　人の言動を止め，そうさせないこと。　④　礼儀《れいぎ》正しく注意が行き届いているようす。　⑥　急にそうなるようす。　⑪　音読みは「ショウ」で，「照明」などの熟語がある。

二　**出典は内田樹《うちだたつる》の『生きづらさについて考える』による。**いまの日本で若者が置かれている風通しの悪い環境《かんきょう》について解説し，激動の時代を生き延《の》びるために必要な知的態度について語られている。

問１　「風通し」は，比ゆ的に集団内でものが言いやすいかどうかを表す。風通しの悪いいまに比べ，筆者が10代だった1960年代は無秩序《ちつじょ》な気分にあふれ，風通しがよかったと述べられている。直前に「だから」とあるので，その前文にある「憲兵隊」や「特高」が来ないこと，つまり取り締《し》まりが緩《ゆる》かったことが「風通しのいい」理由となる。よって，エが合う。

問２　「金魚鉢《ばち》」は後のほうでもくり返し出て来るたとえで，閉ざされた狭《せま》い空間を表す。ここでは，硬直《こうちょく》化したルールに適応することを求める日本の社会，組織を指している。後に続けて，「多様な資質や能力」が必要な激動期に，若者が「単一」の「ものさし」で格付けされる日本の学校教育の現状が述べられ，その理由として超《ちょう》少子化とそれに伴う子どもたちへの「管理」強化があげられている。その「管理」の事例としてSNSのコミュニケーションの場でも子どもたちが大人に管理されていることがあげられており，そこに働くのが「強い同質化圧」だと述べられている。

問３　ぼう線④をふくむ段落の内容を整理する。激動期には「生き延びる」ための「多様な能力や資質」を生かすことが必要になる。しかし，「単一」の「ものさし」で子どもたちを競わせる学校教育は，この「多様な能力や資質」を開花させるのに役立たないというのだから，イが合う。

問４　「そういう」コミュニケーションとは，前段落で述べられているように人の発言に「全面的な同意と共感を誇示《こじ》する」必要のある今の学生のコミュニケーションを指しており，それは「つらい」ものだろうと述べられている。だが，コミュニケーションは本来「喜び」をもたらすものだということが，続く二つの段落で説明されている。それは，対話を重ねて「お互《たが》いの理解」が深まり，「違い」を認め合い，「調整」して「合意形成」を果たし，「自分とは違う感受性を通じて経験された世界を知る」喜びであり，「自分が豊かになり，より複雑になる」ことが本来のコミュニケーションだとまとめている。

問５　これより二つ前の段落で，同意や共感にも「さまざまな濃淡《のうたん》の差」があると述べられている。同意や共感も「さまざま」，異論や異議も「いろいろ」あるのに，今の若者は100パーセントの同意か，ゼロの冷笑か，どちらかしかないと思い込《こ》んでいるのである。

問６　問５でみたように，若い人たちが対話において100パーセントの同意か，ゼロの否定しかないと思っており，その状態が「きびしいコミュニケーション環境」にあたる。こういう環境については，これより四つ前の段落でも説明されている。若い人々は「全面的な同意と共感」の誇示をコミュニケーションと思い込んでいるので，それが得られなければ全否定と感じてしまう。

問７　若者たちが「幼い頃《ころ》から単一の評価基準」で格付けされてきたのは，学校教育の場においてである。第六段落で，日本の学校教育における「単一の評価基準」を「ものさし」と表現している。

問８　問２でみたように，「金魚鉢」は「閉ざされた狭い空間」で，「硬直化したルール」に適応することを求める日本の社会，組織のことをいっている。狭い世界にいながら混乱期を生き延びる備えとして，筆者は「人文学」を学ぶことを勧《すす》め，これを学ぶ意義を前の段落で説明している。人文学や文学を筆者が勧めるのは，「遠い時代の，遠い国の，～その人の心と身体を通じて世界を経験する」ことができ，世界を俯瞰《ふかん》できるようになるからだと説明されている。

問９　「同じようなこと」は，蒸気機関の発明で馬車を御《ぎょ》す技術が不要になり，ワープロの登場でタイプライターを扱《あつか》う技術やそれを教える専門学校が不要になった事例を指している。これらの事例が表すことについて，同じ段落の冒頭で，イノベーション(技術革新)が起きれば「ある産業分野や職業がまるごと不要になる」とまとめられている。

問10　筆者が「経済学部」の学生から「文学部なんて要《い》るんですか？」と訊《き》かれ，それに答えた「経済学部では～思っています」の箇所から読み取れる。　**ア**　経済学などの実学を学ぶ人々が問わないのは，貨幣《かへい》，市場，交換《こうかん》，欲望とは何かといった，ものごとの「根源的な意味」である。同意表現の「根源的なこと」でもよい。　**イ**　文学研究をしている筆者は，人間の脳が生みだした幻想《げんそう》を相手にしていることを「自覚している」点で「君たち」より正気の度合いが高いと言っている。実学を学ぶ「君たち」は，逆に“自覚していない”ということになる。“理解していない”などでもよい。

問11　③　それ一つだけであるようす。　⑨　音読みは「サツ」で，「印刷」などの熟語がある。　⑤　干渉《かんしょう》せず，したいようにさせること。　⑫　ものごとを観察したり，考えたり，判断したりできる範囲。　⑭　外部からとり入れること。

2021年度　明治大学付属中野八王子中学校

〔電　話〕　(042)691－０３２１
〔所在地〕　〒192－0001　東京都八王子市戸吹町1100
〔交　通〕　JR中央線―「八王子駅」よりスクールバス
JR五日市線―「秋川駅」よりスクールバス

【４科総合型】〈Ｂ方式試験〉　(60分)　〈満点：120点〉

1　次の文章と別紙資料について，後の各問に答えなさい。

液体が酸性かアルカリ性かを調べる手順を次のように考えます。

手順１　液体を青色リトマス紙につける。

手順２　もし，青色リトマス紙の色が赤色に変化したら，液体は酸性であると判断し，実験は終了。そうでない場合は手順３へ。

手順３　液体を赤色リトマス紙につける。

手順４　もし，赤色リトマス紙の色が青色に変化したら，液体はアルカリ性であると判断し，実験は終了。変化しなかったら，液体は中性であると判断し，実験は終了。

これをフローチャート（流れ図）で示すと次のようになります。

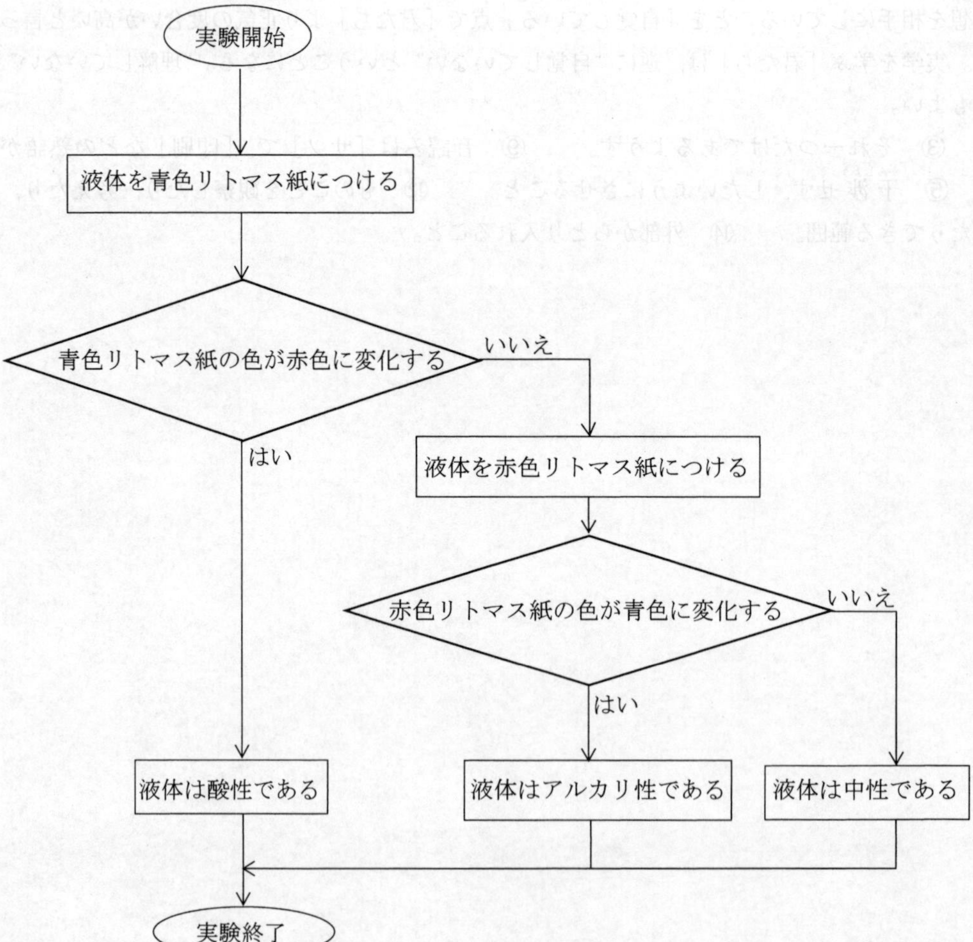

別紙資料です。なお，地図上の記号は国土地理院が定めている地図記号です。

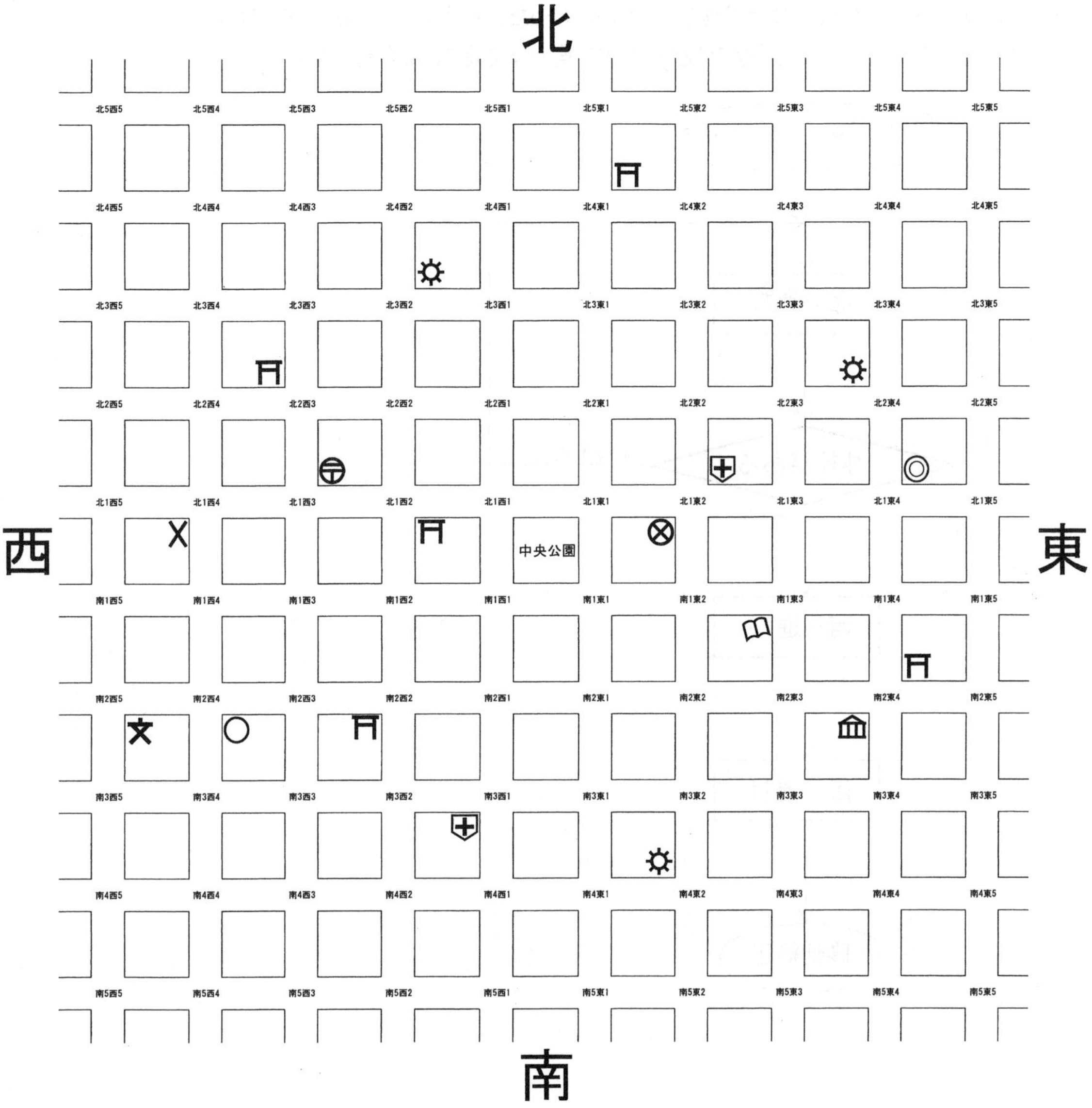

A君は資料の中央公園北東にある交差点「北1東1」から歩き始めます。

問1.　次のフローチャートに従って進むと，歩き終わったときにどの交差点にいますか。
ただし，フローチャートで「進む」とは次の交差点まで進むことを意味します。

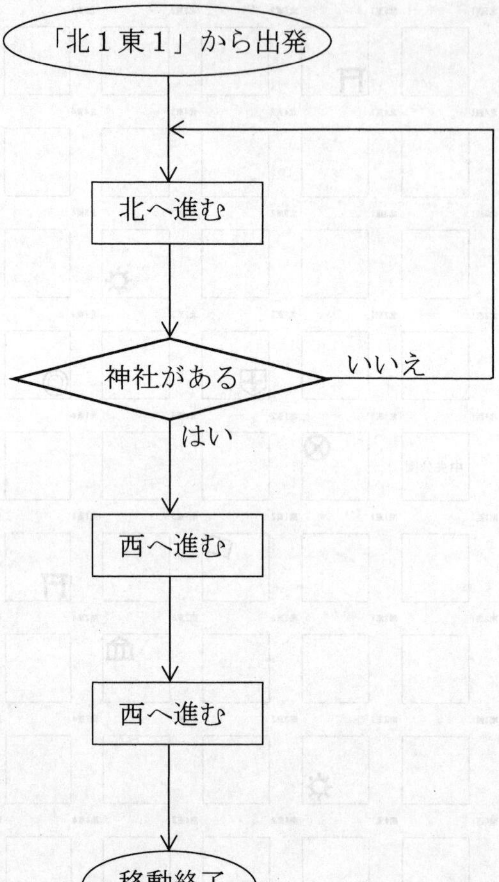

問２．　下のフローチャートは，交差点「北1東1」から歩き始めて，小学校がある交差点「南２西5」へ行く道順を示しています。①，②に入るものをそれぞれア～コの中から選びなさい。

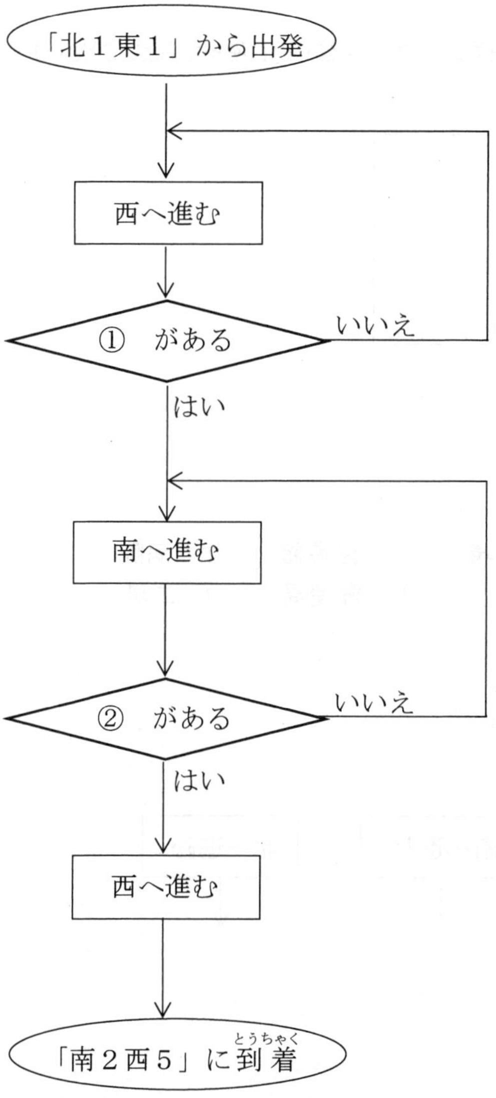

ア　神社　　イ　市役所　　ウ　町村役場　　エ　図書館　　オ　病院
カ　警察署　　キ　交番　　ク　博物館　　ケ　郵便局　　コ　工場

問3．交差点「北1東1」から歩き始めて，博物館がある交差点「南2東4」へ行く手順を示すフローチャートを，次の部品の中にあるものを並べ，③にあてはまるものをア～コの中から選び，完成させなさい。

ただし，部品Aは1回だけ使い，部品B群は同じものを繰《く》り返し使ってもよいこととします。

部品A

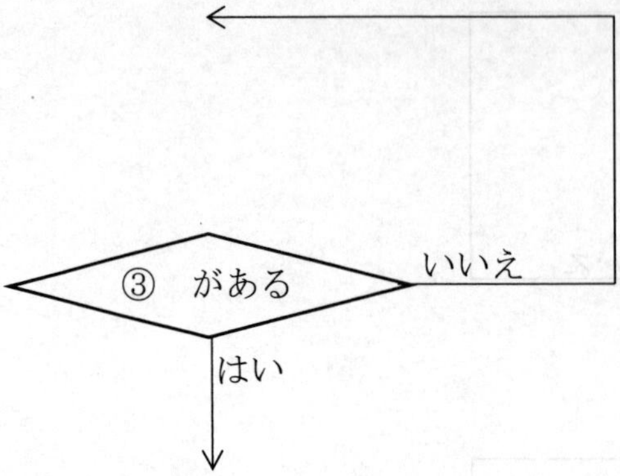

ア 神社　イ 市役所　ウ 町村役場　エ 図書館　オ 病院
カ 警察署　キ 交番　ク 博物館　ケ 郵便局　コ 工場

部品B群

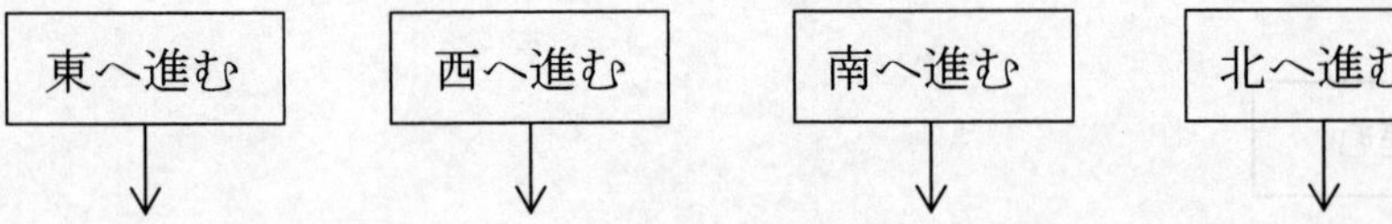

2 以下の文章は，スウェーデンの環境《かんきょう》活動家グレタ・トゥーンベリさんのスピーチです。これを読んで，後の各問に答えなさい。なお，文中の言葉に続く（　　）の中はその言葉の意味とします。

【グレタ・トゥーンベリさんのスピーチからの抜粋《ばっすい》】

● 私はスウェーデンの国会議事堂の前で「学校ストライキ（抗議《こうぎ》のために学校に行かないこと）」をしています。気候危機に注目を集めるためにそうしているのです。

毎週金曜日，スウェーデン国会議事堂の外で座《すわ》りこみをしています。これはスウェーデンがパリ協定（2020年以降の温室効果ガス排出削減等のための新たな国際枠組み）を実施《じっし》するまで続けます。

あなたがどこにいようと，私たちと同じことをするようお願いします。あなたの国が気温上昇《じょうしょう》2度未満の目標に邁進《まいしん》するまで，国会や地方自治体の建物の外に座りこむのです。

● ストライキなんかやめて学校に戻《もど》りなさいと言う人もいます。でも，もうすぐ未来がなくなるのなら，なぜ勉強しなくてはならないのでしょうか？　未来を救うために誰《だれ》も行動を起こさなければ，そうなりますよね。現行の学校制度における科学の最高峰《さいこうほう》がもっとも重要な事実を伝えているのに，政治家や社会にとって無意味であれば，その学校制度の中で学ぶ意義とはなんでしょう？

いま私たちは毎日，1億バレルの石油を使っています。それを変えようという政策はありません。それを地中に残しておくルールは存在しないのです。

つまり，いまのルールに従っていると，世界を救うことはできません。だから，ルールを変えなくてはなりません。

すべてを変えなくてはなりません。それも今日，始めなくてはなりません。

● 私には理解できません。ガス排出を止めなくてはならないのなら，そうしなくてはなりません。私にとって，これは白か黒かです。生き残るためにはグレーゾーンはありません。①文明生活をするのかしないのかもそうです。私たちは変わらなければなりません。

● いま最重要の課題は，このことを広く市民に周知することです。急速に減りつつある炭素予算（地球温暖化を抑《おさ》えるための，温室効果ガス排出量の上限値）について理解してもらうことです。この予算は私たちの新しい世界通貨となり，未来および現在の経済の中心となることでしょう。いえ，そうならなければいけません。

いまこそ，気候危機について理解している人はひとり残らず，それが私たちの文明と生物圏《せいぶつけん》全体を脅《おびや》かしていると声に出すべきときです。

はっきりと。

どんなに耳に痛い内容でも，利益につながらなくても，はっきりと言うべきです。

現行社会のほぼすべてを，変える必要があります。

あなたのカーボン・フットプリント（個人や企業が排出する温室効果ガスの量）が大きくなればなるほど，あなたのモラルは汚《よご》れます。

②あなたの活動範囲《はんい》が大きくなればなるほど，あなたの責任は増加します。

● 多くの政治家たちは，私たちと話をしたがりません。いいでしょう，私たちも話したいと思いません。でも，科学者とは話をしてほしい。彼《かれ》らの話を聞いてほしいのです。なぜなら，私たちは科学者の話を繰り返しているだけだからです。科学者は何十年も訴《うった》えてきました。私たちは，みなさんがパリ協定とIPCC（気候変動を研究する国連の組織）の報告に従うことを望んでいます。ほかの声明文も要求もありません。どうか，科学のもとに集結してください。これが私たちの要求です。

● 私たちはおかしな世界に住んでいます。あと約11年で人間にはコントロール不能な，あと戻りできない連鎖《れんさ》反応が起こり，私たちが知っている形の文明は終わりを告げるだろうと，すべての科学者が一様に予測している世界にです。

私たちが住んでいるのは，未来を破壊《はかい》されることに抗議するために，子どもたちが教育を犠牲《ぎせい》にしなければならない，おかしな世界です。

③この危機を引き起こした原因にもっとも加担していない人々が，もっとも影響《えいきょう》を受けることになる世界です。

参考資料：『グレタ　たったひとりのストライキ』

マレーナ＆ベアタ・エルンマン，グレタ＆スヴァンテ・トゥーンベリ著・羽根由訳

問1.　グレタさんが「学校ストライキ」をする理由を，「政治家」「科学者」の２語を必ず用いて20字以内で説明しなさい。

問２.　下線部①「文明生活をするのかしないのかもそうです」とありますが，この言葉によってグレタさんが主張したいことはどのようなことですか。15字以内で答えなさい。

問３.　グレタさんの活動に対し，「子どもなんだから，まずは学校できちんと勉強するべきだ」という批判もありますが，これにグレタさんが反論する理由を答えなさい。

問４.　下線部②「あなたの活動範囲が大きくなればなるほど，あなたの責任は増加します」とありますが，「活動範囲」を「移動距離《きょり》」ととらえたとき，責任が増加する理由を答えなさい。

問５.　下線部③「この危機を引き起こした原因にもっとも加担していない人々が，もっとも影響を受けることになる世界です」とありますが，どのような人々のことですか。「もっとも」という言葉に注意して答えなさい。

問6.　グレタさんは「学校ストライキ」という方法をとっていますが，以下の文章は「ストライキ」に関する親子の会話です。父親は弁護士で，ストライキについて知識を持っています。これを読んで，日本国憲法の条文も参考にして，後の各問に答えなさい。

子　日本ではストライキを起こすことはできるの？

父　ストライキを行う権利は，労働者を守るための大切な人権の1つとして，日本国憲法第28条で認められているよ。労働者はどうしても雇用主《こようぬし》よりは立場が弱くなってしまう。だから，労働者が賃金体系や職場環境で不利な状況《じょうきょう》に追いこまれないように，両者が対等の立場で労働条件や環境について交渉《こうしょう》できるようにしてあるんだ。まずは労働組合を結成し，交渉をして，それでも要求が実現できなければ，ストライキを行うことが認められているんだ。

子　でも，グレタさんは労働者ではないよ。だから，グレタさんのストライキは日本国憲法で認められている権利とは少し異なるはずだよ。

父　確かに，第28条だけではグレタさんの行動は説明できない。でも，日本国憲法第13条と照らし合わせるとどうだろうか。ストライキは決して，雇用者が立場の弱い労働者のために認めてあげているような，受け身の権利ではないはずだよ。例えば医療《いりょう》分野では，医師が事前に，患者《かんじゃ》に病状や治療法を十分に説明して，どのような治療を選択《せんたく》するかは患者本人の同意を必要とするという考え方があるのだけれど，これは憲法第13条を根拠《こんきょ》に導き出される権利とされるんだ。家族のあり方やライフスタイルを決めることも同じだ。これらの権利は，日本国憲法に直接的には書いてはいないけれども，とても大切なものなんだ。

子　つまり，日本国憲法第13条の「幸福追求」とは，具体的には（　　　）権利ということだね。

【日本国憲法の条文】（抜粋）

〔第13条〕
すべて国民は，個人として尊重される。生命，自由及び幸福追求に対する国民の権利については，公共の福祉に反しない限り，立法その他の国政の上で，最大の尊重を必要とする。

〔第27条〕
すべて国民は，勤労の権利を有し，義務を負う。

〔第28条〕
勤労者の団結する権利及び団体交渉その他の団体行動をする権利は，これを保障する。

(1)（　　）に入る適切な内容を，会話文を参考にして15字以内で答えなさい。

(2) グレタさんにとっての「学校ストライキ」は，日本国憲法第13条と照らし合わせるとどのような権利であると考えられますか。解答欄①は10字以内で，②は点線部を参考にして漢字3字で，それぞれ解答欄に合うように答えなさい。

問7. グレタさんの要望の1つは温室効果ガスの削減です。温室効果について，下の文章を読んで，後の各問に答えなさい。

〈温室効果とは〉

地球の大気には(　ア　)などの温室効果ガスと呼ばれる気体がわずかに含《ふく》まれています。これらの気体は赤外線を吸収し，再び放出する性質があります。この性質のため，太陽光で暖められた地球の表面から地球の外に向かう赤外線の多くが，(　イ　)として大気に蓄積《ちくせき》され，再び地球の表面に戻ってきます。この戻ってきた赤外線が，地球の表面付近の大気を暖めます。これを温室効果と呼びます。

(気象庁ホームページより)

(1) (ア)には化石燃料の大量消費や森林ばっ採により大気中に増えたとされる気体があてはまり，(イ)には温度が高いものから低いものへ向かって移動するものがあてはまります。(ア)と(イ)にそれぞれあてはまる言葉を答えなさい。

(2) 下の図の①と②にそれぞれあてはまる言葉を文中から抜《ぬ》き出して答えなさい。ただし，①と②には別の言葉が入ります。

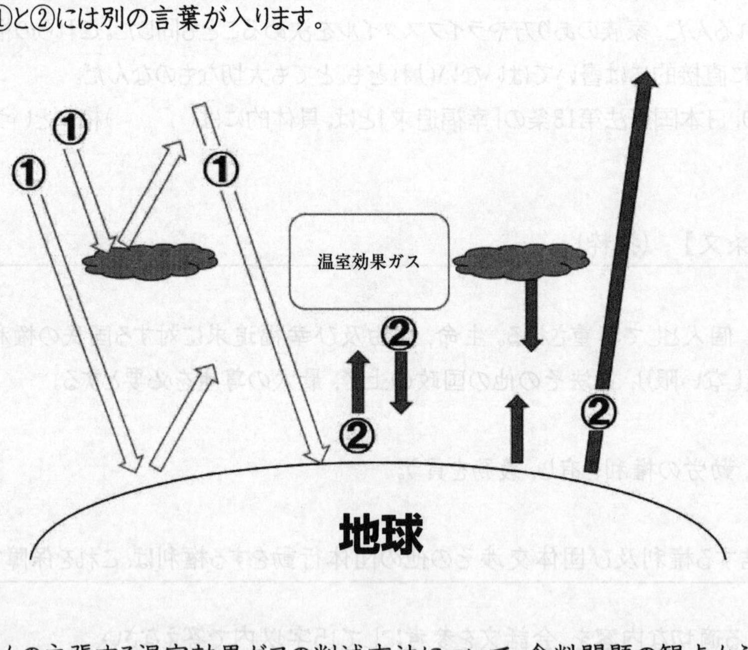

問8. グレタさんの主張する温室効果ガスの削減方法について，食料問題の観点から述べた以下の文章を読んで，後の各問に答えなさい。

世界人口の増加に伴《ともな》いその分の食料の増産が必要となります。食料の増産をする方法の1つは，農地を拡大することです。しかし，農地を拡大することは，地球温暖化を加速する要因となります。世界では，毎年生産される食料の約3分の1が食品ロス・廃棄《はいき》の対象となっています。食品ロス･廃棄をなくせば，農地を拡大しなくても人口増加した分の食料を補うことができます。

日本の食品ロスを減らすために私たちにできることがあります。食材を買いすぎない，料理を作りすぎない，外食する時には注文しすぎない，そして家での食事でも外食でも(　　　)ことが重要です。

※食品ロスとは，本来食べられるのに捨てられてしまう食品をいいます。

(1)　点線部の説明を解答欄に合うように答えなさい。ただし，「焼き畑」と「機械の使用」を除いた内容で答えなさい。

(2)　本文中の(　　)にあてはまる言葉を答えなさい。

(3)　食品ロスを削減する取り組みを行っているコンビニエンスストアについて書かれた新聞記事を読んで，このような取り組みを行うことで店側にとって利益になると思われることをすべて解答欄に合うように答えなさい。

実質値引き，コンビニの販売《はんばい》手法が変わる

転機のコンビニ(2)　　2019/11/19 2:00　日本経済新聞　電子版(抜粋)

ローソンは販売期限の迫《せま》った商品のポイントを高くして売れ残りを減らす実験に取り組んだ。

ローソンは6月から約3カ月間，愛媛･沖縄の両県で販売期限の迫ったおにぎりや弁当を買うと共通ポイントが普段《ふだん》より多くなる実験に取り組んだ。食べられるのに捨てられる「食品ロス」の削減を狙《ねら》った取り組みだが，“実質値引き”で購買《こうばい》を誘《さそ》った。実験を総括《そうかつ》したローソン社長の竹増貞信は「仕組みが複雑など課題はあるが，今後も続けていく」と手法を変えて同様の試みを実施していく考えだ。

セブン－イレブン･ジャパンも10月30日，北海道と四国4県で販売期限の迫った商品のポイント付与《ふよ》を多くする実験を始めた。店頭では対象となる弁当などに付与率を高めたことを告知するシールを貼《は》る。新たな作業が必要となるが，徳島市にあるセブンイレブン徳島東大工町店の店長の浜野寿子は「廃棄は店にとって負担。減ればありがたい」と話す。

大手コンビニエンスストアのフランチャイズチェーン(FC)契約《けいやく》では，加盟店の売り上げから商品原価を差し引いた売上総利益を本部と分け合う。商品が売れ残った場合の廃棄に伴う損失は大部分を加盟店側が負担する仕組みだ。

2021年度 明治大学付属中野八王子中学校 ▶解　答

※　編集上の都合により，Ｂ方式試験の解説は省略させていただきました。

４科総合型　＜Ｂ方式試験＞（60分）＜満点：120点＞

解　答

1 **問１**　北４西２　　**問２**　①…キ，②…ウ　　**問３**　（例）　③…イ，**フローチャート**…右の図

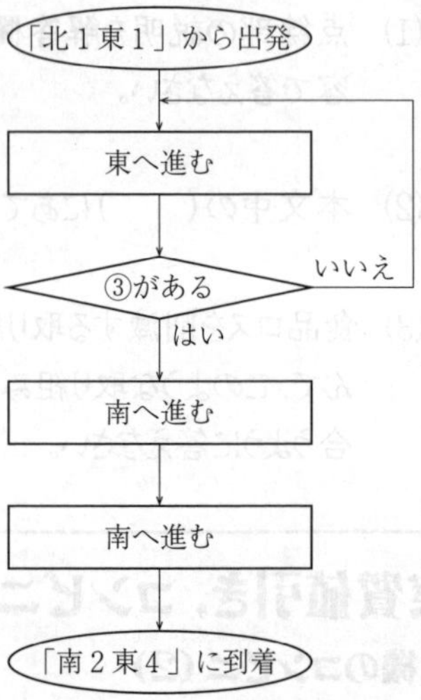

2 **問１**　（例）　政治家に科学者の話を聞いてもらうため。　**問２**　（例）　文明生活をしないこと。　**問３**　（例）　勉強しても未来がなくなってしまうのであれば無駄だから。　**問４**　（例）　温室効果ガスを排出する乗り物に乗るから。　**問５**　（例）　これから生まれてくる人々　**問６**　(1)　（例）　自分の幸せや人生は自分で決める　(2)　（例）　（グレタさんにとっての学校ストライキは，）①地球環境を守ること（を自分自身の幸福とし，その実現のために行使される）②積極的（能動的）（な権利である。）　**問７**　(1)　**ア**　二酸化炭素　**イ**　熱　(2)　①　太陽光　②　赤外線　**問８**　(1)　（例）　（農地を拡大するためには，）森林を伐採することになります。森林を伐採することにより二酸化炭素を吸収する量が減ってしまうので（地球温暖化を加速する要因となります。）　(2)　（例）　食べきる（残さない）　(3)　（例）　（食品ロスを削減するための取り組みをすることで，）廃棄するために必要な費用が減るだけでなく，商品が売れることで多少でもお金がもらえる（ので店側の利益になる。）

Memo

Memo

2020年度　明治大学付属中野八王子中学校

〔電　話〕(042) 691－０３２１
〔所在地〕〒192-0001　東京都八王子市戸吹町1100
〔交　通〕JR中央線―「八王子駅」よりスクールバス
JR五日市線―「秋川駅」よりスクールバス

【算　数】〈**Ａ方式第１回試験**〉(50分)〈満点：100点〉

1　□にあてはまる数を求めなさい。

(1)　$10-2\times\{8-(6-4\div2)\}=\square$

(2)　$2.5\div1\frac{1}{4}-\left(1+1\times1\frac{3}{4}-1.4\times1\frac{1}{4}\right)=\square$

(3)　$10\times9\times8\times7\times6-9\times8\times7\times6\times5-8\times7\times6\times5\times4-7\times6\times5\times4\times3-6\times5\times4\times3\times2-5\times4\times3\times2\times1=\square$

(4)　$20-81\div(79-\square\times7)=11$

2　次の問いに答えなさい。

(1)　今日は，2020年２月１日の土曜日です。今年の12月31日は何曜日ですか。

(2)　分母と分子の差が84で，約分すると $\frac{13}{25}$ になりました。約分する前の分数を答えなさい。

(3)　６％の食塩水150ｇがあります。この食塩水の $\frac{1}{3}$ を捨て，捨てた量と同じ量の水を加えました。食塩水の濃度は何％になりますか。

(4)　６人で毎日働くと10日かかる仕事を，最初の７日は４人で働きました。あと３日で終わらせるためには，少なくとも何人で働けばよいですか。

(5)　りんごを２個で１皿，みかんを３個で１皿として売っています。りんごもみかんも１皿100円で，それぞれ何皿か買ったところ，りんごとみかんの個数の合計が81個になり，値段は3000円でした。買ったみかんの個数を求めなさい。

(6)　右の図のように，２つの三角定規がAB＝ACとなるように重なっています。角㋐の大きさを求めなさい。

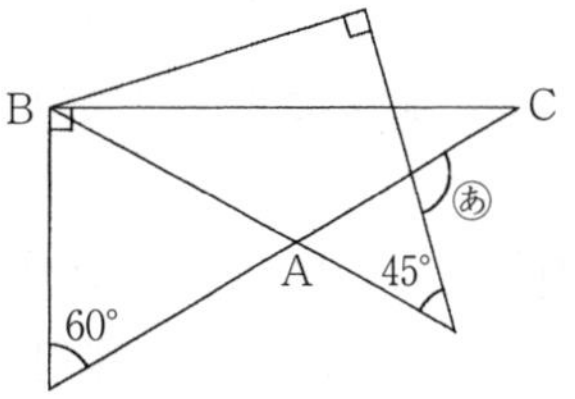

3　次の問いに答えなさい。

(1)　１辺が２cmの立方体を７個組み合わせて，正面，上，横のどの方向から見ても右の図のように見える立体があります。この立体の表面積を求めなさい。

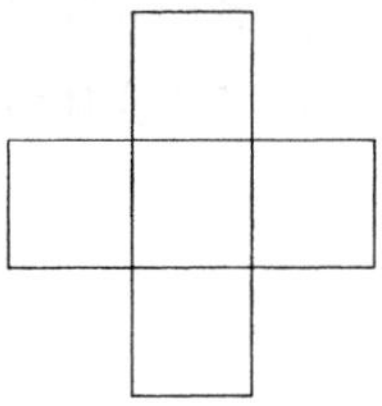

(2)　まもる君は，いつも決まった時間に家を出て，午前９時に駅に着きます。ある朝，家を出るのが遅れ，いつもの速さで歩くと４分遅れることになるので，1.25倍の速さで歩いたら８時58分に駅に着きました。まもる君は何時何分に家を出ましたか。

(3) 右の円グラフは，中学1年生の通学時間の調査結果です。

④は①より26人少なく，

③は④の3倍で，

②は③より6人少ないです。

1年生全体の人数は何人ですか。

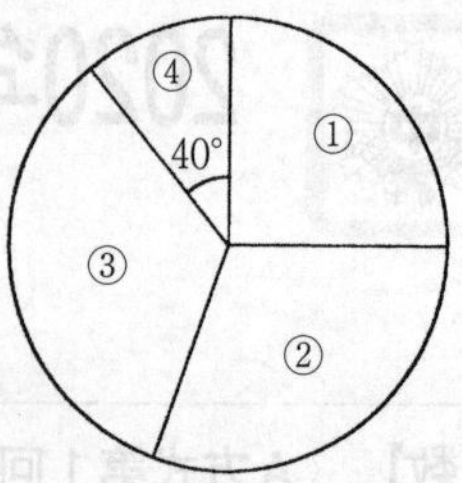

① 30分未満
② 30分以上1時間未満
③ 1時間以上1時間30分未満
④ 1時間30分以上

(4) 下の図1のような直角三角形ABCがあります。点Aを中心に矢印の向きに1回転したとき，辺BCが通る部分の面積を求めなさい。

ただし，円周率は3.14とします。

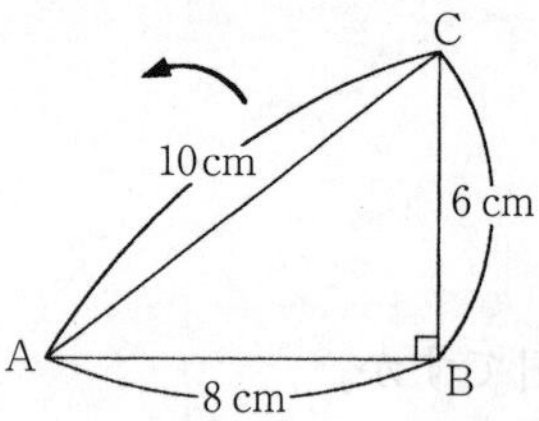

図1

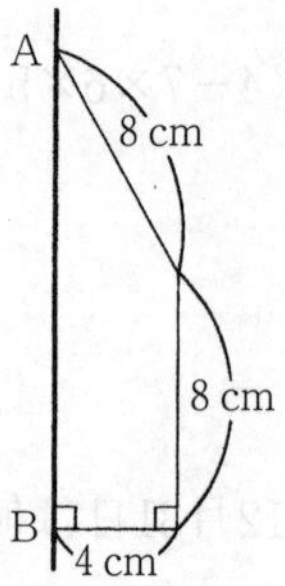

図2

(5) 上の図2で，ABを軸に1回転させてつくる立体の表面積を求めなさい。ただし，円周率は3.14とします。

4 次のように数がある決まりをもって並んでいます。

1, 4, 9, 16, 25, 36, …

次の問いに答えなさい。

(1) となりあう数の差が31になるとき，小さい方の数を求めなさい。

(2) 並んだ3つの数の和が1730になるとき，まん中の数を求めなさい。

5 右の図はある立体の展開図で，同じ長方形4枚と，同じ二等辺三角形4枚でできています。AB間は18cmあります。次の問いに答えなさい。

(1) この立体の辺の本数を求めなさい。

(2) この立体の体積を求めなさい。

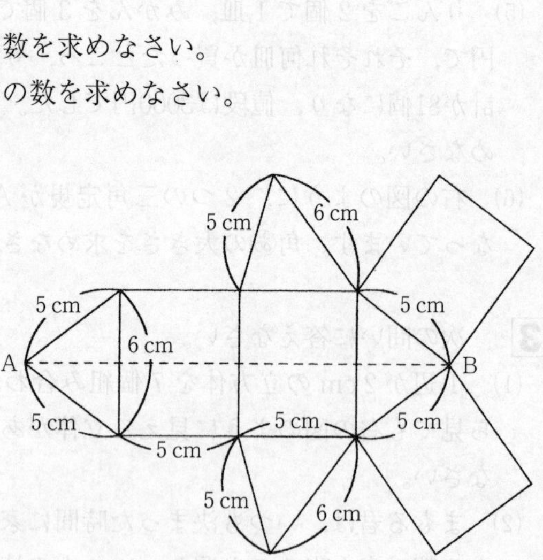

【社　会】〈Ａ方式第１回試験〉（30分）〈満点：50点〉

1　次の兄弟の会話を読んで，各設問に答えなさい。

兄：昨年は元号の変更《へんこう》が話題になったね。「令和」と書くのにもすっかり慣れてきたね。
弟：どうせなら，今年の年賀状には「令和元年」と書きたかったなぁ。
兄：ところで，現在元号を使っている国は日本だけって知ってた？
弟：もちろん。でも始まりは中国だよね。
兄：よく知ってたね。日本に関係する記録でもっとも古いものは，中国の歴史書にある「建武中元」かなぁ。これは①１世紀のころの話だよね。
弟：日本の使節が中国の皇帝《こうてい》にあいさつに行って，その時に②金印を授《さず》かったという話でしょ。
兄：その通り。でも，日本で最初に元号が定められたのはそれよりもずっと後だよね。最初の元号は「大化」だね。
弟：呼び名に元号がついた歴史上の出来事や事件もあるよね。まず③大化がついた有名な政治の動きがあるし，その少し後に起きた④壬申の乱もそうだよね。
兄：壬申の乱は違《ちが》うよ。「壬申」は干支《えと》をもとにした暦《こよみ》の表し方で，去年の明八の入試問題にも出ていたよ。
弟：ところで元号はどんな理由で変わるの？
兄：大昔は世の中で喜ばしいことやおめでたいこと，逆に不幸なことなどが起こった時に変えられてきたね。「天皇一人につき元号は一つ」という決まりがつくられたのは，ずっと後になってからのことだよね。
弟：元号の変更と世の中の動きは関係しているんだね。
兄：元号がついた歴史上の出来事にどんなものがあるか，一緒《いっしょ》に調べてみようか。
弟：年表を見ると，⑤保元・平治の乱とか⑥承平・天慶の乱というのがあるね。⑦承久の乱もある。これは干支なの，元号なの？
兄：全部元号だよ。ほかにも有名なところでは⑧応仁の乱とか⑨文永の役などもあるよ。
弟：⑩江戸時代の改革にも元号がついているよね。でも明治時代からは元号がつく出来事は少ないね。⑪大正政変と⑫昭和恐慌ぐらいかな。
兄：平成不況《ふきょう》という言葉もあるよ。令和の元号は，戦争や不況ではなく平和な出来事に使われるようになるといいね。

問１　下線部①について，１世紀は西暦《せいれき》何年から何年までですか，解答欄に合うように**算用数字**で答えなさい。

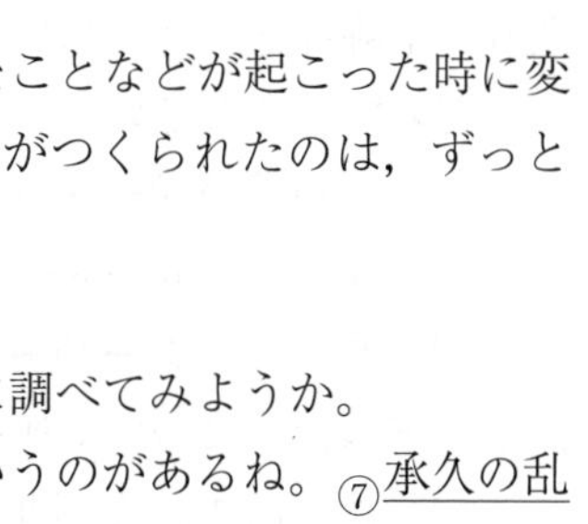

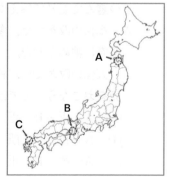

問２　下線部②について，この時のものと考えられる金印が発見された場所の名称《めいしょう》とその位置の組み合わせとして正しいものを，次の中から１つ選んで記号で答えなさい。

(ア)　志賀島－Ａ　　(イ)　志賀島－Ｃ
(ウ)　三内丸山遺跡－Ａ　　(エ)　三内丸山遺跡－Ｂ
(オ)　大仙古墳－Ｂ　　(カ)　大仙古墳－Ｃ

問３　下線部③の出来事に関連する内容として正しいものを，次の中から１つ選んで記号で答えなさい。

(ア)　中大兄皇子が中臣鎌足の協力を得て，蘇我馬子・入鹿親子を滅《ほろ》ぼした。

(イ)　天皇が全国に国分寺と国分尼寺をつくる方針を示した。

(ウ)　班田収授法をおこなう方針が示された。

(エ)　律令政治をおこなうための行政組織が整えられた。

問４　下線部④は天皇の位をめぐり，おじとおいが争った戦いですが，歴史上にはこのように肉親同士で政治権力をめぐって争った例がいくつかあります。次のうち，そのような争いについて述べた文として正しいものを，１つ選んで記号で答えなさい。

(ア)　摂政・関白の地位をめぐり，藤原道長と藤原頼通が親子で争った。

(イ)　征夷大将軍の地位をめぐる争いに関わった源頼朝と源義経は，親子であった。

(ウ)　天皇の正しい系統をめぐり，後鳥羽上皇と後醍醐天皇がいとこ同士で争った。

(エ)　征夷大将軍の地位をめぐる争いに関わった足利義視と足利義尚は，おじとおいであった。

問５　下線部⑤について述べた文として正しいものを，次の中から１つ選んで記号で答えなさい。

(ア)　この戦いの内容は，朝廷に対する地方豪族の反乱であった。

(イ)　この戦いの結果，白河上皇により院政がはじまった。

(ウ)　この戦いに勝ち残った藤原清衡は，平泉に移り住んで奥州藤原氏の祖となった。

(エ)　この戦いの結果，源頼朝は伊豆に流罪となった。

問６　下線部⑤～⑨を発生した年代の古い順に正しく並べかえたものを，次の中から１つ選んで記号で答えなさい。

(ア)　⑦→⑧→⑤→⑨→⑥　　(イ)　⑥→⑤→⑦→⑨→⑧

(ウ)　⑨→⑦→⑥→⑧→⑤　　(エ)　⑤→⑧→⑦→⑥→⑨

(オ)　⑥→⑦→⑤→⑧→⑨　　(カ)　⑦→⑤→⑧→⑨→⑥

問７　下線部⑨について述べた文として正しいものを，次の中から１つ選んで記号で答えなさい。

(ア)　この時の，九州北部に襲来した元の軍と竹崎季長ら日本の武士が戦っている様子が，「蒙古襲来絵詞」に描かれている。

(イ)　後鳥羽上皇が鎌倉幕府と戦って敗れ，幕府によって隠岐に流された。

(ウ)　豊臣秀吉は15万余りの大軍を朝鮮に送ったが，朝鮮水軍の活躍《かつやく》や明の援軍などにより苦戦し，休戦した。

(エ)　桓武天皇の命令で坂上田村麻呂が蝦夷討伐《とうばつ》に派遣《はけん》され，勝利をおさめた。

問８　下線部⑩について述べた文Ａ・Ｂの正誤の組み合わせとして正しいものを，下の中から１つ選んで記号で答えなさい。

Ａ．享保の改革では，参勤交代をゆるめて大名の江戸滞在《たいざい》の期間を半分にする代わりに米を幕府に納めさせた。

Ｂ．天保の改革では，税収を増やすため株仲間の結成をすすめさせ，また朝鮮人参や銅の専売をおこなうことで商業活動を活発にしようとした。

(ア)　Ａ－正・Ｂ－正

(イ)　Ａ－正・Ｂ－誤

(ウ)　Ａ－誤・Ｂ－正

(エ)　Ａ－誤・Ｂ－誤

問9　下線部⑪について述べた文として正しいものを，次の中から1つ選んで記号で答えなさい。

(ア)　平民宰相と呼ばれた原敬が東京駅で暗殺されて，軍部が政治の実権を握《にぎ》った。

(イ)　尾崎行雄らが中心となって憲政擁護運動が発生し，桂太郎内閣が総辞職した。

(ウ)　日露戦争の講和条約で賠償《ばいしょう》金が得られなかったことで，東京で暴動が発生した。

(エ)　議会の早期開設を求める大隈重信が，伊藤博文らにより政府をやめさせられた。

問10　下線部⑫について述べた文として正しいものを，次の中から1つ選んで記号で答えなさい。

(ア)　世界恐慌の影響《えいきょう》を受けて発生し，米をはじめ各種農産物の価格が大幅《おおはば》に下がった。

(イ)　第4次中東戦争の影響で石油価格が大幅に上昇《じょうしょう》したことで発生した。

(ウ)　関東大震災によって多くの企業《きぎょう》が倒産《とうさん》したことで発生した。

(エ)　第2次世界大戦の敗戦後に発生し，対策としてGHQが財閥解体をおこなった。

2　次の文章を読んで，各設問に答えなさい。

　日本で早くから工業が発達してきたのは，京浜・中京・阪神・北九州などの地域です。第2次世界大戦後はそれらの地域を中心に工業生産が拡大し，①輸入資源を利用した石油化学工業や製鉄業の大工場が臨海部につくられ，鉄鋼や機械などの製品が海外へ輸出されました。その結果，関東地方から九州地方北部にかけて伸《の》びる，帯状の工業地域が形成されました。これらの工業地域をまとめて(　あ　)といいます。

　1970年代以降，自動車や家電製品をはじめとする工業製品の輸出が増加すると，②欧米《おうべい》との間で(　い　)が生じるようになりました。

問1　空欄(あ)に当てはまる語句を答えなさい。

問2　空欄(い)に当てはまる語句を，**漢字4文字**で答えなさい。

問3　下線部①について，このような貿易方法を**漢字4文字**で答えなさい。

問4　工業化の進んでいない国が農産物や製品を輸出する際，工業化の進んだ国からより安い価格を求められることがあります。これによって工業化の進んでいない国の利益が少なくなるという問題が発生しています。そこで，輸出する側の国の人々の生活と自立を支えるため，公正な貿易が求められるようになりました。このような貿易を意味する言葉を**カタカナ7文字**で答えなさい。

問5　下線部②について，この課題の解消のためにおこなわれた日本側の主な対策として正しいものを，次の中から1つ選んで記号で答えなさい。

(ア)　国内生産を減らした。

(イ)　国内生産を増やした。

(ウ)　現地で生産して販売《はんばい》した。

(エ)　欧米からの輸入品に税金をかけた。

問6　産業は一般《いっぱん》的に第1次産業・第2次産業・第3次産業に分類されます。第2次産業に分類されるものを，次の中から**すべて**選んで記号で答えなさい。

(ア)　農業　　(イ)　金融《きんゆう》業

(ウ)　製造業　　(エ)　漁業

(オ)　運輸業　　(カ)　建設業

(キ) 教育業　(ク) 林業

問7　図1のグラフのA～Dは，アメリカ・ドイツ・中国・日本を示しています。グラフ中のCはどこの国のものか答えなさい。

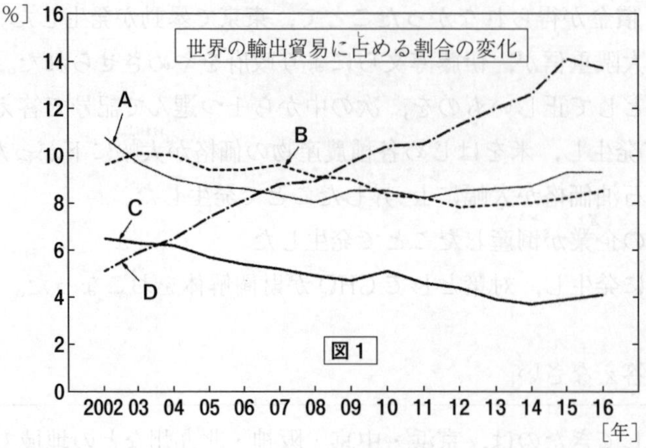

『日本国勢図会 2018/19』より作成

問8　図2のグラフの(ア)～(エ)は，アメリカ・ドイツ・中国・日本を示しています。図1中のDの国に当てはまるものを，図2の中から1つ選んで記号で答えなさい。

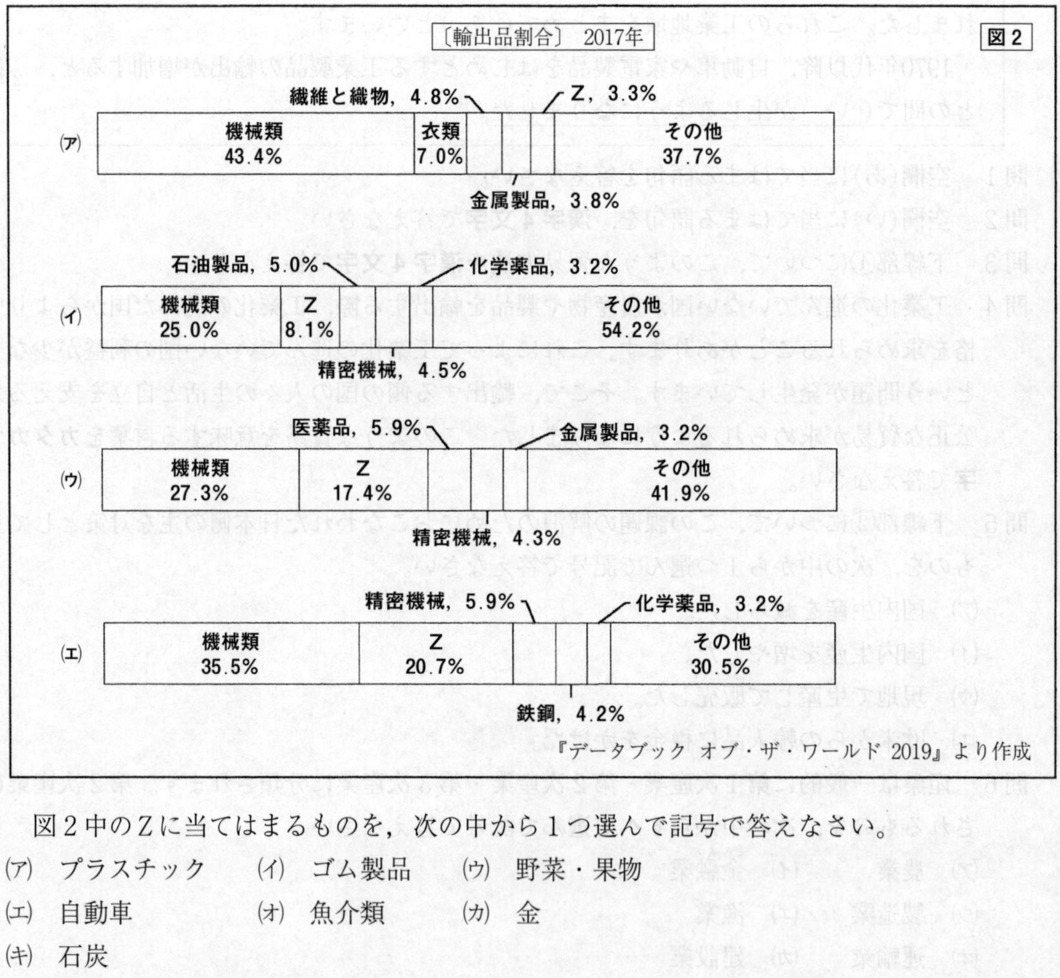

『データブック オブ・ザ・ワールド 2019』より作成

問9　図2中のZに当てはまるものを，次の中から1つ選んで記号で答えなさい。

(ア) プラスチック　(イ) ゴム製品　(ウ) 野菜・果物

(エ) 自動車　(オ) 魚介類　(カ) 金

(キ) 石炭

問10　次のグラフ中のXに当てはまる資源を答えなさい。

〔日本の輸入品割合〕 2017年

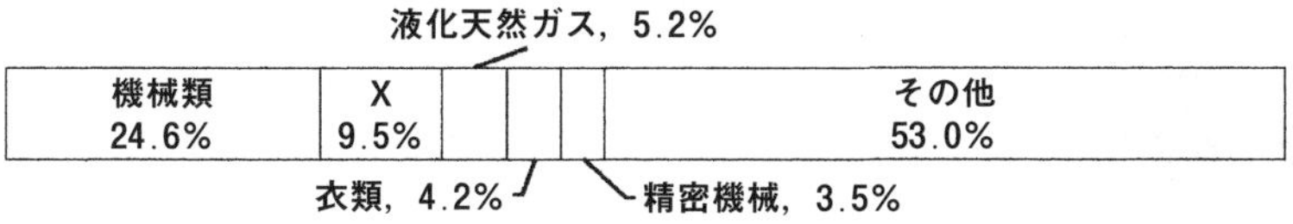

『データブック オブ・ザ・ワールド 2019』より作成

3　次の年表を見て，各設問に答えなさい。

1989年(平成元年)　税率3％で消費税が導入される		ア
1989年(平成元年)　(①)の壁が崩壊《ほうかい》，米ソ冷戦の終結		ア
1990年(平成2年)　イラクのクウェート侵攻(翌年，湾岸戦争がはじまる)	…②	ア
1991年(平成3年)　バブル景気の崩壊により平成不況がはじまる	…③	ア
1991年(平成3年)　ソ連解体		ア
1993年(平成5年)　非自民党からなる細川内閣が成立	…④	イ
1999年(平成11年)　EUが共通通貨ユーロを導入		イ
2003年(平成15年)　イラク戦争がはじまる		イ
2009年(平成21年)　オバマ氏が黒人初のアメリカ大統領就任		ウ
2015年(平成27年)　選挙権の年齢《ねんれい》を18歳《さい》以上に引き下げる法の改正	…⑤	ウ
2016年(平成28年)　(⑥)でEU離脱《りだつ》の賛否を問う国民投票を実施		ウ
2017年(平成29年)　トランプ氏がアメリカ大統領就任		ウ

問1　年表中の空欄(①)には冷戦の象徴《しょうちょう》となった都市の名前が入ります。この都市名を**カタカナ**で答えなさい。

問2　年表中の②について，この戦争をきっかけに日本も国際貢献《こうけん》の一つとして関わるようになった，国際連合平和維持活動の略称を**アルファベット3文字**で答えなさい。

問3　年表中の③について，次の表は，戦後の主な好景気をまとめたものです。この表に関連する事柄《ことがら》を述べた文として正しいものを，下の中から1つ選んで記号で答えなさい。

期　　間				経済成長率
1954年12月	～	1957年6月[31か月]	【神武景気】	13.1%
1958年7月	～	1961年12月[42か月]	【岩戸景気】	11.3%
1965年11月	～	1970年7月[57か月]	【いざなぎ景気】	11.5%
1986年12月	～	1991年2月[51か月]	【バブル景気】	5.4%
2002年2月	～	2008年2月[73か月]		1.6%
2012年12月	～			1.2%

[内閣府ホームページより作成]

(ア)　2012年12月からの好景気は，戦後最長の記録になった。

(イ)　「いざなぎ景気」の経済成長率は，戦後でもっとも低い。

(ウ)　「バブル景気」が終わったのは，田中角栄内閣の時である。

(エ)　「神武景気」が終わった理由の一つが，朝鮮戦争が起こったことである。

問4　年表中の④について，内閣総理大臣は通常，自分が所属する政党の国会議員を中心に大臣を任命して内閣を組織しますが，この内閣は多くの政党が結びついて内閣を組織しました。このような内閣を何と呼びますか。解答欄に合うように**漢字2文字**で答えなさい。

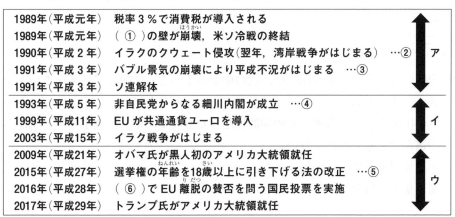

問5　年表中の⑤について，次の表は第48回衆議院議員総選挙[2017年10月22日実施《じっし》]の選挙区の結果です。この表から読み取れる問題点を，簡単に説明しなさい。

東京第14区	得票数	当落
A氏	104,137票	当選
B氏	63,235票	落選
C氏	46,600票	落選
D氏	4,282票	落選
E氏	3,607票	落選
総計	221,861票	

[総務省ホームページより作成]

問6　年表中の空欄(⑥)に当てはまる国名を，次の中から1つ選んで記号で答えなさい。

(ア)　フランス　　(イ)　ドイツ　　(ウ)　イギリス　　(エ)　ギリシア

問7　次のA・Bの出来事は，年表中のどの期間に起きたものですか。年表中のア～ウからそれぞれ1つずつ選んで記号で答えなさい。

A：9.11アメリカ同時多発テロが起こった。

B：安倍内閣が集団的自衛権の行使を認めた。

【理　科】〈A方式第1回試験〉(30分)〈満点:50点〉

1　2019年2月22日に小惑星探査機《しょうわくせいたんさき》が小惑星にタッチダウンし，同年4月5日にクレーターを作る衝突《しょうとつ》実験に成功し，また同年7月11日に2度目のタッチダウンにも成功しました。次の各問いに答えなさい。

(1)　この小惑星探査機の名前は何ですか。次の**ア**～**エ**より1つ選び，記号で答えなさい。

ア　はやぶさ　　**イ**　はやぶさ2　　**ウ**　イトカワ　　**エ**　かぐや

(2)　この小惑星の名前は何ですか。次の**ア**～**エ**より1つ選び，記号で答えなさい。

ア　イトカワ　　**イ**　エウロパ　　**ウ**　リュウグウ　　**エ**　ベンヌ

(3)　この小惑星探査機を打ち上げた宇宙センターは，鹿児島県の種子島《たねがしま》にあります。この場所が選ばれた理由を次の**ア**～**エ**より1つ選び，記号で答えなさい。

ア　周りに障害物がないので太陽の光エネルギーを多く受け燃料の節約になるから。

イ　風力が強いので打ち上げ時に追い風となり燃料の節約になるから。

ウ　地球の磁力《じりょく》が弱い地域なので，鉄を多く含《ふく》むロケットの打ち上げに影響《えいきょう》が少ないから。

エ　地球の自転による遠心力がロケットに大きくはたらき，打ち上げ時の燃料の節約になるから。

2　光合成を調べるために次のような**実験1・2**を行いました。

実験1

①　水を入れた2本の試験管a・bにBTB溶液《ようえき》を入れ，呼気《こき》を吹《ふ》き込《こ》んで液を黄色にしました。

②　**図1**のように，試験管aに切り口を上にしてオオカナダモを入れ，2本の試験管それぞれにふたをしました。

③　2本の試験管に約20分間，光を当てました。

【実験1の結果】　試験管aの液だけが青色に変化しました。

実験2

①　**図2**のようなアサガオのふ入りの葉に十分な光を当てたあと，熱湯《ねっとう》につけました。

②　**図3**のように①の葉をエタノールに入れて，約20分間熱湯であたためました。

③　②の葉を水で洗い，ある薬品をかけました。

【実験2の結果】　ふ入りの葉の白い部分以外が青紫色《あおむらさきいろ》に変化しました。

図1

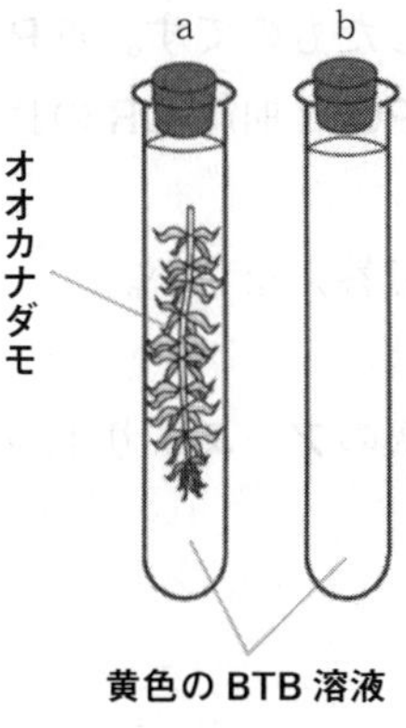

図2

図3

この**実験1・2**について，次の各問いに答えなさい。

(1) **実験1**の①で，BTB 溶液が黄色に変化する原因となった物質は何ですか。次の**ア**～**エ**より1つ選び，記号で答えなさい。

ア 酸素　　**イ** 二酸化炭素

ウ 窒素《ちっそ》　　**エ** 水素

(2) **実験1**の結果からわかることは何ですか。次の**ア**～**エ**より1つ選び，記号で答えなさい。

ア オオカナダモが呼吸を行い，二酸化炭素が排出《はいしゅつ》されたことでBTB溶液が青色に変化した。

イ BTB 溶液に光が当たったことで溶液が青色に変化した。

ウ オオカナダモが光合成を行い，酸素が発生したことでBTB 溶液が青色に変化した。

エ オオカナダモが光合成を行い，二酸化炭素が吸収《きゅうしゅう》されたことでBTB 溶液が青色に変化した。

(3) **実験1**の試験管 a において，BTB 溶液の色の変化以外に観察できることを簡単《かんたん》に説明しなさい。

(4) **実験2**の②では，エタノールの色がある色に変化しました。何色になったのか答えなさい。

(5) **実験2**の③で使用した「ある薬品」の名前を答えなさい。

(6) **実験2**の結果からわかることは何ですか。次の**ア**～**エ**より1つ選び，記号で答えなさい。

ア 葉の緑色の部分でデンプンが合成されていること。

イ 二酸化炭素と水からデンプンが合成されていること。

ウ 光が当たらないとデンプンが合成されないこと。

エ ふ入りの葉の白い部分に合成されたデンプンがたくわえられていること。

3 太陽の動きについて調べるために，春分の日に日本のある地点で次の観察を行いました。あとの各問いに答えなさい。

水平に置いた厚紙の上に透明半球《とうめいはんきゅう》と同じ直径の円をかき，円の中心の点**O**を通り直角に交わる直線**AC**と直線**BD**を引きました。透明半球を円に重ねて固定し，点**A・B・C・D**を東西南北に合わせました。

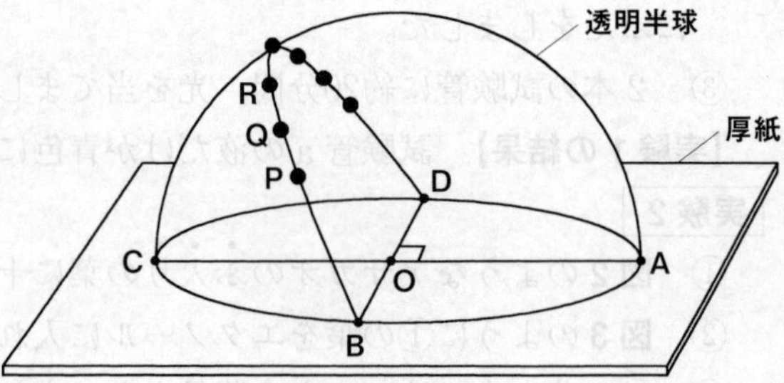

透明半球上の曲線**BD**は，午前9時から午後3時までの太陽の位置を1時間ごとに透明半球上に記録し，各点をなめらかな線で結んで，透明半球のふちまで延《の》ばしたものです。点**P**～**R**は午前9時から午前11時までの1時間ごとの太陽の位置を示し，曲線**PQ**と曲線**QR**の長さはそれぞれ3.9cm，曲線**BP**の長さは12.8cmでした。

(1) 点**A・B**にあてはまる方位を，次の**ア**～**エ**より1つずつ選び，記号で答えなさい。

ア 東　　**イ** 西　　**ウ** 南　　**エ** 北

(2) 観察した日のこの地点での日の出はいつですか。最も適切なものを次の**ア**～**エ**より1つ選び，記号で答えなさい。

ア 午前5時43分　　**イ** 午前5時50分

ウ 午前6時03分　　**エ** 午前6時17分

(3)　日本では，東経135度で時刻が決められています。この日の東経135度での日の出は午前６時00分でした。観察を行った地点の経度は東経何度ですか。次の**ア**～**エ**より１つ選び，記号で答えなさい。

ア　東経124.25度　　**イ**　東経126.75度

ウ　東経139.25度　　**エ**　東経141.75度

(4)　この透明半球の直径は何 cm ですか。ただし，円周率を3.14とし，小数第２位を四捨五入して小数第１位まで答えなさい。

(5)　観察を行った日の３か月後に同様な観察を行いました。このとき透明半球に記録される曲線のようすを，春分の日の曲線が記されている解答欄《らん》の図にかき加えなさい。

4　７個のフラスコに同じこさの塩酸を $100cm^3$ ずつはかり取り，アルミニウムを１gずつ増やしてそれぞれのフラスコに加え，発生した気体の体積をはかりました。

下の表と右のグラフは，加えたアルミニウムの重さと発生した気体の体積を表したものです。あとの各問いに答えなさい。答えが割り切れない場合は小数第２位を四捨五入して小数第１位まで答えなさい。

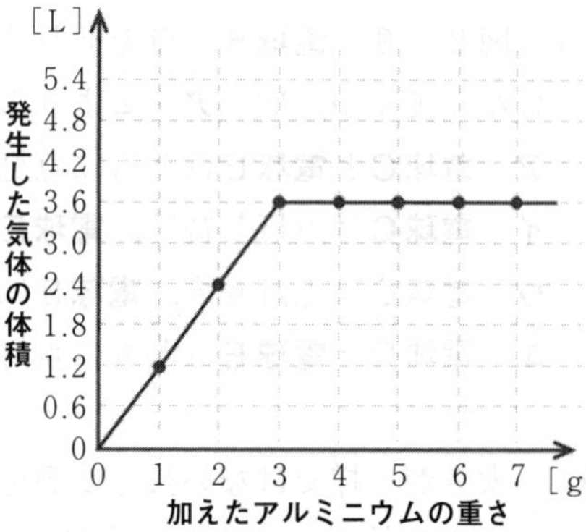

加えたアルミニウムの重さ[g]	1	2	3	4	5	6	7
発生した気体の体積[L]	1.2	2.4	3.6	3.6	3.6	3.6	3.6

(1)　このとき発生した気体は何ですか。漢字で答えなさい。

(2)　この実験で，反応後にそれぞれのフラスコ内の水を蒸発させ，最初に加えたアルミニウムの量と残った固体の重さとの関係を示しました。正しいグラフを次の**ア**～**エ**より１つ選び，記号で答えなさい。

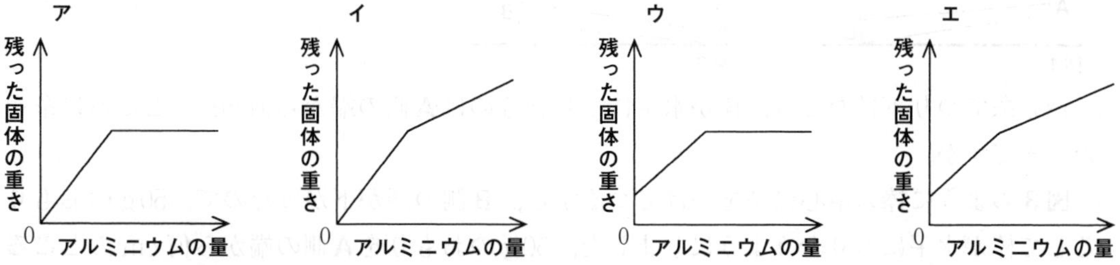

(3)　同じこさの塩酸 $50cm^3$ にアルミニウム 1.0g を入れたとき，発生した気体は何Lですか。

(4)　同じこさの塩酸 $50cm^3$ に水 $50cm^3$ を加えてうすめました。このうすめた液にアルミニウム 0.4g を入れました。アルミニウムはあと何 g とかすことができますか。

(5)　塩酸のこさを２倍にして同じ実験を行ったとき，加えたアルミニウムの重さと発生した気体の体積を表したグラフはどのようになりますか。解答欄にグラフをかきなさい。

5　**図１**は電球の図，**図２**・**３**は電気回路図です。なお，電気回路図にある⊗はソケットについた電球を表しています。あとの各問いに答えなさい。

図１

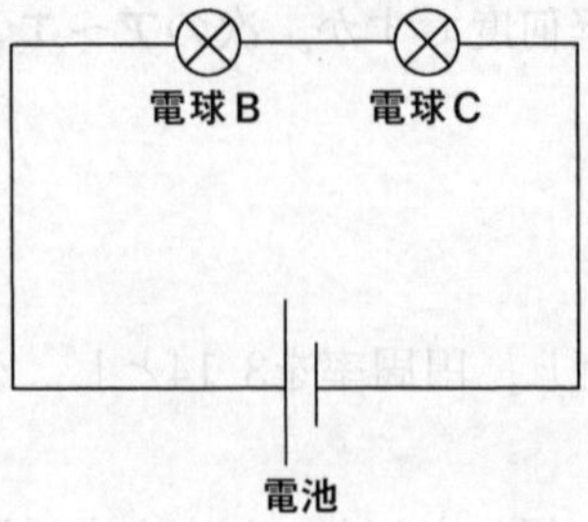

図２

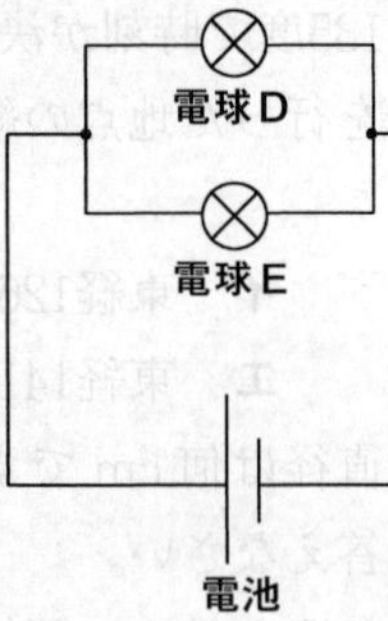

図３

(1)　実用的な電球を最初に作ったとされるアメリカの発明家の名前を答えなさい。

(2)　(1)の人物は**図１**の**Ａ**の部分を日本のある植物を用いて作りました。その植物は何ですか。

(3)　**図２・３**で**電球Ｂ・Ｄ**をそれぞれソケットから取り外すと，各回路の**電球Ｃ・Ｅ**はどのようになりますか。次の**ア**～**エ**より１つ選び記号で答えなさい。

ア　**電球Ｃ**と**電球Ｅ**はともに点灯しない。
イ　**電球Ｃ**は点灯し続け，**電球Ｅ**は点灯しない。
ウ　**電球Ｃ**は点灯せず，**電球Ｅ**は点灯し続ける。
エ　**電球Ｃ**と**電球Ｅ**はともに点灯し続ける。

6　太さが一様《いちよう》ではない長さが50cmの棒があります。**図１・２**のように，バネばかりで**Ａ**側の端《はし》を少し持ち上げるとバネばかりは40gを示しました。また，**Ｂ**側の端を少し持ち上げるとバネばかりは60gを示しました。あとの各問いに答えなさい。答えが割り切れない場合は小数第１位を四捨五入して整数で答えなさい。ただし，糸の重さは考えないものとします。

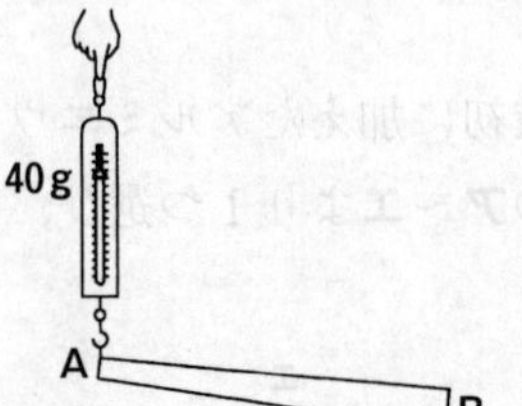

図１

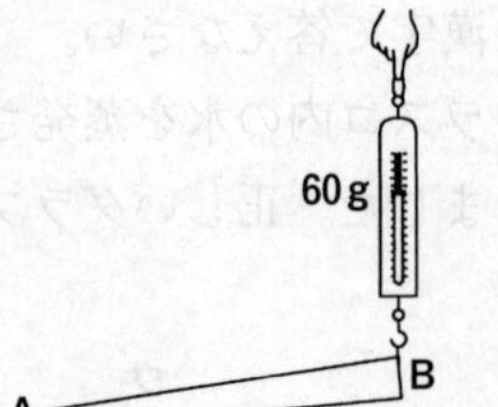

図２

(1)　棒を糸でつり下げたとき，棒が水平につり合うのは**Ａ**側の端から何cmのところに糸をつけたときですか。

(2)　**図３**のように棒の中心に糸をつけてつるすと，**Ｂ**側の端が下がったので，50gのおもりをつるして棒が水平につり合うようにしました。50gのおもりを**Ａ**側の端から何cmのところにつるすと，棒が水平につり合いますか。

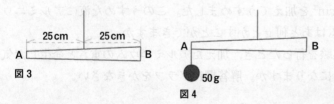

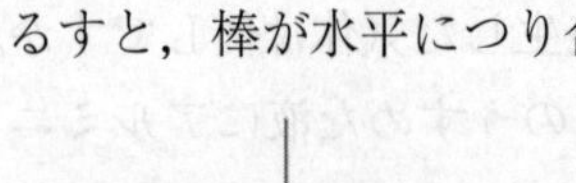

図３

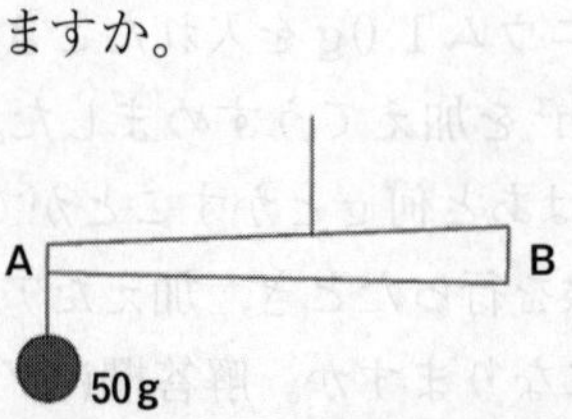

図４

(3)　**図４**のように**Ａ**側の端に50gのおもりをつるして棒を水平につり合うようにしました。**Ａ**側の端から何cmのところで棒を糸でつり下げると，棒が水平につり合いますか。

るということ

エ　種の保存のためにどのような場合でも子づれの生き物を優先するということ

問五、――⑧「それでは、わしによい考えがある」とありますが、このようにいう「ドリトル先生」を筆者はどのような人だと考えていますか。これを説明した次の文の空欄アにあてはまる言葉を文中から漢字二字で抜き出して答えなさい。また、空欄イにあてはまる、空欄アと反対の意味を表すひらがな五字以内の言葉を考えて答えなさい。

　現代の難しい問題に対し、私たちの［ア］した頭では出せない解決策を、［イ］な発想で考えることができる人。

問六、――⑩「立ち止まって」とありますが、これを説明した次の文の空欄にあてはまる漢字二字の言葉を考えて答えなさい。

［　］の変化に流されて先に進まずに、ということ。

問七、――⑪「どうしてドリトル先生の物語を思い出すことは、これほどまでに私たちに懐かしさを感じさせるのでしょうか」とありますが、この理由を説明した次の文の空欄にあてはまる言葉を文中から七字で抜き出して答えなさい。

　読者に、自分自身の中にかつてあった［　］を思い出させるから。

問八、――⑬「私はここに外的世界の（それは近代化による世界の、といってもいいでしょう）系統発生と、私という人間の個人的な個体発生（それはむろん細胞レベルのことではなく、認識の、という意味です）とのあいだにある相似形を見てみたいと思うのです」とありますが、

1　これを説明した次の文の空欄ア・イにあてはまる言葉を、文中の［　］で囲んだ部分の中から、アは三字、イは六字で抜き出して答えなさい。

「系統発生」とは生命の進化の過程のことを指し、「ヒトの個体発生の過程」は生命の進化の過程を含んでいる点で系統発生と似ている。筆者は19世紀以降の社会について［ア］と［イ］の発展も同じような関係にあると考えている。この場合、系統発生にあたるのが［ア］で個体発生にあたるのが［イ］である。

2　1のアとイの共通点を述べたものとして最もふさわしいものを次から選び、記号で答えなさい。

ア　昔もっていた自然に対する態度や見方を失っていくこと

イ　いつのまにか生命を不公平に扱うようになってしまうこと

ウ　時間の経過とともに難しい問題を抱えるようになること

エ　望ましい発達の仕方が考えられなくなっていくこと

問九、――①「タヨウ」・⑤「ヒョウホン」・⑨「カクメイ」のカタカナを漢字に直し、――②「街角」・⑫「道筋」の漢字の読みを答えなさい。

ようなものは私のどこかにずっと残り続けているように思えます。ほんの些細《ささい》な〔取るに足らない〕手がかりがあれば、全く同じではないにしろ、それを想《おも》い出すことができるように感じるのです。

ドリトル先生の物語が持つほんとうの意義も、ここにあるのではないでしょうか。ドリトル先生の物語は、シリアスな問題に直面して硬直する現代社会への解毒剤《げどくざい》〔毒を消す薬〕である――もちろん、そういう意義づけも可能だと思います。でも、それではあまりにも総花的《そうばなてき》な〔要点をしぼらないこと〕言い方に聞こえます。ドリトル先生の眼差《まなざ》しは、社会風刺《ふうし》〔遠まわしに社会・人物の欠陥《けっかん》などを批評すること〕や大人たちへの批判というよりも、大人になるうちに忘れがちな純粋《じゅんすい》な少年の心にむけられていると思います。私にとってドリトル先生は個人的なものです。⑬私はここに外的世界の(それは近代化による世界の、といってもいいでしょう)系統発生と、私という人間の個人的な個体発生(それはむろん細胞レベルのことではなく、認識の、という意味です)とのあいだにある相似形を見てみたいと思うのです。ドリトル先生に出会ったあとスタビンズ少年はきっぱりとこういいます。

「もちろんだよ」と私は言いました。「もう決めたんだ。どうしても博物学者になるって」(『航海記』)

そしてスタビンズ君は、ドリトル先生に弟子入りすることになります。

虫や生き物に夢中になっていたかつての私も、スタビンズ君とまったく同じように思ったものでした。「何よりもナチュラリストになりたい」と。その後、長い長い年月がたちました。今、私はいったい何になって、何をやっているというのでしょうか。

ドリトル先生の物語を思い出すことは、とても大切なことを私自身に想い起こさせることになる。そんな予感がして私は旅に出ることにしました。

(福岡伸一「ナチュラリスト　生命を愛《め》でる人」による。一部表記・体裁《ていさい》を改めた)

問一、――③「それ」が指し示す内容を、解答欄の言葉に続くように文中から十字以内で抜き出して答えなさい。

問二、――④「スタビンズ君はそれをとてもうれしく感じます」とありますが、この理由を説明した次の文の空欄にあてはまるひらがな四字の言葉を考えて答えなさい。

ドリトル先生が自分を子ども□していないから。

問三、――⑥「ドリトル先生のフェアネスはそういうものです」とありますが、「ドリトル先生のフェアネス」の特徴《とくちょう》を述べたものとして最もふさわしいものを次から選び、記号で答えなさい。

ア　人間だけを特別な生物と考えずに様々な動物と協力して生活をともにすること

イ　自分のために働いてくれている動物のために、同種の動物を特別に保護すること

ウ　共に暮らす動物と同種の動物の肉を好んで食べることを自然にできるということ

エ　自分が生きるために他の生物を、命に対する感謝の気持ちをもって食べるということ

問四、――⑦「このような側面」とありますが、この説明として最もふさわしいものを次から選び、記号で答えなさい。

ア　人間のために働く生き物を自然の中で生きる生き物より優先するということ

イ　人間に飼われている生き物より自然の中で生きる生き物を優先するということ

ウ　生き物の世界において、強い生き物より弱い生き物を優先す

もち頭をささえることができるようになった魚、そこに手足がはえた両生類、それが陸に上がってできた爬虫類《はちゅうるい》、そして温かい体温を持つ鳥類、ついには胎内《たいない》で子どもを守り、その後、母乳で育てる哺乳《ほにゅう》類《るい》という長い⑫道筋をたどって発展してきました。これが「系統発生」です。

　では、その結果として今日ある私たちヒトの発生の様子を見てみましょう。分裂《ぶんれつ》を開始した受精卵は、多細胞《たさいぼう》の塊《かたまり》となり、やがて中空〔中に何もない状態〕の管を形成します。それは小さなミミズのようなものです。そこに前後の軸《じく》が通り、細胞が変化して背骨と神経管が作られます。この時期の初期胚《はい》〔多細胞生物の個体発生におけるごく初期の段階の個体のこと〕はまるで魚のように見えます。やがて胚に短い手足と尾《お》ができる頃《ころ》、それはカエルのようになり、ついでトカゲのように見え、それからヒヨコのような形をとるようになって、尾が消え、ついにはヒトの胎児が形を現してきます。これが「個体発生」です。個体発生のプロセス〔過程〕を見てみると、そこに進化の道筋、つまり系統発生のプロセスがそのまま折りたたまれている。ヘッケルは自分の観察をそう言い表したのです。

　ヘッケルのテーゼは、今日では必ずしも細部まで正しいとは言えませんが、個体発生の過程、すなわち私たちヒトの形態形成の過程に、ここに至った生命の進化の時間すべてが内包〔内部にもっていること〕されているという観察は、実に慧眼《けいがん》〔ものごとの本質を見抜《みぬ》くこと〕でありました。

　それなら、と私は考えます。

　同じことを私自身のなりたちについても考えてみたいと思うのです。

　近代化が、生命と自然を分断し、分類し、メカニズムとして理解し、その上でそれを操作の対象としてきたように、私たち個人も成長するにつれ、あるいは順次教育を受けるにしたがい、自分の思考を自ら分節化し、制度化し、社会化し、あるときには最初にあったものを消し去り、あるいは抑圧《よくあつ》〔おさえつけること〕さえしているのではないでしょうか。

　最初にあったもの。それはいったいなんでしょうか。それはおそらく美しさに打たれること、精妙《せいみょう》さ〔すぐれて巧《たく》みなこと〕に驚くこと、フォルム〔形〕の奇抜《きばつ》さ〔きわめて風変わりであること〕に引き込《こ》まれること、動きのしなやかさに魅《み》せられること、ぬくもりにほっとすること、あるいは風の匂《にお》いや光の粒《つぶ》だちをはっきりと感じること。そういう一連のことごとです。

　自分が初めて自然の細部に触《ふ》れたときのよろこび、それに対するフェアネスの気持ち、あるいは謙虚《けんきょ》さ〔すなおに他から学ぶ姿勢〕のことです。それはひとことでいえば、「センス・オブ・ワンダー（the sense of wonder）」ということができるでしょう。

　はっとすること。

　気づきのよろこび。

　すべてのことはそこから始まります。私たちとともに、最初にあったものは、まぎれもなくセンス・オブ・ワンダーであったのです。

　しかし、海洋生物学者レイチェル・カーソンが著書『センス・オブ・ワンダー』（上遠恵子訳、新潮社）でいうとおり、まもなく私たちにひとしく訪れる倦怠《けんたい》〔いやになってだるく感じること〕と幻滅《げんめつ》、つまらない人工的なものに夢中になること、そのような日常のよしなしごと〔ありふれたこと〕にまぎれて、最初にあったものは、鈍《にぶ》り、遠ざけられ、あるいは自ら進んで忘れさられていってしまいます。

　大人になる、とは本来そういうことなのでしょう。しかし、大人になってもかつてのセンス・オブ・ワンダーは完全に損《そこ》なわれてしまうわけではないと思います。自然の精妙さの前で気づいたフェアネスのありかや謙虚さ、あるいはそのかそけき〔かすかな〕残滓《ざんし》〔残りかす〕のそもそも、ドリトル先生は、あらゆる生命のありように耳を傾《かたむ》け、そこから物語を聞き取ろうと一生懸命《いっしょうけんめい》になっている人です。そのため、もともとはお医者さんでしたが、それもやめてしまいました。そして航海《こうかい》や探検《たんけん》にあけくれ始めるのです。ドリトル先生は、自分はナチュラリスト(naturalist)である、ともいっています。日本語訳では一般《いっぱん》に、ナチュラリストを「博物学者」としますが、私はもう少し広く考えたいと思っています。⑤ヒョウホンや剝製《はくせい》を蒐集《しゅうしゅう》〔集めること〕・分類して博物館に陳列《ちんれつ》するような博物学者ではなく、ドリトル先生は、生きていることそのものを探究する、ほんとうの意味の生物学者なのです。

ドリトル先生のフェアネスは、すべての生き物に対して平等に向けられます。ドリトル先生は、アヒルのダブダブを信頼《しんらい》し、ブタのガブガブを可愛《かわい》がり(どちらも家事を手伝い、ドリトル先生のために働きます)、家族として一緒《いっしょ》に楽しく暮らしています。それでいてドリトル先生の好物は、スペアリブ〔豚《ぶた》や牛の骨付き肉の料理〕であり、ミートパイであり、ソーセージなのです。ここには偽善《ぎぜん》〔うわべだけ良いことのように見せかけること〕がありません。⑥ドリトル先生のフェアネスはそういうものです。

ドリトル先生は、あるとき獰猛《どうもう》な猟犬《りょうけん》からキツネの親子を救ってやります。食い下がる猟犬に、ドリトル先生は言い放ちます。

　キツネは、じぶんでたべものをさがさなくてはならないのだ。おまえたちは、たべものをもらっているからけっこうだろうがね。

　出て行ってくれ。——早くゆけ。(『サーカス』岩波少年文庫、井伏鱒二訳より。以下、『航海記』以外は井伏の訳)

ドリトル先生のフェアネスは⑦このような側面もあります。生物が生物であることとはどういうことなのかを知っているのです。

今、私たちが抱《かか》える、生命と自然をめぐるやっかいな問題をもし、ドリトル先生に問うたら、先生はいったいなんと答えてくれるでしょうか。ドリトル先生は、しばらく考えたあと、持ち前のひょうきんさ〔おどけていること〕と穏やかさで、きっと次のように言ってくれるにちがいありません。

⑧それでは、わしによい考えがある。(『サーカス』)

ドリトル先生の物語の舞台《ぶたい》は、先ほども書きましたが、19世紀前半です。このあと、世界は一気に近代化されていきます。産業⑨カクメイが展開し、工業化が進みます。強い国が弱い国を植民地化していきます。すべてのことがメカニズムとして捉《とら》えられ、操作の対象となり、規格化、商品化されていく。それと軌《き》を一《いつ》にして〔方向を同じくして〕、私たちの思考も、急速に分節化〔いくつかに分けること〕され、制度化されていきます。ですから、ドリトル先生の物語なんて、まだいろんなことがのんびり、のどかだった時代の絵空事〔大げさで現実にはあり得ないこと〕さ、と片付けてしまうことはいとも簡単です。

しかし今、だからこそちょっとだけ⑩立ち止まって考えてみましょう。それならなぜ、ドリトル先生の物語はあれほどまで強く、私たち少年少女の心を捉え得たのでしょうか。⑪どうしてドリトル先生の物語を思い出すことは、これほどまでに私たちに懐《なつ》かしさを感じさせるのでしょうか。少し読むだけでそうなるのです。

突然《とつぜん》ですが、ここには、系統発生と個体発生の相似形があるように思えるのです。

難しい言葉が出てきたので驚《おどろ》かれるかもしれません。系統発生と個体発生とは、19世紀の生物学者ヘッケルの有名なテーゼ〔定義・主張〕「個体発生は系統発生を繰《く》り返す」という言葉のことをさしています。長い進化の過程で、生物はミミズのような筒《つつ》状のからだから、背骨を問十、――⑮「ぼくは思わず、その手に、拾った卵をひとつ握らせた」とありますが、この行動の説明として最もふさわしいものを次から選び、記号で答えなさい。

ア　大好きな「カミ」の気をひこうと、空襲で危険が迫る中、拾い集めた卵を得意げに渡そうとした

イ　思いつめている「カミ」の気持ちを和らげようと、わけもわからず必死になぐさめようとした

ウ　怒《おこ》らせてしまった「カミ」が落ち着くように、あたたかい卵をにぎらせてなだめようとした

エ　非難して傷つけてしまった「カミ」を和ませようと、とっさに贈《おく》り物をしようとした

問十一、――③「今朝」・⑤「外した」・⑭「束」の漢字の読みを答え、――④「アびた」・⑩「ミジュク」のカタカナを漢字に直しなさい。

二

次の文章を読んで、あとの各問いに答えなさい。なお、文中の言葉の下の〔　〕の中はその言葉の意味とする。

ドリトル先生は、動物語を話す、ゆかいで優《やさ》しい太っちょの英国紳《しん》士《し》。「博物学者＝ナチュラリスト」を名乗っています。イギリスから飛び出して、さまざまに海外へと冒険《ぼうけん》していきます。

（中略）

21世紀の今日、私たちは、生命と自然をめぐるきわめてアクチュアル〔現実的〕な問題に次々と直面しています。生物①タヨウ性の保全。気候変動。生命操作。遺伝子組み換《か》え。あるいは、もっと身近なことでいえば、クジラを食べることはいけないことなのでしょうか。イルカの漁は許し難《がた》いことなのでしょうか。

私たちはときにシリアス〔深刻〕になりすぎ、ときに思考が硬直《こうちょく》してしまいがちです。こんなとき私は、ふとこのドリトル先生のことを思い出します。シルクハットをかぶり、小柄《こがら》で太っちょ。お金や世間にむとんちゃく〔こだわらないこと〕で、ちょっと脱力《だつりょく》系ですが、いつも軽《かろ》やか。何ごとにも動じず、穏《おだ》やかで、温かく、いきもののことが大好きな人。多くの人が、一度は心躍《おど》らせて読む物語の主人公です。少し、物語に入っていきましょう。

ドリトル先生とトミー・スタビンズ少年が初めて出会った大雨の日、二人は②街角でぶつかって転んでしまいました。そのとき先生はこう言います。

いや、きみも不注意だったが、わたしも不注意だった。（『航海記』。ヒュー・ロフティング著、新潮社、福岡伸一訳より。）

ここに現れているドリトル先生の好ましさの本質はなんでしょうか。ドリトル先生は動物と会話ができるすばらしい人です。それはとても楽しく豊かな物語を紡《つむ》ぎ出します。だからみんなすぐにドリトル先生が大好きになってしまいます。でもドリトル先生の好ましさの本質は③それ以前にあります。それがスタビンズ君へのこの言葉にはっきり現れています。ひとことでいえば、それは「フェアネス」です。

ドリトル先生は、すべてのことに公平な人でした。最初の最初からフェアであり、フェアでありつづけた人でした。この「公平さ」こそが博物学の基本かもしれません。つまり、他の生物を人間の視点から有用、無用というふうにわけへだてしません。生きとし生けるものを平等に扱《あつか》うのです。

また、たとえば、ドリトル先生は、スタビンズ少年と会ったとき、「坊《ぼう》や(lad)」でもなく、「トミー」でもなく、「スタビンズ君」と呼びかけます（原書では、Mr. Stubbins）。④スタビンズ君はそれをとてもうれしく感じます。ドリトル先生のフェアネスです。

カミはわらいだした。

「もうひとつ、あげるよ」

ぼくはもう片方の手にも、まだ生あたたかい卵を押《お》しこんだ。カミは両方の手に卵をひとつずつ握って、わらった。

ぼくもわらった。

カミがわらってくれるだけで、ぼくはそれだけでよかった。

（中脇初枝「神に守られた島」による。一部表記・体裁《ていさい》を改めた）

問一、――①「まだ生きているのが信じられないんだよ」とありますが、この理由を「から」に続くように文中から二十字で探し、最初の五字を抜き出して答えなさい。

問二、――②「浮遊物」とありますが、具体的にどのようなものですか。文中から八字で抜き出して答えなさい。

問三、――⑥「これは、呪いだと思ってる」とありますが、その理由を説明した次の文の空欄ア・イにあてはまる言葉を、アは文中から漢字三字で抜き出し、イは五字以内で考えて答えなさい。

この人形は、女学生が特攻の成功を祈って作ったものだが、それは伍長にとっては、［ア］ごと敵に突入して［イ］を祈られていることになるから。

問四、――⑦「みんなわらっていたなあ」とありますが、この「わらい」にはどのような気持ちが表れていると考えられますか。この気持ちにあたるカミの言葉を文中から十四字で探し、最初の五字を抜き出して答えなさい。

問五、――⑧「どうしたらいいかわからず、固まっていた」とありますが、この説明として最もふさわしいものを次から選び、記号で答えなさい。

ア　人形に祈りをこめることを疑問に感じている

イ　人形についての話にとても怒りを覚えている

ウ　人形のもつ意味を知りショックを受けている

エ　人形をくれた伍長に憎《にく》しみをいだいている

問六、――⑨「伍長の言葉の意味」とありますが、これを説明した次の文の空欄にあてはまる言葉を文中から十二字で抜き出して答えなさい。

特攻機が沖へ飛んでいったのは、［　　］したわけではなかったということ。

問七、――⑪「ぼくたちも黙りこんだ」とありますが、この気持ちの説明として**ふさわしくない**ものを次から一つ選び、記号で答えなさい。

ア　どう言葉をかけてよいかとまどっている

イ　伍長の謝罪の意味を知り言葉を失っている

ウ　伍長をなぐさめる言葉をさがしている

エ　なぜ伍長がそこまで深刻なのか分からない

問八、――⑫「もう、神さまじゃなかった」とありますが、この理由として最もふさわしいものを次から選び、記号で答えなさい。

ア　「生きててよかった」とつぶやく伍長は、もう死を前提とする神さまではないから

イ　墜落したのに生きのびた伍長は、もうパイロットに戻れないので神さまとは言えないから

ウ　終戦までこの島に隠れることにした伍長は、もう島民の仲間のようなものだから

エ　死ぬ覚悟を失った伍長は、もう任務として島を守ることしかできないから

問九、――⑬「手を振らなかった」とありますが、この理由を説明した次の文の空欄にあてはまる言葉を十字以内で考えて答えなさい。

手を振ると、伍長も［　　］ことになると思ったから。

ぼくとカミは、朝の浜で話したときとは別人としか思えない伍長を、遠くからながめた。

伍長は解体作業の間だけカミの家に滞在《たいざい》〔とどまること〕したが、あっという間に終わってしまった。次の日の夕方、伍長は越山の守備隊へ行くことになった。

（中略）

ぼくはシマの外れまで伍長を見送った。

みんな疎開《そかい》して、シマには伍長を見送る人しかいない。置いていかれた鶏《にわとり》たちだけが、こっここっこ鳴きながら、我が物顔で歩きまわっている。

ぼくはガジュマルの木〔クワ科の常緑高木〕にのぼって手を振《ふ》った。

カミは気根の垂れ下がる木の下で伍長を見送っていた。

伍長はふりかえって、手を振り返してくれた。ぼくは木から落っこちそうになるくらい、大きく手を振った。でも、カミは木の下でじっとして、⑬手を振らなかった。

伍長はもうふりかえらず、そのまま歩いていって、白い道の先に消えた。

伍長を見送りに集まってきた人たちは、空襲《くうしゅう》を怖《おそ》れ、すぐに砂糖小屋へ戻っていった。

ぼくはシマの中を通りながら、鶏が生んだ卵を拾った。夜、鶏が上がって眠《ねむ》るトゥ《とまり》ブラ木の下にも、卵が生んであった。ぼくはあたたかい卵を拾っては、ズボンのポケットに入れた。雛《ひな》を連れて歩いている鶏もいる。

「なんで手を振らなかったのー」

砂糖小屋への道で、先に行ったカミに追いついて、訊《たず》ねた。

カミはうつむいて黙っていた。

「せっかく伍長さんが手を振ってくれたのに」

ぼくが非難がましく言った言葉が風に飛んでいって、ずいぶんたったころ、やっとカミは口を開いた。

「あちゃ《おとうさん》が出征《しゅっせい》〔軍隊に加わって戦地に行くこと〕するときも、イチみー《兄さん》が予科練〔航空兵養成所〕に行くときも、わたし、手を振ったの」

カミはぼくを見ないで話した。

「わたし、手を振って、あちゃとイチみーを呪ってしまった。伍長さんのもらった人形と同じことをした。あのとき、あちゃとイチみーに、がんばってね、お国のためにがんばってきてねって、言ってしまった」

「それは」

ぼくはさえぎった。

「みんな言うよー。ぼくも言ったよー」

カミは首を振った。

「みんな言う。わたしも言った。あたりまえだと思ってた。きっと、伍長さんを見送った女学生もあたりまえだと思ってる。わたしはあちゃとイチみーに呪いをかけた。わたしは手を振って、送りだした。わたしはをぅ《姉妹》ない神〔この島では伝説から女性を「男性を守る神」と考えている〕なのに。それで、ふたりとも、帰ってこなかった」

カミはぎゅっとこぶしを握《にぎ》った。めずらしく、水桶《みずおけ》もきびの⑭束も、ナーク〔カミの弟の名前〕も抱えていない手だった。

「もう手は振らない」

カミの握りしめたこぶしの中には、何もなかった。

⑮ぼくは思わず、その手に、拾った卵をひとつ握らせた。

「何よ、これー」

とかのみこめると、ぼくは続けた。

「でも、だって、特攻機はいつも島の上を通らないで、海の上を通っていくよー。もし撃墜されても、島に被害を与えないようにしてくれてるんでしょー。越山《こしやま》〔地名〕の兵隊さんが言ってたって」

「レーダーに捕捉《ほそく》〔とらえること〕されないよう、低空で飛ぶからね、障害物のない海上のほうが安全なんだよ。もちろん、島に被害を与えたくないというのは事実だけど、不時着する場合は島に降りるしかないしね」

伍長はこともなげに〔平然と〕言った。

「そもそもぼくたちは⑩ミジュクだからね、正直言って、そんな余裕《よゆう》はないんだよ。みんな晴れた日にしか飛べないし、ぼくは今回の出撃が初めての長距離《ちょうきょり》飛行だった」

そういえば、特攻機は、晴れた日にしか飛んでこない。

神さまは島を守っていたわけじゃなかった。

「最初で、それで最後の長距離飛行になるはずだったのに」

伍長は珊瑚礁のむこうを見た。

「ぼくはこんなところで生きている」

伍長はそうつぶやくと、ぼくたちをかわるがわる見た。

「ごめんよ。ぼくがすみませんって謝《あやま》ってたのは、芋畑《いもばたけ》を荒《あ》らしたことじゃないんだ」

ぼくは、雨戸の上でうめいていた伍長の姿を思いだした。

「貴重な飛行機を失って、ぼくだけ生き残ってしまった」

伍長はまた海を見た。

「昨日、一緒《いっしょ》に出撃したみんなは沖縄に辿《たど》りついて突入《とつにゅう》している。ぼくも昨日、みんなと一緒に死ぬはずだったのに。死んで神になるはずだったのに」

伍長は叫《さけ》ぶようにそう言うと、頭を抱《かか》えた。

胸で人形が大きく揺れた。

⑪ぼくたちも黙《だま》りこんだ。

波の音と鳥の鳴き声が沈黙《ちんもく》を埋《う》めていく。

「ここにいれば？」

カミがぽつりと言った。伍長ははっと顔を上げた。

「もうヤマトゥ《本土》に戻《もど》らないで、ずっとここにいれば？　戦争が終わるまで隠《かく》れていれば？」

思いきった言葉に、ぼくはまじまじとカミを見た。カミを見る伍長の顔はわからない。

いきなり伍長はわらいだした。

「きみはお母さんにそっくりだね。きっときみはいいお母さんになるよ」

わらって、わらって、目尻《めじり》から流れた涙《なみだ》を拭《ぬぐ》った。

「生きててよかった」

わらいながら、そうつぶやいた伍長は、⑫もう、神さまじゃなかった。

越山から守備隊の兵隊さんたちがやってきた。

西島伍長の指揮で、ウム畑の飛行機の解体作業が始まる。トゥール《風葬》墓の白骨のように白く散らばったウムのかけらを、兵隊さんたちの靴が入り乱れて踏《ふ》みつぶした。

アガリヌヤー《東の家》はおじいさんとおばあさんの二人暮らしなのに、これからどうするのだろう。これだけ荒らされれば、この畑のウムはもう育たない。アガリヌヤーはうちと同じくらい貧しかった。南風が吹くたび、流れつくアメリカの食料品を拾いに、おじいさんはぼく以上にせっせと、曲がった腰で浜までやってきていた。

兵隊さんたちに囲まれ、指揮している伍長は、近寄りがたかった。

ぼくとカミはカミの手の中の人形を見た。縫《ぬ》い目は見えないほどに細かかった。目と口は墨《すみ》で描《か》かれている。

「成功って、死ねっていうこと。死ねという呪いなんだよ。こわかったよ。ぼくたちが通ると、女学生たちが近づいてきてはね、手渡《てわた》してくれる。みんな花のようにきれいな顔をしてね。⑦みんなわらっていたなあ」

日の丸の鉢巻きをしたおさげ髪《がみ》の人形は、たしかにわらっていた。

「彼女《かのじょ》たちだけじゃない。みんなね、成功を祈ってくれる。上官も、整備兵も、取材に来た新聞記者も、みんな。ぼくが本当に神になれるように。死んで神になれるように」

伍長は海をみつめてつぶやいた。

「本当に、みんな、きれいだったなあ」

カミは手の中でわらう人形を見下ろしたまま、⑧どうしたらいいかわからず、固まっていた。

「ごめんごめん」

伍長はカミの様子に気づいて、その手から人形を取りあげた。

「やっぱりあげられないよ。これはぼくへの呪いだから」

伍長はまた人形を胸に下げた。

カミはほっとため息をついて、からっぽになった手を砂の中につっこんだ。手を汚《よご》してしまったとき、ぼくたちがいつもするように。

「きみたち、靴《くつ》は？」

伍長は砂の上のぼくたちのつま先を見て言った。さっきウム畑の中に入ったから、指の間に湿《しめ》った泥《どろ》が茶色く残っている。

「みんなはだしだよね。痛くないの」

「痛くないよー」

「戦争だから、靴がなくなったの」

「ちがうよー。もともとみんなはだしだよー」

島では大人もこどももみんなはだしが普通《ふつう》だった。よそへ出かけるときだけ、わら草履《ぞうり》を履《は》く。それでも、なるだけ長持ちするように、町まではだしで歩いていって、町に入るときだけわら草履を履いた。

そういえば、ゆうべうちに来たまわりのシマ《集落》のおばさんたちは、わら草履を履いていた。島で靴を履いているのは、学校の先生と、守備隊の兵隊さんだけだった。

ぼくとカミは、ぼくたちのはだしの足にはさまれた、伍長の長靴をみつめた。鈍《にぶ》く光る黒い革《かわ》の長靴。亀岩《かめいわ》の兵隊さんが履いていたのと同じ靴。

「伍長さん」

ぼくが声をかけると、伍長はぼくを見た。

「ぼくは、もしいつか、特攻隊の人に会えたら、お礼を言いたいってずっと思ってたんだ。ぼくたちの島を守ってくれているお礼を」

「お礼？」

「この前、この沖《おき》に特攻機が三機落ちたんだ」

ぼくは珊瑚礁のむこうを指さした。

「島の上を飛んできたんだよ。それで南から来たシコルスキー〔アメリカ軍のヘリコプター〕にみつかって、追いかけられた。そうしたら、どの飛行機も沖へ飛んでいって、撃墜《げきつい》〔航空機などを撃《う》ち落とすこと〕された。ぼくたちが地上にいたから、島に被害《ひがい》を与《あた》えないようにしてくれたんだ。だから」

「それはちょっとちがうかもしれない」

伍長はぼくの言葉をさえぎった。

「敵機に発見されたら、海上へ飛んだほうが、敵機には見えにくくなるんだよ。緑色に塗《ぬ》ってある翼《つばさ》が、海の色と重なって見えるからね」

⑨伍長の言葉の意味がわかるまで、ちょっと時間がかかった。なん

二〇二〇年度 明治大学付属中野八王子中学校

【国　語】〈A方式第一回試験〉（五〇分）〈満点：一〇〇点〉

〈注意〉字数には、句読点《くとうてん》も記号も一字として数えます。

一　次の文章を読んで、あとの各問いに答えなさい。なお、文中の言葉の下の〔　〕の中はその言葉の意味とする。

> 第二次世界大戦の末期、「ぼく」と「カミ」は沖縄《おきなわ》のすぐそばにある沖永良部《おきのえらぶ》島に住んでいる。沖縄本島に比べて少ないとはいえ、アメリカ機からの攻撃《こうげき》を受け、危ない目にあったこともある。ある日、この島に特攻隊の飛行機が墜落《ついらく》し、パイロットの西島伍長《ごちょう》が助け出された。

砂浜《すなはま》に降りると、なぜかぼくはいつも波打ち際《ぎわ》に向かって駆《か》けだしてしまう。

思わず五、六歩駆けたあとで、はっとしてふりかえると、伍長〔軍人の階級〕はカミと砂浜に立ちつくしていた。

「きれいだね」

伍長はウム《いも》畑で口にしたことをまた言った。それでも、海をみつめたまま、動かない。

「どうしたの━」

ぼくは伍長のそばまで引き返してたずねた。

「①まだ生きているのが信じられないんだよ」

伍長はぼくを見もせずに言った。

「すべてが夢なんじゃないか。ここは天国のようだ」

ぼくとカミは目を見合わせた。それから、伍長が身じろぎもせずみつめている海に目をやった。

最近は②浮遊物《ふゆうぶつ》がないせいか、③今朝は砂浜にはだれもいない。朝日を④アびた波は、きらきら光りながら、真っ白な砂浜に寄せてくる。島をぐるりと囲む珊瑚礁《さんごしょう》は、どんな荒波《あらなみ》も打ち消して、おしとどめてくれる。水平線は真っ平らで、いつも通りの海だ。青い空にぽっかり浮かんだ雲が、鏡のような海面に浮かんでいる。

「それなに？」

カミは伍長の胸に下がる女の子の人形を指差した。

伍長は我に返ったようで、カミの人差し指の先を見下ろした。

「ああ」

伍長は人形のひとつを胸から⑤外した。

「あげるよ」

伍長は人形をカミに差しだした。人形はきちんと白い開衿《かいきん》シャツ〔えりを開いたシャツ〕を着て、絣《かすり》のもんぺ〔和服の作業着の一種〕を穿《は》き、頭には日の丸の鉢巻《はちま》きを締《し》めている。

「いいの？」

伍長は頷《うなず》いて、砂浜に腰《こし》を下ろした。ぼくたちも伍長をはさんで横にすわった。カミは人形を両手でそっと包んだ。

「ゆうべは君たちもびっくりしたろう。こっちは生きてるのに、神さま扱《あつか》いされる。ずっとなんだ。もう慣れた」

伍長は胸に揺《ゆ》れる人形にそっと触《ふ》れた。まだ二つの人形が下がっている。

「⑥これは、呪《のろ》いだと思ってる」

ぼくは聞きまちがえたと思った。聞き返す間もなく、伍長は続けた。

「基地のまわりの挺身《ていしん》隊〔勤労奉仕《ほうし》団体〕の女学生たちがね、作ってくれたんだ。特攻《とっこう》の成功を祈《いの》ってね。ひと針、ひと針」

2020年度 明治大学付属中野八王子中学校 ▶解説と解答

算　数　＜Ａ方式第１回試験＞（50分）＜満点：100点＞

解　答

1 (1)　2　(2)　1　(3)　5040　(4)　10　2 (1)　木曜日　(2)　$\frac{91}{175}$　(3)　４％　(4)　11人　(5)　63個　(6)　105度　3 (1)　120cm^2　(2)　８時34分　(3)　180人　(4)　113.04cm^2　(5)　351.68cm^2　4 (1)　225　(2)　576　5 (1)　14本　(2)　144cm^3

解　説

1　四則計算，計算のくふう，逆算

(1)　$10-2\times\{8-(6-4\div2)\}=10-2\times\{8-(6-2)\}=10-2\times(8-4)=10-2\times4=10-8=2$

(2)　$2.5\div1\frac{1}{4}-\left(1+1\times1\frac{3}{4}-1.4\times1\frac{1}{4}\right)=\frac{5}{2}\div\frac{5}{4}-\left(1+1\frac{3}{4}-\frac{7}{5}\times\frac{5}{4}\right)=\frac{5}{2}\times\frac{4}{5}-\left(1+\frac{7}{4}-\frac{7}{4}\right)=2-1=1$

(3)　$(10\times9\times8\times7\times6)$を$A$，$(9\times8\times7\times6\times5)$を$B$，…，$(5\times4\times3\times2\times1)$を$F$とすると，この計算は右のアのようになる。さらに，$P\times R-Q\times R=(P-Q)\times R$となることを利用すると，$A-B-C$，$D+E+F$はそれぞれイ，ウのように計算できる。よって，$(A-B-C)-(D+E+F)=8400-3360=5040$と求められる。

$A-B-C-D-E-F=(A-B-C)-(D+E+F)$…ア

$A-B-C$

$=10\times9\times\underline{8\times7\times6}-9\times\underline{8\times7\times6}\times5-\underline{8\times7\times6}\times5\times4$

$=(10\times9-9\times5-5\times4)\times\underline{8\times7\times6}$

$=(90-45-20)\times\underline{8\times7\times6}$

$=25\times\underline{8\times7\times6}$

$=8400$…イ

$D+E+F$

$=7\times6\times\underline{5\times4\times3}+6\times\underline{5\times4\times3}\times2+\underline{5\times4\times3}\times2\times1$

$=(7\times6+6\times2+2\times1)\times\underline{5\times4\times3}$

$=(42+12+2)\times\underline{5\times4\times3}$

$=56\times\underline{5\times4\times3}$

$=3360$…ウ

(4)　$20-81\div(79-\square\times7)=11$より，$81\div(79-\square\times7)=20-11=9$，$79-\square\times7=81\div9=9$，$\square\times7=79-9=70$　よって，$\square=70\div7=10$

2　日暦《にちれき》算，分数の性質，濃度《のうど》，仕事算，つるかめ算，角度

(1)　2020は４の倍数だから，2020年はうるう年である。よって，１年は366日なので，２月１日の土曜日から12月31日までの日数は，366－31＝335(日)とわかる。これは，335÷７＝47余り６より，47週間と６日であり，最後の６日の曜日は｛土，日，月，火，水，木｝だから，12月31日は木曜日となる。

(2)　$\frac{13}{25}$の分母と分子の差は，25－13＝12なので，約分するときに分母と分子を，84÷12＝７で割ったことがわかる。よって，約分する前の分数は，$\frac{13\times7}{25\times7}=\frac{91}{175}$と求められる。

⑶　捨てた食塩水の重さは，$150\times\frac{1}{3}=50$(g)だから，残った食塩水の重さは，150－50＝100(g)である。よって，(食塩の重さ)＝(食塩水の重さ)×(濃度)より，この中に含《ふく》まれている食塩の重さは，100×0.06＝６(g)とわかる。また，水を加えても食塩の重さは変わらないので，水を加えて重さが150ｇにもどった食塩水にも６ｇの食塩が含まれている。したがって，(濃度)＝(食塩の重さ)÷(食塩水の重さ)より，この食塩水の濃度は，６÷150＝0.04，0.04×100＝４(％)と求められる。

⑷　１人が１日にする仕事の量を１とすると，この仕事全体の量は，１×６×10＝60となる。このうち，最初の７日でした仕事の量は，１×４×７＝28だから，残りの仕事の量は，60－28＝32とわかる。これを３日で終わらせるには，32÷３＝10.6…(人)以上で働けばよいことになる。よって，少なくとも11人で働けばよい。

⑸　りんごもみかんも１皿100円であり，値段の合計が3000円なので，りんごとみかんを合わせて，3000÷100＝30(皿)買ったことになる。よって，右の図１のようにまとめることができる。りんごを30皿買ったとすると，個数の合計は，２×30＝60(個)となり，実際よりも，81－60＝21(個)少なくなる。りんごのかわりにみかんを１皿買うと，個数の合計は，３－２＝１(個)多くなるから，みかんを，21÷１＝21(皿)買ったことがわかる。したがって，買ったみかんの個数は，３×21＝63(個)である。

図１

りんご(１皿２個)｝合わせて
みかん(１皿３個)｝30皿で81個

⑹　右の図２で，三角形ABCは二等辺三角形であり，角ACBの大きさは30度なので，角ABCの大きさも30度である。また，三角形ABCで，角ACB＋角ABC＝角CADという関係があるから，角CAD＝30＋30＝60(度)とわかる。さらに，三角形EADで，角EAD＋角EDA＝角CEDという関係があるので，角㋐＝60＋45＝105(度)と求められる。

図２

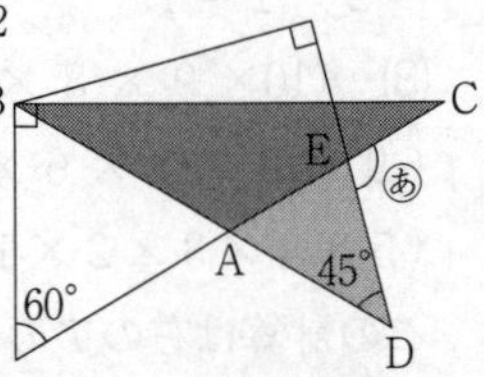

3　表面積，速さと比，表，相当算，図形の移動，表面積

⑴　この立体の見取図は右の図１のようになり，正面，上，横のどの方向から見ても，１辺が２cmの正方形が５個見える。よって，１つの方向から見える面積は，(２×２)×５＝20(cm^2)であり，これが全部で６個あるから，この立体の表面積は，20×６＝120(cm^2)と求められる。

図１

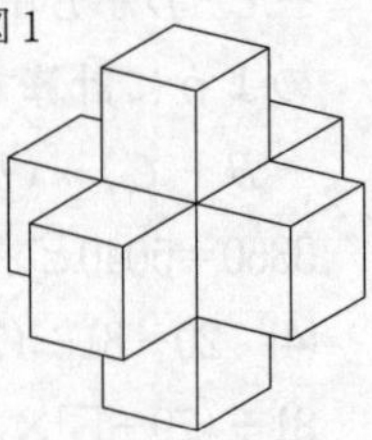

⑵　いつもの速さで歩くと４分遅《おく》れ，1.25倍の速さで歩くと，９時－８時58分＝２分早く着くので，いつもとこの日のかかる時間の差は，４＋２＝６(分)である。また，いつもとこの日の速さの比は，１：1.25＝４：５だから，いつもとこの日のかかる時間の比は，$\frac{1}{4}:\frac{1}{5}=5:4$となる。この差が６分なので，比の１にあたる時間は，６÷(５－４)＝６(分)となり，この日かかった時間は，６×４＝24(分)と求められる。よって，この日の出発時刻は，８時58分－24分＝８時34分である。

⑶　全体の人数を１とすると，④は，$1\times\frac{40}{360}=\frac{1}{9}$，③は，$\frac{1}{9}\times3=\frac{1}{3}$となるから，下の図２のように表すことができる。①を26人減らし，②を６人増やすと，全体では，26－６＝20(人)減らすことになる。このとき，全体の人数は，$\frac{1}{9}+\frac{1}{3}+\frac{1}{3}+\frac{1}{9}=\frac{8}{9}$となり，実際よりも，$1-\frac{8}{9}=\frac{1}{9}$少なく

なる。よって，全体の$\frac{1}{9}$にあたる人数が20人とわかるので，（全体の人数）×$\frac{1}{9}$＝20（人）と表すことができ，全体の人数は，20÷$\frac{1}{9}$＝180（人）と求められる。

⑷　辺BCが通るのは下の図３のかげをつけた部分である。これは，半径が10cmの円と半径が８cmの円にはさまれた部分だから，面積は，10×10×3.14－８×８×3.14＝100×3.14－64×3.14＝(100－64)×3.14＝36×3.14＝113.04（cm^2）となる。

⑸　ABを軸《じく》に１回転させてできる立体は，下の図４のように，円柱と円すいを組み合わせた形の立体である。円柱の底面積は，４×４×3.14＝16×3.14（cm^2）であり，底面の円のまわりの長さは，４×２×3.14＝８×3.14（cm）なので，円柱の側面積は，８×3.14×８＝64×3.14（cm^2）とわかる。また，円すいの側面積は，（母線）×（底面の円の半径）×（円周率）で求められるから，この円すいの側面積は，８×４×3.14＝32×3.14（cm^2）となる。よって，この立体の表面積は，16×3.14＋64×3.14＋32×3.14＝(16＋64＋32)×3.14＝112×3.14＝351.68（cm^2）と求められる。

図２

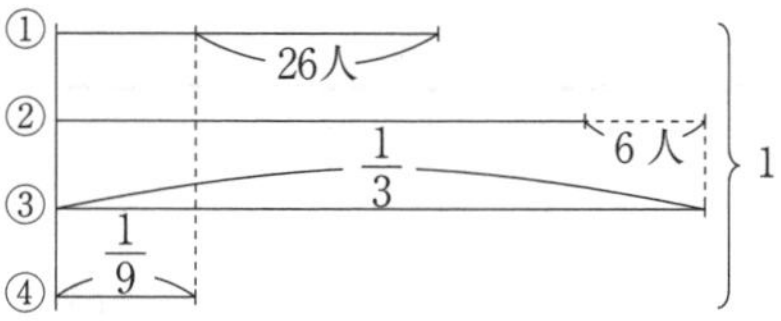

図３

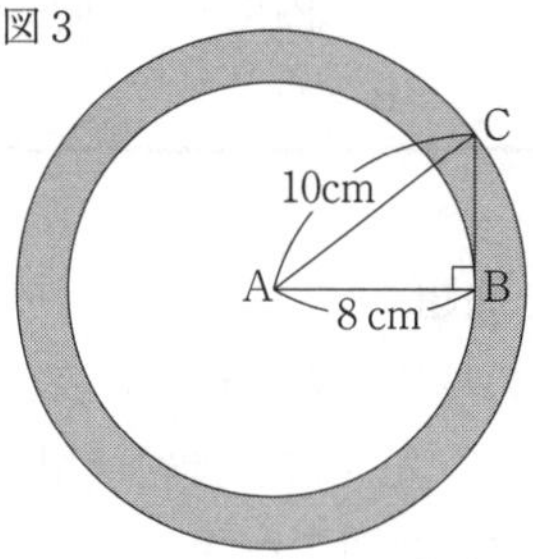

図４

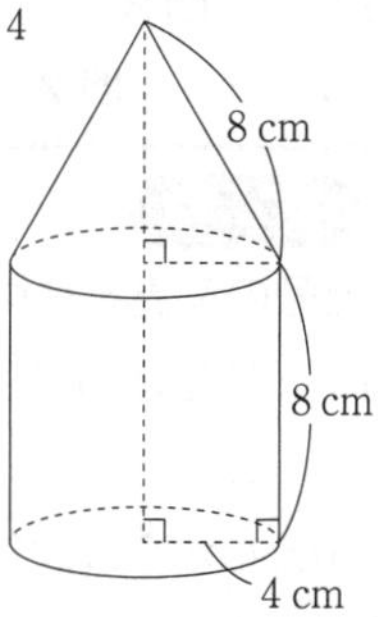

4　数列，和差算

⑴　１＝１×１，４＝２×２，９＝３×３，…のように，N番目に並んでいる数は，N×Nと表すことができる。また，右の図１のように，となりあう数の差は，３で始まり２ずつ増える等差数列になっている。３から31までに２を加える回数は，（31－３）÷２＝14（回）だから，３から31までの個数は，１＋14＝15（個）とわかる。よって，小さい方の数（ア）は15番目の数なので，ア＝15×15＝225と求められる。

図１

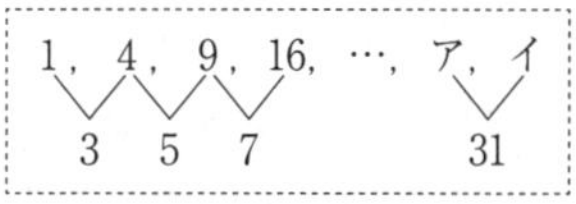

⑵　並んだ３つの数を小，中，大とする。また，小と中の差を□とすると，中と大の差は（□＋２）となるから，右の図２のように表すことができる。よって，小の３倍と□の３倍の和が，1730－２＝1728となるので，小と□の和，つまりまん中の数は，1728÷３＝576と求められる。

図２

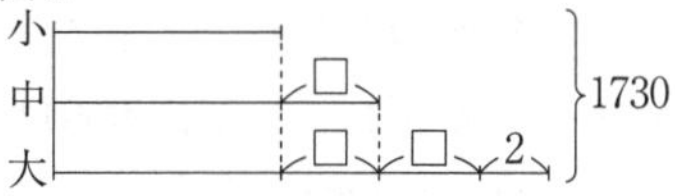

5　立体図形—展開図，体積

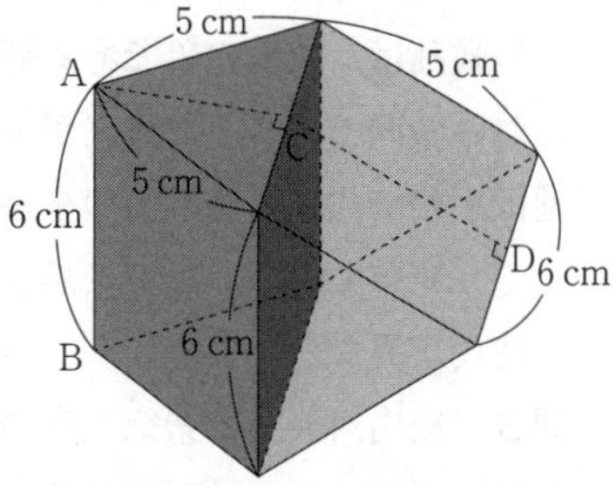

⑴　展開図を組み立てると，右の図のように合同な２つの三角柱を組み合わせた形の立体になる。１つの三角柱には，３×３＝９（本）の辺があり，両方に共通している辺が４本あるから，この立体の辺の本数は，９×２－４＝14（本）と求められる。

⑵　展開図のABの長さが18cmなので，図のACとCDの長さの和は，18÷２＝９（cm）となり，

ACの長さは，９－５＝４(cm)とわかる。よって，三角形の面積は，６×４÷２＝12(cm^2)だから，１つの三角柱の体積は，12×６＝72(cm^3)となり，この立体の体積は，72×２＝144(cm^3)と求められる。

社　会　＜Ａ方式第１回試験＞（30分）＜満点：50点＞

解　答

1 問１　(西暦)１(年から)100(年まで)　問２　(イ)　問３　(ウ)　問４　(エ)　問５　(エ)　問６　(イ)　問７　(ア)　問８　(イ)　問９　(イ)　問10　(ア)　2 問１　太平洋ベルト　問２　貿易摩擦　問３　加工貿易　問４　フェアトレード　問５　(ウ)　問６　(ウ)，(カ)　問７　日本　問８　(ア)　問９　(エ)　問10　原油(石油)　3 問１　ベルリン　問２　PKO　問３　(ア)　問４　連立(内閣)　問５　(例)　死票が多くなってしまうこと。　問６　(ウ)　問７　Ａ　イ　Ｂ　ウ

解　説

1 元号の変更を題材とした問題

問１　世紀は100年を１つの単位とする年号の表し方で，１世紀は(紀元後)１年から(紀元後)100年までの100年間である。なお，紀元前１世紀は紀元前１年から紀元前100年までの100年間，21世紀は2001年から2100年までの100年間となる。

問２　中国の歴史書『漢書』地理志には，１世紀の57年に倭《わ》の小国の一つである奴《な》国の王が後漢(中国)に使いを送り，光武帝から金印などを授《さず》けられたことが記されている。江戸時代に志賀《しかの》島で発見された金印はこのときのものと考えられており，「漢 委《かんのわの》奴国王」と刻まれている。よって，(イ)が正しい。なお，地図中のＡは縄文時代の三内丸山遺跡，地図中のＢは古墳時代につくられた日本最大の前方後円墳である大仙古墳の位置を示している。

問３　645年，中大兄皇子(のちの天智天皇)と中臣鎌足らは蘇我氏を滅《ほろ》ぼし，天皇中心の政治を目指して一連の政治改革に取り組んだ。この改革の中で，日本初の元号として「大化」が定められた。また，すべての土地と人民を国家(天皇)のものとする公地公民を原則とし，班田収授法を行うなどの方針が示された。よって，(ウ)が正しい。なお，(ア)は「蘇我馬子・入鹿」ではなく，「蘇我蝦夷《えみし》・入鹿」が正しい。(イ)は奈良時代の741年，聖武天皇によって出された。(エ)について，律令政治のしくみは，701年に大宝律令が施行されたことで整えられた。

問４　室町幕府の第８代将軍足利義政の跡継《あとつ》ぎ問題をめぐり，応仁の乱(1467～77年)が起こった。この戦乱は，義政の弟である義視《よしみ》と義政の子である義尚《よしひさ》のどちらを次期将軍にするかという，おじとおいの間で起こった対立が原因の一つであった。よって，(エ)が正しい。なお，(ア)の藤原道長と頼通は平安時代に摂関《せっかん》政治の全盛期を築いた親子で，対立していない。(イ)の源頼朝と義経は親子ではなく，兄弟である。(ウ)の後鳥羽上皇は鎌倉時代初め，後醍醐《ごだいご》天皇は室町時代初めの天皇で，在位した時代が異なる。

問５　後白河天皇と崇徳《すとく》上皇の対立から起こった保元の乱(1156年)によって中央に進出した平氏と源氏は平治の乱(1159年)で戦い，平清盛が率いる平氏が勝利した。平清盛は，敗れた源義朝《よしとも》の子・

頼朝を伊豆の蛭ヶ小島《ひるがこじま》(静岡県)に流し，その地を治めていた北条氏に監視《かんし》させた。よって，(エ)が正しい。

問6　⑤は12世紀，⑥は10世紀(いずれも平安時代)，⑦は13世紀の1221年(鎌倉時代)，⑧は15世紀の1467年(室町時代)，⑨は13世紀の1274年(鎌倉時代)のできごとなので，年代の古い順に⑥→⑤→⑦→⑨→⑧となる。

問7　元寇《げんこう》のときのようすは，肥後《ひご》国(熊本県)の御家人であった竹崎季長《すえなが》が描《えが》かせた「蒙古襲来《もうこしゅうらい》絵詞《えことば》」から知ることができる。元軍を退けたにもかかわらず，多くの御家人が十分な褒美《ほうび》を与えられなかったなか，季長はこの絵で自身の活躍《かつやく》を幕府に訴《うった》え，恩賞を得ることができた。よって，(ア)が正しい。なお，(イ)は承久の乱，(ウ)は豊臣秀吉の朝鮮出兵，(エ)は平安時代の初めの蝦夷征討《せいとう》について述べている。

問8　享保の改革(18世紀前半)は江戸幕府の第8代将軍徳川吉宗が行った幕政改革で，Aは享保の改革の中で実施された上米の制について説明している。天保の改革は，1841～43年に老中水野忠邦《ただくに》が行った幕政改革で，忠邦は物価上昇《じょうしょう》の原因が株仲間にあると考え，株仲間を解散させた。よって，(イ)が正しい。なお，Bは老中田沼意次《おきつぐ》が行った政治の内容である。

問9　大正政変とは，尾崎行雄《ゆきお》・犬養毅《いぬかいつよし》らによる第一次護憲運動によって，1913年に第三次桂太郎内閣が総辞職に追いこまれたことをいう。よって，(イ)が正しい。なお，(ア)について，軍部が政治の実権に握《にぎ》るきっかけとなったのは1932年の五・一五事件で，昭和時代のできごと。このとき暗殺されたのは原敬《たかし》ではなく犬養毅で，首相官邸《かんてい》に乱入した海軍の青年将校らによって殺害された。また，(ウ)は日比谷焼打ち事件(1905年)，(エ)は明治十四年の政変(1881年)についての説明で，いずれも明治時代のできごとである。

問10　1929年にアメリカ(合衆国)で株価の大暴落が起こったのをきっかけに世界恐慌《きょうこう》となり翌30年には，日本の経済もその影響を受けて深刻な不況に見舞われた(昭和恐慌)。よって，(ア)が正しい。なお，(イ)はオイルショック(1973年)，(ウ)は大正時代の関東大震災(1923年)による不況，(エ)は戦後の民主化政策について述べている。

2　日本の貿易についての問題

問1　関東地方南部から，東海・近畿・瀬戸内の各地方を経て九州地方北部にかけて帯状に連なる工業地域を太平洋ベルトという。人口が多く，交通機関も発達しているため，工業がさかんである。

問2　貿易において，一方的な黒字(輸出額が輸入額を上回る状態)が続くと，相手国の産業に大きな打撃《だげき》を与え，失業や倒産《とうさん》を招《まね》く。日本は，欧米諸国に工業製品を大量に輸出したことで貿易黒字が1981年から30年近く続き，欧米諸国との間で貿易摩擦《まさつ》が起きた。また，1970年代以降，アメリカに繊維《せんい》品・鉄鋼・自動車・半導体などを大量に輸出したため，日米間で特に大きな問題となった。

問3　工業原料を輸入し，加工した製品を輸出する貿易の形式を加工貿易という。資源の乏《とぼ》しい日本はかつて典型的な加工貿易国であったが，現在では工業製品や部品の輸入が増えている。

問4　発展途上国と先進国との貿易では，発展途上国にとって不利な取り引きが行われやすい。そこで，発展途上国の産業の発展をうながすような公正な取り引きが求められる。こうした公正な取り引きをフェアトレードという。

問5　日本の企業《きぎょう》は，輸出の自主規制を行うとともに，貿易相手国に工場を建設し，現地の人々を雇《やと》って生産・販売《はんばい》を行うことで相手国の失業率を下げる手法をとった。よって，(ウ)が正しい。

問６　第２次産業には，工業・鉱業・建設業（製造業）が分類される。よって，(ウ)と(カ)があてはまる。なお，第１次産業には(ア)・(エ)・(ク)のような農林水産業が，第３次産業には(イ)・(オ)・(キ)のような商業・運輸通信業・サービス業などが分類される。

問７　日本は現在，輸出貿易に占《し》める割合が世界第４位なので，Ｃがあてはまる。なお，安定して上位に位置するＡとＢはそれぞれアメリカとドイツ，急速な経済成長をとげ，輸出貿易に占める割合が現在世界一になっているＤが中国である。

問８　Ｄの中国の貿易は，機械類のほかに衣類や織物などの繊維品の輸出が多いことが特徴《とくちょう》である。よって，(ア)があてはまる。なお，(イ)はアメリカ，(ウ)はドイツ，(エ)は日本を表している。

問９　アメリカ・ドイツ・日本は，いずれも自動車産業がさかんな国である。よって，(エ)があてはまる。

問10　資源の乏しい日本にとって，燃料や原料となる原油（石油）や液化天然ガス（LNG）は不可欠であり，原油は機械類についで輸入額に占める割合が大きい。

3　平成時代のできごとを題材とした問題

問１　ベルリンの壁《かべ》は，ドイツの首都ベルリンが冷戦によって東西に分断されたとき，西ベルリンを取り囲むようにつくられた。1989年に東ドイツ政権が崩壊《ほうかい》すると，同年11月，東ドイツと西ドイツの国境も開放され，壁も破壊《はかい》された。翌月には，アメリカのブッシュ大統領とソ連のゴルバチョフ書記長の間でマルタ会談が行われ，米ソ冷戦の終結が宣言された。

問２　PKO（国際連合平和維持活動）は，国連が紛争《ふんそう》地域の平和を維持するために行っている活動である。なお，自衛隊の海外での活動は認められていなかったが，1992年にPKO協力法が成立したことで可能となり，同年９月に自衛隊が初めてPKOに参加するためにカンボジアへ派遣された。

問３　「いざなぎ景気」の経済成長率は11.5％あり「神武《じんむ》景気」についで高く，バブル景気が終わったのは海部俊樹《かいふとしき》内閣のときであるので，(イ)と(ウ)は誤り。また，朝鮮戦争（1950～53年）は「神武景気」が始まる前に起こっているので，(エ)も誤りである。したがって，(ア)が正しい。

問４　内閣を組織し，政権を担当する政党を与党といい，複数の政党で与党を構成し，組織される内閣を連立内閣という。なお，内閣を組織せず，政権を批判する政党は，野党とよばれる。

問５　表より，当選したＡ氏の得票数104137票に対し，落選したＢ氏～Ｅ氏に投じられた票の合計は117724票あり，Ａ氏の投票数を上回っていることがわかる。つまり，政治に反映されない死票が多くなってしまうことが，選挙区から１名しか当選しない小選挙区制の問題点といえる。

問６　イギリスは，2016年に行われた国民投票の結果にもとづいてEU（ヨーロッパ連合）からの離《り》脱《だつ》を決定し，2020年１月に正式に離脱した。

問７　**Ａ**　アメリカ同時多発テロ事件は，2001年９月11日にニューヨークとワシントンで起こった。　**Ｂ**　安倍晋三内閣が集団的自衛権の行使を容認する閣議決定を行ったのは，2014年のことである。

理　科　＜Ａ方式第１回試験＞（30分）＜満点：50点＞

解　答

1 (1)　イ　(2)　ウ　(3)　エ　2 (1)　イ　(2)　エ　(3)（例）　あわが発生した。
(4)　緑色　(5)　ヨウ素液　(6)　ア　3 (1)　Ａ　エ　Ｂ　ア　(2)　ア　(3)　ウ
(4)　29.8cm　(5)　解説の図を参照のこと。　4 (1)　水素　(2)　イ　(3)　1.2L　(4)
1.1g　(5)　解説の図を参照のこと。　5 (1)（トーマス・）エジソン　(2)　竹　(3)
ウ　6 (1)　30cm　(2)　15cm　(3)　20cm

解　説

1 小惑星《しょうわくせい》探査機「はやぶさ２」についての問題

(1), (2)　2019年２月22日，日本の小惑星探査機「はやぶさ２」が小惑星リュウグウにタッチダウンし，４月５日にはリュウグウの表面にクレーターを作る衝突《しょうとつ》実験に成功した。リュウグウから採取したサンプルを分析《ぶんせき》することで，生命の起源などを解明できると期待されている。

(3)　赤道に近い場所ほど地球の自転による遠心力が大きくはたらくので，ロケットの打ち上げ時の燃料を節約できる。このため，宇宙センターは日本の中で赤道により近い鹿児島県の種子《たねが》島に設置されている。

2 光合成についての問題

(1)　BTB溶液《ようえき》を酸性の水溶液に入れると黄色になる。呼気にふくまれている二酸化炭素が水にとけると酸性を示すので，BTB溶液の色が黄色に変化する。

(2)　BTB溶液をアルカリ性の水溶液に入れると青色になる。試験管ａでは，光を当てたことでオオカナダモが光合成を行い，二酸化炭素が吸収されて酸性の性質が失われ，アルカリ性になってBTB溶液の色が青色に変化したと考えられる。なお，試験管ｂの液の色が変化しなかったことから，BTB溶液に光が当たっても色は変化しないことがわかる。

(3)　光合成が行われると酸素が発生する。酸素は水にとけにくいので，オオカナダモの切り口から酸素をふくむあわが出る様子が観察できる。

(4)　エタノールは葉の緑色をぬくはたらきがある。このため，アサガオの葉の緑色がエタノールにとけ出すので，エタノールは緑色に変化する。

(5)　光合成によってデンプンができたことを調べるために，実験２の③ではヨウ素液を使用する。デンプンにヨウ素液をかけると，青紫《むらさき》色に変化する。

(6)　ふ入りの葉の白い(葉緑体がない)部分以外ではデンプンができていたことから，デンプンは葉の緑色の部分(葉緑体)で合成されていることがわかる。

3 透明《とうめい》半球上の太陽の動きについての問題

(1)　日本では太陽は東→南→西へと移動して見えるので，Ａが北，Ｂが東，Ｃが南，Ｄが西を表している。

(2)　１時間あたりの曲線の長さは3.9cmで，日の出の位置であるＢ点から午前９時のＰ点までの長さは12.8cmだから，日の出から午前９時までの時間は，12.8÷3.9＝3.28…(時間)，60×0.28＝16.8(分)より，約３時間17分になる。したがって，この日のこの地点での日の出の時刻は，午前９時の約３時間17分前で，午前５時43分ころとわかる。

(3)　地球は１時間(60分)で，360÷24＝15(度)西から東に自転しているため，１度自転するのにかかる時間は，60÷15＝４(分)である。日の出の時刻は東経135度の地点より，６時－５時43分＝17分早かったことから，東経135度の地点より東の地点とわかり，経度の差は，$1\times\frac{17}{4}=4.25$(度)と求められる。よって，この地点の経度は，135＋4.25＝139.25(度)になる。

(4)　透明半球の下にも逆さまの透明半球があり，点Oを中心とした透明な球を想像すると，１日の太陽の動きは直径をBDとした円となる。直径をBDとする円の円周の長さは，3.9×24＝93.6(cm)なので，BDの長さは，93.6÷3.14＝29.80…(cm)より，29.8cmとなる。

(5)　３か月後は夏至のころで，太陽は真東より北寄りからのぼって南の空の高いところを通り，真西より北寄りにしずむ。したがって，透明半球に記録される曲線のようすは，右の図のようになる。なお，春分の日の曲線と夏至の日の曲線は平行になる。

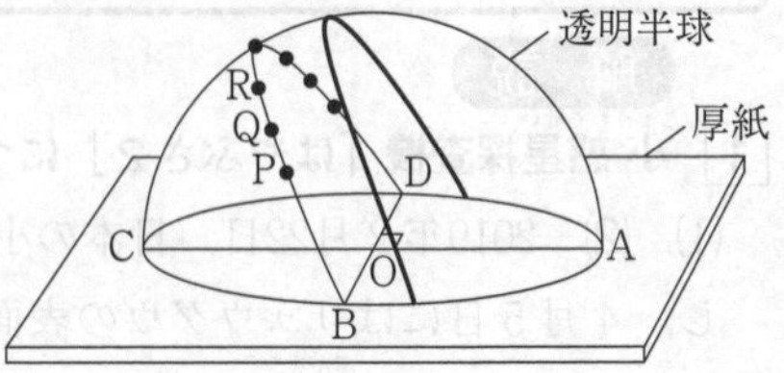

4　塩酸とアルミニウムの反応についての問題

(1)　塩酸にアルミニウムを加えると，アルミニウムがとけて水素が発生し，反応後には塩化アルミニウムができる。

(2)　表とグラフから，塩酸100cm³とアルミニウム３ｇが過不足なく反応し，3.6Lの水素が発生することがわかる。ここで，反応後にフラスコ内の水を蒸発させると，加えたアルミニウムの重さが３ｇまでは塩化アルミニウムが一定の割合で増え続けるが，３ｇより多くアルミニウムを加えてもそれ以上は反応しないため，加えたアルミニウムがそのまま残る。また，アルミニウムを加えていないときは，塩酸にとけている塩化水素は気体なので，水を蒸発させると何も残らない。したがって，イのようなグラフになる。

(3)　塩酸50cm³と過不足なく反応するアルミニウムは，$3\times\frac{50}{100}=1.5$(g)であるから，塩酸50cm³にアルミニウム1.0ｇはすべてとけ，このときに発生する水素の体積は，$3.6\times\frac{1.0}{3}=1.2$(L)となる。

(4)　もとの塩酸50cm³と，水50cm³を加えてうすめた塩酸100cm³とでは，とかすことができるアルミニウムの重さが同じで，(3)より1.5ｇである。したがって，このあとアルミニウムは，1.5－0.4＝1.1(g)とかすことができる。

(5)　こさを２倍にした塩酸100cm³と過不足なく反応するアルミニウムは，３×２＝６(g)で，このとき発生する水素は，3.6×２＝7.2(L)である。したがって，加えたアルミニウムの重さと発生した気体の体積を表したグラフは，右の図のようになる。

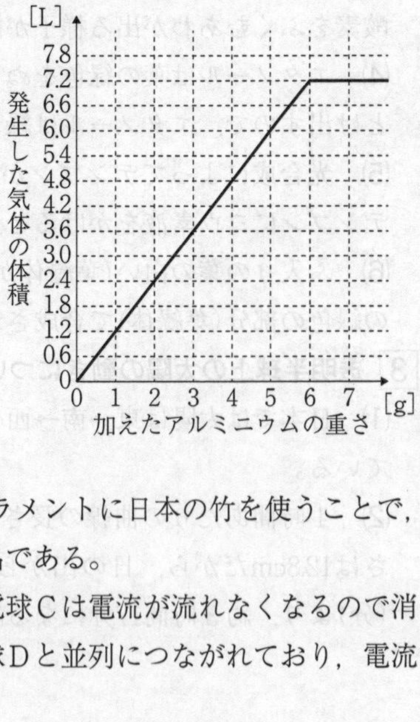

5　電球の発明，電球と回路についての問題

(1)，(2)　アメリカの発明家トーマス・エジソンは，電球のフィラメントに日本の竹を使うことで，白熱電球の実用化に成功した。蓄《ちく》音機や映画などの開発でも有名である。

(3)　電球Ｂをソケットから取り外すと，直列につながれている電球Ｃは電流が流れなくなるので消える。一方，電球Ｄをソケットから取り外しても，電球Ｅは電球Ｄと並列につながれており，電流が流れ続けるため点灯し続ける。

6 棒のつり合いについての問題

⑴　図１，図２より，棒のＡ側の端《はし》を40ｇ，Ｂ側の端を60ｇで同時に持ち上げると，棒は水平になってつり合うことがわかる。棒の重心からＡ側とＢ側の端までの長さの比は，図１，図２でバネばかりが支えた重さの比の逆になるので，Ａ側の端から重心までの長さは，$50\times\frac{60}{40+60}=30$(cm)となる。つまり，Ａ側の端から30cmのところを糸でつり下げると棒は水平につり合う。

⑵　この棒の重さは，40＋60＝100(ｇ)なので，Ａ側の端から30cmの位置の重心に棒の重さ100ｇがかかっていると考えられる。糸でつるした点から左に50ｇのおもりをつるす点までの長さを□cmとすると，50×□＝100×(30－25)の関係が成り立ち，□＝10(cm)となる。したがって，Ａ側の端から50ｇのおもりをつるした点までの長さは，25－10＝15(cm)とわかる。

⑶　糸でつるした点をＰ，重心の位置をＱとしたとき，APとPQの長さの比はかかっている重さの逆の比になるので，(APの長さ)：(PQの長さ)＝100：50＝２：１になり，AQの長さは30cmだから，APの長さは，$30\times\frac{2}{2+1}=20$(cm)と求められる。

国　語　＜Ａ方式第１回試験＞（50分）＜満点：100点＞

解　答

一　**問１**　ぼくも昨日　**問２**　アメリカの食料品　**問３**　**ア**　特攻機　**イ**　死ぬこと　**問４**　お国のため　**問５**　ウ　**問６**　島に被害を与えないように　**問７**　エ　**問８**　ア　**問９**　（例）　死んでしまう　**問10**　イ　**問11**　③　けさ　⑤　はず(した)　⑭　たば　④，⑩　下記を参照のこと。　二　**問１**　動物と会話ができる(こと)　**問２**　あつかい　**問３**　ウ　**問４**　イ　**問５**　**ア**　硬直　**イ**　じゅうなん(やわらか)　**問６**　時代(世界，社会)　**問７**　純粋な少年の心　**問８**　**１**　**ア**　近代化　**イ**　私たちの思考　**２**　ア　**問９**　①，⑤，⑨　下記を参照のこと。　②　まちかど　⑫　みちすじ

●漢字の書き取り

一　**問11**　④　浴(びた)　⑩　未熟　二　**問９**　①　多様　⑤　標本　⑨　革命

解　説

一　**出典は中脇初枝《なかわきはつえ》の『神に守られた島』による。**「ぼく」とカミは，特攻《とっこう》機が墜落《ついらく》して助け出された伍長《ごちょう》と砂浜《すなはま》で会話する。

問１　本文から，伍長は特攻隊のパイロットとして出撃《しゅつげき》したものの，墜落して特攻に失敗したとわかる。ぼう線⑪の少し前で伍長が，「みんなと一緒《いっしょ》に死ぬはずだった」と言っていることから，自分が「まだ生きているのが信じられない」のである。

問２　「浮遊《ふゆう》物」とは，海に浮《う》いてただよっているもののこと。ぼう線⑫の三つ後の段落から，「流れつくアメリカの食料品を拾いに」人々が浜に来ていたことがうかがえる。

問３　**ア**，**イ**　「呪《のろ》い」とは，相手にわざわいが起こるよう念ずること。この人形は，女学生が「特攻の成功を祈《いの》って」つくったものであるが，少し後の伍長の言葉に「成功って，死ねっていう

こと」とあるように「特攻の成功」は特攻機ごと敵に突入《とつにゅう》して死ぬことを意味している。そのためぼう線⑥のように思ったのだとわかる。

問4　本文の後半で，父と兄を送り出すときに手を振《ふ》ったことをカミがくやんでいる場面がある。女学生たちも，カミと同じように，伍長を「お国のためにがんばってきてね」と送り出す気持ちで笑いかけていたと考えられる。

問5　伍長にとって，女学生からもらった人形は，死ねという呪いなのだということを聞かされてショックを受けたため，カミは自分の手の中の人形を「どうしたらいいかわからず，固まっていた」ことが読み取れる。

問6　以前，特攻機がアメリカ軍のヘリコプターに見つかって追いかけられたとき，沖《おき》のほうへ飛んでいって撃墜されたことがあった。「ぼく」は，地上にいる自分たちを守るために，特攻機が沖のほうへ逃《に》げたのだろうと思って伍長にお礼を言った。しかし，特攻機が沖へ逃げたのは，「海上へ飛んだほうが，敵機には見えにくくなる」からであって，必ずしも「島に被害《ひがい》を与《あた》えないように」するためではないと伍長は説明している。

問7　伍長がなぜそんなにも苦しんでいるのか，「ぼく」たちにも伝わっていたので，エは合わない。

問8　特攻隊員たちは，国のために戦って死ぬことで「神さま」とみなされる。「生きててよかった」という伍長の言葉は，人間らしい本音から出たもので，伍長はもう死んで「神さま」になろうとしていなかったので，「ぼく」はぼう線⑫のように感じたのである。

問9　続く「ぼく」とカミの会話に着目する。カミは，自分が手を振ったことで父や兄に呪いをかけ，その結果二人が死んでしまったのだと考えていた。伍長に手を振ると伍長にも呪いがかかり，死んでしまうのではないかと思ったので，カミは手を振らなかったことになる。

問10　カミは，自分が手を振ったせいで父と兄が死んでしまったと思いつめていた。「カミがわらってくれるだけで，ぼくはそれだけでよかった」とあるように，カミを大切に思っている「ぼく」は，思いなやむカミを見ていられず，どうにかしてなぐさめたいと思ってカミの手に卵を握《にぎ》らせたことが読み取れる。

問11　③　今日の朝。　⑤　音読みは「ガイ」「ゲ」で，「外出」「外科」などの熟語がある。訓読みにはほかに「そと」「ほか」がある。　⑭　音読みは「ソク」で，「結束」などの熟語がある。　④　音読みは「ヨク」で，「日光浴」などの熟語がある。　⑩　技術や教養などが十分でないこと。

二　出典は福岡伸一《ふくおかしんいち》の『ナチュラリスト　生命を愛《め》でる人』による。ドリトル先生の魅力《みりょく》を紹介《しょうかい》し，近代化によって個人の思考がかたくななものになっている現在，ドリトル先生の物語を思い出すことには重要な意味があると主張している。

問1　「ドリトル先生は動物と会話ができるすばらしい人」だが，その「好ましさの本質」は，先生が動物と会話をできること以前にあるとして，「すべてのことに公平な人でした」と続けている。よって，ぼう線③は動物と会話ができることを指している。

問2　スタビンズ少年は，ドリトル先生が自分に「『坊《ぼう》や(lad)』でもなく，『トミー』でもなく，『スタビンズ君』と呼びかけ」てくれたことをうれしく感じた。つまり，子どもあつかいをせず，一人前の大人のように呼びかけられたことがうれしかったのである。

問３　ドリトル先生は，アヒルやブタと「家族として一緒に楽しく暮らし」ている。一方で「ドリトル先生の好物は，スペアリブであり，ミートパイであり，ソーセージ」である。前の段落で，「あらゆる生命のありように耳を傾《かたむ》け」「生きていることそのものを探究する」とえがかれていることからも，ドリトル先生にとっては動物と暮らすことも，共に暮らす動物と同種の動物の肉を食べることも，自然なことだと考えられる。

問４　ドリトル先生は，「たべものをもらっている」猟犬《りょうけん》から「じぶんでたべものをさがさなくてはならない」キツネを救う。「ドリトル先生のフェアネス」には，自然の中で生きる動物のほうが厳しい環境《かんきょう》にあるため，家畜《かちく》やペットよりも優先されるべきだという側面もあることがわかる。

問５　**ア**　初めから二つ目，三つ目の段落で，生命と自然をめぐる問題に次々と直面する21世紀の私たちは，「ときに思考が硬直《こうちょく》して」しまうと述べられている。　**イ**　こんなとき，やわらかく，しなやかな発想で物事を考えることができるドリトル先生ならうまい解決策を思いついてくれるのではないかと筆者は考えている。かたくこわばって自由に動かないさまを表す「硬直」の対義語は，やわらかいようすを表す「柔軟《じゅうなん》」などがある。

問６　ぼう線⑨をふくむ段落で，「ドリトル先生の物語の舞台《ぶたい》」は19世紀前半であり，この後「世界は一気に近代化され」，社会も人間も変化していくことが説明されている。「立ち止まって」とは，そのような「時代」の急激な変化に流されずに，という意味である。

問７　少し前で，「ドリトル先生の眼差《まなざ》し」は，「大人になるうちに忘れがちな純粋《じゅんすい》な少年の心にむけられている」と述べられている。そのため「ドリトル先生の物語を思い出す」と，自分自身の中にかつてあった「純粋な少年の心」を思い出し，懐《なつ》かしく感じるのだと考えられる。

問８　**１**　**ア**，**イ**　19世紀以降の社会で，「系統発生」にあたるのが，「工業化」「植民地化」「規格化」「商品化」など，さまざまな側面を持つ「近代化」であり，「個体発生」にあたるのが，「急速に分節化され，制度化されて」いった「私たちの思考」である。　**２**　「近代化」によって，自然に対する見方や態度が変わったのと同じように，私たちの思考も，かつては持っていた自然に対する「センス・オブ・ワンダー」を失いつつある，と筆者は指てきしている。

問９　①　さまざまに違《ちが》ったものがあること。　⑤　動物・植物・鉱物などで，その種類のものの姿を保存するために採集されたもの。　⑨　ものごとが急激に変わること。　⑫　街中の曲がり角。街の道ばた。　⑫　通り道。道理。

Dr.福井の
入試に勝つ！脳とからだのウルトラ科学

睡眠時間や休み時間も勉強!?

みんなは寝不足になっていないかな？　もしそうなら大変だ。睡眠時間が少ないと，体にも悪いし，脳にも悪い。なぜなら，眠っている間に，脳は海馬《かいば》という部分に記憶をくっつけているんだから。つまり，自分が眠っている間も頭は勉強しているわけだ。それに，成長ホルモン（体内に出される背をのばす薬みたいなもの）も眠っている間に出されている。昔から言われている「寝る子は育つ」は，医学的にも正しいことなんだ。

寝不足だと，勉強の成果も上がらないし，体も大きくなりにくく，いいことがない。だから，睡眠時間はちゃんと確保するように心がけよう。ただし，だからといって寝すぎるのもダメ。アメリカの学者タウブによると，10時間以上も眠ると，逆に能力や集中力がダウンしたという研究報告があるんだ。

睡眠時間と同じくらい大切なのが，休み時間だ。適度に休憩するのが勉強をはかどらせるコツといえる。何時間もぶっ続けで勉強するよりも，50分勉強して10分休むことをくり返すようにしたほうがよい。休み時間は，散歩や体操などをして体を動かそう。かたまった体をほぐして，つかれた脳を休ませるためだ。マンガを読んだりテレビを見たりするのは，頭を休めたことにならないから要注意！

頭の疲れに関連して，勉強の順序にもふれておこう。算数の応用問題や理科の計算問題，国語の読解問題などを勉強するときには，脳のおもに前頭葉という部分を使う。それに対して，国語の知識問題（漢字や語句など）や社会などの勉強では，おもに海馬《かいば》という部分を使う。したがって，それらを交互に勉強すると，１日中勉強しても疲れにくい。

Dr.福井（福井《ふくい》一成《かずしげ》）…医学博士。開成中・高から東大・文Ⅱに入学後，再受験して翌年東大・理Ⅲに合格。同大医学部卒。さまざまな勉強法や脳科学に関する著書多数。

2025年度用
中学スーパー過去問

■編集人 声の教育社・編集部
■発行所 株式会社 声の教育社
〒162-0814 東京都新宿区新小川町8-15
☎03-5261-5061(代) FAX03-5261-5062
https://www.koenokyoikusha.co.jp

※本書の内容についての一切の責任は当社にあります。内容・解説・解答・その他は当社ホームページよりお問い合わせ下さい。

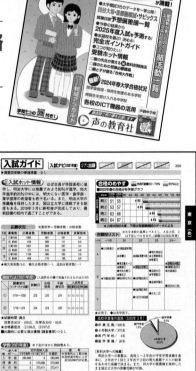

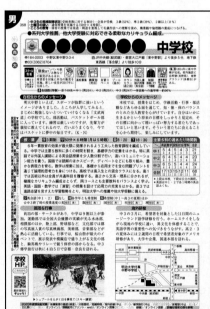

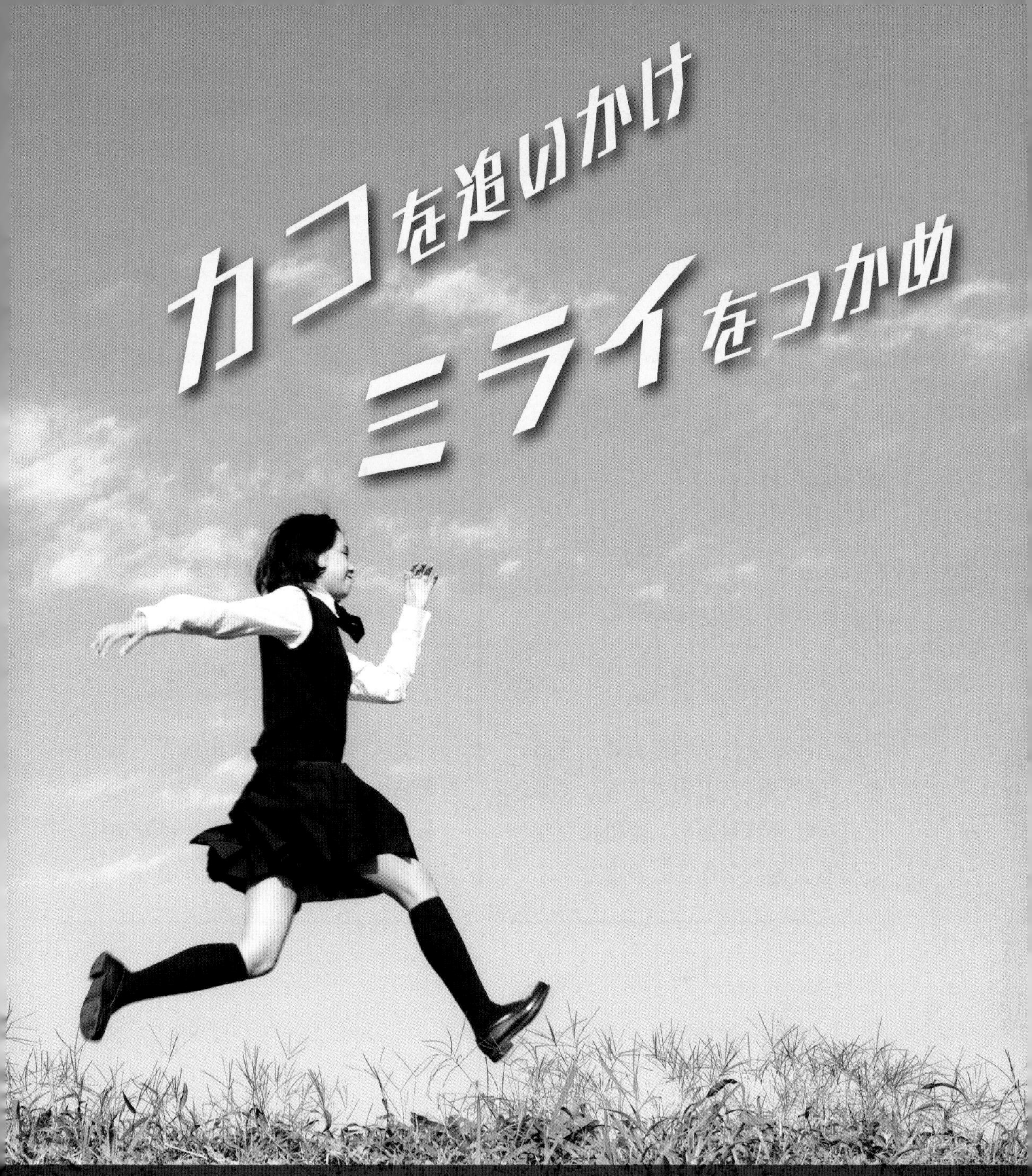
カコを追いかけ
ミライをつかめ

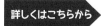

よくある解答用紙のご質問

01

実物のサイズにできない

拡大率にしたがってコピーすると，「解答欄」が実物大になります。配点などを含むため，用紙は実物よりも大きくなることがあります。

02

A3用紙に収まらない

拡大率164％以上の解答用紙は実物のサイズ（「出題傾向＆対策」をご覧ください）が大きいために，Ａ３に収まらない場合があります。

03

拡大率が書かれていない

複数ページにわたる解答用紙は，いずれかのページに拡大率を記載しています。どこにも表記がない場合は，正確な拡大率が不明です。

04

１ページに２つある

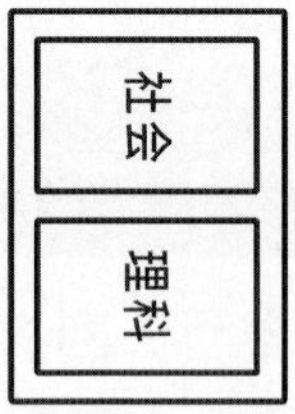

１ページに２つ解答用紙が掲載されている場合は，正確な拡大率が不明です。ほかの試験回の同じ教科をご参考になさってください。

明治大学付属八王子中学校

【別冊】入試問題解答用紙編

解答用紙は本体からていねいに抜きとり、別冊としてご使用ください。

※　実際の解答欄の大きさで練習するには、指定の倍率で拡大コピーしてください。なお、ページの上下に小社作成の見出しや配点を記載しているため、コピー後の用紙サイズが実物の解答用紙と異なる場合があります。

●入試結果表

— は非公表

年度	回	項目	国語	算数	社会	理科	4科合計	合格者
2024	A方式第１回	配点(満点)	100	100	50	50	300	最高点
		合格者平均点	—	—	—	—	—	—
		受験者平均点	—	—	—	—	—	最低点
		キミの得点						男 200　女 200
	A方式第２回	配点(満点)	100	100	50	50	300	最高点
		合格者平均点	—	—	—	—	—	—
		受験者平均点	—	—	—	—	—	最低点
		キミの得点						男 208　女 208
	参考：2024 年度Ｂ方式(４科総合型)の満点は 120、合格者最低点は男 85/女 89 です。							
2023	A方式第１回	配点(満点)	100	100	50	50	300	最高点
		合格者平均点	66.3	59.7	37.6	31.5	195.1	—
		受験者平均点	56.9	49.0	32.2	26.3	164.4	最低点
		キミの得点						男 176　女 178
	A方式第２回	配点(満点)	100	100	50	50	300	最高点
		合格者平均点	60.2	54.9	38.6	29.4	183.1	—
		受験者平均点	44.7	37.2	32.9	23.1	137.9	最低点
		キミの得点						男 170　女 169
	参考：2023 年度Ｂ方式(４科総合型)の満点は 120、合格者最低点は男 80/女 78 です。							
2022	A方式第１回	配点(満点)	100	100	50	50	300	最高点
		合格者平均点	67.6	70.1	37.6	34.5	209.8	—
		受験者平均点	59.1	53.1	33.9	28.8	174.9	最低点
		キミの得点						男 193　女 187
	A方式第２回	配点(満点)	100	100	50	50	300	最高点
		合格者平均点	54.9	55.4	35.3	31.4	177.0	—
		受験者平均点	43.4	35.0	28.7	24.8	131.9	最低点
		キミの得点						男 161　女 165
	参考：2022 年度Ｂ方式(４科総合型)の満点は 120、合格者最低点は男 64/女 53 です。							
2021	A方式第１回	配点(満点)	100	100	50	50	300	最高点
		合格者平均点	72.7	75.1	36.9	36.2	220.9	—
		受験者平均点	64.1	60.3	31.9	31.7	188.0	最低点
		キミの得点						男 206　女 199
	A方式第２回	配点(満点)	100	100	50	50	300	最高点
		合格者平均点	69.2	80.4	25.7	37.4	212.7	—
		受験者平均点	55.5	57.2	19.3	31.7	163.7	最低点
		キミの得点						男 205 女 188
	参考：2021 年度Ｂ方式(４科総合型)の満点は 120、合格者最低点は男 83/女 83 です。							
2020	A方式第１回	配点(満点)	100	100	50	50	300	最高点
		合格者平均点	74.0	72.0	32.3	34.0	212.3	—
		受験者平均点	62.0	57.0	27.0	27.5	173.5	最低点
		キミの得点						男 195　女 194

※　表中のデータは学校公表のものです。ただし、４科合計は各教科の平均点を合計したものなので、目安としてご覧ください。

声の教育社

２０２４年度　明治大学付属八王子中学校　Ａ方式第１回

算数解答用紙

番号		氏名		評点	／100

1	(1)		(2)	
	(3)		(4)	

2	(1)	dL	(2)	人	(3)	人
	(4)	円	(5)	cm^2	(6)	cm

3	(1)	m	(2)	g	(3)	個
	(4)	cm	(5)	度		

4	(1)	毎分　　m
	(2)	m

5	(1)	cm
	(2)	cm^3

（注）この解答用紙は実物を縮小してあります。Ｂ５→Ｂ４（141％）に拡大コピーすると、ほぼ実物大の解答欄になります。

〔算　数〕100点（学校配点）

1　各４点×４　2　各５点×６　3～5　各６点×９

２０２４年度　明治大学付属八王子中学校　Ａ方式第１回

社会解答用紙

番号		氏名	

評点	／50

1

問1	問2	問3	問4	問5

問6	問7	問8	問9	問10

2

問1	問2

問3	
①	②

問3		問4（1）	
③	④	自然遺産名	記号

問4（2）			問4（3）
A	B	C	

問4（4）	問4（5）	
	〔1〕	〔2〕

問4（6）			
(あ)	記号	(い)	記号

3

問1	問2	問3		
		A	B	C

問4	問5	問6	問7

問8

（注）この解答用紙は実物を縮小してあります。Ｂ５→Ｂ４（141%）に拡大コピーすると、ほぼ実物大の解答欄になります。

〔社　会〕50点（学校配点）

1 各２点×10　2 問１　１点　問２　２点　問３　各１点×４　問４　(1)　２点<完答>　(2)～(5)　各１点×７　(6)　各２点×２<各々完答>　3 問１，問２　各１点×２　問３　２点<完答>　問４～問７　各１点×４　問８　２点

２０２４年度　明治大学付属八王子中学校　Ａ方式第１回

理科解答用紙

番号		氏名		評点	／50

1 (1) (2) (3)

(4)

2 (1) (2)

(3) F → (4)

3 (1) (2) (3) (4)

4 (1) g (2) g (3) g

(4) g (5) g

5 (1) 実験① 実験② (2) 実験③ 実験④

6 (1) ① ② (2) (3)

7 (1) 秒間

(2) ① ② (3) ③ ④

（注）この解答用紙は実物を縮小してあります。Ｂ５→Ｂ４（141%）に拡大コピーすると、ほぼ実物大の解答欄になります。

〔理　科〕50点（学校配点）

1～7　各２点×25＜1の(4)，5の(1)，(2)，6の(1)，7の(2)，(3)は完答＞

２０２４年度　明治大学付属八王子中学校　Ａ方式第一回

国語解答用紙

番号		氏名		評点	/100

一

問一　問二　問三　問四

問五　ア　イ

問六　問七

問八　問九　問十

二

問一　問二　問三　問四

問五　問六　問七

問八　問九　問十

三

① ドウシン　② キントウ　③ ゼッサン

④ シュウニン　⑤ スンポウ

⑥ 重版　⑦ 迷信　⑧ 余計

⑨ 署名　⑩ 縮尺

（注）この解答用紙は実物を縮小してあります。Ｂ５→Ｂ４（141％）に拡大コピーすると、ほぼ実物大の解答欄になります。

〔国　語〕100点(学校配点)

一, 二　各４点×20＜一の問５は完答＞　三　各２点×10

２０２４年度　明治大学付属八王子中学校　Ａ方式第２回

算数解答用紙

番号		氏名		評点	／100

1	(1)		(2)	
	(3)		(4)	

2	(1)	ha	(2)	円	(3)	m^2
	(4)	個	(5)	cm	(6)	：

3	(1)	分間	(2)	円	(3)	番目
	(4)	cm^3	(5)	cm^2		

4	(1)	毎時　km
	(2)	km

5	(1)	cm^3
	(2)	cm^2

（注）この解答用紙は実物を縮小してあります。Ｂ５→Ｂ４（141%）に拡大コピーすると、ほぼ実物大の解答欄になります。

〔算　数〕100点(学校配点)

1　各４点×４　2　各５点×６　3〜5　各６点×９

２０２４年度　明治大学付属八王子中学校　Ａ方式第２回

社会解答用紙

番号		氏名		評点	／50

1

問1			

問2									

問3	問4	問5	問6	問7	問8

問9	問１０
	→ → →

2

問1	問2	問3

問4		

3

問1　あ	問1　い	問1　う	問1　え

問2　秋田	問2　水戸	問3	問4		

4

問1	問2	問3

問4								

問5	問6	問7	問8			

（注）この解答用紙は実物を縮小してあります。Ｂ５→Ｂ４（141%）に拡大コピーすると、ほぼ実物大の解答欄になります。

〔社　会〕50点（学校配点）

1, 2　各２点×14＜1の問 10 は完答＞　3　問１　各１点×４　問２～問４　各２点×４　4　問１～問３　各１点×３　問４　２点　問５～問７　各１点×３　問８　２点

２０２４年度　明治大学付属八王子中学校　Ａ方式第２回

理科解答用紙

番号		氏名		評点	／50

1
(1)　(2)　(3)
(4)　(5)　(6)

2
(1)　(2)　(3)
(4)　(5)

3
(1) ①　②
(2) ①　② Ⅰ　秒　Ⅱ　秒
(3) ①　②

4
(1) cm^3　(2) cm^3　(3) g　(4) g
(5) キ
ス

5
(1)

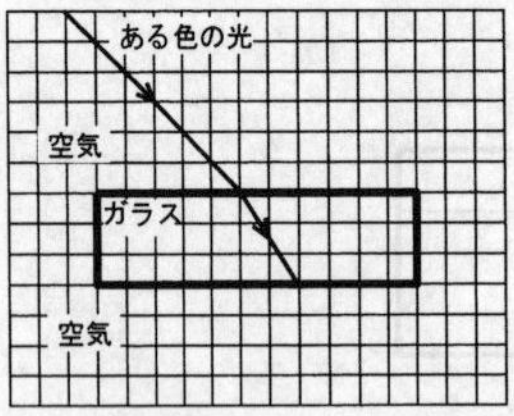

(2)　(3)
(4) 図　色　(5)

（注）この解答用紙は実物を縮小してあります。Ｂ５→Ｂ４（141％）に拡大コピーすると、ほぼ実物大の解答欄になります。

〔理　科〕50点（学校配点）

1～5　各２点×25＜1の(4)，3の(1)，(2)の①，②，(3)，4の(5)，5の(4)は完答＞

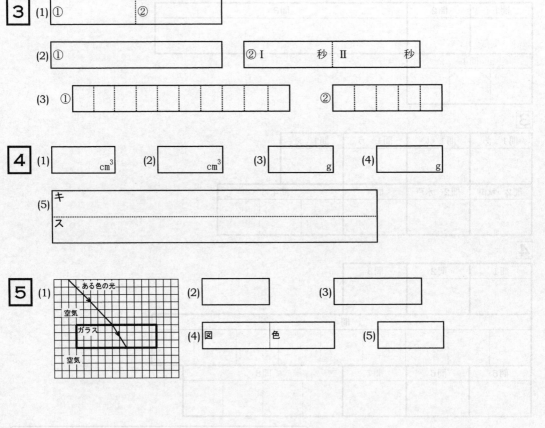

２０２４年度　明治大学付属八王子中学校　Ａ方式第二回

国語解答用紙

番号　　氏名　　評点　／100

一

問一　問二

問三　問四　問五

問六　問七　問八

問九　問十

二

問一　問二　問三

問四　問五　1　2

問六

問七　1　2　問八

三

① キシュ　② ゲキヤク　③ シジツ

④ トウブン　⑤ セイキ

⑥ 参拝　⑦ 養蚕　⑧ 勤　める

⑨ 空輸　⑩ 独奏

（注）この解答用紙は実物を縮小してあります。Ｂ５→Ｂ４（141%）に拡大コピーすると、ほぼ実物大の解答欄になります。

〔国　語〕100点（学校配点）

一，二　各４点×20　三　各２点×10

2024年度　明治大学付属八王子中学校　B方式

4科総合型解答用紙　No.1

番号		氏名		評点	／120

1

問1　（　　～　　）

問2　(1)

	1	2	3	4
あ	文房《ぼう》具の価格表（円）			
い		激安店	高級店	
う	ボールペン１本	30		
え	消しゴム１つ	50		
お	ノート１冊	85		

(2)　＝（　　　）　(3)

問3

	1	2	3	4
あ	文房《ぼう》具の価格表（円）			
い		激安店	高級店	
う	ボールペン１本	30		
え	消しゴム１つ	50		
お	ノート１冊	85		
か				
き				
く				

2

問1

									10					15
									25					30

２０２４年度　明治大学付属八王子中学校　Ｂ方式

４科総合型解答用紙　No.２

2

問2　A

記号

問3　月　と　月

条件1

条件2

問4　(1)　①　②　③

(2)　記号　人名

問5　10　15　25

3

問1　記号

理由　グラフを見ると

問2

問3　(1)　(2)　(3)

問4

（注）この解答用紙は実物を縮小してあります。Ｂ５→Ａ３(163%)に拡大コピーすると、ほぼ実物大の解答欄になります。

〔４科総合型〕120点(学校配点)

1　問1，問2　各6点×4＜問2の(1)は完答＞　問3　10点＜完答＞　2　問1　9点　問2　A…3点，記号…3点＜Aが正答のときのみ採点対象とする＞　問3　連続した2ヶ月…6点，条件…各4点×2　問4　(1)　各2点×3　(2)　記号…3点，人名…3点＜記号が正答のときのみ採点対象とする＞　問5　9点　3　問1　記号…4点，理由…4点＜記号が正答のときのみ採点対象とする＞　問2　8点　問3　各4点×3　問4　8点

２０２３年度　明治大学付属中野八王子中学校　Ａ方式第１回

算数解答用紙

番号		氏名		評点	／100

1	(1)		(2)	
	(3)		(4)	

2	(1)	kL	(2)	時速　　km	(3)	人
	(4)	g	(5)	cm^2	(6)	cm^3

3	(1)	通り	(2)	g	(3)	cm
	(4)	cm^2	(5)	cm^3		

4	(1)	時　　分　　秒
	(2)	m

5	(1)	cm^3
	(2)	cm^3

（注）この解答用紙は実物を縮小してあります。Ｂ５→Ｂ４(141%)に拡大コピーすると、ほぼ実物大の解答欄になります。

〔算　数〕100点(学校配点)

1　各４点×４　2　各５点×６　3～5　各６点×９

２０２３年度　明治大学付属中野八王子中学校　Ａ方式第１回

社会解答用紙

番号		氏名		評点	／50

1

問1	問2
	→ → →

問3	問4	問5	問6

問7	問8	問9	問１０

2

問1		問2	
語句	番号	語句	番号

問3		問4	
語句	番号	語句	番号

問5		問6	
語句	番号	語句	番号

問7	問8	問9	
		記号	漁港名　港

問１０
農林漁業者が
生産物の価値を上げようとすること。

3

問1	問2	問3
		権

問4	問5			問6	問7

（注）この解答用紙は実物を縮小してあります。Ｂ５→Ｂ４(141%)に拡大コピーすると、ほぼ実物大の解答欄になります。

〔社　会〕50点(学校配点)

1, 2　各２点×20<1の問２, 2の問１～問７, 問９はそれぞれ完答>　3　問１　１点　問２, 問３　各２点×２　問４　１点　問５　２点　問６, 問７　各１点×２

2023年度　明治大学付属中野八王子中学校　A方式第1回

理科解答用紙

番号		氏名		評点	／50

1

(1) ●：　　○：

(2) □：　　■：

(3) 器官B：　　器官D：

(4) ①

(4) ②

2

(1)

(2)

(3)

(4)

3

(1)

(2)

(3)

(4) (　　　　)が銅板に吸収され、温度が(　　　　　　　)より低くなるため

(5)

4

(1)　　　　g

(2) ①　　　　cm^3

(2) ②

(3)

5

(1)　　　　秒後

(2)　　　　秒間

(3)　　　　秒間

6

(1)

(2)

(3)

(4)

（注）この解答用紙は実物を縮小してあります。B５→B４(141%)に拡大コピーすると、ほぼ実物大の解答欄になります。

〔理　科〕50点(学校配点)

1～6　各２点×25＜1の(1)～(3)，(4)の①，2の(4)，3の(4)，4の(1)，(2)の①，6の(2)は完答＞

二〇二三年度　明治大学付属中野八王子中学校　Ａ方式第一回

国語解答用紙

番号		氏名		評点	/100

一

問一

問二　こと。

問三　ア　イ

問四　ア　イ

問五

問六

問七

問八

問九　ア　イ

問十

問十一　①テマ　⑥ハンシンハンギ　⑨ナンダイ　⑪ザイアクカン　⑧家元

二

問一

問二

問三　ア　イ

問四

問五

問六

問七

問八

問九

問十

問十一　②ソウチ　④カッキ　⑤イチガン　⑩シコウ　⑭カイゼン

（注）この解答用紙は実物を縮小してあります。Ｂ５→Ｂ４（141%）に拡大コピーすると、ほぼ実物大の解答欄になります。

〔国　語〕100点（学校配点）

一　問１～問10　各４点×10＜問３，問４，問９は完答＞　問11　各２点×５　二　問１～問10　各４点×10＜問３は完答＞　問11　各２点×５

２０２３年度　明治大学付属中野八王子中学校　Ａ方式第２回

算数解答用紙

番号		氏名		評点	／100

1	(1)		(2)	
	(3)		(4)	

2	(1)	cm^2	(2)	7　時　分　秒	(3)	個
	(4)	円	(5)	度	(6)	L

3	(1)	通り	(2)		(3)	cm
	(4)	cm^2	(5)	cm^2		

4	(1)	人
	(2)	人

5	(1)	
	(2)	

（注）この解答用紙は実物を縮小してあります。Ｂ５→Ｂ４（141％）に拡大コピーすると、ほぼ実物大の解答欄になります。

〔算　数〕100点（学校配点）

1　各４点×４　2　各５点×６　3～5　各６点×９

２０２３年度　明治大学付属中野八王子中学校　Ａ方式第２回

社会解答用紙

番号		氏名		評点	／50

1

問1	問2	問3

問4	問5	問6

問7	問8	問9	問１０

2

問1		問2	
記号		記号	

問3		問4	
記号	東経　度	記号	

問5		問6	問7	
記号			新潟市	津市

問8						
						(消費)

問9

3

問1		問2

問3						
		の				

問4	問5

(注) この解答用紙は実物を縮小してあります。Ｂ５→Ｂ４(141%)に拡大コピーすると、ほぼ実物大の解答欄になります。

〔社　会〕50点(学校配点)

1, 2　各２点×20＜2の問１～問５はそれぞれ完答＞　3　問１　各１点×２　問２～問５　各２点×４

理科解答用紙

番号		氏名		評点	／50

1

(1) 視点A　視点B　(2)　(3)

(4) 記号　(5)

2

(1) ① %　② %　(2)

(3)　(4)

3

(1)

(2)　(3)

(4) ℃　%

4

(1) 「白色の粉末」:「白色の粉末中の酸素」 :　(2)　(3)

5

(1) cal　(2) g　(3) ℃

6

(1)　(2)　(3) 毎秒 cm

(4)

(注) この解答用紙は実物を縮小してあります。Ｂ５→Ｂ４(141%)に拡大コピーすると、ほぼ実物大の解答欄になります。

〔理　科〕50点(学校配点)

1～6　各２点×25＜1の(1)，(4)，(5)，2の(2)，(4)は完答＞

二〇二三年度　明治大学付属中野八王子中学校　A方式第二回

国語解答用紙

番号		氏名		評点	/100

（注）この解答用紙は実物を縮小してあります。B5→B4（141%）に拡大コピーすると、ほぼ実物大の解答欄になります。

一

問一　　問二

問三

問四

問五　　問六　ア　　イ

問七　　問八　ア　　イ

問九　　問十

問十一　①イチョウ　⑦キズ　⑨オウトウ　⑩ソウゾウ　②細々

二

問一　　問二

問三　ア　　イ

問四　ア　　イ　　問五

問六　　問七　ア　　イ

問八　ア　　イ

問九　ア　　イ　　問十

問十一　①イタ（　　）って　③ラッカンテキ　⑥カイソウ　⑦クンリン　⑩シュシャ

〔国　語〕100点（学校配点）

一　問1〜問10　各4点×10＜問3，問6，問8は完答＞　問11　各2点×5　二　問1〜問10　各4点×10＜問3，問4，問7，問8，問9は完答＞　問11　各2点×5

２０２３年度　明治大学付属中野八王子中学校　Ｂ方式

４科総合型解答用紙　No.１

番号		氏名		評点	／120

1

問1 mL

問2 mL

問3

○						▲
0	1	2	3	4	5	6

問4

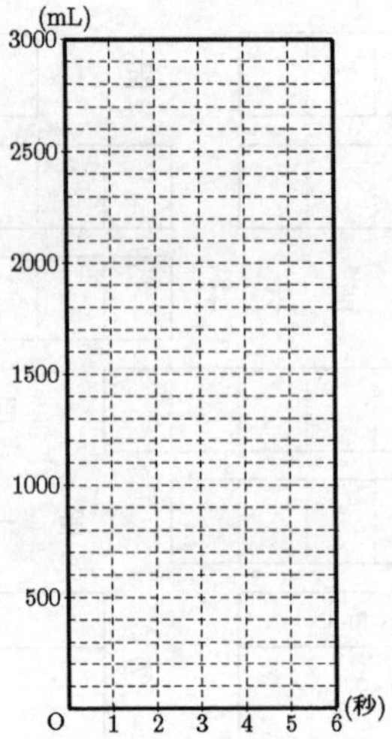

問5 (1) mL

(2) 秒後と 秒後

2

問1

【X】 10 15

【Y】 10

【Z】 10

問2 (1)

力点		支点		作用点	

(2)

(3)

【X】 10 15

【Y】 10 20

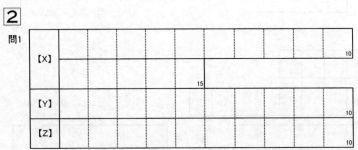

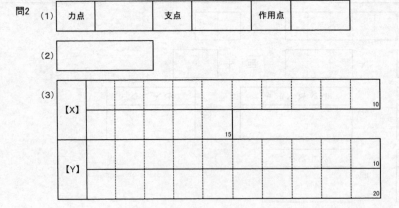

２０２３年度　　明治大学付属中野八王子中学校　B方式

4科総合型解答用紙　No. 2

2

問3

問4

問5

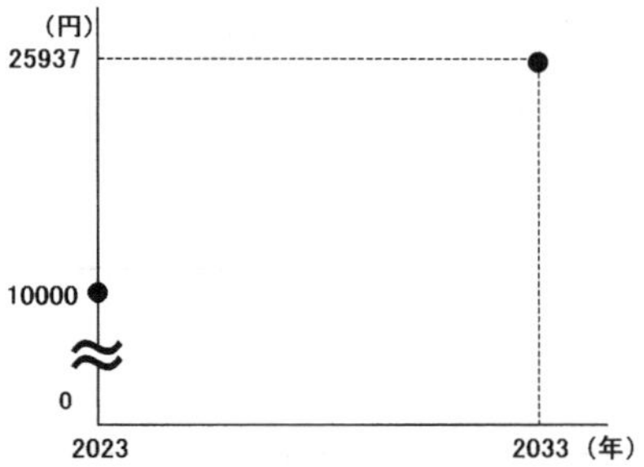

問6　　問7

問8

									10
									20

3

問1 (1)

(2)

A	
B	

問2

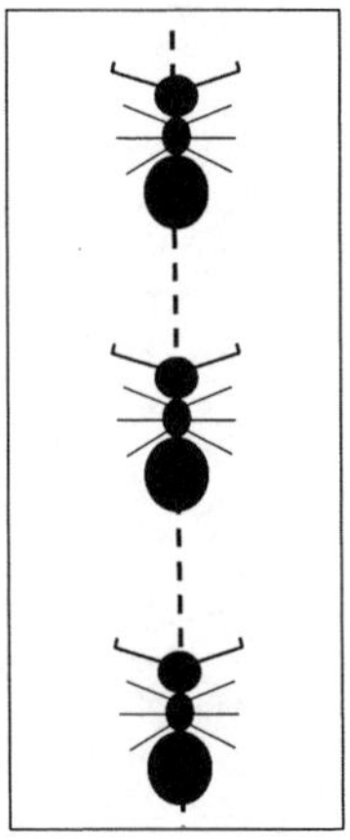

問3

(1)

【X】										10
					15					
【Y】									9	

(2)　　本

（注）この解答用紙は実物を縮小してあります。B５→Ａ３（163%）に拡大コピーすると、ほぼ実物大の解答欄になります。

〔４科総合型〕120点(学校配点)

1　各５点×6<問５の(2)は完答>　2　問１　【X】　５点　【Y】,【Z】　各３点×2　問２　(1)　３点<完答>　(2)　２点　(3)　各５点×2<(2)が正答のときのみ採点対象とする>　問3～問８　各４点×6

3　問１　(1)　４点　(2)　各６点×2<(1)が正答のときのみ採点対象とする>　問２　６点　問３　(1)【X】　６点　【Y】　４点　(2)　８点

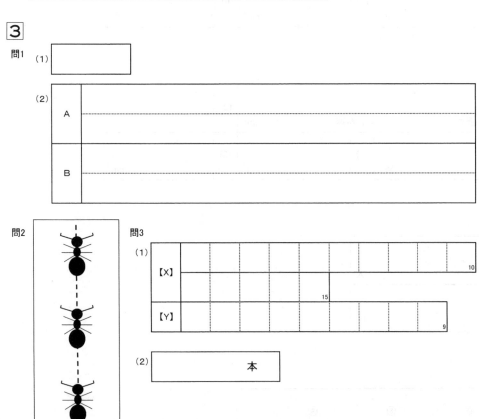

2022年度　明治大学付属中野八王子中学校　A方式第1回

算数解答用紙

番号		氏名		評点	／100

1	(1)		(2)	
	(3)		(4)	

2	(1)	cm^2	(2)	円	(3)	日
	(4)	g	(5)	cm^2	(6)	個

3	(1)	長さ　m，時速　km			(2)	%
	(3)	個	(4)	cm^2	(5)	cm^2

4	(1)	人
	(2)	分

5	(1)	⑦　⑧　⑨
	(2)	

（注）この解答用紙は実物を縮小してあります。B５→B４(141%)に拡大コピーすると、ほぼ実物大の解答欄になります。

〔算　数〕100点(学校配点)

1　各４点×４　2　各５点×６　3〜5　各６点×９<3の(1)，5の①は完答>

２０２２年度　明治大学付属中野八王子中学校　Ａ方式第１回

社会解答用紙

番号		氏名		評点	／50

1

問1	問2

問3								問4

問5

問6	問7	問8
	→ → →	天皇

問9	問１０

2

問1	問2

問3	問4	問5	問6	問7
	月　日			

3

問1①	問1②	問2				問3

4

問1	問2

5

問1	問2				問3	問4

問5（あ）	問5（い）

（注）この解答用紙は実物を縮小してあります。Ｂ５→Ｂ４（141%）に拡大コピーすると、ほぼ実物大の解答欄になります。

〔社　会〕50点(学校配点)

1　各２点×10＜問７は完答＞　2　問１，問２　各２点×２　問３　１点　問４　２点　問５～問７　各１点×３　3　問１，問２　各２点×３　問３　１点　4　問１　２点　問２　１点　5　各２点×５＜問５は完答＞

２０２２年度　明治大学付属中野八王子中学校　Ａ方式第１回

理科解答用紙

番号		氏名		評点	／50

1 (1) ﾀﾞｲｽﾞ　ｲﾝｹﾞﾝﾏﾒ　ｲﾈ　(2) 　→　→　→

2 (1) cm³　(2)

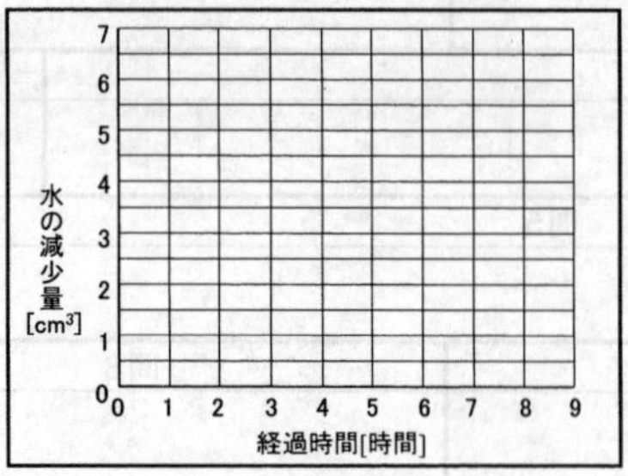

(3)　(4)　(5)

3 (1)　(2) ①　②

4 (1)　(2)　(3)

5 (1) ①　②　(2)

6 (1)　(2) g　(3) g

7 (1) cm　(2) cm

8 (1) ①　②　(2) ①　②

9 (1)　(2)

（注）この解答用紙は実物を縮小してあります。Ｂ５→Ｂ４（141％）に拡大コピーすると、ほぼ実物大の解答欄になります。

〔理　科〕50点（学校配点）

1～9　各２点×25＜1，8は各々完答，2の(5)は完答＞

二〇二三年度　明治大学付属中野八王子中学校　A方式第一回

国語解答用紙

番号		氏名		評点	/100

一

問一　問二　問三　問四

問五　問六

問七

問八　問九　問十

問十一

① 給湯

⑤ 束ねた　ねた

③ ケイサツ

⑩ クらし　らし

⑫ カイシュウ

二

問一　ア　イ　問二

問三　問四

問五　問六　問七　ア　イ

問八　問九　問十

問十一

① ホカン

⑤ サンセイ

⑦ タイショウ

⑨ タンジョウ

⑩ 刷新

（注）この解答用紙は実物を縮小してあります。B5→B4（141%）に拡大コピーすると、ほぼ実物大の解答欄になります。

〔国　語〕100点(学校配点)

一　問1～問10　各4点×10　問11　各2点×5　二　問1～問10　各4点×10＜問1，問7は完答＞　問11　各2点×5

２０２２年度　明治大学付属中野八王子中学校　Ａ方式第２回

算数解答用紙

番号		氏名		評点	／100

1	(1)		(2)	
	(3)		(4)	

2	(1)	cm	(2)	円	(3)	人
	(4)	g	(5)	cm^2	(6)	cm

3	(1)	点	(2)	倍	(3)	通り
	(4)	cm^2	(5)	：		

4	(1)	度
	(2)	cm

5	(1)	分速　　　m
	(2)	分　　　秒後

（注）この解答用紙は実物を縮小してあります。Ｂ５→Ｂ４（141%）に拡大コピーすると、ほぼ実物大の解答欄になります。

〔算　数〕100点（学校配点）

1　各４点×４　2　各５点×６　3～5　各６点×９

２０２２年度　明治大学付属中野八王子中学校　Ａ方式第２回

社会解答用紙

番号		氏名		評点	／50

1

問1	問2	問3	問4

問5						

問6	問7	問8	問9	問10

2

問1		問2		問3	
A	B	(1)	(2)		

3

問1		問2	
(1)	(2)	(1)	(2)

問2
(3)

4

問1	問2

問3	問4					問5
	(1)あ		(1)い		(2)	

（注）この解答用紙は実物を縮小してあります。Ｂ５→Ｂ４（141%）に拡大コピーすると、ほぼ実物大の解答欄になります。

〔社　会〕50点（学校配点）

[1]〜[3]　各２点×20＜[2]の問３は完答＞　[4]　問１　１点　問２　２点　問３　１点　問４　(1)　各２点×２　(2)　１点　問５　１点

2022年度　明治大学付属中野八王子中学校　A方式第2回

理科解答用紙

番号		氏名		評点	／50

1　①　②　③　④　⑤　⑥

2　(1)　(2)　(3)

3　(1)　(2)　(3)

4　(1) 位置　見え方　(2)

(3)

(4)　(5)

(6)

5　(1)　(2)

(3)　倍　(4)　倍　(5)　倍

6　(1)　(2) a　b　c　d　(3)

7　(1)　(2)　cm　(3)

(4) PL間　cm　LO間　cm

（注）この解答用紙は実物を縮小してあります。B５→B４(141%)に拡大コピーすると、ほぼ実物大の解答欄になります。

〔理　科〕50点(学校配点)

1～7　各２点×25＜1，3の(3)，4の(1)，(6)，6の(1)，(2)，7の(2)，(4)は完答＞

二〇二二年度　明治大学付属中野八王子中学校　A方式第二回

国語解答用紙

番号		氏名		評点	／100

一

問一　問二　問三

問四　問五

問六　（　　）様子　問七　ア　イ

問八　問九　問十

問十一
① チン　⑨ マク　⑪ ケイソウ
② 歩調　⑦ 正気

二

問一　問二　問三

問四　ア　イ

問五　問六　問七

問八　問九　問十

問十一
④ シュウセイ　⑦ ウチワ　⑧ ゴカイ
⑩ ノびて　（　　）びて　⑬ 雑多

（注）この解答用紙は実物を縮小してあります。B５→B４（141％）に拡大コピーすると、ほぼ実物大の解答欄になります。

〔国　語〕100点（学校配点）

一　問１～問10　各４点×10＜問７は完答＞　問11　各２点×５　二　問１～問10　各４点×10＜問４は完答＞　問11　各２点×５

2022年度　明治大学付属中野八王子中学校　B方式

4科総合型解答用紙　No.1

番号		氏名		評点	／120

1

問1

復元とは、歴史的建造物を

15

である。復元的整備とは

15

30

である。

問2

問3

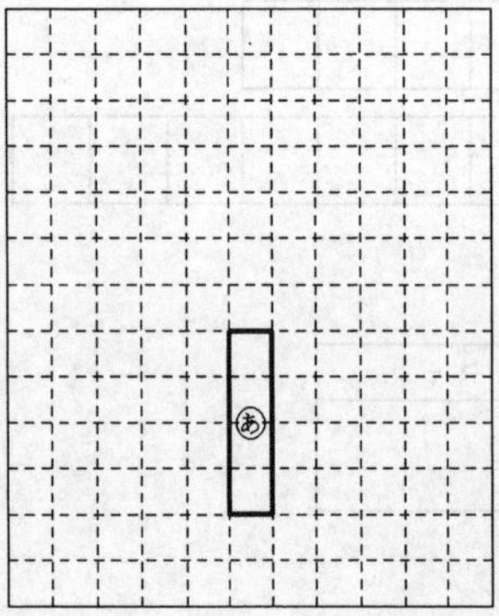

問4

cm^3

問5

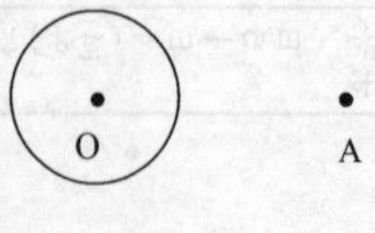

2022年度　明治大学付属中野八王子中学校　B方式

4科総合型解答用紙　No.2

2

問6　(1)

15

(2)

15

問7

問8

問9　A　　B

3

問10　(1)

15

(2)

ハスの葉にある(　　　　　　　)が泥や大気中の汚れなどでつまり、

(　　　　　　　)や(　　　　　　　)が行われにくくなる。

問11　(1)

県

(2)

記号:

理由

問12　(1)　　(2)

(注) この解答用紙は実物を縮小してあります。B５→A３(163%)に拡大コピーすると、ほぼ実物大の解答欄になります。

〔４科総合型〕120点(学校配点)

1 問１　７点　問２　８点　問３　10点　問４　５点　問５　10点　2 各８点×5＜問９は完答＞　3 問10　各６点×2＜(2)は完答＞　問11　(1)　４点　(2)　記号…４点，理由…８点　問12　各６点×2

2021年度　明治大学付属中野八王子中学校　A方式第1回

算数解答用紙

番号		氏名		評点	／100

1	(1)		(2)	
	(3)		(4)	

2	(1)	m^2	(2)	円	(3)	g
	(4)	円	(5)	cm	(6)	cm

3	(1)		(2)	m	(3)	人
	(4)	cm^2	(5)	cm^3		

4	(1)	毎分　　L
	(2)	cm

5	(1)	個
	(2)	個

（注）この解答用紙は実物を縮小してあります。Ｂ５→Ｂ４（141%）に拡大コピーすると、ほぼ実物大の解答欄になります。

〔算　数〕100点(学校配点)

1　各４点×４　2　各５点×６　3〜5　各６点×９

２０２１年度　明治大学付属中野八王子中学校　Ａ方式第１回

社会解答用紙

番号		氏名		評点	／50

1

問1	問2	問3	問4

問5

問6	問7	問8	問9	問１０

2

問1
省

問2							
①	②	③	④	⑤	⑥	⑦	⑧

3

[A]	[B]	[C]	[D]	[E]

4

問1	問2	問3	問4	問5

問6	問7	問8	問9			

（注）この解答用紙は実物を縮小してあります。Ｂ５→Ａ４(115%)に拡大コピーすると、ほぼ実物大の解答欄になります。

〔社　会〕50点(学校配点)

1 各２点×10　2 問１　２点　問２　各１点×８　3 各２点×５　4 問１～問８　各１点×８　問９　２点

2021年度　明治大学付属中野八王子中学校　A方式第1回

理科解答用紙

番号		氏名		評点	／50

1
(1)
(2) ①　②　③
(3) →　→　→

2
(1)
(2) 名称　変化のようす
(3)
(4)

3
(1)
(2)
(3)
(4)
(5)

4
(1) A　C　D
(2)
(3) A　色　G　色
(4)
(5)

5
(1) B　C
(2)
(3) 倍
(4) ℃

6
(1) m
(2) 秒後
(3) m　近づく・遠ざかる
(4) m

(注) この解答用紙は実物を縮小してあります。B５→B４(141%)に拡大コピーすると、ほぼ実物大の解答欄になります。

〔理　科〕50点(学校配点)

1～6　各２点×25＜1の(2)，(3)，2の(2)，4の(1)，(3)，5の(1)は完答＞

二〇二二年度　明治大学付属中野八王子中学校　A方式第一回

国語解答用紙

番号　　氏名　　評点　／100

一

問一

問二　1　2

問三　・　・

問四　問五　問六

問七　問八　問九

問十　① カイサツ　⑧ ハンシャ　⑨ セイダイ

④ 治る（　る）　⑩ 額

二

問一　問二　問三　問四

問五　問六　問七

問八　ア　・　イ　問九

問十　問十一

問十二　⑥ エンメイ　⑧ ゼンテイ

⑩ 見地　⑪ 後退

（注）この解答用紙は実物を縮小してあります。B5→B4（141%）に拡大コピーすると、ほぼ実物大の解答欄になります。

〔国　語〕100点(学校配点)

一　問1～問9　各4点×10＜問3は完答＞　問10　各2点×5　二　問1～問10　各4点×10＜問8は完答＞　問11，問12　各2点×5

２０２１年度　明治大学付属中野八王子中学校　Ａ方式第２回

算数解答用紙

番号		氏名		評点	／100

1	(1)		(2)	
	(3)		(4)	

2	(1)	：	(2)	円	(3)	%
	(4)	%	(5)	度	(6)	cm^2

3	(1)		(2)	m	(3)	cm
	(4)	cm^2	(5)	cm^3		

4	(1)	：
	(2)	分　　秒後

5	(1)	cm^3
	(2)	cm^3

（注）この解答用紙は実物を縮小してあります。Ｂ５→Ｂ４（141%）に拡大コピーすると、ほぼ実物大の解答欄になります。

〔算　数〕100点(学校配点)

1　各４点×４　2　各５点×６　3～5　各６点×９

２０２１年度　明治大学付属中野八王子中学校　Ａ方式第２回

社会解答用紙

番号		氏名	

評点	／50

1

問1	問2	問3	問4	問5

問6	問7	問8	問9

問１０			

2

［1］		［2］		［3］		［4］	
国	首都名	国	首都名	国	首都名	国	首都名

［5］		［6］		［7］		［8］	
国	首都名	国	首都名	国	首都名	国	首都名

［9］		［10］	
国	首都名	国	首都名

3

問1				

問2	問3	問4	問5

問6(1)	問6(2)

（注）この解答用紙は実物を縮小してあります。Ｂ５→Ａ４（115%）に拡大コピーすると、ほぼ実物大の解答欄になります。

〔社　会〕50点（学校配点）

1，2　各２点×20＜1の問10は完答，2は各々完答＞　3　問１　２点　問２～問４　各１点×３　問５　２点＜完答＞　問６　(1)　１点　(2)　２点

２０２１年度　明治大学付属中野八王子中学校　Ａ方式第２回

理科解答用紙

番号		氏名		評点	／50

1　(1)　(2)　(3)　(4)

2　(1) ①　②　③　④　(2)　(3)

3　(1)　(2)　(3)　(4)　(5)

4　(1) g　(2) %　(3) g

5　(1)　(2)　(3)　(4)

6　(1)　(2)　(3)　(4)

7　(1) g　(2) cm

（注）この解答用紙は実物を縮小してあります。Ｂ５→Ａ４(115%)に拡大コピーすると、ほぼ実物大の解答欄になります。

〔理　科〕50点(学校配点)

1～7　各２点×25＜2の(1)，(2)，6の(2)は完答＞

二〇二二年度　明治大学付属中野八王子中学校　A方式第二回

国語解答用紙

番号		氏名		評点	/100

一

問一　問二　問三

問四　問五

問六　問七

問八　問九　問十

問十一　①気配　④丁重

②セイシ　⑥フイ　⑪テれた　れた

二

問一　問二　問三　問四

問五　問六

問七　問八　問九

問十　ア　・　イ

問十一　③単一　⑨刷り　り

⑤ホウニン　⑫シャ　⑭ドウニュウ

（注）この解答用紙は実物を縮小してあります。B５→B４（141％）に拡大コピーすると、ほぼ実物大の解答欄になります。

〔国　語〕100点(学校配点)

一　問1～問10　各4点×10　問11　各2点×5　二　問1～問10　各4点×10<問10は完答>　問11　各2点×5

２０２１年度　明治大学付属中野八王子中学校　Ｂ方式

４科総合型解答用紙　No.１

番号		氏名		評点	／120

1

問1

問2 ① ②

問3 ③

【フローチャート】

「北１東１」から出発

↓

↓

「南２東４」に到着

2

問1 10 20

問2 15

問3

問4

問5

２０２１年度　明治大学付属中野八王子中学校　Ｂ方式

４科総合型解答用紙　No.２

問6

(1)

									10					15

(2)

グレタさんにとっての学校ストライキは，①□□□□□□□□□□（10）を自分自身の幸福とし，その実現のために行使される②□□□な権利である。

問7

(1)	(ア)		(イ)	
(2)	①		②	

問8

(1) 農地を拡大するためには，

地球温暖化を加速する要因となります。

(2)

(3) 食品ロスを削減するための取り組みをすることで，

ので店側の利益になる。

（注）この解答用紙は実物を縮小してあります。Ｂ５→Ａ３（163%）に拡大コピーすると、ほぼ実物大の解答欄になります。

〔４科総合型〕120点(学校配点)

[1] 問１，問２　各５点×３　問３　15点　[2] 問１～問５　各６点×５　問６　(1)　８点　(2)　各４点×２　問７　各４点×４　問８　各７点×４＜(3)は各７点×２＞

２０２０年度　明治大学付属中野八王子中学校　Ａ方式第１回

算数解答用紙

番号		氏名		評点	／100

1	(1)		(2)	
	(3)		(4)	

2	(1)	曜日	(2)		(3)	%
	(4)	人	(5)	個	(6)	度

3	(1)	cm²	(2)	時　分	(3)	人
	(4)	cm²	(5)	cm²		

4	(1)	
	(2)	

5	(1)	本
	(2)	cm³

(注) この解答用紙は実物を縮小してあります。Ｂ４用紙に137%拡大コピーすると、ほぼ実物大で使用できます。(タイトルと配点表は含みません)

〔算　数〕100点(学校配点)

1　各４点×４　2　各５点×６　3～5　各６点×９

２０２０年度　明治大学付属中野八王子中学校　Ａ方式第１回

社会解答用紙

番号　　氏名　　評点　／50

1

問1	問2	問3	問4
西暦　年から　年まで			

問5	問6	問7	問8	問9	問10

2

問1	問2

問3	問4

問5	問6	問7	問8	問9

問10

3

問1	問2	問3

問4	問5
内　閣	

問6	問7
	A　　B

〔社　会〕50点(学校配点)

1, 2　各２点×20<2の問６は完答>　3　問１～問３　各１点×３　問４, 問５　各２点×２　問６, 問７　各１点×３

２０２０年度　明治大学付属中野八王子中学校　Ａ方式第１回

理科解答用紙

番号　　氏名　　評点　／50

1　(1)　(2)　(3)

2　(1)　(2)

(3)

(4)　色　(5)　(6)

3　(1) A　B　(2)

(3)　(4)　cm

(5)

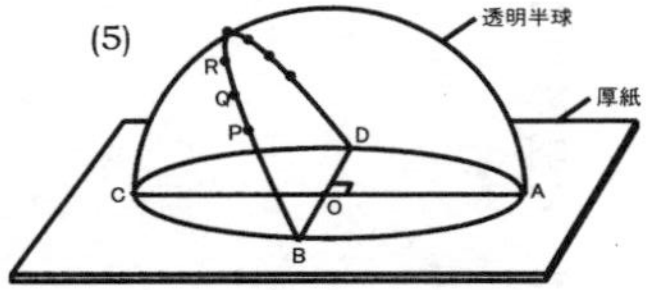

4　(1)

(2)

(3)　L

(4)　g

(5)

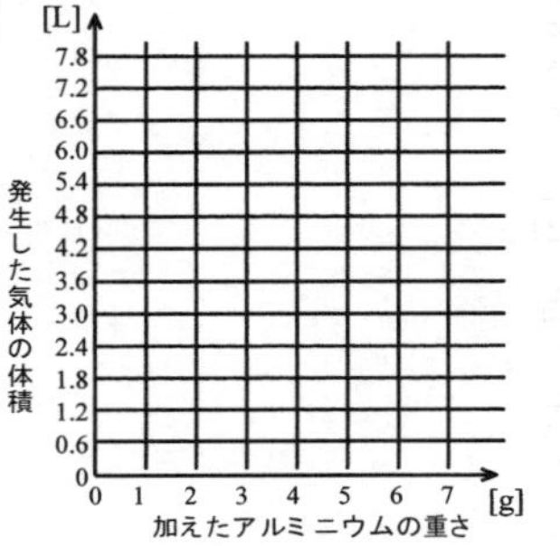

5　(1)　(2)　(3)

6　(1)　cm　(2)　cm　(3)　cm

〔理　科〕50点(学校配点)

1～6　各２点×25<3の(1)は完答>

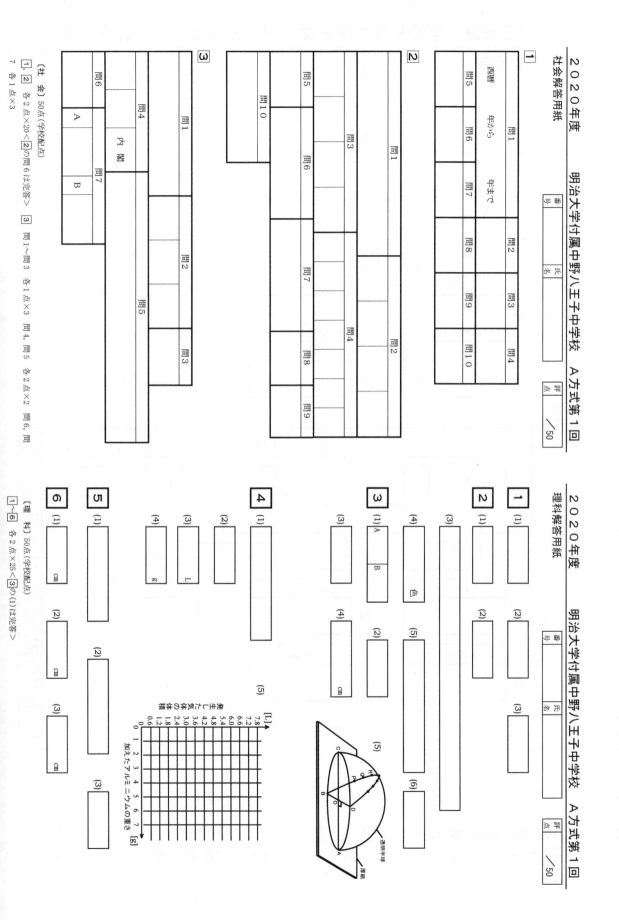

二〇二〇年度　明治大学付属中野八王子中学校　A方式第一回

国語解答用紙

番号	
氏名	

評点	/100

一

問一

問二

問三　ア　イ

問四

問五

問六

問七

問八

問九

問十

問十一　③ 今朝　④ ア　びた　⑤ 外した　した　⑩ ミジュク　⑭ 束

二

問一　こと

問二

問三

問四

問五　ア　イ

問六

問七

問八　1　ア　イ　2

問九　① タヨウ　② 街角　⑤ ヒョウホン　⑨ カクメイ　⑫ 道筋

(注) この解答用紙は実物を縮小してあります。Ｂ４用紙に137%拡大コピーすると、ほぼ実物大で使用できます。(タイトルと配点表は含みません)

〔国　語〕100点(学校配点)

一　問１〜問10　各４点×10<問３は完答>　問11　各２点×５　二　問１〜問８　各４点×10<問５は完答>　問９　各２点×５